集成电路系列丛书
国家出版基金项目

集成电路产业全书

（中册）

王阳元　主编

电子工业出版社
Publishing House of Electronics Industry
北京·BEIJING

目录

上　册

第1章　集成电路技术与产业发展 ... 1

1.1 集成电路的发明与技术进步 ... 3

1.1.1 集成电路与集成电路产业，積體電路與積體電路產業，Integrated Circuit (IC) and IC Industry ... 3

1.1.2 集成电路发明前的技术准备，積體電路發明前的技術準備，Invention before IC ... 4

1.1.3 电子管、晶体管的发明与应用，電子管、電晶體的發明與應用，Invention and Application of Electron Tube and Transistor ... 6

1.1.4 集成电路的发明，積體電路的發明，Invention of IC ... 9

1.1.5 集成电路产业中信息获取、存储与处理的里程碑，積體電路產業中資訊獲取、存儲與處理的里程碑，Milestones of Information Acquisition, Storage and Processing in IC Industry ... 11

1.1.6 集成电路材料发展的里程碑，積體電路材料發展的里程碑，Milestones of Materials Development in IC ... 13

1.1.7 集成电路制造发展的里程碑，積體電路製造發展的里程碑，Milestones of Manufacturing Development in IC ... 14

1.1.8 从工业时代到信息时代，從工業時代到資訊時代，From Industrial Era to Information Era ... 17

1.1.9 信息的市场需求与技术推动，資訊的市場需求與技術推動，Market Demand and Driving Force of Information Technology ... 19

1.2 集成电路产业的特点与战略意义 ... 22

1.2.1 集成电路的战略性与市场性，積體電路的戰略性與市場性，Strategy and Marketability of IC ... 22

1.2.2 集成电路与国家安全，積體電路與國家安全，IC and National Security ... 23

1.2.3 集成电路与绿色经济，積體電路與綠色經濟，IC and Green Economy ... 25

1.2.4 集成电路与社会生活和社会文化，積體電路與社會生活和社會文化，IC and Social Life and Culture ... 27

1.2.5 价值流向知识聚集的地方，價值流向知識聚集的地方，
"The value goes to where the knowledge is" ………………………………… 29

1.3 集成电路产业的发展规律 ……………………………………………………… 30

1.3.1 摩尔定律和贝尔定律，摩爾定律和貝爾定律，
Moore's Law and Bell's Law ……………………………………………… 30

1.3.2 金帆定律、吉尔德定律和梅特卡夫定律，金帆定律、吉爾德定律和梅特
卡夫定律，Gene's Law, Gilder's Law and Metcalfe's Law ………… 33

1.3.3 微电子技术与产业的发展规律，微電子技術與產業的發展規律，
Development Law of Microelectronic Technology and Industry ……… 35

1.3.4 摩尔定律的终结与软件的创新，摩爾定律的終結與軟體的創新，
Ending of Moore's Law and Innovation of Software ………………… 39

1.4 世界集成电路产业的发展 ……………………………………………………… 42

1.4.1 世界GDP与人均GDP，世界GDP與人均GDP，
Global GDP and GDP per Capita ………………………………………… 42

1.4.2 集成电路产业链，積體電路產業鏈，IC Supply Chain …………………… 46

1.4.3 圆片代工，晶圓代工，Wafer Foundry ……………………………………… 48

1.4.4 集成电路产业结构的变迁，積體電路產業結構的變遷，
Evolution of IC Industrial Structure ……………………………………… 51

1.4.5 世界半导体企业销售额排名前10位的变化（1985—2015年），世界半導
體企業銷售額排名前10位的變化（1985—2015年），Revenue Change of
the Top 10 World's Semiconductor Companies（1985-2015）………… 53

1.4.6 全球半导体市场规模、区域分布及产品结构（1985—2016年），
全球半導體市場規模、區域分佈及產品結構（1985—2016年），
Revenue, Distribution and Product Category of Global Semiconductor Market
（1985-2016）……………………………………………………………… 55

1.4.7 世界半导体理事会，世界半導體理事會，
World Semiconductor Council（WSC）………………………………… 58

1.4.8 国际半导体设备与材料协会，國際半導體設備與材料協會，
Semiconductor Equipment and Materials International（SEMI）……… 60

1.4.9 全球半导体联盟，全球半導體聯盟，
Global Semiconductor Association（GSA）……………………………… 61

1.4.10 国际半导体技术路线图，國際半導體技術路綫圖，
International Technology Roadmap for Semiconductors（ITRS）……… 62

1.4.11 世界主要集成电路研发机构，世界主要積體電路研發機構，
Worldwide Major Institutions of IC Research and Development ……… 64

1.4.12 半导体市场分析，半導體市場分析，Semiconductor Market Analysis …… 65

1.4.13 世界半导体贸易统计公司，世界半導體貿易統計公司，
World Semiconductor Trade Statistics（WSTS） ········· 67

1.4.14 全球主要集成电路市场研究公司，全球主要積體電路市場研究公司，
World Wide Major IC Market Research and Consulting Companies ········· 68

1.4.15 后摩尔时代集成电路科学技术展望，後摩爾時代積體電路科學技術
展望，Perspectives of IC Science and Technology in Post-Moore Era ····· 70

1.4.16 美国集成电路产业发展，美國積體電路產業發展，
IC Industry Development in the United States ················ 73

1.4.17 欧洲集成电路产业发展，歐洲積體電路產業發展，
IC Industry Development in Europe ················ 74

1.4.18 日本集成电路产业发展，日本積體電路產業發展，
IC Industry Development in Japan ················ 75

1.4.19 韩国集成电路产业发展，韓國積體電路產業發展，
IC Industry Development in South Korea ················ 76

1.4.20 中国台湾地区集成电路产业发展，中國臺灣地區積體電路產業發展，
IC Industry Development in Chinese Taiwan ················ 78

1.5 中国集成电路产业的发展 ················ 79

1.5.1 中国GDP与人均GDP，中國GDP與人均GDP，
China's GDP and GDP per Capita ················ 79

1.5.2 避免中等收入陷阱和修昔底德陷阱，避免中等收入陷阱和修昔底德陷阱，
Avoiding Middle Income Trap and Thucydides's Trap ········· 81

1.5.3 巴黎统筹委员会与瓦森纳协定，巴黎統籌委員會與瓦森納協定，
Coordinating Committee for Multilateral Export Controls and Wassenaar
Arrangement ················ 83

1.5.4 中国集成电路产业的发展（1965—1999年），中國積體電路產業的發展
（1965—1999年），Development of China's IC Industry（1965-1999） ········· 84

1.5.5 中国集成电路产业的发展与展望（2000—2030年），
中國積體電路產業的發展與展望（2000—2030年），
Development and Prospect of China's IC Industry（2000-2030） ········· 86

1.5.6 1956—1967年科学技术发展远景规划纲要，1956—1967年科學
技術發展遠景規劃綱要，Long-Term Plan of Science and
Technology Development from 1956 to 1967 ················ 88

1.5.7 国家高技术研究发展计划（863计划），國家高技術研究發展計劃
（863計劃），National High Technology Research and Development
Program of China ················ 89

1.5.8 国家重点基础研究发展计划（973计划），國家重點基礎研究發展計劃
（973計劃），National Basic Research Program ················ 91

1.5.9 厦门集成电路战略研讨会，廈門積體電路戰略研討會，
Semiconductor Industry Strategy Conference at Xiamen ·············· 93

1.5.10 四项优惠政策与电子工业发展基金，四項優惠政策與電子工業發展
基金，Four Policies and Electronics Industry Development Fund ············ 94

1.5.11 电子计算机和大规模集成电路领导小组，
電子計算機和大規模集成電路領導小組，
Leadership Group of Computers and Large Scale IC ················ 95

1.5.12 "六五""七五""八五"科技攻关，"六五""七五""八五"
科技攻關，Task Force of Science and Technology for the Sixth, Seventh and
Eighth 5-Year Plans ·· 96

1.5.13 国家科技重大专项，國家科技重大專項，Key Programs of National
Science and Technology ·· 98

1.5.14 深化科技体制改革实施方案，深化科技體制改革實施方案，
Implementation Plan to Deepen the Reform of Scientific and
Technological Systems ··· 100

1.5.15 无锡微电子工程，無錫微電子工程，Wuxi Microelectronics Project ······ 101

1.5.16 "908"工程，"908"工程，908 Program ························· 102

1.5.17 "909"工程，"909"工程，909 Program ························· 104

1.5.18 中芯国际集成电路制造有限公司，中芯國際集成電路製造有限公司，
Semiconductor Manufacturing International Corporation（SMIC） ··········· 106

1.5.19 第二代居民身份证与金融IC卡，第二代居民身份證與金融IC卡，
Second Generation Resident ID Card and Financial IC Card ············· 107

1.5.20 国发〔2000〕18号文，國發〔2000〕18號文，
State Council Document No. 18 (2000) ······························ 109

1.5.21 国发〔2011〕4号文，國發〔2011〕4號文，
State Council Document No. 4 (2011) ······························· 110

1.5.22 国家集成电路产业发展推进纲要，國家集成電路產業發展推進綱要，
Guidelines for National IC Industry Development ····················· 112

1.5.23 从"六五"计划到"推进纲要"，從"六五"計劃到"推進綱要"，
From "Sixth Five-Year Plan" to "Guidelines" ························ 113

1.5.24 国家集成电路产业投资基金，國家集成電路產業投資基金，
National IC Industry Investment Fund ······························ 115

1.5.25 中国集成电路产业销售额（2000—2016年），
中國積體電路產業銷售額（2000—2016年），
Sales Revenue of China IC Industry (2000-2016) ···················· 116

1.5.26 中国集成电路设计业的发展（2000—2016年），
中國積體電路設計業的發展（2000—2016年），

　　　　　　Development of China IC Design Industry（2000-2016）……………… 118
1.5.27　中国集成电路制造业的发展（2000—2016年），
　　　　中國積體電路製造業的發展（2000—2016年），
　　　　Development of China IC Manufacturing Industry（2000-2016）……… 119
1.5.28　中国集成电路封装测试业的发展（2000—2016年），
　　　　中國積體電路封裝測試業的發展（2000—2016年），
　　　　Development of China IC Packaging and Testing Industry（2000-2016）…… 121
1.5.29　中国集成电路设备业的发展（2000—2016年），
　　　　中國積體電路設備業的發展（2000—2016年），
　　　　Development of China IC Equipment Industry（2000-2016）…………… 122
1.5.30　中国集成电路材料业的发展（2000—2016年），
　　　　中國積體電路材料業的發展（2000—2016年），
　　　　Development of China IC Material Industry（2000-2016）……………… 124
1.5.31　中国集成电路设计业重点企业，中國積體電路設計業重點企業，
　　　　Major Design Companies of China IC Industry …………………………… 125
1.5.32　中国集成电路制造业重点企业，中國積體電路製造業重點企業，
　　　　Major Manufacturing Companies of China IC Industry ………………… 127
1.5.33　中国集成电路封装测试业重点企业，中國積體電路封裝測試業重點
　　　　企業，Major Packaging and Testing Companies of China IC Industry …… 128
1.5.34　中国集成电路专用设备重点企业，中國積體電路專用設備重點企業，
　　　　Major Equipment Companies of China IC Industry ……………………… 130
1.5.35　中国集成电路专用材料重点企业，中國積體電路專用材料重點企業，
　　　　Major Material Companies of China IC Industry ………………………… 132
1.5.36　中国集成电路市场规模与产品结构（2000—2016年），
　　　　中國積體電路市場規模與產品結構（2000—2016年），
　　　　Market Scale and Product Category of IC in China（2000-2016）……… 134
1.5.37　中国集成电路进出口规模（2000—2016年），
　　　　中國積體電路進出口規模（2000—2016年），
　　　　Import and Export Amount of IC Products in China（2000-2016）……… 136
1.5.38　中国的集成电路产业联盟，中國的積體電路產業聯盟，
　　　　China's IC Industry Alliances ……………………………………………… 137
1.5.39　中国半导体行业协会，中國半導體行業協會，
　　　　China Semiconductor Industry Association（CSIA）…………………… 139
1.5.40　国家工业信息安全发展研究中心，國家工業信息安全發展研究中心，
　　　　Electronic Technology Information Research Institute of MIIT（ETIRI）… 140
1.5.41　中国电子技术标准化研究院，中國電子技術標準化研究院，
　　　　China Electronics Standardization Institute（CESI）…………………… 141

1.5.42 中国电子产品可靠性与环境试验研究所，
中國電子產品可靠性與環境試驗研究所，
China Electronic Product Reliability and Environment Test Research
Institute（CEPREI） ··· 143

1.5.43 中国电子信息产业发展研究院，中國電子信息產業發展研究院，
China Center for Information Industry Development（CCID） ············ 144

1.5.44 中国电子科技集团公司集成电路研发机构，中國電子科技集團公司
積體電路研發機構，IC R&D Institutions of CETC ··················· 145

1.5.45 中国电子信息产业集团有限公司集成电路研发机构，中國電子信
息產業集團有限公司積體電路研發機構，IC R&D Institutions of CEC ····· 147

1.5.46 中国航天科技集团公司集成电路研发机构，中國航天科技集團公司
積體電路研發機構，IC R&D Institutions of CASTC ··················· 149

1.5.47 中国科学院集成电路科研机构，中國科學院積體電路科研機構，
IC R&D Institutes of CAS ·· 150

1.5.48 高等学校集成电路教学科研机构，高等學校積體電路教學科研機構，
IC Scientific Research Institutions under Higher Education System ········· 151

1.5.49 上海集成电路研发中心有限公司，上海集成電路研發中心有限公司，
Shanghai Integrated Circuit Research and Development Center Ltd.
（ICRD） ·· 152

1.6 集成电路中的信息安全 ··· 153

1.6.1 集成电路与信息安全，積體電路與資訊安全，
IC and Information Security ·· 153

1.6.2 对集成电路中信息安全性的攻击种类，對積體電路中資訊
安全性的攻擊種類，Kinds of Attacks to Information Security in IC ········ 155

1.6.3 非侵入式攻击，非侵入式攻擊，Non-invasive Attacks ················ 156

1.6.4 侵入式攻击，侵入式攻擊，Invasive Attacks ··························· 158

1.6.5 半侵入式攻击，半侵入式攻擊，Semi-invasive Attacks ·················· 159

1.6.6 存储器的信息安全防护，記憶體的資訊安全防護，
Information Security Protection in Memory ································ 160

1.6.7 CPU 的信息安全防护，CPU 的資訊安全防護，
Information Security Protection in CPU ···································· 162

1.6.8 密码算法实现的 SCA 防护，密碼算法實現的 SCA 防護，
Defence Against SCA to Implementation of Cryptography ·················· 164

1.6.9 密码算法实现的 FIA 防护，密碼算法實現的 FIA 防護，
Defence Against FIA to Implementation of Cryptography ··················· 165

1.6.10 鲁棒性与信息安全，韌性與資訊安全，
Robustness and Information Security ·································· 166

1.7 集成电路知识产权 ... 167

1.7.1 中国集成电路知识产权现状，中國積體電路智慧財產權現狀，
Status of China's IC IP ... 167

1.7.2 硅知识产权核，矽智慧財產權核，Silicon IP Core ... 168

1.7.3 集成电路IP核现状，積體電路IP核現狀，Status of IC IP Core ... 169

1.7.4 工业和信息化部软件与集成电路促进中心，
工業和信息化部軟件與集成電路促進中心，
MIIT Software and Integrated Circuit Industry
Promotion Centre（CSIP） ... 170

1.7.5 上海硅知识产权交易中心有限公司，
上海矽知識產權交易中心有限公司，
Shanghai Silicon Intellectual Property Exchange Inc.（SSIPEX） ... 172

1.7.6 硅知识产权交易、合作与共享及集成电路知识产权诉讼典型案例，
矽智慧財產權交易、合作與共享及積體電路智慧財產權訴訟典型案例，
Silicon IP Transactions, Cooperation and Sharing & Litigation
Cases in IC IP ... 173

1.8 国际竞争与合作 ... 175

1.8.1 客户自有技术和代工厂自有技术，客戶自有技術和代工廠自有技術，
Customer-Owned Technology and Foundry-Owned Technology ... 175

1.8.2 技术授权，技術授權，Technology License ... 176

1.8.3 半导体公司并购，半導體公司併購，
Semiconductor Corporation Merge and Acquisition ... 178

1.8.4 圆片代工企业的未来趋势及商业模式，晶圓代工企業的未來趨勢及
商業模式，Future Trend and Business Model of Foundry ... 180

1.8.5 450mm圆片时代，450mm晶圓世代，450mm Wafer Era ... 181

1.9 集成电路企业管理 ... 184

1.9.1 集成电路企业类型，積體電路企業類型，Type of IC Companies ... 184

1.9.2 集成电路企业组织结构，積體電路企業組織結構，
Management Structure of IC Enterprises ... 186

1.9.3 集成电路企业经营管理，積體電路企業經營管理，
Operation Management of IC Enterprises ... 188

1.9.4 集成电路企业生产管理，積體電路企業生產管理，
Production Management of IC Enterprises ... 191

1.9.5 集成电路企业资产管理，積體電路企業資產管理，
Asset Management of IC Enterprises ... 192

1.9.6 集成电路企业信息管理，積體電路企業資訊管理，

Information Management of IC Enterprises ·················· 194

1.10 人才培养 ························· 196

1.10.1 近代科学教育的发展，近代科學教育的發展，
Development of Education in Modern Science ·················· 196

1.10.2 国内大学微电子专业设置与学历教育情况，國內大學微電子專業設置與學歷教育情況，Setup of Microelectronics Specialty and Education Status of Academic Degree in Domestic Universities ·················· 200

1.10.3 人才培养相关政策和示范性微电子学院，人才培養相關政策和示範性微電子學院，China's Policies on Education of IC Talents ········· 201

1.10.4 海外高层次人才引进计划，海外高層次人才引進計劃，Recruitment Program for Foreign Experts（Thousand Talents Plan）··················· 203

1.10.5 长江学者奖励计划，長江學者獎勵計劃，Chang Jiang Scholars Program（Cheung Kong Scholars Programme）······ 204

1.10.6 中国科学院百人计划，中國科學院百人計劃，CAS Pioneer Hundred Talents Program ·················· 205

1.10.7 国家杰出青年科学基金，國家傑出青年科學基金，National Science Fund for Distinguished Young Scholars ·················· 206

1.10.8 集成电路人才培训，積體電路人才培訓，Trainings of IC Talents ······ 207

1.10.9 关于营造企业家健康成长环境弘扬优秀企业家精神更好发挥企业家作用的意见，關於營造企業家健康成長環境弘揚優秀企業家精神更好發揮企業家作用的意見，Opinions on Building a Healthy Growth Environment for Entrepreneurs and Promoting the Outstanding Entrepreneurship to Play a Better Role ·················· 208

第 2 章 集成电路产品门类与应用 ·················· 211

2.1 集成电路产品的发展与分类 ·················· 213

2.1.1 集成电路产品发展概述，積體電路產品發展概述，
Overview of IC Products ·················· 213

2.1.2 集成电路产品的分类，積體電路產品的分類，
Classification of IC Products ·················· 215

2.1.3 集成电路产品的功能与结构，積體電路產品的功能與結構，
Function and Structure of IC Products ·················· 217

2.2 按制造工艺划分的集成电路产品门类 ·················· 218

2.2.1 集成电路制造工艺与产品，積體電路製程與產品，
IC Products by Manufacturing Process ·················· 218

2.2.2 双极型集成电路，雙極接面型積體電路，Bipolar Junction Transistor IC ······ 219

目录

2.2.3 平面 CMOS 集成电路，平面 CMOS 積體電路，Planar CMOS IC ········ 221

2.2.4 双扩散金属-氧化物-半导体集成电路，雙擴散金氧半積體電路，Double-diffused Metal-Oxide-Semiconductor IC ········ 222

2.2.5 双极互补金属-氧化物-半导体集成电路，雙極互補金氧半積體電路，Bipolar Complementary Metal-Oxide-Semiconductor IC ········ 224

2.2.6 双极互补双扩散金属-氧化物-半导体集成电路，雙極-互補-雙擴散金氧半積體電路，Bipolar-CMOS-DMOS IC ········ 226

2.2.7 鳍式场效应晶体管集成电路，鰭式場效應電晶體積體電路，Fin Field Effect Transistor IC ········ 227

2.2.8 绝缘体上硅集成电路，絕緣體上矽積體電路，Silicon on Insulator IC ········ 229

2.2.9 砷化镓器件，砷化鎵元件，Gallium Arsenide Devices ········ 231

2.2.10 磷化铟器件，磷化銦元件，Indium Phosphide Devices ········ 232

2.2.11 氮化镓器件，氮化鎵元件，Gallium Nitride Devices ········ 233

2.2.12 碳化硅器件，碳化矽元件，Silicon Carbide Devices ········ 234

2.2.13 异质结双极晶体管，異質接面雙極電晶體，Heterojunction Bipolar Transistor（HBT） ········ 236

2.2.14 系统级封装集成电路，系統級封裝積體電路，System in Package IC ········ 237

2.2.15 微/纳机电系统，微/奈機電系統，Micro/Nano-Electro-Mechanical System（MEMS/NEMS） ········ 238

2.2.16 其他先进工艺产品，其他先進製程產品，Products of Other Advanced Processes ········ 240

2.3 数字集成电路产品 ········ 242

2.3.1 数字集成电路，數位積體電路，Digital IC ········ 242

2.3.2 静态随机存取存储器，靜態隨機存取記憶體，Static Random Access Memory（SRAM） ········ 243

2.3.3 动态随机存取存储器，動態隨機存取記憶體，Dynamic Random Access Memory（DRAM） ········ 245

2.3.4 双倍速率同步动态随机存取存储器，雙倍速率同步動態隨機存取記憶體，Double Data Rate SDRAM ········ 246

2.3.5 低功耗双倍速率同步动态随机存取存储器，低功耗雙倍速率同步動態隨機存取記憶體，Low Power Double Data Rate SDRAM ········ 248

2.3.6 图形双倍速率同步动态随机存取存储器，圖形雙倍速率同步動態隨機存取記憶體，Graphics Double Data Rate SDRAM ········ 249

2.3.7 一次可编程和多次可编程存储器，一次可程式和多次可程式記憶體，One-Time Programmable/Multi-Time Programmable Memory ········ 251

2.3.8 闪速存储器，快閃記憶體，Flash Memory ········ 253

2.3.9 固态硬盘，固態硬碟，Solid State Drive（SSD） ········ 255

2.3.10 嵌入式多媒体卡，嵌入式多媒體卡，
Embedded Multi-Media Card（eMMC） ………………………………… 256
2.3.11 嵌入式多芯片封装存储器，嵌入式多晶片封裝記憶體，
Embedded Multi-Chip Package Memory ……………………………… 258
2.3.12 x86架构处理器，x86架構處理器，x86 Processors …………………… 261
2.3.13 IA-64架构处理器，IA-64架構處理器，IA-64 Processors …………… 263
2.3.14 POWER系列架构处理器，POWER系列架構處理器，
POWER Family Processors ………………………………………………… 265
2.3.15 MIPS架构处理器，MIPS架構處理器，MIPS …………………………… 267
2.3.16 ARM架构处理器，ARM架構處理器，ARM Processors ……………… 269
2.3.17 UltraSPARC架构处理器，UltraSPARC架構處理器，
UltraSPARC Processors …………………………………………………… 270
2.3.18 C-SKY架构处理器，C-SKY架構處理器，
C-SKY Architecture Processors ………………………………………… 272
2.3.19 图形处理器，圖形處理器，Graphics Processing Unit（GPU） ……… 273
2.3.20 微控制器，微控制器，Microcontroller Unit（MCU） ………………… 276
2.3.21 数字信号处理器，數位信號處理器，Digital Signal Processor（DSP） … 278
2.3.22 现场可编程门阵列，現場可程式閘陣列，
Field Programmable Gate Array（FPGA） …………………………… 279
2.3.23 专用集成电路，專用積體電路，
Application Specific Integrated Circuit（ASIC） …………………… 281
2.3.24 网络处理器，網路處理器，Network Processor（NP） ……………… 283
2.3.25 安全加密处理器，安全加密處理器，Secure Cryptoprocessor ……… 285
2.3.26 高级处理器，高級處理器，Advanced Processors …………………… 286

2.4 模拟与模数混合集成电路产品 ……………………………………………… 289
2.4.1 模拟集成电路产品，類比積體電路產品，Analog IC ………………… 289
2.4.2 模/数转换器，類比/數位轉換器，Analog-to-Digital Converter（ADC） … 291
2.4.3 数/模转换器，數位/類比轉換器，Digital-to-Analog Converter（DAC） … 293
2.4.4 比较器，比較器，Comparator …………………………………………… 294
2.4.5 运算放大器，運算放大器，Operational Amplifier（Op-Amp） ……… 295
2.4.6 仪表放大器，儀表放大器，Instrumentation Amplifier ……………… 296
2.4.7 专用放大器，專用放大器，Specialty Amplifier ……………………… 297
2.4.8 电源管理集成电路，電源管理積體電路，
Power Management IC（PMIC） ………………………………………… 298
2.4.9 交流/直流转换器，交流/直流轉換器，AC/DC Converter …………… 299
2.4.10 直流/直流转换器，直流/直流轉換器，DC/DC Converter …………… 301
2.4.11 开关电源控制器，開關電源控制器，Switching Power Supply Controller … 301

2.4.12 低压差线性稳压器，低壓差线性穩壓器，
Low Dropout Regulator（LDO） …………………………………… 303

2.4.13 发光二极管驱动器，發光二極體驅動電路，
Light Emitting Diode Driver …………………………………… 305

2.4.14 液晶显示器驱动器，液晶顯示器驅動電路，
Liquid Crystal Display Driver …………………………………… 306

2.4.15 电动机控制器，馬達控制器，Motor Controller …………… 308

2.4.16 串行/解串器，串列/解串器，SerDes …………………………… 308

2.4.17 串行通信与通用串行总线接口，串列通信與通用串列匯流排介面，
Serial Communication and Universal Serial Bus Interfaces ……… 310

2.4.18 以太网接口集成电路，乙太網路介面積體電路，
Ethernet Interface IC …………………………………………… 313

2.4.19 标清与高清视频传输接口，標清與高清視頻傳輸介面，Interface for
Standard-Definition Television and High-Definition Television ……… 314

2.4.20 高清多媒体接口集成电路，高清多媒體介面積體電路，
High-Definition Multimedia Interface IC ……………………… 315

2.4.21 高技术配置接口，高技術配置介面，
Advanced Technology Attachment Interface …………………… 317

2.4.22 DDR SDRAM 接口，DDR SDRAM 介面，DDR SDRAM Interface …… 318

2.4.23 接口转换集成电路，介面轉換積體電路，
Protocol Converter Interface IC ………………………………… 321

2.4.24 控制器局域网总线，控制器局域網匯流排，
Controller Area Network Bus …………………………………… 322

2.4.25 内部集成电路总线，内部積體電路匯流排，
Inter-Integrated Circuit Bus ……………………………………… 323

2.4.26 高频调谐器，高頻調諧器，High Frequency Tuner ………… 324

2.4.27 数字视频广播调制解调，數位視頻廣播調製解調，
Digital Video Broadcasting Modulation/Demodulation ………… 325

2.4.28 蜂窝移动通信集成电路，蜂窩移動通信積體電路，
Cellular Mobile Communication IC ……………………………… 327

2.4.29 音频编解码器，音頻編解碼器，Audio Codec ……………… 329

2.4.30 视频编解码器，視頻編解碼器，Video Codec ……………… 330

2.4.31 电力线通信，電力線通信，Power Line Communication（PLC）…… 330

2.4.32 数字用户线路，數位用戶線路，Digital Subscriber Line（DSL）…… 332

2.4.33 无源光纤网络和电缆调制解调器，無源光纖網路與纜線數據機，
Passive Optical Network and Cable MODEM …………………… 332

2.5 射频集成电路产品 …………………………………………………… 334

2.5.1 射频领域集成电路产品，射頻領域積體電路產品，RF and Microwave IC Products ········ 334
2.5.2 射频功率放大器，射頻功率放大器，RF Power Amplifier（RF PA）··· 335
2.5.3 低噪声放大器，低雜訊放大器，Low Noise Amplifier（LNA）········ 337
2.5.4 混频器，混頻器，Mixer ········ 338
2.5.5 振荡器，振蕩器，Oscillator ········ 340
2.5.6 双工器，雙工器，Duplexer ········ 341
2.5.7 滤波器，濾波器，Filter ········ 343
2.5.8 微波器件，微波元件，Microwave Devices ········ 344
2.5.9 毫米波器件，毫米波元件，Millimeter Wave Devices ········ 346
2.5.10 太赫兹器件，太赫茲元件，Terahertz Devices ········ 347
2.5.11 收音机芯片，收音機晶片，Radio Receiver Chip ········ 349
2.5.12 导航芯片，導航晶片，Navigation Chip ········ 350
2.5.13 无线网络产品，無綫網路產品，Wireless Fidelity Products ········ 351
2.5.14 蓝牙产品，藍牙產品，Bluetooth Products ········ 352
2.5.15 紫蜂产品，紫蜂產品，ZigBee Products ········ 353
2.5.16 射频识别产品，射頻識別產品，Radio Frequency Identification Products ··· 354

2.6 功率器件产品 ········ 355

2.6.1 功率器件，功率元件，Power Devices ········ 355
2.6.2 功率二极管，功率二極體，Power Diode ········ 357
2.6.3 快恢复二极管，快恢復二極體，Fast Recovery Diode（FRD）········ 359
2.6.4 晶闸管，晶閘管，Thyristor（SCR）········ 361
2.6.5 功率双极晶体管，功率雙極電晶體，Power BJT ········ 364
2.6.6 功率金属-氧化物-半导体场效应管，功率金氧半場效電晶體，Power MOSFET ········ 366
2.6.7 绝缘栅双极晶体管，絕緣閘雙極電晶體，Insulated Gate Bipolar Transistor（IGBT）········ 369
2.6.8 宽带隙半导体器件，寬能隙半導體元件，Wide Bandgap Semiconductor Devices ········ 373
2.6.9 超级结型晶闸管，超極接面型晶閘管，Super Junction Thyristor ········ 374
2.6.10 栅极关断晶闸管，閘極關斷晶閘管，Gate Turn-Off Thyristor ········ 376
2.6.11 集成栅极换流晶闸管，整合閘極換流晶閘管，Integrated Gate Commutated Thyristor（IGCT）········ 378
2.6.12 发射极关断晶闸管，發射極關斷晶閘管，Emitter Turn-Off Thyristor ········ 379
2.6.13 MOS 门控晶闸管，MOS 關斷晶閘管，MOS Controlled Thyristor（MCT）········ 380

2.7 光电器件产品 ········ 382

2.7.1 光电器件，光電元件，Optoelectronic Devices ·· 382

2.7.2 光电二极管，光電二極體，Photodiode ··· 383

2.7.3 雪崩光电二极管，雪崩光電二極體，Avalanche Photodiode（APD） ··· 385

2.7.4 发光二极管，發光二極體，Light Emitting Diode（LED） ····················· 387

2.7.5 有机发光二极管，有機發光二極體，
Organic Light Emitting Diode（OLED） ··· 388

2.7.6 有源矩阵有机发光二极管，主動式矩陣有機發光二極體，
Active Matrix Organic Light Emitting Diode（AMOLED） ··················· 390

2.7.7 微型发光二极管，微型發光二極體，
Micro Light Emitting Diode（MicroLED） ·· 392

2.7.8 量子点发光二极管，量子點發光二極體，
Quantum Dot Light Emitting Diode（QLED） ····································· 393

2.7.9 薄膜晶体管，薄膜電晶體，Thin Film Transistor（TFT） ····················· 395

2.7.10 激光二极管，雷射二極體，Laser Diode（LD） ································· 397

2.7.11 光电倍增管，光電倍增器，Photomultiplier（PMT） ·························· 398

2.7.12 红外器件，紅外元件，Infrared Devices（IR Devices） ······················ 399

2.7.13 光通信器件，光通信元件，Optical Communication Devices ··········· 401

2.8 传感器与微机电系统传感产品 ·· 402

2.8.1 传感器与微机电系统器件，感測器與微機電系統元件，
Sensors and MEMS Devices ··· 402

2.8.2 电阻式传感器，電阻式感測器，Resistance Sensor ························· 404

2.8.3 电容式传感器，電容式感測器，Capacitance Sensor ······················· 405

2.8.4 电感式传感器，電感式感測器，Conductance Sensor ····················· 407

2.8.5 压电传感器，壓電感測器，Pizeo-Electric Sensor ···························· 408

2.8.6 温度传感器，溫度感測器，Temperature Sensor ····························· 409

2.8.7 霍尔传感器，霍爾感測器，Hall Effect Sensor ································ 410

2.8.8 压力传感器，壓力感測器，Pressure Sensor ·································· 411

2.8.9 微机电系统惯性器件，微機電系統慣性元件，MEMS Inertial Device ··· 413

2.8.10 射频微机电开关，射頻微機電開關，RF MEMS Switch ···················· 414

2.8.11 微流控芯片，微通道晶片，Microfluidics Chip ································· 415

2.8.12 MEMS 磁强计，MEMS 磁強計，MEMS Magnetic Field Sensor ········ 417

2.8.13 红外传感器，紅外感測器，Infrared Sensor ···································· 419

2.8.14 电荷耦合器件，電荷耦合元件，Charge Coupled Device（CCD） ····· 420

2.8.15 CMOS 图像传感器，CMOS 影像感測器，
CMOS Image Sensor（CIS） ·· 421

2.8.16 指纹识别芯片，指紋識別晶片，Fingerprint Recognition Chip ········· 423

2.8.17 触控芯片，觸控晶片，Touch Control Chip ····································· 424

2.8.18 生物微机电集成电路，生物微機電積體電路，Bio-MEMS IC ·········· 425
2.9 集成电路产品在消费电子、计算机和通信等领域的主要应用 ········ 427
2.9.1 电子游戏机与电子玩具产品，電子遊戲機與電子玩具產品，
Electronic Games and Toys ·········· 427
2.9.2 家用电器，家用電器，Home Appliances ·········· 427
2.9.3 个人消费电子产品，個人消費數碼產品，
Consumer Electronics Products ·········· 428
2.9.4 智能卡，智慧卡，Smart Card ·········· 429
2.9.5 物联网应用，物聯網應用，Application of Internet of Things ·········· 431
2.9.6 智慧家庭，智慧家庭，Smart Home ·········· 432
2.9.7 智慧城市，智慧城市，Smart City ·········· 433
2.9.8 个人计算机、工作站与外部设备，個人電腦、工作站與週邊設備，
Personal Computer and Peripherals ·········· 434
2.9.9 超级计算机，超級計算機，Supercomputers ·········· 435
2.9.10 手机，手機，Mobile Phone ·········· 437
2.9.11 数据中心，資料中心，Data Center ·········· 438
2.9.12 网络通信设备，網路通信設備，Network Communication Equipment ·········· 440
2.9.13 无线通信核心网与接入网，無綫通信核心網與接入網，
Telecommunication Core Network and Access Network ·········· 441
2.9.14 通信领域的融合，通信領域的融合，Unified Communications ·········· 442
2.10 集成电路产品在汽车电子与工业、医疗等领域的主要应用 ········ 444
2.10.1 车载信息娱乐系统，車載資訊娛樂系統，In-Vehicle Infotainment ·········· 444
2.10.2 车身控制模块，車身控制模組，Body Control Module ·········· 445
2.10.3 动力传动综合控制系统，動力傳動綜合控制系統，
Powertrain Control System ·········· 446
2.10.4 汽车主动安全系统，汽車主動安全系統，
Automotive Active Safety Systems ·········· 447
2.10.5 新能源汽车，新能源汽車，New Energy Vehicles ·········· 448
2.10.6 高级驾驶辅助系统，高級駕駛輔助系統，
Advanced Driver-Assistance Systems（ADAS） ·········· 449
2.10.7 轨道交通，軌道交通，Rail Transit ·········· 450
2.10.8 智能电网，智慧電網，Smart Grid ·········· 451
2.10.9 新能源应用，新能源應用，Application of New Energy Sources ·········· 452
2.10.10 医疗成像设备，醫療成像設備，Medical Imaging Equipments ·········· 453
2.10.11 经典医疗电子设备，經典醫療電子設備，
Medical Electronic Equipments ·········· 455

2.10.12 医疗监护仪，醫療監護儀，Medical Monitor ……………… 457
2.10.13 医疗电子装置，醫療電子裝置，Medical Electronic Devices ……… 458
2.10.14 植入式医疗电子装置，植入式醫療電子裝置，
Implanted Medical Electronic Devices ……………… 459
2.10.15 医疗机器人，醫療機器人，Medical Robot ……………… 460

2.11 集成电路产品在航空军事及新兴领域的主要应用 ……………… 461
2.11.1 雷达，雷達，Radio Detection and Ranging（Radar）……… 461
2.11.2 航空飞行控制，航空飛行控制，Aviation Flight Control（AFC）…… 463
2.11.3 集成电路在人造卫星中的应用，積體電路在人造衛星中的應用，
Application of ICs in Satellites ……………… 465
2.11.4 军事通信，軍事通信，Military Communication ……………… 466
2.11.5 电子战用集成电路，電子戰用積體電路，Electronic Warfare IC …… 468
2.11.6 导弹制导和控制系统，導彈制導與控制系統，
Missile Guidance and Control System ……………… 469
2.11.7 红外夜视，紅外夜視，Infrared Night Vision ……………… 470
2.11.8 航空仪表，航空儀表，Avionics Instrument ……………… 473
2.11.9 预警机，預警機，Early Warning Aircraft ……………… 474
2.11.10 智能机器人环境认知传感器，智慧機器人環境認知感測器，
Smart Robot Environment Cognitive Sensors ……………… 475
2.11.11 机器人网络通信系统，機器人網路通信系統，
Robot Network Communication System ……………… 476
2.11.12 智能制造系统，智慧製造系統，
Intelligent Manufacturing System（IMS）……………… 478
2.11.13 无人机系统，無人機系統，Unmanned Aerial Vehicle System …… 479
2.11.14 双目视觉系统，雙目視覺系統，Binocular Vision System ……… 481
2.11.15 虚拟现实/增强现实/混合现实，虛擬實境/擴增實境/混合實境，
Virtual Reality/Augmented Reality/Mixed Reality ……………… 482
2.11.16 人工智能系统，人工智慧系統，Artificial Intelligence System …… 484

第3章 集成电路产业经济与投资 ……………… 487

3.1 与集成电路产业相关的经济学和金融学理论 ……………… 491
3.1.1 集成电路产业与宏观经济，積體電路產業與宏觀經濟，
IC Industry and Macro-economy ……………… 491
3.1.2 集成电路产业的规模经济效应，積體電路產業的規模經濟效應，
Effect of Scale Economies in the IC Industry ……………… 494
3.1.3 摩尔定律的经济学理解，摩爾定律的經濟學理解，

Economic View of Moore's Law ………………………………………… 496

3.1.4 集成电路产业的供给侧结构性改革，積體電路產業的供給側結構性改革，
Structural Reform of Supply Side for IC Industry ……………… 497

3.1.5 集成电路产业的范围经济和产业集群，積體電路產業的範圍經濟和
產業集群，Scope Economy and Industrial Cluster in IC Industry ………… 499

3.1.6 集成电路产业的蓝海和红海市场，積體電路產業的藍海和紅海市場，
Blue Ocean and Red Ocean of IC Industry ……………………… 501

3.1.7 集成电路产业的全球化和开放性市场，積體電路產業的全球化和
開放性市場，Globalization and Open Market for IC Industry ………… 502

3.1.8 集成电路产业的全球价值链和微笑曲线，積體電路產業的全球價值鏈
和微笑曲線，Global Value Chain and Smiling Curve of IC Industry ……… 503

3.1.9 集成电路产业的贸易与关税，積體電路產業的貿易與關稅，Trade
and Tariff in IC Industry ……………………………………… 505

3.1.10 后发国家/地区的集成电路产业赶超策略，後發國家/地區的
積體電路產業趕超政策，"Catching-Up" Strategy of Late-Comer
Countries/Areas in IC Industry ……………………………… 506

3.1.11 集成电路产业贸易保护的主要手段，積體電路產業貿易
保護的主要手段，Protective Trade Policy in IC Industry ……………… 507

3.1.12 不同所有制集成电路企业在投融资方面的区别，不同所有制積
體電路企業在投融資方面的區別，The Difference in
Financing among IC Enterprises with Distinct Ownership System ………… 508

3.1.13 集成电路产品的生命周期，積體電路產品的生命週期，
Life Cycle of IC Products ……………………………………… 510

3.1.14 集成电路产业中的长尾效应和定制化产品，
積體電路產業中的長尾效應和定制化產品，
Long Tail Effect and Customized Products in IC Industry ……………… 511

3.1.15 集成电路企业的权益估值模型，積體電路企業的權益估值模型，
Equity Valuation Model of IC Enterprises ……………………… 513

3.1.16 集成电路企业管理中的委托代理制度，積體電路企業管理中的委託
代理制度，Principal-Agent System in IC Enterprise Management ………… 516

3.1.17 集成电路企业的资本结构，積體電路企業的資本結構，
Capital Structure of IC Enterprises ……………………………… 517

3.2 集成电路产业的发展规律和发展指标 ……………………………………… 519

3.2.1 集成电路产业的发展趋势，積體電路產業的發展趨勢，
Developing Trend of IC Industry ……………………………… 519

3.2.2 存储器产业的特征，記憶體產業的特徵，

Business Characteristics of Memory IC Industry ……………… 521

3.2.3 集成电路产业的战略和市场，積體電路產業的戰略和市場，
Strategy and Market for IC Industry ……………………………… 523

3.2.4 政府政策与集成电路产业发展，政府政策與積體電路產業發展，
Government Policies and IC Industry Development ………… 524

3.2.5 集成电路产业的投资与成长，積體電路產業的投資與成長，
Investment and Growth of IC Industry ………………………… 526

3.2.6 集成电路产业商业模式转变的技术经济原因，
積體電路產業商業模式轉變的技術經濟原因，
Technomic Factors for IC Industry Evolution ………………… 526

3.2.7 全球半导体产业投资规模与市场规模的变化，
全球半導體產業投資規模與市場規模的變化，
Changes in Total Investment and Market Size of Worldwide
Semiconductor Industry ………………………………………… 529

3.2.8 集成电路产业的资本支出和研发支出，
積體電路產業的資本支出和研發支出，
CAPEX and R&D Expense of IC Industry ……………………… 531

3.2.9 集成电路产业的进入壁垒，積體電路產業的進入壁壘，
Entry Barriers of IC Industry …………………………………… 534

3.2.10 集成电路产业的区域演进，積體電路產業的區域演進，
Regional Migration of IC Industry ……………………………… 536

3.2.11 集成电路产业投资与产业生态建设，積體電路產業投資與產業生態建設，
IC Industry Investment and Industrial Ecology Development ……… 536

3.2.12 集成电路产业投资与技术进步的关系，積體電路產業投資與技術進步的
關係，Relationship Between Investment and Technology Advancement in
IC Industry ………………………………………………………… 538

3.2.13 优势企业在集成电路产业中发挥决定性作用，
優勢企業在積體電路產業中發揮決定性作用，
Major Role of Superior Enterprises in IC Industry …………… 540

3.2.14 集成电路产品的成本结构分析，積體電路產品的成本結構分析，
Cost Structure Analysis of IC Products ………………………… 542

3.2.15 集成电路制造业优化生产规模，積體電路製造業優化生產規模，
Production Scale Optimization for IC Manufacturing Industry ……… 543

3.2.16 集成电路制造业的盈亏特点，積體電路製造業的盈虧特點，
Profit and Loss Characteristics of IC Manufacturing Industry ……… 545

3.2.17 集成电路代工企业的股权结构，積體電路代工企業的股權結構，

Shareholder Structure of IC Foundry ·· 546

3.2.18 集成电路产业的统计类景气度指标，積體電路產業的統計類景氣度指標，Prosperity Indicators of Statistics for IC Industry ················ 547

3.2.19 集成电路产业的证券类景气度指标，積體電路產業的證券類景氣度指標，Prosperity Indicators of Securities for IC Industry ················ 548

3.3 企业财务经营实务与分析 ··· 549

  3.3.1 三大财务报表与财务分析方法，三大財務報表與財務分析方法，Financial Statements and Analysis Methods ······························ 549

  3.3.2 资本支出，資本支出，Capital Expenditure（CAPEX）············ 551

  3.3.3 出货量，出貨量，Shipment ·································· 553

  3.3.4 市场份额，市場份額，Market Share ··························· 555

  3.3.5 产品结构，產品結構，Product Category ··························· 557

  3.3.6 毛利率，毛利率，Gross Margin Rate ··························· 559

  3.3.7 折旧，折舊，Depreciation ······································ 561

  3.3.8 税息折旧及摊销前利润，稅息折舊及攤銷前利潤，EBITDA ········· 562

  3.3.9 其他报表财务指标，其他報表財務指標，Other Financial Indexes ········· 565

  3.3.10 市盈率，市盈率，Price-to-Earnings Ratio（PER，P/E）········ 567

  3.3.11 商誉，商譽，Goodwill ································· 568

  3.3.12 股权激励，股權激勵，Equity Incentive ······························· 570

3.4 集成电路产业的投资与融资 ··· 571

  3.4.1 风险投资基金/私募股权基金，風險投資基金/私募股權基金，Venture Capital/Private Equity（VC/PE）···························· 571

  3.4.2 中国概念股，中國概念股，Chinese Concept Share ················ 574

  3.4.3 集成电路企业的主要融资渠道，積體電路企業的主要融資管道，Major Financing Sources for IC Companies ······························ 575

  3.4.4 集成电路制造业的资金来源，積體電路製造業的資金來源，Financing Sources for IC Manufacturing ······························ 577

  3.4.5 产业基金的投资方式，產業基金的投資方式，Investment Methods of Industry Funds ······························ 578

  3.4.6 国家集成电路产业投资基金股份有限公司和华芯投资管理有限责任公司，國家集成電路產業投資基金股份有限公司和華芯投資管理有限責任公司，China Integrated Circuit Investment Fund Co. Ltd and Sino IC Capital ······ 579

  3.4.7 中国主要省级集成电路政府投资基金（北京），中國主要省級積體電路政府投資基金（北京），China's Major Provincial IC Investment Funds（Beijing）············ 582

  3.4.8 中国主要省级集成电路政府投资基金（上海），

中国主要省级积体电路政府投资基金（上海），
China's Major Provincial IC Investment Funds（Shanghai） ·············· 583

3.4.9 中国主要省级集成电路政府投资基金（其他），
中國主要省級積體電路政府投資基金（其他），
China's Major Provincial IC Investment Funds（Others） ·············· 584

3.4.10 国际集成电路相关政府投资基金，國際積體電路相關政府投資基金，
International Government Investment Funds on IC ·············· 585

3.4.11 国际集成电路研发投资，國際積體電路研發投資，
International ICR&D Investment ·············· 587

3.4.12 中国主要民间集成电路投融资机构，
中國主要民間積體電路投融資機構，
China's Major Private IC Investment and Financing Institutions ·············· 588

3.4.13 集成电路产业的并购，積體電路產業的併購，
Mergers and Acquisitions in IC Industry ·············· 590

3.4.14 IPO 和私有化，IPO 和私有化，IPO and Going Private ·············· 592

3.4.15 集成电路企业的风险投资操作流程，積體電路企業的風險投資操作流程，
Procedure of Venture Capital for IC Companies ·············· 595

3.4.16 A 股上市的半导体企业，A 股上市的半導體企業，
A Share Listed Companies of Semiconductor Industry ·············· 597

3.4.17 在香港联交所上市的中国集成电路企业，
在香港聯交所上市的中國積體電路企業，
Listed Companies of China IC Industry in HKEX ·············· 599

3.4.18 在纳斯达克交易所上市的中国集成电路企业，
在納斯達克交易所上市的中國積體電路企業，
Listed Companies of China IC Industry in NASDAQ ·············· 600

3.4.19 集成电路企业的尽职调查，積體電路企業的盡職調查，
Due Diligence in IC Enterprises ·············· 601

3.4.20 集成电路企业的资产评估，積體電路企業的資產評估，
Asset Evaluation of IC Enterprises ·············· 603

中　册

第 4 章　集成电路生产线建设 ·············· 607

4.1　集成电路生产线的发展历程 ·············· 609

4.1.1 集成电路生产线发展情况，積體電路生產綫發展情況，
History of IC Manufacturing Line ·············· 609

4.1.2 中国集成电路生产线发展情况，中國積體電路生產綫發展情況，
History of China IC Manufacturing Line ……………………………………… 611

4.2 集成电路生产线的选址与环境影响评价 ……………………………………… 612

4.2.1 集成电路生产线的选址准则，積體電路生產綫的選址準則，
Guidelines of IC Manufacturing Line Plant Location ……………………… 613

4.2.2 环境空气影响评价，環境空氣影響評價，
Environmental Evaluation of Air ………………………………………… 614

4.2.3 地表水环境评价，地表水環境評價，
Environmental Evaluation of Surfacewater ……………………………… 616

4.2.4 地下水环境评价，地下水環境評價，
Environmental Evaluation of Groundwater ……………………………… 617

4.2.5 声环境评价，聲環境評價，Environmental Evaluation of Noise ……… 618

4.2.6 土壤环境评价，土壤環境評價，Environmental Evaluation of Soil …… 619

4.2.7 环境风险评价，環境風險評價，Environmental Risk Assessment ……… 620

4.2.8 环境影响评价因子，環境影響評價因子，
Environmental Assessment Factors …………………………………… 622

4.2.9 集成电路生产线的污染分析，積體電路生產綫的污染分析，
Analysis of Contamination in IC Manufacturing Line …………………… 623

4.2.10 集成电路生产线的污染物及处理，積體電路生產綫的污染物及處理，
Contaminants and Treatment in IC Manufacturing Line ………………… 626

4.3 集成电路生产线设计 ………………………………………………………… 627

4.3.1 集成电路生产线的工艺设计，積體電路生產綫的製程技術設計，
Technology Considerations for IC Manufacturing Line ………………… 627

4.3.2 集成电路生产线的投资与分配，積體電路生產綫的投資與分配，
Investment and Expenses for IC Manufacturing Line …………………… 629

4.3.3 集成电路生产线的建筑与结构，積體電路生產綫的建築與結構，
Buildings & Structures for IC Mamufacturing Line ……………………… 630

4.3.4 绿色厂房设计，綠色廠房設計，Green Plant Design ………………… 631

4.3.5 自动化物料搬运系统，自動化物料搬運系統，
Automated Material Handling System（AMHS）………………………… 632

4.3.6 给排水系统，給排水系統，Water Supply and Drainage System ……… 633

4.3.7 消防系统，消防系統，Fire Safety System ……………………………… 634

4.3.8 电力系统，電力系統，Power System …………………………………… 636

4.3.9 超纯水系统，超純水系統，Ultrapure Water System ………………… 639

4.3.10 废水处理系统，廢水處理系統，Waste Water Treatment System …… 640

4.3.11 厂务监控系统，廠務監控系統，

　　　　Facility Monitoring and Control System（FMCS） ………………… 642
　4.3.12　二次配管系统，二次配管系统，Hook Up System ………………… 644
4.4　集成电路生产线厂房的洁净室与空调 …………………………………… 645
　4.4.1　洁净室系统，潔淨室系統，Clean Room System ………………… 645
　4.4.2　空调系统，空調系統，Air Conditioning System ………………… 647
　4.4.3　工艺循环冷却水系统，製程循環冷卻水系統，
　　　　Process Circulating and Cooling Water System ……………………… 648
　4.4.4　工艺真空系统，製程真空系統，Process Vacuum System ………… 649
　4.4.5　工艺排气系统，製程排氣系統，Process Exhaust System ………… 650
4.5　集成电路生产线厂房的中央气体系统与化学品供应系统 ……………… 652
　4.5.1　大宗气体系统，大宗氣體系統，Bulk Gas System ……………… 652
　4.5.2　特种气体系统，特種氣體系統，Specialty Gas System ………… 653
　4.5.3　化学品供应系统，化學品供應系統，Chemical Supply System … 656
4.6　集成电路生产线厂房的建设与管理 ……………………………………… 658
　4.6.1　项目组织与职责，項目組織與職責，Organization and Responsibility … 658
　4.6.2　项目规划与设计，項目規劃與設計，Project Plan and Design …… 659
　4.6.3　项目招标投标流程，項目招標投標流程，Project Bidding Procedure …… 660
　4.6.4　政府审批，政府審批，Government Approval ……………………… 661
　4.6.5　施工管理，施工管理，Construction Management ………………… 664
　4.6.6　合同管理，合約管理，Contract Management ……………………… 665
　4.6.7　进度控制，進度控制，Schedule Control …………………………… 666
　4.6.8　质量监督与保障，質量監督與保障，
　　　　Quality Inspection & Quality Assurance（QA） ……………………… 667
　4.6.9　动力设施空间管理，動力設施空間管理，
　　　　Utilities Equipment Space Management ……………………………… 668
　4.6.10　施工安全管理，施工安全管理，Construction Safety Management …… 670
　4.6.11　中央供应系统的测试，中央供應系統的測試，
　　　　Monitoring of Central Supply System ………………………………… 671
4.7　集成电路生产线的节能降耗 ……………………………………………… 672
　4.7.1　生产线能耗的种类，生產綫能耗的種類，
　　　　Energy Consumption in IC Production Line ………………………… 672
　4.7.2　节能降耗的主要措施，節能降耗的主要措施，
　　　　Main Measures for Saving Energy and Reducing Consumption …… 674
4.8　集成电路生产线的危险化学品管理 ……………………………………… 675
　4.8.1　采购，採購，Procurement …………………………………………… 675
　4.8.2　运输，運輸，Transportation ………………………………………… 676

4.8.3 储存，儲存，Storage ……………………………………………………… 677
4.8.4 使用，使用，Usage ……………………………………………………… 678
4.8.5 处理，處理，Disposal …………………………………………………… 679

4.9 集成电路生产线建设的发展趋势 ……………………………………………… 680

4.9.1 集成电路生产线建设的现状及发展方向，積體電路生產綫建設的現狀
及發展方向，Development and Status of IC Manufacturing Line …… 680

4.9.2 中国集成电路生产线发展的现状和机遇，中國積體電路生產綫發展的
现状和機遇，Status and Opportunity of China IC Manufacturing Line …… 682

第5章 集成电路设计 ……………………………………………………………… 685

5.1 集成电路设计产业概况 …………………………………………………………… 687

5.1.1 全球集成电路设计业概况，全球積體電路設計業概況，
Overview of Global IC Design Industry ………………………………… 687

5.1.2 中国集成电路设计业概况，中國積體電路設計業概況，
Overview of IC Design Industry in China ……………………………… 688

5.1.3 集成电路设计对整机系统的支撑作用，積體電路設計對整機系統的
支撑作用，Supporting Role of IC Design to System ………………… 689

5.1.4 集成电路设计与制造的协同发展，積體電路設計與製造的協同
發展，IC Design and Technology Co-optimization（DTCO）………… 691

5.2 集成电路设计技术基础 …………………………………………………………… 692

5.2.1 设计规格，設計規格，Design Specification ………………………… 692
5.2.2 设计流程，設計流程，Design Flow …………………………………… 693
5.2.3 工艺设计包，工藝設計包，Process Design Kit（PDK）…………… 695
5.2.4 客户自有技术，客戶自有技術，Customer-Owned Technology（COT）… 697
5.2.5 标准单元库，標準單元庫，Standard Cell Library ………………… 698
5.2.6 电路图，電路圖，Schematics ………………………………………… 699
5.2.7 输入/输出，輸入/輸出，Input/Output（I/O）……………………… 701
5.2.8 时钟，時鐘，Clock ……………………………………………………… 702
5.2.9 泄漏电流，漏電流，Leakage Current ………………………………… 704
5.2.10 功耗，功耗，Power Consumption …………………………………… 705
5.2.11 设计仿真，設計模擬，Design Simulation …………………………… 706
5.2.12 功能验证，功能驗證，Functional Verification ……………………… 708
5.2.13 布局布线，佈局佈綫，Placement and Routing ……………………… 709
5.2.14 物理验证，物理驗證，Physical Verification ………………………… 710
5.2.15 版图，版圖，Layout …………………………………………………… 711
5.2.16 版图交付，版圖交付，Tape Out ……………………………………… 712

5.2.17 静电放电防护设计，靜電放電防護設計，Electrostatic Discharge Protection Design ·················· 713

5.3 数字集成电路设计 ·················· 715
5.3.1 数字集成电路，數位積體電路，Digital IC ·················· 715
5.3.2 硬件描述语言，硬體描述語言，Hardware Description Language (HDL) ·················· 717
5.3.3 电路划分，電路劃分，Circuit Partitioning ·················· 718
5.3.4 布局规划，布圖規劃，Floor Planning ·················· 720
5.3.5 高层次综合，高層次合成，High Level Synthesis (HLS) ·················· 721
5.3.6 逻辑综合，邏輯合成，Logic Synthesis ·················· 722
5.3.7 时序分析，時序分析，Timing Analysis ·················· 724
5.3.8 形式验证，形式驗證，Formal Verification ·················· 725
5.3.9 可测性设计，可測性設計，Design for Testability (DFT) ·················· 726
5.3.10 硬件仿真，硬體模擬，Hardware Emulation ·················· 728

5.4 模拟集成电路设计 ·················· 729
5.4.1 模拟集成电路，類比積體電路，Analog IC ·················· 729
5.4.2 运算放大器设计，運算放大器設計，Operational Amplifier Design ·················· 731
5.4.3 带隙基准源设计，能隙基準源設計，Bandgap Reference Design ·················· 732
5.4.4 滤波器设计，濾波器設計，Filter Design ·················· 733
5.4.5 模/数转换原理，類比/數位轉換原理，Analog-to-Digital Converter Principle ·················· 735
5.4.6 模/数转换器特性参数，類比/數位轉換器特性參數，Characteristic Parameters of Analog-to-Digital Converter ·················· 736
5.4.7 模/数转换器设计，類比/數位轉換器設計，Analog-to-Digital Converter Design ·················· 737
5.4.8 数/模转换器特性参数，數位/類比轉換器特性參數，Characteristic Parameters of Digital-to-Analog Converter ·················· 739
5.4.9 数/模转换器设计，數位/類比轉換器設計，Digital-to-Analog Converter Design ·················· 740

5.5 射频集成电路设计 ·················· 742
5.5.1 射频集成电路，射頻積體電路，Radio Frequency Integrated Circuit (RFIC) ·················· 742
5.5.2 微波毫米波集成电路，微波毫米波積體電路，Microwave & Millimeter Wave Integrated Circuit ·················· 744
5.5.3 软件定义无线电，軟體定義無線電，Software Defined Radio (SDR) ·················· 745
5.5.4 射频收发器设计，射頻收發器設計，

Radio Frequency Transceiver Design 746

5.5.5 低噪声放大器设计，低雜訊放大器設計，
Low Noise Amplifier Design 748

5.5.6 混频器设计，混頻器設計，Mixer Design 749

5.5.7 频率合成器设计，頻率合成器設計，Frequency Synthesizer Design 750

5.5.8 射频功率放大器设计，射頻功率放大器設計，
Radio Frequency Power Amplifier Design 751

5.5.9 射频开关设计，射頻開關設計，Radio Frequency Switch Design 752

5.5.10 数字射频集成电路设计，數位射頻積體電路設計，
Digital Radio Frequency Integrated Circuit Design 754

5.6 功率集成电路设计 756

5.6.1 功率器件与BCD工艺，功率元件與BCD工藝，
Power Device and BCD Process 756

5.6.2 智能功率集成电路，智慧功率積體電路，
Smart Power Integrated Circuit (SPIC) 757

5.6.3 电源管理集成电路，電源管理積體電路，
Power Management Integrated Circuits (PMIC) 759

5.6.4 能量采集与变换控制，能量採集與變換控制，
Energy Harvesting and Transformation Control 761

5.6.5 交流/直流转换器与驱动电路，交流/直流轉換器與驅動電路，
AC/DC Converter and Driver 764

5.6.6 直流/直流转换器与驱动电路，直流/直流轉換器與驅動電路，
DC/DC Converter and Driver 766

5.7 处理器设计 768

5.7.1 处理器，處理器，Processors 768

5.7.2 指令集架构，指令集架構，Instruction Set Architecture (ISA) 770

5.7.3 数据通路，資料路徑，Datapath 772

5.7.4 控制逻辑，控制邏輯，Control Logic 774

5.7.5 协处理器，協處理器，Coprocessor 775

5.7.6 数据处理流水线，資料處理管綫，Data Processing Pipeline 776

5.7.7 多发射，多指令分發，Multi-Issue 777

5.7.8 单指令多数据，單一程式流多重資料，
Single-Instruction Multiple-Data (SIMD) 778

5.7.9 多线程，多執行緒，Multi-Thread 779

5.7.10 多核，多核心，Multi-Core 781

5.7.11 众核，衆核，Many Cores 782

5.7.12 存储架构，存储層次，Memory Hierarchy ·················· 783
5.7.13 数字信号处理器，數位信號處理器，Digital Signal Processor（DSP）······ 785
5.7.14 图形处理器，圖形處理器，Graphics Processing Unit（GPU）············ 786

5.8 存储器设计 ·· 787
5.8.1 存储器，記憶體，Memory ·· 787
5.8.2 存储单元和外围电路，記憶體單元和週邊電路，
Memory Cell and Periphery Circuit ·································· 789
5.8.3 存储器控制器，記憶體控制器，Memory Controller ············ 791
5.8.4 静态随机存取存储器，靜態隨機存取記憶體，
Static Random Access Memory（SRAM）····················· 793
5.8.5 动态随机存取存储器，動態隨機存取記憶體，
Dynamic Random Access Memory（DRAM）················· 795
5.8.6 闪速存储器，快閃記憶體，Flash Memory ······················· 797
5.8.7 三维与非闪速存储器，三維 NAND 快閃記憶體，3D NAND Flash Memory ··· 800
5.8.8 铁电存储器，鐵電記憶體，
Ferroelectric Random Access Memory（FeRAM）············ 802
5.8.9 自旋转移矩磁随机存储器，自旋轉移力矩磁隨機記憶體，Spin Transfer Torque-Based Magnetoresistive Random Access Memory（STT-MRAM）······ 804
5.8.10 阻变存储器，電阻式記憶體，
Resistive Random Access Memory（ReRAM）··············· 806
5.8.11 相变存储器，相變記憶體，
Phase Change Random Access Memory（PCRAM）·········· 807

5.9 系统芯片设计 ··· 809
5.9.1 系统芯片，系統晶片，System on Chip（SoC）·················· 809
5.9.2 IP 核，矽智財核，Intellectual Property Core ··················· 810
5.9.3 嵌入式处理器，嵌入式處理器，Embedded Processor ·············· 812
5.9.4 系统总线，系統匯流排，System Bus ······························ 813
5.9.5 外设 IP 核，週邊 IP 核，Peripheral IP Core ···················· 814
5.9.6 中断控制器，中斷控制器，Interrupt Controller ················ 815
5.9.7 驱动程序，驅動程式，Driver ·· 816
5.9.8 软硬件协同设计，硬軟體協同設計，Hardware Software Co-design ······ 818
5.9.9 安全增强设计，安全增強設計，Security Enhancement Design ·········· 819
5.9.10 人工智能芯片设计，人工智慧晶片設計，
IC Design for Artificial Intelligence ···························· 821

5.10 可编程逻辑电路设计 ··· 823
5.10.1 可编程逻辑，可程式邏輯，Programmable Logic ················ 823

5.10.2 现场可编程门阵列，現場可程式閘陣列，
Field Programmable Gate Array（FPGA）·············· 824

5.10.3 电可编程逻辑器件，電可程式邏輯元件，
Electrically Programmable Logic Device（EPLD）·············· 825

5.10.4 可编程系统芯片，可程式系統晶片，
Programmable System on Chip（PSoC）·············· 826

5.10.5 可重构计算芯片，可重構計算晶片，Reconfigurable Computing Chip ····· 826

5.11 设计自动化工具 ······························ 829

5.11.1 集成电路设计自动化，積體電路設計自動化，IC Design Automation ····· 829

5.11.2 流程管理工具，流程管理工具，Flow Management Tool ············· 831

5.11.3 系统仿真工具，系統模擬工具，System Level Simulator ············ 832

5.11.4 电路图录入工具，示意圖錄入工具，Schematic Capture Tool ········· 833

5.11.5 仿真工具，模擬工具，Simulator ······························ 834

5.11.6 逻辑综合工具，邏輯合成工具，Logic Synthesizer ················ 838

5.11.7 形式验证工具，形式驗證工具，Formal Verification Tool ·········· 839

5.11.8 可测性设计工具，可測性設計工具，Design for Testability Tool ····· 841

5.11.9 物理设计工具，物理設計工具，Physical Design Tool ············ 842

5.11.10 寄生参数提取工具，寄生參數提取工具，
Parasitic Parameter Extractor ·············· 845

5.11.11 版图验证工具，版圖驗證工具，Layout Verification Tool ········ 847

5.11.12 时序与功耗分析工具，時序與功耗分析工具，
Timing and Power Analysis Tool ·············· 851

5.11.13 可制造性设计，可製造性設計，Design for Manufacturability（DFM）····· 853

5.11.14 成品率设计，良率設計，Design for Yield ····················· 855

5.11.15 可靠性设计，可靠性設計，Design for Reliability ·············· 856

第6章 集成电路制造与企业管理 ·············· 859

6.1 集成电路制造技术的演进 ······························ 861

6.1.1 摩尔定律和工艺微缩，摩爾定律和製程尺寸微縮，
Moore's Law and Technology Scaling ·············· 861

6.1.2 后摩尔定律时代的工艺，後摩爾定律時代的製程，
Process of Post Moore's Law Era ·············· 862

6.1.3 技术路线图，技術路綫圖，Technology Roadmap ·············· 864

6.1.4 前段、中段、后段工艺，前段、中段、後段製程，
FEOL，MOL，BEOL ·············· 865

6.2 集成电路中的硅基器件 867
6.2.1 双极晶体管，雙極型電晶體，Bipolar Junction Transistor（BJT） 867
6.2.2 MOS 场效应晶体管，MOS 場效應電晶體，MOSFET 868
6.2.3 鳍式场效应晶体管，鰭式場效應電晶體，Fin Field Effect Transistor（FinFET） 869
6.2.4 全耗尽型 SOI，全耗盡型 SOI，Fully Depleted SOI（FD-SOI） 871
6.2.5 超级结，超級接面，Super Junction 872
6.2.6 横向扩散 MOSFET，橫向擴散 MOSFET，Laterally Diffused MOSFET（LDMOS） 874
6.2.7 集成无源元件，積體化被動元件，Integrated Passive Device（IPD） 876

6.3 化合物半导体器件及其集成电路 877
6.3.1 化合物半导体功率器件与集成，化合物半導體功率元件與積體化，Compound Semiconductor Power Devices and Integration 878
6.3.2 高迁移率沟道集成电路，高遷移率通道積體電路，High-Mobility Channel ICs 880
6.3.3 硅光子集成电路，矽光子積體電路，Si Photonics ICs 882
6.3.4 射频集成电路，射頻積體電路，Radio Frequency Integrated Circuits（RFIC） 884
6.3.5 微波单片集成电路，微波單片積體電路，Microwave Monolithic Integrated Circuits（MMIC） 885

6.4 微机电系统制造 888
6.4.1 湿法刻蚀，濕式蝕刻，Wet Etching 888
6.4.2 干法刻蚀，乾式蝕刻，Dry Etching 891
6.4.3 牺牲层技术，犧牲層技術，Sacrificial Layer Technology 894
6.4.4 键合技术，鍵合技術，Bonding Technology 896
6.4.5 空腔-SOI，空腔-SOI，Cavity-Silicon on Insulator（Cavity-SOI） 899
6.4.6 微机电系统与 CMOS 集成，微機電系統與 CMOS 積體化，MEMS and CMOS Integration 900

6.5 单项工艺 904
6.5.1 光刻工艺，微影製程，Lithography 905
6.5.2 移相掩模，相位移光罩，Phase-Shift Mask（PSM） 907
6.5.3 浸没式光刻，浸潤式微影，Immersion Lithography 908
6.5.4 极紫外光刻，極紫外微影，EUV Lithography 909
6.5.5 计算光刻，計算微影，Computational Lithography 911
6.5.6 氧化工艺，氧化製程，Oxidation Process 913
6.5.7 扩散工艺，擴散製程，Diffusion Process 915

6.5.8 离子注入，離子佈植，Ion Implantation ································· 916

6.5.9 等离子体掺杂，電漿佈植，Plasma Doping ································· 917

6.5.10 退火工艺，退火製程，Thermal Annealing ································· 919

6.5.11 物理气相沉积及溅射工艺，物理氣相沉積及濺射製程，
Physical Vapor Deposition and Sputtering ································· 920

6.5.12 化学气相沉积工艺，化學氣相沉積製程，
Chemical Vapor Deposition ································· 922

6.5.13 原子层沉积，原子層沉積，Atomic Layer Deposition ················ 923

6.5.14 化学机械抛光工艺，化學機械拋光製程，
Chemical Mechanical Polishing ································· 924

6.5.15 外延工艺，磊晶製程，Epitaxy ································· 925

6.5.16 干法刻蚀和清洗，乾式蝕刻和清洗，Dry Etch and Cleaning ········ 926

6.5.17 湿法刻蚀和清洗，濕式蝕刻和清洗，Wet Etch and Cleaning ······· 928

6.6 模块工艺 ································· 930

6.6.1 双阱工艺，双阱製程，Twin-Well or Dual Well ························· 930

6.6.2 隔离工艺，隔离製程，Isolation ································· 931

6.6.3 沟道工艺，通道製程，Channel Process ································· 932

6.6.4 多晶硅栅，多晶矽閘，Poly-Si Gate ································· 932

6.6.5 高 k 金属栅工艺，高 k 金屬閘製程，High-k Metal Gate（HKMG）····· 933

6.6.6 硅化物工艺，矽化物製程，Silicidation ································· 934

6.6.7 接触孔工艺，接觸窗口製程，Contact Process ······················· 935

6.6.8 铝/铜互连工艺与双镶嵌法，鋁/銅互連製程與雙鑲嵌法，
Al/Cu Interconnect and Dual Damascenes ································· 936

6.6.9 双重图形化技术，雙重圖形化技術，Double Patterning
Technology（DPT）································· 938

6.6.10 应变硅（压应力/张应力），應變矽（壓應力/張應力），
Strained Silicon（Compressive Stress/Tensile Stress）············· 940

6.6.11 嵌入式源漏选择性外延，嵌入式源漏選擇性磊晶，
Embedded Source and Drain Selective Epitaxy ························· 942

6.7 集成工艺 ································· 943

6.7.1 前段集成工艺，前段整合製程，FEOL Integration Flow ············· 943

6.7.2 中段集成工艺，中段整合製程，MOL Integration Flow ············· 954

6.7.3 后段集成工艺，後段整合製程，BEOL Integration Flow ············ 956

6.7.4 CMOS 集成工艺，CMOS 整合技術，CMOS Integration Technology ····· 959

6.7.5 非易失性存储器集成工艺，非揮發性記憶體整合技術，
Non-volatile Memory（NVM）Integration Technology ············· 967

6.7.6 三维 NAND 集成工艺，三維 NAND 整合技術，
3D NAND Integration Technology ································· 973

6.7.7 动态随机存储器集成工艺，動態隨機存儲器整合技術，
Dynamic RAM（DRAM）Integration Technology ··················· 975

6.7.8 设计-工艺协同优化技术，設計-製程協同優化技術，
Design-Technology Co-Optimization（DTCO）····················· 978

6.8 集成电路企业类型 ··· 980

6.8.1 整合器件制造公司，整合式元件製造公司，
Integrated Device Manufacturer（IDM）··························· 980

6.8.2 无生产线集成电路设计公司，無晶圓廠積體電路設計公司，
Fabless Design House ··· 981

6.8.3 模块制造公司，模組製造公司，Module Manufacturer ············· 982

6.8.4 集成电路圆片代工企业，積體電路晶圓代工企業，Wafer Foundry ····· 983

6.8.5 IP 设计和服务公司，IP 設計和服務公司，IP Design and Service ······ 985

6.8.6 外包半导体封装测试厂，外包半導體封裝及測試廠，
Outsourced Semiconductor Assembly & Test（OSAT）············· 987

6.8.7 掩模版制造厂，光罩製造廠，Photo Mask Manufacturer ············· 988

6.8.8 半导体设备制造公司，半導體設備製造公司，
Semiconductor Equipment Manufacturer ··························· 989

6.8.9 半导体材料制造公司，半導體材料製造公司，
Semiconductor Materials Manufacturer ····························· 989

6.8.10 电子设计自动化软件公司，電子設計自動化軟體公司，
Electronic Design Automation（EDA）Company ··················· 990

6.8.11 分销商与销售代理，經銷商與銷售代理，
Distributor & Sales Representative ································· 992

6.9 集成电路制造企业管理和模式 ··· 993

6.9.1 组织架构，組織架構，Organization Structure ······················ 993

6.9.2 战略管理，戰略管理，Strategy Management ······················· 994

6.9.3 计划管理，計劃管理，Planning Management ······················ 996

6.9.4 技术管理，技術管理，Technology Management ··················· 997

6.9.5 品质管理，品質管理，Quality Management ······················· 998

6.9.6 市场和销售管理，市場和銷售管理，
Marketing and Sales Management ································· 999

6.9.7 洁净厂房管理，潔淨廠房管理，Clean Room Management ·········· 1000

6.9.8 物料管控，物料管控，Materiel Management and Control ·········· 1001

6.9.9 设备维护管理，設備維護管理，Facility Management ·············· 1003

6.9.10 废弃物处理管理，廢棄物處理管理，
Waste Material Treatment Management ………………………… 1004

6.9.11 环境保护管理，環境保護管理，Environmental Protection Management … 1005

6.9.12 安全管理，安全管理，Safety Management ………………… 1006

6.9.13 信息安全管理，資訊安全管理，Information Security Management …… 1007

第7章 集成电路封装测试 …………………………………………… 1009

7.1 集成电路封装测试业的发展 ……………………………………… 1011

7.1.1 全球封测业发展现状与趋势，全球封測業發展現狀與趨勢，
Developing of Global Packaging and Testing Industry ……………… 1011

7.1.2 中国集成电路封测业发展现状与特点，中國積體電路封測業發
展現狀與特點，Status and Characteristics of Packaging and
Testing Industry in China ……………………………………… 1012

7.1.3 中国集成电路封测产业链的协同创新，中國積體電路封測產業鏈的
協同創新，Collaborative Innovation of Packaging and
Testing Industry Chain in China ………………………………… 1013

7.1.4 全球封测业的主要运营模式，全球封測業的主要運營模式，
Main Business Model of Global Packaging and Testing Industry ………… 1015

7.1.5 全球主要IDM企业的封测业务，全球主要IDM企業的封測業務，
Packaging and Testing Business of Major Global IDM Companies ……… 1016

7.1.6 中国半导体封装技术研究机构，中國半導體封裝技術研究機構，
Semiconductor Packaging Technology Research Institutes in China ……… 1018

7.2 集成电路封装类型 …………………………………………………… 1019

7.2.1 传统封装的定义与作用，傳統封裝的定義與作用，
Definition and Function of Conventional Packaging ………………… 1019

7.2.2 主要封装类型的变迁，主要封裝類型的變遷，
Changes of Major Package Types ……………………………… 1021

7.2.3 传统封装，傳統封裝，Conventional Package ……………………… 1023

7.2.4 先进封装，先進封裝，Advanced Package ………………………… 1027

7.2.5 通孔插装类封装和表面贴装类封装，通孔插裝類封裝和表面貼裝類
封裝，Through Hole and Surface Mount Package ……………………… 1028

7.2.6 四面引线扁平封装，四面引線扁平封裝，Quad Flat Package ………… 1031

7.2.7 有机基板封装，有機基板封裝，Organic Substrate Package ………… 1033

7.2.8 圆片级封装，晶圆級封裝，Wafer Level Package …………………… 1035

7.2.9 系统级封装，系統級封裝，System in Package（SiP）……………… 1036

7.2.10 微系统封装，微系統封裝，Micro System Package ………………… 1038

7.2.11 多芯片组件封装，多晶片模组封装，Multi-Chip Module Package ······ 1039

7.2.12 嵌入式封装，嵌入式封装，Embedded Package ················ 1040

7.2.13 三维封装，三維封裝，3D Package ···························· 1042

7.2.14 板上芯片封装，板上晶片封裝，Chip on Board (COB) Package ······ 1043

7.2.15 基板类封装，基板類封裝，Substrate Package ················ 1045

7.2.16 外壳封装分类，外殼封裝分類，Packaging Shell Catagories ······ 1046

7.2.17 封装互连，封裝互連，Packaging Interconnection ·············· 1048

7.2.18 引线框架类封装，引綫框架類封裝，Lead Frame Package ········ 1051

7.2.19 气密性封装和非气密性封装，氣密性封裝和非氣密性封裝，
Hermetic Package and Non-hermetic Package ················ 1052

7.2.20 封装类型的选择，封裝類型的選擇，Package Type Selection ······ 1053

7.3 传统封装关键工艺及典型流程 ······································ 1054

7.3.1 圆片减薄工艺，晶圆减薄製程，Wafer Thinning Process ·········· 1054

7.3.2 划片工艺，晶圆切割製程，Wafer Dicing Process ················ 1055

7.3.3 装片工艺，黏晶粒製程，Die Attach Process ···················· 1056

7.3.4 引线键合工艺，焊綫製程，Wire Bonding Process ················ 1059

7.3.5 塑封工艺，塑封製程，Molding Process ························ 1061

7.3.6 电镀工艺，電鍍製程，Plating Process ························ 1063

7.3.7 SOP 封装工艺，SOP 封裝製程，SOP Process ···················· 1064

7.3.8 QFN 封装工艺，QFN 封裝製程，QFN Process ···················· 1066

7.3.9 键合 BGA 工艺，焊綫球栅陣列封裝製程，Wire Bond BGA Process ··· 1067

7.3.10 金属封装工艺，金屬封裝製程，Metal Packaging Process ········ 1070

7.3.11 陶瓷封装工艺，陶瓷封裝製程，Ceramic Packaging Process ······ 1071

7.4 先进封装典型流程及关键工艺 ······································ 1073

7.4.1 凸块工艺流程与技术，凸塊製程與技術，
Bump Process Flow and Technology ······················ 1073

7.4.2 倒装芯片工艺，覆晶製程，Flip Chip Process ···················· 1076

7.4.3 倒装芯片球栅阵列工艺流程与技术，覆晶球栅陣列封裝製程與技術，
Flip-Chip Ball Grid Array Process Flow and Technology ········ 1077

7.4.4 倒装芯片尺寸级封装工艺流程与技术，晶片尺寸覆晶封裝製程與技術，
Flip-Chip Chip-Scale Package (FC-CSP) Process Flow and Technology ··· 1080

7.4.5 叠层封装工艺流程与技术，堆叠式封裝製程與技術，
Package on Package (PoP) Process Flow and Technology ········ 1084

7.4.6 圆片级芯片尺寸封装工艺流程与技术，晶圆级晶片尺寸封裝製程與
技術，Wafer Lever Chip-Scale Package (WLCSP) Process Flow
and Technology ·· 1087

7.4.7 扇出型圆片级封装工艺流程与技术，扇出型晶圓級封裝製程與技術，
Fan-out Wafer Level Packaging（FoWLP）Process Flow and Technology …… 1090

7.4.8 硅通孔封装工艺流程与技术，矽穿孔封裝製程與技術，
Through Silicon Via（TSV）Process Flow and Technology ………… 1092

7.4.9 三维封装工艺流程与技术，三維封裝製程與技術，
3D Package Process Flow and Technology ………………………… 1095

7.4.10 板级埋入式封装工艺流程与技术，板級崁入式封裝製程與技術，
Panel Level Embedded Assembly Process Flow and Technology ……… 1099

7.4.11 系统级封装工艺流程与技术，系統級封裝製程與技術，
System in Package（SiP）Process Flow and Technology ……………… 1103

7.5 先进封装设计技术 ………………………………………………………… 1106

7.5.1 典型先进封装选型和设计要点，典型先進封裝選型和設計要點，
Typical Advanced Package Selection and Design Points …………… 1106

7.5.2 芯片-封装-PCB 协同设计，晶片-封裝-PCB 協同設計，
Chip-Package-PCB Co-design for System ……………………………… 1108

7.5.3 封装设计中的电气性能考量，封裝設計中的電氣性能考量，
Electrical Considerations for Package Design ………………………… 1110

7.5.4 封装设计中的热性能考量，封裝設計中的熱性能考量，
Considerations of Thermal Performances for Package Design …… 1112

7.5.5 封装设计中的材料与结构性能考量，封裝設計中的材料與結構性能考量，General Rules for Packaging Material Selection and Structure Design …………………………………………………… 1114

7.5.6 封装设计中的电-热-力多物理场耦合设计，封裝設計中的電-熱-力多物理場耦合設計，Electrical-Thermo-Mechanical Multiphysical Design ……………………………………………………………… 1116

7.5.7 可制造性、可靠性和可测性协同设计，可製造性、可靠性和可測性協同設計，DFM/DFR/DFT Co-design …………………………… 1117

7.5.8 封装设计与仿真流程，封裝設計與仿真流程，
Design and Simulation Flow for IC Package …………………………… 1118

7.5.9 封装设计与仿真工具现状及发展趋势，封裝設計與模擬工具現狀及發展趨勢，Current Status and Development Trend of Design and Simulation Tools ……………………………………………………… 1120

7.5.10 SiP 和 SoC 的协同发展，SiP 和 SoC 的協同發展，
Co-development of SiP and SoC ………………………………………… 1122

7.6 集成电路测试技术 ………………………………………………………… 1123

7.6.1 集成电路测试定义，積體電路測試定義，

　　　　　　Definition of IC Test …………………………………………………… 1123
　　7.6.2　数字集成电路测试，數位積體電路測試，Digital IC Test …………… 1125
　　7.6.3　模拟集成电路测试，類比積體電路測試，Analog IC Test …………… 1127
　　7.6.4　混合信号集成电路测试，混合信號積體電路測試，Mixed Signal IC Test …… 1129
　　7.6.5　存储器集成电路测试，記憶體積體電路測試，Memory IC Test ……… 1132
　　7.6.6　高速信号集成电路测试，高速信號積體電路測試，
　　　　　　High Speed IC Test …………………………………………………… 1133
　　7.6.7　射频集成电路测试，射頻積體電路測試，RF IC Test ………………… 1135
　　7.6.8　可编程器件测试，可程式設計元件測試，
　　　　　　Programmable Device Test …………………………………………… 1137
　　7.6.9　系统芯片测试，系統晶片測試，SoC Test ……………………………… 1141
　　7.6.10　物联网芯片/微机电系统芯片测试，物聯網晶片/微機電系統晶片
　　　　　　測試，IoT/MEMS Chip Test …………………………………………… 1143
　　7.6.11　测试成本优化，測試成本優化，Optimization of Testing Cost ……… 1145
　　7.6.12　故障模型，故障模型，Fault Model …………………………………… 1146
　　7.6.13　可测性设计，可測性設計，Design for Testability（DFT） ………… 1148
　　7.6.14　测试数据管理，測試數據管理，Management of Testing Data ……… 1150
　　7.6.15　测试平台，測試平臺，Test Platform ………………………………… 1152
7.7　集成电路封装可靠性 ……………………………………………………………… 1154
　　7.7.1　集成电路封装可靠性定义，積體電路封裝可靠性定義，
　　　　　　Definition of IC Package Reliability ………………………………… 1154
　　7.7.2　集成电路封装可靠性设计，積體電路封裝可靠性設計，
　　　　　　Reliability Design of Integrated Circuit Package …………………… 1155
　　7.7.3　集成电路封装可靠性试验的分类与作用，積體電路封裝可靠性試驗的
　　　　　　分類與作用，Classification of Reliability Testing for IC ………… 1158
　　7.7.4　集成电路封装可靠性试验标准，積體電路封裝可靠性試驗標準，
　　　　　　Standards for Reliability Testing of IC ……………………………… 1159
　　7.7.5　集成电路封装可靠性试验程序，積體電路封裝可靠性試驗程序，
　　　　　　Package Reliability Testing Procedures for IC ……………………… 1161
　　7.7.6　集成电路封装失效分析方法，積體電路封裝失效分析方法，
　　　　　　Failure Analysis Methods for IC Package …………………………… 1164
　　7.7.7　集成电路封装失效分析流程，積體電路封裝失效分析流程，
　　　　　　Procedure of Failure Analysis for IC Package ……………………… 1165
　　7.7.8　集成电路封装典型失效模式与分类，積體電路封裝典型失效
　　　　　　模式與分類，Failure Modes and Classification of IC Package …… 1167
　　7.7.9　集成电路封装失效机理，積體電路封裝失效機制，
　　　　　　Failure Mechanism of IC Package ………………………………… 1168

7.7.10 集成电路封装可靠性模拟分析，積體電路封裝可靠性模擬分析，
Simulation Analysis of Package Reliability of IC ················ 1171

7.8 集成电路封装的标准化 ················ 1173

7.8.1 国际封装标准化组织，國際封裝標準化組織，
International Packaging Standardization Organization ················ 1173

7.8.2 中国封装标准化组织，中國封裝標準化組織，
China Packaging Standardization Organization ················ 1174

7.8.3 封装外形和封装命名的标准化，封裝外形和封裝命名的標準化，
Standardization of Package Outline and Designation ················ 1175

7.8.4 集成电路封装的国家标准，積體電路封裝的國家標準，
National Standard of IC Packaging (GB) ················ 1176

7.8.5 GJB 与 MIL 标准，GJB 與 MIL 標準，China and US Military
Standards ················ 1178

7.8.6 JEDEC 标准，JEDEC 標準，Joint Electron Device Engineering
Council Standard ················ 1179

7.8.7 IPC 标准，IPC 標準，Association Connecting Electronics
Industries Standard ················ 1182

7.8.8 AEC-Q100 标准，AEC-Q100 標準，Automotive Electronics
Council-Q100 Standard ················ 1184

下　　册

第 8 章　集成电路专用设备 ················ 1187

8.1 集成电路设备产业发展 ················ 1189

8.1.1 国际集成电路设备产业发展概况，國際積體電路設備產業發展
概況，Development of International IC Equipment Industry ················ 1189

8.1.2 全球各市场区域集成电路设备产业发展的特点，全球各市場區域
積體電路設備產業發展的特點，Development Characteristics of
Worldwide IC Equipment Industry ················ 1190

8.1.3 中国集成电路设备产业发展阶段，中國積體電路設備產業發展階段，
Development Phase of IC Industry in China ················ 1193

8.1.4 中国集成电路设备产业发展现状，中國積體電路設備產業發展現狀，
Development Status of IC Equipment Industry in China ················ 1194

8.2 硅片制备设备 ················ 1197

8.2.1 硅片制备设备概况，矽晶片製造設備概況，
Overview of Silicon Wafer Manufacturing Equipment ················ 1197

8.2.2 直拉单晶炉，直拉單晶爐，Czochralski Crystal Growth Furnace ········ 1199

8.2.3 区熔单晶炉，區熔單晶爐，Float Zone Crystal Growth Furnace ········ 1201

8.2.4 滚磨机，滾圓機，Ingot Grinding Machine ················· 1203

8.2.5 切片机，切片機，Slicing Machine ······················ 1206

8.2.6 硅片退火炉，矽片退火爐，Silicon Wafer Annealing Furnace ········ 1210

8.2.7 倒角机，圓磨機，Edge Rounding Machine ·················· 1212

8.2.8 研磨机，研磨機，Lapping Machine ······················ 1215

8.2.9 硅片刻蚀机，矽片蝕刻機，Wafer Etching Machine ·············· 1219

8.2.10 抛光机，拋光機，Polisher ·························· 1221

8.2.11 双面磨片机，雙面輪磨機，Double Side Grinder ··············· 1224

8.2.12 单面磨片机，單面輪磨機，Single Side Grinder ··············· 1226

8.2.13 边缘抛光机，邊緣拋光機，Edge Polisher ·················· 1228

8.2.14 双面抛光机，雙面拋光機，Double Side Polisher ·············· 1233

8.2.15 单面抛光机，單面拋光機，Single Side Polisher ·············· 1234

8.2.16 硅片清洗机，矽片清洗機，Final Cleaning Machine ············· 1238

8.3 掩模制造设备 ·· 1240

8.3.1 掩模制造设备的发展与展望，光罩製造設備的發展與展望，
Development and Outlook of Mask Manufacturing Equipment ········ 1240

8.3.2 掩模制造设备概述，光罩製造設備概述，
Overview of Mask Manufacturing Equipment ················· 1242

8.3.3 掩模检查设备，光罩檢查設備，Mask Inspection Equipment ········· 1244

8.3.4 激光差动共焦显微镜，雷射差動共焦顯微鏡，
Laser Differential Confocal Microscope（LDCM）············· 1245

8.3.5 掩模关键尺寸测量系统，光罩關鍵尺寸測量系統，
Mask CD Measurement System ·························· 1247

8.3.6 掩模缺陷和污染检测系统，光罩缺陷和污染檢測系統，
Inspection System for Mask Defects and Contamination ········ 1249

8.3.7 掩模版自动检测系统，光罩自動檢測系統，
Automatic Mask Inspection System ······················ 1250

8.3.8 掩模修补系统，光罩修補系統，Mask Repairing System ·········· 1252

8.3.9 光学图形发生器，光學圖形產生器，Optical Pattern Generator ······ 1254

8.3.10 分步重复系统，分步重複系統，Step-and-Repeat System ·········· 1255

8.3.11 激光直写系统，雷射直寫系統，Laser Lithography System ········ 1257

8.3.12 基于 DMD 的激光掩模直写系统，基於 DMD 的雷射光罩
直寫裝置，DMD-Based Laser Mask Direct Writing System ········ 1259

8.3.13 电子束曝光系统，電子束曝光系統，
Electron-Beam Exposure System ························ 1262

8.3.14 投影式电子束曝光系统，投射式電子束曝光系統，
Electron-Beam Projection Lithography System ……………… 1264

8.3.15 掩模光刻胶处理及清洗设备，光罩光阻處理及洗净設備，
Resist Processing and Cleaning Equipment for Mask-Making …………… 1266

8.3.16 掩模光刻胶涂覆设备，光罩光阻塗覆設備，
Photoresist Coater for Mask-Making …………………………… 1267

8.3.17 光刻胶去除装置，光阻去除裝置，Photoresist Stripper ……… 1268

8.3.18 掩模复印机，光罩複製機，Mask Copier ………………… 1269

8.3.19 掩模湿法刻蚀设备，光罩濕式蝕刻設備，
Wet Etching Equipment for Mask-Making …………………… 1270

8.3.20 掩模干法刻蚀设备，光罩乾式蝕刻設備，
Dry Etching Equipment for Mask-Making …………………… 1271

8.3.21 掩模版保护膜安装仪，光罩保護膜安裝儀，
Pellicle Mounting Instrument ………………………………… 1272

8.3.22 掩模图形数据处理系统，光罩圖形數據處理系統，
Processing System for Mask Pattern Data …………………… 1273

8.4 光刻设备 ……………………………………………………………… 1275

8.4.1 光刻机简介，微影設備簡介，
Introduction of Photo Lithography Equipment ………………… 1275

8.4.2 光刻机发展历史，微影設備發展歷史，
History of Photo Lithography Equipment …………………… 1277

8.4.3 接触/接近式光刻机，接觸/接近式微影設備，
Contact/Proximity Aligner …………………………………… 1279

8.4.4 步进重复光刻机，步進微影設備，Wafer Stepper ………… 1280

8.4.5 步进扫描光刻机，掃描微影設備，Wafer Scanner ………… 1283

8.4.6 浸没式光刻机，浸潤式微影設備，Immersion Scanner …… 1287

8.4.7 极紫外光刻机，極紫外微影設備，
Extreme Ultraviolet (EUV) Lithography System …………… 1288

8.4.8 无掩模光刻系统，無光罩微影系統，
Maskless Lithography System ……………………………… 1290

8.4.9 电子束光刻系统，電子束微影系統，
Electron Beam Lithography (EBL) System ………………… 1291

8.4.10 纳米电子束直写系统，奈米電子束直寫系統，
Nano Electron Beam Direct Writing System ………………… 1292

8.4.11 多电子束光刻机，多電子束微影設備，
Multiple Electron Beam Lithography System ………………… 1294

8.4.12 纳米压印设备，奈米壓印設備，Nano-Imprint Equipment …… 1295

8.4.13 圆片匀胶显影设备，軌道設備，Wafer Track ……………………… 1297

8.4.14 湿法去胶设备，光阻去除機，Wet Stripping System ……………… 1301

8.5 扩散及离子注入设备 ……………………………………………………… 1303

8.5.1 扩散及离子注入设备简介，擴散及離子佈植設備簡介，
Introduction to Diffusion and Ion Implantation Equipment ……………… 1303

8.5.2 卧式扩散炉，水平式擴散爐，Horizontal Diffusion Furnace ………… 1305

8.5.3 立式扩散炉，垂直式擴散爐，Vertical Diffusion Furnace …………… 1307

8.5.4 退火炉，退火爐，Annealing Furnace ……………………………… 1309

8.5.5 高压氧化炉，高壓氧化爐，High Pressure Oxidation Furnace ……… 1310

8.5.6 中束流离子注入机，中電流離子佈植機，
Medium Current Ion Implanter …………………………………………… 1311

8.5.7 大束流离子注入机，大電流離子佈植機，High Current Ion Implanter … 1314

8.5.8 高能离子注入机，高能離子佈植機，High Energy Ion Implanter …… 1315

8.5.9 快速热处理设备，快速熱處理設備，
Rapid Thermal Processing (RTP) System ………………………………… 1317

8.6 薄膜生长设备 ……………………………………………………………… 1320

8.6.1 薄膜生长原理与设备，薄膜生長原理與設備，
Principles of Thin Film Growth and Equipment ………………………… 1320

8.6.2 物理气相沉积设备，物理氣相沉積設備，
Physical Vapor Deposition (PVD) Equipment …………………………… 1326

8.6.3 化学气相沉积和外延设备，化學氣相沉積和磊晶設備，
Chemical Vapor Deposition (CVD) and Epitaxy Equipment …………… 1327

8.6.4 真空蒸镀设备，真空蒸鍍設備，Vacuum Evaporator ……………… 1329

8.6.5 直流物理气相沉积设备，直流物理氣相沉積設備，
Direct Current Physical Vapor Deposition (DCPVD) System ………… 1331

8.6.6 射频物理气相沉积设备，射頻物理氣相沉積設備，
Radio Frequency Physical Vapor Deposition (RFPVD) System ……… 1332

8.6.7 磁控溅射设备，磁控濺射設備，Magnetron Physical Vapor Deposition
(Magnetron-PVD) System ………………………………………………… 1334

8.6.8 离子化物理气相沉积设备，離子化物理氣相沉積設備，
Ionized Physical Vapor Deposition (Ionized-PVD) System …………… 1337

8.6.9 常压化学气相沉积设备，常壓化學氣相沉積設備，Atmospheric
Pressure Chemical Vapor Deposition (APCVD) System ……………… 1340

8.6.10 低压化学气相沉积设备，低壓化學氣相沉積設備，
Low Pressure Chemical Vapor Deposition (LPCVD) System ………… 1341

8.6.11 等离子体增强化学气相沉积设备，電漿增強化學氣相沉積設備，
Plasma Enhanced Chemical Vapor Deposition（PECVD）System ……… 1342

8.6.12 高密度等离子体增强化学气相沉积设备，高密度電漿增強化學氣相沉積設備，High Density Plasma Chemical Vapor Deposition
（HDP-CVD）System ……………………………………………… 1345

8.6.13 金属化学气相沉积设备，金屬化學氣相沉積設備，
Metal Chemical Vapor Deposition（Metal-CVD）System ………… 1347

8.6.14 原子层沉积设备，原子層沉積設備，
Atomic Layer Deposition System ……………………………………… 1350

8.6.15 光化学气相沉积，光化學氣相沉積，
Photo Chemical Vapor Deposition（Photo-CVD） ………………… 1353

8.6.16 激光化学气相沉积，雷射化學氣相沉積，
Laser-Assist Chemical Vapor Deposition（LA-CVD） …………… 1354

8.6.17 电子回旋共振等离子化学气相沉积设备，電子回旋共振微波電漿化學氣相沉積設備，Electron Cyclotron Resonance CVD
（ECR-CVD）System ……………………………………………… 1355

8.6.18 金属有机气相沉积设备，金屬有機氣相沉積設備，
Metal Organic Chemical Vapor Deposition（MOCVD）System …… 1356

8.6.19 分子束外延系统，分子束磊晶系統，
Molecular Beam Epitaxy System ……………………………………… 1358

8.6.20 气相外延系统，氣相磊晶系統，
Vapor Phase Epitaxy（VPE）System ………………………………… 1360

8.6.21 液相外延系统，液相磊晶系統，
Liquid Phase Epitaxy（LPE）System ………………………………… 1362

8.6.22 化学束外延系统，化學束磊晶系統，
Chemical Beam Epitaxy（CBE）System ……………………………… 1364

8.6.23 离子团束外延系统，離子團束磊晶系統，
Ion Beam Epitaxy（IBE）System ……………………………………… 1365

8.6.24 低能离子束外延系统，低能離子束磊晶系統，
Low Energy Ion Beam Epitaxy（LE-IBE）System …………………… 1366

8.6.25 匀胶机，旋塗機，Spin Coater ……………………………………… 1368

8.7 等离子体刻蚀设备 ……………………………………………………… 1369

8.7.1 等离子体刻蚀原理及设备简介，電漿蝕刻原理及設備簡介，
Principle of Plasma Etching and Equipment ………………………… 1369

8.7.2 等离子体刻蚀设备的分类，電漿蝕刻設備的分類，
Category of Plasma Etching Equipment ……………………………… 1371

8.7.3 等离子体刻蚀设备的应用及展望，電漿蝕刻設備的應用及展望，
Plasma Etching Equipment：Application and Outlook ………………………… 1375

8.7.4 离子束刻蚀设备，離子束蝕刻設備，
Ion Beam Etching（IBE）Equipment ……………………………………………… 1377

8.7.5 等离子刻蚀设备，電漿蝕刻設備，Plasma Etching Equipment ……………… 1379

8.7.6 反应离子刻蚀设备，反應離子蝕刻設備，
Reactive Ion Etching（RIE）Equipment ………………………………………… 1380

8.7.7 磁场增强反应离子刻蚀设备，磁場增強型反應離子蝕刻設備，
Magnetically Enhanced Reactive Ion Etching（MERIE）Equipment ……… 1382

8.7.8 电容耦合等离子体刻蚀设备，電容耦合電漿蝕刻設備，
Capacitively Coupled Plasma（CCP）Etching Equipment ………………… 1384

8.7.9 电感耦合等离子体刻蚀设备，電感耦合電漿蝕刻設備，
Inductively Coupled Plasma（ICP）Etching Equipment …………………… 1387

8.7.10 电子回旋共振等离子体刻蚀设备，電子回旋共振電漿蝕刻設備，
Electron Cyclotron Resonance（ECR）Plasma Etching Equipment ……… 1391

8.7.11 螺旋波等离子体刻蚀设备，螺旋波電漿蝕刻設備，
Helicon Wave Plasma（HWP）Etching Equipment ………………………… 1393

8.7.12 表面波等离子体刻蚀设备，表面波電漿蝕刻設備，
Surface Wave Plasma（SWP）Etching Equipment ………………………… 1396

8.7.13 原子层刻蚀设备，原子層蝕刻設備，
Atomic Layer Etching（ALE）Equipment …………………………………… 1398

8.7.14 等离子体去胶设备，電漿除光阻設備，Plasma Stripping Equipment … 1401

8.7.15 干法清洗设备，乾式清洗設備，Dry Cleaning Equipment ……………… 1404

8.7.16 等离子体刻蚀设备的主机平台，電漿蝕刻設備的主機平臺，
Platform of Plasma Etching Equipment …………………………………… 1407

8.7.17 等离子体刻蚀设备反应腔部件的材料，電漿蝕刻設備反應腔零部件的
材質，Materials of Chamber Parts in Plasma Etching Equipment ……… 1410

8.7.18 等离子体刻蚀设备中的静电吸盘，電漿蝕刻設備中的靜電吸盤，
Electrostatic Chuck（ESC）in Plasma Etching Equipment ……………… 1412

8.8 湿法设备 …………………………………………………………………………… 1415

8.8.1 湿法工艺设备概述，濕法製程設備概述，
Overview of Wet Processing and Wet Equipment ………………………… 1415

8.8.2 槽式圆片清洗系统，槽式晶圓清洗系統，
Bench-Type Wet Cleaning System ………………………………………… 1418

8.8.3 槽式圆片刻蚀机，槽式晶圓蝕刻機，Bench-type Wet Etcher ………… 1420

8.8.4 单圆片湿法设备，單晶圓濕法設備，
Single-Wafer Type Cleaning Equipment …………………………………… 1421

8.8.5 单圆片清洗设备，單晶圓清洗設備，
Single-Wafer Type Cleaning System 1423

8.8.6 单圆片刷洗设备，單晶圓刷洗設備，Single-Wafer Type Scrubber 1426

8.8.7 单圆片刻蚀设备，單晶圓蝕刻設備，Single-Wafer Type Wet Etcher 1428

8.8.8 单槽体圆片清洗机，單槽體晶圓清洗機，Single-Bath Wafer Cleaner 1430

8.8.9 低温超临界流体圆片清洗机，低溫超臨界流體晶圓清洗機，
Cryogenic-Aerosol Wafer Cleaner 1432

8.8.10 化学机械抛光机，化學機械抛光機，
Chemical Mechanical Polisher（CMP）...... 1434

8.8.11 无应力抛光设备，無應力抛光設備，Stress Free Polish Equipment 1436

8.8.12 电化学镀铜设备，電化學鍍銅設備，
Copper Electro-Chemical Plating（Cu-ECP）Equipment 1439

8.9 工艺检测设备 1441

8.9.1 工艺检测设备的作用和主要类型，製程檢測設備的作用和主要類型，
Metrology and Inspection Equipment：Roles and Categrories 1441

8.9.2 套刻误差测量设备，微影疊對量測設備，
Overlay Metrology Equipment 1442

8.9.3 关键尺寸扫描电子显微镜，關鍵尺寸掃描電子顯微鏡，
Critical Dimension Scanning Electron Microscope（CD-SEM）...... 1446

8.9.4 光学薄膜测量设备，光學薄膜量測設備，
Optical Thin Film Metrology Equipment 1448

8.9.5 光学关键尺寸测量设备，光學關鍵尺寸量測設備，
Optical Critical Dimension（OCD）Measurement Equipment 1450

8.9.6 明场光学图形圆片缺陷检测设备，明場光學圖形晶圓缺陷檢測設備，
Bright Field Optical Patterned Wafer Defect Inspection Equipment 1453

8.9.7 暗场光学图形圆片缺陷检测设备，暗場光學圖形晶圓缺陷檢測設備，
Dark Field Optical Patterned Wafer Defect Inspection Equipment 1455

8.9.8 无图形圆片表面检测系统，無圖形晶圓表面檢測系統，
Unpatterned Wafer Surface Inspection Tool 1457

8.9.9 宏观缺陷检测设备，宏觀缺陷檢測設備，
Macro Defect Inspection Tool 1459

8.9.10 电子束图形圆片缺陷检测设备，電子束晶圓缺陷檢測設備，
Electron Beam Inspection（EBI）Equipment for Wafer Defects 1461

8.9.11 缺陷分析扫描电子显微镜，缺陷分析掃描電子顯微鏡，
Defect-Review Scanning Electron Microscope 1463

8.9.12 X射线测量设备，X射綫量測設備，X-Ray Metrology Equipment 1465

8.9.13 原子力显微镜，原子力顯微鏡，Atomic Force Microscope（AFM）...... 1467

8.9.14 聚焦离子束显微镜，聚焦離子束顯微鏡，
Focused Ion Beam (FIB) Microscope ·················· 1469

8.9.15 傅里叶变换红外光谱仪，傅立葉變換紅外光譜儀，
Fourier Transform Infrared (FTIR) Spectrometer ·················· 1470

8.9.16 薄膜应力测试设备，薄膜應力測試設備，
Film Stress Measurement Tool ·················· 1471

8.9.17 四探针方块电阻测试仪，四點探針方塊電阻測試儀，
Four-Point Probe ·················· 1473

8.9.18 表面台阶仪，表面臺階儀，Surface Profiler ·················· 1475

8.10 组装与封装设备 ·················· 1476

 8.10.1 组装与封装工艺及设备，組裝與封裝製程及設備，Overview of
Process and Equipment for Assembling and Packaging ·················· 1476

 8.10.2 圆片减薄机，晶圓減薄機，Wafer Grinder ·················· 1478

 8.10.3 砂轮划片机，晶圓切割機，Dicing Saw ·················· 1481

 8.10.4 激光划片机，雷射切割機，Laser Saw ·················· 1484

 8.10.5 临时键合/解键合机，臨時鍵合/解鍵合機，
Temporary Bonding/Debonding Machine ·················· 1487

 8.10.6 圆片键合机，晶圓鍵合機，Wafer Bonder ·················· 1488

 8.10.7 植球机，植球機，Ball Mounting Machine ·················· 1489

 8.10.8 黏片机，黏片機，Die Bonder ·················· 1491

 8.10.9 引线键合机，引綫鍵合機，Wire Bonder ·················· 1492

 8.10.10 倒装机，倒裝機，Flip Chip Bonder ·················· 1495

 8.10.11 助焊剂清洗机，助焊劑清洗機，Flux Cleaner ·················· 1497

 8.10.12 回流炉，回流爐，Reflow Oven ·················· 1498

 8.10.13 塑封机，塑封機，Molding Machine ·················· 1500

 8.10.14 电镀及浸焊生产线，電鍍及浸焊生產綫，
Electro Plating and Wave Soldering System ·················· 1501

 8.10.15 切筋成型机，切筋成型機，Cropping Machine ·················· 1502

 8.10.16 激光打标设备，雷射印標機，Laser Marking Machine ·················· 1503

8.11 主要公用部件 ·················· 1504

 8.11.1 设备前端模块，設備前端模組，Equipment Front End Module (EFEM) ··· 1504

 8.11.2 机械手，機械手臂，Manipulator ·················· 1505

 8.11.3 气体质量流量控制器，氣體質量流量控制器，
Mass Flow Controller (MFC) ·················· 1508

 8.11.4 射频电源，射頻電源，RF Generator ·················· 1510

 8.11.5 尾气处理装备，尾氣處理裝備，Local Scrubber ·················· 1511

8.11.6　干泵，乾式泵，Dry Pump ·· 1513
8.11.7　冷泵，冷凍泵，Cryopump ··· 1515
8.11.8　分子泵，分子泵，Turbo Pump ··· 1516
8.11.9　低温冷却器，低溫冷卻器，Chiller ··· 1517
8.11.10　阀门，閥門，Valves ··· 1519
8.11.11　气路系统，氣路系統，Gas Panel ·· 1520
8.11.12　静电吸盘，靜電吸盤，Electrostatic Chuck（E-Chuck） ············ 1522
8.11.13　反应腔喷淋头，反應腔噴淋頭，Process Chamber Showerhead ····· 1523
8.11.14　反应腔室，反應腔室，Reaction Chamber ······························· 1524

8.12　集成电路测试设备 ··· 1525
8.12.1　集成电路测试设备概述，積體電路測試設備概述，
　　　　 Overview of IC Testing Equipment ·· 1525
8.12.2　通用数字集成电路测试系统，通用數位積體電路測試系統，
　　　　 Logic IC Test System ·· 1527
8.12.3　存储器测试系统，記憶體測試系統，Memory IC Test System ······· 1528
8.12.4　SoC 测试系统，SoC 測試系統，SoC Test System ······················ 1529
8.12.5　模拟/混合集成电路自动测试系统，類比與混合型積體電路
　　　　 自動測試系統，Analog/Mixed-Signal IC Test System ················ 1532
8.12.6　射频集成电路自动测试系统，射頻積體電路自動測試系統，
　　　　 RF IC Test System ··· 1534
8.12.7　定制化测试设备，定制化測試設備，Customized Test System ······ 1536
8.12.8　测试仪表，測試儀表，Test Instrument ···································· 1537

8.13　生产线其他相关设备 ·· 1538
8.13.1　电感耦合等离子体质谱仪，電感耦合電漿質譜儀，
　　　　 Inductively Coupled Plasma-Mass Spectrometer（ICP-MS） ········ 1538
8.13.2　离子色谱仪，離子色譜儀，Ion Chromatograph ························· 1538
8.13.3　热脱附气相色谱质谱仪，熱脫附氣相色譜質譜儀，Thermal
　　　　 Desorption-Gas Chromatogram Mass Spectrometer（GC-MS） ····· 1539
8.13.4　自动滴定仪，自動滴定儀，Titrator ······································· 1540
8.13.5　研磨液颗粒计数仪，研磨液顆粒計數儀，Accusizer ···················· 1541
8.13.6　液体颗粒计数仪，液體顆粒計數儀，
　　　　 Liquid Particle Counter（LPC） ··· 1541

第9章　集成电路专用材料 ·· 1543

9.1　硅材料 ·· 1545
9.1.1　集成电路对硅材料的要求，積體電路對矽材料的要求，
　　　　 Requirements of IC for Silicon Materials ································· 1545

9.1.2 高纯多晶硅，高純多晶矽，High Purity Polycrystalline Silicon ············ 1548

9.1.3 单晶硅，單晶矽，Mono Crystalline Silicon ············ 1549

9.1.4 非晶硅薄膜，非晶矽薄膜，Amorphous Silicon Thin Film ············ 1551

9.1.5 纳米硅材料，奈米矽材料，Nano-Silicon Materials ············ 1552

9.1.6 硅外延单晶薄膜，矽磊晶單晶薄膜，
Monocrystalline Silicon Epitaxial Film ············ 1554

9.1.7 SOI 材料，SOI 材料，Silicon-on-Insulator ············ 1555

9.1.8 硅基 SiGe 薄膜，矽基 SiGe 薄膜，SiGe Film on Silicon Substrate ········ 1558

9.1.9 硅基应变硅薄膜，矽基應變矽薄膜，
Strained Silicon Film on Silicon Substrate ············ 1559

9.1.10 硅基碳管，矽基碳管，Carbon Nanotubes on Silicon Substrate ············ 1560

9.1.11 硅基石墨烯，矽基石墨烯，Graphene on Silicon Substrate ············ 1561

9.1.12 硅基发光材料，矽基發光材料，
Light Emitting Materials on Silicon Substrate ············ 1562

9.2 硅片加工 ············ 1563

9.2.1 晶体热处理，晶體熱處理，Heat Treatment of Crystal Ingot ············ 1563

9.2.2 晶体定向，晶體定向，Orientation of Crystal ············ 1564

9.2.3 晶锭切断工艺，晶錠切斷工藝，Cutting Technology of Crystal Ingot ······ 1565

9.2.4 切片工艺，切片技術，Slicing Technology ············ 1566

9.2.5 研磨工艺，研磨技術，Lapping Technology ············ 1567

9.2.6 抛光工艺和抛光片，抛光技術和抛光片，
Polishing Technology and Polished Wafer ············ 1569

9.2.7 硅片清洗与包装，矽片清洗與包裝，
Cleaning and Packaging of Silicon Wafer ············ 1571

9.3 硅材料中的缺陷与杂质 ············ 1573

9.3.1 点缺陷，點缺陷，Point Defects ············ 1573

9.3.2 线缺陷，綫缺陷，Line Defects ············ 1574

9.3.3 面缺陷，面缺陷，Surface Defects ············ 1575

9.3.4 体缺陷，體缺陷，Bulk Defects ············ 1577

9.3.5 微缺陷，微缺陷，Microdefects ············ 1578

9.3.6 直拉单晶硅中的氧，矽單晶中的氧，Oxygen in CZ Silicon ············ 1579

9.3.7 直拉单晶硅中的碳，矽單晶中的碳，Carbon in CZ Silicon ············ 1580

9.3.8 直拉单晶硅中的氮，矽單晶中的氮，Nitrogen in CZ Silicon ············ 1581

9.3.9 直拉单晶硅中的金属杂质，矽單晶中的金屬雜質，
Metallic Impurity in CZ Silicon ············ 1582

9.3.10 滑移位错，滑移位錯，Slip Dislocation ……… 1583

9.3.11 失配位错，失配位錯，Misfit Dislocation ……… 1585

9.3.12 氧化诱生层错，氧化誘生層錯，Oxygen-Induced Stacking Faults ……… 1586

9.3.13 外延缺陷，磊晶缺陷，Epitaxial Defects ……… 1587

9.3.14 诱生微缺陷，誘生微缺陷，Induced Microdefects ……… 1588

9.4 化合物半导体 ……… 1590

9.4.1 化合物半导体材料，化合物半導體材料，
Compound Semiconductor Materials ……… 1590

9.4.2 集成电路对化合物半导体材料的要求，積體電路對化合物半導體材料的要求，Requirement of IC for Compound Semiconductor Materials ……… 1590

9.4.3 砷化镓单晶的制备，砷化鎵單晶的製備，
Fabrication of Monocrystalline GaAs ……… 1592

9.4.4 砷化镓热处理和晶片加工，砷化鎵熱處理和晶圓加工，
Thermal Treatment and Processing of GaAs Wafers ……… 1594

9.4.5 砷化镓外延，砷化鎵磊晶，GaAs Epitaxy ……… 1595

9.4.6 磷化铟的性质，磷化銦的性質，Properties of InP ……… 1597

9.4.7 磷化铟单晶制备，磷化銦單晶製備，
Fabrication of Monocrystalline InP ……… 1598

9.4.8 铟镓砷，銦鎵砷，InGaAs ……… 1599

9.4.9 氮化镓单晶，氮化鎵單晶，Monocrystalline GaN ……… 1600

9.4.10 氮化镓薄膜，氮化鎵薄膜，GaN Thin Film ……… 1602

9.4.11 蓝宝石晶体与衬底材料，藍寶石晶體與襯底材料，
Crystalline Al_2O_3 and Substrate Materials ……… 1602

9.4.12 碳化硅单晶，碳化矽單晶，Monocrystalline Silicon Carbide ……… 1603

9.4.13 碳化硅薄膜，碳化矽薄膜，Silicon Carbide Film ……… 1605

9.4.14 化合物量子阱材料，化合物量子阱材料，
Compound Quantum Well Materials ……… 1606

9.4.15 化合物量子点材料，化合物量子點材料，
Compound Quantum Dot Materials ……… 1607

9.5 光掩模和光刻胶材料 ……… 1609

9.5.1 集成电路对光掩模材料的要求及发展，積體電路對光罩材料的要求及發展，Requirements of IC for Photomask Materials and Development of Photomask Materials ……… 1609

9.5.2 光掩模基板材料，光罩基板材料，Photomask Substrate Material ……… 1610

9.5.3 匀胶铬版光掩模，匀膠鉻版光罩，
Photoresist Applied Chrome Thin Film Photoplate ……… 1612

- 9.5.4 移相掩模，相位移光罩，Phase-Shift Mask（PSM） ·················· 1614
- 9.5.5 极紫外掩模，極紫外光罩，
  Extreme Ultraviolet Lithography Photomask ·················· 1616
- 9.5.6 硬掩模，硬光罩，Hard Photomask ·················· 1617
- 9.5.7 光刻胶，光阻，Photoresist ·················· 1618
- 9.5.8 g线和i线的紫外光刻胶，g綫和i綫的紫外光阻，
  UV Photoresist for g-Line and i-Line ·················· 1621
- 9.5.9 KrF和ArF深紫外光刻胶，KrF和ArF深紫外光阻，
  DUV Photoresist for KrF and ArF ·················· 1623
- 9.5.10 极紫外光刻胶，極紫外光阻，EUV Photoresist ·················· 1624
- 9.5.11 新型光刻胶材料，新型光阻材料，
  Next Generation Lithography Materials ·················· 1625
- 9.5.12 光敏聚酰亚胺，光敏聚酰亞胺，Photosensitive Polyimid ·················· 1627
- 9.5.13 抗反射涂层，抗反射塗層，Antireflection Coating ·················· 1629
- 9.5.14 光刻胶配套试剂，光阻配套試劑，Ancillaries ·················· 1629

9.6 工艺辅助材料 ·················· 1630
- 9.6.1 浸没液体，浸沒液體，Immersion Fluid ·················· 1630
- 9.6.2 高纯特种气体，高純特種氣體，High Purity Special Gases ·················· 1632
- 9.6.3 硅片精密加工材料，矽片精密加工材料，
  Precise Processing Materials for Silicon Wafers ·················· 1637
- 9.6.4 石英制品，石英製品，Quartz Products ·················· 1639
- 9.6.5 高纯化学试剂，高純化學試劑，High Purity Chemicals ·················· 1642
- 9.6.6 清洗腐蚀试剂，清洗蝕刻試劑，Cleaning and Etching Chemicals ·················· 1643
- 9.6.7 化学机械抛光液，化學機械拋光液，
  Chemical Mechanical Polishing Slurry ·················· 1645
- 9.6.8 化学机械抛光垫和化学机械抛光修整盘，化學機械拋光墊和化學機械拋光
  修整盤，Chemical Mechanical Polishing Pad and Conditioning Disc ····· 1646
- 9.6.9 掺杂试剂，摻雜試劑，Doping Reagents ·················· 1647
- 9.6.10 铝靶，鋁靶，Aluminum Target ·················· 1648
- 9.6.11 钛靶，鈦靶，Titanium Target ·················· 1650
- 9.6.12 钽靶，鉭靶，Tantalum Target ·················· 1651
- 9.6.13 铜靶，銅靶，Copper Target ·················· 1653
- 9.6.14 贵金属靶，貴金屬靶，Precious Metal Target ·················· 1654

9.7 封装结构材料 ·················· 1655
- 9.7.1 引线框架材料，引線框架材料，Lead Frame Materials ·················· 1655
- 9.7.2 塑封材料，塑封材料，Plastic Packaging Materials ·················· 1657

9.7.3 陶瓷封装材料，陶瓷封裝材料，Ceramic Packaging Materials ……… 1658

9.7.4 金属封装材料，金屬封裝材料，Metal Packaging Materials ……… 1661

9.7.5 陶瓷基板材料，陶瓷基板材料，Ceramic Substrate Materials ……… 1663

9.7.6 有机封装基板，有機封裝基板，Organic Packaging Substrate ……… 1664

9.7.7 贵金属及其键合引线材料，貴金屬及其鍵合引綫材料，
Precious Metals and Their Bonding Wire Inner Leads Materials ……… 1666

9.7.8 键合铜线、铝线及其合金引线材料，鍵合銅絲、鋁絲及其合金引綫材料，
Copper Bonding Wire, Alloy of Copper Bonding Wire, Aluminium Bonding
Wire and Alloy of Aluminium Bonding WireInner Leads Materials ……… 1668

9.7.9 导电胶黏结材料，導電膠黏結材料，Conductive Adhesive Materials ……… 1671

9.7.10 绝缘黏结胶材料，絕緣黏結膠材料，Insulated Adhesive Materials ……… 1672

9.7.11 焊料，銲料，Solder ……… 1672

9.7.12 底填料，底填料，Underfill ……… 1675

第10章 集成电路基础研究与前沿技术发展 ……… 1679

10.1 非传统新结构器件 ……… 1681

10.1.1 栅极全环绕器件，閘極全環繞元件，
Gate-All-Around（GAA）Device ……… 1681

10.1.2 隧道场效应晶体管，隧道穿透場效應電晶體，
Tunneling Field Effect Transistor ……… 1682

10.1.3 碰撞电离 MOS 器件，碰撞電離 MOS 元件，
Impact Ionization MOS ……… 1684

10.1.4 自旋场效应晶体管，自旋場效應電晶體，
Spin Field Effect Transistor ……… 1685

10.1.5 负栅电容晶体管，負柵電容電晶體，
Negative Capative MOSFET（NC-MOSFET）……… 1687

10.1.6 磁阻式随机存储器，磁阻式隨機記憶體，
Magnetoresistive Random Access Memory（MRAM）……… 1690

10.1.7 自旋转移矩磁随机存储器，自旋轉移力矩磁隨機記憶體，Spin Transfer
Torque-Based Magnetoresistive Random Access Memory（STT-MRAM）… 1693

10.1.8 相变存储器，相變記憶體，Phase Change Random Access Memory ……… 1695

10.1.9 阻变随机存储器，阻變隨機記憶體，
Resistive Switching Random Access Memory（RRAM）……… 1698

10.1.10 忆阻器，憶阻器，Memristor ……… 1700

10.1.11 准 SOI 器件，準 SOI 器件，Quasi-SOI Devices ……… 1702

10.2 新型集成电路 ······ 1705

10.2.1 人工神经网络，人工神經網路，Artificial Neural Network ······ 1705
10.2.2 类脑芯片，類腦晶片，Brain-Inspired Chip ······ 1707
10.2.3 可重构计算集成电路，可重構計算積體電路， Reconfigurable Computing Integrated Circuits ······ 1709
10.2.4 太赫兹集成电路，太赫茲積體電路， Terahertz Integrated Circuit (THz IC) ······ 1711
10.2.5 量子集成电路，量子積體電路，Quantum Integrated Circuit ······ 1713
10.2.6 认知无线电集成电路，認知無綫電積體電路， Cognitive Radio Integrated Circuit ······ 1715
10.2.7 非易失性逻辑集成电路，非揮發性邏輯積體電路， Non-volatile Logic Integrated Circuit ······ 1717
10.2.8 生物医学芯片，生物醫學晶片，Biomedical Chip ······ 1720

10.3 集成电路新材料 ······ 1722

10.3.1 金刚石，金剛石，Diamond ······ 1722
10.3.2 石墨烯，石墨烯，Graphene ······ 1724
10.3.3 类石墨烯材料，類石墨烯材料，Graphene-Like Materials ······ 1726
10.3.4 纳米线材料，奈米綫材料，Nanowire Materials ······ 1728
10.3.5 碳纳米管，碳奈米管，Carbon Nanotube (CNT) ······ 1730
10.3.6 锗锡，鍺錫，GeSn ······ 1732
10.3.7 量子线材料，量子綫材料，Quantum Wire Materials ······ 1735
10.3.8 拓扑绝缘体，拓撲絕緣體，Topological Insulator (TI) ······ 1736

10.4 先进集成电路制造技术 ······ 1738

10.4.1 超低介电常数和空气隙，超低介電常數和空氣隙， Low-k Dielectric and Air Gap ······ 1738
10.4.2 等离子体掺杂，電漿佈植，Plasma Doping ······ 1739
10.4.3 纳米压印光刻，奈米壓印光刻，Nano-Imprint Lithography (NIL) ······ 1742
10.4.4 定向自组装光刻，定向自組裝微影， Directed Self-Assembly (DSA) Lithography ······ 1743

10.5 新型集成与互连 ······ 1746

10.5.1 三维互连工艺，三維互連制程，3D Interconnect Technology ······ 1746
10.5.2 基于TSV的三维集成电路，基於TSV的三維積體電路， TSV-Based 3D IC ······ 1748
10.5.3 片上光互连，單晶片光連接模組，On-Chip Optical Interconnect ······ 1750

10.6 纳米级器件模型与模拟 ………………………………………… 1751

10.6.1 半导体技术计算机辅助设计，半導體技術計算機輔助設計，Technology Computer Aided Design ………………………………………… 1751

10.6.2 蒙特卡洛器件模拟，蒙特卡洛器件模擬，Monte Carlo Simulation for Device ………………………………………… 1753

10.6.3 准弹道输运，準彈道輸運，Quasi-ballistic Transport ………… 1754

10.6.4 非平衡格林函数，非平衡格林函數，Non-equilibrium Green's Function（NEGF） ………………………………………… 1756

10.6.5 分子动力学模拟，分子動力學模擬，Molecular-Dynamics Simulation … 1757

10.6.6 第一性原理，第一性原理，First Principles Method ………… 1759

10.6.7 密度泛函理论，密度泛函理論，Density Functional Theory（DFT） ………………………………………… 1760

10.6.8 原子级器件模拟，原子級器件模擬，Atomic Device Simulation … 1761

10.7 柔性半导体器件 ………………………………………… 1762

10.7.1 可延展无机半导体器件，可延展無機半導體器件，Flexable Inorganic Semiconductor Devices（FISD） ………………………………………… 1762

10.7.2 可折叠硅集成电路，可折疊矽積體電路，Foldable Silicon Integrated Circuit（FSIC） ………………………………………… 1764

10.7.3 柔性薄膜晶体管，柔性薄膜電晶體，Flexible Thin Film Transistors（FTFT） ………………………………………… 1765

10.7.4 有机场效应晶体管，有機場效應電晶體，Organic Field Effect Transistors（OFET） ………………………………………… 1768

10.7.5 柔性存储器，柔性記憶體，Flexible Memory（FM） ………… 1769

10.7.6 柔性衬底技术，柔性襯底技術，Flexible Substrate Technology（FST） ………………………………………… 1771

10.7.7 柔性电子标签，柔性電子標籤，Flexible RFID ……………… 1773

10.7.8 柔性微机电系统技术，柔性微機電系統技術，Flexible Micro Electro Mechanical Systems（F-MEMS） ………………………………………… 1774

10.7.9 有机半导体材料，有機半導體材料，Organic Semiconductor Materials（OSM） ………………………………………… 1776

10.7.10 有机半导体异质结，有機半導體異質結，Organic Heterojunctions（OH） ………………………………………… 1778

10.7.11 有机发光二极管，有機發光二極體，Organic Light Emitting Diode（OLED） ………………………………………… 1779

10.7.12 有机光探测器，有機光探測器，Organic Photodetectors ……… 1780

10.7.13　有机太阳电池，有機太陽電池，Organic Solar Cells …………… 1781

10.8　集成微系统技术 …………………………………………………… 1783
10.8.1　可植入式微系统，可植入式微系統，Implantable Microsystem ……… 1783
10.8.2　纳米能源器件，奈米能源器件，Nano Energy Devices ……………… 1784
10.8.3　体硅微加工工艺，矽微加工技術，
　　　　Bulk-Si Micromachining Technology ……………………………… 1785
10.8.4　表面硅微加工工艺，面型矽微加工技術，
　　　　Surface-Si Micromachining Techonlogy …………………………… 1786
10.8.5　光刻-电镀-注塑技术，微影-電鍍-造模技術，
　　　　Lithographie-Galvanoformung-Abformung（LIGA）Process ……… 1787
10.8.6　智能传感器，智慧型感測器，Smart Sensors ………………………… 1788

10.9　先进表征技术与测试技术 …………………………………………… 1789
10.9.1　导电原子力显微镜，導電原子力顯微鏡，
　　　　Conductive Atomic Force Microscope（CAFM）…………………… 1789
10.9.2　原子探测断层成像，原子探針斷層成像，
　　　　Atom Probe Tomography ………………………………………… 1791
10.9.3　非弹性电子隧道谱技术，非彈性電子穿隧譜技術，
　　　　Inelastic Electron Tunneling Spectroscopy ………………………… 1792
10.9.4　飞秒激光技术，飛秒雷射科技，Technology of Femtosecond Lasers …… 1794
10.9.5　低功耗测试，低功耗測試，Power-Aware Testing ………………… 1795
10.9.6　三维集成电路测试，三維積體電路測試，3D IC Testing ……………… 1796
10.9.7　嵌入式内核测试，嵌入式內核測試，Embedded Core Testing ………… 1798
10.9.8　缺陷容忍度，缺陷容忍度，Defect Tolerance ……………………… 1800
10.9.9　自适应测试，自我調整測試，Adaptive Testing ……………………… 1801
10.9.10　硬件安全和可信度，硬體安全和可信度，
　　　　Hardware Security and Trust ……………………………………… 1803

附录A　集成电路企业简介 ………………………………………………… 1807
A.1　全球部分半导体企业简表 …………………………………………… 1807
A.2　全球重要半导体企业排名 …………………………………………… 1810
　　A.2.1　全球重要集成电路设计企业排名 ……………………………… 1810
　　A.2.2　全球重要集成电路制造企业排名 ……………………………… 1811
　　A.2.3　全球重要集成器件制造商排名 ………………………………… 1811
　　A.2.4　全球重要集成电路封装测试企业排名 ………………………… 1812

A.2.5	全球重要圆片制造设备供应商排名	1813
A.2.6	全球重要车用半导体供货商排名	1813
A.2.7	全球重要 MEMS 企业排名	1814

A.3 中国重要半导体企业排名 1814

A.3.1	中国重要集成电路设计企业排名	1814
A.3.2	中国重要集成电路制造企业排名	1815
A.3.3	中国重要半导体封装测试企业排名	1815
A.3.4	中国其他重要半导体企业	1816

A.4 中国半导体与集成电路产业联盟 1818

A.4.1	中国半导体产业相关联盟	1818
A.4.2	中国半导体产业相关联盟简介	1818

A.5 索尔维会议 1822

附录 B 常用参考表 1825

B.1 希腊字母表 1825

B.2 常用物理化学参考表 1826

B.2.1	元素周期表	1826
B.2.2	集成电路制造常用元素	1827
B.2.3	常用气体的物理化学特性表	1828
B.2.4	部分液体的物理化学特性表	1829
B.2.5	常用半导体材料参数表	1830
B.2.6	物理化学常量表	1831

B.3 常用数学常数表 1832

B.4 常用物理学常量表 1834

B.4.1	通用物理常量表	1834
B.4.2	电磁学常量表	1834
B.4.3	原子与原子核常量表	1835

B.5 国际单位制（SI Units） 1835

B.5.1	国际单位制基本单位	1835
B.5.2	国际单位制导出单位	1836
B.5.3	可与国际单位制单位并用的我国法定计量单位	1837
B.5.4	国际单位制词头	1838

B.6 常用单位换算表 1838

  B.6.1 常用长度单位换算表 ················· 1838

  B.6.2 常用面积单位换算表 ················· 1838

  B.6.3 常用体积和容量单位换算表 ············ 1839

  B.6.4 其他常用单位换算表 ················· 1839

  B.6.5 常用货币换算表 ····················· 1840

附录 C 集成电路常用缩写语 ························ 1841

附录 D 集成电路产业常用词汇 ······················ 1853

索引 ·· 1869

第 4 章　集成电路生产线建设

集成电路芯片被喻为现代工业的"粮食",其技术水平和生产线建设发展规模已成为衡量一个国家产业竞争力和综合国力的重要标志之一。进入 21 世纪,集成电路技术演进呈现新趋势,制造工艺不断逼近物理极限,新结构、新材料、新器件孕育重大突破。集成电路生产线也发生了日新月异的变化,自动化程度不断提高,业已成为"智能制造"的标杆。

本章内容涵盖了世界和中国集成电路生产线发展历程及生产线建设所涉及的知识,主要介绍集成电路生产线的发展历程、集成电路生产线的选址与环境影响评价、集成电路生产线设计、集成电路生产线厂房的洁净室与空调、集成电路生产线厂房的中央气体系统与化学品供应系统、集成电路生产线厂房的建设与管理、集成电路生产线的节能降耗、集成电路生产线的危险化学品管理,以及集成电路生产线建设的现状和发展趋势。

◎ 本章编委会

主　　编：张汝京
副主编：姜　镭　王毅勃
编　　委（按姓氏笔画排序）：
　　　　于兰藏　于永航　马传辉
　　　　刘　伟　刘　浩　李新国
　　　　肖德元　顾小剑
责任编委：于永航

第4章 集成电路生产线建设

4.1 集成电路生产线的发展历程

集成电路生产线一般是指由生产工艺需求的洁净室和生产辅助厂房等各类建筑,以及圆片工艺和封装测试工艺所必需的设备,包含超纯水、电力、纯化气体、化学品等相关供应的中央供应系统,以及废水、废气等相关有害物质的处理系统等组成的生产集成电路产品所需要的整体智能制造环境。

4.1.1 集成电路生产线发展情况,積體電路生產綫發展情況,History of IC Manufacturing Line

1960 年,洛尔(H. H. Loor)和卡斯泰拉尼(E. Castellani)发明了光刻工艺,使得集成电路产品可以大规模批量生产制造。

1964 年,集成电路平面工艺技术由美国仙童半导体公司的诺伊斯(R. Noyce)发明,之后相继有多条集成电路生产线在美国建立,圆片尺寸通常以 1~2in 为主。

1963 年,美国仙童半导体公司的万拉斯(F. Wanlass)发明低功耗互补金属-氧化物-半导体(CMOS)场效应晶体管单元电路。

1968 年,美国 RCA 公司制造出第一块 CMOS 门阵列集成电路产品;多晶硅已取代金属铝作为栅电极材料。

1970 年,美国 Intel 公司首次采用 nMOS 技术推出 1Kbit 商用动态随机存储器(DRAM)。

1971 年,美国 Intel 公司推出全球第一个微处理器芯片 4004。

20 世纪 70 年代中期,集成电路生产线广泛采用肖克莱(W. Shockley)等人发明的离子注入掺杂技术。

20 世纪 80 年代,美国开始建设 4in 集成电路生产线,出现了双掺杂多晶硅金属硅化物栅 CMOS 器件结构工艺,低功耗的 CMOS 集成电路逐渐成为主流产品。集成电路工艺设备的全面自动化,大幅度减少了操作人员的数量,同时降低了操作人员对集成电路芯片的污染。至此,集成电路生产线日臻成熟,圆片尺寸从 2in、3in、4in、5in 过渡到 150mm,一般采用人工操作及搬运来实现圆片的传递、储存及工艺生产。为节省运行费用,保证洁净度要求,通常采用壁板将高洁净度的操作区和低洁净度的设备区隔离开来。

20 世纪 80 年代末,采用 SMIF(Standard Mechanical Interface)加微环境的 200mm 集成电路生产线开始建成投产,化学机械抛光(CMP)工艺被发明并应用于集成电路芯片制造,以满足多层布线所需的平坦度要求。

迈入 21 世纪后,300mm 集成电路生产线开始建成投产,圆片盒加微环境成为 300mm 集成电路生产线的主流。

2007 年，Intel 在 45nm 技术节点采用高 k 金属栅（HKMG）工艺。2011 年，在 22nm 技术节点时，Intel 首次工业化采用 FinFET 器件结构工艺。2005 年以来，纳米圆柱体全包围栅无结场效应晶体管及三维堆叠晶体管[1-4]技术发展快速，这些新技术有望在 7nm 及以下技术节点被工业界采用。集成电路生产线建设的发展历程见表 4-1。

表 4-1 集成电路生产线建设的发展历程

建成年份	圆片尺寸	拥有代表生产线的公司	代表产品	技术节点
1958	0.75in	德州仪器	振荡器电路	约 100μm
1964	1.25in	仙童半导体	铝栅 MOS 集成电路	25μm
1968	2in	RCA	多晶硅栅 CMOS 门阵列	10μm
1971	3in	Intel	1Kbit DRAM、4004 微处理器	6μm
1974	3in	Intel	8080 微处理器	5μm
1980	4in	Intel	8086/8088 微处理器	3μm
1982	5in	Intel	286 微处理器	1.5μm
1985	150mm	Intel	386 微处理器	1μm
1989	200mm	Intel	486 DX CPU 微处理器	800nm
1993	200mm	Intel	Pentium 处理器	600nm
1995	200mm	Intel	Pentium Pro 处理器	350nm
1997	200mm	Intel	Pentium Ⅱ 处理器	250nm
1999	200mm	Intel	Celeron 处理器	180nm
2002	200mm	Intel	Itanium 2，Pentium 4	130nm
2003	300mm	Intel	Pentium M Celeron M 处理器	90nm
2006	300mm	Intel	Core 2/Celeron Duo 处理器	65nm
2007	300mm	Intel	Atom 处理器	45nm（HKMG）
2009	300mm	Intel	Xeon 5600 系列处理器	32nm（HKMG）
2011	300mm	Intel	Ivy Bridge 处理器	22nm（FinFET）
2014	300mm	Intel	Broadwell-U 处理器	14nm（FinFET）
2017	300mm	Intel、三星、台积电、格芯	Cannonlake，系统芯片（SoC）	10nm（FinFET，QWFET）
2018	300mm	三星、台积电	系统芯片（SoC）	7nm（FinFET）（预期）
2020	300mm	三星、台积电	系统芯片（SoC）	5nm（GAA）（预期）

参考文献

[1] Deyuan Xiao, Gary Chen, Roger Lee, et al. System and method for integrated circuits with cylindrical gate structures: US, 8884363 [P]. 2010-09-28.

[2] Xiao D Y, Chi M H, Yuan D, et al. A novel accumulation mode GAAC FinFET transistor: Device analysis, 3D TCAD simulation and fabrication [J]. ECS Trans., 2009, 18 (1): 83-88.

[3] 肖德元, 王曦, 俞跃辉, 等. 一种新型混合晶向积累型圆柱体共包围栅互补金属氧化物场效应晶体管 [J]. 科学通报, 2009, 54 (14): 2051-2059.

[4] 肖德元, 张汝京. 无结场效应管: 新兴的后 CMOS 器件研究进展 [J]. 固体电子学研究与进展, 2016, 36 (2): 87-98.

撰稿人: 上海新昇半导体科技有限公司　肖德元
审稿人: 上海新昇半导体科技有限公司　张汝京

4.1.2　中国集成电路生产线发展情况,中國積體電路生產綫發展情況, History of China IC Manufacturing Line

20 世纪 60 年代中后期, 我国许多工厂利用国产设备建立了一批半导体生产线, 产品多数以晶体管为主。各省市所建厂中比较有名的有上海元件五厂, 上海无线电七厂, 上海无线电十四厂, 上海无线电十九厂, 苏州半导体厂, 常州半导体厂, 北京市半导体器件二厂、三厂、五厂、六厂, 天津半导体一厂和航天部西安 691 厂等。

1968 年, 上海无线电十四厂在国内首次研制成功 pMOS 集成电路。

20 世纪 70 年代初, 永川半导体研究所、上海无线电十四厂和北京 878 厂相继研制成功 nMOS 集成电路, 之后又研制成功 CMOS 集成电路, 拉开了我国发展 MOS 集成电路的序幕。

1983 年, 江苏无锡的江南无线电器材厂 (742 厂) 从日本东芝公司全面引进的全新完整的 3in 工艺设备集成电路生产线建成投产, 主要生产彩色和黑白电视机所用的集成电路产品。

1988 年, 在上海无线电十四厂基础上成立的上海贝岭微电子制造有限公司建成一条全新的 4in 集成电路生产线。

1988 年, 在上海元件五厂、七厂和十九厂联合技术引进项目基础上, 组建上海飞利浦半导体公司, 建成一条全新的 5in 集成电路生产线。

1990 年, 中国华晶电子集团公司承担国家 908 工程建成一条 150mm 集成电路生产线。

1991年，首钢NEC电子有限公司，建成一条150mm集成电路生产线。

1999年，上海华虹NEC电子有限公司承担国家"909"工程项目，建成一条自动化程度非常高的200mm超大规模集成电路生产线，采用0.35μm工艺量产制造64Mbit同步动态存储器（SDRAM）。

2001年，中芯国际集成电路制造有限公司首条200mm集成电路生产线在上海建成投产，制造当时国内最先进的0.25μm以下逻辑集成电路芯片产品，同时还为客户提供掩模版制造服务。次年，量产0.18μm逻辑集成电路芯片产品，将中国集成电路水平提升了5个技术代。目前中芯国际是世界先进的集成电路芯片代工企业之一。

2003年，上海宏力半导体制造有限公司、和舰科技（苏州）有限公司的200mm集成电路生产线相继建成投产。

2004年，台积电（上海）有限公司和上海先进半导体制造有限公司相继开工建设。

2005年4月，中芯国际在北京建成我国第一条300mm集成电路生产线。

2006年10月，无锡海力士半导体公司建成一条300mm集成电路生产线，生产存储器产品。

2007年12月，中芯国际（上海）300mm集成电路生产线正式运营，次年量产。

2008年9月，武汉新芯集成电路制造有限公司建设成功一条300mm集成电路生产线，主要提供闪存及CMOS图像传感器产品代工服务。

2010年，上海华力微电子有限公司正式成立，承担"909"工程升级改造主体项目，建设一条300mm的90nm/65nm/45nm工艺集成电路生产线。

撰稿人：上海新昇半导体科技有限公司　肖德元
审稿人：上海新昇半导体科技有限公司　张汝京

▷▷ 4.2　集成电路生产线的选址与环境影响评价

集成电路生产线的工艺设备对环境有较高的要求，选择适合的建设地点时需要考虑环境、能源、城市规划等多方面因素，同时集成电路生产线运行过程中会使用大量水、化学品和多种气体并产生废水、废气以及固体废弃物等，因此对集成电路生产线项目环境影响进行评价尤为重要。

▷▷▷ 4.2.1 集成电路生产线的选址准则，積體電路生產綫的選址準則，Guidelines of IC Manufacturing Line Plant Location

根据《中华人民共和国城乡规划法》，集成电路生产线的选址应满足城市新区的开发和建设要求，应当合理确定建设规模和时序，充分利用市政基础设施和公共服务设施，严格保护自然资源和生态环境，体现地方特色。依据国家计委 1991 年 8 月 23 日发布的《建设项目选址规划管理办法》规定，建设项目选址的主要依据为：①经批准的项目建议书；②建设项目与城市规划布局的协调；③建设项目与城市交通、通信、能源、市政、防灾规划的衔接与协调；④建设项目配套的生活设施与城市生活居住及公共设施规划的衔接与协调；⑤建设项目对于城市环境可能造成的污染影响，以及与城市环境保护规划和风景名胜、文物古迹保护规划的协调。其中集成电路生产线选址需要关注的方向和重点见表 4-2。

表 4-2 集成电路生产线选址需要关注的方向和重点

关 注 方 向	关 注 重 点
关注选址方案的环境合理性	从项目对周边环境的影响和外环境对项目的影响这两大方面进行综合考虑
关注能源供给的合理性	集成电路生产线大量使用超纯水，需要全面、深入分析项目所在地的供水能力及供水合理性，在缺水或缺电地区，要全面、深入分析当地能源供给的可行性
关注危险化学品来源的保障条件及危险废物处置的保障条件	集成电路生产线使用大量危险化学品并产生大量的危险废弃物，应充分考虑运输、储存等问题，特别是易燃、易爆、有毒、有害危险化学品的安全防护措施和安全防护距离
关注项目排放污染物的总量控制指标的可行性	对于废水直接排入城镇或园区污水处理厂的集成电路项目，需要关注污水处理厂的处理工艺、处理能力、接纳项目排水水质和水量的可行性。对于废水直接排入地表水的项目，应采取针对性措施，确保不增加周边环境的负荷。除此之外还要考虑界大气污染物浓度、噪声和防护距离是否达标，核实防护距离内的居民居住条件，落实企业环境安全防护措施和环境保护搬迁方案等。我国对环境重点控制地区实施严格的大气污染物特别排放限值，对建设项目要求采用目前最可行、最高效的污染控制技术，以达到更加严格的污染物排放水平
关注周边环境对集成电路生产线项目的影响	大型机械加工企业的振动影响，地铁等轨道交通的振动影响，大型冶金、化工企业腐蚀性气体的影响等

续表

关注方向	关注重点
关注总平面布局的合理性	集成电路生产线废气排放的防护距离,动力站房设置位置及布局,化学品库环境风险影响范围等
关注选址环境质量现状调查	选址场地环境质量现状调查应包括场地的土壤和地下水现状调查与评价。土壤环境质量现状调查监测至少要包括pH值和阳离子交换量这两项基本项目。环境空气质量现状调查监测项目需考虑非甲烷总烃(Non-methane Hydrocarbon, NMHC)以及有毒有害挥发性有机化合物特征污染因子,如苯、甲苯、二甲苯等

撰稿人:信息产业电子第十一设计研究院科技工程股份有限公司
张卿川　夏邦寿　陈家桂
审稿人:信息产业电子第十一设计研究院科技工程股份有限公司　王毅勃

▷▷▷ 4.2.2　环境空气影响评价,環境空氣影響評價,Environmental Evaluation of Air

环境空气影响评价主要是通过环境空气质量现状调查和评价工作,对建设项目施工期、建成后运营期所排放的废气污染物造成环境空气质量影响的后果进行预测和评价,从而为项目建设可行性论证、排污口的设置、生产管理规则和大气污染防治措施的制定、大气固定污染源排污许可的申请等提供依据,以期达到规定的环境空气质量标准。环境空气现状调查和评价以"背景值"的时空变化和分布为依据,影响评价则以"背景值"和建设工程排放污染物的最大浓度贡献值(预测值)叠加的浓度值的时空变化和分布为依据。行业标准《环境影响评价技术导则　大气环境》(HJ 2.2—2008)规定了大气环境影响评价的工作等级、内容、工作程序、方法和要求。

1. 评价工作等级的判据与评价区范围的确定

按HJ 2.2—2008规定,大气环境影响评价的工作等级划分为一、二、三级,见表4-3。确定工作等级的判据是选择1~3种主要污染物,分别计算每种污染物的最大地面质量浓度占标率P_i;如果污染物数$i>1$,取P值中最大者(P_{max})和其对应的$D_{10\%}$,$D_{10\%}$为污染物的地面质量浓度达到标准限值10%时所对应的最远距离。当同一项目有多个(含2个)污染源排放同一种污染物时,则按各污染源分别确定其评价等级,并取评价等级最高者作为项目的评价等级。

表 4-3 评价工作等级的判据

评价工作等级	评价工作等级判据
一级	$P_{max} \geqslant 80\%$,且 $D_{10\%} \geqslant 5km$
二级	其他
三级	$P_{max} < 10\%$ 或 $D_{10\%} <$ 污染物距厂界最近距离

P_i 的计算公式如下：

$$P_i = \frac{C_i}{C_{0i}} \times 100\%$$

式中，P_i 为第 i 个污染物的最大地面制质量浓度占标率（%）；C_i 为采用估算模式计算出的第 i 个污染物的最大地面质量浓度（mg/m³）；C_{0i} 为第 i 个污染物的环境空气质量浓度标准（mg/m³）。

2. 环境空气质量现状调查和评价

为了解建设项目排放的大气污染物的承载体环境空气质量现状，需要对建设项目所在区域的环境空气质量现状进行调查监测与评价。《环境影响评价技术导则 大气环境》要求，建设项目排放的常规污染物、特征污染物（有害有毒物质）都应筛选为监测因子。根据集成电路生产线的潜在的环境污染因子，监测项目可选择氮氧化物（Nitrogen Oxides，NO_x）、硫酸雾、氟化物、氯化氢、氯气、氨、非甲烷总烃（以碳计）、苯、甲苯、二甲苯等。一般情况下（三级评价），在评价范围内设 2 或 4 个点位，包括主导风向的上风向对照点、下风向排放物最大地面浓度点、下风向环境空气敏感点、侧风向环境空气敏感点。若评价范围内有近 3 年的环境空气监测资料，并能满足本项目影响评价要求时，可不再进行现状监测。

根据监测数据资料的整理结果，采用单因子污染指数法对评价区环境空气质量现状进行评价。当污染指数 $P_i > 1$，表明环境空气中的该项评价因子超标。污染指数（P_i）计算式如下：

$$P_i = \frac{C_i}{S_i}$$

式中，P_i 为第 i 种污染物的单项因子污染指数；C_i 为第 i 种污染物的实测平均质量浓度（mg/m³）；S_i 为第 i 种污染物的评价标准（mg/m³）。根据计算结果，得出评价区的污染水平和变化趋势，分析评价区域存在的环境问题及产生的原因。

3. 影响预测与评价

大气环境影响评价的预测因子，应根据评价因子而定，选取有环境空气质量评价标准（评价目标值）的评价因子作为预测因子。影响预测与评价工作内容主要包括以下 5 个方面：

（1）气象观测资料收集处理与分析；

（2）地面质量浓度预测，包括预测因子确定、地面气象资料收集、高空气象资料收集、地形资料收集、预测模型的确定、预测气象预处理、预测点预处理；

（3）预测源强及预测方案，包括预测源强、预测情景组合；

（4）预测结果分析，包括正常工况下最大贡献值及影响评价（小时平均浓度与日平均浓度）、正常工况下环境敏感点处贡献值及影响评价、工程非正常排放预测；

（5）无组织排放的防护距离计算。

在上述污染物排放影响预测结果和评价工作的基础上，从环境空气影响的角度，对拟建项目可行性做出结论，对改善空气环境质量提出建议。

撰稿人：信息产业电子第十一设计研究院科技工程股份有限公司

张卿川　夏邦寿　陈家桂

审稿人：信息产业电子第十一设计研究院科技工程股份有限公司　王毅勃

▷▷▷ 4.2.3　地表水环境评价，地表水環境評價，Environmental Evaluation of Surfacewater

为了解建设项目水污染物排放受纳的地表水体环境质量现状，需要对其地表水体水质现状进行调查，尽量利用现有监测数据资料，如果资料不足时要进行现场采样监测。水质参数的选择主要包括水温、pH 值、溶解氧量（Dissolved Oxygen，DO）、化学需氧量（Chemical Oxygen Demand，COD），以及悬浮物（Suspended Solids，SS）、氨氮、总氮（湖、库）、氟化物、氰化物、阴离子表面活性剂（烷基苯磺酸钠）、石油类、总磷、砷、铬（六价）、铜、银、镍、锡、铅、锌、锰的含量等。地表水体环境质量现状的评价，采用单项水质参数标准指数法。

（1）一般水质参数标准指数法表达式如下。

$$S_{i,j} = \frac{c_{i,j}}{c_{Si}}$$

式中，$S_{i,j}$ 为水质参数 i 在 j 取样点的等标指数；$c_{i,j}$ 为水质参数 i 在 j 取样点的实测浓度平均值（mg/L）；c_{Si} 为水质参数 i 的评价标准（mg/L）。

（2）pH 值的标准指数用下式计算。

当 pH 值 ≤ 7.0 时，$S_{pH,j} = \dfrac{7.0 - pH_j}{7.0 - pH_{sd}}$

当 pH 值>7.0 时，$S_{\text{pH},j} = \dfrac{\text{pH}_j - 7.0}{\text{pH}_{\text{su}} - 7.0}$

式中，pH_j 为 pH 值在 j 取样点的实测值；pH_{sd} 为 pH 值评价标准的下限值；pH_{su} 为 pH 值评价标准的上限值。

(3) DO 的标准指数用下式计算。

当 $\text{DO}_j \geqslant \text{DO}_s$ 时，$S_{\text{DO},j} = \dfrac{|\text{DO}_f - \text{DO}_j|}{\text{DO}_f - \text{DO}_s}$

当 $\text{DO}_j < \text{DO}_s$ 时，$S_{\text{DO},j} = 10 - 9 \dfrac{\text{DO}_j}{\text{DO}_s}$

$$\text{DO}_f = \dfrac{468}{(31.6 + T)}$$

式中，DO_f 为饱和溶解氧浓度（mg/L）；DO_s 为溶解氧的评价标准浓度（mg/L）；DO_j 为 j 取样点水样溶解氧浓度（mg/L）；T 为水温（℃）。

当单项水质参数标准指数大于 1 时，表明该项水质参数超过了规定的水质标准。评价结果应说明水质达标情况，超标的要说明超标项目和超标倍数。地表水质评价范围、调查时期、取样断面、点位布设、采集处理、水样保存、分析方法的要求，以及评价标准取值和评价内容要求，在《环境影响评价技术导则　地面水环境》（HJ/T 2.3—93）中都有规定。

撰稿人：信息产业电子第十一设计研究院科技工程股份有限公司

张卿川　夏邦寿　陈家桂

审稿人：信息产业电子第十一设计研究院科技工程股份有限公司　王毅勃

▷▷▷ 4.2.4　地下水环境评价，地下水環境評價，Environmental Evaluation of Groundwater

为了解项目所在场地地下水环境现状，需要收集地下水环境现状监测资料或进行现状监测。监测因子包括地下水水位、pH 值、总硬度、高锰酸盐指数、氨氮、硝酸盐氮、亚硝酸盐氮、硫酸盐、总磷、氯化物、氟化物、氰化物、砷、铁、铜、锌、铅、铬（六价）、锰、银、锡、镍、总大肠菌群数、细菌总数等。根据监测数据统计，可采用单项组分评价法，按规定的水质分类标准进行评价，或利用标准指数法进行评价。前者说明该项评价组分所属《地下水质量标准》（GB/T 14848—2017）水质的类别，从优不从劣。后者采用标准指数法。

(1) 一般水质组分的标准指数表达式如下。

$$S_{i,j} = \frac{c_{i,j}}{c_{si}}$$

式中，$S_{i,j}$ 为水质组分 i 在 j 点的标准指数；$c_{i,j}$ 为水质组分 i 在 j 点的实测浓度平均值（mg/L）；c_{si} 为水质组分 i 的评价标准（mg/L）。

(2) pH 值标准指数用下式计算。

当 pH 值≤7.0 时，
$$S_{\text{pH},j} = \frac{7.0 - \text{pH}_j}{7.0 - \text{pH}_{sd}}$$

当 pH 值>7.0 时，
$$S_{\text{pH},j} = \frac{\text{pH}_j - 7.0}{\text{pH}_{su} - 7.0}$$

式中，pH_j 为 pH 值在 j 取样点的实测值；pH_{sd} 为 pH 值评价标准的下限值；pH_{su} 为 pH 值评价标准的上限值。当单项评价标准指数大于 1 时，表明该水质组分参数超过了规定的水质标准。

地下水质量评价的标准指数法一般情况下采用《地下水质量标准》（GB/T 14848—2017）中Ⅲ类标准。地下水质评价范围、点位布设、水质取样、监测频次、测定方法的要求，以及评价标准取值和评价内容要求，在《环境影响评价技术导则 地下水环境》（HJ 610—2016）中都有规定。

撰稿人：信息产业电子第十一设计研究院科技工程股份有限公司
张卿川 夏邦寿 陈家桂
审稿人：信息产业电子第十一设计研究院科技工程股份有限公司 王毅勃

▷▷▷ 4.2.5 声环境评价，聲環境評價，Environmental Evaluation of Noise

为了解项目所在场界（或厂界、边界）和敏感目标声环境质量现状，需要进行声环境现状监测。按评价范围内的声环境功能区类别，依据《声环境质量标准》（GB 3096—2008），评价监测点位的达标、超标情况。如果超标要说明超标范围内的人口数及分布情况，并分析超标原因。《声环境质量标准》（GB 3096—2008）中规定了环境噪声监测方法。《环境影响评价技术导则 声环境》（HJ 2.4—2009）中规定了监测布点、评价范围和评价内容的要求。

集成电路生产线项目的噪声源设备较多，主要包括冷水机组、风机、水泵、冷却塔等动力设备。在拟建项目主要噪声源分析的基础上，预测项目生产运营时噪声水平及对周围环境的影响，对项目建成后的声环境影响进行分析评价。

对于新建项目,以工程噪声贡献值作为评价量,根据项目噪声源有关参数及减噪措施,利用噪声距离衰减模式计算出厂界噪声的贡献值。

(1) 点声源距离衰减模式:

$$L_A(r) = L_A(r_0) - 20\lg(r/r_0)$$

式中,r_0、r 分别为参考位置和预测点距离点声源的距离(m);$L_A(r)$ 为距离点声源 r 处的 A 声级(dB);$L_A(r_0)$ 为距离点声源 r_0 处的 A 声级(dB)。

(2) 多声源叠加模式:

$$L_P = 10\lg\Big(\sum_{i=1}^{k} 10^{0.1L_{Pi}}\Big)$$

式中,k 为噪声源个数;L_P 为 k 个噪声源衰减值的合成声级(dB(A));L_{Pi} 为第 i 个噪声源噪声的距离的衰减值(dB(A))。

根据预测结果,判断厂界噪声是否可达到《工业企业厂界环境噪声排放标准》(GB 12348—2008)中相应标准要求。如评价范围内分布了声环境敏感点,则与其声环境现状监测值叠加后判断是否能达到《声环境质量标准》(GB 3096—2008)中的相应环境要求。

撰稿人:信息产业电子第十一设计研究院科技工程股份有限公司
张卿川 夏邦寿 陈家桂
审稿人:信息产业电子第十一设计研究院科技工程股份有限公司 王毅勃

▷▷▷ 4.2.6 土壤环境评价,土壤環境評價,Environmental Evaluation of Soil

土壤环境评价的对象主要为场地土壤环境质量。为了解建设项目所在场地土壤环境质量本底状况,需要收集土壤环境现状监测资料或进行现场布点取样监测。监测项目为建设项目场地土壤环境特征、拟建项目特征污染物,以及当地公众和环保部门所关注的污染物。其中,含湿量、阳离子交换量、pH 值为必测基本项目,镉、铬、汞、铅、铜、锌、镍、六六六(六氯环己烷)、滴滴涕(双对氯苯基三氯乙烷)为重点控制项目(即常规监测项目)。采样布点、样品采集、样品制备、样品测定、数据处理及质量保证和质量控制按《土壤环境监测技术规范》(HJ/T 166—2004)进行。

土壤环境质量评价方法与地下水环境质量评价方法相同,即根据监测数据统计,可采用单项组分评价法,按土壤环境质量分类标准进行评价,或采用单项污染指数法、单项污染累积指数法进行评价。采用单项组分评价法,说明该项评价组分所属《土壤环境质量标准》（GB 15618—1995）的类别，从优不从劣。采用单项污染指数法、单项污染累积指数法的计算公式如下。

土壤污染物单项污染指数＝土壤污染物实测值/土壤污染物质量标准

土壤污染物单项污染累积指数＝土壤污染物实测值/污染物背景值

根据评价结果，建设用地土壤环境若不存在点位超标，可认为评价对象对人体健康的风险在可接受范围内，并可作为场地土壤环境背景值历史资料保存；若场地土壤受到污染，将超标的污染物确定为关注污染物，启动土壤污染风险评估。

撰稿人：信息产业电子第十一设计研究院科技工程股份有限公司

张卿川 夏邦寿 陈家桂

审稿人：信息产业电子第十一设计研究院科技工程股份有限公司 王毅勃

▷▷▷ 4.2.7 环境风险评价，環境風險評價，Environmental Risk Assessment

项目环境风险评价是对项目建设和运行期间发生的可预测突发性事件或事故（一般不包括人为破坏及自然灾害）引起有毒有害、易燃易爆等物质泄漏，或突发事件产生的新的有毒有害物质，所造成的对人身安全与环境的影响和损害进行评估，提出防范、应急与减缓措施[1]。目的是分析和预测建设项目存在的潜在危险。

集成电路的生产过程中需使用多种特种气体和化学品。特种气体可分为惰性气体、腐蚀性气体、易燃/有害性气体和烷类气体。化学品主要包括刻蚀液、光刻胶、去胶剂、显影剂等混合溶液，以及氢氟酸、硝酸、盐酸、硫酸等，这些化学品在运输、储存、使用过程中具有一定的环境风险。

根据《建设项目环境风险评价技术导则》（HJ/T 169—2004）的规定，环境风险评价的工作级别分为两级，见表4-4。

表4-4 评价工作级别（一、二级）

	剧毒危险性物质	一般毒性危险性物质	可燃、易燃危险性物质	爆炸危险性物质
重大危险源	一级	二级	一级	一级
非重大危险源	二级	二级	二级	二级
环境敏感地区	一级	一级	一级	一级

风险源分析包括最大可信事故分析、最大可信事故风险概率调查和重大事故源强的确定。按照《建设项目环境风险评价技术导则》（HJ/T 169—2004），采用非正常模式对假设项目发生重特大灾害性事故状态下重大事故源泄漏进行

第 4 章 集成电路生产线建设

模拟计算并评估,同时制定工程控制措施和风险管理措施、事故应急预案。环境风险评价流程框图如图 4-1 所示。

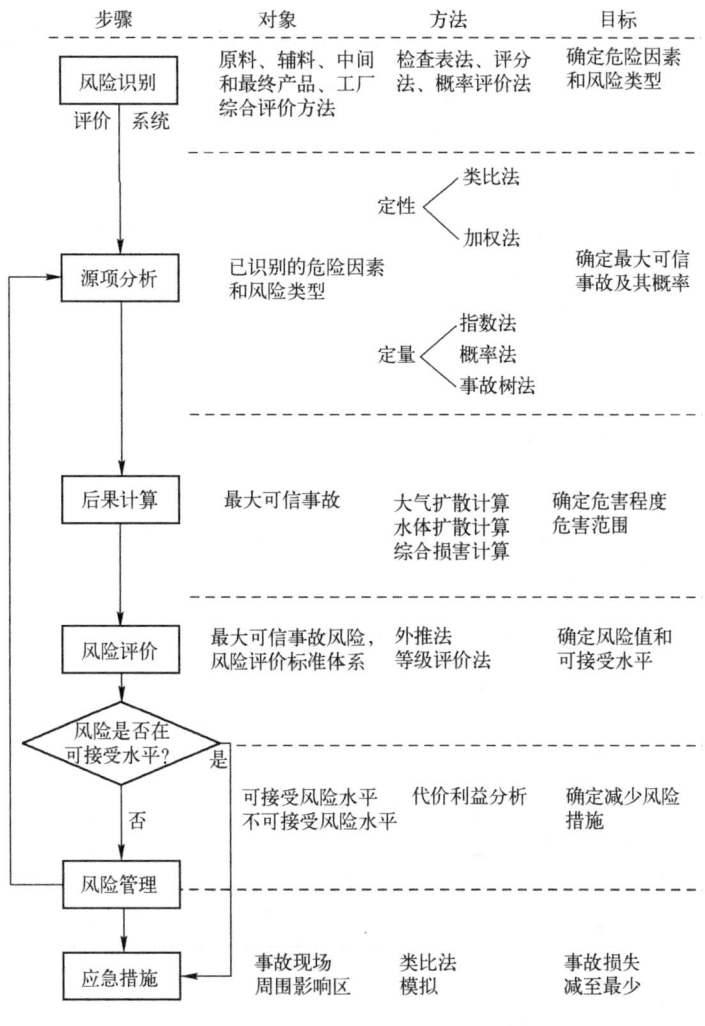

图 4-1 环境风险评价流程框图[1]

参考文献

[1] 国家环境保护总局. 建设项目环境风险评价技术导则：HJ/T 169—2004 [S]. 北京：中国环境科学出版社, 2005.

撰稿人：信息产业电子第十一设计研究院科技工程股份有限公司
　　　　　　　　　　　　　　　　　　　张卿川　夏邦寿　陈家桂
审稿人：信息产业电子第十一设计研究院科技工程股份有限公司　王毅勃

▷▷▷ 4.2.8 环境影响评价因子，環境影響評價因子，Environmental Assessment Factors

环境影响评价因子的筛选首先要进行环境影响因素的识别，通过工艺流程和产污环节分析确定污染因子并提出控制要求，最后选出环境影响评价因子，作为项目环境影响评价需要进行的具体检测和评估的指标。

1. 环境影响因素识别

根据《环境管理体系 要求及使用指南》（GB/T 24001—2016），环境因素是指一个组织的活动、产品和服务中与环境发生相互作用的要素。

按照拟建项目对环境因素的作用属性，环境影响可以划分为有利与不利、长期与短期、可逆与不可逆、直接与间接、累积与非累积影响等。在环境评价时通常根据接受体的不同，对其按大气排放、水中排放、土壤的污染、原材料的使用过程、废弃物的处置与管理等类别进行划分。

集成电路生产线工程建设项目在施工期的主要环境影响因素是施工扬尘、噪声和建筑垃圾，终结期的主要环境影响因素是危险废物和危险化学品，运营期的主要环境影响因素见表 4-5。

表 4-5 集成电路生产线运营期的主要环境影响因素识别表[1]

环境要素	污染因素					
	废气	废水	噪声	固体废物	危险化学品储存	危险废物
大气	●				●	●
地表水		●		●	●	●
地下水		●		●	●	●
土壤	●	●		●	●	●
声环境			●			
环境风险	●	●		●	●	●

2. 污染因子

通过工艺流程与产污环节分析，识别和确定可能产生的污染因子。一般情况下，集成电路行业型污染因子有以下几种。

（1）水污染物控制因子：包括 pH 值、悬浮物（Suspended Solids，SS）、化学需氧量（Chemical Oxygen Demand，COD）、氨氮、总氮、氟化物、总氰化物、阴离子表面活性剂（LAS）、石油类、总磷、总砷、六价铬、总铬、总铜、总银、总镍、总锡、总铅、总锌、总锰等 20 项。其中，总砷、六价铬、总铬、总铅、总银的监控位置应当设置在污染物预处理单元装置的出口处，其他项目的监控位置设置在厂区废水总排放口。

(2) 大气污染物控制因子：包括氟化氢、氯化氢、硫酸雾、氮氧化物、氨、氯、苯、甲苯、二甲苯、挥发性有机物（Volatile Organic Compounds，VOCs）、锡和锡化合物、铅和铅化合物等12项。对于氨气执行《恶臭污染物排放标准》（GB 14554—1993），其他控制因子执行《大气污染物综合排放标准》（GB 16297—1996)。

(3) 特殊毒性尾气控制因子：必须在有特殊毒性尾气排放的工艺设备上配置使用点处理系统和控制联动系统，并导入酸性废气或碱性废气处理系统进行进一步处理后排放，主要控制因子是HF、HCl、Cl_2等。

3. 环境影响评价因子的筛选

环境影响评价因子的筛选是根据建设项目排放的主要污染因子，结合建设项目所在地环境功能要求或所确定的环境保护目标进行确定。选择的评估因子应能够反映环境影响的主要特征、区域环境的基本状况及建设项目特点和排污特征。一般情况下，集成电路生产线工程建设项目的环境影响评价因子见表4-6。

表4-6 集成电路生产线建设项目环境影响评价因子筛选参考表[1]

环境要素	评价因子
大气环境	HF、HCl、H_2SO_4（雾）、NO_x、NH_3、Cl_2、苯、甲苯、二甲苯、VOCs（总碳）、锡和锡化合物、铅和铅化合物等
地表水环境	pH值、SS、COD、氨氮、总氮、氟化物、总氰化物、阴离子表面活性剂（LAS）、石油类、总磷、总砷、六价铬、总铬、总铜、总银、总镍、总锡、总铅、总锌、总锰等
声环境	边界（厂界、场界）噪声、敏感目标噪声
地下水环境	pH值、总硬度、高锰酸盐指数、硫酸盐、氨氮、硝酸盐、亚硝酸盐、氯化物、氟化物、氰化物、砷、六价铬、铅、银、镍、锡、铜、铁、锌、锰、总大肠菌群数、细菌总数等
土壤环境	砷、铜、铅、铬、镍、锌和氟化物等

参考文献

[1] 环境保护部环境工程评估中心. 冶金机电类环境影响评价 [M]. 北京：中国环境科学出版社，2012.

撰稿人：信息产业电子第十一设计研究院科技工程股份有限公司
张卿川　夏邦寿　陈家桂
审稿人：信息产业电子第十一设计研究院科技工程股份有限公司　王毅勃

▷▷▷ 4.2.9 集成电路生产线的污染分析，積體電路生產綫的污染分析，Analysis of Contamination in IC Manufacturing Line

集成电路生产线所使用的化学品及气体种类繁多，表4-7中列出了主要加工工序常用化学品及气体。

表 4-7 集成电路生产线常用化学品及气体

生产工序	化学品及气体
湿法清洗	氢氟酸、硫酸、硝酸、盐酸、氨水、过氧化氢、异丙醇、丙酮、乙醇等
氧化工艺	氧气、TEOS（正硅酸乙酯）
涂胶工艺	HMDS（六甲基二硅胺）、PGMEA（丙二醇单甲醚乙酸酯）、PGME（丙二醇单甲醚）、2-EEA（乙二醇乙醚醋酸酯）、EGMEA（二乙二醇单甲基醚醋酸酯）、MMP（三甲氧基丙酸甲基酯）、DMAC（二甲基乙酰胺）、甲戊酮（2-庚酮）、MEK（2-丁酮/甲基乙基酮）、乙酸正丁酯、二甲苯等
显影工艺	TMAH（四甲基氢氧化铵）、TEAH（四乙基氢氧化铵）、环已酮、环戊酮、丁酮、二甲苯、氢氧化钾等
湿法去胶	对苯二酚、SPM（硫酸-过氧化氢）、氢氧化钠、丙酮、异丙醇、EG（乙二醇）、DMSO（二甲基亚砜）、MEA（2-氨基乙醇/单乙醇胺）、NMP（N-甲基吡咯烷酮）、乙二醇单丁醚（BDG）、DGA（二甘醇胺/2-（2-氨基乙氧基）乙醇、DMAC（N, N-二甲基乙酰胺）、HAD（羟胺）等
湿法刻蚀	氢氟酸-氟化铵、乙酸-氟化铵、氢氟酸-硝酸-乙酸、磷酸、硝酸-磷酸-乙酸（铝膜）、磷酸-硝酸-硫酸-氢氟酸等
干法刻蚀	四氟化碳、六氟化碳、八氟化碳、三氟甲烷、二氟甲烷、三氟化硼、六氟化硫、三氯化硼、三氟化氮、氟化氢、氯化氢、溴化氢、氯气、一氧化氮、三氯甲烷、二氯二氟甲烷、氧气、氢气、二氧化碳等
扩散掺杂	砷烷、硼烷、磷烷、三溴化硼、三氯化硼、三氟化硼、三氯氧磷等
离子注入	三氟化硼、硼烷、砷烷、磷烷、氢气等
化学气相沉积	硅烷、二氯二氢硅、三氯化硅、三氟化硼、四氯化硅、四氟化碳、磷烷、一氧化氮、一氧化二氮、氨、氟化氢、六氟化钨、氯化氢、氢气等
金属膜沉积	硅烷、三氯氢硅、二氯二氢硅、四氯化硅、三氟化硼、四氯化钛、六氟化钨、四氟化钛、三氟化硼、六氟化硫、氟化氢、氯化氢、溴化氢等 CVD 用材料，钛、钨、钼、铬、铂、钽、钴等 PVD 用高熔点金属
铜互连	金属铜、硫酸铜、硫酸、盐酸、双氧水等
化学机械抛光（CMP） 介电质 CMP	二氧化硅抛光剂- KOH/TMAH、氨水、乙醇胺等
化学机械抛光（CMP） 金属 CMP	氧化铝-氧化铈-氧化锰磨料-双氧水/硝酸铁、柠檬酸、氢氟酸等
背面减薄	碳化硅磨浆
封装测试	银胶、铜胶、焊锡膏（锡合金+助焊剂）、环氧树脂、N-甲基吡咯烷酮（NMP）、双甲基呋喃（DMF），凸点金属材料（金、锡、钛、铬、镍、钨、钼），电镀液（金电镀液、银电镀液、锡电镀液等），甲磺酸，表面活性剂，硝酸、硫酸、盐酸、氢氧化钠等，异丙醇、丙酮等

经过工艺过程，各种化学品及气体除少量参加化学或物理反应沉积在圆片外，其他都会变为废水或废气后排放。根据《第一次全国污染源普查工业污染源产排污系数手册》（2010 年修订），节选出的集成电路行业相关部分的内容见表 4-8。

表 4-8 集成电路制造行业产排污系数表

产品名称	原料名称	工艺名称	规模等级	污染物指标	单位	产污系数	末端治理技术名称	排污系数
集成电路芯片(200mm及以上圆片)	硅片、光刻胶、刻蚀液	集成电路芯片制造	≥24万片	工业废水量	吨/片-产品	3.45	中和法+化学沉淀法	3.45
				化学需氧量	克/片-产品	430	中和法+化学沉淀法	135
				氨氮	克/片-产品	90	中和法+化学沉淀法	32.5
				总氮	克/片-产品	90	中和法+化学沉淀法	32.5
				工业废气量	米³/片-产品	12 650	吸收法+吸附法	12 650
				二氧化硫	克/片-产品	1.9	吸收法	0.25
							直接燃烧法或催化还原法	0.225
				氮氧化物	克/片-产品	47.5	吸收法	9.5
							直接燃烧法或催化还原法	8.55
				氟化物	克/片-产品	7.25	吸收法	1.8
							直接燃烧法或催化还原法	1.62
				硫酸雾	克/片-产品	35	吸收法	5.8
							直接燃烧法或催化还原法	5.22
				氯化氢	克/片-产品	100	吸收法	11.5
							直接燃烧法或催化还原法	10.35
				HW34 危险废物（废酸）	千克/片-产品	1.7	—	—
				HW35 危险废物（废碱）	千克/片-产品	0.45	—	—
				HW42 危险废物（废有机溶剂）	千克/片-产品	1.45	—	—

注：表中系数为 200mm 圆片的产排污系数；如为 300mm 圆片，则其产排污系数取值等于表中产排污系数乘以 1.2；如为不分规格的 200mm 及以上圆片，则其产排污系数取值等于表中产排污系数。

撰稿人：信息产业电子第十一设计研究院科技工程股份有限公司
　　　　张卿川　夏邦寿　陈家桂
审稿人：信息产业电子第十一设计研究院科技工程股份有限公司　王毅勃

▷▷▷ 4.2.10 集成电路生产线的污染物及处理，積體電路生產綫的污染物及處理，Contaminants and Treatment in IC Manufacturing Line

集成电路产品生产环节多，工艺流程长，污染物排放点多，污染物成分复杂，产生的废气种类主要是毒性尾气、酸性废气、碱性废气、有机废气、焊锡烟气等，产生的废水种类主要是含氨废水、含氟废水、研磨划片废水、化学抛光废水、含铜废水、重金属废水、有机废水、酸碱废水等。集成电路生产线的主要污染物及其主要来源见表4-9。

表4-9 集成电路生产线的主要污染物及其主要来源

污染源		主要污染物	主要来源
废水	含氨废水	碱、悬浮物、氨氮、总氮、氟化物	刻蚀、化学抛光、废气洗涤塔
	含氟废水	酸、碱、悬浮物、氨氮、总氮、氟化物、总磷	刻蚀、废气洗涤塔（包括POU处理）
	化学抛光废水	碱、悬浮物、氨氮、总氮、铜	化学机械抛光
	研磨划片废水	碱、悬浮物、铜	背面减薄、芯片切割
	含铜废水	酸、悬浮物、铜	ECD工艺、CMP工艺、TAB封装工艺
	有机废水	酸、碱、悬浮物、有机物	显影、去胶
	重金属废水	酸、碱、悬浮物、铜、锌、银、锡、铅、铬、氰化物、总磷、总氮、氟化物	金属化膜刻蚀、封装引脚电镀、凸点电镀和刻蚀
	酸碱废水	酸、碱、悬浮物、COD$_{Cr}$、NH$_3$-N、总氮、石油类、阴离子表面活性剂（LAS）	去胶、刻蚀、超纯水站、洗涤塔、封装焊剂清洗、设备维护等
废气	毒性尾气	砷烷、磷烷、硼烷、硅烷、四氯化硅、二氯二氢硅、三氯化硼、三氟化硼、三氟化氮、四氟化碳、氨、氯化氢、氯气、溴化氢、氟化氢	氧化、干刻、扩散、化学气相沉积、离子注入
	酸性废气	氟化氢、氯化氢、氮氧化物、硫酸雾、氯气	去胶、刻蚀、沉铜、POU尾气、封装电镀
	碱性废气	氨	刻蚀、化学机械抛光
	有机废气	VOCs（苯、甲苯、二甲苯、异丙醇、丙酮等）	涂胶、去胶、刻蚀、清洗、封胶
	焊锡烟气	锡、铅	封装焊接

参考《化学工业污水处理与回用设计规范》（GB 50684—2011），集成电路生产线的典型污染治理措施见表4-10。

表 4-10 集成电路生产线的典型污染治理措施

污染源		治理措施
废水	含氨废水	蒸汽（热空气）吹脱法+酸液吸收法、次氯酸钠氧化法等
	含氟废水	絮凝沉淀法
	化学抛光废水	汇入含氨废水或含氟废水处理系统，出水汇入中和处理池，最终达标排放
	研磨划片废水	过滤法、混凝沉淀法
	有机废水	生化处理法、化学氧化法
	含铜废水	离子交换树脂处理、电解沉析+离子交换树脂处理、化学絮凝沉淀等
	重金属废水	离子交换树脂处理、电解沉析+离子交换树脂处理、化学絮凝沉淀等
	酸碱废水	酸碱中和处理
废气	毒性尾气	POU 处理+中央洗涤塔。POU 装置类型包括燃烧装置+洗涤装置、逆流水淋洗/等离子体-水去除系统、电热氧化/催化分解-三级水洗、吸附、高温热解-活性炭吸附-洗涤
	碱性废气	酸液喷淋吸收法
	酸性废气	碱液喷淋吸收法
	有机废气	水喷淋吸收+活性炭吸附、活性炭吸附法、催化燃烧法、沸石转轮浓缩燃烧法、蓄热焚烧法（RTO）、蓄热催化燃烧法（RCO）、冷凝法、吸收法等
	焊锡烟气	碱液喷淋吸收法、活性炭固定床吸附法、高密度纤维过滤器（HEPA）+活性炭吸附器（滤网）等

撰稿人：信息产业电子第十一设计研究院科技工程股份有限公司
张卿川　夏邦寿　陈家桂
审稿人：信息产业电子第十一设计研究院科技工程股份有限公司　王毅勃

4.3　集成电路生产线设计

4.3.1　集成电路生产线的工艺设计，積體電路生產綫的製程技術設計，Technology Considerations for IC Manufacturing Line

集成电路产品分为数字电路和模拟电路两大类。产品的品种和技术要求不同，需要不同的生产工艺。从线宽来区分，从较早的 5μm 到最新的 10nm 以下工艺；从加工衬底直径来区分，主要有 150mm、200mm、300mm 以及未来的 450mm。工程投资金额存在数千万美元至数十亿美元的差异，洁净室面积也从数百平方米到数万平方米不等；因此选择适合的工艺技术及配套设备是工厂设计的基础。工艺设计应按集成电路生产线的产品类型、每月最大产能、生产制造周期、投资金额、长期发展进程等因素确定生产的工艺技术和配套的设备。

对于线宽在 0.13μm 及以上工艺的研发和生产，宜采用 150mm 或 200mm 生产线。对于线宽在 90nm 工艺及以下的集成电路的研发和生产，宜采用 300mm 生产线。集成电路芯片的生产工艺十分复杂，工艺步骤可高达千步以上，一般可分为前段和后段工艺。前段工艺（Front End of the Line, FEOL）用于形成集成电路中的有源器件及无源元件，包括清洗、薄膜、光刻、刻蚀、离子注入等工序。后段工艺（Back End of the Line, BEOL）用于完成电路中元器件之间的连接及形成保护层等，包括光刻、刻蚀、清洗、金属化、化学机械抛光等工序。进入后段工艺的硅片应避免与前段工艺混用设备，以免金属离子等污染前段工艺中的硅片，造成电气性能异常。

对于 4in~150mm 生产线，由于通常采用敞开式生产方式，操作区空气中的尘埃会直接影响圆片电路的电气性能，因此对于操作区的洁净度要求较高。为节省运行费用，保证洁净度要求，通常采用壁板将操作区与低洁净度要求的设备区分开。随着芯片加工尺寸向 200mm 及 300mm 发展，对于线宽的要求也越来越高，大面积高洁净度的洁净区的造价和运行成本越发昂贵，因此采用 SMIF（Standard Mechanical Interface）加微环境的生产方式成为 200mm 及 300mm 生产线的主流生产方式。对于早期的 200mm 生产线来说，大部分圆片的传送、存储和分发是通过人工操作完成的。目前多数 200mm 和 300mm 生产线设有自动化物料搬运系统（Automated Material Handing System, AMHS），其优点在于能够有效地利用洁净室空间、有效地管理生产中的芯片、有效地降低操作人员的负担，进而减少在传送圆片时的失误。在一些 300mm 生产线，运输系统可延伸到不同的生产区域，借助吊挂传输系统（Overhead Hoist Transfer, OHT），将芯片直接传递到设备端。未来 AMHS 系统还要在提高生产速度、缩短生产周期和快速适应芯片制造环境变化等方面进行持续改善，以适应和满足芯片工厂的各种需求。

随着集成电路芯片制造技术的发展，对应的封装技术也发展得十分迅速。封装不仅起到集成电路芯片内键合点与外部进行电气连接的作用，也为集成电路芯片起到机械或环境保护的作用，从而使集成电路芯片能够发挥正常的功能，并保证其具有高稳定性和可靠性。

20 世纪 80 年代之前主要封装形式为通孔插装，以 TO 封装和双列直插封装为代表，主要工艺流程包括中测、减薄、划片、黏片、包封、切筋成型、电镀、打标、测试、包装等。20 世纪 90 年代后，球栅阵列（BGA）封装和芯片尺寸封装（CSP）发展迅速。这一阶段的主要封装类型有 BGA、CSP、WLCSP 和 SiP

等，主要工艺流程包括中测、减薄、划片、黏片、清洗、塑封、装配、回流焊、打标、测试、包装等，主要特点是缩小了引脚间距并采用底部安装引脚的形式，大大促进了安装技术的进步和生产效率的提高。20世纪90年代末，封装技术进入了三维堆叠封装时代。通过在垂直方向上将多层平面器件堆叠起来，并采用硅通孔技术在垂直方向实现通孔互连的系统级集成，可以减小封装的尺寸和质量。还可以将不同技术集成在同一封装中，缩短互连导线的长度从而加快信号传递速度，降低寄生效应和功耗。近年来三维堆叠封装得到了较快的发展，主要工艺流程包括涂覆、光刻、溅射、再涂覆、电镀、回流焊、测试、打标、包装等。

撰稿人：信息产业电子第十一设计研究院科技工程股份有限公司　　王毅勃
审稿人：中芯国际集成电路制造有限公司　　姜镭

▷▷▷ 4.3.2　集成电路生产线的投资与分配，積體電路生產綫的投資与分配，Investment and Expenses for IC Manufacturing Line

项目投资是指拟建项目全部建成且投入营运所需的费用总和，具体包括工程费用、工程建设其他费用、预备费、建设期利息、流动资金。

工程费用包括生产设备仪器购置及安装费（含设备所有配套费、运杂费和安装费）、动力设施购置及安装费（含洁净室及一般机电系统、超纯水及生产废水处理系统、特种气体供应及分配系统、化学品供应及分配系统、高低压变配电系统、不间断电源系统、应急柴油发电系统、消防系统、安保系统、其他机电系统等）以及建筑工程费（含厂房及辅助设施的建筑物及室外工程费用）。通常工程费用约占总投资的85%以上。

集成电路生产线项目的投资中，工艺设备的占比很高，通常占总投资的70%~80%。

工程建设其他费用包括征地费、建设单位管理费、前期咨询费、环境评价费、职业安全预评价费、职业病危害预评价费、社会稳定性评价费、节能评估费、水土保持方案费、辐射防护评价费、审图费、造价咨询费、勘察及设计费、工程监理费、投资监理费、招标代理费、城市配套费、办公设施及培训费、各项审计及检测费、工程保险费及试生产费等。通常工程建设其他费用约占总投资的2%~5%。

预备费包括基本预备费和涨价预备费。基本预备费是指由于设计变更、不可抗力以及隐蔽工程验收时发生的挖掘及验收结束时进行恢复所导致的费用增加等。涨价预备费是指项目在建设期间内由于价格等变化引起工程造价变化的预测预留费用。费用包括人工、材料、施工机械的价差费等。通常项目的预备费约占总投资的 2%~5%。

建设期利息是指在项目建设期间内发生并计入固定资产的利息，主要包括建设期发生的支付银行贷款、出口信贷、债券等的借款利息和融资费用。通常项目的建设期利息约占总投资的 1%~2%。

流动资金一般采用分项详细估算法，依据应收账款、存货、现金、应付账款的最低周转天数进行计算。对于内资项目通常按照铺底流动资金计算，对于外资及合资项目按照全额流动资金计算。通常全额流动资金约占总投资的 2%~5%。

  撰稿人：信息产业电子第十一设计研究院科技工程股份有限公司 黄琦玲
  审稿人：信息产业电子第十一设计研究院科技工程股份有限公司 王毅勃

▷▷▷ 4.3.3 集成电路生产线的建筑与结构，積體電路生產綫的建築與結構，Buildings & Structures for IC Mamufacturing Line

集成电路生产线建筑主要包括生产厂房、动力厂房、办公楼、变电站、原材料仓库、危险化学品仓库、大宗气体站及硅烷站等，如图 4-2 所示。

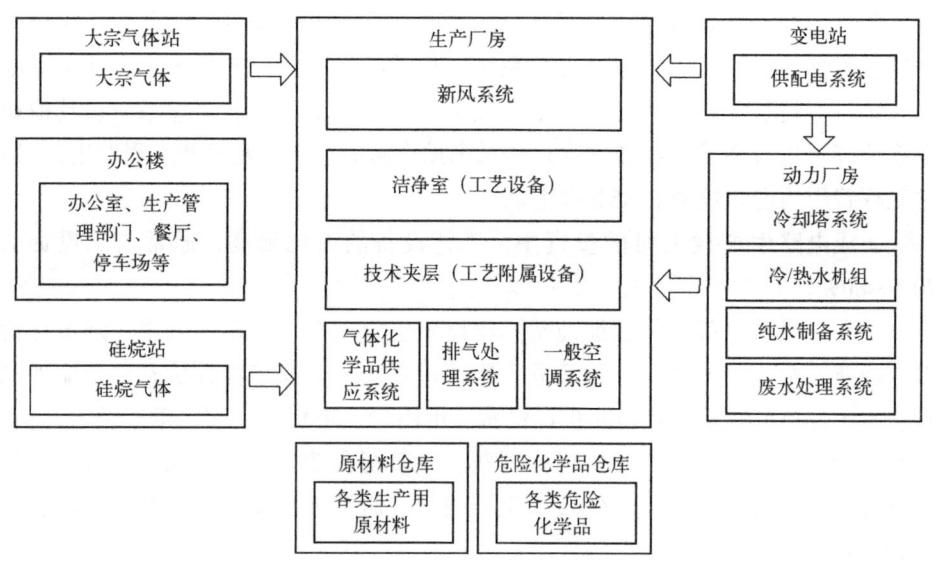

图 4-2 集成电路生产线建筑物组成示意图

生产厂房内主要布置生产线的工艺设备以及测试、实验等设备仪器，同时还布置新风机房、排风系统、供配电系统、超纯水系统以及化学品和特种气体系统等。

建筑平面和空间布局应根据生产工艺要求确定。以目前国内某300mm特征尺寸28nm每月3.5万片产能的生产厂房为例：设计建筑面积约为9000m^2；层数为3层，局部为4层。厂房主体结构宜采用大空间和大跨度柱网的钢筋混凝土结构、钢结构或两种结构的组合，并应具备抗震、防微振、防火、密闭、防水、控制温度变形和不均匀沉降的性能。

动力厂房主要布置冷却塔系统、冷/热水机组、超纯水制备系统和废水处理系统等。由于荷载较大，厂房结构宜采用钢筋混凝土结构。

办公楼主要布置为生产线配套的研发、生产管理、行政、人事、环境安全等部门，有的还考虑餐厅、医疗、停车等辅助功能。办公楼通常采用连廊与生产厂房相联系，以保证人员的往来。办公楼一般按照民用建筑规范设计。

变电站根据集成电路生产线的产能容量需求及外线配置，进线采用220kV、110kV、35kV等电压等级进行供配电。

原材料仓库主要储存生产过程中所使用乙类或丙类材料等。

危险化学品仓库主要储存甲类危险品材料。

撰稿人：信息产业电子第十一设计研究院科技工程股份有限公司　　王毅勃
审稿人：中芯国际集成电路制造有限公司　　姜镭

▷▷▷ 4.3.4　绿色厂房设计，綠色廠房設計，Green Plant Design

在我国，绿色厂房设计理念是从住宅建筑和公共建筑开始的。2006年住房和城乡建设部颁布了GB/T 50378—2006《绿色建筑评价标准》（后修订为GB/T 50378—2014），2010年8月住房和城乡建设部颁布了《绿色工业建筑评价导则》，初步建立了绿色工业建筑的评价体系。2013年8月，住房和城乡建设部颁布了国家标准《绿色工业建筑评价标准》（GB/T 50878—2013）。该评价标准引入权重计分法，根据节约用地与可持续发展场地、节能与能源利用、节水与水资源利用、节材与材料资源利用、室外环境与污染物控制、室内环境与职业健康、运行管理、技术进步与创新等八大指标，通过不同条文分值情况来确定绿色工业建筑的水平。得分小于55分但不小于10分为一星级，小于70分但不小于55分为二星级，不小于70分为三星级。

国际上集成电路生产线的绿色厂房设计较多采用绿色建筑评估体系

(Leadership in Energy and Environmental Design Building Rating System, LEED™) 进行评价。LEED 由美国绿色建筑委员会（United States Green Building Council）研究制定。在进行绿色建筑评价时，LEED 主要从场址的可持续性、水资源利用、能源及大气环境、材料和资源使用、室内环境质量，以及创新设计六大指标进行评价。在这些指标下还会细分出 30 多个评价子项。在 LEED V3.0 中，区域优先内容为奖励分。LEED 体系共计 110 分，按照总得分的不同，分为认证级（40~49 分）、银级（50~59 分）、金级（60~79 分）和铂金级（80~110 分）四个级别。LEED 不同认证体系的分值分布见表 4-11。

表 4-11 LEED 不同认证体系的分值分布

项目	LEED-NC 分值	LEED-CS 分值	LEED-EB 分值	LEED-CI 分值
可持续场地	0~26	0~28	0~26	0~21
水资源利用	0~10	0~10	0~14	0~11
能源及大气环境	0~35	0~37	0~35	0~37
材料和资源使用	0~14	0~13	0~10	0~14
室内环境质量	0~15	0~12	0~15	0~17
创新设计	0~6			
区域优先	0~4			

撰稿人：君凯环境管理咨询（上海）有限公司　　　　　　　　　　　徐艳玲

审稿人：信息产业电子第十一设计研究院科技工程股份有限公司　　王毅勃

▷▷▷ 4.3.5 自动化物料搬运系统，自動化物料搬運系統，Automated Material Handling System（AMHS）

在传统的圆片制造厂中，物料的搬运是靠手推车来实现的，人力成本较高。随着圆片直径由 150mm 增大到 300mm，满载的圆片盒（Front Opening Unified Pod，FOUP）的质量已增加到约 8.3kg，人工搬运已无法满足安全可靠的搬运需求，再加上对于产品的成品率和洁净度等因素的考核，使得自动化物料搬运系统（Automated Material Handling System，AMHS）在圆片厂的应用已成为一种趋势。

AMHS 系统由工艺区内（Intra-bay）搬运系统和工艺区间（Inter-bay）搬运系统两部分组成。随着工艺的快速发展及圆片尺寸的加大，对圆片运输安全性与效率的要求也在提高。经过不断探索优化，AMHS 系统已从最初的人工搬运结合工艺区间搬运系统发展到了现在的全自动智能化搬运系统。

工艺区内搬运系统是指在同一工作区的设备之间的物料搬运系统，在半导体圆片厂内是指在同一个生产区域（Bay）内，设备与设备之间或设备与仓储系统（Stocker）之间的圆片自动搬运系统，主要通过空中搬运车（Overhead Hoist Transports，OHT）实现圆片的自动搬运。

工艺区间搬运系统主要是指在生产区域与生产区域之间的圆片自动搬运系统。

在AMHS系统前期发展时期，OHT负责工艺区内搬运系统，工艺区间搬运系统则由空中往返运输车（Overhead Shuttles，OHS）负责；而仓储系统不仅负责圆片的储存，还负责工艺区内搬运系统和工艺区间搬运系统的连接，起到桥梁的作用。AMHS发展至今，圆片的传输已全部由OHT完成，即Tool to Tool模式。这样仓储系统就只剩下储存功能，与新增加的空中储存空间（Under Track Storage，UTS）共同为圆片提供储存空间。目前AMHS系统的搬运过程是，通过OHT将圆片从某一个生产区域的设备传送到指定生产区域的设备。圆片可存放于仓储系统和UTS等待传输。

AMHS系统可节省人力，减少微尘的产生，最大化利用洁净室的空间，保证圆片盒管理系统的高效率运行，使生产管控系统自动化运行，缩短产品生产的周期，提高设备的产能利用率。

撰稿人：中芯国际集成电路制造有限公司　　王公正
审稿人：中芯集成电路制造有限公司　　　　于永航

▷▷▷ 4.3.6　给排水系统，给排水系统，Water Supply and Drainage System

给排水系统是为人们生活和生产相关设备提供用水和污水排除的设施的总称，主要由给水系统、排水系统、雨水收集系统和生活污水收集及处理系统构成，是集成电路生产线的重要组成部分。集成电路制造工厂还会产生生产废水，其处理系统见4.3.10节。

（1）给水系统是指给水的取水、输水、水质处理和配水等设施以一定方式组合成的总体。给水系统分为生活给水系统和生产给水系统。生活用水使用市政自来水，生活水箱需要设计成两个，以保证水箱在年度清洗期间仍然可以正常供水。生产相关设备用水全部使用再生水，已使用自来水的，要逐步进行改造，将自来水逐步替换成再生水。

（2）排水系统是指排水的收集、输送、水质处理和排放等设施以一定方式组合成的总体，主要包括生活污水排水和空调冷凝水排水收集。生活污水主要包括洗手间排水、洗衣房排水、洗手机排水和厨房排水。生活污水排到生活污水处理系统进行处理。空调冷凝水收集后作为生产用水使用。

（3）雨水收集系统是指根据需求，将楼顶和道路上的雨水通过雨水管道收集到雨水收集池进行储存，经过过滤后，进行绿地浇灌。

（4）生活污水收集及处理系统的主要处理对象是污水中的氨氮、磷、生化需氧量（BOD）、化学需氧量（COD），通过生化法进行处理，使氨氮、化学需氧量、总氮、总磷、油类等指标满足国家环保排放标准。生活污水经处理后由生活污水排放口排至市政污水管网，最终进入市政污水处理厂统一处理利用。

撰稿人：中芯国际集成电路制造有限公司　王乾

审稿人：中芯国际集成电路制造有限公司　刘伟

▷▷▷ 4.3.7　消防系统，消防系统，Fire Safety System

集成电路制造工厂基于其生产工艺的特殊性，一旦发生火灾将引起连锁效应，会严重损害洁净室内的设备，同时发生火灾时通常伴随爆炸、气体泄漏等，抢救及灭火难度非常高，因此配置完善有效的消防系统将对于人员安全、财产安全起到极其重要的作用。

（1）建筑消防系统：由火灾探测报警系统、消防联动控制系统、可燃气体探测报警系统及电气火灾监控系统组成，与自动灭火系统、防排烟系统以及防火分隔设施等其他消防设施一起构成完整的建筑消防系统。在火灾险情发生时，建筑消防系统能够第一时间做出快速的报警与响应，启动相关消防联动控制设备，扑灭初期火灾和防止火灾蔓延，同时为人员提供充足的时间进行逃生疏散和应急应变。

（2）消防给水和灭火设施：在各建筑物中根据其耐火等级、使用性质、火灾危险性等不同来设置。集成电路厂房消防给水系统一般主要包括室内消火栓、室外消火栓、自动喷水灭火系统、水喷雾灭火系统等，以确保能够有效遏制初期火灾。所有消防给水系统和灭火设施的报警阀组、管件、喷头等关键产品均应符合国内消防相关标准要求，且应同时满足国际 UL（Underwriter Laboratories Inc.）认证与 FM（Factory Mutual）认证的标准。

（3）二氧化碳气体灭火系统：主要用于在集成电路厂房中不适宜设置水灭

火系统的环境中,如变配电室、计算机机房、不间断电源电池室、废溶剂收集室、消防中控室等。对于经常有人员工作或进出的区域,宜采用对人体无毒、无害、低浓度的七氟丙烷气体灭火系统。

依据《建筑灭火器配置设计规范》(GB 50140—2005)整理的集成电路厂房各功能区常用的灭火方式见表4-12。

表4-12 集成电路厂房各功能区常用的灭火方式

区域名称	室内消火栓	室外消火栓	干粉灭火器	二氧化碳灭火器	二氧化碳自动灭火设备	自动喷水灭火设备	水雾灭火设备
室外		√					
洁净室	√			√		√	
中央动力站	√			√	√		
冷却塔	√						√
电气设备室	√			√	√		
气体供应室	√		√			√	
溶剂供应室	√		√		√		
废溶剂收集室	√		√			√	
三氟化氯供应站	√			√	√		
化学品仓库	√						
硅烷供应站							√

(4)防排烟系统:各建筑物应设置必要的防烟或排烟设施,确保火灾发生时建筑物内的人员顺利疏散和安全避难;同时把火灾现场有毒有害的烟气和热量及时进行排除,以防止火势进一步蔓延,为有效扑灭火灾创造有利条件,以达到减少火灾损失的目的。

(5)极早期火灾侦测系统:集成电路厂房洁净室、变电站、计算机房等重要区域应设有高灵敏度极早期火灾侦测系统,其探测设备可主动对火灾发生初期所产生的烟雾颗粒进行采样探测,保护区内的空气样品被主机内部的吸气泵吸入采样管道,送到探测器进行分析。如果发现烟雾颗粒,立即在极早期阶段发出警报,以达到控制火情的发生和蔓延的目的。

(6)建筑防火和安全疏散:洁净厂房的耐火等级不应低于二级。吊顶材料应为非燃烧体,其耐火极限不宜小于0.25h[1]。甲、乙类生产的洁净厂房,宜采用单层厂房。其防火墙间最大许可占地面积,单层厂房应为3000m²,多层厂房应为2000m²[1]。厂房内任一点到最近安全出口的直线距离应符合

表 4-13 的要求。

表 4-13　厂房内任一点至最近安全出口的直线距离[2] 　　　　单位：m

生产类别	耐火等级	单层	多层	高层	地下室
甲	一、二级	30	25	—	—
乙	一、二级	75	50	30	—
丙	一、二级	80	60	40	30
	三级	60	40	—	—
丁	一、二级	不限	不限	50	45
	三级	60	50	—	—
	四级	50	—	—	—
戊	一、二级	不限	不限	75	60
	三级	100	75	—	—
	四级	60	—	—	—

（7）消防应急广播系统：具备人工应急广播、火灾联动广播和普通业务广播功能。发生火灾后，消防控制室可将相应区域切到应急广播状态，播放预先录制好的语音广播，工作人员也可通过话筒进行人工广播，远程指挥灭火，组织人员安全疏散。消防系统对于人员安全、财产安全起到极其重要的作用，应制定定期保养检修测试的计划，以保证系统安全稳定地运行。

参考文献

[1] 中华人民共和国住房和城乡建设部. 洁净厂房设计规范：GB 50073—2013 [S]. 北京：中国计划出版社，2013.

[2] 中华人民共和国住房和城乡建设部. 建筑设计防火规范：GB 50016—2014 [S]. 北京：中国计划出版社，2015.

撰稿人：中芯国际集成电路制造有限公司　冯红军

审稿人：中芯国际集成电路制造有限公司　马传辉

▷▷▷ 4.3.8　电力系统，電力系統，Power System

（1）负荷等级：根据《供配电系统设计规范》（GB 50052—2009），电力负荷应根据对供电可靠性的要求，以及中断供电对人身安全、经济损失所造成的影响程度进行分级，见表 4-14。

表 4-14 电力负荷分级

负荷等级	定义
一级	符合以下情况之一： (1) 中断供电将造成人身伤亡时； (2) 中断供电将在经济上造成重大损失时； (3) 中断供电将影响重要用电单位的正常工作
二级	符合以下情况之一： (1) 中断供电将在经济上造成较大损失时； (2) 中断供电将影响较重要用电单位的正常工作
三级	不属于一级和二级负荷者应为三级负荷

集成电路制造厂房的用电负荷等级一般多为二级负荷，两路电源供电。当一路电源发生问题时，第二路电源可以通过联络开关对全厂负载进行供电，如图 4-3 所示。

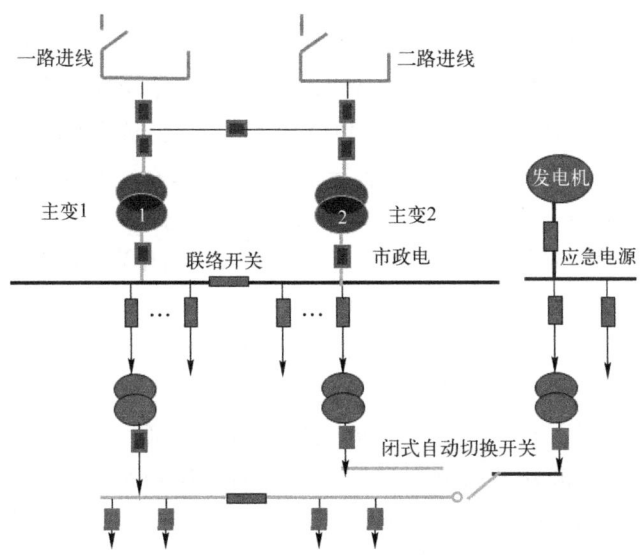

图 4-3 集成电路制造工厂电力系统架构示意图

(2) 电压等级：应根据当地电网结构以及工厂负荷容量确定合理的供电电压。进线电源供电电压有 220kV、110kV、35kV、10kV 等。洁净厂房低压配电设计应符合生产工艺设备及动力设备的要求。

(3) 六氟化硫密封式组合电器：GIS 是六氟化硫气体绝缘开关，主要用来"分"、"合" 10kV 及以上电压等级的电气回路的设备。GIS 开关中填充 SF_6（六氟化硫）气体，这种气体拥有较好的绝缘及灭弧功能。

(4）高压电力变压器（油浸）：集成电路制造厂房一般采用油浸式电力变压器将高电压等级转化为低电压等级，再由中压柜分配至各分变电站。油浸式变压器的主要电气保护有瓦斯保护、纵联差动保护、过电流保护等，油浸式变压器具有带载调压功能。

（5）闭式自动切换开关：在正常情况下，负载由市政电进行供电，当市政电停电时，负载会自动切换到应急电源供应；当市政电恢复后，负载自动切回市政电供电，随后应急电源断电。每个闭式自动切换开关（Closed Transition Transfer Switch，CTTS）均应包括一个电力切换开关单元和一个控制模组，在盘内接线，以进行完整的自动化操作。CTTS 在两边电压皆为额定且在可允许切换的范围内瞬间连接，以进行不断电负荷（闭路切换）切换。最大的连接时间为 100ms。

（6）不间断电源系统：部分设备对于市政电与应急电源切换时间有特殊要求，比如市政电与应急电源的切换时间要求为毫秒级的设备，需要设置不间断电源（Uninterruptible Power Supply，UPS）系统。UPS 的供电时间不能小于 5min。当市政电停电，柴油发电机组启动之前，由 UPS 进行供电。等柴油发电机组电压稳定或者市政电恢复正常供电时，UPS 停止供电，再由柴油发电机或市政电供电。

（7）无功补偿及谐波治理：在集成电路制造厂房中，采用提升自然功率因数的措施之后，仍然达不到符合电网要求的供电环境时，应该选用并联电力电容器作为无功补偿装置，来改变供电环境。电容器组应该集中放在配变电所内。无功补偿装置主要包括主断路器（或熔断开关）、自动功率因数调整器、电磁接触器及熔断器、干式电容器及 6%电抗器、箱体及配线、盘内照明及控制开关。若系统谐波超出国家标准或对下游设备产生影响，需要配置有源或无源滤波器，来改善电力品质。

（8）照明：通过光源为各种场所或者个别特殊物体提供光亮的措施。工作场应该使用一般照明，用户对同一个工作场所内不同区域的照度有不同的需求时，最好采用不同照度的光源搭配进行照明；某一区域或者某个别物体需要增强照度时，最好采用重点照明。正常的工作场所或者其他没有特别需求的辅助场所，都应该采用普通照明；集成电路制造厂房的洁净室、变电站、消防泵房、消防控制室等重要场所，发生紧急情况时需要保证具有足够的照度，所以应设置备用照明；人员疏散通道内应该设立疏散指示灯，保证人员的安全疏散。

（9）接地：是指在电力系统、电力装置或电力设备的指定点与局部地面之间通过导体进行电位连接。接地分为功能性接地、保护性接地、电磁兼容性接地、建筑物防雷接地等。

撰稿人：中芯国际集成电路制造有限公司　田菲
审稿人：中芯国际集成电路制造有限公司　于兰藏

4.3.9 超纯水系统,超纯水系统,Ultrapure Water System

集成电路生产的多数工序都需要使用超纯水将芯片制造过程中的污染物清洗干净。由于超纯水与芯片直接接触,超纯水中的微量杂质又有可能污染芯片。随着集成电路集成度的不断提高,对超纯水的品质要求也越来越高。某半导体厂的超纯水制备流程如图 4-4 所示。

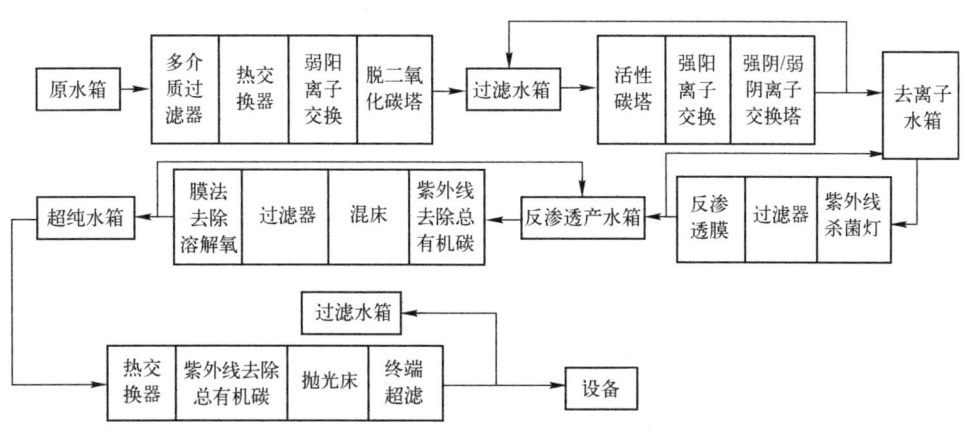

图 4-4 半导体厂的超纯水制备流程

(1) 超纯水制备的预处理:为了使超纯水制成处理设备安全、高效和经济地运行,需要将原水进行预处理,降低原水中悬浮物、胶体、大分子有机物、阴阳离子的含量,并调节水温。预处理通常使用多介质过滤器或超滤膜、脱气塔或脱气膜、离子交换树脂、活性炭进行。

(2) 超纯水的初步制备:原水经过预处理后,再处理并初步制成纯水,电阻率可达 $18.0\text{M}\Omega \cdot \text{cm}$ 以上。超纯水的初步制备主要使用反渗透和紫外线灯去除水中有机物,使用反渗透和离子交换树脂去除水中阴阳离子和二氧化硅,使用脱气膜去除水中溶解氧。反渗透前使用紫外线灯进行杀菌,避免反渗透膜被微生物污染。

(3) 超纯水制备的精处理:初步制备的纯水还要经过精处理,基本将杂质成分全部去除,最终制成超纯水。精抛光处理设备主要使用紫外线灯去除有机物和细菌,使用抛光树脂去除残留离子,使用超滤膜去除微颗粒,并使用板式热交换器将水温控制在 $23℃\pm1℃$。为了保证抛光树脂的去除效果,需要定期更换抛光树脂。为了保证超滤膜的安全,超滤膜前设置一道过滤器。为了保证溶解氧的指标,在超滤膜前可以再设置一道脱气膜去除水中的溶解氧。

(4) 超纯水的指标监控和分析：为了持续、稳定地供应高品质超纯水，必须对超纯水水质进行在线和离线监控；并制定控制标准，自动监控自动报警，以便进行及时处理。在线实时监控指标有电阻率、微粒、总有机碳、二氧化硅、溶解氧、温度等，见表4-15。离线监控主要采用定期取样的方式，将样品送到实验室检测阴阳离子的含量。取样前要保证取样瓶、取样管路的洁净，并按取样标准取样。

表 4-15 终端水质控制表

监控指标	目标值	停机上限	停机下限	控制上限	控制下限
直径 0.1μm 的微粒浓度/(pcs/L)	0.00	1000.00	—	700.00	—
总有机碳浓度/ppb	0.00	3.00	—	1.00	—
二氧化硅浓度/ppb	0.00	2.00	—	0.50	—
溶解氧浓度/ppb	0.00	3.00	—	2.00	—
电阻率/MΩ·cm	18.20	—	17.50	—	18.00
温度/℃	23	24	22	23.5	22.5

注：pcs/L 是每升中微粒的个数；ppb 是 10^{-9}。

(5) 超纯水的原水供应发展趋势和回收率：由于水资源的匮乏，使用高品质再生水代替自来水作为超纯水的原水是必然趋势。对超纯水工艺的水资源利用率要求也越来越高，企业要自行建设废水回收处理系统。废水回收处理系统的流程如图4-5所示，利用活性炭、反渗透膜等去除回收水中的有机物、盐类等，回收再利用企业内部生产产生的废水，达到提高回收率，节约自来水的目的。

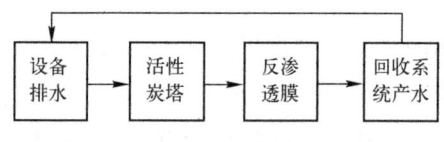

图 4-5 废水回收处理系统的流程

撰稿人：中芯国际集成电路制造有限公司　王乾
审稿人：中芯国际集成电路制造有限公司　刘伟

▷▷▷ 4.3.10 废水处理系统，廢水處理系統，Waste Water Treatment System

集成电路圆片制造企业产生的废水可分为含氨废水、含氟废水、含铜废水、研磨废水、酸碱废水 5 类。应根据废水的种类，分类收集，分类处理，即将含氨废水、含氟废水、含铜废水、研磨废水分流进入各自处理系统进行处理后，最终进入中和处理系统处理。为了确保废水处理系统正常稳定运行，在中央控制室设有在线监测系统，自动控制整个废水处理系统，以确保处理后的废水达标排放。生产废水经处理达标后由生产废水排放口排放至市政污水管网，最终进入市政污水处理厂统一处理利用。

（1）含氨废水处理：集成电路圆片制造企业的含氨废水浓度高，常用吹脱法进行处理，其处理流程如图 4-6 所示。

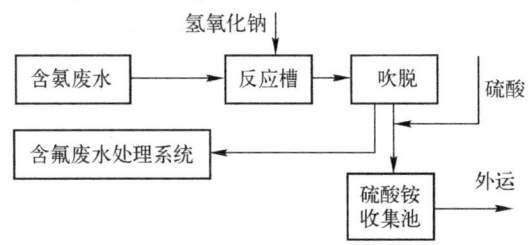

图 4-6　含氨废水吹脱法处理流程

（2）含氟废水处理：集成电路圆片制造企业最常用的含氟废水处理方法是石灰或者氯化钙絮凝沉淀法，其处理流程如图 4-7 所示。

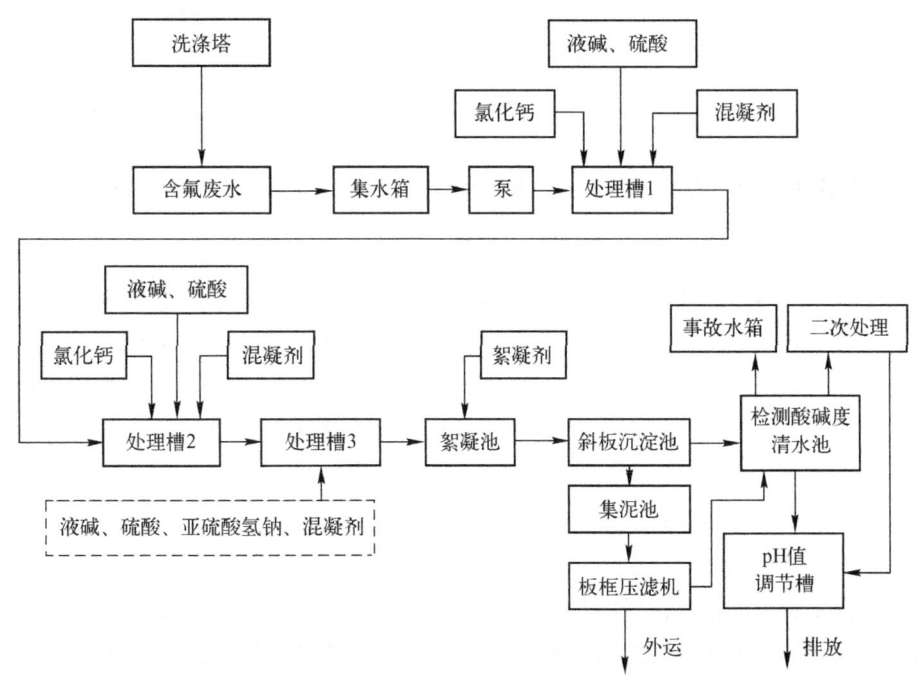

图 4-7　含氟废水处理流程

(3) 含铜废水处理：通过添加络合剂使含铜废水生成含铜沉淀物，再添加混凝剂并通过沉淀分离，将淤泥压缩成饼并委外处理。该技术工艺是常规的处理工艺，技术成熟、可靠，可确保含铜废水能达到排放标准。

(4) 研磨废水处理：研磨废水经管道至集水池，常采用絮凝沉淀法进行处理。研磨废水经收集、调整 pH 值后，加入混凝剂，充分混合后排入絮凝池，投加絮凝剂，废水进入沉淀池，处理后的澄清废水进入酸碱废水处理系统进行再中和，产生的污泥经浓缩脱水后外运。

(5) 酸碱废水处理：酸碱废水通常采用酸碱中和法处理。酸碱废水经加液碱（如 NaOH）及硫酸（H_2SO_4）中和，达到污水纳管的标准后排放。酸碱废水处理流程如图 4-8 所示。

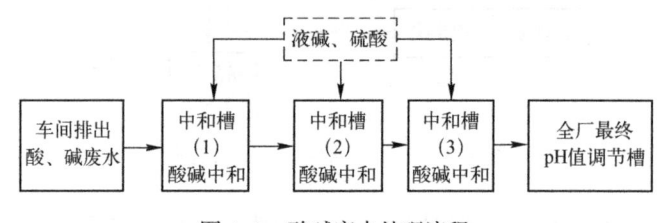

图 4-8 酸碱废水处理流程

撰稿人：中芯国际集成电路制造有限公司　王乾
审稿人：中芯国际集成电路制造有限公司　刘伟

▷▷▷ 4.3.11　厂务监控系统，廠務監控系統，Facility Monitoring and Control System（FMCS）

厂务监控系统（Facility Monitor and Control System，FMCS）主要功能是，不间断地收集各种集中供应设备运行状况的数据，运行人员通过这些数据可以监控设备的运行状况，如有异常情况，值班人员可以第一时间检修和维护设备。为了便于相关工作人员的操作，监控系统的所有子系统在画面风格、操作方式、颜色定义上等均保持一致。FMCS 详细说明如下。

(1) FMCS 的硬件基本组成：数据库服务器、系统信息收集设备、警报打印设备、工程师基站以及网络设施等。数据库服务器的主要功能是收集子系统的信号，让使用者依据这些信号的基本数据分析比较出可用的信息。系统信息收集设备的主要功能是把子系统的监控画面整合到监控中心的计算机，以达到全部设备的统一监控。工程师基站可让工程师或程序编写者在修改、开发、除错时，不会影响监控系统的运行。警报打印设备的功能是将重要的警报打印出来供使用者备查或配合程序分析软件进行不同阶段的历史数据分析。

（2）FMCS 的软件主要组成：包括基本软件、基础软件、应用软件和用户软件四部分。基本软件包括数据库管理系统软件、工程和监控软件、通信软件、数据银行软件、图形显示过程可视化软件、以太网连接的通信软件等。基础软件包括操作软件、更高级别的计算机通信软件等。应用软件包括过程数据采集软件、异常条件报警软件、显示和记录的过程测量软件、监控和报告管理信息软件等。用户软件包括逻辑控制软件、设备操作软件等。

（3）网络拓扑结构：以某半导体公司的厂务监控系统为例，其网络拓扑结构如图 4-9 所示。

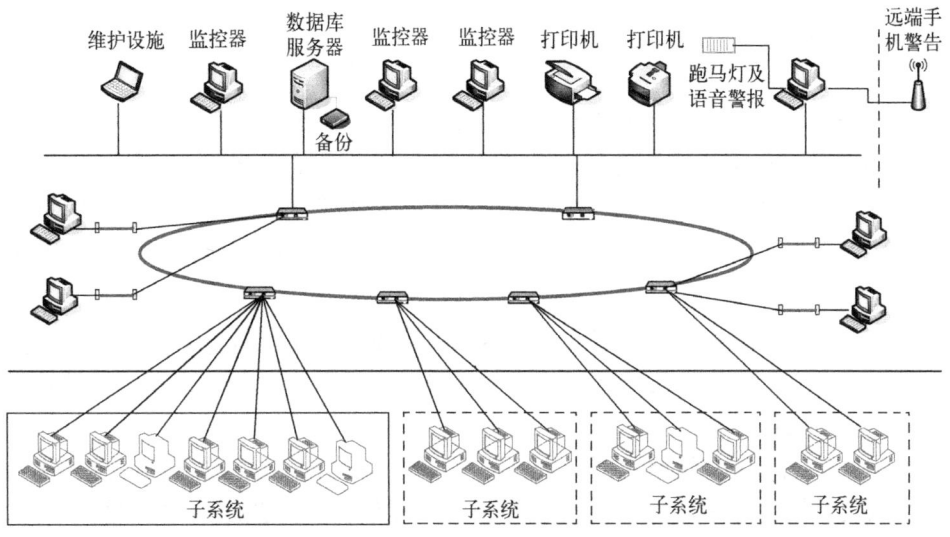

图 4-9 某半导体公司厂务监控系统网络的拓扑结构图

智能厂务监控系统是自动化厂房的重要组成部分，主要包括智能巡检系统、机器人巡检系统、智能检修系统、故障智能分析系统、知识库系统、智能报表系统、人员定位系统和人脸识别系统等。

撰稿人：中芯国际集成电路制造有限公司　袁浩
审稿人：中芯国际集成电路制造有限公司　于永航

▷▷▷ 4.3.12 二次配管系统，二次配管系统，Hook Up System

二次配管系统（Hook Up System）是指以集成电路制造所需设备为服务对象，将中央供应主系统的各种水、气、电等安全衔接到设备，并保证设备长期稳定正常运作的系统。二次配管系统按功能划分，主要包含以下几个部分。

(1) 工艺冷却水管路系统：为洁净室内的设备及辅助设备提供温度稳定、压力稳定和电导率稳定的冷却水，用以保证设备的正常运行。该系统的连续运行和水的品质是整个冷却系统稳定的保障。工艺冷却水管路按设备需求进行配置，从主系统预留点连接到厂内以及其他支持区域的工艺设备和相关附属设备。工艺冷却水管路与设备的连接是封闭式的，是由供水管路和回水管路组成的。工艺冷却水管路由不锈钢硬管及橡胶高压软管等配件组成，一般采用亚弧焊焊接。

(2) 工艺真空管路系统：工艺真空系统可给工艺设备提供一定真空度，用于设备吸附圆片。工艺真空管路系统按设备需求进行配置，从主系统预留点连接到厂内以及其他支持区域的工艺设备和相关附属设备。工艺真空管路全部都是由高密度聚氯乙烯（UPVC）硬管及配件组成的，并使用聚氨酯（PU）或者聚乙烯（PE）软管接到设备使用点。工艺真空管路的连接一般采用黏合方式。

(3) 自来水管路系统：按设备需求进行配置，从主系统预留点连接到厂内以及其他支持区域的工艺设备和相关附属设备。自来水管路是由304不锈钢硬管及橡胶高压软管等配件组成的，一般采用氩弧焊焊接。

(4) 工艺超纯水管路系统：按设备需求进行配置，从主系统预留点连接到厂内以及其他支持区域的工艺设备和相关附属设备。工艺超纯水管道及配件，选用聚偏氟乙烯（PVDF）和聚四氟乙烯（PFA）材质；阀门选用聚偏氟乙烯（PVDF）隔膜阀。工艺超纯水管路的连接一般采用自动热熔焊机焊接。

(5) 工艺废水排放管路系统：用于把集成电路企业生产过程中产生的废水，如含氨废水、含氟废水、含铜废水、研磨废水、酸碱废水等分类排放及处理。工艺排放管路按设备需求配置不同的排放类型，从主系统预留点连接到厂内以及其他支持区域的工艺设备和相关附属设备。

(6) 工艺气体管路系统：按设备需求分配各种集成电路生产所需的气体。管路从各自的气瓶柜、阀组箱或者主系统预留点连接到厂内以及其他支持区域的工艺设备和相关附属设备。工艺气体管路系统的材料一般使用内表面抛光处理的不锈钢。工艺气体管路的连接一般采用自动轨迹氩气保护焊接。

(7) 工艺排气管路系统：用于把集成电路企业生产过程中产生的各种废

气分类排放并处理。管路按设备需求配置不同,从主系统预留点连接到厂内以及其他支持区域的工艺设备和相关附属设备。管路的连接一般采用法兰连接。

(8) 二次配电系统:电力供电从主系统预留点连接到设备。

(9) 工艺化学品管路系统:按设备需求分配各种集成电路生产所需的化学品,从各自的化学阀组箱连接到厂内以及其他支持区域的工艺设备和相关附属设备。工艺化学品管路的材料一般使用聚四氟乙烯(PFA)内管或者不锈钢内管。

(10) 设备基础底座:根据承重及振动要求,集成电路生产设备需配备不同类型的设备基础底座。设备基础底座分为钢板基架、钢结构基架、水泥基架和象脚基架等。

撰稿人:中芯国际集成电路制造有限公司 田磊
审稿人:中芯国际集成电路制造有限公司 李新国

▶▶ 4.4 集成电路生产线厂房的洁净室与空调

▶▶▶ 4.4.1 洁净室系统,潔淨室系統,Clean Room System

集成电路的生产必须在洁净室厂房中进行。洁净室(Clean Room)是指空气悬浮粒子浓度受控的房间,它的建造和使用应减少室内诱入、产生及滞留粒子。室内其他参数,如温度、湿度、压力等,按照特别的要求进行控制。下面简要介绍洁净室系统的过滤系统、洁净室气流、洁净室静电危害以及防范措施。

(1) 洁净室过滤系统:利用高效过滤器和超高效过滤器的组合把空气中的灰尘粒子过滤掉。灰尘过滤的效率可高达 99.995%~99.999 995%。经过过滤器过滤之后把空气中的悬浮粒子浓度控制在洁净室等级需求的范围内。

(2) 洁净室的气流:由于洁净厂房内的工作人员及生产设备也会产生灰尘,而这些尘土对洁净室环境也是一大危害,所以必须通过气流将这些尘埃过滤或排出室外。依据气流的方向性特点,可分为单向流(大致平行的受控气流,以及与水平面垂直或平行的气流)、非单向流(送入洁净室的送风以诱导方式与室内空气混合的气流)、混合流(单向流和非单向流组合的气流)。

(3) 洁净室静电危害:集成电路厂房对环境中的防静电要求也很苛刻。静电对集成电路行业的主要危害体现在3个方面。

① 静电吸附：指附着在产品上的静电荷会通过静电作用吸附空气中的尘埃，从而引起产品上尘埃的附着。

② 静电放电：当静电电荷积累到一定的程度，若有导体接近就会产生静电放电，从而造成器件击穿。

③ 电子干扰：静电放电会产生辐射，这些辐射会干扰周围的微处理器。

（4）洁净室静电的防范措施：根据不同工艺区域，需要采用有针对性的防静电控制方案。

① 内装（高架地板、吊顶、隔板等）静电防护：洁净室内装环境的防静电措施是接地。因在集成电路的生产过程中会产生电荷，但工艺中所需的材料如石英、玻璃、塑料等都是绝缘体，电荷无法就地移除，所以接地系统是对抗静电的关键。

② 工艺静电防护（离子棒、离子风扇）：离子棒与离子风扇均为静电发生器，通过电离空气中的粒子产生正负电荷，洁净室中的气流会使正负电荷形成一股带有正负电荷的气流。当设备或物品带有电荷时，气流中的异性电荷会中和设备或物品带有的电荷，从而消除静电。

根据《洁净厂房设计规范》（GB 50073—2013），洁净室空气洁净度整数等级见表4-16。

表4-16　洁净室空气洁净度整数等级

空气洁净度等级（N）	大于或等于要求粒径的最大浓度限值/（pcs/m^3）					
	0.1μm	0.2μm	0.3μm	0.5μm	1.0μm	5.0μm
1	10	2	—	—		
2	100	24	10	4	—	
3	1000	237	102	35	8	
4	10 000	2370	1020	352	83	
5	100 000	23 700	10 200	3520	832	29
6	1 000 000	237 000	102 000	35 200	8320	293
7	—	—	—	352 000	83 200	2930
8				3 520 000	832 000	29 300
9				35 200 000	8 320 000	293 000

注：按不同的测量方法，各等级水平的浓度数据的有效数字不应超过3位；pcs/m^{3}是每立方米中颗粒的个数。

撰稿人：中芯国际集成电路制造有限公司　霍爽

审稿人：中芯国际集成电路制造有限公司　刘浩

▷▷▷ 4.4.2 空调系统，空調系統，Air Conditioning System

空调系统是指为生产工艺过程或为系统正常运转创造必要环境条件的空气处理系统。在集成电路制造工厂中，空调系统可以调节与控制某个房间或空间内的温度、湿度和空气流动速度等，并供应新风和排除污浊空气。

（1）空调系统的结构组成：主要包括过滤器、空气洗涤器、冷却器、风机、加热器等，如图 4-10 所示。

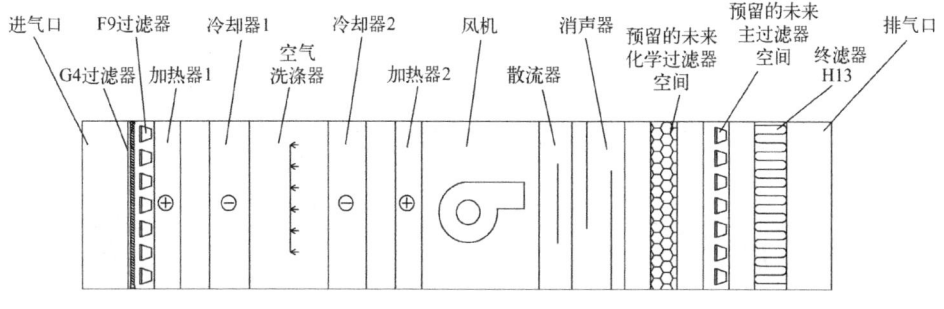

图 4-10　某半导体公司的空调系统结构图

（2）空调箱内过滤器的选用、布置和安装方式：根据空气洁净等级选用组合过滤器，中效或高效过滤器宜集中设置在空调箱的正压段。

（3）洁净室内湿度控制：主要由空调机组将外气的温度降低到能够达到除湿的目的后，再升温到一定温度；若外气过于干燥，则先将空气加热，再经过加湿系统，最后将空气送出。

（4）洁净室新风系统（见图 4-11）工作原理：经过空调箱处理后的恒温恒湿的新风经风管送入洁净室回风墙内并与洁净室的回风进行混合，在风机过滤机组的作用下在洁净室内形成新风流动场。洁净室新风系统通过空调箱送入恒温恒湿的新风，空气在洁净室内部循环。

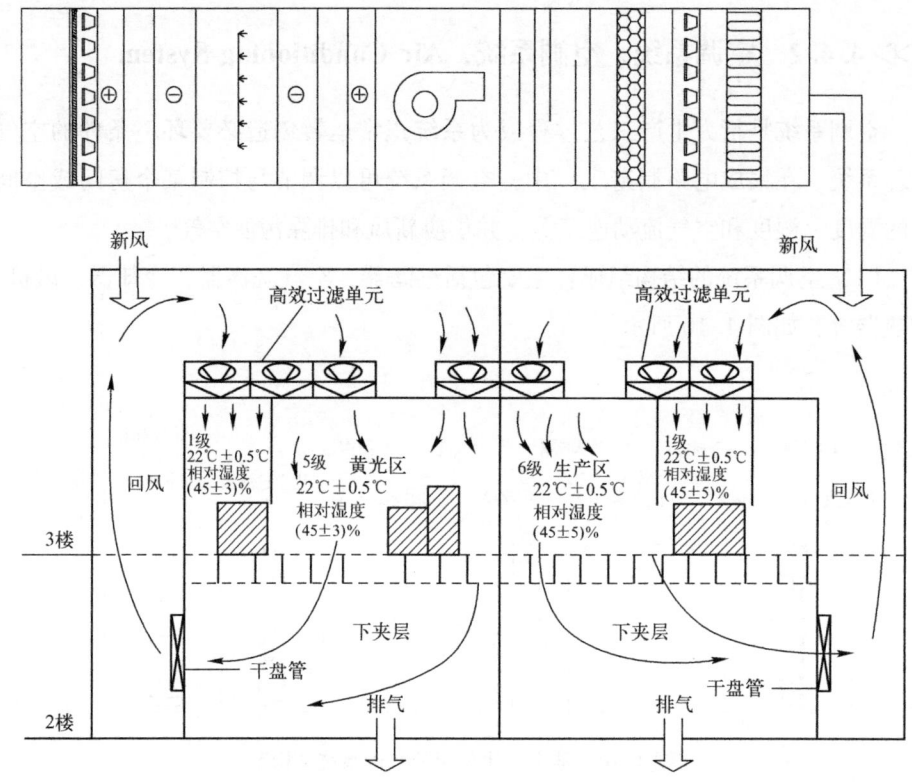

图 4-11 洁净室新风系统示意图

撰稿人：中芯国际集成电路制造有限公司　朱梦
审稿人：中芯国际集成电路制造有限公司　刘浩

▷▷▷ 4.4.3　工艺循环冷却水系统，製程循環冷卻水系統，Process Circulating and Cooling Water System

在集成电路圆片制造过程中，必须经过多种加工工艺的处理。设备在生产及测试等制造过程中会产生热量。工艺循环冷却水系统为厂区洁净室设备提供在制造过程中所需的冷却水。该系统运行时，需要稳定的流量、压力和温度，以及良好的水质，并且长期连续运行。

常用工艺循环冷却水系统流程如图 4-12 所示。常用工艺循环冷却水系统的组成部分包括水箱（提供供应的水源及收集回水，同时可加入药剂以调整水质）、水泵（提供足够的动力将冷却水送至用户侧）、热交换器（让冷却水与冰水进行热交换，保证冷却水供水的温度稳定）；变频器（改变运转频率，可控制水泵出口达到相应的输出压力)、过滤器（将水中杂质过滤掉，以免工艺设备堵塞）。

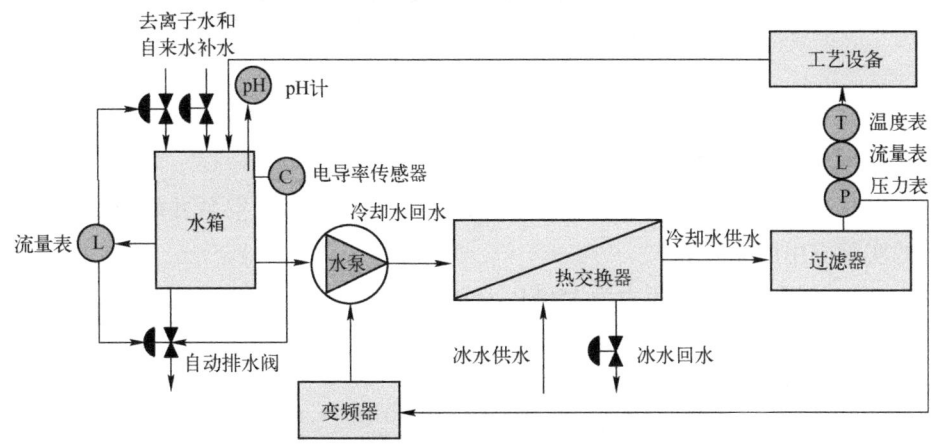

图 4-12 常用工艺循环冷却水系统流程

工艺循环冷却水系统为工艺设备提供温度、压力稳定的冷却水系统，达到把设备生产时产生的热量持续带走的目的。温度的稳定性通过温度传感器控制热交换器侧冰水阀门的开度，使工艺冷却水的供水温度保持在满足设备生产运行的范围内。通过控制泵的运行频率使主系统的压力保持稳定，从而为设备末端提供稳定的冷却水供应。同时工艺循环冷却水在供应给设备时还要保持其 pH 值和电导率在一定的范围内，如果 pH 值和电导率在循环过程中上升，要根据实际情况进行排水把 pH 值和电导率控制在一定范围内，保证供给设备的水质是满足设备需求的。整个工艺循环冷却水系统在循环过程中如果水箱液位降低，会及时补进去离子水，保证系统的运行稳定。如果去离子水无法补给，可采用自来水进行紧急补水。

撰稿人：中芯国际集成电路制造有限公司　王凤武
审稿人：中芯国际集成电路制造有限公司　刘浩

▷▷▷ 4.4.4　工艺真空系统，製程真空系统，Process Vacuum System

在集成电路生产过程中，工艺真空系统（见图 4-13）用于提供厂区洁净室生产及测试设备在制造过程中所需的真空压力和气体流量。

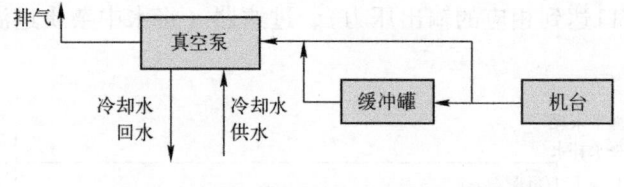

图 4-13 工艺真空系统工作流程示意图

1. 系统的实际应用情况

真空站吸入口的总流量根据需求决定,一般用多台真空泵并联组合。某公司的实际应用情况如下。

(1) 使用点的真空压力为 150kPa±50kPa;
(2) 真空泵压力为大于 80kPa(绝对值);
(3) 系统真空压力为 80~88kPa;
(4) 系统配备真空缓冲罐;
(5) 配合旋转螺栓式真空泵降温的冷却水。

2. 系统运行描述

工艺真空系统通过真空泵抽取管路内的空气,以保持腔体具有一定的压力,抽取后的气体通过真空泵的后端排入大气或者排气系统。同时由于单个工艺产品末端压力需要恒定,因此主管路的压力系统运行时压力也需要恒定。缓冲罐并联入整个系统,可在真空泵端发生短暂异常时,使主管压力短时间内维持在原来的压力值,避免工艺产品受到影响。系统运行时,由缓冲罐外部的空压传感器测量真空度,信号传入集中逻辑控制器。当真空度小于 80kPa 时,开启进气阀、冰水电磁阀和真空泵,直至真空度上升到预设的上限值(大于 88kPa)。当真空度下降至下限时,开启一台真空泵后,真空度值仍继续下降,继续开启第二台真空泵,直至所有真空泵均启动。当系统真空度到达上限值时,关闭真空泵。

撰稿人:中芯国际集成电路制造有限公司 王凤武
审稿人:中芯国际集成电路制造有限公司 刘稼华

4.4.5 工艺排气系统,製程排氣系統,Process Exhaust System

在集成电路生产过程中需要使用各种特殊气体和化学品,对芯片进行加工与处理。在生产过程中,各种气体和化学品与芯片的反应会产生有毒有害的反应产物。这些产物需经过工艺排气系统的有效处理,达到排放标准后排放到室外,以避免气态物质对环境和人员造成伤害。

1. 排气系统的分类及处理方式

（1）一般气体的排气系统：通过风机排除工艺设备产生的废热，或为了保证工艺设备内部的负压环境的排气系统。一般排气不含有毒、有害的物质。一般排气不经过处理，直接向室外大气中排放。

（2）酸性气体的排气系统：采用酸性洗涤塔处理含有 HCl、H_2SO_4 等的酸性有害气体并通过风机排到大气的排气处理系统。酸性洗涤塔使酸性有害气体与碱性液体进行反应中和，然后通过风机分离出液体和符合排放标准的气体。一般采用气液逆向吸收的方式，即碱性液体从塔顶向下以雾状（或小液滴）的方式进行喷撒，使酸性气体经过填充式洗涤塔。此处理可达到冷却废气、调理气体及去除颗粒的目的。废气再经过除雾段处理后，达到环境排放标准后排入大气中。

（3）碱性气体的排气系统：采用碱性洗涤塔处理含有 NH_3 等的碱性有害气体并通过风机排到大气的排气处理系统。碱性洗涤塔使碱性有害气体与酸性液体进行反应中和，然后通过风机分离出液体和符合排放标准的气体。一般采用气液逆向吸收的方式，即酸性液体从塔顶向下以雾状（或小液滴）的方式进行喷撒，使碱性气体经过填充式洗涤塔。此处理可达到冷却废气、调理气体及去除颗粒的目的。废气再经过除雾段处理后，达到环境排放标准后排入大气中。

（4）有机溶剂的排气系统：采用沸石转轮和燃烧炉处理含有苯、丙酮、异丙醇等有机溶剂的有害气体的排气处理系统。一般通过设置沸石转轮吸附有机溶剂，达到环境排放标准后排入大气。转轮浓缩之后的有机溶剂通过热风进行脱附。

2. 风压设计的原则

风压设计包含了工艺排气系统设计过程中对风机以及对用户点的末端和主管末端的压力设计。设计过程中需要考虑风管管道的阻力损失，风管管件、三通、弯头、变径、风阀的局部阻力损失，末端用户点的最小风压需求，以及工艺排气经过处理设备的压力损失，并在风压设计过程中需要考虑一定余量，以保证末端用户的风量与风压需求。一般预留的工艺排气接点的风压为 $-400 \sim -500$Pa，主管末端的风压为 $-700 \sim -800$Pa，风机入口集管处的风压一般为 $-1000 \sim -1300$Pa。在工艺设备的运行过程中，工艺排气的负压压力必须保证稳定，避免负压波动范围过大，以免造成设备报警、强制停机，甚至直接影响生产。

撰稿人：中芯国际集成电路制造有限公司　王凤武
审稿人：中芯国际集成电路制造有限公司　刘浩

4.5 集成电路生产线厂房的中央气体系统与化学品供应系统

4.5.1 大宗气体系统，大宗氣體系統，Bulk Gas System

1. 大宗气体的分类和应用

大宗气体是氮气、氢气、氧气、氩气、氦气的统称。

（1）氮气：制氮机将空气压缩、冷却、分馏、汽化后分离出氮气用于厂房内设备吹扫、稀释原料气，提供惰性气体环境以及化学品输送压力来源。

（2）氢气：氢气鱼雷车直接供应氢气，用于为厂房内设备提供燃烧介质以及作为还原反应气体。

（3）氧气：汽化器将液态氧气汽化后用作厂房内设备的氧化剂，供给臭氧发生器所需的氧气。

（4）氩气：汽化器将液态氩气汽化后用作厂房内设备的热传导介质，为设备腔体提供惰性气体环境。

（5）氦气：汽化器将液态氦气汽化后用于厂房内设备中产品的冷却。

2. 大宗气体系统的组成

（1）制气站：采用相关的制气工艺制取气体所需的制气设施、压缩储存设施、灌充设施、辅助设施及其建筑物、构筑物的统称。某半导体公司制气站出口气体品质见表4-17。

表4-17 某半导体公司制气站出口气体品质

气体种类	含水量/ppm	总碳氢含量/ppm	氧含量/ppm	氢含量/ppm	一氧化碳/二氧化碳含量/ppm	氮含量/ppm	氩含量/ppm	直径$0.1\mu m$颗粒含量/(pcs/ft³)
氮气	≤5	≤1	≤2	≤2	≤0.5	—	—	≤10
氢气	≤5	≤0.5	≤2	—	≤0.1	≤5	—	≤10
氧气	≤3	≤25	—	≤1	≤0.5	—	—	≤10
氩气	≤1	≤0.25	≤1	≤1	≤0.1	≤1	—	≤10
氦气	≤1	≤0.25	≤1	≤1	≤0.1	≤1	—	≤10

注：ppm 为 10^{-6}；pcs/ft³ 是每立方英尺中颗粒的个数，1ft³ = 0.028 316 8m³。

（2）气体纯化站：设有大宗气体纯化装置、气体过滤器及其输送管道和辅助设施的建筑物、构筑物或房间的总称。大宗气体通过气体纯化器、颗粒物过滤器将源于气站系统的大宗气体中的杂质吸附、过滤,生成高纯度的大宗气体供厂房内设备使用。某半导体公司纯化站出口气体品质见表4-18。

表4-18 某半导体公司纯化站出口气体品质

气体种类	含水量/ppb	总碳氢含量/ppb	氧含量/ppb	氢含量/ppb	一氧化碳/二氧化碳含量/ppb	氮含量/ppb	氩含量/ppb	直径$0.1\mu m$颗粒含量/(pcs/ft³)
氮气	≤1	≤1	≤1	≤1	≤1	—	—	≤1
氢气	≤1	≤1	≤1	—	≤1	≤1	≤1	≤1
氧气	≤1	≤1	—	≤1	≤1	≤1	≤1	≤1
氩气	≤1	≤1	≤1	≤1	≤1	≤1	—	≤1
氦气	≤1	≤1	≤1	≤1	≤1	≤1	—	≤1

注:ppb为10^{-9};pcs/ft³是每立方英尺中颗粒的个数,$1ft^3=0.0283168m^3$。

(3) 品质及压力管控系统:通过气体分析仪以及数据采集与监视控制系统,收集并显示供应气体的品质、流量及压力数据的系统。某半导体公司气体杂质检测内容见表4-19。

表4-19 某半导体公司气体杂质检测内容

气体种类	水分	氧含量	甲烷含量	二氧化碳含量	非甲烷总碳氢含量	氢含量	一氧化碳含量	颗粒物含量
氮气	√	√	√	√	√	√	√	√
氢气	√	√	√	√	√	—	√	√
氧气	√	—	√	√	√	√	√	√
氩气	√	√	√	√	√	√	√	√
氦气	√	√	√	√	√	√	√	√

(4) 高纯气体输送系统:从大宗气体纯化装置至高纯气体使用点的输送系统。

撰稿人:中芯国际集成电路制造有限公司 王泽巍
审稿人:中芯国际集成电路制造有限公司 于永航

▷▷▷ 4.5.2 特种气体系统,特種氣體系統,Specialty Gas System

特种气体广泛应用于半导体制造行业,是集成电路、液晶面板、太阳电池、光纤等生产中不可缺少的原材料,主要应用于氧化、掺杂、气相沉积、扩散等工艺。特种气体按照气体性质一般分为不燃性气体、毒性气体、易燃性气体、腐蚀性气体，并分别放置于不同的化学品站内。由于硅烷具有自燃性，一般单独设置硅烷站。由于三氟化氯遇水反应，要单独设置三氟化氯房间。低压气体位于洁净室二层。毒性、腐蚀性、可燃性气体及尾气处理装置位于相应区域。

特种气体输送系统是指为满足工艺需求，在充分保证工艺和安全的前提下，按照工艺需求的流量及压力，将特种气体从位于气体站的气瓶输送至洁净室阀门分配箱，再稳定地输送到工艺生产设备的使用点的管道与设备的统称。

特殊气体输送系统一般包括气瓶柜（Gas Cabinet，GC）、气瓶架（Gas Rack，GR）、BSGS系统（Bulk Special Gas Supply System）、特殊气体大量供应系统、混气（Mixer）系统、VDB主阀箱／VDP主阀盘（Valve Distribution Box/Panel）、VMB阀箱／VMP阀盘（Valve Manifold Box/Panel）。

气体监控与通信系统包括气体监控系统（Gas Detector System，GDS）和气体通信系统（Gas Information System，GIS）。气体监控系统包括气体侦测器、地震仪和本地报警单元（Local Alarm Unit，LAU）等。气体通信系统包括远程输入/输出盘（Remote In Put/Out Put Panel，RIO Panel）、交换机和通信模块等。

某半导体公司采用的特种气体设备的监测及安全保护装置见表4-20。

表4-20　某半导体公司采用的特种气体设备的监测及安全保护装置

气体种类	过流量保护装置	喷淋	传感器		
			紫外/红外传感器	烟雾传感器	温度传感器
1%B_2H_6/H_2	√	√	√	√	√
10%GeH_4/H_2	√	√	√	√	√
NH_3	√	√			√
CH_4					
C_3H_6	√	√		√	√
CH_3F	√	√		√	
CH_2F_2	√	√			√
1%GeH_4/H_2	√	√	√	√	√
SF_6					
CHF_3					
0.5%O_2/He					
1.2%He/N_2					
CF_4					
C_4F_8					
10ppmXe/3.5%Ar/Ne					

续表

气体种类	过流量保护装置	喷淋	传感器 紫外/红外传感器	传感器 烟雾传感器	传感器 温度传感器
N_2O					
$4\%H_2/N_2$					
$5\%H_2/He$					
CO_2					
$30\%O_2/He$					
$1.25\%Kr/Ne$					
NO	√	√			√
$5\%B_2H_6/N_2$	√	√	√	√	√
SiH_2Cl_2（DCS）		√			√
NF_3	√	√			√
$1\%PH_3/PH_2$	√	√	√	√	√
$1\%PH_3/N_2$	√	√	√	√	√
CO	√	√		√	√
Cl_2	√	√			√
$0.95\%F_2/3.5\%Ar/Ne$	√	√			√
$0.9\%F_2/1.25\%Kr/Ne$	√	√			√
HCl	√	√			√
HBr	√	√			√
SO_2		√			
$20\%F_2/N_2$		√			
WF_6		√			
HF		√			
$SiCl_4$		√			
C_4F_6		√		√	√
C_5F_8		√			
BCl_3		√			
SiH_4	√	√	√	√	√
SiF_4	√	√			√
C_2H_2	√	√		√	√
ClF_3		√			√

注：表中列出了集成电路产业链中常用的特种气体种类，部分种类的特种气体供应设备上不需要安装监测或设置安全保护装置。

撰稿人：中芯国际集成电路制造有限公司　张成
审稿人：中芯国际集成电路制造有限公司　于永航

4.5.3 化学品供应系统，化學品供應系統，Chemical Supply System

化学品供应系统是指为满足集成电路制造工艺需求，在充分保证工艺和安全的前提下，按照工艺需求的流量及压力，将化学品从位于化学品库房的化学品供应设备输送至洁净室阀门分配箱，再稳定地输送到工艺生产设备的使用点的管道与设备的统称。某半导体公司化学品在设备各区域的使用分布见表 4-21。

表 4-21 某半导体公司化学品在设备各区域的使用分布图

化学品名称	酸槽清洗区	回收区	化学机械抛光区	黄光区	物理化学沉积区	清洗区
氢氟酸	√	√	√			√
硫酸	√	√			√	
氨水	√		√			
显影液				√		
过氧化氢	√	√			√	
硝酸						
磷酸	√					
盐酸						√
苯骈二氮唑	√		√			
硫酸铜					√	
柠檬酸			√			
5%氢氟酸						√
稀释液	√			√		
N-甲基-2-四氢吡咯酮	√					
异丙醇	√	√	√			
蚀刻后聚合物清洗液	√					
光刻胶去除剂	√					
环戊酮				√		
乙酸丙二醇单甲基				√		

化学品供应系统的供应方式分为氮气压力供应和泵供应。氮气压力供应化学品供应系统（见图 4-14）由高纯氮气作为动力源，通过氮气的压力将化学品供应至工艺设备，可以提供稳定及较高用量需求的化学品。泵供应化学品供应

系统（见图4-15）由泵作为动力源，通过泵的压力将化学品供应至工艺设备。由于泵自身的特性，泵供应的化学品系统还需通过稳压器来稳定出口压力，这样才能提供稳定及较高用量需求的化学品。

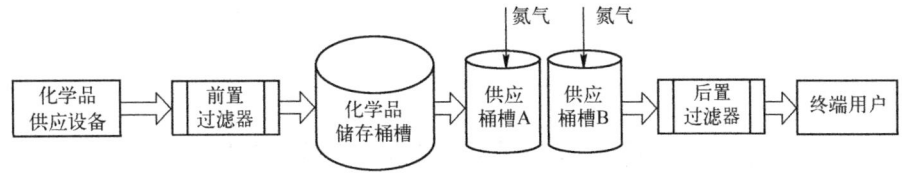

图4-14 氮气压力供应化学品供应系统示意图

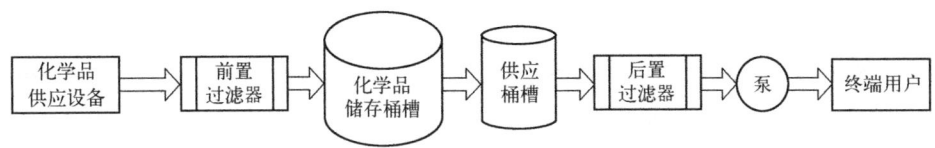

图4-15 泵供应化学品供应系统示意图

化学品供应系统的运行需求如下。

(1) 品质控制。在系统投入使用前完成品质测试，再用所要输送的化学品进行投入使用前冲洗。在每个供应系统内安装超纯水管路及水枪用于清洁；在每个供应系统内安装 N_2 管路及水枪用于清洁和干燥；化学品供应系统内应选用高洁净的材料；在来源和出口处设置采样点，用于对各节点进行品质分析取样。

(2) 安全措施。

① 对系统不同的界面进行权限等级管理，分别设定权限不同的用户名和密码。

② 硬件防错措施：输送化学品桶槽应使用专用接头，从硬件上实现化学品桶槽与设备的匹配。

③ 软件措施：每种不同类型的化学品桶槽有不同的代码，通过扫码器确认化学品桶槽和设备的匹配。

④ 安全保护：泄漏、火灾、地震、手动报警可以紧急停机。设备阀箱内设置泄漏传感器。管路设计为双层管路，防止泄漏造成危险；在电控区域安置氮气吹扫设计；不同类型的化学品的排气系统应当接入不同类型的排气系统中；每个化学品房都应当配备专门的排放管路；所有的供应部分组件都应当放在有安全保障的柜子中（针对供应酸碱类化学品，柜子采用聚丙烯材料；针对供应

溶剂类化学品，柜子常用 304 不锈钢材质）；安装高效空气过滤器等送风、抽风装置。

撰稿人：中芯国际集成电路制造有限公司　袁浩
审稿人：中芯国际集成电路制造有限公司　于永航

▷▷▷ 4.6　集成电路生产线厂房的建设与管理

为了能够快速、安全、高效地建设集成电路生产线厂房，提高建设的质量，需要系统地做好项目管理工作。

▷▷▷ 4.6.1　项目组织与职责，項目組織與職責，Organization and Responsibility

集成电路生产线厂房建设的项目组织是实施或参与项目管理工作的，有明确的职责、权限和相互关系的人员及设施的集合。一般集成电路生产线厂房建设人员的项目组织层级、成员与职责见表 4-22。

表 4-22　一般集成电路生产线厂房建设人员的项目组织层级、成员与职责

项目组织层级	项目成员	职　责
决策层	项目经理	策划统筹、把握大局、整体指挥、要事决策
管理层	设计、采购、施工等职能部门负责人	分工管理、工作牵头、互相协调、协同进展
执行层	技术工程师、质量工程师、安全工程师、材料工程师、预算工程师等职能部门成员	专属责任、贯彻落实、一线指挥、把握品质
操作层	结构劳务承包商、洁净室、机电、工艺辅助系统承包商等	竭力配合、认真负责、服从指挥、具体实施

一般集成电路生产线厂房建设项目常采用的组织结构如图 4-16 所示。

项目经理是项目的核心管理人员，在集成电路生产线厂房建设过程中主要的职责为贯彻执行国家和工程所在地政府的有关法律、法规、方针、政策和强制性标准，严格执行公司的管理制度和规定，维护公司的合法权益，执行工程的一切事务，具体管理工程规划设计、工程技术、进度控制、质量及安全督导。项目经理还代表公司全面主持项目施工和管理工作，承担合同履约责任，全面负责项目部的工程设备材料、设备的最终审核；负责工程项目按照合同的付款汇总核查；负责工程的竣工验收等一系列工作。

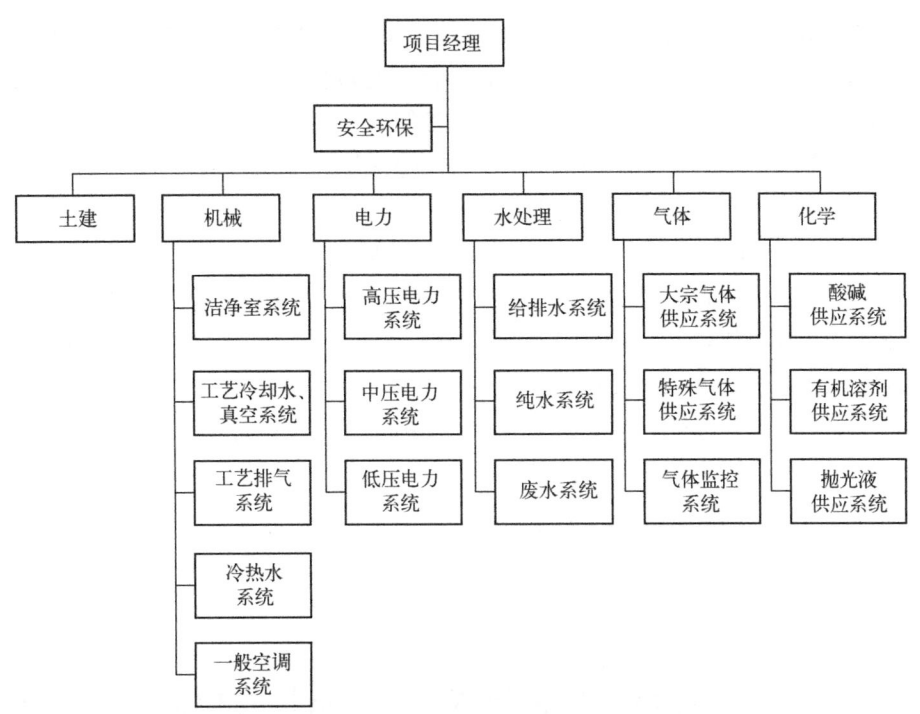

图 4-16 集成电路生产线厂房建设项目常采用的组织结构

撰稿人：中芯国际集成电路制造有限公司　张永桥
审稿人：中芯国际集成电路制造有限公司　顾小剑

▷▷▷ 4.6.2 项目规划与设计，項目規劃與設計，Project Plan and Design

项目规划与设计是集成电路生产线厂房建设前的重要内容。项目规划与设计要充分综合考虑项目的技术要求、品质、可维护性、造价等因素。规划设计的成果将直接影响项目建设的速度与经济效益。

项目规划与设计的主要工作分为以下几个部分。

（1）选择规划与设计单位：依据项目的建设要求，对新项目进行初期规划设计，主要指从厂房的地块地理位置的选择到厂房的建筑结构、设备设施的布局所进行的全方位规划。

（2）规划与设计工作：按照项目总进度表提供施工工程项目规划与设计，分为项目规划、基本设计、细部设计等阶段，最后完成各系统的发包标书。

(3) 规划与设计进度控制：依工程进度需要，建立标书控制表，内容包含项目名称、组织名称、合同编号、合同名称、发包日期、签约日期、开工日期、完工日期等，做到规划设计进度的追踪和控制。

(4) 规划与设计审查：规划和设计单位根据项目时间节点进行项目规划与设计，并完成政府审批及施工完成时间表。

(5) 制作图纸：规划和设计单位协调土建、消防、机械、电力、水处理、气体、化学品各专业设计负责人与相关系统的最终使用者进行初版图纸的讨论与设计。各专业使用者根据设备使用面积及规范，综合考虑房间位置和大小。规划与设计单位进行二次设计，深化厂房空间管理图纸。各专业人员根据第二版图纸协调施工方进行审核和深化设计，并提交规划与设计单位进行再次审核，最后由规划与设计单位发布终版图纸。

撰稿人：中芯国际集成电路制造有限公司　张永桥
审稿人：中芯国际集成电路制造有限公司　顾小剑

▷▷▷ 4.6.3　项目招标投标流程，項目招標投標流程，Project Bidding Procedure

工程施工招标投标活动应遵循公开、公平、公正和诚实信用的原则。任何单位和个人不得将依法必须进行招标的项目化整为零或以其他任何方式规避招标。工程施工招标投标活动，依法由招标人负责。任何单位和个人不得以任何方式非法干涉工程施工招标投标活动。

工程施工招标人是依法提出施工招标项目、进行招标的法人或者其他组织。

按照2013年4月修订的《工程建设项目施工招标投标办法》（七部委30号令），依法必须招标的工程建设项目，应当具备下列条件才能进行施工招标。

(1) 招标人已经依法成立；
(2) 初步设计及概算应当履行审批手续的，已经批准；
(3) 有相应资金或资金来源已经落实；
(4) 有招标所需的设计图纸及技术资料。

一般的招标流程如下。

(1) 招标前的准备工作。①准备项目建议书，包含项目可行性研究报告及建设工程项目报建手续。②编制资格预审、招标文件。③发布资格预审公告。资格预审包含出售资格预审文件、接受投标单位资格预审申请和对潜在投标人进行资格预审。④发售招标文件及答疑、补遗，包含出售招标文件、开标前工程项目现场勘查，召开标前会议和补遗。

（2）接收投标文件。接收投标人的投标文件及投标保证金，保证投标文件的密封性。

（3）抽取评标专家。

（4）开标。指明时间、地点；参会人员签到；投标文件密封性检查；主持唱标和记录开标过程，并存档备查。

（5）投标文件评审。包含评标委员会组建、评标准备、初步评审、详细评审、出具评标报告和举荐中标候选人。

（6）定标。

（7）发出建设工程中标通知书。

（8）签约前合同谈判及签约。

（9）退还投标保证金。

撰稿人：中芯国际集成电路制造有限公司　张永桥
审稿人：中芯国际集成电路制造有限公司　顾小剑

▷▷▷ 4.6.4　政府审批，政府審批，Government Approval

集成电路生产线厂房建造需严格按照国家或地方的法律法规执行，在项目的前期阶段、施工阶段和竣工验收阶段均需经过政府审批，满足相应政府手续。下面以某半导体公司为例，介绍集成电路生产线厂房建设的政府审批事项。

（1）项目前期阶段：确定项目意向后，需先进行可行性研究，然后按照新建工程有关建设手续办理流程办理相应手续，在取得施工许可证后方可开始施工。

（2）项目施工阶段：项目打桩前，需请当地规划局进行灰线验收。在项目施工过程中，当地质监站监督检查（随时抽检）施工质量及验收（穿插进行）部分分项工程。

（3）项目竣工验收阶段：项目工程依照国家和地方有关法律法规及工程建设规范标准完成工程设计文件要求和合同约定的各项内容，并且建设单位已经取得政府有关主管部门（或其委托机构）出具的工程施工质量、消防、规划、环保、城建等验收文件或准许使用文件后，组织进行工程竣工验收并编制完成《建设工程竣工验收报告》。工程建设手续办理的一般流程见表4-23。

表 4-23 工程建设手续办理的一般流程

阶段	序号	项目阶段及其有关手续	主管部门名称（因机构改革，仅供参考）
前期阶段	1	项目意向，市场研究与投资机会分析	建设单位
	2	编制建设项目可行性研究报告	建设单位或由建设单位委托的设计单位
	2.1	落实上水、下水、供电、供气、供热、电信源头供应等征询方案	建设单位
	2.2	编制环境评价报告	有环评资质的机构
	2.3	取得能源预评价报告	当地发改委
	2.4	取得水土保持评价报告	当地环保局
	3	送审建设项目可行性研究报告	建设单位
	4	获得环评报告批复	当地市或者省环保局/厅
	5	填报《建设项目选址意见书申请表》，核发《建设项目选址意见书》	当地土地管理部门
	6	土地勘测定桩报告	有资质的土地勘测定界队
	7	国有土地使用权证	当地土地管理部门
	7.1	签订《国有土地使用权出让、转让合同》	当地土地管理部门
	7.2	缴纳契税（含土地出让金）	当地财政局
	8	获得建设项目立项批文	当地管委会
	9	核发《建设用地规划许可证》	当地规划局
	10	委托勘察、设计招标投标，办理勘察、设计中标通知书	当地招标办
	11	填报《建设工程规划设计要求申请表》并附测绘院晒印的地形图	建设单位
	12	核发规划设计要求通知单并核定设计范围图	当地规划局
	13	确认建筑设计方案	建设单位
	13.1	设计、勘察单位进行公开招标投标	当地规委
	13.2	确定设计方案	设计单位
	14	勘测并出具勘测地质报告	勘察单位
	15	按规划设计要求编制初步（扩初）设计文本	设计单位
	16	政府规划建设部门组织初步（扩初）方案审批会并做出批复	当地规划局
	16.1	规划部门批复	规划部门
	16.2	抗震部门批复	抗震部门
	16.3	消防部门批复	消防部门

续表

阶段	序号	项目阶段及其有关手续	主管部门名称（因机构改革，仅供参考）
前期阶段	16.4	人防部门批复	人防部门
	16.5	卫生部门批复	卫生部门
	16.6	劳动保护部门批复	劳动保护部门
	16.7	环保部门批复	环保部门
	16.8	水、电、燃气、电信部门批复	相关水、电、燃气、电信部门
	16.9	其他如市政、绿化、技防安保、交巡警、水务等部门意见征询	相关政府部门
	17	施工图设计	设计单位
	18	施工图审图	有资质的审图单位
	18.1	出具施工图审核报告	有资质的审图单位
	19	建设工程规划许可证核发	当地规划局
	19.1	消防设计意见批复	消防部门
	19.2	环保设计意见批复	环保部门
	19.3	人防审查意见批复	人防部门
	20	办理施工临时用水、用电	自来水公司、供电局
	21	办理施工临时路口	市政处
	22	委托施工、监理招投标，办理施工、监理中标通知书	招标办
	23	签订建设工程施工合同	建设方
	24	办理政府合同备案	当地建设局
	25	出具资金保函及相关证明，五方签订质量终身责任书	建设方和施工方
	26	质量、安全监督申报，即办理质监登记	建设局工程安全质量监督处
	27	施工许可证核发	建设局
	28	散装水泥使用及黏土砖使用登记	建设局
	30	道路规划红线钉桩	测绘院
	31	委托施工单位放样	施工方
施工阶段	1	规划验收灰线	规划局
	2	施工质量监督检查（随时抽检）及分部分项工程验收（穿插进行）	质监站
竣工验收阶段	1	项目试运转及整改	各参建单位
	2	给水、供电、天然气、电信、排水配套建设验收合格证明	自来水公司、供电局、天然气公司、电信局、市政处
	3	办理环保竣工验收试运行备案	环保局

续表

阶段	序号	项目阶段及其有关手续	主管部门名称 （因机构改革，仅供参考）
竣工验收阶段	4	水质检测报告（有二次供水）	卫生检疫局
	5	消防部门竣工验收，获得《消防验收意见书》	消防支队
	6	绿化配套竣工验收，获得《绿化配套竣工验收备案证》	绿化办
	7	室内环境检测报告	有资质的环境检测机构
	8	墙体材料竣工结算审查意见	建设局
	9	散装水泥竣工结算审查意见	建设局
	10	竣工资料档案预验收，获得《竣工资料档案中心预验收证》	档案中心
	11	组织竣工验收	质量监督总站
	12	质监竣工验收备案	质量监督总站
	13	环保部门验收，获得《环保验收意见书》	环保局
	14	报送建设工程竣工档案，获得《竣工资料档案验收合格证明书》	建委
	15	规划竣工验收，获得《规划竣工验收合格证明书》	规划局
	15.1	规划竣工验收测量报告	有资质的测量单位
	16	办理房产证	房屋土地管理局
	16.1	房产面积测绘	有资质的测绘单位
	16.2	办理产权代码确认单	当地土地管理部门
	16.3	缴纳维修基金	维修资金管理办公室

撰稿人：中芯国际集成电路制造有限公司　萨践
审稿人：中芯国际集成电路制造有限公司　于永航

▷▷▷ 4.6.5　施工管理，施工管理，Construction Management

施工管理是为了确保各施工方按计划完成施工，工程内容及质量符合合同条款、工程图纸及相关法律法规。施工管理的主要职能是：①预先拟定工作计划的职能；②设定目标的职能；③运用组织权力的指挥职能；④针对计划的实施进行监督检查、调整的控制职能；⑤在管理过程中对综合性、整体性的协调职能。在集成电路生产线厂房建设的过程中，施工管理的常用控制程序如下：

（1）文件控制程序；

（2）记录与收发文控制程序；

(3) 法律法规与其他要求控制程序;
(4) 资源管理控制程序;
(5) 信息交流与沟通控制程序;
(6) 管理评审控制程序;
(7) 设计过程控制程序;
(8) 采购过程控制程序;
(9) 施工过程控制程序;
(10) 工程总承包和项目管理控制程序;
(11) 监视及测量设备控制程序;
(12) 环境因素识别及评价控制程序;
(13) 危险源识别与风险评价控制程序;
(14) 环境与职业健康安全运行控制程序;
(15) 应急准备和响应控制程序;
(16) 监视及测量控制程序;
(17) 内部审核控制程序;
(18) 不合格品控制程序。

撰稿人: 中芯国际集成电路制造有限公司　萨践
审稿人: 中芯国际集成电路制造有限公司　于永航

▷▷▷ 4.6.6　合同管理，合约管理，Contract Management

合同管理是工程项目管理的核心，合同管理贯穿于项目建设的全过程。合同管理的要点主要有以下几个方面。

(1) 加强管理意识。要从思想意识上认识到合同管理的重要性，强调不但要按图纸施工而且也要按照合同施工。

(2) 明确合同管理的流程，明确与之相应的工作流程。

(3) 要建立合同交底制度。合同签订以后，合同管理人员必须对各级项目管理人员和各工作小组负责人进行合同交底，使大家熟悉合同中的主要内容、各种规定、管理程序，以便深入了解承包人的合同责任和工程范围。

(4) 建立责任分解制度。合同管理人员应负责将各种合同事件的责任分解落实到各工作小组或分包商，使他们对各自的工作范围、责任等有详细的了解。

(5) 重视合同的文本分析。合同签订前，合约双方是可以就相关内容进行协商的，但签订后就具有法律效力，因此为了避免日后的纠纷，必须重视合同文本分析。合同的文本分析主要分析合同的合法性和完备性。

(6) 重视合同变更管理。由于合同变更在工程实践中非常频繁,变更意味着索赔的机会,所以要求在工程实施中必须加强管理,应该记录、收集、整理所涉及的各种文件,如图纸、各种计划、技术说明、规范等,并对变更部分的内容进行审查和分析。

撰稿人:中芯国际集成电路制造有限公司　萨践
审稿人:中芯国际集成电路制造有限公司　顾小剑

▷▷▷ 4.6.7　进度控制,進度控制,Schedule Control

进度控制是指根据工程施工总进度计划和工程实施管理实际情况,制定进度计划管理实施细则,建立一系列与施工进度计划控制保障相关的管理制度,通过严谨的程序化作业和严谨的制度保障,保证施工进度计划的顺利实施。施工进度计划应根据招标文件及答疑补充文件、工程量清单等项目进行编制,其施工次序及施工要求要与实际施工状况相符,并且应该合理确定各施工工序及施工区域,以保证整体施工进度如期完成。在集成电路生产线厂房建设中常用的进度管理项目如下。

(1) 进度计划编制及审核;
(2) 进度计划责任制管理;
(3) 深化设计进度计划管理;
(4) 设备交期追踪;
(5) 设备进场计划及进场;
(6) 进度计划报告制度;
(7) 未如期完成进度赶工计划;
(8) 施工进度考核及奖惩。

为确保工期目标的实现和满足总工期及各节点工期的要求,应根据进度计划中的关键线路和重要工序,将总工期分解为若干工期控制点,并对各工期部署的合理性及资源投入的合理性进行深入分析,以控制点目标的实现来保证总工期的完成。工程施工中应对比计划预算产值和现场实际完成产值,判断进度计划变动趋势,确定是否加快与推迟有关分项工程的进度;并以此对影响工程进度的各作业队工程进度进行估算,修正现场进度与总进度计划之间的差别;最终用与进度相关的各项保证措施加以保证。集成电路生产线厂房建设中常用的计划分类施工管理流程如图 4-17 所示。

第4章 集成电路生产线建设

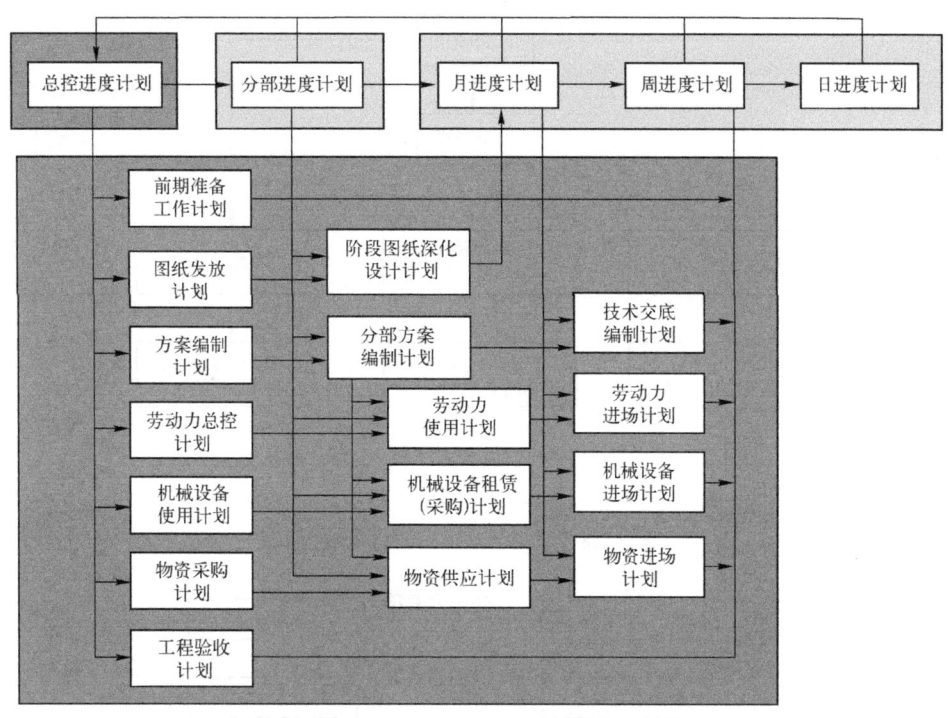

图4-17 集成电路生产线厂房建设中常用的进度管理流程

撰稿人：中芯国际集成电路制造有限公司　萨践
审稿人：中芯国际集成电路制造有限公司　于永航

▷▷▷ 4.6.8 质量监督与保障，質量監督與保障，Quality Inspection & Quality Assurance（QA）

施工质量管理的目的在于通过一系列质量管理组织体系和方法进行现场管理，以确保每一施工环节工程质量符合工程图纸设计说明及规范所订立的标准，从而保证和提高工程质量。

质量管理组织是一个由项目经理领导，项目技术负责人、项目副经理、质量总监进行中间控制，各部门的专业工长、专职质检员负责检查组成的三级管理系统。该系统拥有科学的组织保障及明确的岗位职责，可以接受业主、监理单位及政府质量监督机构对工程质量实施的监督检查。施工质量管理常用的组织结构如图4-18所示。

依据施工质量管理组织所定义的质量保障程序如图4-19所示。

· 667 ·

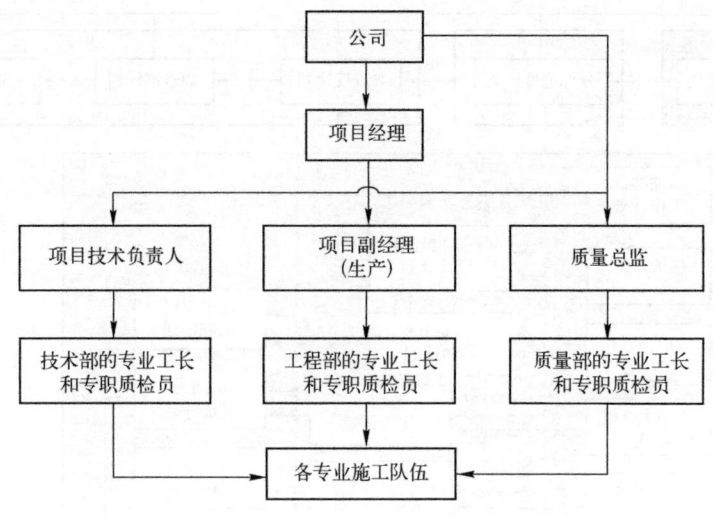

图 4-18　质量管理常用的组织结构

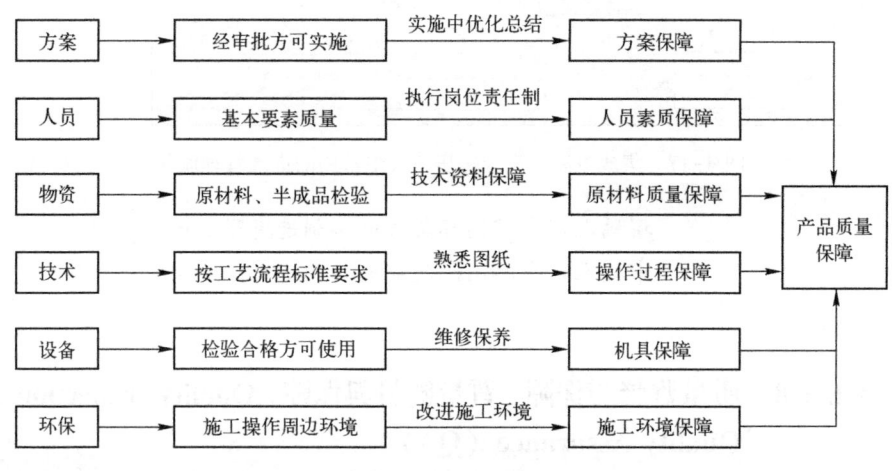

图 4-19　质量保障程序

撰稿人：中芯国际集成电路制造有限公司　萨践
审稿人：中芯国际集成电路制造有限公司　于永航

▷▷▷ 4.6.9　动力设施空间管理，動力設施空間管理，Utilities Equipment Space Management

动力设施空间管理的目的是在保证设计理念的前提下合理布置厂房里的竖向及横向公用设备、设施，以及相关附属管道、风管、电缆桥架的服务路线，以避免施工安装过程中,各公用设备、设施的服务路线相互冲突,从而使集成电路生产线厂房建设过程中节约成本、缩短工期。由于综合动力站、各管道入口室、核心区技术夹层、管廊、管架、屋面排风等区域管路较多,空间复杂,较容易出现空间碰撞或管路错位等情况,常采用 BIM（Building Information Management）的方式在统一的平台下进行信息的整合。一般集成电路生产线厂房在建设过程中的空间管理执行步骤见表 4-24。

表 4-24　一般集成电路生产线厂房在建设过程中的空间管理执行步骤

项目阶段	具体空间管理工作	内容简述
设计阶段	编制空间管理相关文件	BIM 实施样板、BIM 实施管理手册及流程、BIM 执行规范
	建立基于施工图的设计模型	按全套施工图纸建立建筑、结构和机电专业模型
	进行建筑性能分析	进行项目分析,如风环境模拟、日照分析模拟和人流疏散分析模拟等
	碰撞检查	进行建筑、结构和机电专业碰撞检查
	基于设计模型的管线综合规划和优化	进行管线综合规划,优化管线排布,合理控制净高,给出净高分析报告;对机房部分进行重点控制
施工阶段	管控承包商 BIM 技术的应用情况	策划、组织、管控、审核各承包商的 BIM 应用,进行指导施工
	建立深化设计模型	根据施工图模型进行现场施工深化,细化设备接口,添加施工细节,建立深化设计模型
	施工阶段管线综合规划和优化	基于深化设计模型进行管线综合规划,优化管线排布,出具管线综合报告
	空间管理协调会议	定期召开基于 BIM 模型的各承包商现场协调会,讨论模型中发现的问题并记录解决方案
	深化设计图纸	基于深化设计模型进行管线综合规划后,出具相关施工图及预制加工图,并给出管道及设备工程量统计表
	BIM 技术交底及现场复合	根据深化设计图纸及模型对施工单位进行技术交底,组织施工单位进行 BIM 现场巡检
	整体施工进度模拟	根据主要施工进度进行整体施工进度的动态模拟,以及局部施工节点模拟
	建立三维施工日志	按照实际的施工进展情况,结合真实的模型,三维动态记录真实的施工进展情况;依据现场施工日志,按周或月更新三维日志
竣工阶段	建立竣工模型	建立真实、完整的竣工模型,为后期基于三维的运营管理提供准确依据

撰稿人：中芯国际集成电路制造有限公司　常秋泽
审稿人：中芯国际集成电路制造有限公司　顾小剑

▷▷▷ 4.6.10 施工安全管理,施工安全管理,Construction Safety Management

为确保集成电路生产线厂区施工的安全,应建立完善的规章制度,明确有关安全事项的权利与义务,进行施工安全管理。一般集成电路生产线厂房建设过程中的安全管理总则如下。

(1) 施工总承包公司必须具备国家规定的注册资本,并满足具有专业技术人员、技术装备及安全生产的条件;已经依法取得相应登记的资质证书,并在其资质登记许可的范围内承揽工程。

(2) 项目经理依法对所承包工程的安全工作全面负责,建立健全安全生产责任制度和安全教育培训制度,制定安全生产规章制度和操作规程,保证安全生产条件所需资金的投入,对承包工程进行定期和专项检查,并做好安全记录。

(3) 安全负责人必须具备相应的职业资格,对建设工程项目的安全施工负责,确保安全生产费用的有效使用,并根据工程的特点组织制定安全施工措施,消除安全隐患,及时、如实地报告安全生产事故。

(4) 对于列入工程概算的安全作业环境及安全措施所需费用,应当用于施工安全防护用具及设施的采购和更新、安全措施的落实、安全生产条件的改善,不得挪作他用。

(5) 建立相应的安全管理机构,配备专职安全生产管理人员。

(6) 垂直运输机械作业人员、安装拆卸工、起重信号工、登高架设作业人员等特种作业人员,必须按照国家有关部门规定经过专门的安全作业培训,并取得各种作业操作资格证书后,方可上岗作业。

(7) 工程施工前,项目管理的技术负责人应将有关安全施工的技术要求向施工作业班组、作业人员做出详细说明。

(8) 在施工现场入口处、施工起重机械、临时用电设施、脚手架、出入通道口、楼梯口、电梯井口、孔洞口及有害危险气体和液体存放处等危险部位,设置明显的安全警示标志。

(9) 施工现场的办公与作业区分开设置,并保持安全距离;因施工可能造成损害毗邻建筑物、构筑物、地下管线等,应当采取专项防护措施。

(10) 在施工现场建立消防安全责任制度,确定消防安全负责人,制定用火、用电、使用易燃易爆材料等各项消防安全制度和操作规程。

(11) 向作业人员提供安全防护用具,并以书面告知危险岗位的操作规程和违章操作的危害。

（12）作业人员有权对施工现场的作业条件、作业程序和作业方式中存在的安全问题提出批评、检举、控告，有权拒绝违章指挥和强令冒险作业。

（13）作业人员应当遵守安全施工的强制性标准、规章制度和操作规程，正确使用安全防护用具、机械设备等。

（14）所有采购和租赁的安全防护用具、机械设备、施工机具及配件，应当具有生产（制造）许可证、产品合格证。

（15）施工起重机械和脚手架架设之前，应当组织有关部门或单位进行验收。

撰稿人：中芯国际集成电路制造有限公司　常秋泽
审稿人：中芯国际集成电路制造有限公司　顾小剑

▷▷▷ 4.6.11　中央供应系统的测试，中央供應系統的測試，Monitoring of Central Supply System

中央供应系统是指为满足集成电路工艺需求，在充分保证工艺和安全的前提下，将工艺所需的气体和化学品等原料，从供应设备稳定地输送到工艺生产设备的系统。

为了满足生产要求，需要在中央供应系统正式运行前测试其状态。下面以某半导体公司为例，介绍中央供应系统的测试。

1. 校准

尽可能使用工厂校准，保存校准记录方便查核。在移交系统之前，施工方须出具有效的每台设备校准文件。用于工厂或现场仪器校准的设备（如有需要）须比标定的校准仪器精度高一级，且说明校准设备的类型。

2. 出厂测试

施工方以书面形式说明工厂验收计划。测试程序包括详细的测试过程，而且要在业主或其委托人见证下进行所有测试。这些测试状态应该尽可能地与预期的实际工作状态（包括正常运行和系统故障状态）相接近。

3. 现场验收测试

现场验收测试须包括运行验收测试、功能验收测试和耐久性测试。

（1）运行验收测试。每台设备都要进行运行验收测试。在试运行开始之前，施工方须确认每台要测试的设备参数与需求一致，且功能正常，处于良好的工作状态。施工方要检查仪器安装是否正确，并进行适当的调整。至少要准备一份包含5个级别（0%、25%、50%、75%和100%）的文件来确认每台设备的校准状态。施工方应验证所有系统在失效和断电模式下的运行状态。施工方也应验证系统在恢复正常和来电时能返回上次建立的控制和监控模式。施工方提交一份报告，以书面形式告知业主或委托人证明所安装的系统已经经过校准、测试，并可以进行功能验收测试。

（2）功能验收测试。施工方顺利完成运行验收测试并提交书面报告后，在收到客户或委托人的书面许可之后，才能进行功能验收测试。施工方以书面形式实施功能验收测试。施工方应检查现场准备条件；检查现场条件是否符合电源接线和接地要求；检查所有设备的安装情况；使用运行诊断程序，验证系统是否正常运行和系统与组件之间是否建立了通信连接；检查所有输入和输出是否正常运行；检查系统和厂务监控系统之间是否有正常的通信信号。

（3）耐久性测试。施工方应进行指定的耐久性测试，以证明系统的可靠性。只有施工方以书面形式通知设计单位或者业主试运行顺利完成，并且指定培训也完成，显著的错误也得到修改，才能进行耐久性测试。耐久性测试必须连续7天，每天24h进行，系统运行状态应当与需求一致。在测试期间除非得到业主的授权，否则施工方不得进行任何维修。如果在测试期间，系统没有出现任何故障，在收到业主的书面许可后，施工方可以直接进行评估。在成功完成耐久性测试后，业主接收系统之前，施工方应当提供测试报告和其他文件。若测试失败，施工方应分析和确定失败的原因，并修复故障，然后出具书面报告详细地说明每个故障的性质、采取的纠正措施和测试的结果，并建议继续在该点进行测试。

    撰稿人：中芯国际集成电路制造有限公司 常秋泽
    审稿人：中芯国际集成电路制造有限公司 顾小剑

▷▷ 4.7 集成电路生产线的节能降耗

▷▷▷ 4.7.1 生产线能耗的种类，生產綫能耗的種類，Energy Consumption in IC Production Line

根据《综合能耗计算通则》（GB/T 2589—2008），能耗计算的能源是指用能单位实际消耗的各种能源。耗能工质消耗的能源也属于综合能耗计算种类。集成电路生产线消耗的一次能源主要包括天然气、水力、风力、太阳能、生物质能等；二次能源主要包括柴油、电力等。下面以某半导体公司为例，介绍集成电路生产线能耗种类。

集成电路生产线的能耗计算是对光刻、涂胶显影、刻蚀、离子注入、热退火、化学气相沉积等主要工序的生产设备及冷冻机、超纯水系统、工艺设备冷却水系统、冷却塔及水泵、废水处理系统、新风机组、风机过滤单元（FFU）、风机等动力设备的耗电进行逐台汇总统计，然后根据项目的产能进行单位产品能耗、产值综合能耗、万元工业增加值能耗、单位投资能耗、单位产品耗电指标的计算和分析，并计算项目电力节能指标、项目节水指标及进行节能效果的分析。

某 300mm 圆片厂常用能源消耗量预估值见表 4-25。

表 4-25 某 300mm 圆片厂常用能源消耗量预估值

序号	能源及耗能工质种类		规　　格	用　　量
1	电力		208V/380V/480V	67 000kV·A
2	自来水		—	10 000m^3/d
3	超纯水		18.2Ω·cm，23℃	12 647m^3/h
4	工艺设备冷却水		16.5℃	6 857m^3/h
5	常温冷却水		32℃/37℃	27 000m^3/h
6	天然气	食堂用	0.003MPa	150m^3/h
		有机废气处理系统用	0.015MPa	200m^3/h
		POU 用	0.1MPa	300m^3/h
		锅炉用	0.03~0.09MPa	3 520m^3/h
7	压缩空气		>0.85MPa	28 752m^3/h
8	高纯氮气		0.85MPa	7 547m^3/h
9	超高纯氮气		0.85MPa	12 789m^3/h
10	超高纯氢气		0.75MPa	120m^3/h
11	超高纯氧气		0.75MPa	171m^3/h
12	超高纯氩气		0.75MPa	99m^3/h
13	超高纯氦气		0.75MPa	51m^3/h

注：7~13 项的数据为 0℃、1atm（即 101.325kPa）下的气体体积。

撰稿人：信息产业电子第十一设计研究院科技工程股份有限公司　　　王毅勃
审稿人：中芯国际集成电路制造有限公司　　　姜镭

▷▷▷ 4.7.2 节能降耗的主要措施，節能降耗的主要措施，Main Measures for Saving Energy and Reducing Consumption

集成电路生产中的主要耗能为电能，同时在集成电路生产过程中还需要消耗自来水、热力、天然气、压缩空气、氮气、氧气、氢气、氩气、氦气等二次能源。某半导体公司的耗电量分布如图 4-20 所示。

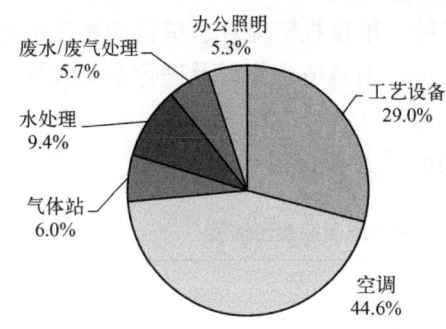

图 4-20　某半导体公司的耗电量分布

集成电路生产过程中的主要节能降耗措施如下。

（1）优化新风的处理过程：合理降低新风机的送风温度和预热温度，利用带热回收的新风机。

（2）降低新风补充量：减少洁净室的排气量，合理降低洁净室正压。

（3）调节办公楼的空调系统开启时间。在过渡季节情况下，尽可能增加新风供应量，利用新风将房间的热量带走。

（4）合理布置工艺平面及配电站位置，降低供电线路中的电能损耗。

（5）洁净室采用微环境控制方式，在产品运行区域洁净等级高，在其他大面积区域洁净等级较低。相较于大面积的高级别净化方案，采用这种方案运行能耗可节约 30% 以上。

（6）在生产及配套厂房区使用过滤器单元时，应根据需要适当配置，减少多余过滤器单元的能耗。

（7）合理评估洁净室内各个区域的环境要求，按需求配置，避免出现低要求、高配置所带来的多余能耗。

（8）生产厂房面积大，洁净室内需要保证恒定的温度，运行耗能大，可通过在外墙建筑采用新型保温材料降低室内与外界的热量传导，以降低能耗。

（9）通过外界环境自然冷却，降低电能消耗。

（10）所有设备冷却水循环使用，系统架构采用闭式系统，节约自来水消耗。

（11）收集厂区内的雨水，用于全厂区绿地浇灌。

（12）将硅片清洗后的高纯清洗水回收。将去离子后的浓缩水用于洗涤塔和绿化等。

（13）利用市政供水余压供应自来水，减少水泵的使用，降低电能消耗。

（14）将本地排水收集处理后并回收使用。

（15）将从污水处理站中回收的废硫酸，作为污水处理系统的药剂，用于调节污水的 pH 值。

（16）采用无功率补偿装置，将电力系统功率因数补偿至 0.95 以上，降低变压器及电缆线路上的电能损耗。

（17）照明系统选用高效节能灯具。路灯采用太阳能供电，并利用光电原理进行智能开关控制。

（18）在办公室靠近窗口处安装照度感应器控制灯的开关，节约能源。

撰稿人：中芯国际集成电路制造有限公司　王公正
审稿人：中芯国际集成电路制造有限公司　于永航

4.8　集成电路生产线的危险化学品管理

4.8.1　采购，採購，Procurement

根据《危险化学品安全管理条例》（2013 年修订）要求，危险化学品的采购应按照以下要求执行。

依法经营，严格执行国家对危险化学品经营实行的许可证和备案制度，严格按照经营许可范围、经营方式经营危险化学品。

采购和销售人员应参加危险化学品安全管理适用法律、法规和相关知识的培训学习，考试合格取证上岗。无证人员不得从事危险化学品的经营业务。

采购和销售人员应认真学习危险化学品购销相关管理制度和其他各项安全管理规章制度，熟知本岗位的安全职责、业务流程和安全操作规程。

危险化学品购销应有详细的危险化学品购买销售台账，翔实记录化学品供方和购买方的名称、购买品种、质量、数量、日期。每月对危险化学品采购和销售台账进行复核，做到账、物、证（凭证）相符。

不得向未取得生产、经营许可或未完成备案手续的生产、经营单位和个人销售危险化学品。采购和销售的危险化学品的质量、包装、标识和防护必须符合国家标准和化学品采购规章制度。

危险化学品的装卸应严格执行危险化学品装卸和搬运的相关管理制度，装卸、搬运人员应知晓所装卸危险化学品的理化特性、防护要求，并按规定佩戴和使用适宜的防护用品。

采购、销售和运输人员应了解拟采购和销售的危险化学品的理化特性、危险类别和等级,以及安全运输方式、安全防护要求和应急救援措施等。

经营过程中如发生危险化学品丢失、被盗等情况应立即报告单位领导,以及当地安全监督管理部门、公安机关、卫生和环境主管部门。

在经营过程中如果发现违法、违规采购和销售危险化学品,应立即制止、核查,必要时应向属地安全监督管理部门、公安机关报告。

撰稿人:中芯国际集成电路制造有限公司　张伟丽
审稿人:中芯国际集成电路制造有限公司　马传辉

▷▷▷ 4.8.2　运输,運輸,Transportation

根据《道路危险货物运输管理规定》(2016年修订)和《危险化学品安全管理条例》(2013年修订)要求,危险化学品的运输应参照以下要求执行。

运输、装卸危险化学品,应依照有关法律、法规、规章的规定和国家标准的要求,并按照危险化学品的危险特性,采取必要的安全防护措施。

用于化学品运输工具的容器,应依照《危险化学品安全管理条例》的规定,由专业生产企业定点生产,并经检测、检验合格后方可使用。质检部门对符合规定的专业生产企业定点生产的容器的产品质量应进行定期的或者不定期的检查。

运输危险化学品的槽罐或容器必须封口严密,能够承受正常运输条件下产生的内部压力和外部压力,保证危险化学品运输中不因温度、湿度或者压力的变化而发生任何渗(洒)漏。

通过公路运输危险化学品,必须配备押运人员,并随时确保危险化学品处于押运人员的监管之下,不得超装、超载,不得进入危险化学品运输车辆禁止通行的区域;确需进入禁止通行区域的,应当事先向当地公安部门报告,由公安部门为其指定行车时间和路线,运输车辆必须遵守公安部门规定的行车时间和路线。危险化学品运输车辆禁止通行区域,由设区的市级人民政府公安部门划定,并设置明显的标志。运输危险化学品途中需要停车住宿或者遇有无法正常运输的情况时,应当向当地公安部门报告。

运输危险化学品的车辆应专车专用,并有明显标志,要符合交通管理部门对车辆和设备的规定:车厢、底板必须平坦完好,周围栏板必须牢固;机动车辆排气管必须装有有效的隔热和熄灭火星的装置,电路系统应有切断总电源和隔离火花的装置;车辆左前方必须悬挂黄底黑字"危险品"字样的信号旗;根据所装危险货物的性质,配备相应的消防器材和捆扎、防水、防散失等用具。

定期对装运放射性同位素的专用运输车辆、设备、搬动工具、防护用品进行放射性污染程度的检查,当污染量超过规定的允许水平时,不得继续使用。

装运集装箱、大型气瓶、可移动容器等的车辆,必须设置有效的紧固装置。

各种装卸机械、工属具要有足够的安全系数,装卸易燃、易爆危险货物的机械和工属具,必须有消除产生火花的措施。

性质或消防方法相互抵触,以及配装号或类项不同的危险化学品不能装在同一车、船内运输。

易燃、易爆品不能装在铁帮、铁底车、船内运输。

闪点在28℃以下的易燃品,当气温高于28℃时应在夜间运输。

运输危险化学品的车辆应具有防火防爆等安全措施。

禁止无关人员搭乘运输危险化学品的车辆和其他运输工具。

运输爆炸品和需凭证运输的危险化学品,应有运往地县、市公安部门开具的《爆炸品准运证》或《危险化学物品准运证》。

通过航空运输危险化学品的,应按照国务院民航部门的有关规定执行。

撰稿人:中芯国际集成电路制造有限公司　张伟丽
审稿人:中芯国际集成电路制造有限公司　马传辉

▷▷▷ 4.8.3　储存,储存,Storage

根据《常用化学危险品贮存通则》(GB 15603—1995)要求,危险化学品的存储应参照以下要求执行。

储存危险化学品必须遵照国家法律、法规和其他有关的规定。

危险化学品必须储存在经公安部门批准设置的专门的危险化学品仓库中,经销部门自管仓库储存的危险化学品及储存数量必须经公安部门批准。未经批准不得随意设置危险化学品储存仓库。

危险化学品露天堆放,应符合防火、防爆的安全要求,爆炸物品、一级易燃物品、遇湿燃烧物品、剧毒物品不得露天堆放。

储存危险化学品的仓库必须配备有专业知识的技术人员,其库房及场所应设专人管理,管理人员必须配备可靠的个人安全防护用品。

储存的危险化学品应有明显的标志,标志应符合《危险货物包装标志》(GB 190—2009)的规定。同一区域储存两种或两种以上不同级别的危险品时,应按最高等级危险物品的性能标志。

储存危险化学品的方式有隔离储存、隔开储存和分离储存3种。

根据危险化学品性能分区、分类、分库储存。各类危险品不得与禁忌物料混合储存。

储存危险化学品的建筑物、区域内严禁吸烟和使用明火。

储存危险化学品的建筑物不得有地下室或其他地下建筑，其耐火等级、层数、占地面积、全疏散和防火间距，应符合国家有关规定。

储存地点及建筑结构的设置，除了应符合国家的有关规定，还应考虑对周围环境和居民的影响。

储存易燃、易爆危险化学品的建筑，必须安装避雷设备。

储存危险化学品的建筑必须安装通风设备，并注意设备的防护措施。

储存危险化学品的建筑通排风系统应设有导除静电的接地装置。

撰稿人：中芯国际集成电路制造有限公司　张伟丽

审稿人：中芯国际集成电路制造有限公司　马传辉

▷▷▷ 4.8.4　使用，使用，Usage

根据《危险化学品安全管理条例》（2013年修订）要求，危险化学品的使用应参照以下要求执行。

使用单位使用的化学品应有标识，危险化学品应有安全标签，并向操作人员提供安全技术说明书。

使用单位购进危险化学品时必须核对包装（或容器）上的安全标签。安全标签若脱落或损坏，经检查确认后应补贴。

使用单位购进的化学品需要转移或分装到其他容器时，应标明其内容。对于危险化学品，在转移或分装后的容器上应贴安全标签；盛装危险化学品的容器在未净化处理前，不得更换原安全标签。

使用单位对工作场所使用的危险化学品产生的危害应定期进行检测和评估，对检测和评估结果应建立档案。作业人员接触的危险化学品浓度不得高于国家规定的标准；暂没有规定的，使用单位应在保证安全作业的情况下使用。

使用单位应通过下列方法，消除、减少和控制工作场所危险化学品产生的危害：①选用无毒或低毒的化学替代品；②选用可将危害消除或减少到最低程度的技术；③采用能消除或降低危害的工程控制措施（如隔离、密闭等）；④采用能减少或消除危害的作业制度和作业时间；⑤采取其他的劳动安全卫生措施。

使用单位在危险化学品工作场所应设有急救设施，并提供应急处理的方法。

使用单位应按国家有关规定清除化学废料和清洗盛装危险化学品的废旧容器。

使用单位应对盛装、输送、储存危险化学品的设备，采用颜色、标牌、标签等形式，标明其危险性。

使用单位应将危险化学品的有关安全卫生资料向职工公开，教育职工识别安全标签、了解安全技术说明书、掌握必要的应急处理方法和自救措施，经常对职工进行工作场所安全使用化学品的教育和培训。

撰稿人：中芯国际集成电路制造有限公司　张伟丽
审稿人：中芯国际集成电路制造有限公司　马传辉

▷▷▷ 4.8.5 处理，處理，Disposal

根据《危险化学品安全管理条例》（2013 年修订）要求，危险化学品的处理应参照以下要求执行。

禁止在危险化学品储存区域内堆积可燃性废弃物。

泄漏或渗漏危险化学品的包装容器必须迅速转移至安全区域。

所有危险化学品废弃物应装在特制的有标签的容器内，并运送到指定地点进行废弃处置。

按危险化学品的特性，用化学的或物理的方法处理废弃物品，不得任意抛弃，防止污染水源和环境。

对于废弃物的处理要按相关操作规程进行，有关人员要接受相关业务培训。

企业对可能产生的危险化学品废弃物及设备应制定处置计划，并对该计划进行职业安全卫生和环境影响评价。

所有处置过程中污水的排放，废料的处理、运输和填埋以及废气的排空等均应确保作业人员的安全、健康，确保对作业环境和周边环境的保护。

企业应设置废料处置和储存场所，该场所要具有足够的场地空间，以防止废料容器混杂在正常的加工和储存场所。

盛装废料的容器在设计和选择时应考虑以下几个方面：鉴别、结构、完整性和保护。

处置过程中应向作业人员提供合适的个体防护用品，并制定相应的个体防护用品使用、维护和管理等方面的制度。

企业在工作场所未设置废料处理装置及配套设施时，应由专门机构按照国家的有关法律法规和标准加以处置。

企业采用焚烧、化学氧化、中和等方法处置废料时，应设置单独的车间。车间的设计、施工、运行和管理应符合国家相关法律法规的要求。

废弃物及容器的处置应接受环境保护管理部门的监督检查。负有危险化学品安全监督管理职责的部门接到举报，应当及时依法处理；对不属于本部门职责的，应当及时移送有关部门处理。

撰稿人：中芯国际集成电路制造有限公司　　张伟丽
审稿人：中芯国际集成电路制造有限公司　　马传辉

4.9 集成电路生产线建设的发展趋势

4.9.1 集成电路生产线建设的现状及发展方向，積體電路生產綫建設的現狀及發展方向，Development and Status of IC Manufacturing Line

2017年全球大约有95条300mm集成电路生产线。预计到2020年年底，将有新建成的22条300mm圆片集成电路生产线投入营运，届时全球300mm圆片集成电路生产线总数将达到约117条，而200mm圆片集成电路生产线的数目将可能达到210条。

鉴于近乎天文数字的资金投入，且投资回报不明朗，加之技术上所存在的障碍，450mm圆片集成电路生产线的建设没有如预期那样顺利发展，圆片厂向450mm生产线转移的速度明显放缓。根据目前全球集成电路生产线的发展趋势，预计至2020年，集成电路生产线主要还将以300mm圆片为主，目的是使300mm圆片生产线的投资效益最大化。

三星、Intel和台积电都在积极进行10nm及7nm节点集成电路产品工艺技术的开发，这3家集成电路制造商均采用多重曝光光刻技术生产集成电路产品。EUV光刻技术因为波长短（为13.5nm），分辨率高，且只要进行一次图形曝光，是一种应用于10nm以下，比DUV多重曝光技术成本低的光刻技术。目前先进集成电路产品后道互连层的数目不断增加，所需光刻掩模版的数量也不断增加，成本也随之水涨船高。同时由于互连层数目的增加，圆片表面的不平整度愈发明显，光学光刻套准问题成为一大挑战。EUV光刻技术的优势是更高的分辨率以及可以减少掩模版的数目，实现更好的保真度和更高的成品率。在7nm技术节点，三星和Intel都将使用EUV光刻技术来应对产品的制造，而台积电可能会在5nm技术节点使用EUV光刻技术。2018年年底，EUV光刻技术将用于特定产品的制造。2019年，EUV光刻技术将得到更为广泛的应用。

多数 300mm 集成电路生产线设有自动化物料搬运系统（AMHS），其优点在于可以有效地利用洁净室空间，有效地管理生产中的圆片，有效地降低操作人员的负担，进而减少在传送圆片时的失误。在一些 300mm 圆片厂，搬运系统可延伸到不同的生产区域，借助空中搬运车（OHT），可将圆片直接传递到设备端。有的工厂也采用自动导引车（Automatic Guided Vehicle，AGV）来实现生产线、仓库等厂房内部的物料、零部件、半成品和成品的自动化搬运。未来先进集成电路生产线将借助智能自动化生产来提高生产力及产品竞争力：通过设备自动化生产，实现智能控制；应用智能知识管理，加速企业创新与员工素质提升；使用标准化信息，使企业快速成长及降低成本；发挥资讯流程整合功能，改善企业经营绩效；采取产品研发信息化控制，提升新产品效能及缩短新产品开发周期；使用电子信息化制造方式提升成品率，缩短生产周期及永续环境保护；销售信息化沟通，可以提供客户满意的服务；应用物联网，实施智能制造。现代智能化集成电路生产线工厂管理流程如图 4-21 所示。

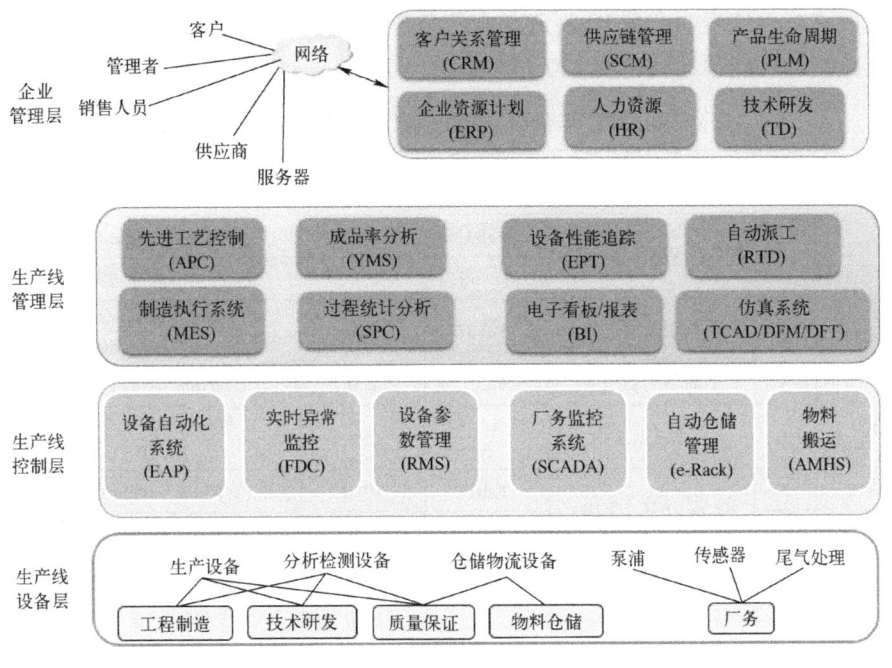

图 4-21　现代智能化集成电路生产线工厂管理流程示意图

撰稿人：上海新昇半导体科技有限公司　肖德元
审稿人：上海新昇半导体科技有限公司　张汝京

▷▷▷ 4.9.2 中国集成电路生产线发展的现状和机遇，中國積體電路生產綫發展的現狀和機遇，Status and Opportunity of China IC Manufacturing Line

近20年来，我国集成电路生产线的主流技术已由5in、150mm（0.5μm以上）工艺水平提升到200mm（0.35μm、0.25μm、0.18μm、0.13μm、0.11μm直至90nm技术代）、300mm（90nm、65nm、45nm/40nm直至28nm技术代）工艺水平。以中芯国际、华力微电子、武汉新芯、华虹宏力、华润微电子和上海先进等为代表的集成电路制造企业迅速崛起。中芯国际目前工艺技术水平已达28nm，正在加紧14nm工艺技术研发以及10nm和7nm的先导工艺研发。华力微电子在开展28nm及14nm工艺技术研发，同时也在评估FD-SOI技术。华润微电子在模拟和高压技术工艺方面处于领先地位。2017年我国主要集成电路制造企业生产线分布见表4-26。目前，我国已成为拥有集成电路生产线最多的国家和地区之一，这表明全球IC制造产业已经开始向国内转移。到2020年，我国集成电路制造产能预计将达到110万~120万片/月。

表4-26 2017年我国主要集成电路制造企业生产线分布

圆片尺寸/mm	序号	企业名称	生产线在企业内的编号	计划产能/(万片/月)	工艺技术水平
300	1	中芯国际（北京）	Fab4	3.5	90nm、65nm CMOS
			B1/B2	各3.5	65nm、40nm和28nm CMOS
	2	中芯国际（上海）	Fab8	1.0	90nm、65nm、40nm和28nm CMOS
	3	上海华力微电子	Fab1	2.0	65nm、40nm CMOS
	4	武汉新芯		2.5	90nm、65nm CMOS和NAND Flash
	5	SK海力士（无锡）	Fab1	10.0	65nm、40nm DRAM
	6		Fab2	6.0	90nm、30nm CMOS
	7	英特尔（大连）	Fab68	6.0	65nm CMOS
	8	三星（西安）		10.0	20多纳米、10多纳米 Flash
200	1	中芯国际（上海）	Fab1	12.0	0.35μm、0.25μm、0.18μm、0.13μm、0.11μm CMOS
	2		Fab2		
	3		Fab3	3.0	0.13μm、0.11μm Cu互连后段工艺
	4	中芯国际（天津）	Fab7	4.0	0.35μm、0.25μm、0.18μm CMOS
	5	台积电（中国）	Fab1	11.0	0.25μm、0.18μm、0.13μm CMOS

续表

圆片尺寸/mm	序号	企业名称	生产线在企业内的编号	计划产能/(万片/月)	工艺技术水平
200	6	上海华虹宏力	Fab1	8.0	0.35μm、0.25μm、0.18μm、0.13μm、0.11μm CMOS 数模混合
	7		Fab2	2.0	
	8		Fab3	5.0	0.35μm、0.25μm、0.18μm、0.13μm、0.11μm、90nm CMOS
	9	和舰科技（苏州）	Fab1	6.0	0.35μm、0.25μm、0.18μm、0.13μm CMOS
	10		Fab2	4.0	0.13μm CMOS
	11	上海先进	Fab3	1.5	0.35μm、0.25μm CMOS 数模混合
	12	华润上华（无锡）		6.0	0.35μm、0.25μm、0.18μm、0.13μm、0.11μm CMOS 数模混合
	13	渝德半导体（重庆）		3.0	0.35μm、0.25μm、0.18μm CMOS 数模混合
	14	成芯半导体（德州仪器）（成都）	Fab11	3.0	0.35μm、0.25μm、0.18μm CMOS 数模混合
	15	晶诚半导体（郑州）		3.0	0.35μm、0.25μm、0.18μm CMOS
150	1	华润上华（无锡）	Fab1	6.0	0.5μm、0.35μm BCD
	2	华润晶芯（无锡）	Fab5	3.5	0.5μm、0.35μm BCD
	3	华润华晶（无锡）		5.0	1.2μm、0.8μm 模拟
	4	上海先进	Fab2	4.0	1.5μm、1.2μm、0.8μm、0.5μm BCD
	5	上海新进		5.0	1.5μm、1.2μm、0.8μm、0.5μm BCD
	6	上海新进芯		3.0	1.0μm、0.8μm、0.5μm、0.35μm 数模混合
	7	无锡 KEC		3.0	1.5μm、1.2μm、0.8μm、0.5μm BCD
	8	首钢 NEC（北京）		3.0	1.0μm、0.8μm、0.5μm、0.35μm 数模混合
	9	北京燕东		2.0	1.0μm、0.8μm、0.5μm、0.35μm 数模混合
	10	杭州士兰		3.0	1.0μm、0.8μm、0.5μm、0.35μm 数模混合
	11	杭州立昂		1.5	0.8μm、0.5μm、0.35μm 数模混合
	12	比亚迪半导体（宁波）		3.0	0.8μm、0.5μm BCD
	13	江苏东光		1.5	0.8μm、0.5μm、0.35μm 数模混合
	14	珠海南科		3.0	0.5μm、0.35μm CMOS
	15	深圳方正		2.5	0.5μm、0.35μm CMOS

续表

圆片尺寸/mm	序号	企业名称	生产线在企业内的编号	计划产能/(万片/月)	工艺技术水平
150	16	西岳电子（西安）		1.7	$0.5\mu m$、$0.35\mu m$ 数模混合
	17	福建福顺（福州）		1.8	$0.8\mu m$、$0.5\mu m$ 数模混合
	18	乐山菲尼克斯（四川乐山）		3.0	$0.5\mu m$ 双极型
	19	厦门集顺		6.0	$0.5\mu m$、$0.35\mu m$ 数模混合
	20	中科院微电子所		2.0	$0.35\mu m$、$0.25\mu m$、$0.18\mu m$ CMOS

数据来源：中国半导体行业协会。

目前集成电路生产线建设工程日益大型化及复杂化。对于制造逻辑电路芯片产品，每条新建300mm集成电路生产线的产能都在3.5万片/月以上；而制造存储器芯片产品，产能通常在10万片/月以上。当进入7nm以下技术节点时，EUV等新型光刻设备的导入，对于自动传输设备、洁净室环境控制、消防、环保、空间管理等都会提出新的挑战。

撰稿人：上海新昇半导体科技有限公司　肖德元

审稿人：上海新昇半导体科技有限公司　张汝京

第 5 章　集成电路设计

　　集成电路设计是集成电路产业链中的重要组成部分，是集成电路产品创新和技术进步的核心。集成电路设计在遵循集成电路制造的基础及准则的同时，引导着制造工艺的发展方向，支撑着系统整机厂商的市场需要。本章首先通过对设计规格、设计流程、工艺设计包、客户自有技术、标准单元库、电路图、输入/输出、时钟、泄漏电流、功耗、设计仿真、功能验证、布局布线、物理验证和版图交付等内容的介绍，全面阐述了集成电路设计的技术基础；随后分别介绍了数字集成电路、模拟集成电路、射频集成电路和功率集成电路的类别、特点、性能指标、设计方法和发展趋势；然后以处理器、存储器、系统芯片、可编程逻辑电路这几类当前重点芯片为例，详细介绍了它们的应用领域、电路构成、技术要点和设计流程；最后还对设计自动化工具这一集成电路设计的重要组成部分和必备工具进行了全面分析，对当前最受关注的人工智能芯片的设计思路进行了简要介绍。

◎ 本章编委会

主　　编：魏少军
副 主 编：严晓浪　程玉华
编　　委（按姓氏笔画排序）：
　　　　尹首一　任奇伟　刘伟平　汤天申
　　　　李文宏　杨　军　杨俊祺　时龙兴
　　　　孟建熠　拜福君　倪　昊　曾晓洋
责任编委：尹首一

5.1 集成电路设计产业概况

5.1.1 全球集成电路设计业概况,全球積體電路設計業概況,Overview of Global IC Design Industry

集成电路设计产业（IC Design Industry）又称无生产线半导体产业（Fabless Semiconductor Industry），简称设计产业。集成电路设计企业，简称设计企业，是设计产业的主体，其核心业务是设计、销售自有品牌的集成电路产品并提供相应的技术支持和服务。设计企业不拥有集成电路生产工厂，其采用第三方集成电路生产资源，通常是集成电路代工厂（Foundry），实现所设计集成电路产品的制造。与代工厂、封装测试厂不同，设计企业是产品公司。全球集成电路产业销售收入的统计数据中包含设计产业的销售收入。

设计公司的商业模式比较灵活，一般分为3类。第一类是设计公司（Design House）模式，是大多数设计企业采用的模式。设计公司根据系统整机的发展需求定义、研发和设计集成电路产品，通过代工厂生产集成电路产品。设计公司是这些集成电路产品的所有者，通过产品销售获取收益。第二类是设计服务（Design Services）模式。设计服务公司按照客户的要求，为客户定制设计集成电路产品，并根据客户的要求完成在代工厂的产品生产。最终产品的所有权属于客户，设计服务公司根据设计的复杂度和技术难度收取设计服务费。设计服务公司有时又称设计代工企业（Design Foundry）。第三类是功能模块提供商（IP Vendor）模式，也称为知识产权核（Intellectual Property Core，IP Core，IP 核）提供商模式。IP 核公司从事某些重要功能模块（IP 核）的设计和生产验证，并通过将这些 IP 核授权给其他设计公司获取收益。这类企业又称无芯片半导体公司（Chipless Semiconductor Company）。随着产业的发展，第二类和第三类企业相互渗透，而大多数设计服务公司也都兼具 IP 核提供商的功能。

今天的集成电路设计强烈依赖先进的集成电路设计工具。因此，研发集成电路设计工具的企业，通常称为电子设计自动化（Electronics Design Automation，EDA）公司，也被包含进集成电路设计企业的范畴。鉴于集成电路的复杂度不断提升，在进入系统芯片（System on Chip，SoC）时代后，EDA 公司为了能够有效地推广自己的工具产品，不仅开始提供设计服务，还逐渐进入 IP 核提供商行列。人们有时也将 EDA 公司归为第四类设计企业。

设计企业的出现，最早可以追溯到 20 世纪 70 年代。20 世纪 80 年代中期以后，伴随着专业化集成电路代工企业的出现，设计、制造、封装测试三业独立、相互依存的新型产业生态和以代工为主要特征的新型商业模式逐渐形成，促使设计产业进入发展快车道。经过近40年的发展，设计业已经成为集成电路领域一支重要的产业力量。根据2016年的相关统计数据，集成电路设计业的销售规模已经占全球半导体市场的25%。在全球前10位的半导体企业中，设计企业占有3席。从国家和地区分布情况看，美国拥有全球最大的设计产业，规模占全球设计业销售额的50%左右；中国约占全球设计业销售额的47%，其中台湾地区约占全球设计业销售额的22%。

撰稿人：清华大学　魏少军　尹首一
审稿人：东南大学　杨军

▷▷▷ 5.1.2　中国集成电路设计业概况，中國積體電路設計業概況，Overview of IC Design Industry in China

中国集成电路设计产业起步于1986年，主要标志是北京集成电路设计中心的成立。经过30多年的发展，集成电路设计业已经成为中国集成电路产业的中坚力量。2016年，在集成电路设计、制造和封装测试3个产业领域中，设计业销售规模首次超过封装测试业，排名第一。从全球看，中国大陆集成电路设计业的销售规模已经超过中国台湾地区，中国大陆成为美国之后排名第二的集成电路设计企业聚集地。

中国集成电路设计业的发展大致经过3个阶段。第一阶段为1986—1999年，是设计业起步和不断探索、夯实基础的时期。企业数量少、销售规模小、技术基础薄弱、设计水平不高是这一时期设计业的主要特点。但是这些初期建立的设计企业构成了整个产业的中坚力量，为中国集成电路设计业的崛起奠定了坚实的基础。第二阶段为2000—2010年，是设计业高速发展的时期，我国设计业进入发展快车道，企业数量突破100家，销售规模突破1亿元的企业大量涌现，设计水平逐渐逼近国际先进水平，一些优秀企业登陆国内外资本市场。到2010年，全行业销售收入超过500亿元。比较完善的生态环境、产业规模大幅提升是这一时期的主要特点。第三阶段为2011年至今，是设计业不断提升发展质量、持续前行的时期。2016年，设计企业数量超过1000家，产业规模继续保持高速增长，全行业销售规模超过1600亿元，产品领域覆盖面不断拓宽，产品档次持续提高，设计水平实现与国际同行并跑，少数优秀企业进入世界前10位。在《国家集成电路产业发展推进纲要》的指引下，技术、资本双轮驱动，设计业的水平不断提高。

中国集成电路设计业的总体发展情况有6个特点：一是产业高速增长。设计业销售规模从1999年的约3亿元，提升到2016年的1644亿元，17年间的年均复合增长率达到44.92%，近几年的年增长也一直保持在20%以上。这样的发展速度在全球范围内独一无二。二是产业基础不断夯实。正向设计技术的普及、对市场的把控、产品定义能力的提升、产业链的不断完善、人才团队的经验积累等不断夯实中国集成电路设计业的发展基础。三是产业布局合理。目前中国集成电路设计业已经形成了以上海为龙头的长江三角洲区域、以深圳为龙头的珠江三角洲区域和以北京为龙头的京津环渤海区域3个集成电路设计产业聚集区。同时，西安、武汉、长沙、重庆、成都等中西部地区集成电路设计业的发展也十分强劲。四是集成电路产品种类齐全，但高端核心芯片缺乏。通信集成电路已进入世界先进水平，但高端核心芯片，如中央处理器（Central Processing Unit，CPU）、数字信号处理器（Digital Signal Processor，DSP）、半导体存储器、现场可编程门阵列（Field Programmable Gate Array，FPGA）等建树不多。设计业总规模在全球半导体市场中的份额只有约7%。五是优秀企业表现抢眼，但产业集中度不高。目前已有两家中国集成电路设计企业进入世界排名前10位，分别排在第6位和第10位。但国内排名前10位的设计企业的销售之和占全行业销售的比例仍然低于50%，与美国的80%相比，产业集中度有较大差距。六是人才数量缺口巨大。目前设计行业从业人数接近13万人。而预计到2020年，设计行业共需要30万从业人员。按照现行学科规划，微电子为二级学科，本科生招生数量受到严格限制，亟须改革集成电路人才培养方针。

由于市场需求极其强劲，中国集成电路设计业的发展具有得天独厚的条件，可以预计在未来几年还会持续高速发展，成为集成电路领域最重要的力量。中国设计业的发展也必将推动全球集成电路产业的进步，造福全人类。

撰稿人：清华大学　魏少军　尹首一
审稿人：东南大学　杨军

▷▷▷ 5.1.3　集成电路设计对整机系统的支撑作用，積體電路設計對整機系統的支撐作用，Supporting Role of IC Design to System

集成电路设计的产品主要包括微处理器、系统芯片、半导体存储器和专用集成电路等，是电子整机系统中的核心组成部分。常见的电子整机系统结构如图5-1所示，通常以微处理器或系统芯片为核心，外接摄像头、屏幕、无线通信部件、输入/输出外设等，实现一个整机系统的具体功能。

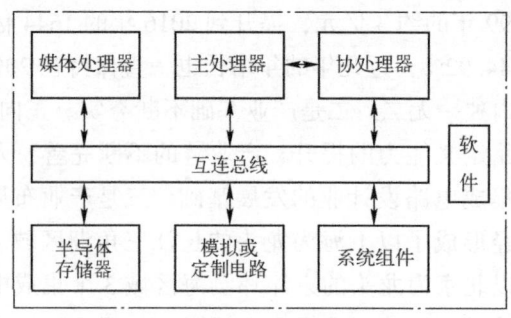

图 5-1 常见的整机系统结构

现在的整机系统越来越复杂，功能越来越强，这主要得益于其组成部件的发展。微处理器是整机系统最核心的部分。1971 年，Intel 公司成功地推出了世界上第一款微处理器 4004，如图 5-2 所示，它集成了 2300 个晶体管，工艺水平为 $10\mu m$、时钟频率为 108kHz，其计算能力十分有限。预计到 2018 年，处理器将会采用 10nm 的生产工艺，而片上所能集成的晶体管的数量将达到 2560 亿个，计算能力将会得到大幅提升。另外，整机系统的另外一个核心部件是半导体存储器，存储器容量和速度的提升也能促进整机系统功能的不断增强。半导体存储器诞生至今，全球市场规模已达数百亿美元，我国市场规模也达到 1800 亿元。集成电路设计能力的提升不仅促进了整机系统功能的增强，而且对集成电路市场产生了巨大的推动作用。

图 5-2 Intel 4004 处理器

系统厂商是集成电路产业链中最靠近市场的环节，整机与集成电路的密切联系，要求集成电路设计公司以市场为导向，直接面对整机厂商提出的各种要求并以最快的速度开发出满足这些要求的集成电路产品。作为电子工业体系中的重要一环，集成电路设计业不仅要连接集成电路应用和集成电路制造这两个工业领域，而且随着技术的发展，它更要承担起促进和支撑电子整机发展的重任。

目前，我国的集成电路设计业已初步具备了世界先进的集成电路设计企业所拥有的基本素质和能力，部分集成电路设计企业也取得了令世人瞩目的重要成绩[1]。可以预见，未来集成电路设计业将进一步获得长足的发展并扮演越来越重要的角色。

参考文献

[1] 魏少军. 从整机中来到整机中去：试论中国集成电路设计公司的生存模式 [J]. 中国高新技术企业，2002（1）：30-32.

撰稿人：清华大学　魏少军　尹首一
审稿人：东南大学　杨军

▷▷▷ 5.1.4　集成电路设计与制造的协同发展，積體電路設計與制造的協同發展，IC Design and Technology Co-optimization（DTCO）

集成电路产业是一个由系统厂商、电路设计业、芯片制造业和设备材料业为主要环节的产业。集成电路设计是芯片制造和系统厂商之间的桥梁，芯片制造是整个产业的核心基础，集成电路的设计和制造需要协同发展。

集成电路设计处于电子整机产业链的上游，主要根据电子整机的需求设计开发各类芯片产品，具有资金密集型和技术密集型的特点。在集成电路的设计过程中，要根据制造工艺的要求，遵循很多设计规则。在面向集成电路制造而设定的设计规则约束下，集成电路物理版图的布局、布线对于获得理想速度、保证信号完整性、减少芯片面积来说至关重要。随着电子设计自动化工具的应用，优秀的集成电路设计方案在追求同等性能指标时往往可以减轻对制造方面的需求压力，并且可对成品率及产品的鲁棒性（Robustness）都带来提升。

制造工艺上的不断进步也为集成电路设计者扩宽了功能设计的空间，使得其在芯片上能拥有更充足的资源来实现所需的功能，能够有更高的片上灵活度来实现所需的功能结构设计。就目前现状来说，中国集成电路业仍然存在着极大的发展压力，尤其是集成电路芯片制造业这块短板相对突出，无论是销售额增幅，还是三业占比，都处劣势；这既表现在与国际先进水平的差距上，也表现为集成电路进出口逆差巨大。尽管目前我国设计业水平基本与国外同步，但仍有很多由国内设计企业设计的高端芯片需要委托国外代工或部分委托国内外资企业代工，这说明我国集成电路芯片制造工艺技术、产能严重滞后，与国际先进水平差距较大。由此，为了尽快缓解国内对进口集成电路需求较大的局面，大力发展我国集成电路芯片制造业成为当务之急，这也是《国家集成电路产业发展推进纲要》的重大发展目标之一[1]。

集成电路制造为设计提供了基础及准则约束，制造工艺的进步可以拓宽设计空间，而设计技术的进步则引导了制造工艺的重点发展方向；因此，集成电路的设计与制造需要并重关注、协同发展。

参考文献

[1] 于燮康. 从三业比例分析我国集成电路芯片制造业 [J]. 集成电路应用，2014 (10)：6-8.

撰稿人：清华大学　魏少军　尹首一
审稿人：东南大学　杨军

5.2 集成电路设计技术基础

5.2.1 设计规格，設計規格，Design Specification

设计规格（Design Specification）是面向设计人员规范设计活动的，反映集成电路工作原理、芯片架构、输入/输出、电气特性、封装测试和软件编程接口信息的组合，常以文档、算法源码、系统原理图等形式体现。

工作原理指集成电路整体和局部功能的原理性描述，包括但不限于数学公式、物理特性、状态机、数字/模拟/数模混合电路设计高层模型等。

芯片架构指集成电路的软硬件架构。硬件架构包括嵌入式 CPU、片内/外存储器、算法加速引擎、中断控制器、总线和外设接口等规范。软件架构包括硬件抽象层、操作系统、软件通信协议栈、应用软件规范等。芯片架构常以自上而下的设计框图表示，描述芯片组成模块以及相互接口。

输入/输出指集成电路输入/输出信号定义、输入/输出信号时序、输入/输出电平范围、输入/输出驱动电流能力、管脚默认状态等。

电气特性指集成电路正常工作电压范围、极限电压以及各状态下的功耗等。

封装测试指芯片封装规格及尺寸、芯片引脚形状及尺寸、测试接口、测试电路及测试方法等。

软件编程接口指芯片可编程寄存器定义，包括地址以及寄存器含义、硬件外设驱动及硬件抽象层接口函数定义、操作系统调度机制、内存分配策略和软件协议栈等。

撰稿人：东南大学　钟锐
审稿人：东南大学　杨军

▷▷▷ 5.2.2　设计流程，設計流程，Design Flow

设计流程（Design Flow）是指集成电路的设计过程中的优化、仿真、验证以及对应的数据输入/输出。从 20 世纪 70 年代起，为了应对日益增长的设计复杂度，根据设计对象不同，逐渐将设计流程分为若干阶段。集成电路的设计流程通常分为数字集成电路设计流程和模拟集成电路设计流程。

1. 数字集成电路设计流程

数字集成电路设计流程（见图 5-3）主要包括芯片定义（Specification）、逻辑设计（Logic Design）、逻辑综合（Logic Synthesis）、物理设计（Physical Design）、物理验证（Physical Verification）和版图交付（Tape Out，又称流片）等阶段。其

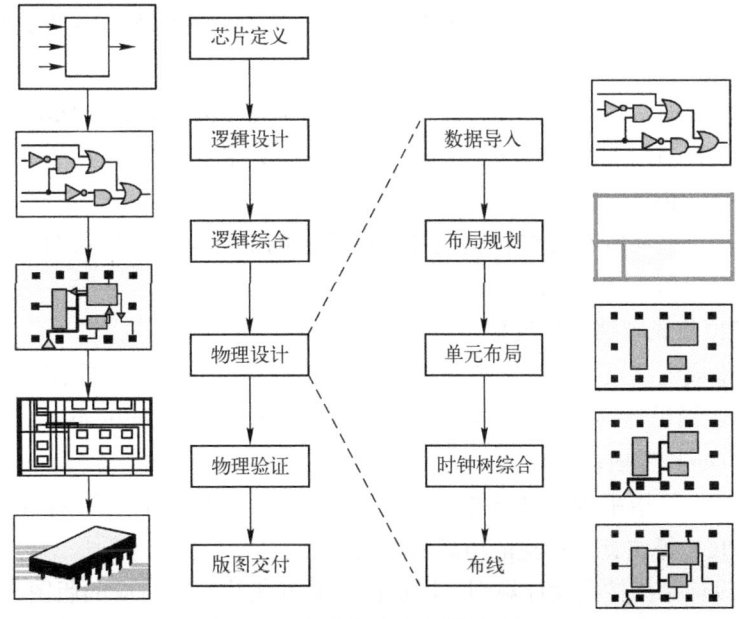

图 5-3　数字集成电路设计流程

中，物理设计又包括数据导入（Data Import）、布局规划（Floorplan）、单元布局（Placement）、时钟树综合（Clock Tree Synthesis）和布线（Routing）。该设计流程是一个反复迭代（Iterations）的过程。例如，在物理设计过程中，如果发现电路逻辑难以满足芯片定义的功能或者性能，必须返回逻辑设计重新设计；在布线过程中，如果发现布线资源紧缺，芯片布局规划不合理，必须返回布局规划重新规划；但在数字集成电路设计过程中，应尽可能避免大的迭代。

芯片定义是指根据市场或者用户需求制定芯片实现的功能和性能指标参数，完成设计规格文档。

逻辑设计是指根据架构设计，基于硬件描述语言，在寄存器传输级（Register-Transfer Level，RTL）实现逻辑设计，并通过逻辑仿真验证或者形式验证等手段验证逻辑设计功能的正确性。

逻辑综合是指将 RTL 设计转换成特定目标（以约束描述）的门级网表，并优化门级网表的延时、面积和功耗等。

物理设计是指将门级网表根据时序等约束布局、布线并最终生成版图的过程，可以分为数据导入、布局规划、单元布局、时钟树综合和布线等步骤。数据导入是指导入综合后的网表（Netlist）和具有时序约束的脚本文件，以及代工厂提供的库文件。布局规划是指在芯片上规定输入/输出单元、宏单元及其他主要模块位置的过程。单元布局是指根据网表和时序约束自动放置标准单元的过程。时钟树综合是指插入时钟缓冲器，生成时钟网络，最小化时钟延迟和时钟偏差的过程。布线是指在满足布线层数限制、线宽、线间距等约束条件下，根据电路关系自动连接各个单元的过程。

物理验证通常包括版图设计规则检查（Design Rule Check，DRC）、版图电路图一致性检查（Layout Versus Schematic，LVS）和电气规则检查（Electronic Rule Check，ERC）等。

版图交付是在所有检查和验证都正确无误的前提下，传递版图文件给代工厂生成掩模图形，并生产芯片。

2. 模拟集成电路设计流程

模拟集成电路设计流程主要有芯片定义（Specification）、电路设计（Circuit Design）、版图设计（Layout Design）、版图验证（Layout Verification）和版图交付（Tape Out）等阶段，如图 5-4 所示。

电路设计是指根据系统需求，设计以晶体管级网表描述的模拟电路结构，并采用 SPICE 等仿真工具验证功能和性能。

版图设计是指按照设计规则，以层次化的方式绘制其对应的版图几何图形，并通过版图验证验证版图的工艺规则、电气规则等，验证通过后再仿真验证电

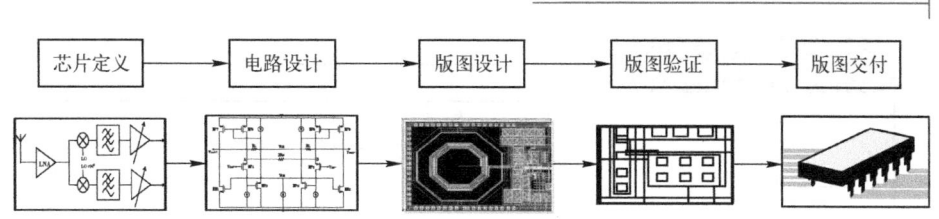

图 5-4　模拟集成电路设计流程

路功能和性能。

版图验证是指对芯片版图中的各层图形所进行的设计规则检查、电气规则检查和版图电路图一致性检查等。

模拟集成电路设计的版图交付与数字集成电路设计的一样。

随着集成度的不断提高，设计成本和设计周期已成为集成电路产品研制成本和产品周期的主要部分，EDA 工具成为提高设计效率的关键。数字集成电路设计流程呈现出系统级设计、面向可制造性的设计、面向成品率的设计等发展趋势。适用于模拟集成电路的 EDA 工具也呈现出抽象层次越来越高的趋势，同时通过在现有工具架构上应用深度学习来优化设计的方法在 EDA 领域中呈现出新优势。

撰稿人：东南大学　黄成
审稿人：东南大学　杨军

▷▷▷ 5.2.3　工艺设计包，工藝設計包，Process Design Kit（PDK）

工艺设计包（Process Design Kit，PDK）是一套用于集成电路设计、描述工艺制造相关信息的数据文件，涵盖工艺支持的器件信息、工艺信息、物理规则信息等，是工艺和设计之间的桥梁。工艺设计包最早由 Cadence 提出，并在其仿真电路设计平台 Virtuoso 中基于 SKILL 语言实现，它通常包括设计符号、元器件模型、参数化单元、工艺文件及物理验证规则文件等内容，如图 5-5 所示。

设计符号是器件的电路图符号，通常涵盖器件的端口信息，如 MOSFET 的源极、漏极、栅极，以及影响器件性能的主要参数，如沟道长度与宽度、叉指（Fingers）个数等。

元器件模型是基于数学方程、等效电路和工艺数据拟合等方法描述元器件（如 MOSFET、三极管及无源元件）的电压-电流关系，为芯片设计者提供的仿真模型文件，是晶体管级仿真验证的基础。为满足不同仿真工具的需要，工艺设计包中通常包含 HSPICE 模型及 SPECTRE 模型等；同时，为准确预估芯片性

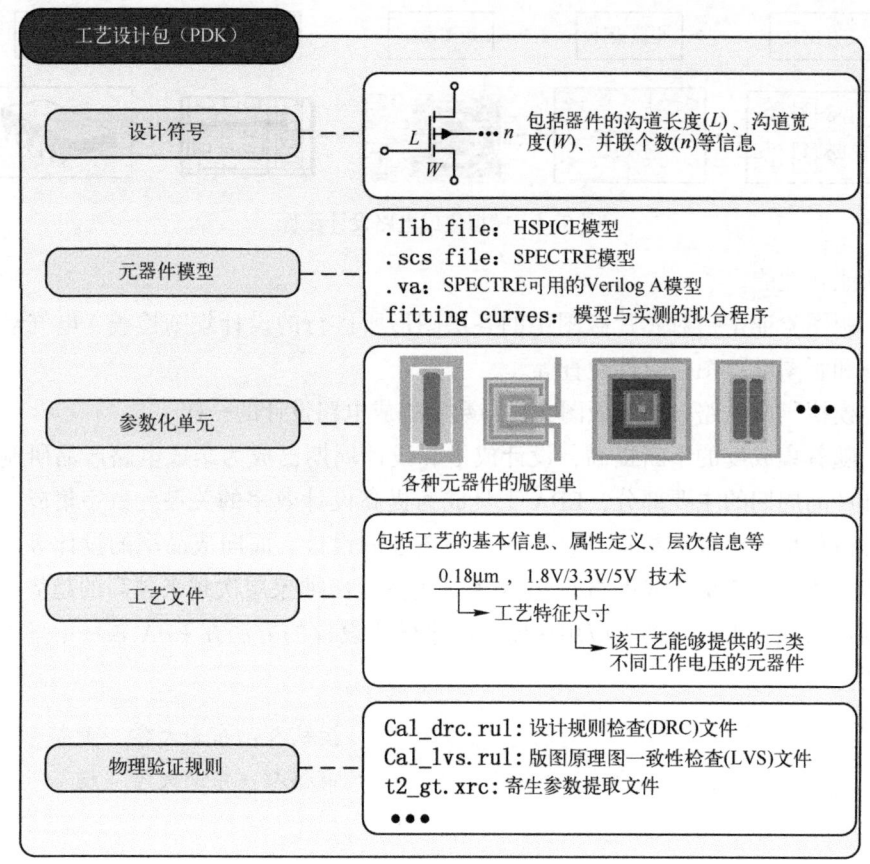

图 5-5 工艺设计包的主要构成

能参数的分布，元器件模型涵盖了工艺角（Process Corner）分析模型及蒙特卡洛（Monte Carlo）分析模型。

参数化单元（Parameterized Cell，PCell）是工艺设计包中的核心，基于 SKILL 语言编写，是满足版图设计规则检查及版图电路图一致性检查的参数化版图文件。参数化单元避免了重复创建单元版图，简化了单元版图的维护，使得设计人员的版图设计变得方便快捷。例如，设计者调用 CMOS 参数化单元，仅需通过修改属性参数便可得到不同尺寸的元器件版图。

工艺文件（Technology File）是用于版图设计和验证的工艺说明文件，它包含该工艺的特征尺寸、器件种类、GDS 设计数据层和工艺层的映射关系、设计数据层的属性定义、设计规则、电气规则、显示色彩定义、自动布局布线规则和图形格式定义等。

物理验证规则（Physical Verification Rules）文件包含了版图设计工艺规则检

查文件（DRC 文件）、版图电路图一致性检查文件（LVS 文件）和版图寄生参数提取文件（XRC 文件）等。

撰稿人：东南大学　祝靖
审稿人：东南大学　吴建辉

▷▷▷ 5.2.4　客户自有技术，客戶自有技術，Customer–Owned Technology（COT）

在无生产线（Fabless）设计企业和圆片代工厂（Foundry）模式出现之后，原来一些拥有自己生产线（Fab）的集成器件制造商（IDM），通过将某些自有工艺技术以及相关 EDA 技术转移到合作圆片代工厂和 EDA 公司的方式，来支持它们由 IDM 模式转型为 Foundry 模式过程中某些特定产品的加工制造，形成了客户自有技术（Customer–Owned Technology，COT），有时又称 Customer–Owned Tooling。随着圆片代工模式的广泛被接受，某些大型企业（如 IBM 和高通等）在代工厂支持下，在先进节点如 65nm、40nm、28nm 或 14nm 工艺，进一步开发形成针对自己产品的特定工艺技术，以支持性能、功耗和面积更加优化的产品制造。目前，COT 通常被泛指代工厂为某些特殊客户（一般为大型或巨型企业）所提供的基于定制工艺、定制电路 IP、定制设计流程、EDA 工具和设计方法学的特殊专用工艺平台。

与 COT 对应的是所谓代工厂技术（Foundry–Owned Technology，FOT），即 Foundry 代工厂在标准工艺基础上开发出来的提供给用户的标准或通用工艺平台。FOT 平台强调通用性和标准化，为用户提供标准工艺、标准单元、标准 IP（包括第三方开发的 IP）以及基于主流 EDA 工具的设计流程和方法学。

（1）定制工艺：FOT 平台采用代工厂提供的通用工艺，其工艺规格符合大多数用户在面积、性能和功耗方面的设计需求；但与 COT 平台不同，不能满足某些特殊集成电路如高性能服务器 CPU、高端智能手机 SoC 芯片、高性能 FPGA 等在高性能、低功耗或者特定产品方面的特殊工艺需求。在这种情况下，某些用户（一般为大型或巨型企业）会提出 COT（定制工艺）需求，如增加更低阈值的晶体管以提高速度性能，定制极高密度 SRAM 位单元以降低 SRAM 主导型芯片的面积和成本，定制 eDRAM 位单元以降低存储器功耗和面积等。

（2）定制电路 IP：FOT 平台支持下的集成电路设计方法一般采用代工厂提供的标准单元、IO 单元和 SRAM 等电路 IP 来设计芯片产品，但部分集成电路企业出于不同因素的考虑常常会提出采用定制电路 IP 的 COT 需求。例如，FPGA 企业常常定制 SRAM 单元、LUT 单元满足 FPGA 产品需求；某些大型企业为了方便产品在不同节点工艺之间的移植，常定制所有底层电路单元；CPU 企业常定制部分动态逻辑单元库，用于高性能数据通路设计等。COT 平台一般都使用定制电路 IP。

（3）定制设计流程、EDA 工具和设计方法学：FOT 平台支持下的集成电路设计方法和流程基于主流 EDA 工具研制开发，可满足大多数用户的集成电路产品设计需求；但某些大型企业的 COT 平台所支持的设计方法和流程常常基于自研（In-House）EDA 工具开发，以提高设计效率和设计成功率。目前的主流趋势是在 COT 设计中使用主流商业 EDA 工具。

COT 的优点是可设计出性能、功耗和面积更加优化的产品，缺点是其技术门槛更高和投资成本更大，一般由大型企业（如 IBM 和高通）掌握该技术。COT 的另一个特点是，工艺技术拥有者可以把自有工艺交由不同的圆片代工厂，可取得圆片制造成本的竞争优势，分散风险。

撰稿人：东南大学　刘斯扬
审稿人：东南大学　杨军
北京大学　程玉华

▷▷▷ 5.2.5　标准单元库，標準單元庫，Standard Cell Library

标准单元库（Standard Cell Library）是指高度固定、宽度可变，适用于超大规模集成电路的半定制自动化设计流程的系列单元集合，是现代大规模数字集成电路设计的基础。

标准单元库包括组合逻辑单元、时序逻辑单元、输入/输出单元及特殊单元等。组合逻辑单元主要包括反相器、缓冲器、简单逻辑门电路和复合逻辑门电路。时序逻辑单元主要包括寄存器和锁存器。输入/输出单元包括输入单元、输出单元和输入/输出双向单元。特殊单元包括延时单元、版图填充单元和电压钳位单元等。为了适应各种设计，优化芯片的性能、功耗和面积，单元库内同一类型单元包含不同类型的变种：驱动强度指单元驱动后级单元的能力，在综合布局布线时根据负载选择不同驱动强度单元；单元密度指单元的高度，在设计之初根据芯片需求选择高速、高密度和超高密度等单元库；晶体管阈值指单元晶体管的阈值电压，可选择高阈值、普通阈值和低阈值等单元，以便综合布局布线过程中平衡路径延时和泄漏电流。

标准单元库视图是指设计流程中不同 EDA 工具采用的单元模型，包括晶体管网表、符号库、Verilog 模型、版图库、时序功耗库和拓扑（FRAM）视图。

反相器的单元库视图如图 5-6 所示。

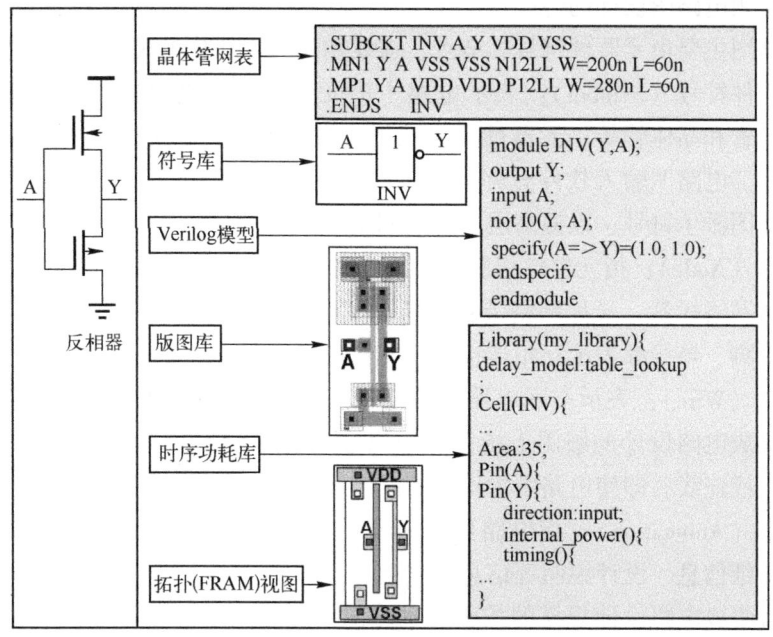

图 5-6　反相器的单元库视图

晶体管网表描述单元晶体管、二极管及寄生电阻、寄生电容之间的连接，用于晶体管级仿真和物理验证。符号库描述单元的符号图形，用于电路原理图输入。Verilog 模型描述单元电路的功能、输入/输出、延时、时序检查参数、驱动强度等，用于电路门级前仿真（Pre-Simulation）和后仿真（Post-Simulation）。版图库描述标准单元的版图层次及形状，用于合成全芯片的版图。时序功耗库描述标准单元延迟模型、工作条件、面积以及时序功耗等信息，用于综合及布局布线。拓扑视图描述单元物理设计过程中所需要的信息，包括单元端口位置和方向。标准单元库与 EDA 工具无缝衔接，有效支撑着芯片设计的自动化流程。

撰稿人：东南大学　单伟伟
审稿人：东南大学　杨军

▷▷▷ 5.2.6　电路图，電路圖，Schematics

电路图（Schematics）又称（电路）原理图，是采用标准化符号绘制的元器件及其连接关系的原理图。它表示电路的各部分结构、元器件参数等。早期集成电路均采用电路图进行设计，随着数字集成电路规模的急剧扩大，绝大多数数字电路已采用更抽象、设计效率更高的硬件描述语言设计；而模拟电路多数仍保持采用电路图设计的传统。

电路图主要由元器件符号、节点、连线和注释 4 部分组成。

元器件符号（Symbol）：表示电路中的元器件，如电阻器、电容器、电感器、二极管和晶体管等。元器件符号在引脚数目上保持和实际元器件一致，且一一对应。电路图输入软件允许设计者使用专门或定制的元器件符号，也可以生成电路图派生符号，以便高层电路图调用。

节点（Node）：指元器件引脚或导线之间的连接关系，电路图中每个节点都有唯一的网络标签，又称网络节点，所有和节点相连或者标记相同节点名称的元器件引脚、导线都表示互相连接。

连线（Wire）：表示实际电路中的电学连接，可以表示单根导线或者总线，在实际集成电路设计的版图上指多段金属连线构成的互连。此外，相同网络标签的节点或连线，即使电路图中没有实际连线，也表示是电学连接的。

注释（Annotation）：指电路图中所有的文字，往往用于标注元器件名称、参数、图纸信息、设计说明等信息。

随着集成电路设计规模的扩大，电路图一般采用层次化设计，逐层包含若干子电路图。层次化设计可简化电路图复杂度，提高电路图的可读性和可维护性。按照描述层次，电路图一般可以分为系统层、模块层、单元层等。

采用了层次化设计的电路图实例如图 5-7 所示，其中图（a）为顶层电路图，图（b）是图（a）的子电路图之一，其层层嵌套就构成了层次化设计的电路图。在图（b）中标注了构成电路图的元器件符号、节点、连线、注释等主要组成部分。

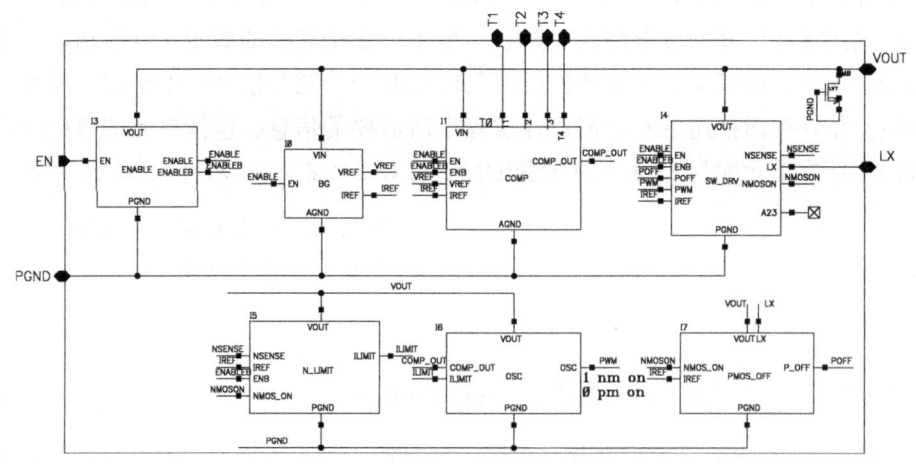

(a) 顶层电路图

图 5-7 采用了层次化设计的电路图实例

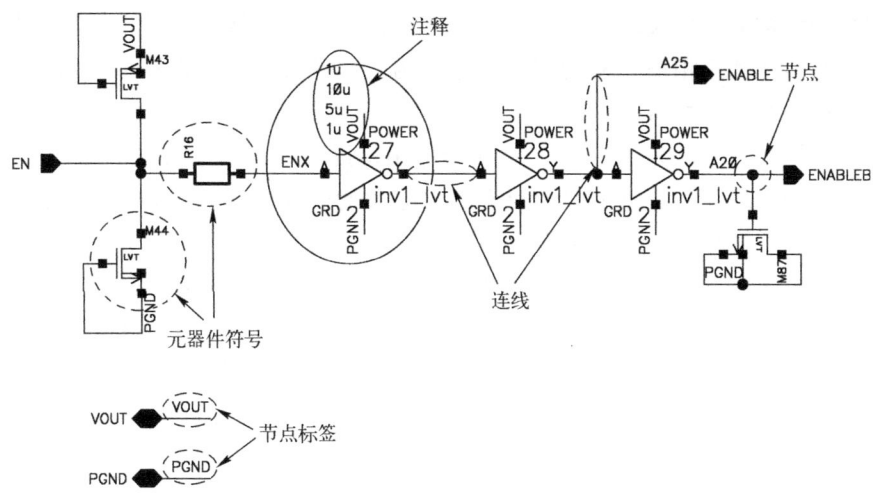

(b) 图 (a) 中 ENABLE 的子电路图

图 5-7 采用了层次化设计的电路图实例（续）

撰稿人：东南大学　徐申
审稿人：东南大学　吴建辉

▷▷▷ 5.2.7　输入/输出，输入/输出，Input/Output（I/O）

输入/输出（Input/Output，I/O）单元是集成电路接收片外输入，或集成电路输出信号驱动片外负载的单元。集成电路芯片中输入/输出单元与管脚的连接关系如图 5-8 所示。输入/输出单元根据信号类型可以分为模拟输入/输出单元、数字输入/输出单元和电源单元等，根据方向可以分为输入单元、输出单元和双向输入/输出单元。一个标准的双向输入/输出单元一般包括输入缓冲器、输出缓冲器和 ESD（静电放电）保护电路 3 部分，其设计质量影响集成电路的可靠性。

输入缓冲器（Input Buffer）的主要作用是转换输入电平。输入缓冲器的电路类型包括传输门、反相器、非反相的输入缓冲电路和带反馈管的正相输入缓冲电路等。传输门输入电路由使能信号控制，辅以保护网络构成。反相器输入电路由 CMOS 反相器

图 5-8　集成电路芯片输入/输出单元与管脚的连接关系

和保护网络构成,可实现反相输入和电平转换。非反相输入缓冲电路由保护网络、电平转换和正相输入驱动等三级电路构成。带反馈管的正相输入缓冲电路主要由两级级联反相器构成。

输出缓冲器(Output Buffer)的主要作用是提高输出信号的驱动能力,尤其是大负载的驱动能力。输出驱动应提供足够大的驱动电流,同时使缓冲器的总延迟时间达到最小。输出缓冲器电路的设计方法包括反相器链和大宽长比 MOS 管。在 CMOS 集成电路中,常用多级反相器构成的反相器链作为输出缓冲电路。合理设计反相器链级数和反相器尺寸可使总延迟时间达到最小。另外,采用梳状(叉指状)结构的大宽长比 MOS 管有利于进一步降低延时。

ESD 保护电路通过低阻旁路将芯片任意引脚间产生的 ESD 电流引入电源网络,从而避免芯片内部电路由于静电感应产生的瞬时大电流放电而受损。典型的 ESD 保护电路如图 5-9 所示,输入保护电路包括双二极管保护电路和垂直双极晶体管保护电路,后者具有面积小、驱动电流高和钳位电压低的优点;输出保护电路一般由大尺寸的 MOS 管构成的反相器组成;电源对地保护电路可用栅接地 nMOS 管和检测 ESD 变化的电路实现。

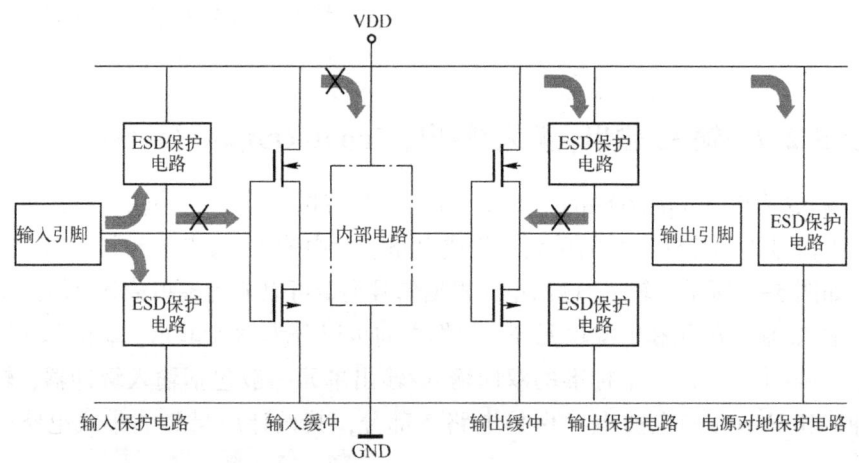

图 5-9 ESD 保护电路

撰稿人:东南大学 曹鹏
审稿人:东南大学 杨军

▷▷▷ 5.2.8 时钟,時鐘,Clock

时钟(Clock)是数字电路的时间参考,是同步电路中时序逻辑电路采样、更新的周期性信号,单位为赫兹(Hz)。时钟信号可以通过晶体振荡器(Crystal

Oscillator)、RC 振荡器（RC Oscillator）或锁相环（Phase Locked Loop，PLL）等电路产生，经过时钟分配网络传递到所有时序单元（包括寄存器、锁存器等）。时钟分配网络（Clock Distribution Network）又称时钟树（Clock Tree），是指时钟从源点传输到所有节点的电路，其关键指标是时钟抖动、时钟偏差、时钟延迟和时钟树功耗。现代集成电路规模巨大，同步所有时序单元的时钟树功耗也不断增加，在某些高性能处理器中时钟树功耗超过芯片总功耗的 30%。时钟树的主要类型：①H 树时钟缓冲器（Clock Buffer）的布局类似于 H 型；②鱼骨（Fishbone）结构时钟缓冲器的布局类似于鱼骨形状；③网格（Mesh）结构时钟由围绕电路四周的时钟驱动单元驱动，并以网格状顶层布线；另外还有组合多种结构的混合结构。

表征时钟的主要指标有时钟周期、上升时间、下降时间、占空比、时钟延迟、时钟抖动和时钟偏差。时钟源、时钟分配网络和部分时钟指标如图 5-10 所示。

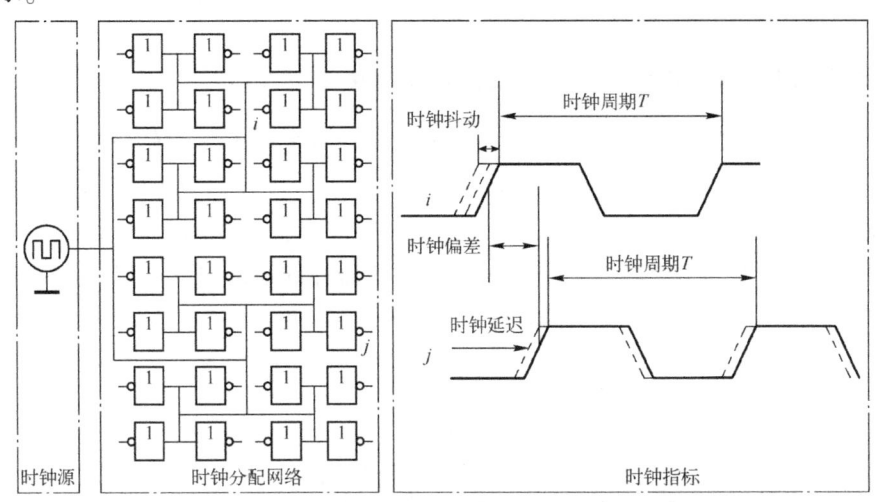

图 5-10 时钟源、时钟分配网络和部分时钟指标

时钟周期（Clock Period）又称振荡周期，是时钟频率的倒数。由于时序逻辑的建立时间（Setup Time）约束，存在最小时钟周期约束，即电路可以工作的最高工作频率。

上升时间（Rise Time）和下降时间（Fall Time）指时钟边沿的转换时间。上升时间一般定义为时钟信号电平幅度从 10% 变化到 90% 时所用的时间（或者 30%~70%）。下降时间的定义类似。

占空比（Duty Cycle）指时钟的高电平与时钟周期的比值。不同类型时序逻辑电路对时钟占空比要求不同。基于寄存器的设计，对时钟占空比没有明确要求。基于锁存器的设计,对时钟占空比要求较高。

时钟抖动(Clock Jitter)是某个节点上的时钟边沿发生的随机变化。时钟抖动分为确定性抖动和随机性抖动两类。确定性抖动又可以分为周期性抖动、数据依赖抖动和占空比抖动。随机性抖动是由器件噪声、电源时变噪声产生的不可预测、无规律抖动。

时钟延迟(Clock Latency)指时钟源到时序逻辑(寄存器、锁存器等)的平均延时。时钟延迟受到时钟树拓扑结构和时钟树驱动单元的影响。

时钟偏差(Clock Skew)是时钟信号在传输过程中,由于传输路径差异、工艺偏差、环境影响和信号负载的不同,任意两个时序逻辑 i 和 j 之间的时钟边沿差 $\delta = t_i - t_j$。时钟偏差可以分为正偏差和负偏差,时钟布线方向和数据流水线方向一致则为正偏差 $d>0$,反之则为负偏差。

撰稿人:东南大学　葛伟
审稿人:东南大学　杨军

▷▷▷ 5.2.9　泄漏电流,漏电流,Leakage Current

在半导体领域,泄漏电流(Leakage Current)是指半导体器件载流子(电子或空穴)以隧道效应通过绝缘区时产生的微小电流。随着集成电路工艺的进步,CMOS 器件的阈值电压不断降低,泄漏电流对器件性能的影响越来越严重,静态功耗成为限制产品待机时间的重要因素。MOS 器件的泄漏电流可以分为结泄漏电流、亚阈值泄漏电流、栅致漏极泄漏电流和栅氧泄漏电流,如图 5-11 所示。

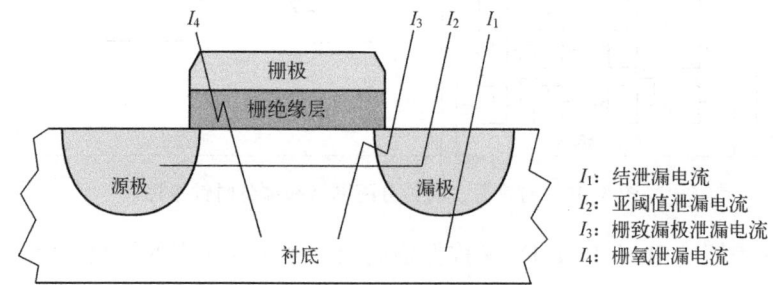

图 5-11　MOSFET 泄漏电流的主要构成

结泄漏电流(Junction Leakage Current)I_1 是源、漏有源区与衬底形成 pn 结,在反向偏置情况下的微小泄漏电流。理想 pn 结反向泄漏电流包括体内扩散电流与空间电荷区产生电流两部分,其中空间电荷区产生电流起支配作用。结泄漏电流的大小与组成 pn 结的半导体材料禁带宽度呈指数关系,与源、漏面积呈正比关系。

亚阈值泄漏电流(Subthreshold Leakage Current)I_2 是器件处于截止区($U_{gs}<$

U_{th}）时的微弱源漏沟道电流。处于截止区时，MOS 器件处于亚阈值区或弱反型区。亚阈值泄漏电流可以表示为

$$I_{sub} = I_s e^{\frac{U_{gs}}{nkT/q}}(1-e^{-\frac{U_{ds}}{nkT/q}})(1+\lambda U_{ds})$$

式中，I_s 为 $U_{gs}=0$ 时的泄漏电流，与载流子迁移率、场效应管的有效宽度有关；n 为经验参数，约为 1.5。理想 MOS 管进入截止区后电流应迅速减小，为此定义表征器件质量的亚阈值斜率系数 $S=n(kT/q)\ln(10)$，S 越大，意味着 MOS 管越接近理想开关。

栅致漏极泄漏电流（Gate Induced Drain Leakage Current，GIDL）I_3 是由漏区与栅极感应的沟道区和接近漏端的积累区之间形成的高浓度载流子反向 pn 结隧穿而产生的电流。栅致漏极泄漏电流产生的隧穿电流会因等离子体工艺加工过程中在硅/二氧化硅界面处陷阱的增加而加剧。

栅氧泄漏电流（Gate Oxide Leakage Current）I_4 是通过栅氧层隧道效应泄漏到衬底中的电流。随着 MOS 器件特征尺寸变小，栅氧层越来越薄（28nm 以下工艺等效栅氧层厚度仅为 1.2nm），部分电子由于隧道效应有机会穿越氧化层势垒进入衬底。采用高 k（相对介电常数）的物质，如铪和锆的金属氧化物（二氧化铪、二氧化锆），有助于大幅降低栅氧泄漏电流，因此在现代工艺中基本可以忽略栅氧泄漏电流。

对于 CMOS 工艺而言，亚阈值泄漏电流是静态电流的主要部分，且随着半导体器件进入纳米时代，亚阈值泄漏电流深刻影响着集成电路的设计。设计者采用多电源域（Multi-Power Domain）、电源门控（Power Gating）和多种阈值器件（Multi-Threshold CMOS，MTCMOS）等实现低功耗设计。

撰稿人：东南大学　葛伟
审稿人：东南大学　杨军

▷▷▷ 5.2.10　功耗，功耗，Power Consumption

电路功耗（Power Consumption）通常指电路在单位时间内所消耗的能量，即电路所需的电源功率。集成电路处于待机状态的功耗称为待机功耗。在可穿戴式设备等长时间处于休眠状态的系统中，待机功耗尤为重要。短时间内达到的最大功耗称为峰值功耗，影响系统的封装和散热。长时间中经历多个工作状态的平均能量消耗称为平均功耗，决定了以电池供电的设备的工作时间。

随着集成电路工艺走向纳米级，功耗成为与速度、面积同等重要的问题，直接影响着集成电路的可靠性、芯片封装和散热成本、便携式系统的续航时间

等,是集成电路关键指标之一。降低功耗是推动半导体技术发展的原动力之一。

目前 CMOS 工艺是超大规模集成电路的主流工艺。CMOS 集成电路的功耗主要由动态功耗和静态功耗构成。

动态功耗(Dynamic Power)指逻辑操作引起节点状态改变所需的功耗。该部分功耗由两部分组成。一是对负载电容(包括互连电容和晶体管寄生电容)充放电形成的功耗,又称交流开关功耗,由下式决定:

$$P = \sum_i f_{clk} C_i U_{DD}^2 \alpha_i$$

式中,U_{DD} 为电源电压;C_i 为节点等效电容;α_i 为节点开关活动因子;f_{clk} 为时钟频率。二是指数字电路翻转瞬间,由 pMOS 和 nMOS 可能均处于导通状态,从而引起的电源到地通路形成的功耗,又称短路功耗。短路功耗和输入信号翻转速率、输出负载有关。在静态 CMOS 电路构成的数字集成电路中,动态功耗占据主要部分。

静态功耗(Static Power)指电路处于待机状态下的功耗。在 CMOS 数字电路中,静态功耗一般为 MOS 管泄漏电流(包括亚阈值泄漏电流、栅致漏极泄漏电流、栅氧泄漏电流和结泄漏电流,其中亚阈值泄漏电流占据主导地位)引起的功耗。在模拟电路中,静态功耗一般为静态偏置电流引起的功耗。

低功耗设计技术是目前大规模数字集成电路设计中的主流技术之一。已经获得广泛应用的低功耗技术包括时钟门控(Clock Gating)、电源门控(Power Gating)、多阈值电路(Multi-Threshold CMOS,MTCMOS)和亚/近阈值设计(Sub/Near Threshold)等。

撰稿人:东南大学 钱钦松
审稿人:东南大学 杨军

▷▷▷ 5.2.11 设计仿真,設計模擬,Design Simulation

集成电路设计仿真(Design Simulation)是通过计算机运行 EDA 软件动态描述电路行为的方法。设计仿真通过提取电路的数学模型,施加外部激励(Stimulus),观察其响应,进而指导设计改进。根据仿真对象不同,电路仿真可分为晶体管级仿真、门级仿真和寄存器传输级(Register Transfer Level,RTL)仿真。本节所说"仿真"也常称为"模拟"。

晶体管级仿真先建立电路晶体管、电容器、电阻器和电感器等元器件的连接网表(Netlist),再将连接网表转化为电路节点方程和回路方程,然后求解各节点的电流和电压值,从而获得电路行为。为了方便电路分析,一般提供直流分析（DC Analysis）、瞬态分析（Transient Analysis）（时域分析）和小信号分析（Small-Signal Analysis）（频域分析）等分析方法，以获得电路的增益、噪声、频率特性、延迟等性能参数。

门级仿真先建立电路逻辑门、触发器等基本门级电路单元的门级网表，再将门级网表转化为布尔（Boolean）方程、真值表（Truth Table）或者卡诺图（Karnaugh Map）等逻辑表达式，然后推演激励信号沿单元传递产生的节点逻辑值，从而获得电路行为。为了方便电路分析，门级仿真还提供系统任务、系统函数等手段辅助仿真。门级电路仿真是事件驱动的仿真方法，每个仿真周期处理一个触发事件，根据触发事件内容重新计算电路直到稳态出现。基于事件触发的仿真方法同时覆盖设计功能和时序检查。在同等电路规模情况下，其仿真的复杂度较晶体管级仿真显著降低，从而可以处理更大规模的电路。

RTL级仿真先建立电路寄存器、运算单元等较大规模电路单元的寄存器传输级硬件描述，再将硬件描述转换为信号流图、真值表、有限状态机、状态图和状态表等行为级模型（类似于门级仿真推演激励信号），然后获得内部变量的逻辑值，从而获得电路行为。相比门级仿真，RTL级仿真依然采用事件驱动的仿真方法，但抽象级别更高，仿真效率进一步提升。

集成电路仿真方法对比见表5-1。

表5-1 集成电路仿真方法对比

仿真对象层次	基本结构	描述方式	应用场合
晶体管级仿真	晶体管、电阻器、电容器、电感器等	电压电流的节点方程和回路方程	模拟电路或数字标准单元的设计、验证
门级仿真	逻辑门、触发器等	布尔方程组、真值表、卡诺图等	数字电路功能模块或系统级电路验证
RTL级仿真	寄存器、计数器、运算单元等	信号流图、时序图、真值表、有限状态机、状态图等	系统行为级设计验证

在集成电路发展早期阶段，电路仿真主要靠人工计算推导或通过制作实验板的方式来进行。1972年美国加州大学伯克利分校推出SPICE（Simulation Program with Integrated Circuit Emphasis）仿真工具，标志着晶体管级计算机仿真工具开始代替人工走向实用化。20世纪80年代，芯片规模的指数级增长与计算机性能的提升催生了门级和RTL级仿真工具的问世。近年来，随着数模混合电路的复杂度不断提高，一些更加高效的多线程并行仿真加速器如APS（Advanced Parallel Simulator）等工具投入使用，显著提升了设计效率。

撰稿人：东南大学 陈超
审稿人：东南大学 时龙兴

▷▷▷ 5.2.12 功能验证，功能驗證，Functional Verification

集成电路功能验证（Functional Verification）是判定电路设计实现是否满足其规范（主要指功能）的过程，存在于集成电路设计各阶段。根据验证途径不同，功能验证可以分为仿真验证、FPGA 验证和形式验证（Formal Verification）等。

仿真验证指通过编写外部仿真激励，基于 EDA 工具仿真，观察输出响应的过程。按照仿真对象不同，仿真验证可以分为寄存器传输级（RTL）仿真，也称为前仿真；综合后门级仿真，仿真单元功能，但缺乏互连延时信息；布局布线后仿真，又称后仿真，通过反标互连延时，精确仿真电路功能。

FPGA 验证指采用 FPGA 器件，基于其逻辑综合和布局、布线工具软件，生成镜像文件并烧录至 FPGA 中，从而验证设计功能的方法。相比于仿真验证，FPGA 验证具有速度快的优点，适用于软硬件协同验证、回归验证及其他需长时间验证的场景；但 FPGA 验证也存在调试观察性差的问题。

形式验证指基于数学方法严格证明电路满足设计规范，或者证明两个设计逻辑等价的方法。形式验证可以分为模型检查，又称属性检查，常在功能仿真的同时检查属性；等价性检查，常用于设计过程中各阶段的逻辑等价检查，如逻辑综合前后网表的一致性检查。形式验证的优点是可以达到 100% 的功能覆盖率，缺点是无法检查电路性能。

集成电路验证存在于设计的各阶段，与设计之间的对应关系如图 5-12 所示。在逻辑设计阶段，采用前仿真（RTL 仿真）验证寄存器传输级描述是否与设

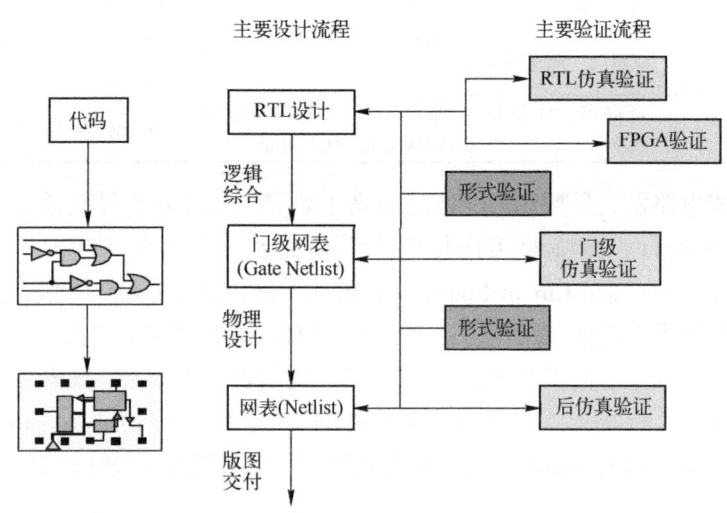

图 5-12 数字集成电路验证与设计之间的关系

计意图一致。为了提高效率，验证激励一般采用行为级描述，制定尽可能多的用例以发现设计问题。大规模复杂设计还常采用 FPGA 开展回归验证和压力验证。在综合和物理设计阶段，为了保证前后逻辑功能一致，常再次仿真验证，同时以形式验证保证逻辑网表之间的逻辑等价性。物理设计后，将含有寄生参数的互连延迟信息反标到网表中，基于后仿真确保设计正确性。

撰稿人：东南大学　黄成
审稿人：东南大学　时龙兴

▷▷▷ 5.2.13　布局布线，佈局佈綫，Placement and Routing

数字电路设计的布局布线（Placement and Routing）通常是通过软件自动化完成的，而模拟集成电路设计的布局布线要求与数字集成电路设计的布局布线有所不同。模拟集成电路的集成度小，由于是模拟信号，不仅要深入考虑晶体管的各种寄生效应等，同时要避免布局布线之间的寄生效应、耦合效应，权衡晶体管尺寸等一系列参数；因此模拟集成电路的面积通常较大，布局布线通常也需要手工完成。下面主要针对数字电路的自动化布局布线进行阐释。

1. 布局

布局，又称单元布局，是指安排逻辑网表中每个标准单元在芯片上位置的物理设计，且应满足设计规则要求。通常通过布线拥塞分析、静态时序分析、噪声分析以及电源分析等方法判断布局优劣。布局的主要指标包括布线拥塞程度、时序约束（建立时间约束和保持时间约束）和芯片内最大电压降。布局的主要方法通常分为全局布局和详细布局。全局布局使用解析算法和图片分割法，并结合使用快速计算的几何方法。布局使用仿真退火算法等优化方法。布局策略主要包括平坦式布局和层次化布局，前者一次性布局所有单元，后者则采用自底向上或者自上而下的方法进行分层次布局。

2. 布线

布线是进行组件之间的互连线配置的过程，通常在布局完成之后进行。布线的原则是保证不同组件之间的连接畅通，同时符合一定的设计规则。布线应关注消除布线拥塞、优化时序、减小耦合效应、消除串扰、降低功耗、保证信号完整性、预防影响制造的各类问题和提高成品率等。

布线的步骤如下。

（1）全局布线：为后续的详细布线做好全局规划。首先要制定全局布线的目标，然后根据设计的特征，做出具体规划。例如，需要布线设计的可以是芯片，也可以是定制的大模块；芯片的形状可以是正方形，也可以是长方形。全局布线要使总连接线最短、布线分散均匀、关键路径延时最小且遵守时序规则、避免串扰以及保持总线聚集相连等。

（2）详细布线：在多层金属间进行连线，要求遵循时序的要求，同时能自动搜索连线错误并纠正错误，或对布线进行修正。详细布线必须理解所有设计规则（如密度要求、避免串扰及寄生效应等），自动切换并综合利用多层金属作为连线。

（3）布线修正：有自动修正、渐进修正、局部修正3种方法，通常结合实际情况，综合利用3种修正方法。

撰稿人：东南大学　刘斯扬
审稿人：东南大学　杨军

▷▷▷ 5.2.14　物理验证，物理驗證，Physical Verification

物理验证（Physical Verification）指判定版图是否满足工艺制造规范、电气规范以及是否与电路图一致的验证过程，包括设计规则检查、电气规则检查和版图电路图一致性检查。物理验证实例如图5-13所示。

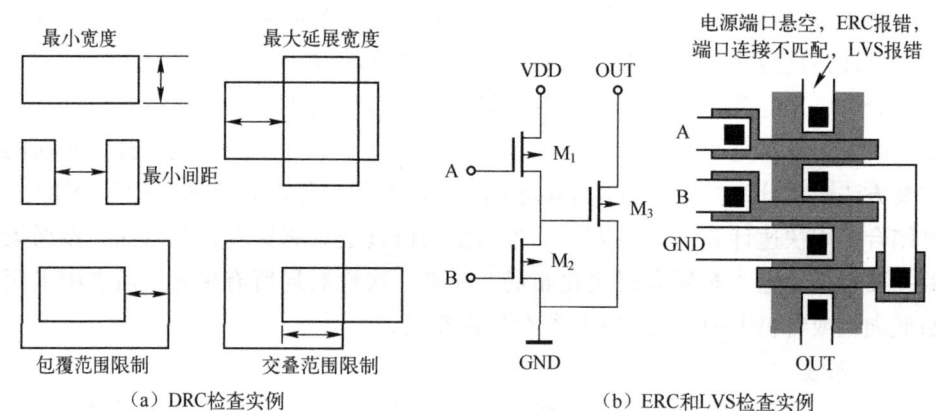

(a) DRC检查实例　　　　　(b) ERC和LVS检查实例

图5-13　物理验证实例

设计规则检查（Design Rule Check，DRC）检查版图是否满足工艺设计规则。工艺设计规则规定了版图中不同图形的几何大小以及彼此的间距，以适应掩模精度要求，避免制造过程中的加工风险。检查内容包括图形之间的最小间距、图形的最小尺寸要求、过孔大小及间距、多晶硅与金属的最低密度等。DRC检查还包括天线效应检查（Antenna Check，ANT），避免金属刻蚀过程中，游离电荷在栅氧化层上形成聚集效应并损伤栅氧。

电气规则检查（Electric Rule Check，ERC）检查版图是否满足电气规则。ERC 工具搜索版图寻找电源、地，以及各输入/输出端口和内部电路的连接关系，检查并输出电源和地之间短路、输出端口短路、输入/输出端口悬空、晶体管端口悬空等异常情况。设计人员可根据 ERC 工具输出的坐标定位上述异常并予以修正。

版图电路图一致性检查（Layout Versus Schematic，LVS）检查版图和电路图的匹配性。首先，LVS 工具按规则抽取版图对应的晶体管网表。然后，将晶体管网表与电路图描述的网表比较。从输入和输出端开始，基于启发式算法先每次搜索电路的一层连接关系，再搜索得出与之相关的最少回溯路径；若检测到匹配则标识匹配的器件和节点，反之则停止当前路径搜索。最后，将匹配结果以列表和图形表示出来，并报告不一致的位置和器件。

随着集成电路规模以摩尔定律增长，全芯片的版图多边形高达数亿个，同时纳米级工艺导致其设计规则数量迅速增长，当前先进工艺的 DRC 规则高达千条，因此物理验证效率至关重要。层次化物理验证是应对这一挑战的有效手段。

撰稿人：东南大学　陈超
审稿人：东南大学　吴建辉

▷▷▷ 5.2.15　版图，版圖，Layout

版图（Layout）是集成电路的平面几何形状描述，是集成电路物理设计的输出，通常以 GDS 格式或者 OASIS 格式描述。版图由多个版图层组成，并遵循一定的设计规则。

版图层是指将集成电路工艺模块抽象后转化而成的概念化图层。典型的版图层包括：① 衬底和阱版图层，通常有 p 型（对 nMOS 器件）和 n 型（对 pMOS 器件）之分；② 扩散版图层（n^+ 和 p^+），定义了形成晶体管的区域，通常又称有源区；③ 一个或多个多晶硅版图层，用以形成晶体管的栅极（但同时也用作互连）；④ 多个金属互连版图层；⑤ 接触孔和通孔版图层，用于提供层与层之间的连接。版图是多个多边形的组合，每个多边形属于某一版图层。

设计规则是由半导体制造工厂规定的版图层图形必须遵守的规则。设计规则定义了版图层中图形的最小尺寸，同一层中图形间的最小间距，多个版图层之间的最小间距。不同工艺对应的设计规则通常不同，只有遵守设计规则的版图才能保证实际生产的集成电路具有预定功能，且能大规模量产。典型的设计规则包括有源区到有源区的距离、阱到阱的距离、晶体管的最小沟道长度、最小金属宽度、金属到金属的距离、金属通孔电流密度、ESD 及 I/O 设计规则和天线效应规则等。

典型的 40nm 线宽工艺 nMOS 和 pMOS 器件的版图示例如图 5-14 所示，图中列举了主要版图层次，包括多晶硅、有源区、引线孔等，其主要版图设计规则见表 5-2。

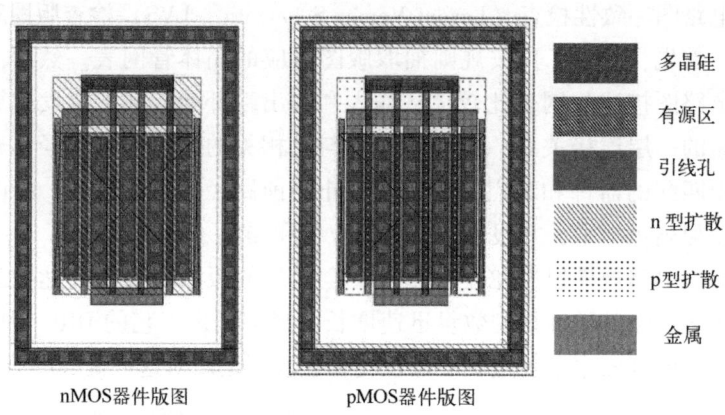

图 5-14　典型的 40nm 线宽工艺 nMOS 和 pMOS 器件的版图示例

表 5-2　图 5-14 所示版图的设计规则说明

描　　述	设计规则/nm
晶体管的最小沟道长度	40
n^+/p^+ 到有源区的距离	80
孔到金属边界的最小距离	25
孔到孔的最小距离	80
金属到金属的最小距离	70
有源区到有源区的最小距离	80

撰稿人：东南大学　刘斯扬
审稿人：东南大学　吴建辉

▷▷▷ 5.2.16　版图交付，版圖交付，Tape Out

版图交付（Tape Out）是指完成集成电路版图设计和验证后，以版图数据和工程文件的形式交付制造工厂加工的过程。因早期集成电路版图 GDS 数据存放于磁带中，所以将版图交付命名为 Tape Out。工程文件包括工程基本信息、制造需求信息和版图信息等资料。基于版图数据和工程文件，制造工厂制作掩模图形，并开始生产芯片。

版图文件的基本存储格式主要有 GDS 和 OASIS 两种图形数据描述形式。文件以模块作为基本结构形式，每个模块由若干称为图形元素的几何图形组合而成。图形元素数据由多个 16 位数据块连接组成，这些数据块分别定义了图层信息、数据类型、坐标、线端类型、宽度、角度、多边形类型、缩放形式、坐标变换、行列数等信息。

工程基本信息主要包括项目用途、工艺信息、版图数据信息、IP 使用声明和工艺设计包的相关信息等。

制造需求信息描述了工艺具体规格，主要包括工作电压、晶体管类型、金属层数及厚度、特殊器件使用情况、芯片交付方式和数量等信息。

版图信息描述了版图文件中所有图层的信息，主要包括图层设计编号和图层掩模编号。制作工厂经过一定的映射算法，获得用掩模版制作的图形。

掩模工厂在取得版图数据和上述文件后，采用多种形式映射版图到掩模图形：①直接对应，即版图图层和光刻图层一致，如金属层。②逻辑运算，多个版图图层通过一定的逻辑运算，生成所需的光刻版图。例如，版图上通常定义 n 扩散区域和 p 扩散区域互补，因此 n 扩散光刻图层可以由 p 扩散图层取逻辑非获得。③图形缩放，如晶体管栅极的注入层掩模由多晶硅图层放大形成。掩模数据除了包括电路图形外，还包括一些芯片加工过程所需的辅助图形，如版本标识、光刻对准标志、曝光量信息标识、划片槽图形和光学对准标识图形等。

撰稿人：东南大学　陈超
审稿人：东南大学　吴建辉

▷▷▷ 5.2.17　静电放电防护设计，静電放電防護設計，Electrostatic Discharge Protection Design

静电放电（Electrostatic Discharge，ESD）是指不同电势体间发生静电荷转移的物理过程。当 ESD 电流流经集成电路内核时，集成电路会产生不可逆转的物理损伤。ESD 保护电路可有效防止因 ESD 电流造成的集成电路损坏。

ESD 模型主要有人体模型（Human Body Model，HBM）、金属模型（Machine Model，MM）和带电器件模型（Charged Device Model，CDM）3 种。

人体模型是指带静电的人体与芯片之间发生的静电荷转移过程。此类放电持续时间较长，会使集成电路因过热产生物理损伤。

金属模型是指带静电的金属与集成电路管脚接触，发生静电荷转移的过程。金属上的静电荷通过集成电路引脚放电，会达到安培量级的瞬间电流，造成集成电路因过热而失效。

带电器件模型是指带静电的集成电路与低阻物体之间发生静电荷转移的过程。此类放电电压的上升时间与持续时间较短，常引起集成电路引脚出现过压，造成其栅氧化层击穿。

ESD 模型电流随时间变化的曲线如图 5-15 所示。

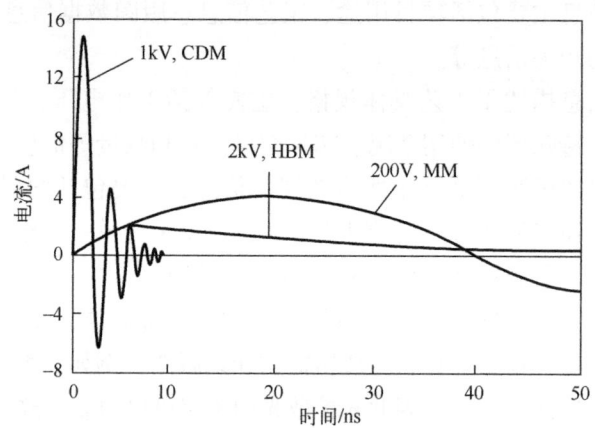

图 5-15　ESD 模型电流随时间变化的曲线[1]

ESD 脉冲是短时间内的瞬态大电流事件，可通过这一现象开启 ESD 保护电路工作。ESD 保护电路应具备如下特点。

（1）ESD 保护电路对于 ESD 脉冲的响应速度要足够快，以保证在带电器件放电时，集成电路内部的栅氧化层不被瞬态过压击穿。

（2）ESD 保护电路自身的稳固性（鲁棒性）要足够好，以保证在高能量 ESD 脉冲下，ESD 保护电路自身不受物理损伤。

（3）ESD 保护电路钳位电压要足够低，以保证在 ESD 脉冲下，集成电路内核不受物理损伤。

（4）ESD 保护电路不应影响芯片的正常工作，即在集成电路正常工作时，ESD 保护电路的泄漏电流应足够低，应具备闩锁免疫特性且不被集成电路的正常操作信号误触发。

ESD 保护电路的设计与常规集成电路的设计不同，涉及从设计到制造的多个阶段，ESD 保护电路的优化须从工艺、器件和电路 3 个层面进行。其复杂性主要源于半导体器件在 ESD 放电中的大电流、高电压行为，不能被常规集成电路设计仿真模型预测。因此，ESD 保护电路设计通常要求设计者对所用工艺的

ESD 特性具有深入了解，并基于这些特性建立相应的 ESD 模型。

集成电路的 ESD 测试需要使用一套独立于常规集成电路功能测试的设备。常使用传输线脉冲发生器（Transmission Line Pulse，TLP）验证 ESD 保护电路的性能。此外，针对人体放电与带电器件放电，业界已有成熟的测试标准与相应的设备表征 ESD 防护电路的性能。

参考文献

[1] Hu D Y, Chen C Z. Reliability aspects of advanced IC technology with ESD and antiradiation capabilities [C]. ECS Transactions, 2014: 1185-1190.

撰稿人：北京大学　曹健　陆光易

审稿人：北京大学　王源

5.3 数字集成电路设计

5.3.1 数字集成电路，數位積體電路，Digital IC

数字集成电路是基于布尔代数的数字逻辑，用于处理数字信号的集成电路。

数字集成电路分为组合逻辑（Combinational Logic）电路和时序逻辑（Sequential Logic）电路两大类，如图 5-16 所示。组合逻辑电路是指任意时刻其输出仅为输入的函数，而与电路之前的工作状态无关。常见的组合逻辑电路有反相器、与非门、或非门、多路选择器等。时序逻辑电路是指任意时刻的输出不仅取决于该时刻的输入，还与电路之前的状态有关。时序逻辑电路必定含有存储电路结构。常见的时序逻辑电路有锁存器、触发器等。

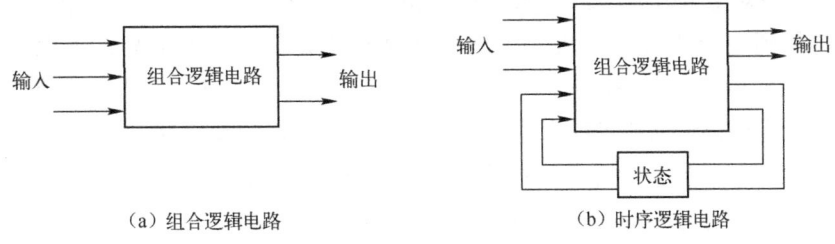

(a) 组合逻辑电路　　　　　　　(b) 时序逻辑电路

图 5-16　组合逻辑电路和时序逻辑电路

数字集成电路又可分为同步电路（Synchronous Circuit）和异步电路（Asynchronous Circuit）两种。同步电路是指所有时序逻辑单元采用单一同源时钟驱动，任一路径均满足时序建立时间约束和保持时间约束，其最高工作主频受限于延时最长的路径，称为关键路径。异步电路是指时序逻辑电路无时钟同步或者由非同源时钟驱动的电路类型，其电路性能（吞吐量）受制于电路延时本身。一个典型的同步电路如图 5-17（a）所示，逻辑功能 F1、F2 和 F3 在三个节拍内实现，其最高工作主频受限于 t_{pF1}、t_{pF2}、t_{pF3} 中的最大值；该电路也可以以异步电路方式设计，如图 5-17（b）所示，每一个逻辑功能都通过握手逻辑 HS 通信、启动和标识完成。

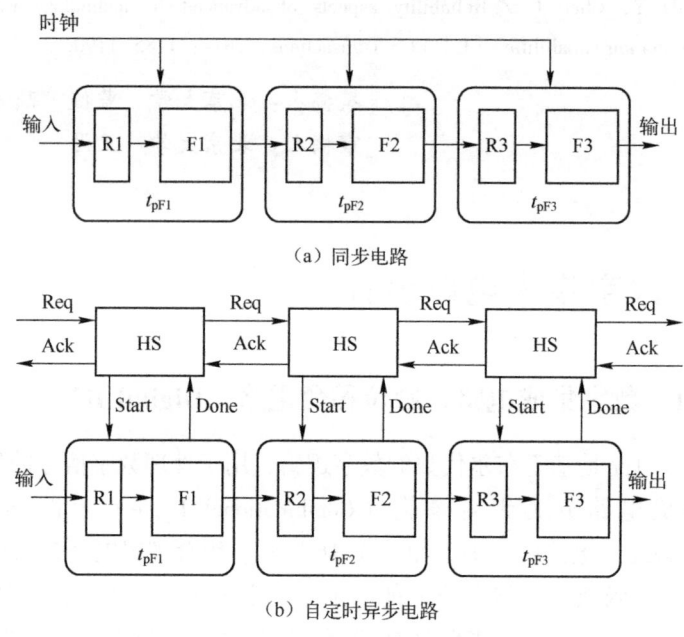

图 5-17 同步电路和异步电路

CMOS 数字电路按照逻辑实现的方式可以分为静态 CMOS 电路（Static CMOS Circuit）和动态 CMOS 电路（Dynamic CMOS Circuit）。静态 CMOS 电路通过低阻通路连接到电源或者地，从而实现逻辑高和逻辑低。常见的静态电路有互补 CMOS 逻辑、有比逻辑和传输管逻辑等。动态 CMOS 电路则通过保存在寄生电容上的电荷维持逻辑高或者逻辑低。静态电路具有较好的稳定性，但存在面积大、延时大的缺点。在理想情况下，动态电路的延时仅为静态互补 CMOS 电路延时的 50%，但动态电路存在抗噪声能力差、功耗大的问题。

数字电路设计方法可以分为基于标准单元的半定制设计（Semi-Custom Design）和基于晶体管的全定制设计（Full-Custom Design）两种。半定制设计广泛采用电子设计自动化工具设计，提高了设计效率。全定制电路设计常用于处理器内核、高速串行总线接口等对性能、功耗要求较高的电路中。

数字集成电路的主要指标包括成本、性能、功耗和稳定性。成本是指芯片设计与加工成本、封装成本和测试成本之和。性能是指数字集成电路可处理数字信号的吞吐量，在体系结构确定情况下常以工作主频代替。功耗是指数字集成电路消耗的动态功耗和静态功耗之和。稳定性是指电路抗噪声、抗工艺波动的能力。

撰稿人：东南大学　杨军
审稿人：东南大学　时龙兴

▷▷▷ 5.3.2　硬件描述语言，硬體描述語言，Hardware Description Language（HDL）

硬件描述语言（Hardware Description Language，HDL）是用于硬件电路并发执行过程建模的语言，主要有 Verilog 和 VHDL 两种，都是在 20 世纪 80 年代中期开发出来的，并被采纳为 IEEE 标准。硬件描述语言早期用于大规模数字电路验证，后用于寄存器传输级逻辑设计、逻辑综合等。

硬件描述语言可以满足硬件多个层次描述的需要，包括行为级（Behavior Level）描述、寄存器传输级（Register-Transfer Level，RTL）描述和逻辑门级（Gate Level）描述。行为级描述是对硬件数学模型的描述，通过顺序语句描述电路功能，与具体电路结构无关，也不涉及时序信息。寄存器传输级描述通过并行信号赋值语句描述电路中的寄存器结构，以及寄存器之间数据流的传输和控制，包含时钟节拍精度的时序信息。逻辑门级描述通过描述逻辑门及逻辑门之间的开关连接网络，直观反映电路的基本逻辑网络结构。

硬件描述语言采用结构化、层次化（Hierarchy）建模。例如，通过描述对器件的调用（也称为例化）以及各个器件之间的连接关系，可以描述模块结构。这里的器件包括大多数硬件描述语言中的内置门，如与门/异或门等，也可以是用户自定义单元，还可以是第三方提供的单元。硬件描述语言支持多种变量，包括线网型变量（wire）、寄存器型变量（reg）和参数型变量等。硬件描述语言支持连续赋值和过程赋值多种赋值方式。连续赋值常用于组合逻辑建模。过程赋值又可以分为阻塞赋值和非阻塞赋值。阻塞赋值会阻塞其后代码中语句的执行，相对应的是非阻塞赋值不会阻塞后续代码的执行。过程赋值既可以建模组合逻辑，也可以建模时序逻辑。硬件描述语言支持集总延时模型、分布延时模型和路径（引脚到引脚）延时模型多种延时模型。

硬件描述语言采用基于事件驱动（Event Driven）的描述机制，即电路的运行都是围绕进程中的事件来组织的。进程（Process）是硬件描述语言中独立执行的单元，采用硬件描述语言描述的数字电路系统正是由一个个进程组成的。当进程中的任意一个变量值发生改变时，都将产生一个新的更新事件（Updated Event）。随着新的更新事件被触发，对其敏感的进程都将被遍历执行。进程的执行就是计算事件（Evaluation Event）。如图 5-18 所示，在电路运行过程中，系统会将仿真时间分割成若干离散的时间点，并在每一个离散的时间点根据上一个时间点的更新事件，遍历执行所有相关进程的计算事件并产生新的更新事件。计算事件与更新事件彼此相互触发，模拟了硬件的仿真过程。此外，进程还可以被激活（Activate）和挂起（Suspend）。当一个被激活的进程正在运行时，其他所有的进程都将被挂起。通过事件驱动和进程管理机制，可实现硬件的并发运行。

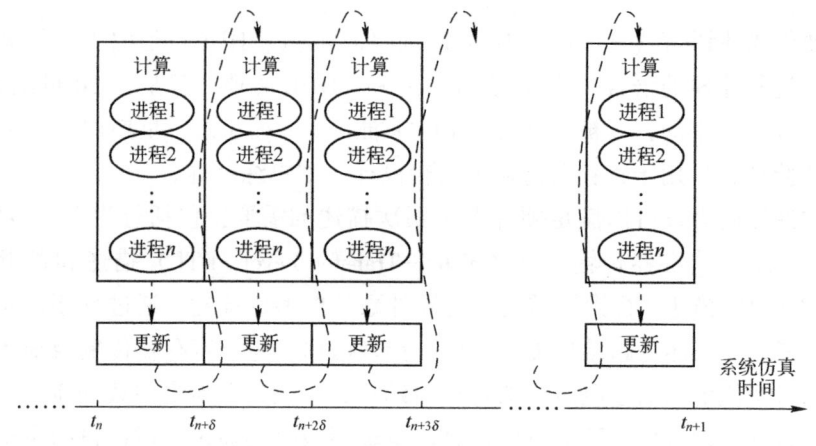

图 5-18　硬件描述语言仿真机制示意图

硬件描述语言极大地推动了数字集成电路设计自动化技术的应用和发展。为了适应更广泛的设计需求，硬件描述语言本身也在不断发展，如支持数模混合电路建模、验证扩展、系统级建模等。

撰稿人：东南大学　刘波
审稿人：东南大学　杨军

▷▷▷ 5.3.3　电路划分，電路劃分，Circuit Partitioning

电路划分（Circuit Partitioning）是指根据约束条件，把电路分成两个或多个互不相交的子集，以改善 EDA 软件自动化设计效果。电路划分的对象一般是由宏单元或标准单元组成的电路。电路划分的目的是降低超大规模集成电路的设计复杂性，增强划分电路的可读性，使得布图时面积优化和线长优化简洁高效。电路划分通常要求每个子集包含的单元面积大致相等，子集之间内连线数目最小。由于电路划分属于非确定性（Non-Poly，NP）难题，所以如何在较小时间复杂度内找到近似最优解是划分问题的目标。电路划分示意图如图5-19所示。

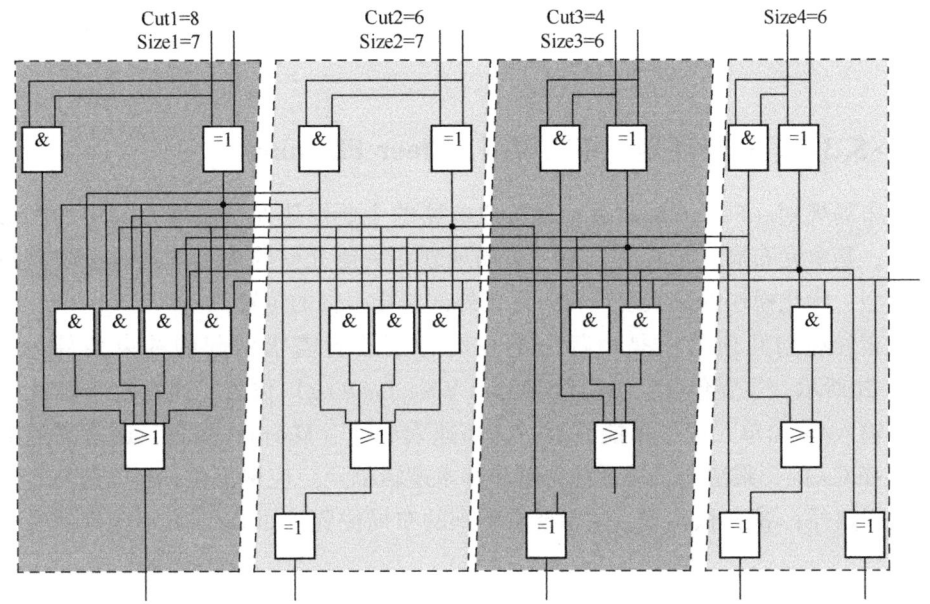

图 5-19 电路划分示意图

电路划分的约束条件通常为对电路总面积和子集面积的上下界约束，以及对应的主要目标函数，主要包括：①最小割（Minimal Cut），即被众子集切割的互连总数最小；②最小时延，即子集输入到输出所有路径上的最大时延最小；③最小化最大子集外部度（Maximum Subdomain Degree），即被子集切割的最大互连数必须小于某个上限值。以上目标函数用以保证电路划分不切割延时较大的关键路径，以及子集之间互连数最小并且互连布线密度尽可能均匀。

从电路划分基础上看，电路划分算法可以分为构造性算法和迭代改进算法。构造性算法从空集开始，逐步增加单元建立划分，包括聚类算法、组迁移算法和线网割模型等。迭代改进算法从任意初始划分开始，重复修改划分结果以满足约束条件，包括仿真退火算法、光谱分割算法和遗传算法等。

从算法原理上看，电路划分算法可以分为移动算法、解析几何算法、组合数学算法和集群算法等。移动算法通常采用交换或移动部分单元改善当前解的方法，逐步得到算法最优解。移动算法包括组迁移算法、仿真退火算法和混合遗传算法等。解析几何算法中最有代表性的是特征向量法。组合数学算法考虑模块形状和长度对时延的影响，时延估算较为精确，适合时延驱动的划分。组合数学算法包括网络流法、数学规划法和集合覆盖法。集群算法包括比例分割算法、随机漫步法和多级层次划分算法等。

撰稿人：东南大学　曹鹏　齐志
审稿人：东南大学　杨军

▷▷▷ 5.3.4　布局规划，布圖規劃，Floor Planning

布局规划（Floor Planning）是集成电路的主要模块在试验性布局中的图形表示，是单元布局、布线的前提。布局规划在一定几何约束条件下通过建立数学模型，优化模块的形状或位置，优化外部连接引脚的位置。

布局规划几何约束是由部分模块的特别放置需求引起的约束条件，如图 5-20 所示，主要包含：①引线键合（Wire Bonding）位置，通常位于芯片四周，输入/输出单元应尽可能靠近；②高速宏单元（Macro）位置，通常高速电路（如 Cache、乘法器、桶形移位器和算术逻辑单元）应聚集在一起以避免过长的数据路径；③IP 核位置，通常要求特别的布局位置，如 IP 上方不允许信号布线等。

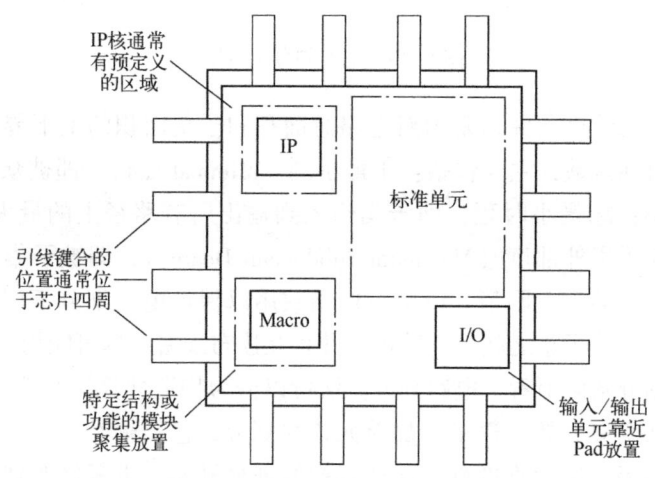

图 5-20　布局规划几何约束示意图

布局规划优化算法的主要目标是确定芯片面积（Die Size），确保时序收敛（Timing Closure），满足布线（Routing）的要求。模块形状优化是布局规划阶段所特有的，可被看作具有软参数的布局规划约束问题。算法主要有布局尺寸变化算法、基于群生长的算法、仿真退火算法和集成布局规划算法。布局尺寸变化算法（Floorplan Sizing Algorithms）可在多项式时间内改变模块长宽比找出最小布局面积。基于群生长的算法（Cluster Growth Algorithms）迭代地增加块，同时采用水平、垂直或对角的方式合并成群，放置下一个块位置和方向使布局目标函数最优。仿真退火算法（Simulated Annealing Algorithms）从任意的初始解开始，寻求目标函数解的不断改进。集成布局规划算法（Integrated Floor Planning Algorithms）将布局规划问题映射为一些等式的集合，其中变量代表块的位置。

布局规划表示法的研究从 20 世纪 80 年代开始，到 20 世纪 90 年代中后期至今经历了很大的发展，出现了很多表示各种拓扑类型的表示法或编码（如快速序列对算法），并有相应算法（如哈密顿路径图算法）。随着对集成电路性能要求的提高，有约束的布局规划（如分层设计、IP 核复用和连线优化）也成为目前超大规模集成电路物理设计中研究的热点。

撰稿人：东南大学　单伟伟
审稿人：东南大学　杨军

▷▷▷ 5.3.5　高层次综合，高層次合成，High Level Synthesis（HLS）

高层次综合（High Level Synthesis，HLS）也称为行为级综合，是将电路算法级或行为级描述在一定约束条件下转化为电路结构描述的方法和过程。高层次综合可大幅优化电路架构，提高设计质量，其过程如图 5-21 所示。高层次综合通常包括编译与转换、调度、分配、控制器综合等，其中编译与转换决定了兼容性和易用性，调度和分配决定了设计的性能和成本等。

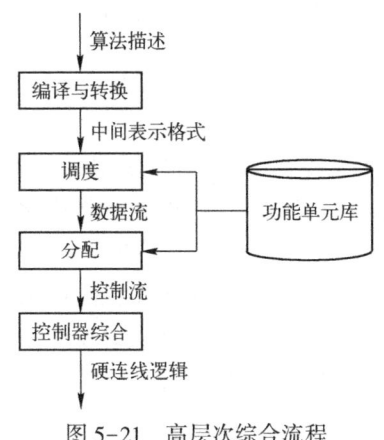

图 5-21　高层次综合流程

编译（Compile）与转换（Transformation）过程将行为特性描述转换为中间表示格式。其中，行为特性描述由硬件描述语言编写，中间表示格式一般采用语法分析图方式。语法分析图通常包含数据流和控制流，包括抽象的操作及其性质（操作类型、操作数的可交换性等）、操作的控制相关性（执行顺序）和数据相关性

(操作的输入数据和输出数据）等。

调度（Scheduling）和分配（Allocation）过程完成从行为描述到结构描述的转换。调度过程将操作赋给控制步，目标是在满足约束条件的情况下使给定目标函数最小，包括所需控制步总数、延时、功耗以及硬件资源数量等。分配是将操作赋给相应的功能单元进行运算，将变量赋给寄存器，目标是使功能单元、存储单元和数据传输通路等硬件资源花费最少。

控制器综合（Controller Synthesis）过程通过控制器向数据通路提供所需的驱动信号。控制器可以采用硬连线逻辑或固件实现。

层次综合技术的发展经历了 3 个阶段。第一阶段从 20 世纪 80 年代初到 20 世纪 90 年代初，由学术机构提出 HLS 的基本概念。第二阶段从 20 世纪 90 年代初到 21 世纪初，EDA 公司开始尝试商业化工具，多以行为级的 HDL 为输入语言。第三阶段从 21 世纪初到现在，由众多 EDA 公司和学术机构一起推动，HLS 技术开始走向商业应用。目前 HLS 工具距实用还有较大差距，面临的问题包括设计空间的有效搜索方法、大规模电路的划分、IP 引起的问题和布线对延时的影响等。

撰稿人：东南大学　曹鹏

审稿人：东南大学　时龙兴

▷▷▷ 5.3.6　逻辑综合，邏輯合成，Logic Synthesis

逻辑综合（Logic Synthesis）是将数字电路的寄存器传输级描述转化为符合设计目标约束的门级结构描述（即逻辑门级网表，简称逻辑网表或网表，Netlist）的过程。逻辑综合一般包括转换、逻辑优化和映射 3 个阶段（见图 5-22），根据设计者设定的综合约束和策略优化电路的性能、面积和功耗等。逻辑综合输出的逻辑网表是物理综合的输入。

逻辑综合的转换（Translation）是根据与工艺无关的标准单元库，将数字电路的 RTL 描述翻译为未经优化的逻辑网表，即逻辑方程组。

逻辑综合的逻辑优化（Logic Optimization）是根据设计目标的约束，重组和优化电路的逻辑网表。该过程需同时满足 3 类设计约束（Synthesis Constraints）：环境约束（Environment Constraints）、设计规则约束（Design Rule Constraints）和逻辑优化约束（Logic Optimization Constraints）。环境约束描述了电路工作时的温度、电压、驱动、负载等外部环境。设计规则约束描述了电路允许的信号最大跳变时间、最大扇出、最小/最大连线电容等。逻辑优化约束包括时序约束和

第 5 章 集成电路设计

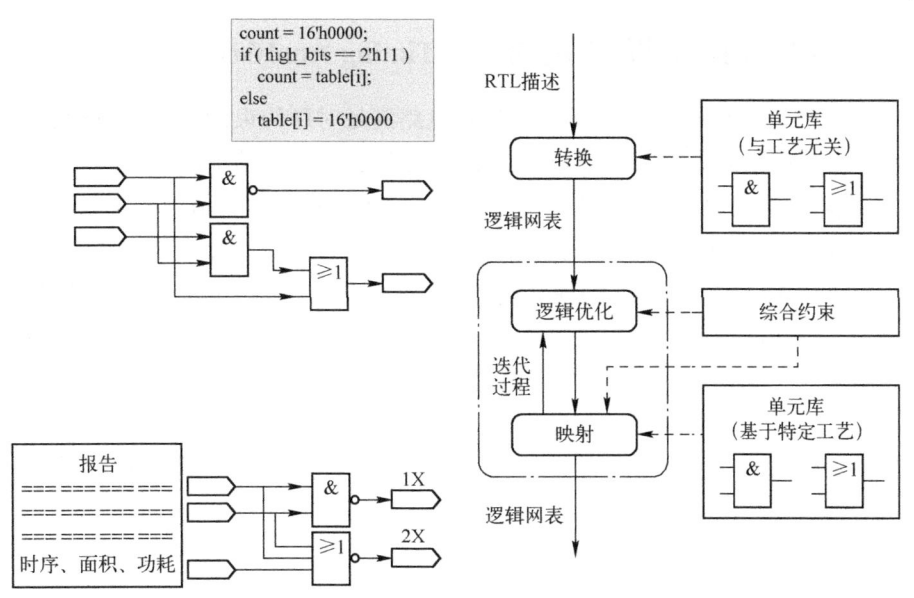

图 5-22 逻辑综合流程

面积约束，前者限定了时钟网络、时序路径、关键路径延迟和异步逻辑时序，后者限定了最大逻辑数量。复杂电路可以采用自顶向下和自底向上两种逻辑优化策略，前者将顶层模块和其下所有的子模块一起优化，针对顶层模块设置约束条件；后者则采用分而治之的思想，从底层开始设置约束条件，子模块逐个综合优化，逐层向上集成直到顶层模块。

逻辑综合的映射（Mapping）是根据设计目标的时序和面积等约束，以及目标单元库所提供的逻辑单元在相应工艺下的逻辑关系、单元特征以及延时、功耗和面积等参数，从目标工艺单元库中选择逻辑单元实例实现与工艺相关的逻辑网表。

逻辑综合的历史最早可以追溯到手工用卡诺图实现电路逻辑简化，但直到 20 世纪 80 年代中后期逻辑综合的理论和方法才发展成熟，至 20 世纪 90 年代形成了商业自动化逻辑综合工具。随着工艺节点的进步，逻辑综合的优化效果成为影响物理设计可行性的主要因素，逻辑综合需考虑先进工艺下的更多物理效应。

撰稿人：东南大学　戚隆宁
审稿人：东南大学　时龙兴

5.3.7 时序分析,時序分析,Timing Analysis

时序分析(Timing Analysis)是检查电路满足时序约束的方法,包括建立时间约束和保持时间约束。时序分析是保证电路正常工作的基础。

同步电路的典型时序路径与时序如图 5-23 所示。理想情况下,寄存器 R_1 和寄存器 D_2 的时钟具有相同周期和相位,即 $t_{clk1}=t_{clk2}$。一般情况下,同步电路要求在下一个时钟上升沿之前建立好 D_2 的输入数据,该约束称为建立时间约束(Setup Time Constraint):

$$T>t_{c-q}+t_{logic}+t_{su}$$

式中,T 为同步时钟周期;t_{c-q} 为寄存器 D_1 的最大传播延时;t_{logic} 为信号经过组合逻辑的最大延时;t_{su} 为寄存器 D_2 的建立时间,该约束确定了组合逻辑延时 t_{logic} 的上限。

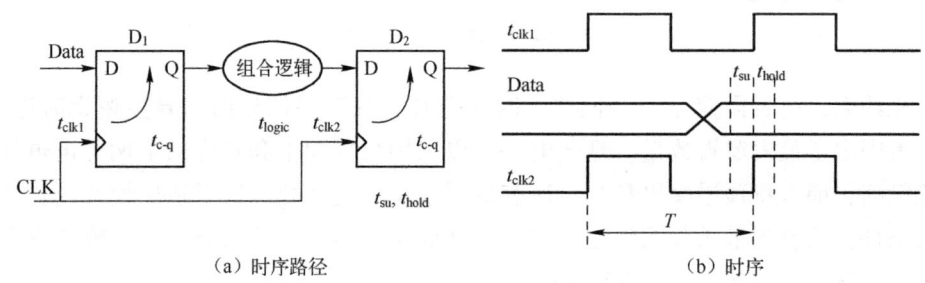

(a)时序路径　　　　　　　　　　(b)时序

图 5-23　同步电路的典型时序路径与时序

同时同步电路还要求 D_2 的输入数据保持一段时间,以确保正确写入寄存器 D_2,该约束称为保持时间约束(Hold Time Constraint):

$$t_{hold}>t_{c-q,cd}+t_{logic,cd}$$

式中,t_{hold} 为寄存器 D_2 的保持时间;$t_{c-q,cd}$ 为寄存器 D_1 的最小延时(又称污染延时);$t_{logic,cd}$ 为信号经过组合逻辑的最小延时,该约束确定了组合逻辑延时 t_{logic} 的下限。

按照输入激励方式,时序分析分为动态时序分析(Dynamic Timing Analysis)和静态时序分析(Static Timing Analysis)。动态时序分析是在一组验证向量激励下,基于物理寄生参数反标单元延时和互连延时,在动态功能仿真过程中,同步检查时序逻辑建立时间和保持时间约束的方法。静态时序分析是不依赖验证向量,基于标准单元库中定义的单元和互连延时模型,逐次分析电路中所有路径,验证路径延时满足建立时间和保持时间约束的方法。静态时序分析速度快、覆盖率高，但由于无法判断路径的真实性，存在悲观（Pessimistic）分析的可能性；动态时序分析速度慢、覆盖率低，但具有较高准确性。

时序收敛（Timing Closure）是在设计不同阶段反复执行时序分析，逐渐逼近设计时序要求的过程。时序收敛主要受互连延时因素影响。逻辑综合过程中，基于互连负载模型估计互连延时，精度较低；单元布局过程中，基于单元之间的曼哈顿距离（Manhattan Distance）估计互连延时，精确较高；布线过程中，基于真实布线估计互连延时，精度最高。根据不同阶段的互连延时，通过调整单元驱动强度、调整单元位置、插入/删除缓冲单元等方法，可使得所设计的电路满足时序要求。

随着半导体工艺的进步，制造过程中的工艺偏差（阈值电压波动、沟道长宽波动等）和环境变化（电源波动和温度波动）对电路延时的影响越来越显著。传统的基于工艺角的静态时序分析难以反映该效应，而基于随机变量表征电路延时的统计静态时序分析（Statistical Static Timing Analysis，SSTA）将更加准确地分析同步电路的时序约束。

撰稿人：东南大学　田茜
审稿人：东南大学　时龙兴

5.3.8　形式验证，形式驗證，Formal Verification

形式验证（Formal Verification）是指采用数学方法分析电路行为，找出电路功能错误的静态验证方法。形式验证不需要验证激励和电路仿真，具有比仿真验证更高的完备性。形式验证可以分为两大类：等价性检查和属性检查。

等价性检查（Equivalence Checking）可验证电路在不同阶段（例如寄存器传输级设计与门级网表阶段、综合网表与布局布线网表阶段）的表征模型是否功能一致。在扫描链（Scan Chain）重排、时钟树综合等过程中也可以通过等价性检查确保网表一致性。等价性检查目前已经融入集成电路标准设计流程中。等价性检查通过遍历所有可能的输入，对比两个模型的功能一致性。对比时通常将电路转换为正则表达式。例如，图5-24中的两个电路具有相同的正则表达式，虽然电路结构不同，但功能是等价的。

属性检查又称模型检查（Model Checking），是通过数学搜索的方法检查电路是否满足设定的属性规范。属性检查一般以电路模型、覆盖点、断言（Assertion）和电路约束为输入，在约束环境下检查电路的所有可能状态对断言是否有效。若属性检查失败则表明找到电路的功能错误，检查工具输出不符合

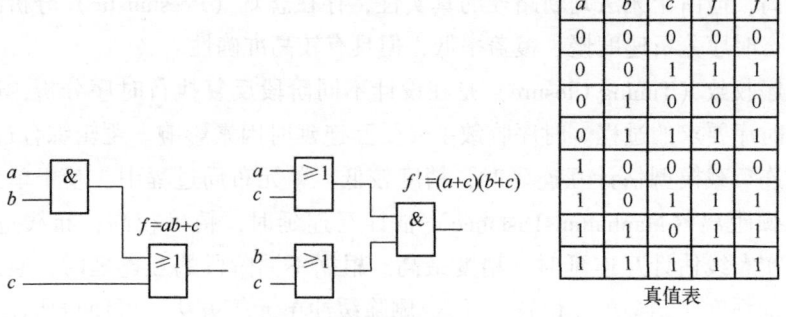

图 5-24 不同网表之间的逻辑等价性

约束的反例。属性检查覆盖逻辑的所有可能性，需较大内存空间，限制了待验证电路的规模。

撰稿人：东南大学　刘新宁
审稿人：东南大学　时龙兴

▷▷▷ 5.3.9　可测性设计，可測性設計，Design for Testability（DFT）

可测性设计（Design for Testability，DFT）是在芯片中插入的，不改变原电路功能的，可实现对芯片制造缺陷进行检测测试并节省测试成本的电路或方法。集成电路的测试早期以功能测试为主，但随着电路规模的扩大，功能测试越来越难以覆盖芯片的缺陷，为此面向故障模型的可测性设计和结构测试日益成为主流。可测性设计侧重提高电路的可控制性和可观测性，可控制性是指激发出目的故障或缺陷难度的度量，可观测性是指故障或者缺陷可被测试设备观测到的难度的度量。

故障模型（Fault Model）是可测性设计的前提，是指将电路缺陷等抽象为逻辑错误，从而指导可测性设计及测试向量生成的模型。常见的故障模型包括固定 0（Stuck-at-0）、固定 1（Stuck-at-1）、耦合（Coupling）、桥接（Bridging）等故障模型。衡量可测性设计的主要指标有故障覆盖率和硬件开销。故障覆盖率是指测试到某种故障的比例，一般而言覆盖率至少要达到95%以上。硬件开销是指插入的可测性逻辑面积占芯片总面积的比例。

按照电路类型的不同，可测性设计通常可以分为数字逻辑可测性设计、片上存储器可测性设计和数模混合电路可测性设计三类。

（1）数字逻辑电路可测性设计：主要包括逻辑内建自测试（Logic Built-In Self-Test）、边界扫描测试（Boundary Scan Test）和扫描测试（Scan Chain Test）

等。逻辑内建自测试使用随机向量来测试逻辑电路，具有测试时间短、测试成本低的优势，一般采用线性反馈移位寄存器生成测试向量。边界扫描测试是在芯片输入/输出端增加移位寄存器，并连接为边界扫描链，常用于芯片间的互连测试。边界扫描测试已经形成标准 IEEE 1149.1—1990。扫描测试是一种结构化的可测性设计方法，其将待测电路的寄存器替换为扫描寄存器，并连接为扫描链，测试数据通过扫描链移入/移出被测电路。如图 5-25 所示，首先 SE 信号置为高，扫描链处于移位状态，通过 SI 端口将测试矢量移位到各扫描寄存器；然后 SE 信号置为低，扫描链处于捕获状态，组合电路（Combinational Circuits）的响应被捕获到扫描寄存器；最后 SE 信号置为高，扫描链处于移位状态，通过 SO 端口将测试影响输出到被测芯片。

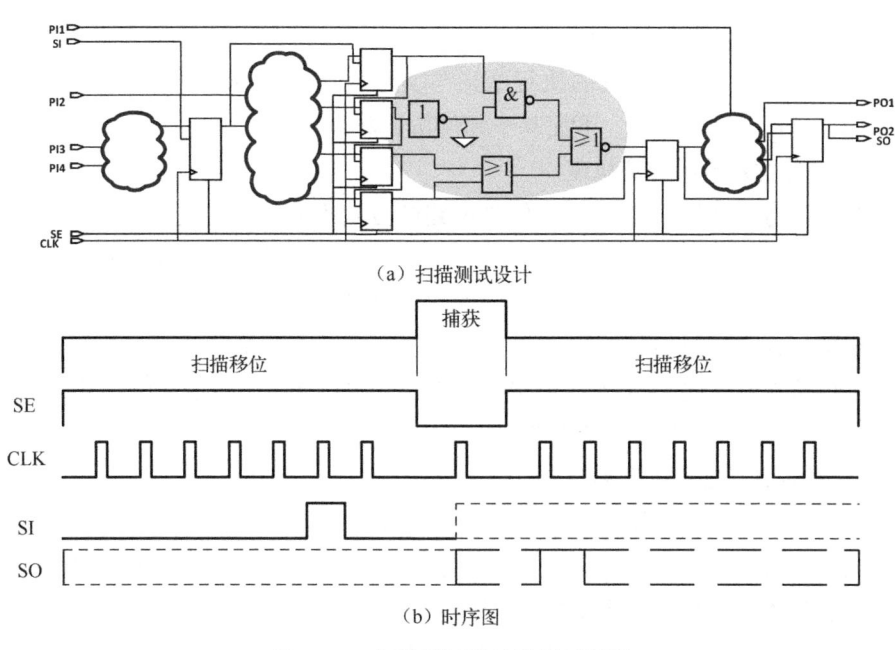

图 5-25 扫描测试设计及其时序图

（2）片上存储器可测性设计：存储器内建自测试（Memory Built-In Self-Test，MBIST）是应用最广泛的存储器可测性设计方法，包括测试激励发生器和测试响应比较器。测试激励发生器根据测试算法产生测试数据、地址和读/写控制信号。测试响应比较器比较存储器的读出数据与预期数据，当两者不匹配时记录错误。常见的测试算法包括 March C 算法、Checker Board 算法等。为了应对日益严重的存储器成品率低的问题，目前存储器自修复技术逐渐成为可测性设计的一部分。

（3）数模混合电路可测性设计：与数字电路可测性设计不同，数模混合电路可测性设计往往和其功能、性能测试相结合。以锁相环电路为例，可在片内集成时钟抖动测试电路，代替片外自动测试设备的测试时钟。

撰稿人：东南大学　蔡志匡
审稿人：东南大学　杨军

▷▷▷ 5.3.10　硬件仿真，硬體模擬，Hardware Emulation

硬件仿真（Hardware Emulation）是将数字电路映射为门电路或布尔运算单元，并通过专用硬件执行电路功能，快速完成功能验证。对于规模千万门级以上的芯片，软件仿真难以在短时间内完成海量验证工作，硬件仿真可显著缩短验证时间；同时，硬件仿真的执行结果与实际电路周期级精确对应，仿真速度快，而且具备调试可见性。下面基于硬件仿真器讲解硬件仿真。

1. 硬件仿真器的加速机理

与软件仿真器基于通用 CPU 仿真电路的方式不同，硬件仿真器将电路映射到定制现场可编程门阵列的逻辑单元或专用布尔运算处理器阵列（Boolean Processor Array）上执行。硬件仿真器的执行硬件具有逻辑单元、存储器等基本电路结构，其功能与实际电路一致，可实现与电路相对应的逻辑功能，执行速度比软件仿真速度快 1~4 个数量级。同时，定制可编程 FPGA 和布尔处理器都可提供电路的调试接口，具有与软件仿真器相同的调试可见性。

2. 硬件仿真器的主要参数

（1）容量：包括逻辑门容量、存储器容量和输入/输出端口数量。容量决定了最大可映射的电路规模，若电路规模超出硬件仿真器容量，则将电路划分后分别映射到软件仿真器和硬件仿真器协同仿真。

（2）仿真速度：每秒执行的电路时钟周期数。仿真速度与电路规模无关，由硬件仿真器的硬件结构决定。

（3）并行度：同时可接入的用户数或同时执行仿真的线程数。

3. 硬件仿真器的用途

（1）回归测试和压力测试，如大规模随机性验证。

（2）软硬件协同验证，如系统芯片、嵌入式操作系统、驱动程序和应用程序的协同验证。

（3）其他复杂验证，如复杂软件协议栈、多参考帧的视频编解码电路。

仿真器相关数据的对比见表 5-3。

表 5-3 仿真器相关数据的对比

仿真器	运算硬件	运算单元	仿真速度/(周期数/s)	代表性产品
软件仿真器	x86 CPU	CPU 核	<1K	Cadence Incisive/NC-Sim Synopsys VCS Mentor Questa
基于布尔处理器的硬件仿真器	定制处理器	硬件布尔单元	100K~4M	Cadence Palladium
基于定制 FPGA 的硬件仿真器	定制 FPGA	FPGA 单元	500K~4M	Mentor Veloce

硬件仿真器除了不断扩大容量、提高仿真速度，目前开始以支持多用户的数据中心方式（见图 5-26）出现。目前最新的硬件仿真器可同时处理 2000 个以上的并行作业，最大容量达 92 亿个逻辑门。

图 5-26 数据中心式硬件仿真器（Cadence Palladium）

撰稿人：东南大学 刘新宁
审稿人：东南大学 时龙兴

▷▷ 5.4 模拟集成电路设计

▷▷▷ 5.4.1 模拟集成电路，類比積體電路，Analog IC

模拟集成电路（Analog IC）是指由电阻器、电容器、电感器等无源元件和二极管、晶体管等有源器件组成的用来产生、放大、滤波、运算、转换、传输或处理模拟信号的集成电路。

构成模拟集成电路的主要基本单元电路包括单级放大器、滤波器、反馈电路、电流镜电路等,它们再组成高层次单元电路,如运算放大器、比较器、振荡器、混频器,以及更高层次的单元电路,如开关电容电路、锁相环、模/数转换器、数/模转换器等。

传统意义上的模拟电路主要是指基于运算放大器的电路。随着电路结构和实际应用的日益复杂,模拟集成电路在分立元件的模拟电路理论和数字集成电路工艺的基础上发展起来,使得一些数模混合电路如数/模转换器也归为模拟集成电路的范畴。根据输出与输入信号之间的响应关系,又将模拟集成电路分为线性集成电路(Linear Integrated Circuit)和非线性集成电路(Non-linear Integrated Circuit)两大类。线性集成电路的元件参数不随电压或电流变化,其输入和输出信号之间的关系可以用线性函数表示,输出与输入信号波形相似且成比例。非线性集成电路的元件参数与电压或电流有关,其输出信号对输入信号的响应呈现非线性关系。

模拟集成电路的设计涉及多个因素,需要在速度、功耗、增益、精度、电源电压等因素间进行折中。同时,模拟信号在传输过程中很容易受到外界影响而产生失真,因此还需要考虑噪声、串扰、温度等干扰对电路性能的影响。

模拟集成电路设计流程主要包括电路图输入(Schematic Input)、电路前仿真(Pre-Layout Simulation)、版图设计(Layout Design)、设计规则检查(Design Rule Check,DRC)、版图电路图一致性检查(Layout Versus Schematic,LVS)、寄生参数提取(Parasitics Extraction)、电路后仿真(Post-Layout Simulation)、抗静电/闩锁/电迁移设计检查(Check for ESD/Latchup/Electrical Migration Issues)、版图交付(Tape Out)等主要环节。按照上面流程,设计人员首先依据电路功能完成电路的设计;然后对电路功能在不同工艺(Process,P)、不同电源电压(Voltage,V)和不同温度(Temperature,T)等PVT工艺角条件下完成前仿真;接下来,依据所设计的电路完成版图设计,并进行工艺设计规则检查和版图电路图一致性检查及提取寄生参数,利用所提取的包含了寄生参数的电路文件进行后仿真,完成抗静电/闩锁/电迁移设计检查,依据要求修改或重新设计版图;最后,将版图文件生成为最终的GDSII文件交付制造厂流片。

撰稿人:北京大学　程玉华　马松　蒋乐乐
审稿人:浙江大学　何乐年

▷▷▷ 5.4.2 运算放大器设计,運算放大器設計,Operational Amplifier Design

运算放大器（Operational Amplifier）简称"运放"，是具有很高放大倍数的电路模块，是模拟电路和数模混合电路中能够实现从直流偏置产生到滤波及信号放大各种功能的一个电路基本单元。

运算放大器的电路符号如图 5-27 所示，它有两个输入端，同相输入端（+）和反相输入端（-），以及一个输出端。这里的"同相"和"反相"是指运放的输入电压与输出电压间的相位关系。▷表示信号从左（输入端）向右（输出端）传输的方向。当输入信号由同相端输入时，输出信号与输入信号相位一致。当输入信号由反相端输入时，输出信号与输入信号相位相反。一种典型运算放大器的电路结构如图 5-28 所示。

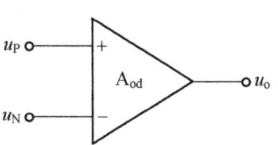

图 5-27 运算放大器的电路符号

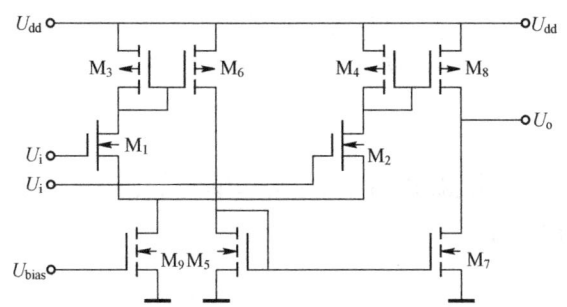

图 5-28 一种典型运算放大器的电路结构

输出电压 u_o 与同相输入端及反相输入端之间的差值电压 $u_P - u_N$ 之间的函数关系如图 5-29 所示，称为运算放大器的电压传输特性，如下式所描述：

$$u_o = f(u_P - u_N)$$

运算放大器有线性区和非线性区两个工作区域。

当运算放大器工作在线性区时：

$$u_o = A_{od}(u_P - u_N)$$

式中，曲线的斜率 A_{od} 为电压放大倍数，由于运放放大的对象是差模信号，又称差模开环放大倍数。

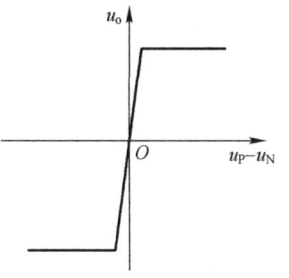

图 5-29 运算放大器的电压传输曲线

当运算放大器工作在非线性区时，运算放大器相当于一个比较器。如果同相输入端电压较大,则运算放大器的输出接近于正电源电压;如果反相端输入电压较大,则运算放大器的输出接近于负电源电压。

运算放大器的关键性能参数包括电压增益、带宽、输入失调、输入阻抗、最大输入电压和共模抑制比等。

运算放大器按照性能和应用要求可分为通用运算放大器、低功耗运算放大器、精密运算放大器、高输入阻抗运算放大器、宽带运算放大器和高压运算放大器等。

从电路设计角度来说,运算放大器一般由输入级、中间级、输出级和偏置电路四部分构成。运算放大器设计的关键是根据系统应用要求就速度、电压增益、带宽和功耗等参数进行优化设计。设计人员在整体设计中需要进行多方面的综合考虑,根据指标要求选择合适的电路结构、器件尺寸和偏置电压。运算放大器设计常利用双共源共栅(Cascode)结构通过提高输出阻抗提高增益,利用差分输出提高共模抑制比和电源抑制比,利用频率补偿使相位裕度达到指标要求等。

运算放大器将在今后集成电路设计和系统应用中继续发挥重要作用,并将在支持未来技术发展方面扮演重要角色。

撰稿人:北京大学 程玉华 马松 蒋乐乐
审稿人:浙江大学 何乐年

▷▷▷ 5.4.3 带隙基准源设计,能隙基準源設計,Bandgap Reference Design

带隙基准源(Bandgap Reference,简称 Bandgap)是一种经典电路结构单元,可以产生与温度有确定关系的直流电压和电流。

带隙基准电压源的工作原理是将分别具有负温度系数的 pn 结电压 U_{be} 和具有正温度系数的电阻电压 U_t 以适当的权重相加,使得双方的温度系数相互抵消,从而得到零温度系数的基准电压。一个可以实现带隙基准电压源原理的实际电路结构如图 5-30 所示。

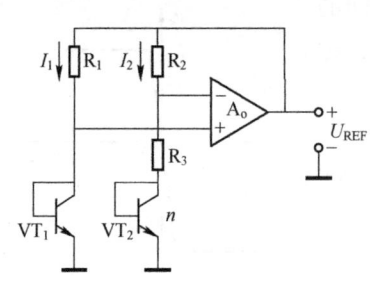

图 5-30 基本的带隙基准电压源电路结构

传统带隙基准电压源能输出比较精确的电压,具有较好的电源抑制特性,但其电源电压较高(大于 3V),且基准输出范围有限(1.2V 以上)。当供电电源在 1.2V 以下时,传统的带隙基准电压源已经无法满足要求。另外,目前电路设计所采用的工艺中

MOS 管不可避免地带有二级效应（主要是沟道长度调制效应和体效应），所以要得到一个更精准的基准电压，需要引入额外电路，以提高电路的电源电压抑制能力和拓宽基准电压输出范围。

带隙基准电路的关键性能参数包括温漂系数、电源电压抑制比、输出噪声、功耗、精度和灵敏度等。温漂系数（Temperature Drift Coefficient，TC）反映了带隙基准电压源输出电压随温度变化的偏移量。电源抑制比（Power Supply Reject Ratio，PSRR）是衡量电源线噪声抑制能力的重要参数，对于基准电压源，其物理意义是电源电压变化时输出电压的变化。输出噪声是衡量带隙基准电压源输出端噪声大小的性能指标。基准电压源电路的输出噪声可能会显著影响低噪声电路的性能。功耗被用来衡量带隙基准电路正常工作情况下所消耗电流的大小。精度是指基准电压源实际输出电压与标称值电压之间的相对误差或绝对误差。灵敏度定义为输出电压与电源电压各自的变化率的比值，用于衡量参考电压源（Reference Voltage Supplies，RVS）的稳压特性，灵敏度越低参考电压源的稳定性越好。

在高精度的带隙基准电路设计过程中，除采用电流镜和电压负反馈技术来提高 PSRR 之外，还会利用斩波调制技术有效减少基准电压源中由于运放失调电压引起的误差和利用修调（Trimming）技术修调电阻值大小以实现精确温度补偿，从而提高基准电压源的精度。为了减少电源电压波动对基准电压的影响，对带隙电路的镜像电流源采用共源共栅（Cascode）结构和增加高增益反馈回路都是常用的电路设计技术。另外，需要注意版图设计中器件之间的匹配和对称，特别是构成电流镜的 MOS 管之间的对称性，尽可能保证周围环境的一致性。

撰稿人：北京大学　程玉华　马松　蒋乐乐
审稿人：浙江大学　何乐年

▷▷▷ 5.4.4　滤波器设计，濾波器設計，Filter Design

集成电路设计中采用滤波器（Filter）电路单元对信号的频率进行选择，只允许特定频率范围内的信号成分正常通过，而将特定频率范围以外的信号成分有效滤除。

滤波器的分类有多种方法。按照所处理的信号分，可以分为模拟滤波器和数字滤波器；按照构成电路的元器件分，可以分为无源滤波器（Passive Filter）和有源滤波器（Active Filter）；按照滤波器频率选择范围和性质来分，可以分为低通、高通、带通和带阻滤波器等；按照不同的频率响应函数来分，可以分为贝塞尔（Bessel）滤波器、切比雪夫（Chebyshev）滤波器、巴特沃思（Butterworth）

滤波器和高斯（Gaussian）滤波器等。

实际应用选择滤波器时主要需要确定的是滤波器的频选特性。低通滤波器（Low Pass Filter，LPF）允许低于信号截止频率 f_c 的低频分量通过，而高于截止频率 f_c 的分量被衰减。高通滤波器（High Pass Filter，HPF）与低通滤波器相反，允许高于信号截止频率 f_c 的高频分量通过，而低于截止频率 f_c 的分量被衰减。带通滤波器（Band Pass Filter，BPF）允许一定频段（$f_{c1} \leqslant f_c \leqslant f_{c2}$）的信号通过，而低于或高于该频段的分量被衰减。带阻滤波器（Band Elimination Filter，BEF）与带通滤波器相反，允许频率低于 f_{c1} 或高于 f_{c2} 的信号分量通过，而在 f_{c1} 和 f_{c2} 之间的频率分量被衰减。

这 4 种类型滤波器的实际幅频特性如图 5-31 所示。低通滤波器和高通滤波器是滤波器的两种最基本的形式，其他的滤波器都可以由这两种类型的滤波器构成。例如，低通滤波器与高通滤波器的串联为带通滤波器，并联为带阻滤波器。

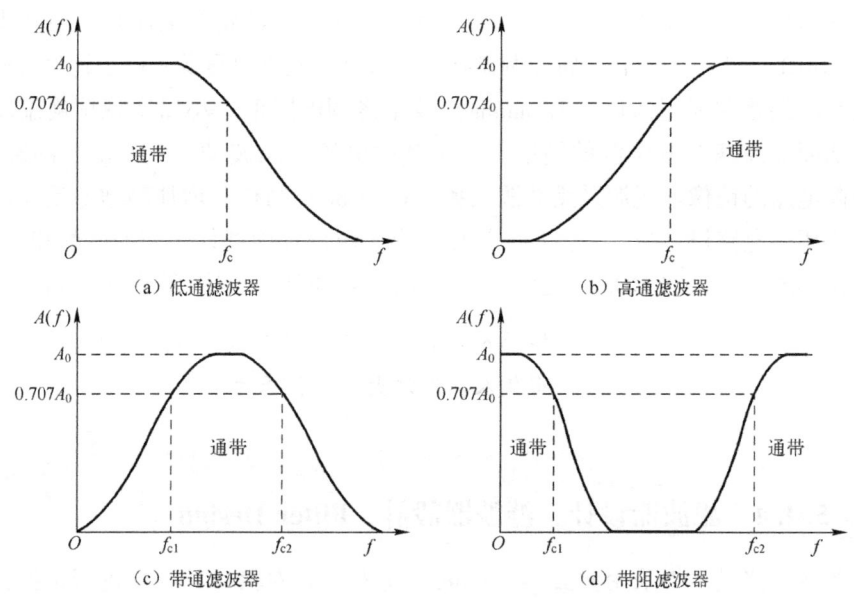

图 5-31 四种滤波器的幅频特性

滤波器的基本参数包括增益、截止频率、中心频率、通带带宽、品质因数和带外抑制等。增益也称为通带放大倍数，为通带中输出电压与输入电压之比。图 5-31 所示的幅频特性曲线中，A_0 代表滤波器的增益。幅频特性曲线中，幅度为 $0.707A_0$ 所对应的频率称为滤波器的截止频率。$0.707A_0$ 在对数坐标中对应于 $-3\mathrm{dB}$ 点，即截止频率是相对于 A_0，幅度衰减了 3dB 的频率值。对于带通滤波器，中心频率 $f_0=(f_{c1}+f_{c2})/2$。滤波器所能通过的信号频率宽度称为滤波器带宽，体现了滤波器的频率选择。例如，对于带通滤波器而言，上下截止频率之间的范围为带通滤波器带宽或-3dB带宽。滤波器的品质因数，又称滤波器的截止特性系数，是频率等于滤波器的谐振频率（固有频率）时电压放大倍数与通带放大倍数之比。带外抑制是滤波器通带频率范围以外的衰减量，表征了滤波器对于带宽外频率成分的抑制。

滤波器设计就是寻找一个合适的传递函数使其能够满足所要求的技术指标。根据系统应用要求确定滤波器类型之后，按照所选定滤波器类型（如有源还是无源，数字还是模拟等），需要对滤波器响应的数学特性进行细致分析，然后根据电路参数要求选择线性电路或非线性电路，并对预失真电路、阻抗变换电路、幅度均衡电路、延迟均衡电路、波形产生与变换电路、反馈放大和大信号输出放大电路、功率放大、电压反馈和电流反馈放大器等进行优化设计。滤波器设计在某些集成电路芯片特别是用于无线通信系统应用的集成电路设计中至关重要，是集成电路设计中的一个关键模拟模块单元。

撰稿人：北京大学　程玉华　马松　蒋乐乐
审稿人：浙江大学　何乐年

▷▷▷ 5.4.5　模/数转换原理，類比/數位轉換原理，Analog-to-Digital Converter Principle

模/数转换器或模/数转换电路（Analog-to-Digital Converter，ADC）是将幅值随时间连续变化的模拟输入信号转换为时间和幅值均离散的数字输出信号的集成电路单元。模/数转换电路的输入模拟信号通常要经过与标准量比较处理后，再转换成以多位二进制数值表示的离散信号。一般而言，对于 N 位分辨率ADC，二进制数据输出表示范围为 $0\sim(2^N-1)$，共 2^N 个离散值。例如，一个具有6位分辨率的ADC可以将模拟信号编码成64个（因为 $2^6=64$）不同的离散值。任何一个模/数转换电路都需要一个参考量（基准电压或电流）作为转换的标准，而输出数字信号则表示输入信号相对于参考值的大小。

模/数转换包括采样（Sampling）、保持（Hold）、量化（Quantization）和编码（Coding）4个过程。采样是将一个时间上连续变化的模拟信号经由一系列等间隔的采样脉冲转化为时间上离散的采样信号，如图5-32所示。采样定理是美国电信工程师奈奎斯特（H. Nyquist）在1928年提出的，说明了采样频率与信号频率之间的关系，从而在模拟信号和数字信号之间建立起了联系，是连续信号

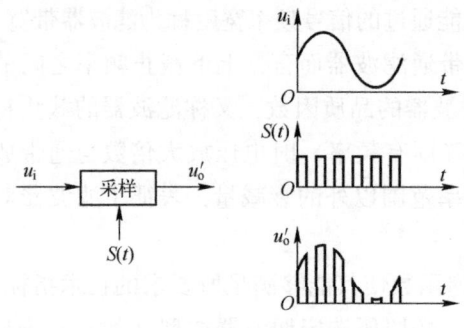

图 5-32 模/数转换的采样过程

离散化的基本依据。要把一个采样输出信号数字化，需要将采样输出所得的瞬时模拟信号保持一段时间，在此期间采样值保持不变，这就是保持过程。在保持时间内，进行量化和编码，然后开始下一次采样。量化又称幅值量化，是对经过采样后在时间上离散的信号进行处理，使其在幅度上也离散。如将信号的幅值范围均匀划分成 n 个等份，每个等份对应一个输出值，将采样后的离散信号幅值分别归入与其值最接近的等份中，从而将信号在幅度上离散化。常用的量化方式有舍入量化和截断量化两种。量化不可避免地会引入量化误差。量化误差是输出信号的等效模拟值与实际输入信号模拟值之间的差值。编码过程是将量化后的信号以特定的数字码型输出。通常的编码方式有自然二进制编码和二进制补码编码等。

撰稿人：北京大学　程玉华　赵龙　蒋乐乐
审稿人：浙江大学　何乐年

▷▷▷ 5.4.6　模/数转换器特性参数，類比/數位轉換器特性參數，Characteristic Parameters of Analog-to-Digital Converter

ADC 的主要特性参数分静态特性参数和动态特性参数两大类。

1. 静态特性参数

（1）模拟分辨率：对应于最低有效位（Least Significant Bit，LSB）的数字码变化的最小模拟增量。

（2）失调：零输入条件下的输出漂移。

（3）增益误差（Gain Error，GE）：传输特性曲线斜率的误差。该指标定义了模/数转换器斜率与理想值之间的偏差。

（4）微分非线性（Differential Non-linearity，DNL）：模/数转换器的实际转换阶梯宽度与理想转换台阶 Δ 的宽度之差。假设 X_k 为相邻码 $k-1$ 和 k 之间的跳变点，则二进制码 k 的宽度为 $\Delta_r(k) = X_{k+1} - X_k$，那么微分非线性定义为

$$\mathrm{DNL}(k) = \frac{\Delta_r(k) - \Delta}{\Delta}$$

（5）积分非线性（Integral Non-linearity，INL）：用于度量实际转换曲线相对于理想插值曲线的偏离。另一种定义是度量实际转换曲线相对于端点拟合曲线的偏离。考虑端点拟合连线，积分非线性定义为

$$\text{INL} = (1 + \text{GE}) \sum_{i=1}^{k} \text{DNL}(i)$$

式中，GE 为增益误差。

2. 动态特性参数

（1）信噪比（Signal-to-Noise Ratio, SNR）：信号功率与总噪声功率之比。

（2）信噪失真比（Signal-to-Noise-and-Distortion Ratio, SINAD 或 SNDR）：与信噪比的定义类似，但它还包括由正弦波输入产生的非线性失真项。信噪失真比是信号功率与谐波成分加上噪声（直流量除外）功率的总和之比。

（3）动态范围（Dynamic Range, DR）：当信噪比或信噪失真比为 0dB 时的输入信号值。

（4）有效位数（Effective Number Of Bits, ENOB）：用位数来表示的信噪失真比。用 dB 表示的信噪失真比（SINAD_{dB}）与有效位数的关系为

$$\text{ENOB} = (\text{SINAD}_{\text{dB}} - 1.76)/6.02$$

（5）总杂散失真（Total Spurious Distortion, TSD）：ADC 输出频谱中杂散分量的平方和的平方根。

（6）无杂散动态范围（Spurious Free Dynamic Range, SFDR）：信号幅值的方均根值与第一奈奎斯特区间中最大杂散频谱分量的方均根值之比。

（7）有效分辨率带宽（Effective Resolution Bandwidth, ERBW）：当信噪失真比（SINAD）相对低频时的值下降 3dB 时的模拟输入频率。

（8）品质因数（Figure of Merits, FoM）：衡量 ADC 的功耗（Power）效能的一个参数。FoM 有多种定义，常见的一种 FoM 定义为

$$\text{FoM} = \frac{\text{Power}}{2^{\text{ENOB}} \cdot 2 \cdot \text{ERBW}}$$

撰稿人：北京大学　程玉华　赵龙　蒋乐乐

审稿人：浙江大学　何乐年

5.4.7　模/数转换器设计，類比/數位轉換器設計，Analog-to-Digital Converter Design

典型的 ADC 类型包括双积分型 ADC、Σ-Δ（Sigma-Delta）型 ADC、逐次逼近（SAR）型 ADC、流水线（Pipelined）型 ADC 和 Flash 型 ADC 等。

双积分型 ADC 是一种间接型 ADC，它先对输入的采样信号和基准电压进行两次积分，获得与输入信号成正比的时间间隔；同时用计数器对标准时钟脉冲计数，计数器的计数值就是 ADC 输出的数字量。在具体电路中，运放和比较器的失调是一个重要的性能限制因素，需要采用自动调零等方法进行消除。

Σ-Δ 型 ADC 也称为过采样 ADC。它由 Σ-Δ 调制器及连接其后的数字滤波器构成，尤其适用于音频信号处理、生物医疗信号采集等低频高精度模/数转换要求的应用中。其高精度转换来源于两种主要技术，即过采样技术和噪声整形技术。过采样技术将信号带宽变为奈奎斯特频率的一小部分，因此，量化噪声被分散到更宽的频率范围。噪声整形技术通过改变噪声传递函数，降低带内噪声，进一步提高所关心频带以内的信噪比。对于所关心频带以外的较大部分频带的量化噪声，可以采用数字技术进行消除。

逐次逼近型 ADC 是一种直接型 ADC，它产生一系列比较电压，从高位到低位逐次将比较电压与输入电压进行比较，以逐渐逼近的方式进行模/数转换。逐次逼近型 ADC 可以使用电容网络及电荷再分配方式，理论上可以实现较低的功耗。逐次逼近 ADC 属于中速 ADC 器件，近年来多种新技术，特别是异步工作方式的采用，不断提高了逐次逼近型 ADC 的转换速率。

流水线型 ADC 又称子区式 ADC，由级联的若干结构相似的低精度模/数转换器电路组成，能提供中速、高分辨率的模/数转换。由于流水线型 ADC 中各级电路分别有自己的采样/保持电路，只要某一级完成了采样的变换并把结果输入给下一级，本级电路就可释放出来处理下一次采样，因此流水线操作提高了转换速度。对于流水线型 ADC，最严格的要求在输入的采样保持电路以及流水线的前几级。DAC 的误差会修改整个 LSB 段的余量，从而影响整个 ADC 的线性度。所以，前级 DAC 精度必须比 ADC 所要求的 INL 更高，以确保整体响应的线性度。

Flash 型 ADC 称闪烁型 ADC。输入信号被采样后同时与多个参考电压进行比较，因此转换速度快，是一种直接型 ADC。Flash ADC 有以下几个限制因素需要注意。第一，一个 N 位的 Flash ADC 需要 2^N-1 个比较器。分辨率 N 的提高，会使电路面积和功耗都增大很多。第二，比较器个数过多带来输入带宽减小。第三，由于电阻串将参考电压分成多段接入比较器，所以需要比较器在较宽的共模输入范围内保证足够小的失调和相似的延迟。第四，电阻串的失配带来各个比较电平的误差，影响 ADC 的线性度。第五，比较器的回踢噪声造成比较器输入端的不稳定。

除了上述单通道 ADC 类型，多个单通道可以采用时间交织（Time Interleaved, TI）的方式进行集成，从而大大提高采样速率。TI ADC 的基本原理是通过时钟的相位差来控制各通道 ADC 在不同时刻进行采样和转换。然而，在具体实现过程中，时间交织型 ADC 面临各种设计挑战：首先是设计保持足够线性度的宽带采样保持电路，需要综合考量导通阻抗、失配、寄生、信号耦合干扰、功耗等多方面因素；其次，时钟抖动要求苛刻，甚至达到飞秒（fs）级别。

因此，时钟的分布和设计将耗费大量的功耗，同时对噪声和电源稳定性提出了更高的要求。再次，多个并行通道间存在失配误差，包括失调误差、增益误差、采样时间误差和带宽误差。这些误差随着工艺、电源电压、温度（Process, Voltage, Temperature, PVT）变化，可能造成校准后误差的再次出现，因而需要可靠而高效的校准算法以及实现电路。最后，TI ADC 与数字信号处理器（Digital Signal Processor, DSP）集成在同一芯片上来完成 ADC 校准以及其他数字信号处理工作时，会造成数字电路到模拟电路的噪声耦合，降低整个 ADC 的性能，使得 ADC 的噪声设计变得更加困难。

撰稿人：北京大学　程玉华　赵龙　蒋乐乐
审稿人：浙江大学　何乐年

▷▷▷ 5.4.8　数/模转换器特性参数，數位/類比轉換器特性参数，Characteristic Parameters of Digital-to-Analog Converter

数/模转换器（Digital-to-Analog Converter, DAC）是将输入的数字信号（时间和幅值均离散）转换为模拟信号（幅值随时间连续变换）输出的电路模块。数/模转换器广泛应用于信号处理、导航、通信以及测量等领域。近些年来，随着科学技术的发展，数/模转换器的性能不断提升，朝着不同的方向发展，高精度、高速数/模转换器在不同的应用领域中发挥着不可缺少的关键作用。

DAC 的特性参数可以分为静态参数的和动态参数。在高精度应用（如音频信号处理）中，静态性能是关注焦点；在高速应用（如无线通信）中，动态性能是关注焦点。

1. 主要静态参数

（1）失调误差（Offset Error）：在零值输入时 DAC 的实际输出和理想输出的偏差。这是一种固有误差，通常可以比较容易地被补偿掉。

（2）增益误差（Gain Error）：DAC 实际的传递函数增益与理想的传递函数增益之间的偏差，以百分比表示。增益误差通常可以通过调整实际 DAC 的满量程大小来校正。

（3）微分非线性误差（Differential Non-linearity, DNL）：两个相邻输入码之间，DAC 实际的模拟步长和理想的模拟步长（即 1LSB）之差。一般保证 DNL 在±0.5LSB 范围内，否则 DAC 会出现非单调性情况，对转换性能产生影响。

（4）积分非线性误差（Integral Non-linearity，INL）：DAC 的实际传递函数曲线和理想传递函数曲线在每个输入码上的差。

2. 主要动态参数

（1）信噪比（Signal-to-Noise Ratio，SNR）：信号（单频正弦信号）输出功率和奈奎斯特带宽内量化噪声及电路引起的噪声的总噪声功率之比。理想 DAC 的 SNR 反映了量化噪声的水平，即系统进行采样量化和处理后输入到 DAC 的数字信号的固有特性。但实际的 DAC 由于自身的非线性，还会引起谐波失真（Harmonic Distortion，HD）。这些谐波失真能量往往远大于噪底的能量。

（2）无杂散动态范围（Spurious-Free Dynamic Range，SFDR）：由于 SNR 所表征的是 DAC 的整体噪声性能，不能很好地反映信号能量与局部谐波的关系，也就在这种情况下 SNR 不能很好地反映 DAC 的特性。因此，引入了无杂散动态范围来更好地表征存在非线性度的 DAC 的动态性能。SFDR 定义为在单频正弦波信号输入时，信号功率和最大杂波的功率之比。

（3）总谐波失真（Total Harmonic Distortion，THD）：为了反映 DAC 的非线性度，还需要考虑在所需频带内出现谐波失真的情况。总谐波失真表示谐波失真功率之和与基波信号功率的比值。

（4）信号噪声失真比（Signal-to-Noise-and-Distortion Ration，SNDR）：由于实际的 DAC 存在非线性谐波，在衡量其动态线性度的时候不仅要考虑噪声，还需要考虑谐波的影响。与信噪比的定义类似，信号噪声失真比定义为信号功率与噪声和带内所有谐波功率之和的比值。

（5）有效位数（Effective Number of Bits，ENOB）：理想 DAC 的 SNR 是由分辨率的位数 N 所决定的，但在实际的 DAC 中由于存在着非线性的因素，用 SNDR 来衡量动态特性要用 SNR 更为适合。为了衡量谐波失真所造成的与理想 DAC 之间的偏差，引入了有效位数来反映 DAC 的线性程度。

撰稿人：北京大学　程玉华　李豹　蒋乐乐
审稿人：浙江大学　何乐年

▷▷▷ 5.4.9 数/模转换器设计，數位/類比轉換器設計，Digital-to-Analog Converter Design

DAC 的主要功能是完成从数字信号到模拟信号的转变，所涉及的整个转换网络是影响 DAC 性能的关键。

1. 奈奎斯特 DAC

奈奎斯特 DAC 主要分为电阻型 DAC、电容型 DAC 和电流型 DAC。

电阻型 DAC 主要包括电阻分压型和 R-2R 权重型两种形式。电容型 DAC 由一个二进制的电容网络和一个电压放大器构成。转换网络使用电容器，因此没有静态电流，所以功耗较低。此外在 CMOS 工艺中，电容比电阻可以达到更高的匹配精度，因此电容型 DAC 的分辨率可以得到进一步提高。但由于其求和节点处的电容较大，导致时间常数较大，电容型 DAC 不适合于高速应用。

以上所述的电阻型 DAC 及电容型 DAC 由于不能直接驱动外部负载，需要通过缓冲器或转换电路得到最终的电压或电流输出信号，所以这些 DAC 会受到缓冲器的带宽限制，无法达到很高的转换速率。对于较为高速的应用场合，如无线通信中，电流型 DAC 是比较合适的选择。电流型 DAC 是直接通过与电流源的节点相连实现电流的加和功能，进而将加和后的电流直接与负载电阻相连，产生所需要的输出电压，不需要额外的缓冲器驱动；另外，由于是电流直接驱动负载形成输出电压，因而可以达到很高的工作速度。电流型 DAC 主要分为二进制权重结构 DAC、温度计译码结构 DAC 和分段式译码结构 DAC 这 3 种。

二进制权重结构 DAC 的每个开关控制的电流源的权重以二倍的关系递增，通过对应的输入的二进制的数字码控制对应的电流源的通断。这种结构的电流权重的增加以单位电流源为基本单位复制产生，而输入信号直接作用于电流源开关，不需要额外的复杂的电路译码，大大地减小了芯片面积和功耗。

二进制权重结构 DAC 的分辨率增加使得电流源权重呈指数增大，一方面由于电流源匹配误差导致较大的微分非线性（DNL），影响其静态特性；另一方面控制信号在高速切换时引入较大的毛刺，影响其动态性能。

温度计译码结构 DAC 的电流源阵列由一系列的权重相等的电流组成。这种开关方式有效地避免了开关在转换的时候引入较大的毛刺对动态性能的影响。但随着 DAC 的分辨率位数的增加，开关的数量呈指数增长，这会使温度计译码电路部分的复杂度急剧地增加，导致较大的面积和功耗。

综合二进制权重结构 DAC 和温度计译码结构 DAC 的优缺点，分段式译码结构 DAC 是对性能和电路复杂度的折中。这种 DAC 分为两部分：MSB 部分和 LSB 部分。设 N 为 DAC 位数，M 位的 MSB 部分被译成温度计码，剩下的 $N-M$ 位的 LSB 部分仍然采用二进制编码。这种 DAC 包括一个可以将 M 位二进制信号转换成 2^M-1 个温度计码信号的译码器。高位电流源由温度计译码结构实现，单位电流值为 I_T。低位电流源用二进制权重结构实现，单位电流值为 I。这种 DAC 能够在实现良好的静态性能和动态性能的同时得到面积和电路复杂度均最优的折中，因此大多数高精度或高速电流型 DAC 为分段式译码结构 DAC。

2. 过采样 DAC

过采样 DAC 作为有别于奈奎斯特 DAC 的另一种类型的 DAC 经常见于高精度的应用（如音频信号处理）中。过采样 DAC 采用与 ADC 中类似思路的过采样技术与噪声整形技术，可以实现较高的分辨率。与过采样 ADC 不同的是，对于过采样 ADC，过采样处理是在模拟域进行的，同时连续时间的输入在某处被转换为采样数据的形式；对于过采样 DAC，过采样处理在数字域进行，从而产生数字形式的结果，然后再由一个位数低一些的 DAC 和重建滤波器转换为连续时间的模拟信号。

撰稿人：北京大学　程玉华　李豹　蒋乐乐
审稿人：浙江大学　何乐年

5.5 射频集成电路设计

5.5.1 射频集成电路，射频積體電路，Radio Frequency Integrated Circuit (RFIC)

射频（Radio Frequency，RF）信号指可以通过天线辐射到自由空间或从空间接收的高频交变电磁信号，频率范围通常在 300kHz~30GHz。对射频信号进行滤波、功率放大、频率变换、调制/解调等处理的电路，就是射频电路。使用集成电路工艺加工实现的射频电路，称为射频集成电路（Radio Frequency Integrated Circuit，RFIC）。

射频集成电路通常由低噪声放大器、滤波器、混频器、频率合成器、功率放大器等基本功能电路组成。射频发射和接收系统构成了无线通信、雷达探测、电视广播、导航等无线系统的信号发送与接收的载波通道。基带部分实现信号的滤波、数/模转换和模/数转换，以及数字信号的处理等。典型射频集成电路系统的结构图如图 5-33 所示。

射频集成电路处理的信号的显著特点包括：①信号频率高；②具有一定的带宽，而且一般远小于载波频率；③天线接收的信号非常微弱，而驱动天线辐射的发射信号非常强，通常比接收信号大 5~10 个量级。这些特点使得射频集成电路的设计方法与其他类型的电路有很大不同。

早期的射频集成电路以 GaAs 工艺为主。1976 年研发出第一款 GaAs 射频集成电路芯片，GaAs 工艺得到了快速发展，同时也存在一些不足：①成品率不高；

②圆片尺寸相对较小，机械强度低，容易破碎；③散热性能不好；④与 Si 工艺不兼容；等等。

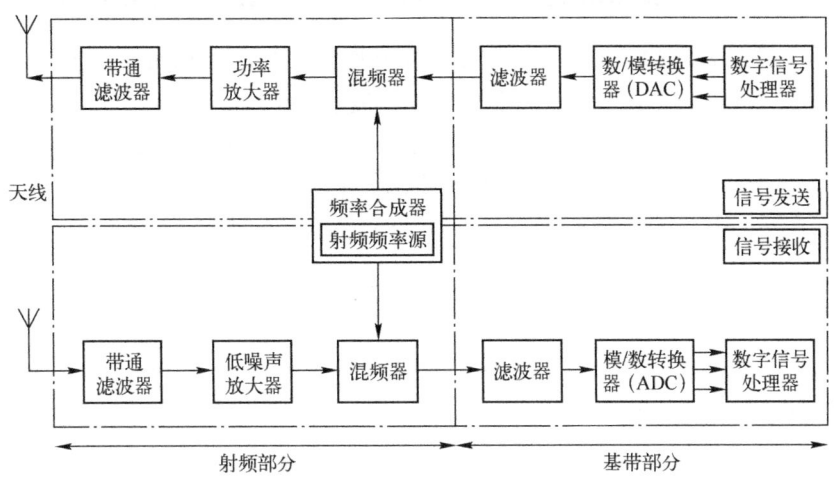

图 5-33　典型射频集成电路系统的结构图

20 世纪 80 年代以后，SiGe 材料应运而生，较好地弥补了 GaAs 的不足。1987 年首次报道了 SiGe HBT（Heterojunction Bipolar Transistor）。1994 年研发出截止频率高于 100GHz 的 SiGe HBT。此后，SiGe HBT 得到了快速发展。近年来，GaN 作为一种宽禁带半导体材料，具有高电子迁移率、高禁带宽度和高击穿场强等特点；同时，功率密度可达 GaAs 的 5 倍以上，可显著提高输出功率，减小系统体积并降低成本。经过多年研发，目前，GaN 射频功率器件已经进入实用阶段。

20 世纪 90 年代以来，随着工艺尺寸的不断缩小，器件速度的不断提高，以及电路设计方法和技术的发展，CMOS 工艺已成为射频集成电路的主流工艺。GaAs 和 SiGe 工艺，因成本和集成度等因素，主要应用于功率放大器等。

射频集成电路已广泛应用于无线通信、射频识别、导航、雷达等系统中。尤其是近 10 年来，个人移动通信的发展和普及，推动了射频集成电路的快速进步。

随着个人移动通信、物联网，以及半导体材料和工艺的持续发展，射频集成电路将向低成本、低功耗、大带宽、高速率，以及支持多模式、多频段、可重构、射频与基带单片集成等方向发展。

撰稿人：复旦大学　肖鹏程　李文宏
审稿人：复旦大学　曾晓洋

▷▷▷ 5.5.2 微波毫米波集成电路，微波毫米波積體電路，Microwave & Millimeter Wave Integrated Circuit

通常把频率为 300MHz～3000GHz，对应波长为 1m～0.1mm 的电磁波称为微波。其进一步可分为 4 个波段，即分米波（波长范围 1m～100mm）、厘米波（波长范围 100～10mm）、毫米波（波长范围 10～1mm）和亚毫米波（波长范围 1～0.1mm），其中毫米波的频率范围为 30～300GHz。

低于 30GHz 的频段与射频频段重叠，通常称为射频频段；高于 300GHz 的频段，即亚毫米波，通常称为太赫兹（Tera Hertz，THz）频段。由此，微波频段通常指频率范围为 30～300GHz 的毫米波频段，称为微波毫米波。

微波毫米波集成电路是指工作在微波毫米波频段的集成电路，具有放大、混频、滤波等功能，其在设计中要求更精确的元器件模型，甚至需要进行三维电磁场分析和计算。

微波毫米波集成电路通常含有带通滤波器、低噪声放大器、功率放大器、主放大器、预放大器、混频器、频率合成器和倍频器等功能模块电路。微波毫米波收发系统与射频收发系统在系统结构上类似，但频率更高，带宽更大，因此电路设计难度更大。微波毫米波集成电路，根据实现形式，分为混合微波毫米波集成电路和单片微波毫米波集成电路。典型的微波毫米波集成电路系统的结构图如图 5-34 所示。

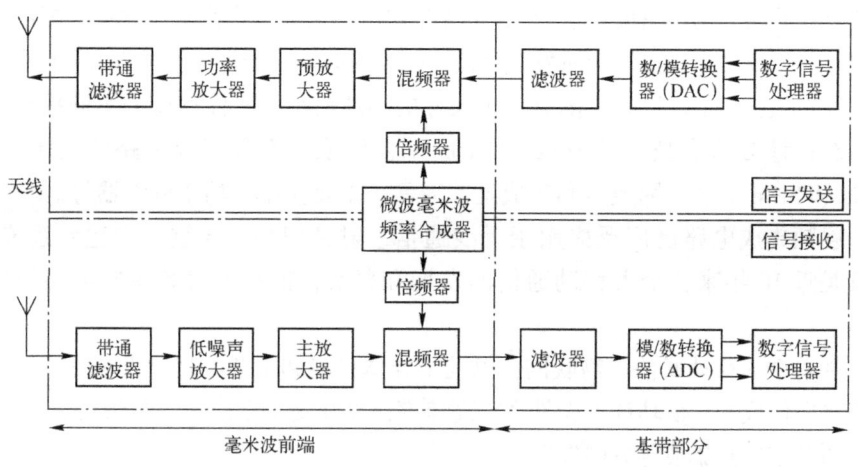

图 5-34 典型微波毫米波集成电路系统的结构图

混合微波毫米波集成电路是在介质基片材料（如氧化铝陶瓷、石英、蓝宝石等）上，采用厚膜工艺（如低温/高温烧结工艺、印刷工艺等）或者薄膜工艺（如溅射工艺、电镀工艺等）制备出各种功能的电路拓扑图形，再将各种分立封装形式的元器件或者芯片安装到相应位置，组成的具有一定功能的微波毫米波集成电路。

单片微波毫米波集成电路是在半导体衬底（如 Si、SiGe、GaAs 等）上，使用半导体工艺制备微波有源器件和无源元件，以及各种功能电路，具有高集成度、高可靠性和低成本等特点。

GaAs 具有电子迁移率高、噪声性能好的特点。GaAs 工艺是微波毫米波集成电路的主流工艺。SiGe 工艺具有更高的增益，以及更好的速度和噪声性能，成本也较 GaAs 工艺低，也是微波毫米波集成电路的常用工艺。近年来，CMOS 工艺不断进步，已经满足高于 100GHz 频段的微波毫米波集成电路的速度要求，这也使得无线系统的射频前端与数字基带的单片集成成为可能。目前，基于 CMOS 工艺的单片微波毫米波集成电路已进入快速发展阶段。

早期，微波电路多采用电子管、速调管等器件。随着半导体技术的发展，包括异质结双极晶体管、变容二极管和场效应管等在内的固态微波器件得到广泛应用。随后，系统越来越复杂，工作频率不断升高，分立器件的一致性难以满足系统要求。1976 年，使用 GaAs 工艺的 7~12GHz 微波集成电路的研发，开启了该领域的新时代。采用 GaAs 或 InP 工艺的微波毫米波集成电路广泛应用于卫星通信、雷达等。2000 年以后，美国、日本、韩国等相继开放了 57~64GHz 频段，欧洲开放了 77GHz 频段，进一步促进了基于 CMOS 工艺的单片微波毫米波集成电路的研究。

目前，低于 10GHz 频段的频谱资源日渐枯竭，而微波毫米波频段可以提供更多的未分配频谱资源，因此，无线系统的工作频段将逐步向高于 60GHz 的微波中高频段发展。而工艺技术的进步，为这种发展提供了技术支撑，其中 CMOS 工艺速度不断提高，结合其高集成度的特点，面向微波毫米波集成电路的 CMOS 工艺技术将得到更快的发展。

撰稿人：复旦大学　肖鹏程　李文宏
审稿人：复旦大学　曾晓洋

▷▷▷ 5.5.3　软件定义无线电，軟體定義無綫電，Software Defined Radio（SDR）

软件定义无线电（Software Defined Radio，SDR）是一种无线通信技术，将采用放大器、混频器、滤波器等实现的无线通信系统，用软件、数字电路，以及嵌入式系统等替代实现，可以对多个系统参数进行配置。这里的软件定义无线电是指软件定义无线电收发芯片，基本思路是使用模/数转换器（ADC）或数/模转换器（DAC）直接转换射频信号。一种软件定义无线电收发系统的结构图如图 5-35 所示。

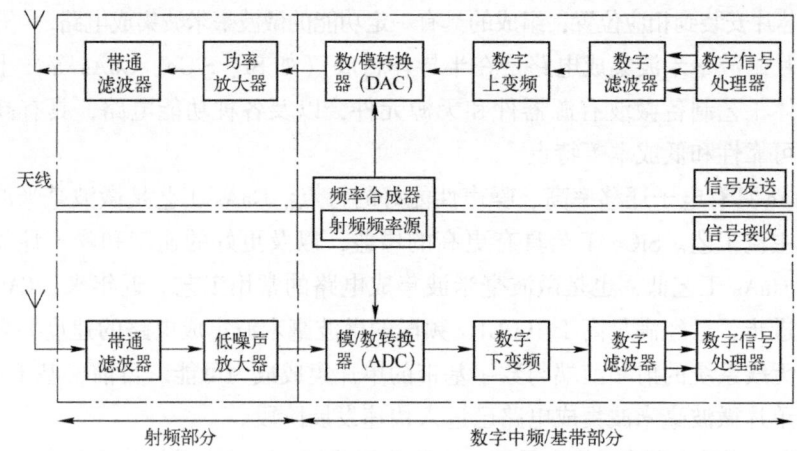

图 5-35 软件定义无线电收发系统的结构图

软件定义无线电具有很强的灵活性，可以对射频和中频的模拟电路进行配置重构，通过增加数字模块进行功能扩展，并随着工艺技术的发展而进行电路设计更新。

软件定义无线电对模/数转换器（ADC）的动态范围、采样速率等提出很高的要求，目前，很难完全实现理想的软件定义无线电收发机芯片。已报道的软件定义无线电收发机芯片多指可配置重构收发机芯片，即通过数字电路配置各模拟/射频模块的性能，实现多模多带的收发机功能，并通过部分参数可调，实现射频指标的优化等；同时，通过窄带可调滤波器或混频器，降低射频信号的载波频率，从而降低对模/数转换器（ADC）的性能要求，这也是一种可实现的方案。随着集成电路制造工艺和设计水平的不断发展，不久的将来，将实现真正的软件定义无线电收发机芯片。

软件定义无线电与认知无线电不同，主要区别在于认知无线电具有学习和感知能力，能够根据现有通信信道等情况选择合适的频谱，限制和降低冲突的出现，提高通信效率。

撰稿人：复旦大学　闫娜　曾晓洋
审稿人：复旦大学　李文宏

▷▷▷ 5.5.4 射频收发器设计，射頻收發器設計，Radio Frequency Transceiver Design

在无线系统中，射频收发器（Radio Frequency Transceiver）用于处理射频信号，一般由射频前端和基带组成。射频前端的功能是将射频信号进行放大、频谱搬移等。基带通常包括模拟基带和数字基带，前者对模拟信号进行放大、滤波和模/数（或数/模）转换等，后者的功能是进行数字信号处理等。

接收机通常包括低噪声放大器、滤波器和混频器等功能模块，对射频信号进行放大、滤波和混频，再通过模/数转换后，进行基带数字信号处理。现有的接收机架构主要包括超外差接收机、零中频接收机、低中频接收机和数字中频接收机等。其中，超外差接收机架构存在镜像问题，需要射频镜像抑制滤波器，不适合芯片集成；零中频接收机架构将射频信号直接搬移到直流点，无镜像信号干扰，适合芯片集成。一种可配置窄带零中频接收机系统框图如图 5-36 所示。

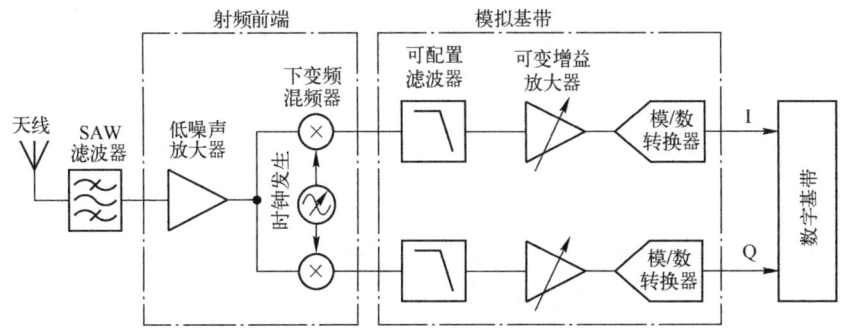

图 5-36　可配置窄带零中频接收机系统框图

发射机通过数/模转换将数字基带信号转换为模拟信号，经过滤波、频谱搬移、功率放大后进行发射。现有的发射机架构主要包括直接变换发射机、全数字发射机、极化调制（Polar Modulation）发射机等。一种常用的零中频发射机系统框图如图 5-37 所示。

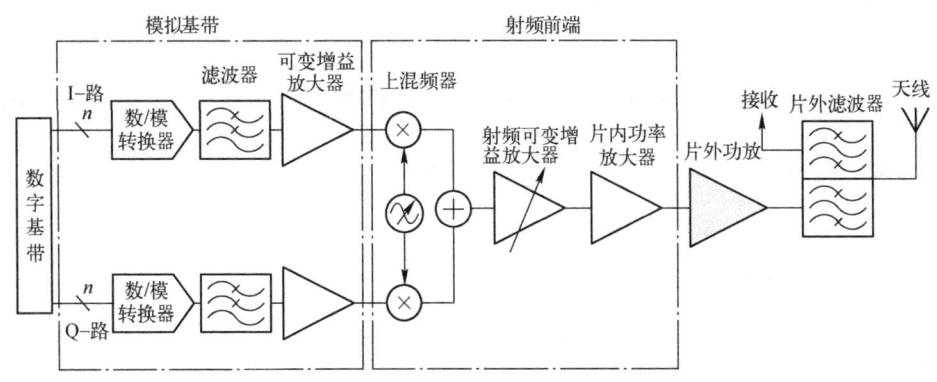

图 5-37　零中频发射机系统框图

目前,射频收发器广泛地运用于移动无线通信、导航、安防系统、数据/音频/图像数据无线传输等领域。

撰稿人:复旦大学　闫娜　曾晓洋
审稿人:复旦大学　李文宏

▷▷▷ 5.5.5 低噪声放大器设计,低雜訊放大器設計,Low Noise Amplifier Design

在无线通信系统的接收通道中,低噪声放大器(Low Noise Amplifier,LNA)是第一级放大器,其将天线接收下来的射频信号进行放大,其性能指标包括噪声系数、增益、输入阻抗匹配和稳定性。

(1)噪声系数(Noise Figure,NF):以 dB 为单位,$NF = 10\lg \dfrac{SNR_{in}}{SNR_{out}}$,$SNR_{in}$ 是输入信号的信噪比,SNR_{out} 是输出信号的信噪比。

(2)增益:通常指电压增益,在 S 参数中,S_{21} 表示增益。低噪声放大器必须具有一定的增益,从而抑制后级电路的噪声,尤其是来自下混频器的噪声;低噪声放大器的增益还对接收机线性度有影响。

(3)输入阻抗匹配:低噪声放大器和片外元件(如带通滤波器、天线等)之间必须进行阻抗匹配。阻抗匹配性能可以用 S 参数中的 S_{11} 来衡量,也可以用输入端的回波损耗(Return Loss)$\varGamma = \left|\dfrac{Z_{in}-R_s}{Z_{in}+R_s}\right|^2$ 来表示,其中 Z_{in} 是低噪声放大器的输入阻抗,R_s 是信号源内阻。大多数应用都要求低噪声放大器具有 50Ω 的输入阻抗。

(4)稳定性:低噪声放大器应在所有工作频率上,对所有可能的源内阻都是稳定的。常用 K 因子来衡量其稳定性:$K = \dfrac{1+|\Delta|^2-|S_{11}|^2-|S_{22}|^2}{2|S_{21}||S_{12}|}$,式中 $\Delta = S_{11}S_{22}-S_{12}S_{21}$,$S_{11}$、$S_{22}$、$S_{12}$ 和 S_{21} 是二端口网络的 S 参数。如果 $\Delta<1$,而且 $K>1$,那么电路就处于无条件稳定状态。

随着便携式设备的发展,低功耗成为射频收发机芯片的重要设计指标。综合考虑噪声、输入阻抗匹配和功耗,对于源极电感反馈电路结构,通过在输入晶体管的栅源之间连接一个电容器,在功耗一定下,可以实现输入阻抗匹配和噪声性能的优化。

目前，低噪声放大器的拓扑结构主要有两类：①源极电感反馈、套筒式共源电路结构，主要用于窄带无线通信接收机电路设计；②套筒式共栅电路结构，主要用于宽带接收机的设计。为了进一步降低噪声，无论是共源还是共栅结构，采用噪声消除技术，在获得很好的噪声性能的同时，还可以实现所需的宽带特性。

撰稿人：复旦大学　黄煜梅　李文宏
审稿人：复旦大学　曾晓洋

5.5.6　混频器设计，混頻器設計，Mixer Design

无线通信的信道带宽通常很窄（如 GSM 系统，一个信道带宽只有 200kHz），接收机通常先将信号从射频频段转换到较低的频段上，再进行信道滤波。完成频段转换的电路就是混频器（Mixer）。一个无线通信收发系统通常包括接收机中的下混频器，以及发射机中的上混频器。

混频器的主要性能参数如下。

(1) 噪声：与接收机或发射机的体系结构有关，对于低中频接收机，混频器噪声称为单边带噪声；对于零中频接收机，混频器噪声称为双边带噪声。理想情况下，单边带噪声比双边带噪声高 3dB。

(2) 线性度：常用三阶交调点（IP3）和二阶交调点（IP2）来衡量。低噪声放大器的增益对混频器的噪声和线性度有较大影响。

(3) 增益：中频输出电压的有效值与射频输入电压的有效值之比，即转换电压比，又称转换增益。具有一定增益的混频器，在接收通道中有助于抑制后级电路的噪声，在发射通道中可以减轻功率放大器的设计压力。

目前，混频器主要分为无源和有源两种结构。

(1) 无源混频器：场效应管没有放大作用，仅作为开关管。电压型过零无源混频器的增益约为-4dB，非过零无源混频器的增益约为 1.48dB。与电压型相比，电流型无源混频器具有更好的噪声和线性度性能。

(2) 有源混频器：通过一级共源场效应管将射频电压转换成电流；本地时钟信号控制开关管轮流输出电流；降频后的中频/基频电流通过负载转换成电压信号。相比无源混频器，有源混频器具有更高的增益。同时，由于寄生电容效应，设计中需要重视混频器各个端口之间的馈通效应，增强隔离性能。

撰稿人：复旦大学　黄煜梅　李文宏
审稿人：复旦大学　曾晓洋

▷▷▷ 5.5.7　频率合成器设计，频率合成器設計，Frequency Synthesizer Design

频率合成器（Frequency Synthesizer）是通过合成方法产生高精度、高稳定度时钟信号的电路。目前频率合成器的 3 种主要实现方法是直接频率合成、锁相（Phase Locked Loop，PLL）频率合成和直接数字频率合成。锁相频率合成器是目前最常用的频率合成器，具有高集成度、低成本和高性能等特点。

频率合成器的主要性能指标如下。

（1）频率范围：输出的最低频率至最高频率的范围。

（2）频率精度：相邻两个输出频率之间的最小间隔。

（3）频率切换时间：从一个频率切换到另一个频率时，输出频率达到再次稳定时所需的时间。

（4）相位噪声：单位赫兹噪声功率谱密度与信号总功率之比的分贝值。

（5）杂散：输出频谱在某些频率点上出现的明显高于底噪的频率成分，其性能由载波与最大杂散成分的功率之比表征。

锁相频率合成器包括整数型（Integer-N）频率合成器和分数型（Fractional-N）频率合成器。整数型频率合成器通过改变整数分频器的分频系数，使压控振荡器的输出频率是参考时钟频率的整数倍。分数型频率合成器通过动态改变分频比，使得分频比的平均值为分数，即输出频率是参考时钟频率的分数倍。

为了抑制分数频率合成器存在的分数杂散，采用 Σ-Δ 调制技术来实现噪声整形。Σ-Δ 分数频率合成器成为目前研究的重点。典型的 Σ-Δ 分数频率合成器结构如图 5-38 所示，包括鉴相器、电荷泵、环路滤波器、压控振荡器、可编程分频器、Σ-Δ 调制器等功能模块。

随着集成电路技术的不断进步，新的技术与电路结构不断出现，进一步提升了频率合成器的性能，以及设计灵活性和工艺移植性，如使用数字电路实现的全数字锁相环（All Digital Phase Locked Loop，ADPLL）、倍频延迟锁相环（Multiplying Delay Locked Loop，MDLL）、谐波注入锁定振荡器（Injection-Locked Oscillator，ILO）、基于亚采样鉴相器（Sub-Sampling Phase Detector,

SSPD）的锁相环结构等。

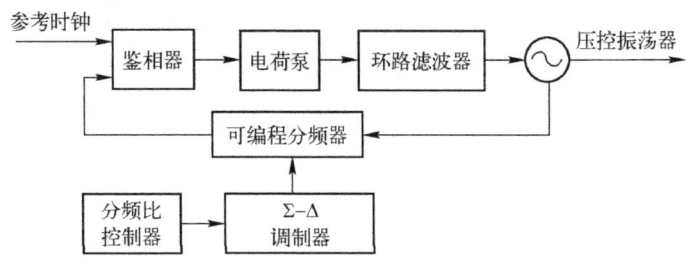

图 5-38 Σ-Δ 分数频率合成器结构

今后，随着无线通信、雷达等技术的快速发展，高频率、大频率变化范围、低相噪、低功耗和高集成度已经成为频率合成器技术发展的方向。

撰稿人：复旦大学 李巍 李文宏
审稿人：复旦大学 曾晓洋

▷▷▷ 5.5.8 射频功率放大器设计，射頻功率放大器設計，Radio Frequency Power Amplifier Design

射频功率放大器（Radio Frequency Power Amplifier，RF PA），是指在一定失真范围内提高射频信号的功率水平的放大电路，直接影响着射频发射通道的性能。

射频功率放大器的主要性能指标如下。

（1）输出功率：射频功率放大器输出到负载的射频信号的总功率，单位通常为 dBm。dBm 是射频信号功率相对于 1mW 的对数值，换算关系是

$$P_{\text{dBm}} = 10 \lg \frac{P(\text{mW})}{1\text{mW}} = 10 \lg P(\text{mW})$$

（2）效率：射频功率放大器的一个关键指标，通常用两种方法来表征。一是漏极效率，即输出功率与电源功率的百分比，$\eta = \frac{P_{\text{out}}}{P_{\text{DC}}} \times 100\%$；二是功率附加效率（Power Added Efficiency，PAE），即射频功率放大器所提高的功率与电源功率的百分比，$\text{PAE} = \frac{P_{\text{out}} - P_{\text{in}}}{P_{\text{DC}}} \times 100\%$。

（3）线性度：射频功率放大器产生的非线性失真同时表现在幅度和相位上，通常用 1dB 压缩点和三阶交调点来衡量线性度。

(4) 稳定性：由 S 参数决定，当 $K = \dfrac{1+|\Delta|^2-|S_{11}|^2-|S_{22}|^2}{2|S_{21}||S_{12}|} > 1$，而且 $\Delta = S_{11}S_{22} - S_{12}S_{21} < 1$ 时，射频功率放大器就是稳定的。

射频功率放大器包括线性功率放大器和开关型功率放大器，其中线性功率放大器也称为传统功率放大器。

根据晶体管导通角的不同，线性功率放大器分为 A 类、B 类、AB 类和 C 类放大器，其中 A 类放大器的导通角为 360°，效率较低，小于 50%；B 类放大器的导通角为 180°，其效率比 A 类放大器高，但是线性度差，存在交越失真；AB 类放大器的导通角介于 180°～360°，采用两管推挽工作，可以避免交越失真，线性度较好，效率也较高；C 类放大器导通角小于 180°，效率比 A 类和 B 类放大器高。

开关型功率放大器是一种高效率的功率放大器，其晶体管工作在开关状态，可以分为 D 类、E 类和 F 类放大器。理想情况下，开关导通时的压降为 0，开关截止时的电阻为无穷大，理论效率可以达到 100%。开关型功率放大器的失真较大，非线性失真严重制约了开关型功率放大器的应用，提高其线性度是当前的一个研究热点。

目前，射频功率放大器的设计与加工主要使用 GaAs 工艺、SiGe 工艺和射频 CMOS 工艺 3 种工艺。GaAs 工艺的射频功率放大器主要适用于高功率输出的应用，广泛应用于无线通信领域；SiGe 工艺与 Si CMOS 工艺兼容，有助于实现射频功率放大器与射频集成电路的集成；射频 CMOS 工艺可以实现更高的集成度，成本也更低，但是 CMOS 射频功率放大器的性能，与 GaAs 相比尚有一定差距，目前主要用于蓝牙、ZigBee 等。

同时，近年来 GaN 作为一种制造大功率射频功率放大器的新型材料，得到了越来越多的关注。

撰稿人：复旦大学　李巍　李文宏
审稿人：复旦大学　曾晓洋

▷▷▷ 5.5.9　射频开关设计，射頻開關設計，Radio Frequency Switch Design

射频开关（Radio Frequency Switch）是指可对射频信号通路进行导通和截止控制的射频元件，其性能主要由隔离度、工作带宽、插入损耗、开关时间、功率容量、输入驻波比和使用寿命等参数表征。根据开关选择通路的不同可构成多种不同的开关形态，其中 3 种典型的开关形态如图 5-39 所示。

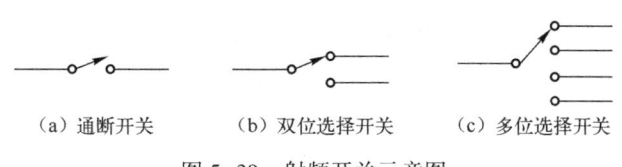

(a) 通断开关　　　(b) 双位选择开关　　　(c) 多位选择开关

图 5-39　射频开关示意图

射频开关可分为机电式射频开关、固态射频开关和 MEMS 射频开关。

机电式射频开关是通过射频继电器实现对射频信号通路的通断控制，具有插入损耗低、隔离度高、抗静电放电性能好、功率容量大等特点，但其体积较大、速度慢、寿命短，而且与射频电路集成困难，主要应用于仪表、大功率多波束天线系统等。

固态射频开关包括二极管射频开关和场效应管射频开关。二极管射频开关是两端口器件，对于射频信号，其等效为一个线性电阻，阻值由直流偏置决定：正偏时，阻抗很小，开关导通；反偏时，开路截止，阻抗很大。场效应管射频开关则是三端口器件，由栅极进行通断控制，包括 GaAs pHEMT 射频开关和 CMOS 射频开关。与二极管射频开关相比，场效应管射频开关具有偏置电路简单、易于集成等特点。

MEMS 射频开关，分为电容式和接触式两种基本类型。电容式开关使用空气桥结构（Air Bridge Structure），通过调节电容，实现开关的导通和截止。接触式开关采用悬臂结构（Cantilever Structure），通过外加电压控制悬臂接触和断开状态，实现射频开关的导通和截止。MEMS 射频开关具有插损低、线性度好和带宽大的特点，但是由于通过微机械结构实现导通和截止，其开关时间较长，使用寿命较短。

在具体应用中，根据使用安装形式，射频开关可以分为并联开关、串联开关和混合型开关；根据功能，射频开关可以分为通断开关和选择开关。

在早期的无线通信及雷达系统中，使用机电式射频开关，体积大、速度慢。20 世纪 60 年代初以后，二极管射频开关被用作射频收发开关和移相器，有效改善了射频开关的体积和速度，成为替代机电式射频开关的主流技术，目前仍然在相控阵雷达等系统中使用。1980 年前后，基于 GaAs pHEMT 的场效应管射频开关在中低功率应用中逐步替代了二极管射频开关。20 世纪 90 年代末期，随着 CMOS 工艺的发展，CMOS 射频开关研发得到更多的关注。2007 年，英飞凌公司研发了 CMOS SOI 射频开关产品。2000 年前后开始研究 MEMS 射频开关，由于其特有的优势，发展前景一直被看好，但由于封装和可靠性等方面的问题还没有完全解决，目前尚未大规模商用。

得益于与 CMOS 射频电路、基带电路的系统集成，CMOS 射频开关在射频系统芯片中的应用将会更普遍。MEMS 射频开关，具有与 CMOS 工艺兼容的特点，其研发将越来越深入。对于高功率应用，在一段时期内，将仍以 GaAs pHEMT 射频开关和二极管射频开关为主。

撰稿人：复旦大学　肖鹏程　李文宏
审稿人：复旦大学　曾晓洋

▷▷▷ 5.5.10　数字射频集成电路设计，數位射頻積體電路設計，Digital Radio Frequency Integrated Circuit Design

为了提高无线移动通信芯片的集成度，降低成本，快速发展的 Si CMOS 工艺已经成为无线通信芯片的主流工艺；同时，这也对传统的射频集成电路（Radio Frequency Integrated Circuit，RFIC）设计方法提出了新的挑战。2000 年以后提出了使用局部数字化方法或完全数字化方法实现连续时间的射频和模拟功能，即数字射频集成电路（Digital RF Intergrated Circuit）技术。自数字射频技术提出以来，关于射频收发机能否完全数字化的论题，一直是引人关注的热点。在当前的 Si CMOS 工艺条件下，受系统线性度、功耗和抑制干扰能力等因素的制约，通过数字辅助技术，可以增强射频/模拟电路的性能，但还无法被数字电路完全取代，如射频接收机的前端低噪声放大器、片外的带通滤波器、功率放大器等。

频率合成器则是一个基本实现了全数字化的射频集成电路功能模块。全数字锁相环（All Digital Phase Locked Loop，ADPLL）频率合成器的系统结构框图如图 5-40 所示，包括数控振荡器、鉴频器、环路滤波器和频率控制电路等。数控振荡器产生系统所需的高频信号，其功能与传统频率合成器中的压控振荡器类似。鉴频器主要由时间数字转换器和高速计数器组成，其输出与频率控制字进行比较，通过环路滤波等处理后，产生数控振荡器的控制字。整个系统形成负反馈，使得数控振荡器输出稳定的频率。

一个适用于宽带无线通信的全数字正交发射机的系统结构框图如图 5-41 所示，前端基带电路和功率放大器均采用数字化设计。为了抑制远离载波频率的噪声和重复频谱，数字基带信号通过两次上采样（Up Sampling）调制到一定的频段上；查找表（Look-Up Table，LUT）和数字预失真（Digital Pre-distortion，DPD）用来重塑后级数字功率放大器的线性度。

一个适用于 WiMAX（Worldwide Interoperability for Microwave Access）的数字射频接收机前端电路系统结构图如图 5-42 所示，它包括跨导放大器（Gm Amp）、采样混频器（Sampling Mixer）和两级开关电容离散时间滤波器等模块。

第 5 章 集成电路设计

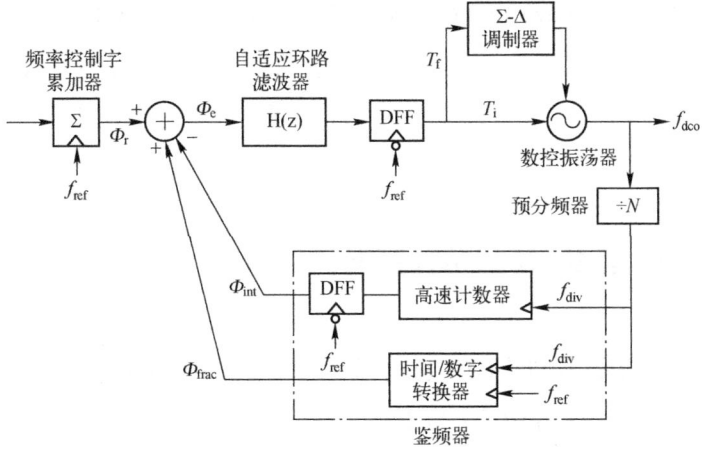

图 5-40 全数字锁相环频率合成器系统结构框图

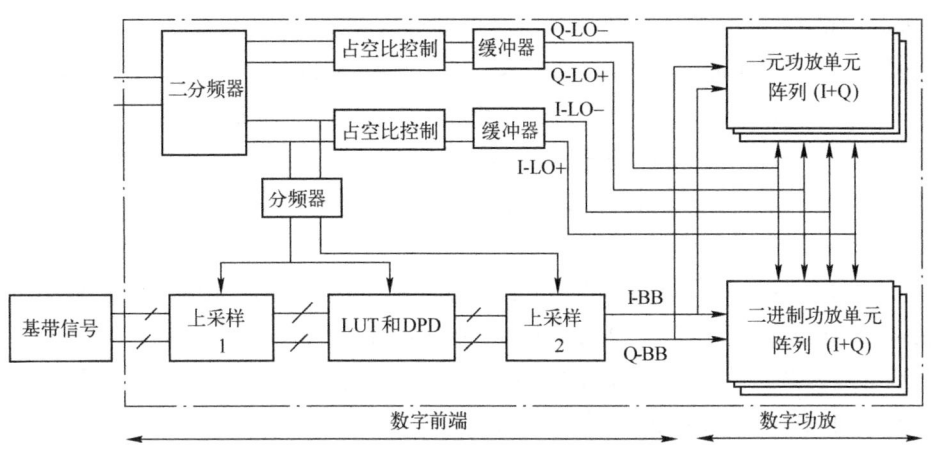

图 5-41 全数字正交射频发射机系统结构框图

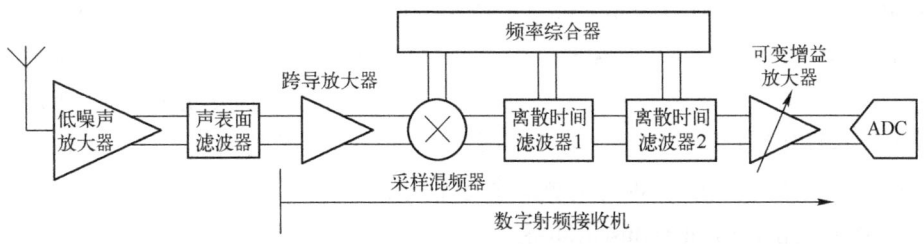

图 5-42 数字射频接收机前端电路系统结构框图

从噪声抑制和带外干扰抑制等因素出发，低噪声放大器（LNA）和声表面滤波器（Surface Acoustic Wave，SAW）等电路仍然采用模拟方式来实现。

撰稿人：复旦大学　黄煜梅　曾晓洋
审稿人：复旦大学　李文宏

▷▷ 5.6　功率集成电路设计

▷▷ 5.6.1　功率器件与 BCD 工艺，功率元件與 BCD 工藝，Power Device and BCD Process

功率器件（Power Device）是进行功率处理的器件。根据载流子的不同，功率器件可分为双极功率器件和单极功率器件。双极功率器件包括功率二极管（Power Diode）、电力晶体管（Giant Transistor，GTR）、晶闸管（Thyristor）、栅极关断晶闸管（Gate Turn-Off Transistor，GTO）、绝缘栅双极晶体管（Insulated Gate Bipolar Transistor，IGBT）等；单极功率器件主要以双扩散晶体管（Double-diffused MOSFET，DMOS）为代表。根据材料的不同，功率器件可分为硅基和宽禁带材料基（碳化硅（SiC）和氮化镓（GaN））两大类[1]。这里仅简要介绍 IGBT、DMOS 和宽禁带器件三种。

IGBT 器件是由双极晶体管（Bipolar Junction Transistor，BJT）和金属-氧化物-半导体场效应晶体管（Metal-Oxide-Silicon Field Effect Transistor，MOSFET）组成的复合全控制型电压驱动式器件，其特点为输入阻抗高、导通压降低，在 600V 以上中等电压系统中占主要市场。

DMOS 器件是一种双扩散型器件，即在源端、漏端各掺杂两次，一次浓度大，一次浓度小。相比 IGBT 而言，DMOS 的开关频率更高，主要分为垂直双扩散 MOSFET（Vertical Double-diffused MOSFET，VDMOS）和横向双扩散 MOSFET（Lateral Double-diffused MOSFET，LDMOS）两类。VDMOS 属于电压控制型器件，由于与 CMOS 器件的兼容性较差，使得其发展缓慢。而 LDMOS 与 CMOS 器件的兼容性较好，已广泛用于射频功率电路。随着技术的发展，已经可以实现三层扩散，所以现在 LDMOS 的英文全称常用 Laterally Diffused MOS，VDMOS 的英文全称常用 Vertical Diffused MOS。

宽禁带材料 SiC 和 GaN 具有带隙宽、饱和漂移速度及临界击穿电场高的特点，是制造大功率、高频、高压、耐高温和抗辐射电子器件的理想材料[2]。由于 SiC 单晶生长技术和 GaN 外延技术日渐完善，宽禁带功率器件的研制应用迅速发展[2,3]。宽禁带材料功率器件主要用于分立器件，而自 2009 年以来，GaN 驱动的集成技术在国际上成为热门[4]。

20 世纪 80 年代之前，双极工艺是制造功率器件的主流工艺，双极器件精度高，但集成度低；相对而言，CMOS 器件集成度高、功耗低、逻辑控制简单。因此，Bipolar-CMOS 的兼容可互相取长补短。另外，DMOS 器件在没有直流驱动的情况下就能够提供大功率，又能较好地兼容 CMOS 工艺，且它的开关速度快、输入阻抗高、热稳定性好和可靠性强的优势使其在高速开关中应用广泛。因此，BCD（Bipolar-CMOS-DMOS）技术应运而生。BCD 技术在同一工艺平台中集成 Bipolar 器件、CMOS 器件、DMOS 器件和电阻器、电容器等。三种有源器件的优势，即双极器件的高精度、CMOS 器件的高集成度和 DMOS 器件的高功率处理能力被 BCD 工艺充分结合，使得 BCD 工艺广泛应用。

参考文献

[1] 孙伟锋，张波，肖胜安，等. 功率半导体器件与功率集成技术的发展现状及展望[J]. 中国科学：信息科学，2012，42（12）：1616-1630.

[2] 张波，陈万军，邓小川，等. 氮化镓功率半导体器件技术[J]. 固体电子学研究与进展，2010，30（1）：1-11.

[3] H S Choi. Improvement of turn-off energy loss（Eoff）variations by low Mg doping in p-GaN gate power devices [J]. IET Journal & Magazines，2017：196-198.

[4] 张波，罗小蓉，李肇基. 功率半导体器件电场优化技术[M]. 成都：电子科技大学出版社，2016.

撰稿人：中芯国际集成电路制造有限公司　　汤天申　倪昊　刘晓艳
审稿人：清华大学　　　　　　　　　　　　尹首一

5.6.2　智能功率集成电路，智慧功率積體電路，Smart Power Integrated Circuit（SPIC）

把高压功率器件、控制电路、保护电路、检测诊断电路、外围接口电路以及信号处理电路等集成在同一芯片上即形成了功率集成电路（Power Integrated Circuit，PIC）[1]。与分立器件相比，PIC 在可靠性、稳定性、功耗、体积、质量和成本等方面更具优势[2]。过去，功率集成电路通常被分为高压功率集成电路和智能功率集成电路[2]。集成电压在 200V 及以上功率器件和控制电路的集成电路称为高压功率集成电路[3]。但随着 PIC 的持续发展，两者在工作电压和器件结构上都逐渐难以区分，故又将两者统称为智能功率集成电路（Smart Power

Integrated Circait，SPIC)[2]。

20世纪70年代末期，出现了智能功率集成技术，BJT、GTO等是当时的热门功率器件，但是其需要大驱动电流以及复杂的控制电路结构限制了当时功率集成电路的研制与进展[2]。进入20世纪80年代后，出现了由栅极控制的功率器件如功率MOS和IGBT等。此类栅控器件具有输入阻抗高、驱动功耗低[2]的特点，解决了之前器件需求大驱动电流的问题。然而，烦琐的系统结构设计以及高昂的工艺成本仍然局限了那个时代PIC的应用范围。20世纪90年代后，随着PIC设计和工艺水平的持续改进，性价比逐步提高，使得PIC开始投入实际应用，如在汽车电子、平板显示、电机驱动、电动机控制、电源管理等方面获得了广泛应用。

功率控制、传感保护和智能接口是SPIC的三大主要功能模块[3]。功率控制模块包含开关功率器件和驱动电路，主要用来进行终端功率处理。传感保护电路主要用来对电路中的过流、过压、欠压、过温、短路和断路等各种异常情况进行保护，以提高芯片的稳定性和使用寿命[3]。智能接口电路由逻辑CMOS实现，主要用来处理指令并控制功率器件进行响应，同时将工作状态、负载信息及其他检测到的信息传回系统。随着BCD工艺的发展，接口电路可以集成存储模块、射频模块、微控制器等多功能模块，且广泛被用于便携式结构和智能应用中，例如可穿戴设备、医疗设备、无线传输和物联网等[4]。

从功率半导体器件和集成技术的发展趋势看，当前的首要技术难题为如何使功率器件能效更高、工作频率更高以及器件耐压更高，如何使功率集成技术在集成化、智能化以及可靠性等方面更加优化[3]。因此PIC的主要研究任务包含：研究高成品率以及低成本的高压、高功率和高密度的BCD工艺技术[3]；研究低功耗且可用于集成的新器件结构；研究PIC的高效控制方法；研究PIC如何能够在高温下稳定工作；研究横向功率器件，使它具有自保功能，并使用大电流高速MOS管控制。PIC的研究目标是将低压电路和多个高压功率器件进行集成，让它具有系统功能，从而实现单片功率系统的集成[3]。

参考文献

[1] 张波，罗小蓉，李肇基. 功率半导体器件电场优化技术[M]. 成都：电子科技大学出版社，2016.

[2] 洪慧，韩雁，文进才，等. 功率集成电路技术理论与设计[M]. 杭州：浙江大学出版社，2011.

[3] 孙伟锋，张波，肖胜安；等. 功率半导体器件与功率集成技术的发展现状及展望[J]. 中国科学：信息科学，2012，42（12）：1616-1630.

[4] Tsai-Kan Chien. Low-power MCU with embedded reRAM buffers as sensor hub for IoT applications [J]. IEEE JOURNAL ON EMERGING AND SELECTED TOPICS IN CIRCUITS AND SYSTEMS, 2016, 6 (2): 247-257.

撰稿人：中芯国际集成电路制造有限公司　汤天申　倪昊　刘晓艳
审稿人：清华大学　　　　　　　　　　尹首一

5.6.3　电源管理集成电路，電源管理積體電路，Power Management Integrated Circuits (PMIC)

电源管理集成电路（Power Mangement Integrated Circuits，PMIC）主要用于对电能进行变换、分配、检测以及管理其他电能。它具有使用方便、成本低、体积小、性能良好、可靠性高等优点，在手机、计算机、消费类电子产品、电源、充电器等各个方面得到了广泛应用[1]。

根据内部结构的不同，PMIC 主要分为线性稳压器、电荷泵和开关稳压器，它们的差异见表 5-4[1]。

表 5-4　三种 PMIC 的差异对比

参　数	线性稳压器	电荷泵	开关稳压器
稳压类型	降压	降压、升压	降压、升压
噪声	低	中	高
效率	低	中	高
电源能力	中	中	高
覆盖面积	紧凑	适中	大
价格	低	中	高
复杂性	低	中	高
电磁干扰	低	中	高

线性稳压器（Linear Regulator）通过电阻分压，与参考电压进行比较，控制晶体管工作在线性区，使输入电压经过线性晶体管改变后，输出应用需要的电压[1]。线性稳压器的特点是传输管工作在线性区，没有通断跳变，仅限于降压转换。线性稳压器主要有传统线性稳压器和低压差稳压器（Low Dropout Regulator，LDO）两种：传统线性稳压器的功率管使用 BJT，同时采取源跟随的方式；而 LDO 的功率管主要使用 pMOS 管，同时采用共源连接方式[1]。LDO 的基本结构如图 5-43 所示。

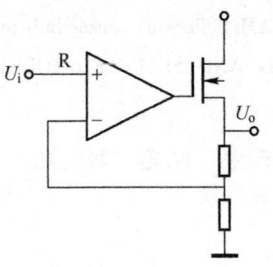

图 5-43 LDO 的基本结构

在设计 LDO 时,需要考虑输入/输出压差、最大/最小负载电流、线性/负载瞬时电压响应、瞬态恢复时间、零/极点、相位裕量和静态工作点。

电荷泵(Charge Pump)又称开关电容稳压器(Switched Capacitor Regulator),通过电容以及几个开关实现电压转换[1]。不像线性稳压器,该稳压器能够产生大于或小于输入电压的输出电压,即可作为升压式或降压式稳压器[1]。在电荷泵的设计中,通断常由 MOS 管实现,它的尺寸与开关频率相关,频率越高,这些晶体管的宽度越大。但是随着晶体管尺寸的增加,由于栅氧电容增大,动态功耗也增加;因此,需要在开关频率与开关电容稳压器的能量效率之间进行折中[1]。一种比较典型的 Dickson Pump 结构如图 5-44 所示,由 pMOS M_1、M_2、M_3、M_{OUT} 控制通断,C_{T1}、C_{T2}、C_{TN}、C_{STORE} 为存储电荷,其中特别需要注意 BULK 的连接。

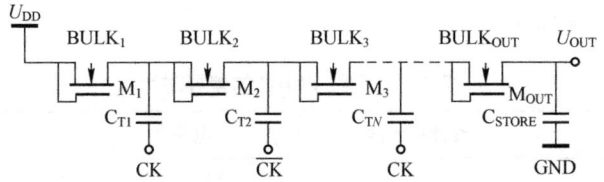

图 5-44 Dickson Pump 电路结构

开关稳压器(Switching Regulator,SWR)因高能效、高驱动、输出电压可调而广泛用于电源管理系统。开关稳压器的特点是:在任一周期内,开关必须完全导通或完全关断[1];稳压器中必须带有一个或多个类似电感器、电容器的储能元件[1];具有多种拓扑结构(降压、升压、降压-升压等);当电路元件趋于理想时,SWR 的效率几乎达到 100%。开关稳压器采用负反馈控制环路,如图 5-45 所示,图中采用的是脉宽调制(Pulse Width Modulation,PWM)方式,也可以采用频率调制(Pulse Frequency Modulation,PFM)或相位调制等其他控制方式。

根据能量存储方式的差异,开关稳压器可分为两类:第一类是非隔离式开关稳压器,采用电感器存储能量,输出电源和输入电源没有隔离[1],具有结构简单、成本低、输出电压调节范围宽等优点,其基本结构如图 5-46 所示[2];第二类是隔离式开关稳压器,其基本结构如图 5-47 所示[2],采用变压器存储能量,输出电源和输入电源实现物理隔离。隔离开关稳压器的优点是减小了输出电源与输入电源之间的相互干扰,提高了抗噪声能力。

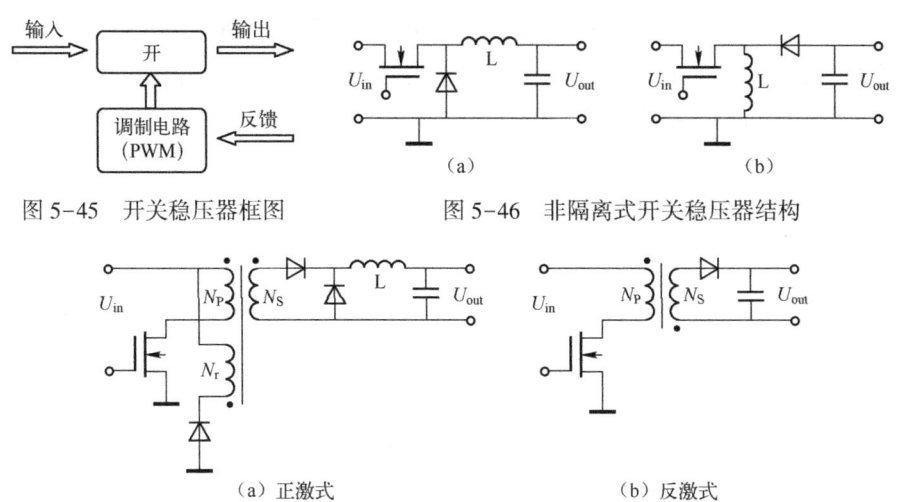

图 5-45　开关稳压器框图　　　图 5-46　非隔离式开关稳压器结构

（a）正激式　　　　　　　（b）反激式

图 5-47　隔离式开关稳压器结构

噪声与纹波抑制是 PMIC 设计中需要考虑的关键因素。噪声一般由晶体管的开通或者关断产生的尖脉冲造成，纹波通常由直流稳定电压的波动造成[3]。

随着信息技术的发展，市场对高性能、低功耗、便携式等设备的需求日渐增长，促进了 PMIC 的成长[3]；同时，由于集成电路设计能力的持续改善以及工艺水平的日渐成熟，PMIC 开始向微型化与智能化、高能效与高精度以及低功耗与低工作电压等方面发展。

参考文献

［1］ Ke-Horng Chen. Power Management Techniques for Integrated Circuit Design ［M］. John Wiley & Sons, 2016.

［2］ 曹鑫. 电除尘用高频高压脉冲电源的研究［D］. 淮南：安微理工大学，2014.

［3］ Satoshi. Fundamental study of influence of ripple noise from DC－DC converter on spurious noise of wireless portable equipment ［J］. IEEE Journals & Magazines, 2016：2111-2119.

撰稿人：中芯国际集成电路制造有限公司　汤天申　倪昊　刘晓艳
审稿人：清华大学　　　　　　　　　　　尹首一

▷▷▷ 5.6.4　能量采集与变换控制，能量採集與變換控制，Energy Harvesting and Transformation Control

1. 能量采集

能量采集是指利用能量采集技术从环境中获得能量，其实质是通过光伏、热电、压电、电磁等效应，把环境中大范围存在的能量如光能、热能、风能、机械能等变换成能够利用的电能。能量采集的核心意义是不需要消耗额外的燃料以及物质，可以持续提供能量[1]。

不同类型能源产生的能量的功率等级如图5-48所示[2]。

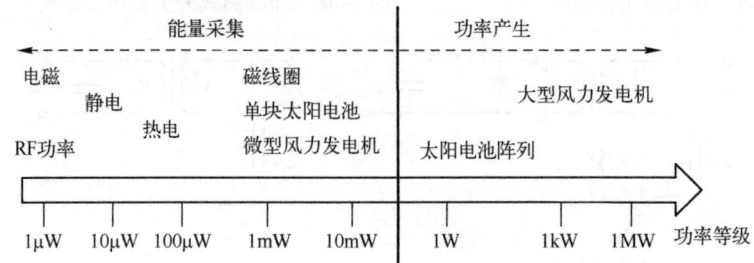

图5-48　不同类型能源产生的能量的功率等级

不同类型能源在给定电压输出范围时的功率量级见表5-5[3]。

表5-5　不同能源在给定电压输出范围时的功率量级

能源类型	功率量级	电压输出范围
太阳能 （利用太阳电池）	$10\mu W/cm^2 \sim 15mW/cm^2$ （室外：$0.15 \sim 15mW/cm^2$） （室内：$<10\mu W/cm^2$）	直流1V（单块电池）
动能	$1 \sim 200\mu W/cm^2$ （压电式：约$200\mu W/cm^2$） （静电式：$50 \sim 100\mu W/cm^2$） （电磁式：$<1\mu W/cm^2$）	交流$10 \sim 100V$（峰值）
热能	$15\mu W/cm^3$	直流$10 \sim 100mV$（10℃梯度）
辐射能	$1 \sim 300\mu W/cm^3$	交流$100 \sim 1000mV$（峰值）
风能	$10 \sim 1000\mu W/cm^3$	交流$10 \sim 100V$（峰值）

当前能够采集的重要能源有电磁辐射能、热能和机械能3种。

电磁辐射能包括太阳能和射频辐射能。太阳能转换成电能即光伏发电，是成熟的大规模能量收集技术。射频辐射能可以为各种无线射频识别卡片供电和传递信息，已广泛应用于公共交通、身份识别等。

目前可以被收集的热能主要来源于温度梯度和热流。温差电池或热电发电机的基本原理就是利用热电效应，通过温度差使热能转化为电能。但是，小于10℃的温度梯度在微小尺寸下（例如$1cm^3$）很难被发现，因此，导致微型热电发电机效率低,限制了它的应用范围。

机械能包括所有的振动、摇动、转动等产生的能量。振动采集器大致分为三类:静电式、压电式和电磁式。静电式采集器的工作原理主要基于可变电容,通过外部机械振动来改变极板之间的距离或者相对面积,达到改变电容大小,然后将振动能转化为电能。压电式采集器的工作原理是通过压电材料的压电效应,在压电材料上施加机械应力,使材料的两个极板面上形成分离电荷;相反,当电压被施加在压电材料的两个极板面上时,材料就会产生内部机械应力。电磁式采集器的工作原理基于法拉第电磁感应定律,永磁体和线圈之间产生相对运动时,导致线圈中产生感应电动势。

2. 变换控制

变换控制电路分为电压调节和保护两部分,需要考虑以下基本要求:

(1) 调制器是一个闭环调节系统,为了能够使输入电压、负载及温度在相应范围变化的同时,让输出电压达到所需求的稳定度,控制电路的回路增益必须充分大,还必须满足稳定性及动态响应等要求;因此需要采用多反馈技术或增加适当的校正电路,同时还需要满足额定输出电压和调节范围。

(2) 软启动和过流、过压等保护功能也应在考虑范围内[3]。

(3) 必要时,需要将反馈输入与控制电路输出进行隔离。

传统的串联变换控制系统示意图如图 5-49 所示。第一级通过 AC/DC 和 DC/DC 稳压器把前级采集到的能量转换为 DC 能量储存起来,第二级采用 DC/DC 稳压器将储存能量转换到负载,并提供稳定的负载工作电压和电流。串联结构由于输入能量必须转换两次,因此能量转换效率较低[2]。

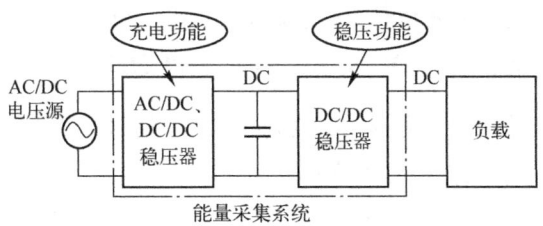

图 5-49 能量采集串联变换控制系统示意图[2]

并联变换控制系统示意图如图 5-50 所示。并联结构的主路径将能量通过 AC/DC 和 DC/DC 稳压器直接转换到负载,产生负载工作电压,从路径则将冗余能量变换为直流能量并存储,在负载侧需要时再通过 DC/DC 稳压器系统将存储的能量提供给负载,因此并联结构可以在保留储能功能的同时提升能量变换效率[2]。

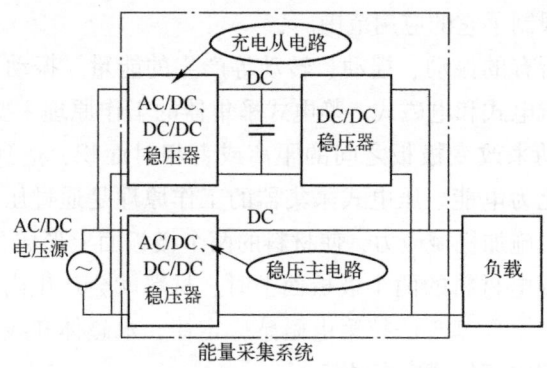

图 5-50　能量采集并联变换控制系统示意图[2]

参考文献

［1］王佩红. 基于 MEMS 技术的微型电磁式振动能量采集器研究［D］. 上海：上海交通大学，2010.

［2］Ke-Horng Chen. Power Management Techniques for Integrated Circuit Design ［M］. John Wiley & Sons，2016.

［3］萨尔曼，弗里德曼. 高性能集成电路设计［M］. 范宝峡，杨梁，吴冬梅，等译. 北京：电子工业出版社，2015.

　　撰稿人：中芯国际集成电路制造有限公司　　汤天申　　倪昊　　刘晓艳
　　审稿人：清华大学　　　　　　　　　　　　尹首一

▷▷▷ 5.6.5　交流/直流转换器与驱动电路，交流/直流轉換器與驅動電路，AC/DC Converter and Driver

能量采集中所获取的能源通常为交流（AC）信号，因此，该信号必须转换为直流（DC）信号才能加以利用或者存储。

交流/直流（AC/DC）转换器就是把交流信号变为直流信号[1]。电流流向负载即交流转直流的变换称为整流，电流从负载流向电源即直流转交流的变换称为有源逆变[1]。AC/DC 转换器输入交流电流之后，需要经过整流和滤波，而滤波、高频、高压以及大电流限制了 AC/DC 转换器模块化的进程[1]。

AC/DC 转换器分为两级电源架构和一级电源架构。两级电源架构包含功率因数校正（Power Factor Correction，PFC）电路和 DC/DC 转换电路，如图 5-51（a）所示。两级电源架构的 PFC 电路和 DC/DC 转换器是分离的，且中间需要加入一个储能元件电容器，广泛应用于高功率电路中[2]。两级电源架构的可靠性高，能量效率较低。一级电源架构如图5-51（b）所示，也包含PFC电路和DC/DC电路，但是储能元件电容器只位于输出电路中。一级电源构架的能量效率高，可靠性较低[3]。AC/DC转换器的二级电源架构无论在设计技术上还是在生产工艺方面，在业界已成熟并标准化；而AC/DC转换器的一级电源架构由于复杂的技术和工艺制造问题，使其在模块化的进程中受到限制[4]。

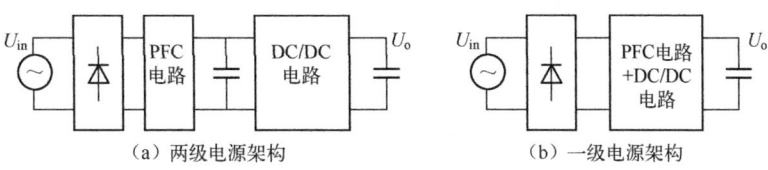

图5-51 两级和一级AC/DC转换器的拓扑结构[4]

整流电路是指把交流信号转换为直流信号的电路，主要有半波整流、全波整流和桥式整流三种，其中桥式整流是AC/DC最直接也是最常用的整流方式。桥式整流电路使用四只整流二极管，如图5-52中的VD_1、VD_2、VD_3、VD_4的连接所示，即可得到全波整流电压。交流电源经过整流电路后，需要通过PFC电路对AC电源输入的电流波形再进行整形，使电路从电源吸收的有功功率达到最大[3]。其具体结构如图5-52中间的PFC结构所示，它一般需要一个电感器L_R、一个二极管VD_5和一个功率开关S_1，后面紧跟一个电容器C_s，其中DC/DC转换器的结构将在5.6.6节中详细讨论。

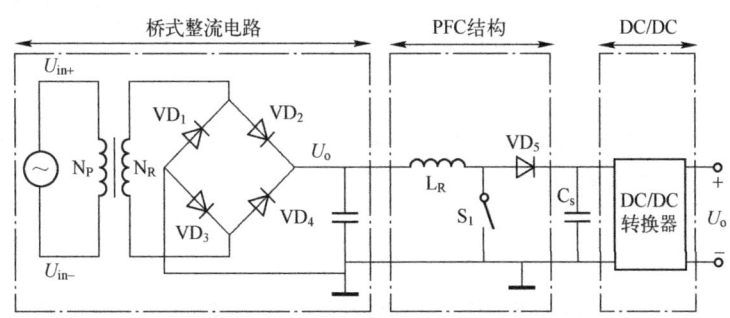

图5-52 两级电源加构AC/DC转换器的电路结构图

高亮发光二极管（High-Brightness Light Emitting Diode，HB-LED）的驱动基于高效的AC/DC转换器，由于其使用寿命长、绿色环保、高发光效率以及颜色混合和调光控制的灵活性，广泛用于家庭、办公室及街道等灯光照明中。单级HB-LED驱动电路结构如图5-53所示[5]，其中前一级电路为AC/DC的整流电路，整个电路结构包含功率开关S_1和S_2，电感器L_1和L_2，磁线圈N_1和N_2，

二极管 $VD_5 \sim VD_8$，电容器 C_o。

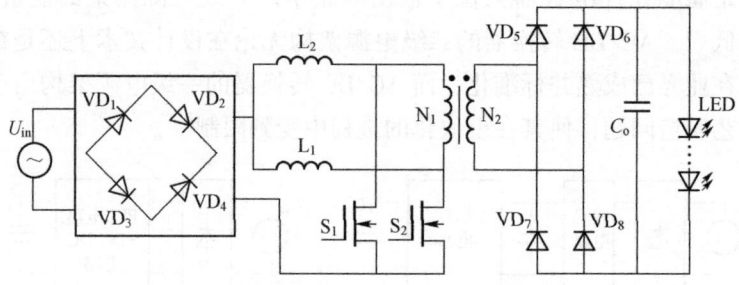

图 5-53　单级 HB-LED 驱动电路结构图

参考文献

［1］萨尔曼，弗里德曼. 高性能集成电路设计［M］. 范宝峡，杨梁，吴冬梅，等译. 北京：电子工业出版社，2015.

［2］Chushan Li, David Xu. A family of enhanced ZCS single-stage single-phase isolated AC-DC converter for high power high voltage DC supply［J］. IEEE Transactions on Industrial Electronics, 2017 (99): 1-1.

［3］Simon Nigsch, Janosch Marquart, Kurt Schenk. Low cost high density AC-DC converter for LED lighting application［C］. PCIM Europe, 2016.

［4］开关电源有哪些基本分类［EB/OL］. [2017-09-03]. http://bbs.eetop.cn/thread-459091-1-1.html.

［5］I Castro, K Martin, DG Lamar, et al. Single-stage AC/DC dual inductor BCM current-fed push-pull for HB-LED lighting applications［C］. Energy Conversion Congress & Exposition, 2017: 1-8.

撰稿人：中芯国际集成电路制造有限公司　　汤天申　倪昊　刘晓艳

审稿人：清华大学　　　　　　　　　　　　　尹首一

▷▷▷ 5.6.6　直流/直流转换器与驱动电路，直流/直流轉換器與驅動電路，DC/DC Converter and Driver

在电源网络系统中，首先需用 AC/DC 转换器将交流信号转换成直流信号；其次，需要用 DC/DC 转换器将所得的直流信号再进行转换，产生子系统内各电路模块所需要的特定直流电压。DC/DC 转换器的系统框图如图 5-54 所示，当输入 U_{in} 时，通过 DC/DC 转换器，可输出 U_o，为输入 U_{in} 的 k 倍，k 为增益因子。DC/DC 转换器可分为降压型（Buck）、升压型（Boost）和降压-升压（Buck-

Boost）型 3 种。

DC/DC 转换器的 3 种基本拓扑结构如图 5-55 所示：其中图（a）为降压型（Buck）转换器；图（b）为升压型（Boost）转换器；图（c）为降压-升压型（Buck-Boost）转换器，它是降压型和升压型的结合。3 种 DC/DC 转换器均由开关 S_1 和 S_2、电感器 L、电容器 C_o 构成[1]。

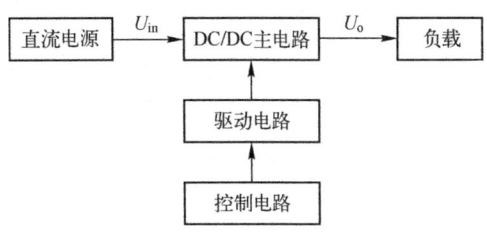

图 5-54 DC/DC 转换器系统框图

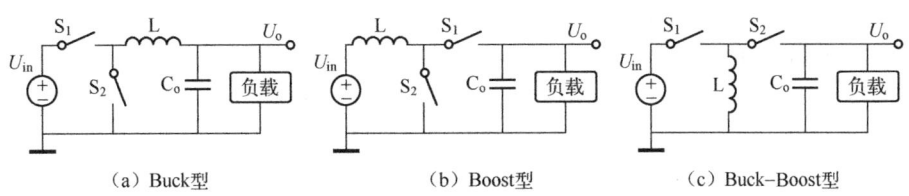

图 5-55 DC/DC 转换器的基本拓扑结构图

驱动电路位于主电路和控制电路之间，主要用来放大控制电路的信号，使它可以驱动功率器件[1]。驱动电路接收到输入信号后，根据控制目标需求，把该信号变换为可以控制器件导通或关断的信号。例如，对于半控型器件，电路仅提供导通控制信号；而对于全控型器件，则需要同时提供导通和关断两种不同的控制信号，同时，还需要提供电气隔离[1]。

栅驱动电路（Gate Driver）是微控制器（MCU）和功率开关（IGBT、MOSFET）之间的接口电路。栅驱动电路的结构示意图如图 5-56 所示[2]，由二极管 VD_{on} 和 VD_{off}、电阻器 $R_{G,on}$ 和 $R_{G,off}$、功率场效应管组成。

近年来，谐振栅驱动（Resonant Gate Drivers，RGD）技术因为利用栅源电容储能，能够提高栅驱动效率而被广泛研究，但结构复杂，比较难以控制[3]。因此，有的研究提出双向栅驱动（Bidirectional Gate Driver，BGD）技术，基于 DC/DC 转换器的升压栅驱动电路的结构如图 5-57 所示。栅驱动电路由 3 个小尺寸比的 M_1、M_2、M_3 晶体管，一个独立的输入电源，以及储能元件 C_s 和 L_s 组成，M_p 是功率晶体管，其栅极由前面栅驱动电路驱动[4]。

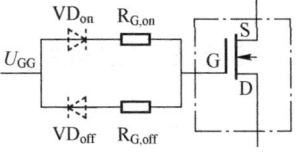

图 5-56 栅驱动电路的结构示意图

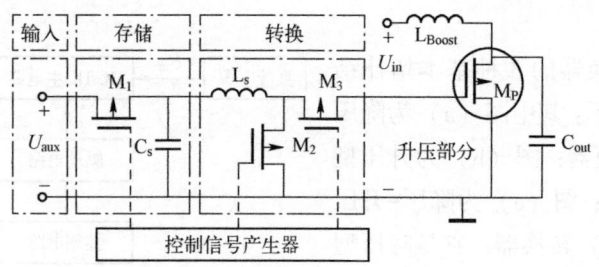

图 5-57 基于 DC/DC 转换器的升压栅驱动电路的结构

参考文献

［1］Ke-Horng Chen. Power Management Techniques for Integrated Circuit Design［M］. John Wiley & Sons，2016.

［2］PK Prasobhu，G Buticchi，S Brueske，et al. Gate driver for the active thermal control of a DC/DC GaN-based converter［J］. Energy Conversion Congress & Exposition，2017：1-8.

［3］Zhiliang Zhang. A High-frequency dual-channel isolated resonant gate driver with low gate drive loss for ZVS full-bridge converters［J］. IEEE Tranactions on Power Electronics，2014，29（6）：3077-3090.

［4］Juzheng Yu. Gate-drive circuit with efficient energy recovery based on DC/DC converter ［J］. Electronics Letters，2016，52（11）：952-954.

撰稿人：中芯国际集成电路制造有限公司　　汤天申　倪昊　刘晓艳

审稿人：清华大学　　　　　　　　　　　　尹首一

5.7 处理器设计

5.7.1 处理器，處理器，Processors

处理器是一块超大规模集成电路，它是负责运算和控制的核心芯片。

最常用的处理器是中央处理器（CPU），其主要功能是解释并执行计算机指令，进行数据运算或控制外围设备。CPU 与存储器和输入/输出设备是电子计算机的三大核心部件，如图 5-58 所示。

指令系统是处理器设计的基础技术，它定义了软件和硬件的接口，也决定了处理器的应用生态。处理器硬件部件包括数据通路与控制逻辑，运行过程包括指令提取、解码、执行和回写 4 个基本步骤。为了提高处理器的运算能力，

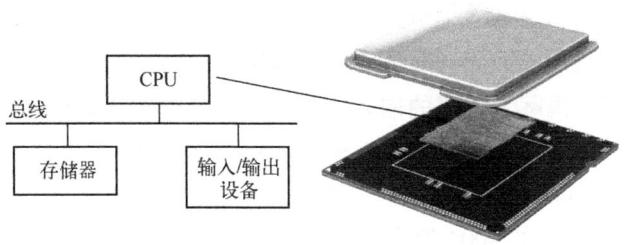

图 5-58　传统计算机组成与 CPU 芯片

指令通常都采用流水线的方式执行。提升处理器的指令级并行性和数据并行性的技术包括多发射技术、单指令多数据技术。为了提升事务级的并行处理能力，目前的处理器多采用多核架构，即一个芯片中包含多个处理核心。众核是在多核基础上为进一步挖掘显式并行性而构建的可扩展且规模更大的多核架构。另外，面向特定应用领域也衍生出了数字信号处理器和图形处理器等不同形态的处理器。随着集成电路工艺的发展以及晶体管技术节点的持续缩小，晶体管泄漏电流逐步加大，单位面积的功耗密度不断提升，降低功耗已成为处理器设计的主要挑战，人们把该问题称为"功耗墙"（Power Wall）。另外，处理器的处理能力严重依赖存储器速度，但存储器的运行速度提升长期跟不上处理器速度的提升，存储器成为限制处理器性能提升的重要挑战，人们把该问题称为"存储墙"（Memory Wall）。

按应用领域划分，处理器可分为应用于超级计算机、服务器、桌面计算机、移动智能终端和嵌入式系统等 5 类，这些领域已经形成了各自的软硬件生态。超级计算机用的处理器主要有 Intel 和 AMD 的 x86 处理器、IBM 公司的 POWER 和 PowerPC 处理器以及富士通的 SPARC 处理器。NVIDIA 的 GPU 和 Intel 的 PHI 加速器也被应用在超级计算机中。中国的超级计算机处理器有上海高性能集成电路设计中心研发的申威与国防科技大学研发的飞腾，分别应用于"太湖之光"与"天河"系列超级计算机中。服务器用的处理器注重单芯片的计算能力，目前主要是 IBM 的 POWER 处理器和 Intel/AMD 的 x86 处理器，近年来 ARM 公司也在着力开发服务器用的处理器。桌面计算机用的处理器强调计算能力与成本，目前已经被 Intel 和 AMD 的 x86 处理器垄断。中国上海兆芯集成电路有限公司已具备开发 x86 处理器的能力。移动智能终端处理器又称应用处理器（Application Processor，AP），被广泛应用于智能手机、平板电脑和智能电视中，它注重能效（Energy Efficiency），目前主要被 ARM 公司所垄断。国际上基于 ARM 架构开发应用处理器的公司有高通和三星等，中国从事该类处理器研发的有海思半导体、紫光展锐、联发科和大唐半导体等。嵌入式处理器（Embedded Processor）指被广泛应用于各种嵌入式系统中的微处理器和微控制器，这类处理器形态多样，处理能力根据市场需求而异，通常以系统芯片（SoC）的形式出现，技术特点是低成本与低功耗。国际上主流的嵌入式处理器为 ARM、MIPS、Tensilica 与 ARC 架构的 CPU，国内有杭州中天微系统研制的 CK 系列 CPU，以及苏州国芯引进摩托罗拉和 IBM PowerPC 的相关技术开发的 CPU 产品。

Intel 1971 年发布的 4004 处理器是世界上首个处理器。经过 40 多年的发展，处理器从 4 位发展到 64 位，频率从 MHz 发展到 GHz，从单流水线结构到多线程结构，从单核架构走向多核和众核架构，基于冯·诺依曼架构（Von Neumann）的处理器技术已经趋于成熟。这类传统冯·诺依曼架构处理器的发展趋势主要是与更先进工艺的结合，开发出更加高能效的处理器产品。量子计算机（Quantum Computer）是近年来计算机领域的研究热点，它是一种以量子力学规律为基础的新一代高速计算机。利用量子多位并行处理能力，量子计算机将带来计算能力的巨大提升。最近，面向类脑计算的新型处理器架构逐步进入公众的视野，它因在深度学习、人工智能等领域具有比冯·诺依曼架构处理器更高的处理能效而被广泛关注，有望在一些领域取得重要应用。

撰稿人：浙江大学　严晓浪　孟建熠　陈志坚
审稿人：清华大学　尹首一
　　　　东南大学　杨军

▷▷▷ 5.7.2　指令集架构，指令集架構，Instruction Set Architecture（ISA）

指令（Instruction）是处理器能读懂的机器语言，它定义了计算机硬件能够理解并执行的一系列操作命令，指令最终被运行在处理器芯片上。指令集（Instruction Set），又称指令系统，它是软件与硬件的接口，不仅包括计算机支持的所有指令，还包括指令格式、操作数类型、寻址模式、编程模型、存储空间架构、中断和异常等一系列计算机完整运行所必需的规范。相同的指令系统可以设计出不同的处理器硬件。指令集架构（Instruction Set Architecture，ISA）决定了上层应用软件的生态，应用软件生态越丰富开发者就会越多，而开发者多了自然就会促进应用软件生态更加丰富。指令集架构常简称指令架构。在处理器的设计中，统一的指令架构有助于软件生态资源的积累，处理器设计公司可以基于相同的指令架构设计出不同性能的处理器硬件，从而达到硬件不断升级但软件兼容的效果，如图 5-59 所示。Intel 公司生产的桌面处理器都兼容 x86 指令集。

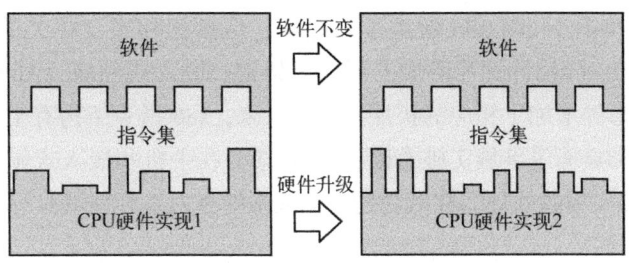

图 5-59　相同指令架构可实现软件兼容和硬件优化

处理器的基本指令通常包括数据处理、运算操作和程序流控制三个基本大类。数据处理类指令的主要功能是传输、准备操作数（Operand）和运算结果。运算类指令的主要功能是进行数据运算，包括算术、逻辑、位操作和比较等。程序流控制指令的主要功能是实现程序的跳转，典型的控制流指令包括分支指令与跳转指令等。指令格式是指令的二进制描述方式，又称机器码。机器码中通常包含几个典型的字段，分别是操作字段、操作数字段和立即数字段。操作数类型用于指示运算过程中操作数的数据宽度，目前常见的操作数宽度有 8 位、16 位、32 位和 64 位等类型，在 C 语言中分别对应字符型、短整型、整型（单精度浮点）和长整型（双精度浮点）。处理器硬件所支持的最大的操作数（数据）宽度通常也被定义为处理器的处理宽度，如支持最大宽度为 64 位数据运算的处理器通常称为"64 位处理器"。编程模型是软件设计人员与硬件交互中所接触到的所有硬件资源的统称，通常包括通用寄存器资源、控制寄存器资源、中断和异常及存储空间资源等。

常见的指令系统包括复杂指令集计算机（Complex Instruction Set Computer，CISC）和精简指令集计算机（Reduced Instruction Set Computer，RISC）两种类型，常简称为复杂指令集和精简指令集。CISC 处理器的特点是单条指令的功能强大，一条指令可以包含多个操作。此外复杂 CISC 的指令长度通常并不固定，是一种变长的指令系统。早期由于存储的成本高，通常把指令设计成复杂的操作，这类处理器通常都是 CISC 架构。RISC 处理器的特点是单条指令的功能比较简单，一般只包含单个操作，简化处理器硬件设计并易于进行编译器层面的优化。指令长度方面，RISC 处理器的指令长度是确定的。当前主流的 x86 架构属于 CISC 指令体系，计算能力强兼容性好，已经在超级计算机、服务器和个人计算机等领域大规模应用。ARM 架构属于 RISC 指令体系，它能效更好，硬件设计成本也很低，被嵌入式领域广泛接受。

指令系统经过近 40 年的发展，支撑处理器基础功能的指令已基本成熟完善，多种指令架构已经在细分领域形成了垄断，未来结合新的应用需求的专用指令是发展的重点。Intel 公司对 x86 增加了多媒体、虚拟化和安全相关的扩展指令集，AMD 公司为 3D、异构计算等增加了新指令架构。嵌入式领域，ARM 也针对多媒体、安全和图形等增加了相应的扩展指令。未来，x86 指令架构有望继续在高性能计算、服务器和桌面等领域实施垄断，ARM 架构在手机和嵌入式领域占据主导地位，其他 RISC 架构的处理器在低功耗、低成本的嵌入式等领域有所作为。

撰稿人：浙江大学　严晓浪　孟建熠　陈志坚
审稿人：清华大学　尹首一
东南大学　杨军

▷▷▷ 5.7.3　数据通路，資料路徑，Datapath

数据通路（Datapath）又称数据通道，是处理器的核心电路之一，负责数据存储、传输与运算等，它的电路结构规整，功能单一，通常是导致处理器电路中信号传播时延的关键路径，即限制处理器频率提升的关键。数据通路在控制逻辑的控制下进行数据运算与操作，如图 5-60 所示。常见的数据通路包括存储器（指令存储器与数据存储器）、寄存器堆、算术逻辑单元、乘除法单元、浮点运算单元与加载存储单元。

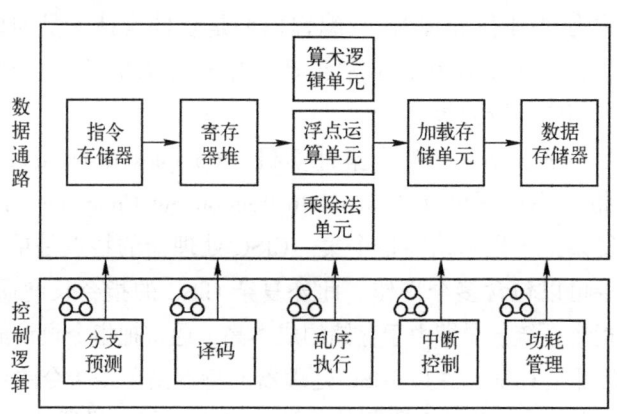

图 5-60　数据通路与控制逻辑

指令存储器和数据存储器是处理器中存储指令和数据的存储器单元。指令存储器包含只读存储器（ROM）、闪存（Flash）、静态随机存取存储器（Static Random Access Memory）和动态随机存取存储器（Dynamic Random Access Memory）。数据存储器需要实时地读/写操作，所以通常是以静态随机存储器和动态随机存储器的形式出现。

寄存器堆（Register File）是处理器的主要数据通路，它用于存储执行过程中的操作数和执行完后回写的结果。寄存器堆是由寄存器或者触发器电路设计成的高速记忆单元，用于缓存程序运行中最频繁使用的数据。

算术逻辑单元（Arithmetic and Logic Unit，ALU）是算术和逻辑运算的电路，是处理器最基础的运算器。从 8 位微处理器开始，ALU 就是处理器的重要组成部分，现代 CPU、DSP、GPU 等各种类型的处理器中都含有不同类型的 ALU。

乘除法单元（Multiplier and Divider Unit，MD）是负责乘法和除法运算的执行单元。在现代处理器中，一般会在指令设计上实现无符号和有符号的乘法和除法操作，这些指令将统一在乘除法单元中执行。在电路实现上，乘除法单元包括一个乘法器和一个除法器。乘法器是处理器的关键路径，为了提升运算的速度，通常采用 Booth 结构，又称布斯乘法器。

浮点运算单元（Floating-Point Unit，FPU）是处理器中处理浮点操作的专用模块。浮点数提供相比整数更大的数值范围和更高的数据精度。在支持的运算类型上，浮点运算单元主要实现了 IEEE-754 协议中指定的运算，包括加减、乘、乘累加、除法和开方、比较、数据格式转换等。浮点运算单元的电路规模和设计复杂度要高于其他的数据通路单元。

加载存储单元(Load Store Unit，LSU) 是负责处理器与数据存储器（处理器外部）进行数据交换的硬件模块。处理器运行过程中需要从内存或者其他存储器中访问数据，即执行加载指令从内存中获得数据放至处理器内部，执行存储指令将处理器内的数据存放至处理器外部的存储器中等。如果处理器中实现了数据高速缓存（Cache），则加载存储单元还要负责与 Cache 的数据访问与交互。Cache 通常采用的是静态随机存储器（SRAM）。由于成本的限制，当前通常高性能 CPU 设计有 16MB 以内的 Cache，嵌入式 CPU 设计有 64KB 以内的 Cache。

数据通路处理能力的主要技术指标是运算数据的宽度。第一款商用处理器 Intel 4004 是 4 位运算宽度，随后的 Intel 8008 是 8 位运算宽度，后来到 x86 发展到 32 位，目前发展到 64 位宽度。当前超级计算、服务器和桌面处理器为 64 位数据宽度，兼容 32 位。手机应用处理器在 2014 年左右进入 64 位阶段，之前长期使用 32 位。随着晶体管成本和功耗的不断降低，当前嵌入式处理器也在逐步从 8 位/16 位数据宽度发展到 32 位数据宽度。

撰稿人：浙江大学　严晓浪　孟建熠　陈志坚
审稿人：清华大学　尹首一
　　　　东南大学　杨军

▷▷▷ 5.7.4 控制逻辑，控制邏輯，Control Logic

控制逻辑（Control Logic）是处理器接收软件程序的命令控制数据通路部件运行的电路，可抽象地理解为是有限状态机电路的组合，逻辑设计的复杂度高。主要的控制逻辑包括译码、分支预测、乱序执行、中断控制与功耗管理等（见图 5-60）。

译码单元（Decoder）是处理器中负责指令译码的控制单元，通过译码可得到当前指令操作所要的所有信息，包括指令操作类型、源操作数地址、目的操作数地址、立即数等。

分支预测（Branch Prediction，BP）单元是处理器中对分支指令进行加速处理的控制单元。条件分支指令需在执行阶段才能知道是否跳转，严重影响了指令的有效预取。在具体硬件实现上，低端处理器执行静态分支预测；中高端处理器执行动态分支预测。相较静态分支预测，动态分支预测的准确率更高，但是硬件成本和复杂度也更大。

乱序执行（Out of Order Execution，OoO）技术是指高端处理器中控制指令不需要严格按照程序的顺序执行的机制。在高端处理器中，编程顺序中位于程序流后续的指令可以超越前序的指令提前执行并产生运算结果。乱序执行是一种打破指令编程顺序进行执行的复杂控制过程，处理器硬件会筛选满足执行条件的指令并执行，不会因为某条指令的原因堵塞后续指令的执行，提高了处理器的运行负荷和性能。

中断控制器（Interrupt Controller，INTC）是处理器中负责外设中断请求的控制电路。中断的功能是暂停（Interrupt）处理器当前程序的执行，转而让处理器处理中断源所约定的处理程序。现代处理器普遍实现了精确中断技术，即在某条指令完成后响应中断请求。

功耗管理单元（Power Management Unit，PMU）是处理器中负责各个模块供电、待机和全速运行等工作状态的模块。处理器在指令设计上会实现功耗管理指令，支持软件通过编程使得处理器进入不同的低功耗状态。处理器在设计上也会实现不同层次的低功耗状态，使得处理器和芯片进入不同的功耗状态。

先进的控制方法能够有效加速处理器的处理能力，但也会在很大程度上增加设计复杂度。衡量控制逻辑复杂度的一个重要指标是流水线级数。在集成电路技术跟不上计算机体系结构发展的早期，设计人员通过加深流水线来提升处理器的吞吐量；但过深的流水线结构在程序执行出现非规则跳转时，会导致流水线处理效率下降，且设计复杂度急剧上升。随着集成电路工艺特征尺寸的缩小，过高的主频会导致开关功耗急剧上升，主频提升不再是设计追求的主要因素。在保持主频不变的情况下,通过简化流水线的结构,降低设计复杂度,提升单位性能和处理器能效成为设计主流。

撰稿人：浙江大学　严晓浪　孟建熠　陈志坚
审稿人：清华大学　尹首一
　　　　东南大学　杨军

▷▷▷ 5.7.5　协处理器，協處理器，Coprocessor

协处理器（Coprocessor）是处理器的扩展单元，通常是为处理器无法直接执行或者执行效率低的任务而特殊设计的加速电路。通常协处理器和处理器是两个比较独立的部件，它们之间通过通用的总线相连并且通信。狭义的协处理器是处理器内部的一些加速部件。广义的协处理器是处理器外部松耦合的加速部件。狭义的协处理器基本上是由处理器执行指令来驱动的；广义的协处理器则更接近于专用集成电路，位于处理器周围，通过处理器配置协处理器来驱动运行的。

浮点协处理器是一种最常见的协处理器。大多数处理器以协处理器的方式扩展了浮点运算功能，如图 5-61 所示。ARM 处理器以协处理器的方式实现了 VFP 单元，支持矢量浮点运算；Intel 则开发了 Phi 协处理器，以芯片的方式支持多核心的浮点并行运算，主处理器和 Phi 协处理器之间以 PCI-E 协议进行互连和通信。

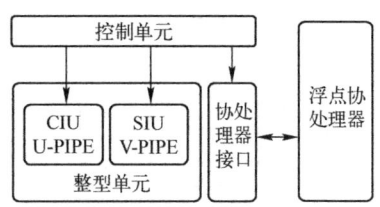

图 5-61　典型浮点协处理器的扩展架构

近年来基于 FPGA 的协处理器架构逐步被市场认可，很多芯片设计公司采用了硬核或软核 CPU+FPGA 协处理器的架构。2010 年赛灵思公司率先推出 ARM Cortex A9 处理器与 FPGA 可扩展方式的处理平台，此后又推出了 Zynq-7000 系列可编程处理器。2015 年 Intel 公司以 167 亿美元收购 FPGA 巨头 Altera 公司，旨在开发 CPU 与 FPGA 融合的架构。2016 年 Intel 推出了 x86 处理器+FPGA 的架构，能够实现高达 20 倍的性能提升。通过 FPGA 加速小部分的热点程序，大部分的串行程序依然借用 x86 架构处理器良好的生态，有助于提升 Intel 处理器的综合竞争力。

协处理器是处理器面向应用领域进行针对性扩展的一个技术途径，面向特定领域设计专用协处理器是协处理器技术演进的总体思路。近年来，处理器与

FPGA 的深度融合成为重要的协处理器演进思路。信息安全、人工智能和深度学习等领域的芯片公司，都在采用 CPU+FPGA 的架构开发产品。

撰稿人：浙江大学　严晓浪　孟建熠　陈志坚
审稿人：清华大学　尹首一
　　　　东南大学　杨军

▷▷▷ 5.7.6　数据处理流水线，資料處理管綫，Data Processing Pipeline

数据处理流水线（Data Processing Pipeline）是提升处理器运算吞吐率（Throughput）的设计技术。流水线技术的工作原理是将指令的执行过程划分为取指令、译码、执行、数据访问和回写等多个阶段，同一时刻多条指令在处理器中并行执行，每个阶段执行的结果在流水线寄存器中被临时保存，如图 5-62 所示。IPC（Instruction per Cycle）是每个周期可以执行的指令数，频率是每秒运行多少个周期，处理器总性能＝IPC×频率。由于流水线技术极大地提升了处理器的频率，因此它对于处理器性能（吞吐率）的提升效果非常明显。

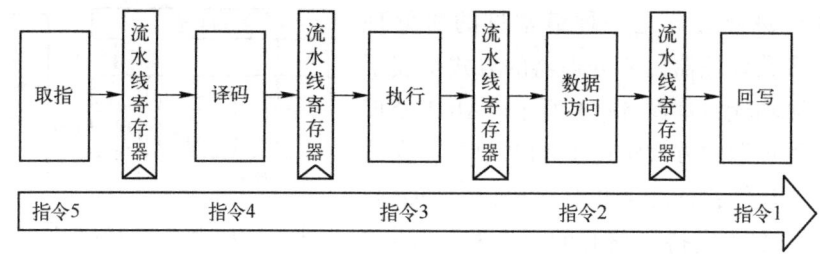

图 5-62　流水线技术将指令执行任务划分为多个并行执行的阶段

流水线技术虽然有效提升了处理器频率，但是却引入了一系列的硬件冲突（Hazard），会影响处理器的 IPC 的优化。流水线设计主要考虑以下 3 类冲突。

（1）结构冲突（Structure Hazard）：由于多个请求访问同一个物理部件产生的冲突。由于物理部件在同一时刻只能被一个请求访问，在同一时刻其他请求将被停顿。典型的例子是取指阶段和访存阶段会在同一时刻访问 Cache，造成了 Cache 的结构性冲突。解决结构性冲突最典型的方法是复制多份硬件资源。

（2）控制冲突（Control Hazard）：由分支指令改变程序顺序执行而引入的冲突。条件分支在取指阶段时，尚未明确指令是否跳转以及跳转的目标地址，此时流水线会停止预取指令,直到分支指令执行完毕并获得分支跳转方向和地址。分支预测是流水线中解决控制冲突的主要方法,它预测分支的跳转方向并提前发起指令预取。

(3) 数据冲突(Data Hazard):当指令之间存在后续指令需要用到尚未完成的前序指令的操作数或者结果时,数据冲突出现,又称真相关。数据真相关指后续指令进入执行阶段时,前续指令尚未将结果写回寄存器堆。解决数据冲突的基本方法是数据旁路技术,直接从执行单元旁路运算结果。

流水线技术是处理器挖掘指令级并行性的重要方法,深流水有助于提升处理器的主频,但带来的代价是成本、功耗与设计复杂度。当前,高性能处理器的流水线深度不再加深,重点往提升 IPC 的方向发展。更大规模的乱序执行,更多指令的并行性挖掘都是高性能流水线的发展方向。在低功耗处理器方面,流水线被设计得尽量短,以降低电路成本与功耗。

撰稿人:浙江大学 严晓浪 孟建熠 陈志坚
审稿人:清华大学 尹首一
东南大学 杨军

▷▷▷ 5.7.7 多发射,多指令分发,Multi-Issue

多发射(Multi-Issue)指流水线中单个时钟周期内发射多条指令进入执行的机制。传统单时钟周期内发射执行单条指令被称为标量架构。多发射架构是一种硬件支持多指令并行发射和执行的处理器架构。相比单发射处理器,多发射架构能够更好地挖掘处理器指令级的并行性,因此被广泛应用在现代高性能处理器设计中。常见的多发射处理器形态包括超标量(Superscalar)架构与超长指令字(Very Long Instruction Word,VLIW)架构两个大类,如图 5-63 所示。

超标量架构的取指带宽高,取指单元支持一个周期预取多条指令,从而保证后续的执行单元有足够的指令来源。超标量架构也拥有宽数据处理通路,一个周期可以并行执行多条指令,这意味着指令译码单元、寄存器堆的读口、指令发射单元等都需要多份硬件复本,硬件成本较高。受限于程序的数据相关性等原因,超标量处理器的执行带宽并非越宽越好,而是有一个性能和成本的最优方案,一般这个最优解的发射宽度为 2~4。

超长指令字架构是一类处理器硬件和编译器协同配合实现多发射的技术。超长指令字技术以指令包的形式执行指令。一个指令包中包含多条指令。处理器硬件每个时钟周期获取和执行一个指令包。超长指令字技术的主要特点是:

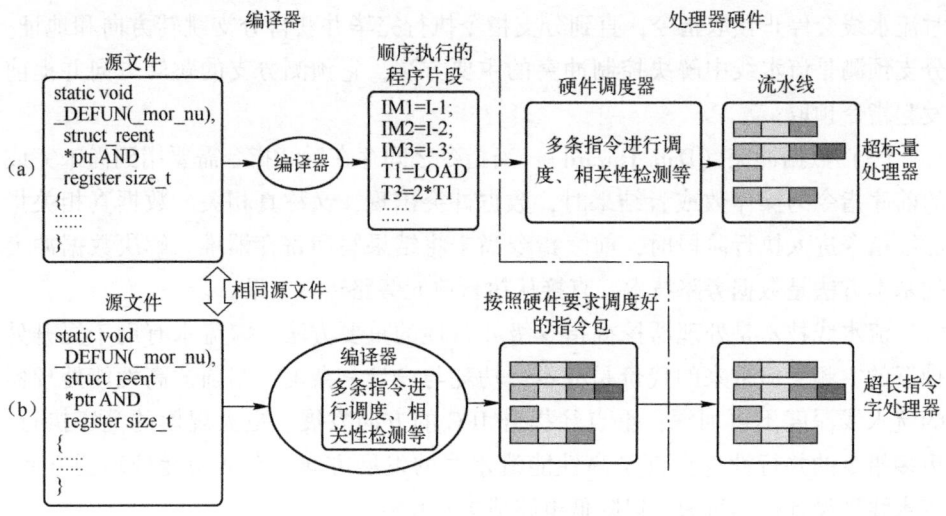

图 5-63 超标量（a）与超长指令字（b）的差别

对指令包的格式有要求，即指令包必须按照一定的格式进行封装；编译器完全解决或者部分解决流水线冲突，编译器通过调度或者插入空指令的形式解决各类相关性冲突。由于编译器的支持，硬件设计会相对简单，但是这种技术需要软硬件协同配合，因此软件编程的并行性、灵活性不够友好。

在实际的设计中，通用处理器更倾向于采用超标量技术，原因是通用处理器要考虑软件的后向兼容，每一代新处理器都要使生态体系中已积累的"旧"应用软件能够在新架构处理器上顺利地运行，即硬件相对软件要做到透明；超长指令字技术更多地被数字信号处理器所采用，原因是数字信号处理过程通常确定数据的并行性相对较好，且细分领域对兼容性的要求较低。

撰稿人：浙江大学　严晓浪　孟建熠　陈志坚

审稿人：清华大学　尹首一

　　　　东南大学　杨军

▷▷▷ 5.7.8 单指令多数据，單一程式流多重資料，Single-Instruction Multiple-Data（SIMD）

单指令多数据（Single-Instruction Multiple-Data，SIMD）是 Flynn 分类法中的一类单条指令中处理多个数据的计算机结构。单指令多数据的硬件结构如图 5-64 所示。SIMD 技术主要用于数据处理算法单一、数据并行性比较好的数据处理领域。典型的计算场景就是图像算法，它处理每个像素或者区块的算法相同，并行的像素和区块很多。由于音/视频、图像、信号处理等领域都广泛应用了矩阵类运算，所处理的对象程序是相同的，不同的只是对并行数据的处理，因此面向这些领域的加速指令设计普遍都采用 SIMD 技术。

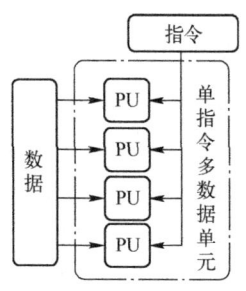

PU：Processing Unit（处理单元）。

图 5-64　单指令多数据的硬件结构

SIMD 涉及的关键问题包括数据运算宽度、元素位宽和操作类型（Operation Type）。数据运算宽度是指令可以操作的最大数据位宽，其直接决定 SIMD 运算的吞吐率；元素位宽是 SIMD 中元素操作的位宽，这基本是由应用以及要处理的数据宽度决定的；操作类型是运算要支持 SIMD 操作，不同精度对宽度的要求不同。以 Intel 处理器为例，Intel 实现了面向视音频加速的 SSE 指令集，这些指令就是按照 SIMD 的方式设计的，每条指令可以操作 128 位宽的数据。元素位宽方面，考虑到视频和图像领域的基本元素位宽是字节，音频领域是半字，高精度信号处理领域以及浮点领域是字，所以 SSE 的元素位宽可以支持字节/半字/字的操作。结合数据运算宽度和元素位宽，一条 SSE 指令最多可以并行操作 16 个字节的运算。操作类型方面，SSE 指令实现了乘、乘累加、移位、逻辑操作等典型的数据运算。ARM 的 Neon 技术同样实现了 SIMD 架构，它的数据运算宽度也是 128 位，具体的操作类型方面也与 Intel 的类似。

SIMD 技术的演进方向为面向应用的特定算法能力加速。算法结构统一、数据并行好的应用会被设计成 SIMD 的处理器或协处理器。

撰稿人：浙江大学　严晓浪　孟建熠　陈志坚
审稿人：清华大学　尹首一
　　　　东南大学　杨军

5.7.9　多线程，多執行緒，Multi-Thread

线程（Thread）是程序执行流中的最小程序片段，也是操作系统能够调度的最小单位。线程包含于进程（Process）中，是进程运行的实际运作单位，因此可以将线程看作在处理器上运行的带有一定功能的顺序控制流程。线程与进程的区别在于，不同进程之间拥有各自独立的内存空间，而一个进程内的不同线程则共享内存空间，但每个线程拥有各自独立的执行堆栈和程序计数器以便执行上下文。硬件支持的多线程处理器是同一时刻能够并行运行多个线程的处理器。采用硬件多线程技术的处理器允许在某一线程出现阻塞的情况下，由硬件直接调度已经就绪的其他线程指令进入执行单元进行运算，提升数据通路的利用率，从而提高多个线程运行的总体吞吐率。

同步多线程技术（Simultaneous Multi-Threading，SMT）可以在特定的时钟周期运行多条来自不同线程的指令。SMT 基于超标量处理器，是将超标量处理器可同时执行多条指令的特点扩展到多线程场景下的产物。针对单一线程有限的指令并行性，SMT 在跨越多线程的前提下进一步提升并行性，充分利用超标量流水线硬件资源。SMT 在各级流水线均需要增加用于记录不同运行指令线程号的硬件资源以及相关控制逻辑，同时也需要扩容片上高速缓存与旁路转换缓冲（Translation Lookside Buffer，TLB）等线程间共享的资源以缓解线程间冲突。采用 SMT 的典型处理器包括 Sun 的 UltraSPARC T2，以及 Intel 的 Pentium 4 Xeon 和 Core i7 等。

多个线程运行在不同的逻辑处理器上的示意图如图 5-65 所示。

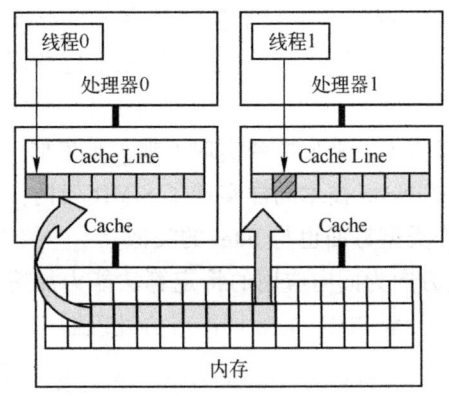

图 5-65　多个线程运行在不同的逻辑处理器上的示意图

单核多线程技术的优势是多个独立线程可以共享处理器的存储和执行单元，相比多核硬件成本更低。单核多线程的缺点是多线程的控制逻辑设计复杂扩展性较差，如从 2 线程扩展到 4 线程处理器核要重新设计。近年来随着工艺不断进步，硬件成本不再成为主要矛盾，多线程技术的低成本的价值逐步下降，多核由于其扩展性好设计且难度更低而被业界普遍采用。多核取代多线程已成为趋势。

撰稿人：浙江大学　严晓浪　孟建熠　陈晨
审稿人：清华大学　尹首一
　　　　东南大学　杨军

▷▷▷ 5.7.10　多核，多核心，Multi-Core

多核（Multi-Core）处理器是指由两个或多个（一般不多于32个）独立的处理器单元（又称"核"）组成的一个运算部件，其内部每个处理器单元都可以按传统单核处理器的工作方式独立工作。多个处理器并行读取和执行多个程序的指令，能够加快多个独立程序并行计算的速度。多核处理器是单核处理器指令级并行提升遇到瓶颈后应运而生的任务级并行处理技术。

多核处理器拥有独立的高速缓存单元（L1 Cache），处理器之间通过总线共享外部存储单元（L2 Cache 和内存）。基于共享存储架构的多核处理器（见图 5-66）面临的主要问题是数据一致性维护，即当运行过程中，某处理器本地缓存发生修改时，其他处理器本地缓存内相同地址段数据并未发生修改，进而导致各处理器之间出现数据不一致现象。

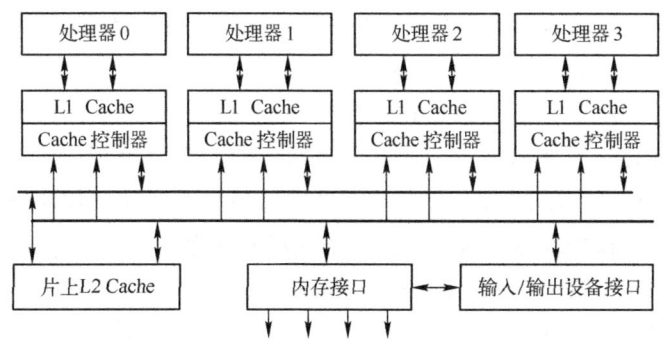

图 5-66　基于共享存储架构的多核处理器示意图

多核处理器通过设计专用的缓存一致性协议来解决上述数据一致性问题。目前大部分多核处理器系统均使用基于"监听"（Snooping）的一致性协议。其主要原理是，所有本地缓存通过内部总线实时观察总线上发生的数据更新行为，一旦探测到共享存储的更新动作，就检查并更新本地缓存对应地址的内容。常见的监听协议有 MESI 协议，其为多个缓存单元设计四个状态。当出现缓存更新的现象时，将该缓存段的状态改变广播至其他处理器。

若多核处理器内部各计算内核完全相同、地位完全对等，称为同构多核（Homogeneous Multi-Core）。同构多核架构只需将一个基本的计算单元重复实现，同时设计统一的管理通信接口和共享存储等即可完成系统设计。若多核处理器内部各计算内核不完全相同，则称为异构多核（Heterogeneous Multi-Core）。常见的计算内核类别包括 CPU、GPU、DSP、ASIC、FPGA 等。异构多核用简单的公式可以表示为"CPU+其他处理器"。目前常见的异构多核出现在嵌入式多核处理器中，如 AMD、苹果、高通、三星、华为等公司的 CPU+GPU。

随着机器视觉、人工智能、云计算、AR/VR 等对于高性能并行计算需求的爆发式增长，异构多核通过引入 GPU、DSP 以及硬件加速器等其他高能效计算单元，相比同构多核拥有更高的能效，是高性能计算的发展方向。Intel 收购 Altera 公司发展 CPU+FPGA，AMD 发展包含 CPU+GPU 的新架构 APU 均属于异构计算。

撰稿人：浙江大学　严晓浪　孟建熠　陈晨
审稿人：清华大学　尹首一
　　　　东南大学　杨军

▷▷▷ 5.7.11　众核，粢核，Many Cores

众核（Many Cores）处理器是一种为满足大型并行计算需求而设计的多核处理器，其内部核心数一般在数十到数百的规模，如图 5-67 所示。与多核处理器相比，众核处理器追求更高的显式并行度与能效比，结构上倾向于采用更加简单的处理器核心，增加用于各处理器节点通信的路由节点，从而实现更好的扩展性。虽然单核性能不那么高，但由于处理器核心的增加，程序任务并行度大幅增加，使得众核处理器可获得更优的系统整体性能。

众核处理器一般采用片上网络（Network on Chip，NoC）搭建，可实现直接点到点的核间通信。片上网络可以优化全局互连线的分割和共享机制，相对基于全局总线同步和共享存储器通信的多核架构，可大幅减少通信成本，提高通信效率。众核处理器的硬件性能可达到 TFlops 级别，但在实际使用中如何实现目标软件的任务划分并将划分好的各个子任务映射到相应的处理器节点上，以充分发挥每个处理器的潜力，是对软件编程提出的巨大挑战。中国复旦大学团队研发的 16 核和 24 核众核处理器成果已发表于国际固态电路会议上。

目前众核处理器适用的编程模型主要有消息传递接口（Message Passing Interface，MPI）、开放计算语言（Open Computing Language，OpenCL）、全局地

址空间分区（Partitioned Global Address Space，PGAS）、参与者模式（Actor Model）和开放多进程（Open Multi-Processing，OpenMP）等。

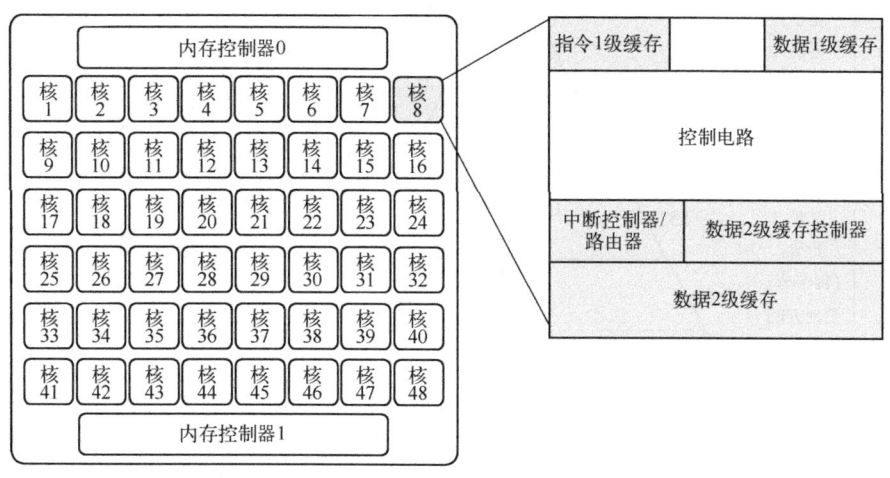

图 5-67　众核处理器示意图

目前世界上运行速度最快的超级计算机"神威太湖之光"一共使用了 40 906 个 SW26010 处理器，总处理器核心数为 10 649 600 个。众核处理器未来的发展趋势包括自动并行编译技术、操作系统研究、高可靠性、可测性、片上同步机制、数据共享和分配策略、可配置属性和海量线程管理，应用领域包括生物计算、网络安全、信号处理、网络包处理、图形处理和机器学习等。

撰稿人：浙江大学　严晓浪　孟建熠　陈晨
审稿人：清华大学　尹首一
　　　　东南大学　杨军

▷▷▷ 5.7.12　存储架构，存储层次，Memory Hierarchy

存储器是保存数据的硬件，是冯·诺依曼架构计算机中与处理器紧密耦合的基本元件。大容量高速存储器是处理器性能发挥的基础，但在现代集成电路发展过程中，存储器的发展速度长期落后于处理器。根据速度、容量和价格的权衡，现代计算机体系结构中通常采用多层次存储架构。依据存储的访问延时，多层次存储架构划分为不同层次的存储器，如图 5-68 所示。存储器的层次越低（逻辑上与处理器更靠近）则访问延时越小，单位成本越高，因此设计容量相对较小；存储器的层次越高（逻辑上与处理器更远）则访问延迟越大，单位成本越低，比较适合存放使用频度低的大容量数据。

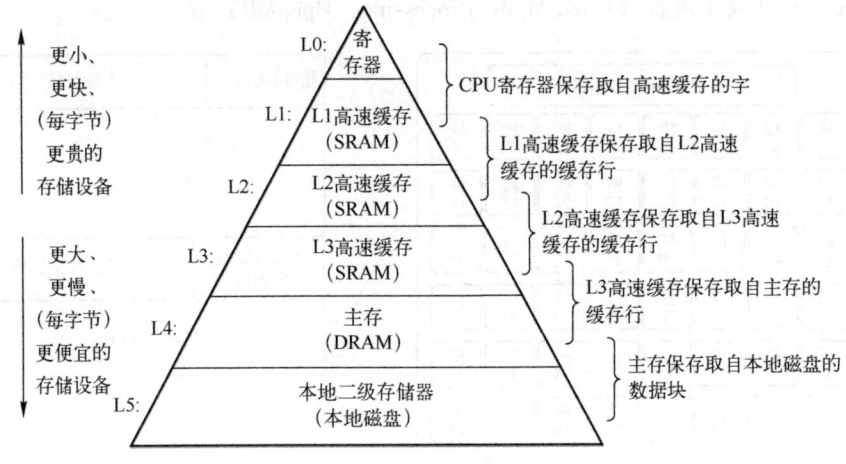

图 5-68　存储器层次结构

寄存器位于处理器内部，通常每个寄存器保存一个或两个字的数据（32 位或者 64 位），一般是 32 个或 64 个。高速缓存（Cache）位于处理器内部，是用于减少主存访问成本（访问时间和功耗）而设置的，存放高频访问的指令或者数据。缓存可以分成指令缓存和数据缓存，并且可以根据架构需要继续划分为更多层次，如第一级高速缓存（L1）和第二级高速缓存（L2）等。主存储器（Main Memory）简称主存，是 CPU 可以直接访问的存储器，即 CPU 可直接读取主存储器中的相应指令和数据进行计算。主存储器通常由随机访问存储器（RAM）构成，部分特定类型 RAM 是易失的，一旦断电将会丢失所有数据。主存储器的访问时间通常是几纳秒或者几十纳秒，并且需要通过存储总线直接或者间接与 CPU 相连，存储总线包括地址总线和数据总线。本地二级存储器是辅助存储器，又称外部存储器，CPU 不能直接访问该存储器，该存储器通常是非易失的，掉电后数据不会丢失。辅助存储器单位价格比主存储器便宜两个数量级以上，因此可以满足高性价比的大容量存储需求。辅助存储器一般采用磁盘，访问延时为毫秒级别。

未来，各存储子系统性能将不断优化，如固态硬盘（SSD）的引入，消除了常见辅助存储器机械硬盘的寻道操作，带来极低的随机读操作延迟。同时新型存储器如相变存储器（PCRAM，PCM，PRAM）、阻变存储器（ReRAM 或 RRAM）和磁存储器（MRAM）等也在不断涌现。这些新型存储器有望在嵌入式领域率先使用，由于其非易失和可执行的特点，将改变嵌入式系统架构。目前，这些技术还没有根本性解决读/写速度以及成本问题，因此未来数据存储体系中多介质混合存储系统与一体化管理有望成为一大发展方向。

撰稿人：浙江大学　严晓浪　孟建熠　陈晨
审稿人：清华大学　尹首一
东南大学　杨军

▷▷▷ 5.7.13　数字信号处理器，數位信號處理器，Digital Signal Processor（DSP）

数字信号处理器（Digital Signal Processor，DSP）是一种针对数字信号处理算法进行优化的专用处理器，常用于对实时连续模拟信号进行测量、过滤或压缩等。典型 DSP 架构图如图 5-69 所示。数字信号处理算法要求在短时间内对数据进行大量的重复算术运算。例如，将音频和视频传感器的连续时域信号持续转换为频域数字信号，经过量化等处理、传输，最终再反变换回时域信号。

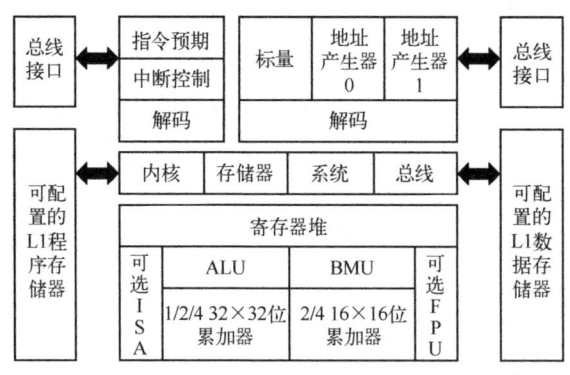

图 5-69　典型 DSP 架构图

数字信号处理应用通常对延时有较高要求，这意味着处理器必须在固定的时间内完成信号处理任务。DSP 架构专门用于数字信号处理优化，可针对性地提供低成本、高性能、低延迟的运算能力。DSP 通常具有面向应用的特点，因此难以得到通用编译工具的支持，其程序常以汇编的形式存在于库文件中。数字信号处理中需要处理大量数据流，因此其存储架构必须有能力同时获取多个指令或数据。DSP 常采用并行性的数据和指令存储，甚至多条数据总线。另外，为进一步降低延迟，需要为高速缓存而特别优化数字信号处理程序，因此更依赖于 DMA 的运用。采用虚拟内存（Virtual Memory）映射的操作系统在进程切换时延迟大，因此 DSP 通常不支持虚拟内存或虚拟内存保护。

数字信号处理器的技术发展趋势包括：内核指令并行能力进一步增强，单指令多数据（Single Instruction Multiple Data，SIMD）和超长指令字（Very Long Instruction Word，VLIW）将会在新一代高性能 DSP 中占据主导地位；在某些高性能应用中，多核 DSP 方案会越来越普遍；同时支持定点和浮点计算；数字信号控制器（DSC），又称为单片 DSP，可通过先进技术集成更多功能和接口来降低整体板级成本和功耗以及减小尺寸；DSP+MCU 的融合成为一种趋势，微控制器成本低，通用性好但数字信号处理能力弱，增加 DSP 扩展有助于简化设计并降低成本和功耗。

撰稿人：浙江大学　严晓浪　孟建熠　陈晨
审稿人：清华大学　尹首一
　　　　东南大学　杨军

▷▷▷ 5.7.14　图形处理器，圖形處理器，Graphics Processing Unit（GPU）

图形处理器（Graphics Processing Unit，GPU），早期又称视觉处理器、显示芯片，是一种应用于个人计算机、工作站、游戏机和移动设备上进行图形和图像处理的微处理器。图形处理器将计算机系统所需要的显示信息进行转换，最终传输给显示器进行显示，因此图形处理器是"人机交互"的重要设备之一。

图形处理器的设计关键是数据并行，往往采用指令层面的单指令多数据（Single-Instruction Multiple-Data，SIMD）或者单指令多线程（Single-Instruction Multiple-Thread，SIMT）和架构层面的多核等技术。SIMD 将多个数据元素打包供单条指令处理，提高对矢量数据的处理速度，但无法有效处理分支。SIMT 是 SIMD 技术的一种改进，可让同时运行的一组独立线程共享指令，且允许每个线程具有不同分支。图形处理器往往包含数十甚至上百个流处理器（Stream Multiprocessor，SM），每个流处理器又包含几十个线程处理器（Thread Processor，TP）。NVIDIA 公司最新研发的 TITAN X GPU 有 3584 个处理核心。为了充分利用这些处理器的运算能力，图形处理器需要设计高带宽的片上存储设备。

随着大数据、云计算以及机器学习的兴起，数据处理规模越来越大，利用 GPU 进行通用计算已经引起广泛关注，并促生了通用图形处理器（General-Purpose Computing on GPU，GPGPU）。广泛使用的 GPGPU 平台有 OpenCL、OpenGL 和 CUDA 等。OpenCL（Open Computing Language）是一个面向异构系统通用计算并行编程的开放、免费的标准。OpenGL（Open Graphics Library）定义了一个跨平台、跨语言的高性能的图形程序接口。CUDA（Compute Unified

Device Architecture）定义了一个通用并行计算架构。CUDA 通过将需要大量计算的任务进行多级划分来实现并行编程，其首先将任务划分为任务块（Block），然后再将任务块划分为更细粒度的 CUDA 线程（Thread），最后将这些线程分配给 GPU 中的处理核心来执行。

GPU 不但在传统图像处理领域发挥着重要作用，而且以极高的数据吞吐量推动着高性能计算和人工智能的发展。谷歌、百度、Facebook 等公司已成功利用 GPU 集群作为基础架构搭建人工智能（深度学习）平台。谷歌的 AlphaGo 人工智能平台于 2016 年 3 月成功地击败了围棋世界冠军李世石，而 AlphaGo 的升级版 Master 更是在 2017 年初与人类的对弈中累计实现了 60:0 的胜绩。随着研究的深入，GPU 在科学计算、人工智能、无人驾驶等应用领域将发挥更加重要的作用。

撰稿人：浙江大学　严晓浪　孟建熠　陈晨
审稿人：清华大学　尹首一
　　　　东南大学　杨军

5.8　存储器设计

5.8.1　存储器，記憶體，Memory

存储器（Memory）是现代信息技术中用于保存程序和数据信息的存储器件，可根据控制器指定的位置存入和取出信息，广泛应用于计算机等电子设备。与传统的磁性存储器件相比，半导体存储器采用具有多种稳定状态的半导体器件（称为存储单元）来存储信息，具有体积小、性能好、功耗低等优点。半导体存储器的分类如图 5-70 所示。

根据电源终止后数据是否丢失，存储器分为易失性（Volatile）存储器和非易失性（Non-volatile）存储器。易失性存储器包括静态随机存取存储器（Static Random Access Memory，SRAM）和动态随机存取存储器（Dynamic RAM，DRAM）。非易失性存储器不仅包括只读存储器（Read Only Memory，ROM）、可编程只读存储器（Programmable ROM，PROM）、可擦可编程只读存储器（Erasable Programmable ROM，EPROM）和闪速（Flash）存储器，还包括铁电存储器（Ferroelectric RAM，FeRAM）、磁电阻存储器（Magnetoresistive RAM，MRAM）、阻变存储器（Resistive RAM，ReRAM 或者 RRAM）和相变存储器（Phase Change RAM，PCRAM 或 PCM）等新型存储器。

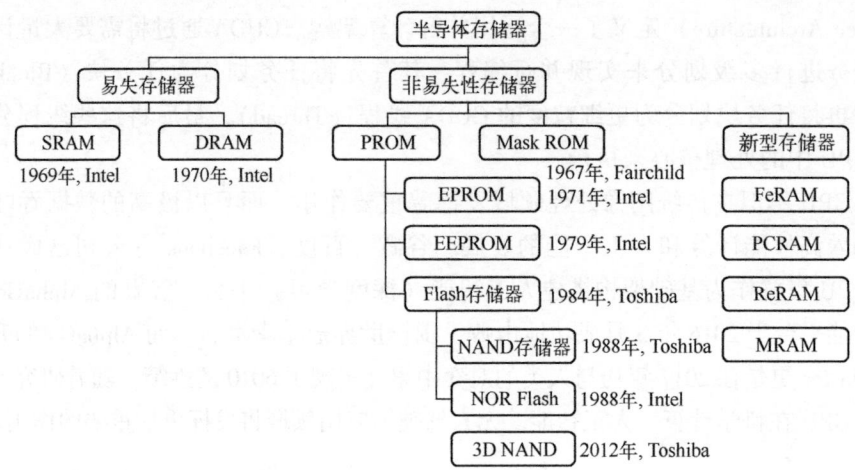

图 5-70 半导体存储器的分类

存储器按功能分为只读存储器（Read Only Memory，ROM）和读/写存储器（Read/Write Memory，RWM）。ROM 的内容是固定不变的，只能读出不能写入。RWM 同时提供读出和写入功能，它按存取方式又可分为随机存取存储器（Random Access Memory，RAM）、顺序存取存储器（Sequential Access Memory，SAM）和按内容寻址存储器（Content-Addressable Memory，CAM）。RAM 可以直接读/写任一存储单元的数据。SAM 按顺序存取数据，如 FIFO（First-In First-Out，先进先出）存储器、LIFO（Last-in First-out，后进先出）存储器以及移位寄存器。CAM 不是基于地址来寻找数据，而是以查询方式来确定哪个（哪些）地址含有与给定关键字匹配的数据。

存储器种类繁多，表 5-6 对常见存储器的容量、速度、功耗、成本和易失性进行了比较。SRAM 存取速度快，存储容量小，常用作存取指令和数据的高速缓存。DRAM 存取速度较快，存储容量居中，常用作存放大量程序和数据的内存。Flash 具有非易失性且存储容量大的特点，常用作系统程序和文件的存储。NOR-Flash 读取速度比 NAND-Flash 快，主要用于程序存储。NAND-Flash 由于单位位存储成本极低常用于数据存储。

表 5-6 常见存储器的比较

种 类	容 量	速 度	功 耗	成 本	易 失 性
SRAM	小	高	大	高	易失
DRAM	大	读：中 写：中	中	低	易失

续表

种类	容量	速度	功耗	成本	易失性
NOR-Flash	小	读：中 写：低	中	中	非易失
NAND-Flash	大	低	中	低	非易失

撰稿人：西安紫光国芯半导体有限公司　拜福君
审稿人：西安紫光国芯半导体有限公司　任奇伟

▷▷▷ 5.8.2 存储单元和外围电路，記憶體單元和週邊電路，Memory Cell and Periphery Circuit

存储器包括存储单元、行译码器、列译码器和灵敏放大器等，如图 5-71 所示。

存储单元是存储器最基本的存储器件，可以用来存储一位或多位二进制信息 "0" 或 "1"，具有存储数据和读/写数据的功能。例如，经典的 6T 结构静态随机存取存储器（SRAM）的存储单元由 6 个场效应管组成，利用内部反馈保持数据。动态随机存取存储器（DRAM）的存储单元为 1T1C（1 个场效应管、1 个电容器）结构，利用存储单元中的电容器有无电荷来表示状态 "0" 和 "1"。闪存（Flash）的存储单元为浮栅场效应管，利用场效应管的阈值高低不同表示不同的状态。

若干存储单元以某种组织结构组成存储阵列。例如，一个存储阵列包括 2^p 个存储块，每个存储块包括 2^n 个存储字（存储字为从存储阵列同时写入或读出的某一位宽的数据），每个存储字位宽为 2^m，p 代表块地址的位数，n 代表每个存储块中行和列地址位数，列地址为 $A_0 \sim A_{k-1}$，行地址为 $A_k \sim A_{n-1}$，所以存储器的容量为 2^{p+n+m} 位。存储器采用较长的字线和位线可以实现大容量，但是长位线、字线上的寄生电容和电阻又会导致存储器速度下降，因此设计需要对存储器阵列的组织和划分进行优化，使各个存储块的字线和位线长度保持在一定的界限内，以达到速度、容量的平衡。

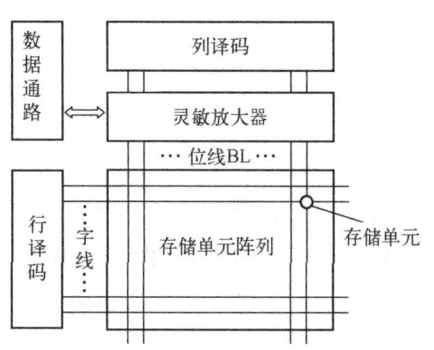

图 5-71　存储器结构示意图

为保证成品率，存储器在正常的存储阵列之外通常还会增加额外的冗余存储阵列。当存储阵列出现故障时，可以使用冗余存储阵列中的冗余行、冗余列或者冗余字进行替换修复。如图 5-72 所示，冗余存储单元阵列包含两个冗余行（SR0，SR1）、两个冗余列（SC0，SC1）和两个冗余字（SB0，SB1）。当位于 R2 行 C3 列的存储字 E 出现错误时，可以使用冗余行 SR0 直接替换 R2 行，或者可以使用冗余列 SC0 替换 C3 列，也可以直接使用冗余字 SB1 对 E 进行替换。一般冗余行和冗余列用于修复局部故障行和故障列，冗余字用于修复单个单元故障。冗余存储阵列的容量随正常存储阵列容量的增大而增加。存储器设计过程中需要根据存储器阵列故障类型和概率，分析最小存储块中所需要的冗余阵列的容量和大小，以达到使用最少的冗余单元极大地提高成品率的目的。

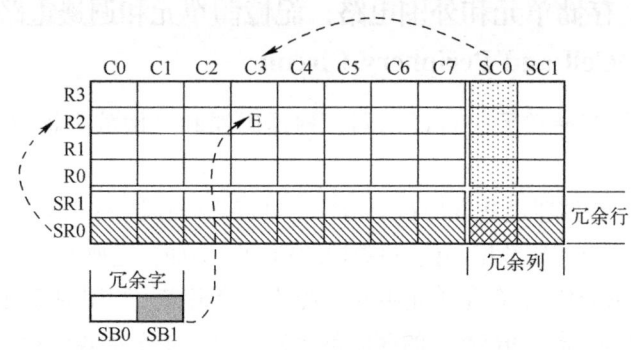

图 5-72　存储器冗余修复示意图

行译码器将行地址线转化为行选择线，每一条行选择线可以选择一行单元，称为字线（Word-Line，WL）。位于不同行但同一列的单元经由共同的连接线连至输入/输出电路，称为位线（Bit-Line，BL）。行地址 $A_k \sim A_{n-1}$ 经过行译码器可以得到 2^{n-k} 条字线，每条字线包含 2^k 个存储字，列译码器对 k 位列地址进行转化，从 2^k 个存储字中选择 1 个存储字进行操作。行译码器和列译码器对存储器的速度和功耗有重要影响，因此一般都将其紧密地搭接到存储器阵列，并保证译码器单元的几何尺寸和阵列节距尺寸匹配。

灵敏放大器是存储器读出电路的核心。它本质上是一个模拟电路。通过分辨具有较小摆幅的位线数据，并将其放大成具有较大输出摆幅的信号，灵敏放大器不仅可以弥补存储单元有限的输出驱动能力，减小延时，而且可以减少读出时位线上的信号摆幅，大大减少与充放电相关的功耗。灵敏放大器的拓扑结构在很大程度上取决于存储单元的类型、电压大小及存储器的整体结构。常用的灵敏放大器是差分电压灵敏放大器。

纠错编码（Error Correction Coding，ECC）广泛应用于存储器及其控制器中，它能发现存储数据的错误并纠正这些错误从而提高存储器的可靠性。存储器 ECC 原理如图 5-73 所示。为了支持 ECC，存储器在设计时需要增加额外存储阵列以保存监督位数据。有的存储器在设计时已经内嵌必要的 ECC 编解码电路，因此可以实现自检测修复。例如，具有内嵌 ECC 的 DRAM 既有更高的可靠性和成品率，又与标准的 DRAM 接口兼容。有的存储器只有存储数据位和监督位，ECC 编解码由存储器控制器完成。例如，一般闪存中会给 ECC 监督位预留存储空间，若与支持 ECC 功能的闪存控制器配合使用，将显著提高其使用寿命。

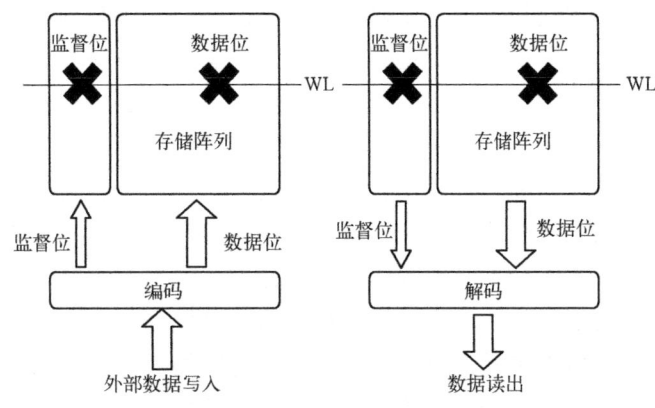

图 5-73 存储器 ECC 原理示意图

撰稿人：西安紫光国芯半导体有限公司　拜福君

审稿人：西安紫光国芯半导体有限公司　任奇伟

▷▷▷ 5.8.3　存储器控制器，記憶體控制器，Memory Controller

存储器控制器（Memory Controller）是存储器与 CPU 之间交换数据的中介。存储器控制器根据不同的存储器规格或者接口规范衍生出不同类型，如用于动态随机存取存储器（DRAM）的控制器和用于闪存（Flash）的控制器。

在计算机中的，CPU 和内存之间交换数据需要内存控制器。它决定了计算机系统所能使用的最大内存容量、内存存储体（Bank）数、内存类型和速度、内存颗粒数据深度（Depth）和数据宽度（Width）等重要参数，对计算机系统的整体性能有较大影响。目前内存控制器一般集成在 CPU 里面，缺点是对内存的适应性比较差，只能使用特定类型的内存；但优点是能够减小数据延迟，提升系统性能。为了进一步解决内存性能对系统整体性能的制约，业界研发出了全缓冲模组（Fully Buffered DIMM，FB-DIMM）技术。该项技术在内存控制器与内存之间增加了高级内存缓冲器（Advanced Memory Buffer，AMB），通过高速、多通道串行、点对点的接口与内存控制器及其他内存通信，解决了传统并行式内存架构速度与容量难以兼顾的问题。

不同于内存控制器，闪存控制器不但负责 CPU 与闪存之间的通信，还对闪存进行管理，包括坏块管理（Bad Block Management）、磨损均衡（Wear Leveling）等。闪存的耐擦写次数是有限的。通过磨损均衡技术，闪存控制器会记录闪存存储空间的使用情况，使得数据每次改写时能够写到闪存中的不同位置，而不是一直重复写入同一个位置。在理想状态下，磨损均衡技术可以保证在重新使用某一空间之前，闪存的所有其他物理空间都已经被均匀使用过。这种方式最大限度地使用了闪存单元，减少了对特定闪存单元的损耗，可以延长整个闪存的寿命。但是随着擦写次数增多，闪存单元还是会逐渐达到最大擦写次数，失效的存储单元会逐渐增加，最终体现为闪存中的坏块在使用过程中不断增加。坏块管理技术会将发现的坏块做上标记，闪存控制器通过读取这些标记建立坏块表，表中包含的块将不被寻址，即当寻址到一个坏块时重定向到一个好块。从使用的角度来看，虽然闪存的容量有所损失但是仍然能够使用，直至坏块数达到预设值时整个闪存才算损坏。目前常见的方案有独立式闪存控制器和嵌入式多媒体卡（Embedded Multi-Media Card，eMMC）。eMMC 将闪存控制器和闪存封装在一起，主要应用于手机或平板电脑等产品。它提供标准接口并管理闪存，使得产品厂商只专注于产品开发，不需要处理闪存兼容性和管理问题，缩短了新产品的上市周期和研发成本。

纠错编码（ECC）技术能发现并纠正存储器数据的错误从而提高存储器的可靠性。存储器控制器支持 ECC 技术，存储器只需要提供额外的监督位存储容量即可。控制器支持 ECC 功能的优势是，算法没有固化在存储器中，因此选择更具灵活性；缺点是没有结合存储器本身进行针对性的性能优化。如图 5-74 所示，k 位的原始数据 $D(k)$ 经过 ECC 编码后生成带有监督位的 n 位数据 $C(n,k)$，控制器将该数据写入存储器。从存储器读出数据 $C'(n,k)$，如果 C' 中出现的错误位数没有超过控制器 ECC 编码的纠错能力，经过存储器控制器的解码、纠正可得到正确的数据 $Q(k) = D(k)$；反之，则有可能不能纠正。从只能纠正 1 位错误的汉明码开始，随着存储器误码率的增加，能够纠正 2

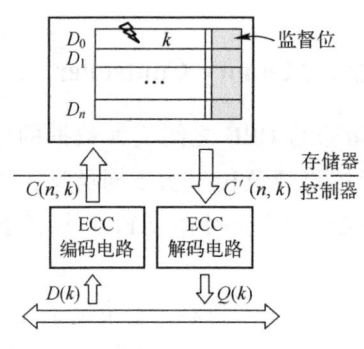

图 5-74 存储器控制器 ECC 原理图

位甚至更多位错误的 ECC 编码被逐渐采用,目前常用的有 BCH 码、RS 码和 LDPC 码等。

撰稿人:西安紫光国芯半导体有限公司　拜福君
审稿人:西安紫光国芯半导体有限公司　任奇伟

▷▷▷ 5.8.4　静态随机存取存储器,靜態隨機存取記憶體,Static Random Access Memory(SRAM)

静态随机存取存储器(Static Random Access Memory,SRAM)采用具有内部反馈的存储单元保存数据。相比 DRAM,它存取速度快,并且只要不断电,数据可以一直保存,不需要刷新,缺点是存储单元复杂、容量低。

SRAM 根据接口可分为异步 SRAM 和同步 SRAM。异步 SRAM 的访问独立于时钟,数据输入和输出都由地址的变化控制。同步 SRAM 的所有访问都在时钟的上升沿/下降沿启动,地址、数据输入和其他控制信号均与时钟信号相关。SRAM 又有分立式和嵌入式两种不同的应用方式。分立式 SRAM 作为独立元件主要用于通信设备、高速网络设备等领域。嵌入式 SRAM 由于与标准的 CMOS 工艺兼容,在 SoC 设计中获得了广泛的应用,如高速缓存、寄存器堆、查找表等,具有省面积小、速度快、功耗低的优点。嵌入式 SRAM 通常以编译器的形式出现,可根据用户自定义的位宽、字深等参数实时生成版图、网表和时序模型等文件。

SRAM 存储单元有 6T 结构、8T 结构等多种形式,如图 5-75 所示。最常用的 6T 结构的 SRAM 存储单元包含一对交叉耦合的反相器(用来保持数据)和一对存取管(用来读出和写入)。写入时,升高字线 WL,写入数据通过一对互补的位线 BL 和 $\overline{BL}$ 克服交叉耦合反相器的作用将数据写入节点 Q,其非值写入节点 $\overline{Q}$。SRAM 读操作示意图如图 5-76 所示。读出时,先将两条位线 BL 和 $\overline{BL}$ 预充电至高电平,

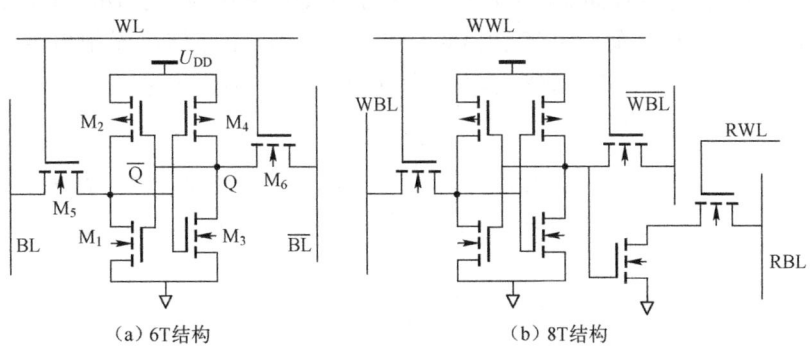

(a) 6T结构　　　　　　　　(b) 8T结构

图 5-75　SRAM 存储单元

然后预充电信号 PREB 升高将位线浮空。当字线 WL 上升时,位线 BL 和$\overline{BL}$之间逐渐出现电压差,当电压差达到一定值后打开灵敏放大器(SA),对电压差进行放大,读出数据再送到输出电路。

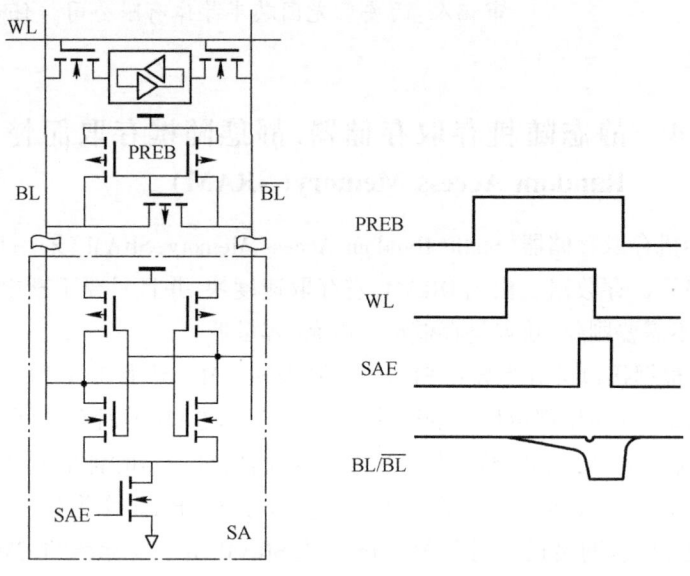

图 5-76　SRAM 读操作示意图

SRAM 存储单元设计是 SRAM 设计的主要挑战之一。在尽量减小单元尺寸的同时,既要满足可读性的约束,又要满足可写性的约束,即交叉耦合反相器既要足够强不会在读期间被干扰而翻转,又要足够弱,能在写期间被克服。通常 SRAM 存储单元已不再由设计者开发,而由工艺厂提供,并针对具体的制造工艺进行了精心调制,可有多种不同速度/功耗特点的种类供选择。

伪静态随机存取存储器(Pseudo SRAM,PSRAM)采用类似于 DRAM 的 1T+1C 结构的存储单元和类似于一般 SRAM 的接口。PSRAM 存储单元刷新由自身完成,因此不需要 DRAM 那样复杂的控制器;同时它又比 SRAM 容量大,可适用于有一定缓存容量要求的产品。

撰稿人:西安紫光国芯半导体有限公司　拜福君
审稿人:西安紫光国芯半导体有限公司　任奇伟

▷▷▷ 5.8.5 动态随机存取存储器,動態隨機存取記憶體,Dynamic Random Access Memory(DRAM)

动态随机存取存储器(Dynamic Random Access Memory,DRAM)依靠存储在电容上的电荷来保持信息。由于场效应管漏电的存在,电荷不能长期保存,故需要周期性地刷新以保持存储内容不丢失。

常见的 DRAM 存储单元由 1 个场效应管和 1 个电容(1T1C)构成,如图 5-77 所示。写入时,字线 WL 有效,场效应管导通:若写"1",存储电容被充电;若写"0",存储电容被放电。读出时,位线 BL 首先预充,然后当字线有效时,位线寄生电容 C_{BL} 和存储电容 C_{cell} 之间发生电荷重新分配,这就使位线上的电压发生变化。这一变化的方向决定了被存放数据的值:若位线电压变化为正值,则读出数据为"1",反之则读出数据为"0"。由于存储电容通常要比位线寄生电容小一至两个数量级,这一电压变化极小,一般在 200mV 左右。增大存储电容对增加位线电压摆幅和存储内容保持时间以及减少软错误十分必要,但与提高存储密度相矛盾。为了实现较高的存储单元密度和较低的每位成本,DRAM 工艺在不断微缩;同时为了保持存储单元的性能,DRAM 需要专门的制造工艺。目前常用的堆叠电容(Stacked Capacitor)工艺将电容堆叠在存取管和位线的顶部,应用多层材料堆叠实现大的电容。另外,还用沟槽电容(Trench Capacitor)工艺在衬底中刻蚀出沟槽,将其侧壁和硅片衬底作为电容的电极。通过将单元延伸为三维结构,单个 DRAM 存储单元的面积达到 $6F^2$(F 为工艺特征尺寸)。DRAM 工艺发展趋势如图 5-78 所示。

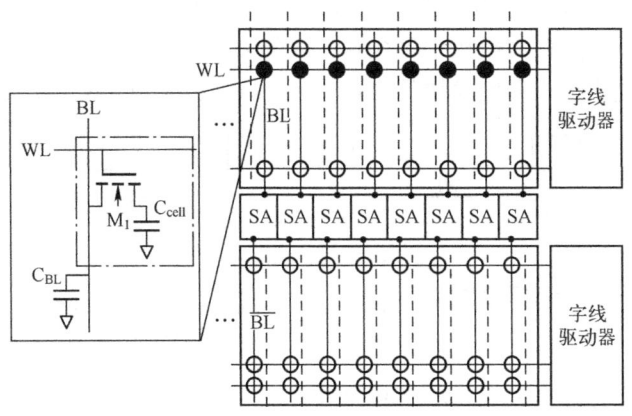

图 5-77 DRAM 存储单元阵列

年份	2010	2012	2014	2016	2018（预计）	2020（预计）
逻辑工艺	45nm	32nm	24nm	19nm	15nm	12nm
DRAM工艺	44nm	36nm	27nm	21nm	16nm	13nm
容量/单元大小	2Gbit/$6F^2$	4Gbit/$6F^2$	8Gbit/$6F^2$	>16Gbit/$4F^2$		

图 5-78 DRAM 工艺发展趋势

DRAM 的核心模块由存储单元阵列、灵敏放大器（SA）和字线驱动器构成，其性能和面积是整个 DRAM 芯片性价比的基础。在存储单元阵列中同一行的存储单元共享一个字线，同一列的存储单元共享一个位线。DRAM 存储阵列的基本操作如图 5-79 所示，灵敏放大器采用差分结构，其输入是互补的位线 BL 和 $\overline{BL}$，负责在读数据时将位线上的微小电压差放大，在写数据时对存储单元进行回写。字线驱动器控制字线的开关。DRAM 核心模块支持激活（ACT）、写（WR）、读（RD）和预充（PRE）4 个基本操作。1 个字线连接的所有存储单元，称为 1 页（Page），会同时被激活。在字线为高时，由于存储单元电荷和位线电荷的再分配，如果存储单元保存的高电平，则与之相连接的位线电压会略有上升。此时，存储单元中存储的数据由于电荷损失已经丢失，等待位线上电压差稳定后，灵敏放大器开始工作，将位线上的电压差放大至全摆幅并保持。由于字线仍然打开，此时灵敏放大器通过位线完成了存储单元的回写又恢复了其原有数据，这个过程称为刷新。激活操作完成后，该页上的数据可以进行随机读/写。根据列地址，读操作将相应列灵敏放大器的数据读出；写操作将数据写入灵敏放大器再由灵敏放大器将数据回写至存储单元。预充操作将激活的页关闭，包括关闭字线，关闭灵敏放大器并将位线预充至中间电位等待下次激活操作。在此基础上，DRAM 设计需要通过仿真和可靠性分析，研究最小存储模块中字线和位线的拓扑结构，确定字线、位线和数据线的物理宽度，优化最小存储模块的面积，完成其电路图和版图的设计。

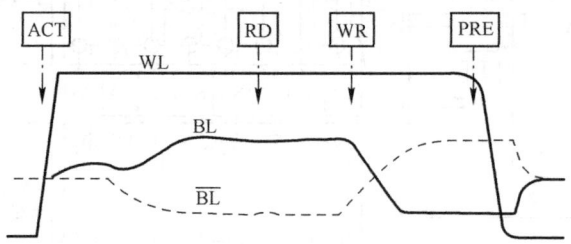

图 5-79 DRAM 存储阵列的基本操作

虽然工艺在不断进步，但 DRAM 核心模块的读/写速度并没有显著提升。DRAM 通过提高内部并行度的预取技术，以及高速数据通路和高速接口技术来提升存取速度,并由此衍生出一系列的产品:SDRAM(同步动态随机存取存储器)、DDR DRAM(双倍速率同步动态随机存取存储器)、DDR2 DRAM(第二代双倍速率同步动态随机存取存储器)、DDR3 DRAM(第三代双倍速率同步动态随机存取存储器)和DDR4 DRAM(第四代双倍速率同步动态随机存取存储器)。

撰稿人:西安紫光国芯半导体有限公司　拜福君
审稿人:西安紫光国芯半导体有限公司　任奇伟

5.8.6　闪速存储器,快閃記憶體,Flash Memory

闪速存储器(Flash Memory)又称闪存(Flash),是一种非易失性存储器,用存储单元阈值的高低表示数据。浮栅(Floating Gate)场效应管(见图5-80)是Flash存储单元采用的主要技术。浮栅上的电荷决定了场效应管的阈值;编程通过量子隧道效应将电子注入浮栅,阈值增大,代表逻辑"0";擦除则相反,将电子从浮栅中提出,阈值减小,代表逻辑"1"。

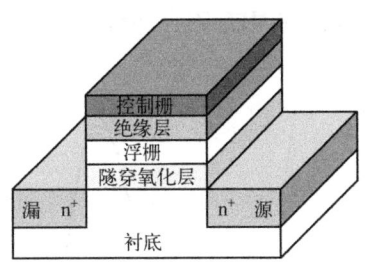

图5-80　浮栅场效应管结构图

按照存储单元连接方式的不同,闪存分为或非闪存(NOR Flash)和与非闪存(NAND Flash)两种,它们的存储单元阵列如图5-81所示。NOR Flash单元并联连接,比NAND Flash单元面积大容量小。NOR Flash的操作类似于SRAM和DRAM,可以实现快速随机读取,所以多用于代码存储。NAND Flash单元串联连接,成为一个存储单元串,减少了接触孔的数量。NAND Flash平均单个存储单元的面积接近$4F^2$(F为工艺特征尺寸),比NOR Flash集成度更高,多个存储单元串构成存储单元块。NAND Flash的擦除操作以块为单位进行,其读操作和编程操作以页为单位进行,非常适合大容量的数据存储应用。NAND Flash普遍用在智能手机、数码相机、MP3等电子产品;还可用来实现固态硬盘(Solid State Drive,SSD),作为硬盘的替代品,具有抗振、速度快、无噪声、耗电低的优点。

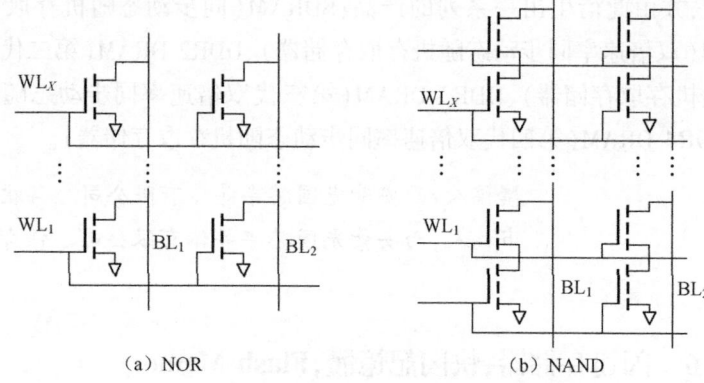

图 5-81 闪存的 NOR 和 NAND 结构示意图

按照单个存储单元存储数据位的多少，Flash 分为 SLC、MLC、TLC 等。SLC、MLC 闪存单元阈值电压分布示意图如图 5-82 所示。SLC 闪存的 1 个 Flash 单元存储 1 位信息。为了实现更高的存储密度，多电平（Multi-Level）闪存单元将阈值电压编程为多个电平，1 个场效应管可以存放 1 位以上的信息。目前已经实现了 1 个闪存单元可以存放 2 位数据的 MLC 闪存和可以存放 3 位数据的 TLC 闪存。

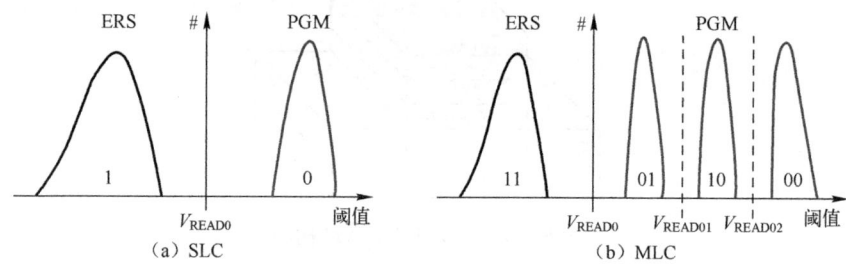

图 5-82 SLC、MLC 闪存单元阈值电压分布示意图（#表示 Flash 单元的数量）

闪存存储单元所能存放的位数取决于阈值电压能被编程和被检测的精度。存储单元的阈值电压通过调整被选字线上的电压进行检测。不同的字线电压会导致位线流过存储单元的放电电流 I_{CELL} 不同，通过识别电流大小即可判断阈值的大小。NAND 闪存单元阈值电压检测电路如图 5-83 所示。首先，节点 U_{OUT} 充电至 U_{DD}，并通过场效应管 M_N 对位线进行充电。由于 M_N 的栅极电压为 U_1，所以位线充电至电压 U_1-U_{THN}，U_{THN} 为阈值电压。然后，M_N 关闭，节点 U_{OUT} 停止预充。存储单元串打开后位线开始放电，此时选中单元的字线电压为 U_{READ}。最后，M_N 栅极电压为 U_2。此时如果 $U_{BL}<U_2-U_{THN}$，则 M_N 导通，U_{OUT} 被拉至低电平，表示存储单元的阈值 $U_T<U_{READ}$；否则 M_N 关闭，U_{OUT} 保持高电平，表示

存储单元的阈值 $U_T > U_{READ}$。U_1、U_2 和 U_{READ} 电压的精度直接决定了阈值检测的精度,需要精心设计相关电压产生电路。

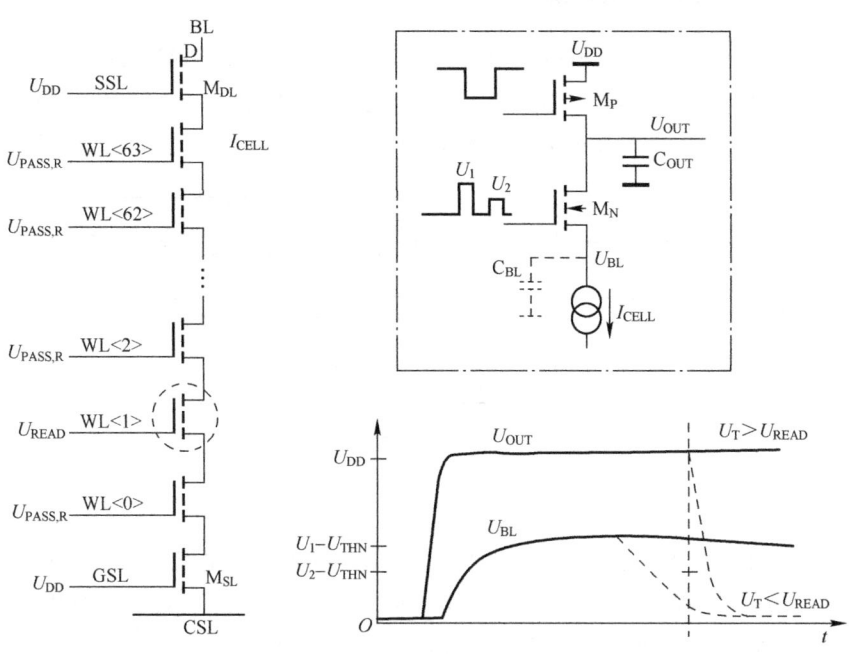

图 5-83 NAND 闪存单元阈值电压检测电路图

保持时间(Retention Time)是衡量闪存可靠性的重要指标之一,表征了 Flash 单元能保持数据的持续时间。实际应用中由于绝缘层中存在缺陷,浮栅上的电荷会逐渐泄漏。目前制造商通常规定的保持时间为 10 年。耐久性(Endurance)是闪存设计的重要挑战,由于栅氧层在多次高电压操作后会逐渐损坏,并且随着工艺特征尺寸的缩小,相邻浮栅单元之间的耦合干扰愈发严重,一个单元能被擦除和重新编程的次数是有限的。目前,SLC 耐久性的典型值为 10 万个擦除/编程周期,MLC 的耐久性可低至 1 万个擦除/编程周期甚至更低。针对这些挑战,一方面通过工艺进步提升存储单元本身的耐久性,比如电荷俘获型(Charge Trap)Flash 存储单元克服了浮栅单元之间的耦合干扰,使得 Flash 技术在平面可以继续微缩至十几纳米;另一方面通过芯片设计的改进降低阵列操作对存储单元的磨损,包括调整高电压操作的电压值以及时间长度,引入验证和禁止编程机制等。

撰稿人:清华大学　　　　　　　　　　　　　　　　潘立阳
审稿人:西安紫光国芯半导体有限公司　　任奇伟

5.8.7 三维与非闪速存储器,三維 NAND 快閃記憶體,3D NAND Flash Memory

传统与非闪存多属于平面闪存(Planar NAND),也称 2D NAND,而三维与非闪存(3D NAND)是立体堆叠的,可以极大地提高容量和降低成本。平面与非闪存已经微缩到十几纳米(见图 5-84)以下,虽然容量更大了,但可靠性及性能却在下降。

年份	2010	2012	2014	2016	2018(预计)	2020(预计)
逻辑工艺	45nm	32nm	24nm	19nm	15nm	12nm
NAND工艺	32nm	25nm	20nm	18nm	14nm	12nm
容量/单元大小	16Gbit/1.3	32~64Gbit/1.0F^2		>64Gbit/1F^2		
存储单元结构	FG	FG/CTF		CTF+3D		
MLC结构	2~3bit	3~4bit		4bit		

图 5-84 平面与非闪存工艺发展趋势图

相比之下,3D NAND 采用新的思路解决这一问题,它在相对较旧的工艺上堆叠更多的层数,既提升了容量,又保证了性能和可靠性。3D NAND 阵列电路示意图如图 5-85 所示,它将平面的存储单元串在垂直于硅片的方向堆叠起来,从而大大提高单位硅片面积内存储单元的数量。SSL 是存储单元串选择信号(String Select Line),决定连接至同一个 BL 上的多个单元串之一被选中;CSL 是贯穿整个存储单元阵列的共享地线(Common Source Line),在读操作时电流经存储单元串由 BL 流向 CSL。GSL 是地线选择信号(Ground Select Line),决定了存储单元串与地线是否导通。

3D NAND 堆叠方式可分为,简单堆叠(Simple Stack)、垂直沟道(Vertical Channel,VC)和垂直栅极(Vertical Gate,VG)3 种。存储单元采用浮栅晶体管单元(Floating Gate,FG)或者电荷俘获型单元(Charge Trap Flash,CTF)。相对于 FG,CTF 可靠性更高,体积更小,更适合 3D NAND。常见的 3D NAND 闪存采用了基于 CTF 的垂直沟道结构,如图 5-86 所示,其绝缘体介质层环绕多晶硅沟道(Channel),控制栅极又环绕着绝缘体介质层。这种设计提升了储存电荷的物理区域,消除了单元之间的耦合干扰,提高了性能和可靠性。3D NAND 的堆栈层数从之前的 24 层提高到了目前的 48 层;MLC(Multi-Level Cell)类型的 3D NAND 的核心容量可达到 128Gbit,TLC(Trinarg-Level Cell)类型的核心容量可达到 256Gbit,再结合多管芯堆叠以及引线键合技术连接,可以实现更高容量的闪存。

第 5 章 集成电路设计

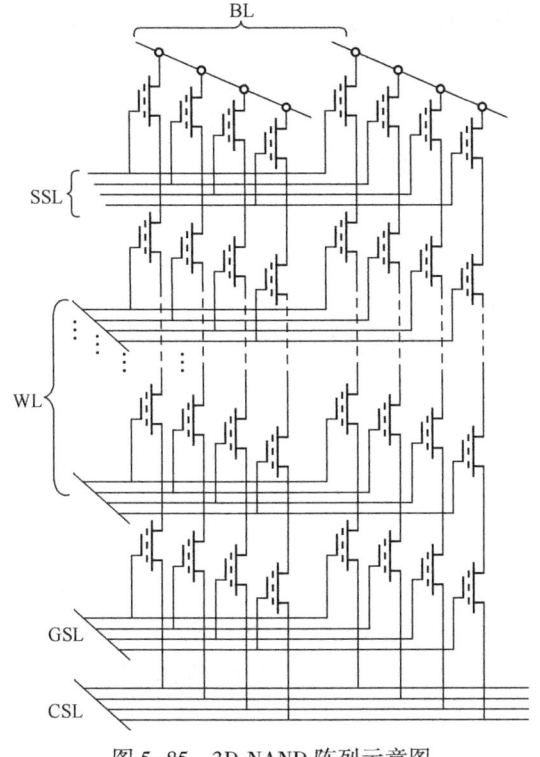

图 5-85 3D NAND 阵列示意图

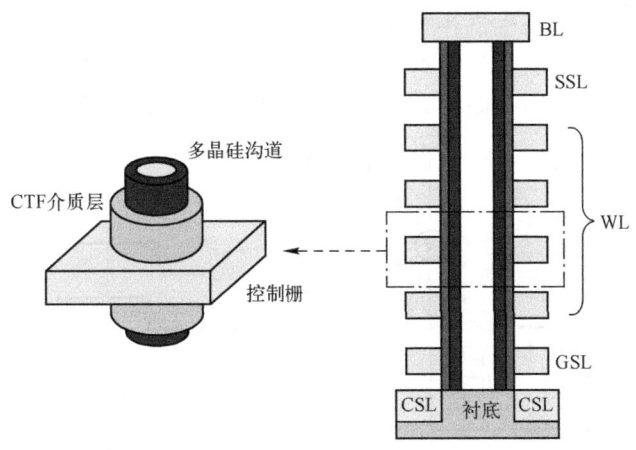

图 5-86 3D NAND 结构剖面图

3D NAND 是目前存储器领域的热门技术和未来的发展方向之一。随着存储需求的不断增加,以及 3D NAND 每位成本的不断下降,采用 3D NAND 的固态硬盘正在逐渐取代传统的机械硬盘。目前,三星、东芝、SK 海力士和美光等国际巨头都陆续量产了各自的 3D NAND;国内的武汉新芯也开展了该技术的研发,其新建的 300mm 圆片厂投产后将直接用于生产具有自主知识产权的 3D NAND 闪存。

撰稿人：西安紫光国芯半导体有限公司　拜福君
审稿人：西安紫光国芯半导体有限公司　任奇伟

▷▷▷ 5.8.8　铁电存储器，鐵電記憶體，Ferroelectric Random Access Memory（FeRAM）

铁电随机存取存储器（Ferroelectric Random Access Memory，FeRAM），简称铁电存储器，是一种基于"可编程铁电电容"的存储技术。FeRAM 通常采用 1T1C 结构，如图 5-87（a）所示，但铁电电容器与一般电容器不同，它的两个电极板中间沉淀了一层晶态的铁电晶体薄膜，通过铁电晶体中心原子位置的不同表示数据。如图 5-88 所示，当一个电场被施加到铁电晶体上时，中心原子在电场的作用下运动；而当电场从晶体上移走后，中心原子会保持在原来的位置而处于一个稳定极化状态。读操作过程是在存储单元电容器上施加一已知电场，如果晶体的中心原子原来的位置与所施加的电场方向使其要达到的位置相同时，则中心原子不会移动。若相反，则中心原子将越过晶体中间层的高能阶到达另一位置，翻转成另一稳定极化状态，导致充电波形上出现一个脉冲，即产生原子移动的比没有产生原子移动的多了一个脉冲；把这个充电波形同参考电压进行比较，便可以检测出存储单元中的内容。由于读操作会导致存储单元状态的

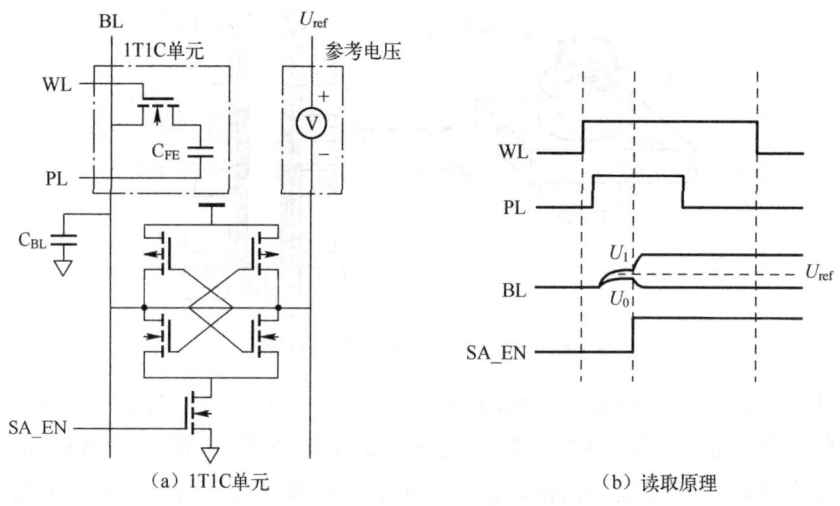

图 5-87　FeRAM 1T1C 单元和读取原理

改变，所以利用铁电薄膜电容效应的存储器是破坏性读出（Destructive Read Out，DRO）FeRAM，每个读操作后需要电路自动恢复数据。读取通常采用电压型灵敏放大器（Voltage-Mode SA，VSA），其读取原理如图 5-87（b）所示。读取时，首先 BL 被预充到 0，然后激活 WL 至 $U_{DD}+U_{TH}$（U_{TH} 为场效应管的阈值电压），基板线（Plate Line，PL）施加电压 U_{DD}。当存储数据为 0 时，$C_{FE}=C_0$，BL 电压变为 $U_0=U_{DD}[C_0/(C_0+C_{BL})]$；当存储数据为 1 时，$C_{FE}=C_1$，BL 电压变为 $U_1=U_{DD}[C_1/(C_1+C_{BL})]$，最后使能 SA，与参考电位 $U_{ref}=(U_0+U_1)/2$ 进行比较最终读出数据。WL 电压保持至灵敏放大后的位线电压回写到存储单元后再撤销。

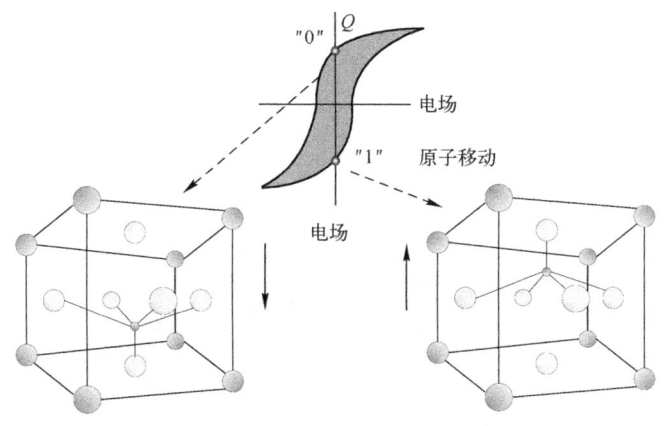

图 5-88　FeRAM 存储机理

还有一种非破坏性读出（Non-destructive Read Out，NDRO）的 FeRAM。NDRO FeRAM 也是利用铁电薄膜的极化特性，以铁电薄膜取代常规 MOS 场效应管中的栅介质层而构成的铁电介质栅极场效应管（Metal-Ferroelectric-Semiconductor FET，MFSFET）作为存储单元。利用铁电薄膜的极化状态调制半导体表面状态，从而调制晶体管源极和漏极之间的导通状态来区别"0"和"1"。读取时铁电薄膜的极化状态不会改变，所以存储状态也不会改变。

FeRAM 的优点是速度快、功耗低，读/写周期次数比 EEPROM 和闪存高几个数量级，同时具有非易失性，尤其适合嵌入式应用，可广泛应用于工业控制和自动化、量测设备、金融终端及医疗用可穿戴式装置等领域。虽然铁电（Ramtron）和富士通（Fujitsu）等公司早已推出嵌入式和独立式 FeRAM 商用产品，但受限于其制造成本高和尺寸可微缩性差，目前最高密度 FeRAM 的容量还在 Mbit 水平。

撰稿人：西安紫光国芯半导体有限公司　韩小炜
审稿人：西安紫光国芯半导体有限公司　任奇伟

▷▷▷ 5.8.9 自旋转移矩磁随机存储器，自旋轉移力矩磁隨機記憶體，Spin Transfer Torque-Based Magnetoresistive Random Access Memory（STT-MRAM）

自旋转移矩磁随机存储器（Spin Transfer Torque-Based Magnetoresistive Random Access Memory，STT-MRAM）是一种新型的 MRAM 技术，它通过自旋极化电流来引起铁磁材料磁化方向的翻转，进而改变磁阻的大小来存储信息。如图 5-89 所示，STT-MRAM 的存储介质采用磁性隧道结（Magnetic Tunnel Junction，MTJ），由自由层、势垒层、固定层 3 层结构的磁薄膜构成，上下薄膜之间用绝缘层分开。存储的数据由上下两层薄膜的磁化方向决定：如果磁化方向是平行的，表现为低阻状态，代表 "1"；反之，表现为高阻状态，代表 "0"。

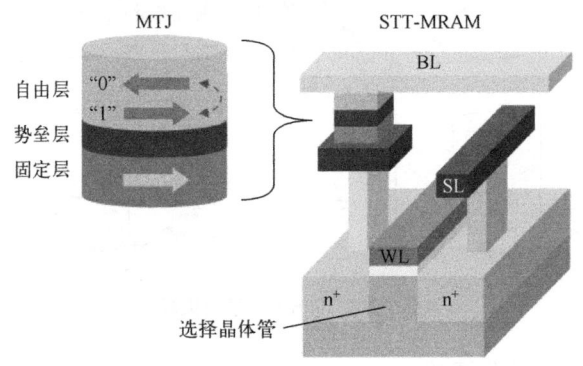

图 5-89 STT-MRAM 1T1MTJ 单元结构

传统 MRAM 写入时，存储器利用字线和位线中通过的电流产生的环形磁场改变磁薄膜的磁化方向。由于矫顽场的相对恒定，当存储单元尺寸缩小时，就要求具有更高的电流密度，这使得 MRAM 的尺寸难以缩小。STT-MRAM 则解决了这一问题，其工作原理是电流感应磁化翻转（Current-Induced Magnetic Switching，CIMS）效应，即垂直于铁磁层平面的自旋极化电流会引起铁磁层磁化的翻转。当电流从自由层流向固定层时，自旋极化电子从固定层流向自由层。自旋极化电流大到一定程度（超过临界电流），将使自由层的磁化方向翻转，和固定层一致，器件电阻因此发生改变。基于 CIMS 效应的纳米磁多层结构，其 R-I 特性曲线具有双稳态特性。利用 MTJ 的 CIMS 效应实现的 MRAM 就是 STT-MRAM。STT-MRAM 器件有两种：一种是平面内 MTJ（In-Plane MTJ），其磁矩平行于衬底的硅表面；另一种是更优化的降低写电流的垂直 MTJ（Perpendicular MTJ），其磁矩垂直于硅衬底表面，预计未来可采用 10nm 以下工艺实现。

STT-MRAM、RRAM 和 PCRAM 等新型存储器通常采用电流型灵敏放大器（Current-Mode SA，CSA），如图 5-90 所示。因为 CSA 读取电压低，可以有效抑制读打扰（Read Disturb）现象。读取时，首先将 BL 钳位至读取电压 U_{RD}（$U_{RD} = U_{clamp}$），然后根据单元状态对单元支路电压 U_{cell} 进行放电。若两层薄膜的磁化方向相反（Anti-parallel），MTJ 表现为高阻态 R_{AP}，单元电流 $I_{AP} = U_{RD}/R_{AP}$，参考电流 $I_{ref} = (I_{AP} + I_P)/2$，由于 $I_{AP} < I_{ref}$，则 $U_{cell} > U_{ref}$，读出数据为"0"；反之，两层薄膜的磁化方向平行（Parallel），MTJ 为低阻态 R_P，$I_P = U_{RD}/R_P$，$I_P > I_{ref}$，读出"1"。

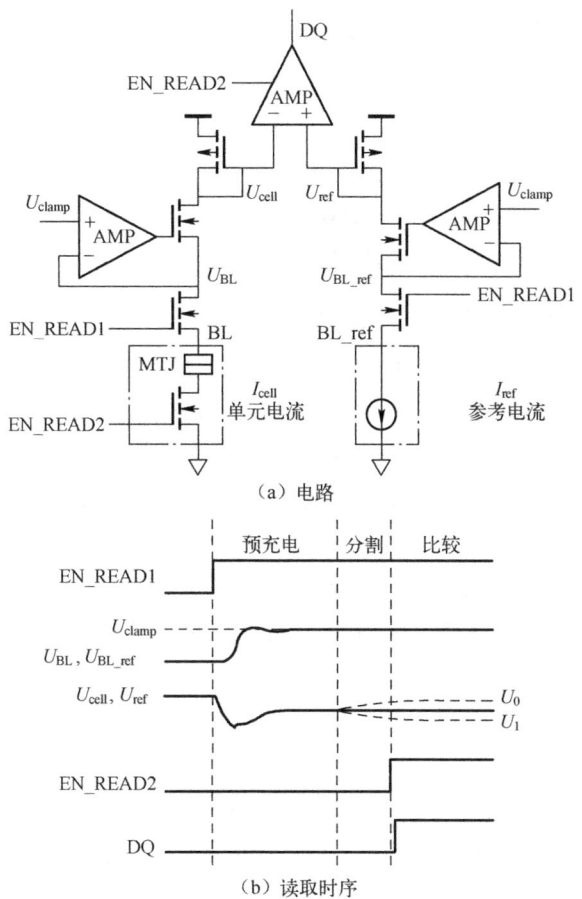

图 5-90 STT-MRAM 电路及读取时序图

STT-MRAM 集 SRAM 的高速度、DRAM 的高密度、Flash 的非易失性为一体，操作电压低，功耗小，制作时只需要增加 2~3 层掩模版就可以将其嵌入 CMOS 逻辑工艺中；不仅非常适合嵌入式应用，比如嵌入新一代的 FPGA、CPU、MCU 和 SoC 中，而且随着 pMTJ 技术的逐渐成熟也将在数据存储领域发挥作用：

因此STT-MRAM技术具有广阔的应用前景。从电路设计角度分析，STT-MRAM遇到的技术挑战主要是读取困难。由于低电阻窗口（隧穿磁阻值小）和宽电阻分布导致分辨困难，同时由于读取电流和写电流方向一致会引起误写入问题，所以必须重点研究提高分辨度和降低读打扰的读取技术。

在2016年的IEDM（国际电子器件会议）上，三星报道了基于28nm CMOS逻辑制造工艺的嵌入式8Mbit pMTJ STT-MRAM；SK海力士与东芝的研发团队报道了首款4Gbit独立式pMTJ STT-MRAM，其单元面积为$9F^2$，十分接近于DRAM单元尺寸。

撰稿人：西安紫光国芯半导体有限公司　韩小炜
审稿人：西安紫光国芯半导体有限公司　任奇伟

▷▷▷ 5.8.10　阻变存储器，電阻式記憶體，Resistive Random Access Memory（ReRAM）

阻变随机存取存储器（Resistive Random Access Memory, ReRAM或RRAM）简称阻变存储器，利用阻变材料电阻变化前后存在的阻值差异来存储数据。如图5-91所示，阻变单元采用简单的类似电容器的金属-介质层-金属（MIM）结构，由两层金属电极包夹着一层介质材料构成ReRAM的工作原理为利用偏压变化在介质中产生导电细丝（SET，高阻态变为低阻态，写"1"）或使导电细丝破裂（RESET，低阻态变为高阻态，写"0"）来实现信息的写入，信息的读取则依靠测量电阻的大小来实现。金属电极可以是传统的金属材料（如Au、Pt、Cu、Al等），介质层材料是二元过渡金属氧化物（TMO），如目前研究最热门的氧化铪（HfO_x）和氧化钽（TaO_x）。由于电极材料和介质材料的不同，

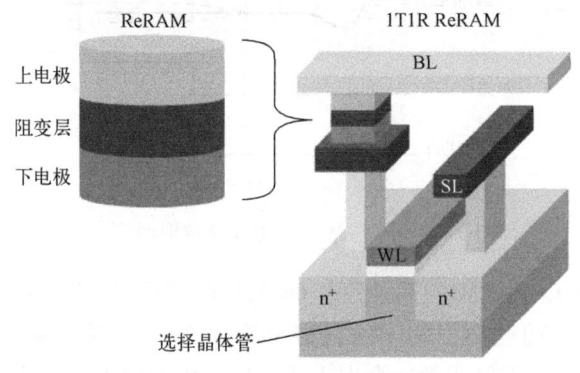

图5-91　ReRAM 1T1R单元结构

ReRAM 阻变单元分为单极型（Unipolar）和双极型（Bipolar）两种。单极型单元阻变只取决于电压幅度，而与电压方向无关；双极型单元阻变与电压幅度和方向都有关。

目前研究的 ReRAM 存储单元结构主要有如图 5-91 所示的 1 晶体管 1 阻变电阻（One Transistor One Resistor，1T1R）结构，还有 1 二极管 1 阻变电阻（One Diode One Resistor，1D1R）结构和 1 选择器 1 阻变电阻（One Selector One Resistor，1S1R）结构。1T1R 结构增加的选择晶体管可以实现单元之间的隔离，减小漏电和串扰问题，但单元面积过大，因此非常适合优先追求性能和可靠性的嵌入式应用。1D1R 和 1S1R 存储单元面积可以达到 $4F^2$（F 为最小特征尺寸），且容易实现交叉点阵列结构（Cross-Point）和三维堆叠，大大降低了存储成本，因此非常适用于实现高密度独立式存储器。与 STT-MRAM 相同，RRAM 采用 CSA，通过施加一个小的读取电压对存储单元电阻进行分辨来实现读取。

与 Flash 相比，ReRAM 具有速度快、操作电压低、寿命长、微缩性好、CMOS 工艺完全兼容等优势，因此被认为是下一代非易失存储技术最具潜力的竞争者，具有广阔的应用前景。首先，ReRAM 非常适合嵌入式应用。ReRAM 简单的器件结构使得其制备工艺也相应简单，只需要增加 1~2 层掩模版，而且其材料和集成工艺与标准 CMOS 材料和工艺完全兼容。其次，在 ReRAM 诸多优点的基础上，随着三维集成技术的成熟和多值存储技术的应用，ReRAM 仍然有望继续发展成为大容量存储的重要技术，在很多产业领域进行广泛应用，如数据计算与存储系统等。最后，ReRAM 还具有良好的抗辐射特性，可应用在医疗和航空航天领域。当然 ReRAM 也有其自身的缺点，由于其物理机理基于缺陷理论，故很难控制，导致器件一致性差，因此对其器件结构、集成工艺技术和电路设计技术等提出了挑战。

由于 ReRAM 的诸多优势，工业界和学术界对 ReRAM 技术研究非常重视，很多公司在 IEDM、ISSCC 及 VLSI 会议上均做了重要报告，但目前市场上只有松下和富士通等公司生产嵌入式应用方面的相关产品。

撰稿人：西安紫光国芯半导体有限公司　韩小炜
审稿人：西安紫光国芯半导体有限公司　任奇伟

▷▷▷ 5.8.11　相变存储器，相變記憶體，Phase Change Random Access Memory（PCRAM）

相变随机存取存储器（Phase Change Random Access Memory，PCRAM 或

PCM）简称相变存储器，利用相变材料相变前后存在的阻值差异来存储数据。硫族化合物（$Ge_2Sb_2Te_5$，GST）是目前研究较为成熟的相变材料，在热能激发后会在晶态和非晶态之间发生快速可逆相变：晶态为低阻态，代表"1"；非晶态为高阻态，代表"0"。如图5-92所示，相变存储器单元由上电极、相变材料（包括相交区域和相交层）、电阻加热层和下电极组成。相变材料从晶态变为非晶态的过程称为RESET（写"0"）。通入写电流后，由于电阻加热层的加热作用，相变层的温度迅速升高，当达到相变薄膜的熔点时，部分材料熔化，失去了晶体的状态再快速冷却后将其锁定在非晶态。非晶态在室温下通常非常稳定。相变材料从非晶态变为晶态的过程称为SET（写"1"）。当材料被加热到熔化温度和结晶温度之间时，晶核和微晶生长在几纳秒内快速发生，材料转变为晶体态。读取操作采用CSA，通过施加一个小的电压对存储单元电阻进行分辨来实现。

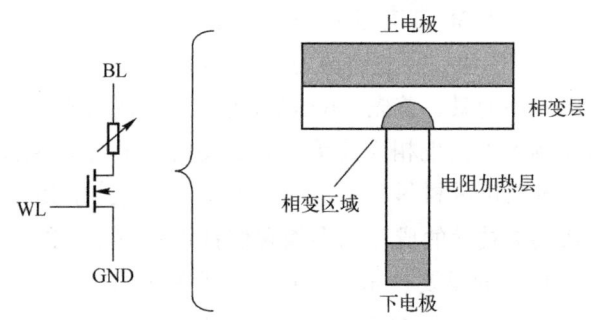

图 5-92　PCRAM 单元结构

目前，相变存储器存在的主要挑战有3个。第一，SET过程温度较低，需要的热量比较小；而RESET过程温度较高，需要更多的热量，即需要更大的写入电流。这是PCRAM尺寸缩小遇到的一大障碍。第二，因为电阻加热层材料的热导率较低，为了将电能最大限度地转换为热能，需要提高电阻加热层的热导率。第三，由于相变材料的最大阻值和最小阻值可相差几个数量级，因此非常适合实现多值存储。但实现多值存储必须满足相变材料的 R-T 曲线存在比较明显的阶梯状，并且每一阶的电阻值应在一个较宽的温度范围内保持相对稳定，以确保存储数据的稳定性。所以多值存储面临的最大挑战就是电阻漂移。由于存储单元电阻与温度高度相关，电阻漂移会减小读出裕度，导致读出错误。解决以上挑战需要从存储单元材料和结构，以及电路设计技术上着手。

相变存储器可以按字节操作，读/写速度快，持久力长，具有非易失性。近年来，许多公司都在相变存储器领域进行了布局，包括三星、美光（Micron）、IBM等。现有的技术可使集成两个存储层的单个芯片存储128Gbit数据，未来通过改进光刻技术和增加存储层数量,可进一步提高容量。

撰稿人:西安紫光国芯半导体有限公司　韩小炜
审稿人:西安紫光国芯半导体有限公司　任奇伟

5.9　系统芯片设计

5.9.1　系统芯片,系統晶片,System on Chip(SoC)

系统芯片(System on Chip,SoC)又称片上系统,它将电子系统的功能集成在一块芯片上。系统芯片本质上是一种以嵌入式处理器为基础,集成多种功能模块与外围接口的复杂集成电路。系统芯片设计是芯片规模和复杂度不断增加后为提升设计效率而产生的一种方法,它将处理器、存储器、外设接口等多种功能模块的整个系统集成到一个芯片上,是一种比专用集成电路(Application Specific Integrated Circuit,ASIC)集成度更高的芯片形态。典型的系统芯片如图 5-93 所示,其包含了处理器、存储器和各种外设功能模块(IP 核),它们之间通过总线互连。

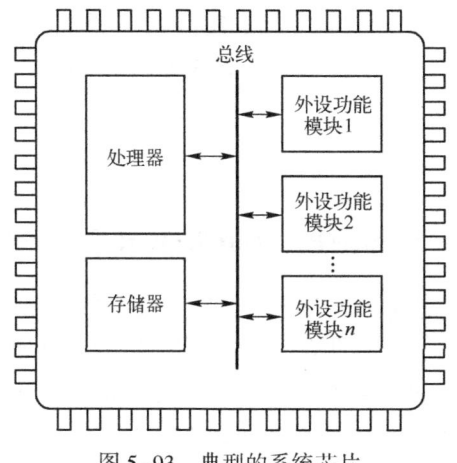

图 5-93　典型的系统芯片

系统芯片设计任务包含 IP 核的集成、软硬件协同设计、系统功能验证、可测性设计、低功耗设计等技术。IP(Intellectual Property)的字面意思是知识产权,在系统芯片中的 IP 核特指为实现特定功能的电路模块,它能够被不同的设计整体复用,也可以整体出售给第三方。IP 核复用是指把成熟的 IP 核直接集成到系统芯片中,显著缩短了设计研发周期。软硬件协同设计技术是指根据系统应用需求，定义合理的软硬件架构，主要考虑的指标有成本、性能、功耗和存储器架构等。系统芯片中各个IP核之间、各个功能模块之间的连接电路称为胶连逻辑。系统功能验证是指通过仿真等方法，测试系统的实际运行是否满足定义的要求，帮助设计者更好地改进产品的过程。可测性设计技术用于检查芯片制造过程中的错误，区分出有缺陷的芯片和正常芯片，主要包括扫描链技术、存储器自检测技术和边界扫描技术等。低功耗设计技术用以降低系统芯片的各方面功耗，主要包括门控时钟技术、多电源电压域技术、电源供电关断技术、电压与频率调节技术等。

系统芯片的种类较多，按照系统芯片中处理器的数量进行分类，系统芯片可分为单核系统芯片和多核系统芯片。单核系统芯片多用于单一控制类应用。多核系统芯片主要应用于大规模计算、流媒体处理等应用场景。按照可靠性进行分类，系统芯片可分为高可靠性系统芯片和消费级系统芯片。高可靠性系统芯片主要用于航空航天、军工、汽车等领域，消费级系统芯片应用于消费电子产品。从硬件逻辑可编程角度来看，系统芯片可进一步区分为硬件可编程系统芯片（PSoC）和传统硬件不可编程系统芯片。硬件可编程系统芯片采用硬件可编程逻辑技术，它拥有硬件可编程能力，具有灵活的设计方式，功能可重构、可扩充和可升级，并具备软硬件在系统可编程的功能。

撰稿人：浙江大学　严晓浪　黄凯　孟建熠
审稿人：清华大学　尹首一
东南大学　杨军

▷▷▷ 5.9.2　IP核，矽智财核，Intellectual Property Core

IP核（Intellectual Property Core）是指应用于系统芯片中包含特定功能可被复用的电路模块，它具有标准化和可交易等特点。IP核通常是已通过了产业化验证的成熟电路模块，可被系统芯片设计人员直接集成入芯片，能显著缩短设计研发的周期。由于很多设计技术集中体现在IP核中，特别是IP核设计者的知识产权，使得IP核具备了知识产权载体的作用。这也是为什么使用知识产权的缩写IP来表示这种电路模块的原因。在现代系统芯片设计方法中，设计人员能够以IP核为基础，进行包含数字/模拟集成电路和现场可编程逻辑门阵列等模块的系统芯片设计。一个基于IP核的系统芯片架构如图5-94所示。

从提交形式上看，IP核分为软核（Soft Core）、硬核（Hard Core）和固核（Firm Core）3种。软核是与工艺无关的寄存器传输级（RTL）硬件描述语言

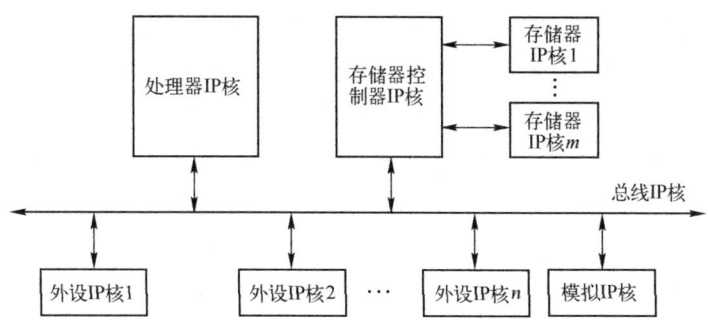

图 5-94 基于 IP 核的系统芯片架构

（HDL）描述的设计代码。软核是基于 IP 核功能的描述，并且经过行为级设计优化和功能验证，可灵活应用于各种工艺。硬核是软核通过逻辑综合、布局布线之后的物理实现版图，形式是电路物理结构掩模版图和应用时所需的全套工艺文件。硬核的优点是电路布局布线与具体工艺绑定，可以确保性能、功耗等要求，并缩短系统芯片的设计时间；缺点是其灵活性较差、工艺跃迁难。固核的形式处于软核和硬核之间，固核一般以网表的形式提交。固核一般由用户来完成最终的布局布线，因此核的形状、大小以及核的端口位置都可改变，因此与硬核方式相比它具有更大的灵活性。

IP 核复用是系统芯片提升设计效率的有效手段。为了让 IP 核能够在不同的系统中复用，关键是要将 IP 核进行组装。IP 核组装与复用的特征和要求如图 5-95 所示。IP 核组装需要从不同方面描述 IP 核的完整信息，包括配置文件、信号端口定义、总线类型和寄存器地址分配等。为确保 IP 核的复用性，IP 核组装需要考虑和检查 IP 核所产生的各种信息是否满足复用标准，与 EDA 工具、软硬件库和硬件设计平台之间的兼容性，并评估 IP 核的质量与可复用等级。

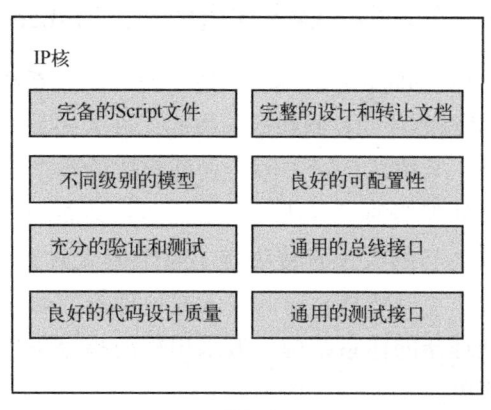

图 5-95 IP 核组装与复用的特征和要求

IP 核组装主要遵循以下 3 个原则。①规范化原则：统一 IP 核的设计规范，如对接口信号按照特定的命名规则进行规范；统一复位的方式，以及对编写代码的风格进行约定等。规范设计有助于后续 IP 的使用，减少系统集成时的引入错误。②简单化原则：将复杂的功能模块逐步分解为若干功能单一的特定模块。通常，简单的设计更容易被第三方理解与集成，可减少设计者设计和验证阶段引入的问题。③局部化原则：将功能定义在若干局部模块范围内，各局部模块的功能相互独立正交，并定义显式的模块间接口。局部化设计将功能、成本、功耗和时序等关键指标与独立模块相结合，再通过各个模块的拼接形成复杂的 IP 核。目前，国际上 VSIA（Virtual Socket Interface Alliance）、OCP-IP（Open Core Protocol International Partnership）和 SPIRIT（Structure for Packaging Integrating and Reuse IP in Tool Flow）等 IP 核标准化组织正致力于实现 IP 核的标准化，以提高 IP 核的组装和复用效率。IP 核标准化组织是系统芯片设计业界为了协调 SoC 设计过程中遇到的 IP 核组装接口不统一问题，而自发组成的联盟。

根据处理信号类型的不同，可将 IP 核分为数字 IP 核和模拟 IP 核。其中数字 IP 核又可分为处理器 IP 核和外设 IP 核：处理器 IP 核如 ARM 的 Cortex 系列、MIPS 公司的 MIPS32 系列、国内中天的 CK 系列，外设 IP 核如 DDR、PCIe、DMA、SPI、IIC、UART 等。模拟 IP 核如 ADC、DAC、LDO、PLL 等。Synopsys 和 Cadence 等公司都可以提供模拟 IP 核。

撰稿人：浙江大学　严晓浪　黄凯　孟建熠
审稿人：清华大学　尹首一
　　　　东南大学　杨军

▷▷▷ 5.9.3 嵌入式处理器，嵌入式處理器，Embedded Processor

嵌入式处理器（Embedded Processor）是"嵌入"在系统芯片中负责运行软件程序的 IP 核，是系统芯片的控制和运算核心。嵌入式处理器通常是一种低功耗、低成本的处理器。系统芯片对于嵌入式处理器的要求是性能、功耗和成本的综合平衡。嵌入式处理器的运行功耗是系统芯片动态功耗的主要部分，在电池供电的系统中，其功耗的大小直接决定了整个嵌入式系统的电池使用时间。另外，系统芯片的成本控制严格，降低嵌入式处理器的硬件成本是系统芯片的特定要求。嵌入式处理器的体系结构一般采用精简指令集架构，其单周期指令较多，流水线结构简单。

嵌入式处理器设计原则是，仅保留满足应用需求的功能并尽可能简化设计，同时根据应用场景的不同在处理能力、适配性和可靠性等方面进行设计增强。目前，主流的嵌入式处理器架构为国际上的 ARM、MIPS、Tensilica 与 ARC，以及国内杭州中天研制的 CK 系列和苏州国芯引进的 M*Core 和 IBM PowerPC。目前主流的嵌入式处理器一般采用 16 位/32 位指令集、32 位/64 位数据通路和 Load/Store 的存储架构，其基本指令集采用简捷的指令编码方式，功能简捷，可面向特定的应用做相应定制和扩展。

嵌入式 DSP 处理器是专门用于信号处理的一类处理器，一般由 DSP 处理器定制化或在通用处理器基础上增加 DSP 协处理器改造而成，其在系统结构和指令算法上进行了特殊的设计。目前广泛应用的嵌入式 DSP 处理器是 CEVA DSP 处理器和 Verisilicon ZSP 处理器等。

嵌入式处理器的发展趋势主要有两个：一是高性能，如手机嵌入式处理器，目前较为典型的产品是 ARM Cortex-A 系列处理器；二是低功耗和低成本，如物联网领域应用的嵌入式处理器等，目前应用较为广泛的是 ARM Cortex-M 系列。

嵌入式处理器一般以 IP 核授权的方式运营，英国的 ARM 公司提供系列化的嵌入式处理器 IP 核，它是当前全球销售额最大的 IP 核供应商。近年来，一些开源的免费处理器 IP 核也逐步进入大家的视野，典型代表是由加州大学伯克利分校主导的 RISC-V，它可以提供基础的指令架构和参考原型。

撰稿人：浙江大学　严晓浪　黄凯　孟建熠
审稿人：清华大学　尹首一
　　　　东南大学　杨军

▷▷▷ 5.9.4　系统总线，系統匯流排，System Bus

系统总线（System Bus）是系统芯片中各个设备（如嵌入式处理器、存储器和外设等 IP 核）之间通信与互连的公共硬件通道，其为设备间访问共享硬件提供了一种互连机制，在数字系统中承担数据传输的任务。

系统总线连接的设备根据功能的不同分为主设备和从设备。主设备指可以主动发起传输任务的设备。例如，处理器可以通过总线控制外设，读/写数据；一些外设也可以通过总线访问其他外设，读/写数据。从设备是响应主设备发起的传输任务的设备。例如，存储器响应主设备的读操作，返回读数据。此外，一些设备既可以作为主设备主动对总线发起访问，又可以作为从设备被动响应总线事务。

系统芯片中，通常设计多个主设备和多个从设备。不同的从设备在总线上对应着互不重叠的地址区间，总线通过主设备发起传输任务的目标地址。不同总线协议会设计不同的主设备访问方式。例如：AMBA 2.0 协议中规定，同一条 AHB（Advanced High Performance Bus）总线上的设备共享固定的地址数据传输通道，这意味着其中一个主设备占用 AHB 总线后其余主设备均处于等待状态；而 AMBA 3.0 协议中的 AXI 总线则使用不同的 ID 号来区分主设备，主设备可以在其他主设备的访问未完成的情况下继续发起请求。一个基于 AMBA 2.0 总线的系统芯片架构如图 5-96 所示。AHB 总线连接嵌入式处理器和存储器等高速设备，APB 总线连接串口、定时器等低速设备。总线仲裁机制包括轮询机制和优先级机制。总线在传输数据时，可以采用不同的传输类型以适应不同长度和速度的传输需求。高性能 ARM 处理器是系统的主设备，它可以通过 AHB 总线访问高带宽的外部存储器接口和高带宽片上 RAM，也可以通过桥接器访问 APB 总线上的低速设备 UART、键盘、定时器和 PIO 等。

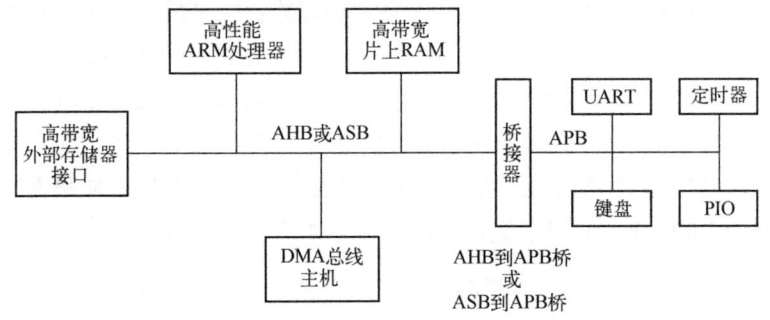

图 5-96 基于 AMBA 2.0 总线的系统芯片架构图

根据工作频率的不同，总线被设计为高速总线和低速总线：高速总线支持较高的时钟频率，拥有较高的数据带宽和性能，但功耗也较高，一般适用于 CPU 和 DMA 等高速设备的连接；低速总线工作频率较低，虽然性能较差，但功耗较低，适合挂载键盘、串口等低速外设。高速总线和低速总线之间可以用过桥进行连接通信。目前，业界系统芯片中较有影响力的总线包括 AMBA 总线、CoreConnect 总线、Wishbone 总线和 OCP 总线等。

撰稿人：浙江大学　严晓浪　黄凯　孟建熠
审稿人：清华大学　尹首一
　　　　东南大学　杨军

▷▷▷ 5.9.5　外设 IP 核，週邊 IP 核，Peripheral IP Core

外设 IP 核（Peripheral IP Core）统指系统芯片里面的除嵌入式 CPU 以外的

外围专用功能 IP 核的总称，包括串行总线接口、存储器控制器等。外设一般通过总线和处理器连接，通常是总线的从设备。外设接收处理器的指令后，完成特定的功能。作为系统芯片的重要组成部分，外设协助处理器完成控制、计算等任务，提高了处理器的工作效率。

外设通常在处理器的控制下工作，处理器通过读/写外设的寄存器管理外设。外设寄存器一般包含两类：第一类是控制寄存器，处理器对这类寄存器写入配置实现对外设的控制；第二类寄存器是状态寄存器，处理器通过读取这类寄存器了解外设当前的工作状态。

按照功能分类，常见的外设有 4 类：①通用数据传输协议接口外设，如 I^2C、SPI、UART、MAC、USB 等，这些外设按照数据传输协议进行数据的收/发；②通用控制外设，如通用 I/O 接口（GPIO）、脉宽调制接口（PWM）等，这些外设可对引脚进行特殊的操控；③加速器型外设，类似于协处理器，加速特定类型的运算，如图像编解码、高速加解密和卷积运算等；④系统功能外设，帮助处理器完成系统芯片的系统运行功能，确保应用正确执行，如定时器和中断控制器等。

按照速度分类，常见的外设分为高速外设和低速外设两类：高速外设的工作频率高，执行复杂的任务或者计算，如图像处理加速器、高速加解密引擎和高速通信接口等；低速外设的工作频率低，主要负责 SoC 与外界的低速通信，维护 SoC 系统功能，如 I^2C、INTC 等。

随着外设种类的增加和性能的提高，为使外设与处理器之间的速度、时序和格式等匹配，外设逐渐发展为拥有独立的控制单元与接口电路。随着外设功能越来越多样化，性能要求越来越苛刻，如何设计出可靠性高、控制简单、智能化且易于扩展的外设成为未来的发展趋势。

撰稿人：浙江大学　严晓浪　黄凯　孟建熠
审稿人：清华大学　尹首一
　　　　东南大学　杨军

▷▷▷ 5.9.6　中断控制器，中斷控制器，Interrupt Controller

中断（Interrupt）是指系统芯片中外设 IP 核产生的一个给处理器的硬件请求信号，外设请求处理器暂停当前正在执行的任务，转而去执行外设所需的特定任务。在中断模式下，处理器对外设发出任务命令后可直接去处理其他任务，当中断请求到来时再做相应的处理，避免了无效等待，提高了任务之间的并行性。中断的产生及处理流程如图 5-97 所示。

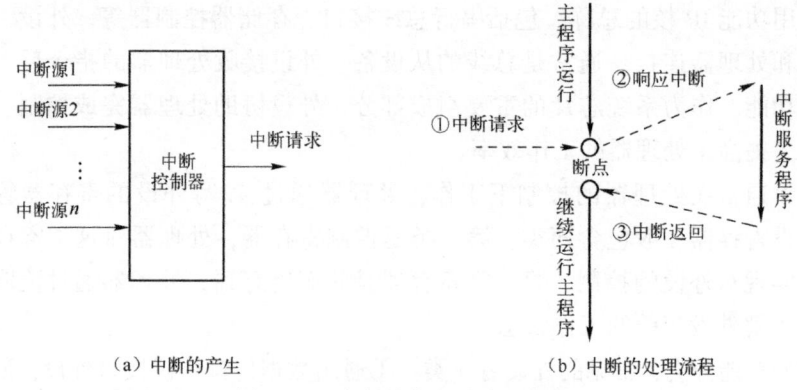

图 5-97 中断的产生及处理流程

中断响应和处理流程：处理器接收到中断信号之后，立即停止当前正在执行的程序，并且保存当前处理器状态、程序指针等，然后进入中断服务程序；完成中断处理之后即可返回原程序继续执行。一个中断服务程序对应于一个中断源，每个中断源都有其特定的中断服务程序。在中断服务程序中，处理器一般需要做3部分工作：一是保护现场，即保存执行中断源请求的特别任务之前的处理器状态、程序指针等，以便中断处理之后能正确返回；二是解析当前中断，执行相应动作；三是恢复现场，再返回到中断前的程序。

中断控制器是系统芯片中用于中断源收集、屏蔽和优先级管理的 IP 核。产生中断信号的部件称为中断源，中断源产生的中断有电平中断和脉冲中断两种形态：电平中断在中断发生时产生一个持续的有效电平，在未清除中断之前有效电平维持；脉冲中断发生时产生一个有效脉冲，脉冲不维持，中断控制器需要捕捉并记录该脉冲中断。在系统应用不需要关注某个中断的情况下，中断源产生的中断被传到处理器之前，可以被屏蔽。通过在中断控制器中设置该中断位无效，即可屏蔽中断。系统模块以及外设都可能产生中断，在多个中断源同时产生中断的情况下，处理器核不能同时响应所有中断请求，因此在多个中断同时到来的情况下需要有顺序地进行中断处理，即分配中断的优先级。优先级高的中断先被处理，优先级低的中断后被处理。

撰稿人：浙江大学　严晓浪　黄凯　孟建熠
审稿人：清华大学　尹首一
　　　　东南大学　杨军

▷▷▷ 5.9.7 驱动程序，驱動程式，Driver

驱动程序（Driver）是一种可以使应用软件和硬件通信的特殊底层软件，其功能是为上层软件提供调用接口,控制硬件设备的工作。固件是指被硬件厂商固化在硬件内部的驱动程序。

系统芯片软硬件架构自下而上可分为硬件设备、硬件驱动和上层软件,其中硬件驱动又可分为硬件依赖层(Hardware Dependent Layer)和硬件抽象层(Hardware Abstraction Layer),如图 5-98(a)所示。作为系统架构的重要组成部分,硬件驱动主要完成以下的功能:初始化和释放设备;读取上层软件传送给硬件设备的请求数据和回送硬件设备的响应数据;检测错误和处理中断。

由于硬件驱动程序与硬件设备紧密相关,硬件驱动程序通常由系统芯片厂商提供。硬件厂商根据硬件特性编写硬件驱动程序。硬件驱动程序所需实现的接口和功能由硬件特性决定。从系统芯片软件框架的角度看,硬件驱动程序向下控制硬件设备运行,向上提供标准的调用接口方便上层软件使用。对于上层软件,硬件驱动程序是一个个独立的"黑盒子",其功能是使特定硬件以标准化应用接口的方式对上层软件提供服务,隐藏设备的工作过程中的细节操作。只要保证驱动层调用接口相同,软件设计者就可以让应用程序在不同的硬件上运行,硬件设计者可以不断升级硬件而不影响旧软件在新设备上运行。当上层软件需要使用某个硬件功能时,上层软件会先发送相应指令到外设驱动程序,外设驱动程序接收指令后,将其翻译成外设控制器能读懂的电子信号命令。

在操作系统中,硬件依赖层通常由硬件厂商以固件的形式提供,而硬件抽象层被集成到操作系统中,由操作系统厂商以标准设备驱动的形式提供,如图 5-98(b)所示。目前,市场占有率领先的 Windows 和 Linux 操作系统内核中均集成了硬件抽象层。然而,不同操作系统的设备驱动上层接口不一致,且不同设备厂商的固件接口也存在差异,导致软件开发者无法随意选择设备厂商。未来,标准设备驱动接口与固件接口将进一步标准化,使得软件开发者可以在不同设备厂商的设备间无缝切换。

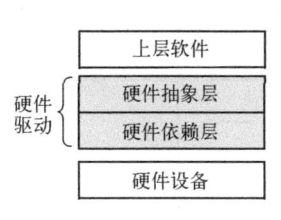
(a)系统芯片软硬件架构

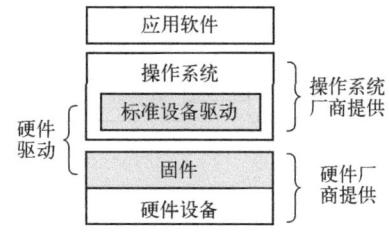
(b)系统芯片中硬件依赖层和硬件抽象层的表现形式

图 5-98 系统芯片软硬件(包括固件)架构框图

撰稿人:浙江大学　严晓浪　黄凯　孟建熠
审稿人:清华大学　尹首一
　　　　东南大学　杨军

▷▷▷ 5.9.8 软硬件协同设计,硬軟體協同設計,Hardware Software Co-design

软硬件协同设计(Hardware Software Co-design)是指在系统芯片开发过程中,软件与硬件共同定义与开发的过程。在进行系统芯片定义时,特定功能既可以通过处理器运行软件来实现,也可以用专用硬件来实现。软件实现灵活、可升级,但能效比较低;硬件实现能效高,但一旦设计好了就无法更改。通过软硬件协同设计,能够以定量的方式研究系统中各个部件以软件或硬件的方式实现的优劣,从而最终寻找到系统芯片设计的优化解决方案。因此软硬件协同设计是系统芯片的基础设计方法学。

软硬件协同设计分为软硬件划分、软硬件协同仿真验证和软硬件综合3个阶段,如图5-99所示。

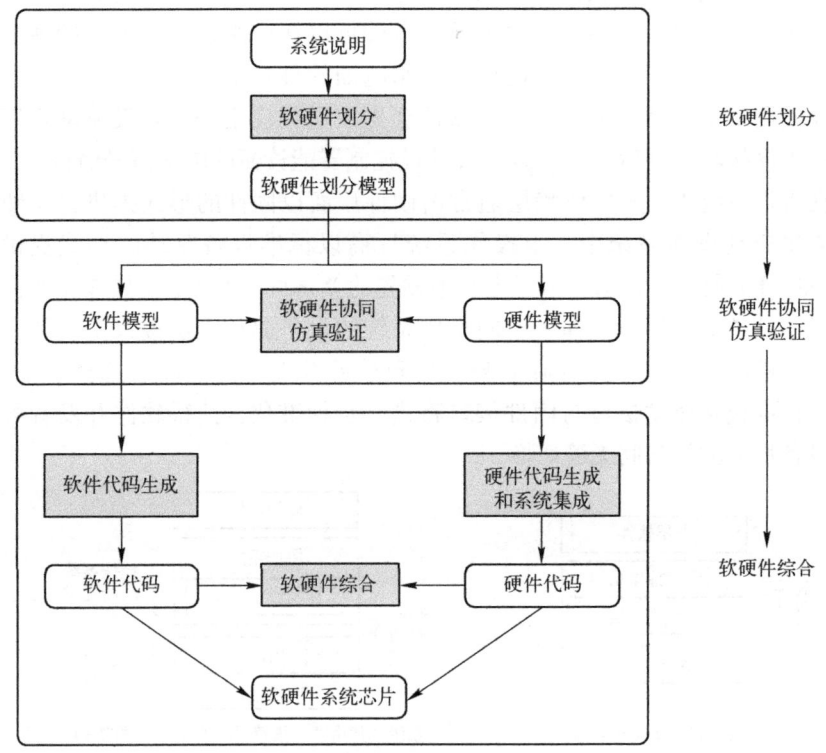

图5-99 软硬件协同设计流程

软硬件划分是在系统层面上进行功能划分,确定系统的部分功能模块采用硬件实现,部分系统功能模块采用软件实现。在进行软硬件功能划分时,设计开发者既要考虑系统的开发时间、成本，又要考虑市场可提供的资源等诸多因素。在系统芯片开发设计过程中，软硬件划分难度较大、过程复杂，是整个系统芯片开发设计中的最重要环节。

软硬件协同仿真验证是对软硬件功能设计的正确性及性能进行验证和评估。传统设计中，硬件和软件通常是分开独立开发设计的，到系统设计后期才将软硬件两部分集成到一起进行验证。在协同设计中，硬件和软件是交互设计的，在设计的每一个阶段都可以进行系统的软硬件验证。仿真验证的目的是在设计早期利用仿真验证系统尽早发现设计中的问题，避免在系统设计后期进行修改，造成不必要的时间和成本浪费。

软硬件综合是将高层次的软硬件描述转化为软硬件的低层次软硬件实现。其主要任务是在系统设计约束下，研究利用系统提供的各种软硬件资源，在满足系统设计性能要求的基础上，实现最终的软硬件系统。

软硬件协同设计方法学的研究始于 20 世纪 90 年代初期，随后快速发展起来。目前，软硬件协同设计方法被广泛应用在系统芯片设计中。基于 ARM 公司的 RVDS（Real View Development Suite）、Cypress 公司的 PSoC Creator IDE 和 Synopsys 公司的 Virtual Platform 可以提供完整的系统芯片软硬件协同设计和验证。

撰稿人：浙江大学　严晓浪　黄凯　孟建熠
审稿人：清华大学　尹首一
　　　　东南大学　杨军

▷▷▷ 5.9.9　安全增强设计，安全增强設計，Security Enhancement Design

安全增强设计（Security Enhancement Design）是指采用特定的设计方法和技术来加强芯片的安全防护能力。安全防护涉及整个软硬件体系。与软件层面的安全技术不同，芯片的安全增强设计特指应用于密码芯片和片上安全系统的针对旁道攻击（又称侧信道或旁路攻击）的防御性设计。旁道攻击是指针对密码算法的软硬件实现，以及其物理载体进行敏感信息获取的一系列攻击方法。根据旁道信息源的不同，旁道攻击可以分为时间、功耗、电磁、声音、故障等攻击方法。这些攻击方法对芯片的安全功能构成了极大威胁。芯片是信息安全的基础设施，只有首先保障芯片自身的安全性才能真正为信息社会提供安全服务，实现身份认证，维护数据安全，构建可信、可靠的网络空间。

安全性增强设计依据三项基本原理对抗旁道攻击。①随机化：通过一定措施将密码芯片的时间、功耗、电磁、声音等信息随机化,使得攻击者的数据统计与相关性分析过程发生巨大困难。②盲化:通过数学和算法上的设计,使得攻击者缺少关键的额外信息,不能预知密码计算过程的敏感内容,从而无法进行相应的旁道信息分析。③掩蔽:密码芯片通过产生随机数作为掩码,对密码运算的中间结果进行掩蔽,而运算的最终结果却可以正确恢复出来。掩码导致了中间结果具有很强的随机性,旁道信息的统计与分析难度因此急剧上升。

目前,算法级、架构级、电路级等多个层面的安全增强设计技术均得到了研究与发展。对于对称与非对称密码可以开发相应的抗攻击算法,从而在算法结构上对可能泄露的旁道信息进行消除与隐藏。抗攻击算法势必引入一定的冗余运算,这将导致密码芯片在性能与功耗上的额外负担。可以针对中央处理器与密码运算加速器的微架构进行安全增强设计,如通过修补微架构漏洞、添加安全指令与特殊硬件单元,能够对多种旁道攻击起到良好的抑制作用。另外,可以采用高安全性的新型逻辑电路,从根本上解决 CMOS 互补逻辑电路功耗不平衡所导致的旁道信息泄露问题。但是,许多抗攻击的逻辑电路存在面积大、功耗高的问题,如何平衡抗攻击能力与实现代价也是重要的研究课题。如图 5-100 所示,实现芯片的安全增强需要系统性、跨层次的设计技术,从而在各个设计层次建立安全屏障,防止攻击者利用各个层次的漏洞和旁道信息威胁芯片核心部分的安全。

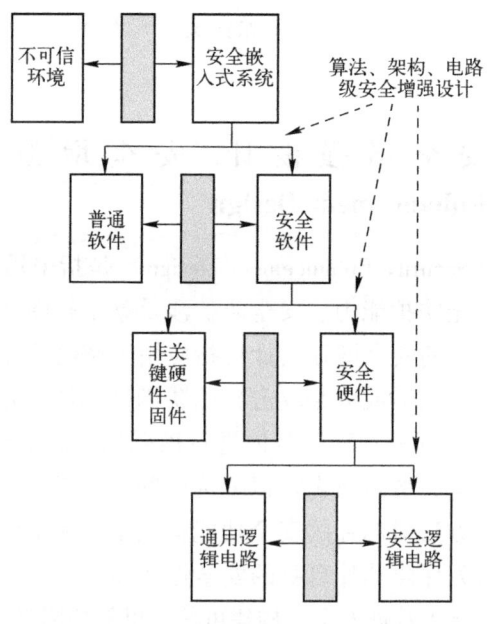

图 5-100 多层次的安全增强设计技术

安全性增强设计的出现与旁道攻击技术的迅猛发展密切相关。20世纪90年代末，Paul Kocher教授提出的差分功耗攻击方法在旁道攻击发展史上具有里程碑的意义。自此以后，学术界和工业界充分认识到密码芯片必须具备防御旁道攻击的措施与技术，从而催生了安全增强设计这一技术方向。英飞凌、恩智浦等公司在安全增强设计方面积累了雄厚的技术实力，已使其芯片产品具备抗攻击特性。近年来，中国在密码芯片的安全增强设计方面取得了很大进步，国内相关集成电路设计公司研制了具有一定防御攻击能力的智能卡芯片，在安全防护方面形成了相应的技术能力。随着互联网与物联网技术的蓬勃发展，网络空间安全问题日益凸显，芯片的安全增强设计的重要性也日渐突出。未来不仅集成电路设计单位，而且各类网络技术公司及互联网运营企业都将为提高芯片安全性这一重大课题贡献力量。

安全增强设计技术将继续向前发展，同时工业界将研制与完善面向芯片防护的全流程自动化检测设备与集成开发环境。全流程的安全增强设计将把各层次单点的关键技术集成为一个有机整体，实现效能最大化；同时注意硬件载体与软件环境的协同开发，提升自动化和智能化水平，保证良好的用户体验。

撰稿人：复旦大学　韩军　曾晓洋
审稿人：复旦大学　李文宏

▷▷▷ 5.9.10　人工智能芯片设计，人工智慧晶片設計，IC Design for Artificial Intelligence

目前，人工智能领域已成为最受关注的热点之一。人工智能领域是通过对计算机的研究与开发，使得其具备类似于人类智能的、对环境的输入做出有意义的判断反应的研究应用领域。决定人工智能质量的因素往往是计算能力以及数据量的大小，而实现人工智能的方式则是机器学习，让机器通过训练和学习逐渐逼近我们希望其实现的效果。随着处理器能力以及数据量的飞速增长，机器学习的方式也在发生革命性的变化，深度学习的概念被引入。深度学习由于其多层次形态，从而增强了其非线性程度，可以带来更强的拟合能力。此外，其类似于仿生学的逐层自动提取特征的过程，保证了所提取特征的质量与丰富性，使得其性能相较于传统的机器学习算法有了质的提升。

随着模型算法的发展，模型所能实现的性能逐步提升，而模型本身的深度和复杂度也大大增加。以大规模图像识别竞赛（ILSVRC）为例，2012年多伦多大学的Alex Krizhevsky随同其导师Geoffrey Hinton发布的AlexNet以83.0%的

Top5 分类准确率夺得冠军，相较于之前传统模型的最佳性能提升了百分之十几。AlexNet 本身是一个具有 5 层卷积层和 3 层全连接层的卷积神经网络，包含有 6100 万个权重参数和 7.24 亿次乘加运算。2017 年为止，最复杂的网络模型层数已超过 1000 层，权重参数及乘加运算次数都比 AlexNet 提升了几个数量级，而所能实现的识别准确率也已经超越人眼。对于最近打败众多人类围棋高手的阿尔法围棋（AlphaGo），在其打败李世石的第一版分布式实现版本中，其复杂的决策算法模型需要 1300 多个 CPU 和 280 个 GPU 来提供算力的支撑。由此可见，面对日益复杂的人工智能算法，要满足严格的功耗与实时性需求，需要有强大的处理器作为支持；因此对处理器芯片的精细化设计，成为提升芯片计算性能、满足应用需求的必要条件。

通常来讲，无论是对于人工智能的模型训练还是前向推断应用过程，处理器芯片的计算速度都是需要首先考虑的指标；而在某些诸如嵌入式移动端的低功耗场景中，对硬件计算的功耗也需要加以严格的控制。传统的 CPU 由于其串行执行的方式，在应对数据与计算密集型的人工智能算法时显得捉襟见肘。因此，增加处理器计算的并行度成为性能提升的一个主要方向。英伟达提出了通用计算 GPU（GPGPU）的概念，将具有大量可并行计算流处理器的 GPU 运用到人工智能算法的研发过程中，并提供了成熟而稳定的诸如 CUDA 和 cuDNN 的软件环境支持。由于 GPU 强大的计算能力，在关注模型准确度和以数据中心及服务器环境为主的模型训练场景中，GPU 得到了广泛的应用。但同时我们也注意到，常见的 GPU 板卡功耗高达 200～300W，这使得其在需要低功耗场景中的应用受到局限。因此，针对应用场景和算法类型，对芯片内部结构进行定制化的设计，从而提升芯片整体的能效比，成为人工智能芯片发展的另一主流方向。

通常而言，对于某一类型的人工智能算法，其往往具备可划分的特性，并且划分的子算法块具有一定的相似性。以图像应用中常见的卷积神经网络为例，运算最密集的卷积层就可以抽象为滑窗类型的乘加操作，而滑窗的大小及步幅、计算通道数的大小等均可以被抽象为可配置的参数。在硬件结构的设计过程中，往往会针对算法划分及抽象的方式，在计算通路和存储结构上进行定制化、可配置的设计。大部分研究者会采用 FPGA 芯片实现的方式，快速地迭代开发出加速硬件结构。多家研究机构已纷纷在顶级学术会议上发布了基于 FPGA 的加速结构设计，而业界企业也都开始将常见的算法模型通过 FPGA 加速器实现的形式部署到应用端，并且实现了较好的性能和较低的功耗。下一步，我们也可以将计算及存储核心部分进行电路固化，以专用集成电路（ASIC）的方式实现，以达到更高的能效比。目前已知的优秀 ASIC 芯片设计，已能在实现数百 GOPS（每秒十亿次运算数）级别计算能力的情况下将功耗控制在毫瓦级别。ASIC 在具备广泛应用市场的前提下，具有高能效比、量产成本低的诸多优势，但其一次性的工程费用及较大的开发成本，在快速的算法演进过程中往往会具有一定风险。因此，针对不同的研发及市场需求，应该选取不同的平台予以实现。

近年来，针对硬件实现的算法优化也在不断发展，包括数据量化、模型稀疏化等多项技术都取得了进展；而这些技术都有助于降低人工智能芯片的片上计算资源及存储带宽限制，以更低的硬件代价实现更高的吞吐速率。而数据位宽变化以及模型稀疏带来的不规则性，则对硬件结构的实现提出了挑战。未来的人工智能芯片设计，将更趋向于软硬件协同设计的模式，从软硬件两个方向分别进行限制条件的考量以及优化路径的选取，从而实现更优化、更通用的解决方案。

撰稿人：清华大学　尹首一
审稿人：东南大学　杨军

5.10　可编程逻辑电路设计

5.10.1　可编程逻辑，可程式邏輯，Programmable Logic

可编程逻辑（Programmable Logic）是指由可编程逻辑器件实现的一种提供多种功能的电路逻辑。相对于固定逻辑，可编程逻辑有很多优点。首先，可编程逻辑灵活性相对很高，可以将所需要的功能通过编程随时改变；其次，可编程逻辑电路的开发周期相对于固定逻辑电路（如 ASIC）要短，开发成本也相对较低；最后，可编程逻辑电路有很好的可扩展性，可进行后期的功能更新和升级。固定逻辑器件适合大批量的规模化应用，对于一些对性能要求非常高的电路，固定逻辑电路要比可编程逻辑电路更加适合。

第一个商业化的可编程逻辑器件（Programmable Logic Device，PLD），是由 Monolithic 内存公司推出的可编程阵列逻辑（Programmable Array Logic，PAL）。近年来可编程逻辑器件的市场销售份额增长迅速，其功能也越来越多样化，高性能可编程器件也开始逐步普及。

目前的 PLD 主要可以分为 3 类。①通用阵列逻辑（Generic Array Logic，GAL）：是以 PAL 为基础发展起来的，由莱迪思半导体公司所发明。GAL 与 PAL

特性相同，但 GAL 可以对电路组态、配置进行反复烧录和清除，而 PAL 只可以烧录一次。②CPLD（Complex PLD）：相对于 PAL、GAL 这种适合小型逻辑功能的电路，CPLD 能实现更大的电路。一个 CPLD 内部通常有数个 PAL，各 PAL 间的互连线也可以根据需求进行烧录。③现场可编程门阵列（Field Programmable Gate Array，FPGA）：是在门阵列技术的基础上，不断创新发展出来的。

PLD 中除了逻辑部分，也包含存储部分。数据储存的载体主要有硅反熔丝（Silicon Antifuses）、SRAM、EPROM 或 EEPROM 和闪速存储器（Flash Memory，也称闪存）几种。

当前 PLD 的开发主要采用计算机编程方式实现，源代码用硬件描述语言（Hardware Description Language，HDL）来编写。硬件描述语言以 VHDL 与 Verilog HDL 最为有名。

PLD 可编程器件的发展方向是高密度、高速度、低功耗。随着 PLD 的设计规模越来越大，电子设计自动化（EDA）已经成为其主要设计手段。

撰稿人：清华大学　魏少军　尹首一
审稿人：东南大学　杨　军

▷▷▷ 5.10.2　现场可编程门阵列，现场可程式闸阵列，Field Programmable Gate Array（FPGA）

现场可编程门阵列（Field Programmable Gate Array，FPGA）是在 PAL、GAL、CPLD 的基础上产生的。它属于一种半定制电路，与全定制电路相比，开发成本较低，功能可扩展，同时又提供了较多的逻辑单元。

目前，采用硬件描述语言（Verilog 或 VHDL）来描述电路逻辑成为现场可编程门阵列设计验证的主流技术，然后使用相关软件工具实现逻辑综合、布局和布线等，之后再将生产的文件烧写到 FPGA 芯片上。虽然 FPGA 相比专用集成电路（ASIC）速度慢、性能低，但优点在于开发难度低，而且其内部功能可以反复修改。目前 FPGA 几乎是电子系统中必有的部件，这是因为 FPGA 方便灵活的特点有利于电子产品迅速抢占市场。虽然现场可优化 CPLD 和 FPGA 都包含大量的可编程逻辑单元，但它们的系统结构存在很大差别。与 CPLD 相比，FPGA 的连接单元更多，虽然灵活却也更加复杂；而 CPLD 的连接单元较少，延迟时间更加方便估计。另一个较为明显的区别在于，FPGA 含有内置的如加法器和乘法器这样的高层次模块和存储器，因此很多新型的 FPGA 可以实现系统内重新配置。

当前，FPGA 片内的程序储存方式主要有以下几种。①PROM：只可以烧录一次，不能清除内容，是一种可编程只读存储技术。②EPROM：可擦除内容的可编程只读存储器技术，可经紫外线照射清除内容。③Antifuse：通常为 CMOS 电路，并且只可烧录一次。④EEPROM：可用电气信号清除内容的可编程只读存储器技术。⑤静态随机存取存储器（SRAM）：基于静态内存技术，系统内可编程。⑥闪存（Flash）：一种较为特殊的 EEPROM。

目前全世界比较有名的 FPGA 厂商主要有 Xilinx、Altera（已被 Intel 收购）、ACTEL、莱迪思（Lattice）半导体和 Achronix 半导体，其中 FPGA 的发明者 Xilinx 公司是全球第一大 FPGA 供应商。

撰稿人：清华大学　魏少军　尹首一
审稿人：东南大学　杨军

▷▷▷ **5.10.3　电可编程逻辑器件，電可程式邏輯元件，Electrically Programmable Logic Device（EPLD）**

电可编程逻辑器件（Electrically Programmable Logic Device，EPLD）是指采用电信号的可擦可编程逻辑器件。

EPLD 的设计流程通常有以下几个主要步骤：①使用原理图或者用硬件描述语言对逻辑进行设计描述；②在设计者把设计的逻辑编写到器件中之前，有必要对设计结果的正确性进行验证，一般通过计算机软件进行仿真，检查其是否符合设计需求，这称为"前仿"；③经过计算机软件编译转换为化简后的布尔代数表达式，编译软件将特定表达式适配进相对应的器件，生成器件的标准装载文件（JED 文件），通常将这个过程称为"综合"；④把逻辑下载到器件中进行功能检测。

通常可以用原理图或硬件描述语言来设计 EPLD 器件的逻辑功能。原理图描述非常直观，直接用电路器件来描述电路功能，缺点是不够简洁。常用的硬件描述语言有 Verilog、VHDL 语言等。硬件描述语言可以精确地实现电路的逻辑功能。对于仿真和综合，目前比较常用的工具有 Modelsim、Quartus 等。编程器是一种专门对可编程器件进行编程的设备。需要通过编程器将 JED 文件下载到器件中让芯片按照设计逻辑工作。编程下载的过程是指计算机把 JED 文件下载到编程器中，再根据器件特点把 JED 文件写入器件内部。

撰稿人：清华大学　魏少军　尹首一
审稿人：东南大学　杨军

▷▷▷ 5.10.4　可编程系统芯片，可程式系统晶片，Programmable System on Chip（PSoC）

可编程系统芯片（Programmable System on Chip，PSoC）又称为可编程片上系统，是为满足系统集成度不断提高的需求，在可编程逻辑器件基础上发展起来的嵌入式系统设计解决方案。系统设计者从以往的板级系统设计转换到芯片级系统设计，可以用 IP（Intellectual Property）的形式实现设计所需要的各个功能单元并集成到 FPGA 中，因而实现了高效、灵活、高集成度的嵌入式系统。

PSoC 的特点是在单芯片上实现整个系统的功能。其设计过程是从系统行为级开始自顶向下描述系统功能，即从应用功能、软件算法、芯片结构、嵌入式操作系统、电路模块直到器件协同设计。

PSoC 的核心设计技术主要包括以下 3 个方面。

（1）软硬件协同设计和验证技术：面向设计目标综合平衡系统指标，进行完整系统功能的软硬件功能划分，并完成设计空间搜索。

（2）IP 核生成及复用技术：目前 IP 核复用已经是集成电路设计中的核心技术。通过对 IP 核的继承、共享和复用，利用 EDA 工具实现系统功能设计、综合以及验证，极大提高了设计效率，加速了开发过程，有效降低了开发风险。

（3）系统级和模块间接口的设计和验证技术：PSoC 中存在着软硬件功能模块、IP 核模块和电路模块等多种模块，模块间接口通信成为系统设计和验证的关键问题。

目前，Xilinx、Altera 等已发布了多种型号的 PSoC 产品和解决方案，实现了处理器核（如 ARM、NIOS 等）与 FPGA 协同处理的架构。PSoC 解决方案已经在网络通信、数据中心及机器学习等多个领域中被广泛应用。

总的来说，PSoC 技术就是尽可能地将大而完整的电子系统集成在单一可编程系统芯片中实现，使所设计的电子系统在功能、性能、功耗、可靠性、体积、成本、上市周期、产品维护以及硬件升级等诸多方面实现设计最优。

撰稿人：清华大学　魏少军　尹首一
审稿人：东南大学　杨军

▷▷▷ 5.10.5　可重构计算芯片，可重構計算晶片，Reconfigurable Computing Chip

可重构计算芯片（Reconfigurable Computing Chip）是基于可重构计算架构设

计的芯片。可重构计算是一种时空二维编程的并行计算模式。与之相对,传统的通用处理器是时域编程的计算模式,FPGA 是空域编程的计算模式。可重构计算芯片是集成电路领域的颠覆性技术,具有广泛适用性。

所谓可重构计算是指在配置信息的控制下,利用系统中的可编程计算资源,根据应用的需要构造出最适配的计算架构,达到或接近专用集成电路的高性能。可重构计算的本质是通过多次重新配置可编程计算资源的功能和互连,使系统兼具高性能、低功耗、易维护、低成本等多种优良特性。

可重构计算芯片硬件架构由可重构数据通路(Reconfigurable Datapath, RCD)和可重构控制器(Reconfigurable Controller, RCC)两部分组成,如图 5-101 所示。其中可重构数据通路负责数据流的并行处理,可重构控制器负责配置信息管理和任务映射调度。在可重构计算系统中,数据通路可通过调用或修改配置信息被动态重配,这样既保留了用定制电路(硬件方法)实现计算的性能,又具有用处理器方法(软件方法)实现计算的灵活性。

可重构计算芯片的配置策略可分为静态重构和动态重构。静态重构只能在可重构计算芯片的数据通路进行计算之前对其进行功能重构,而计算过程中由于时间代价相对过大而无法对数据通路进行功能重构。最典型的具有静态重构特性的可重构计算芯片是 FPGA。FPGA 的常见工作方式是系统上电时从片外存储器中加载配置信息进行功能重构。FPGA 配置信息的规模一般很大,重构过程通常会持续几十至几百毫秒甚至多达几秒的时间。等功能重构完成之后,FPGA 才

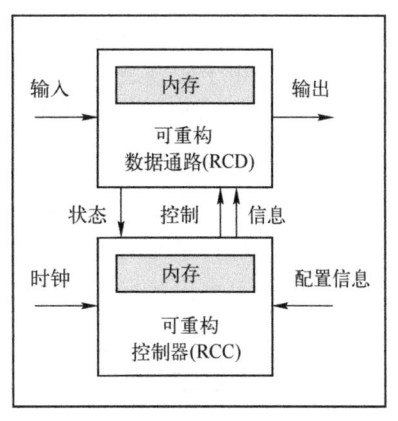

图 5-101　可重构计算芯片架构图

能进行相应的计算。在计算过程中,FPGA 的功能无法再被重构。如需重构,一定要首先中断 FPGA 当前正在进行的计算任务。因为是单比特编程器件(细粒度可重构计算芯片),所以 FPGA 的灵活性非常高,在不考虑容量的前提下几乎可以实现任何形式的数字逻辑。这也是 FPGA 能够在商业上获得极大成功的重要原因之一。然而,细粒度给 FPGA 带来了海量的配置信息,重构的时间代价和功耗代价就变得非常大。而典型的动态可重构芯片的重构时间一般在几纳秒到几十纳秒的范围。由于功能重构的时间代价相对较小,可重构计算芯片的数据通路在计算过程中也能够进行功能重构的特性被称为动态重构。最典型的具有动态重构特性的可重构计算芯片是粗粒度可重构阵列(Coarse-Grained Reconfigurable Architecture, CGRA)。CGRA 的常见工作方式是:在 CGRA 完成

某个既定的计算任务之后，迅速对其加载新的配置比特流进行功能重构。重构过程通常仅会持续几到几百个时钟周期。等功能重构完成之后，CGRA 再继续执行该新配置的计算任务。

可重构计算芯片区别于其他电路实现形式的一大特点就是需要对数据通路进行配置，配置完成后它就可以像 ASIC 电路一样以较高的性能实现指定的功能。如图 5-102 所示，可重构数据通路通过配置加载器从外部加载配置，这部分构成了可重构数据通路的配置部分。缩短可重构数据通路的配置时间是十分重要的，这样可以很快地完成不同配置之间的切换，提高电路的实时响应能力。常用的缩短配置时间的方式有两种：一是提高数据通路的粒度以减少配置信息的总量，配置时间相应减少；二是通过层次化的配置结构减少从数据通路外部输入的配置信息数量，并且实现对配置信息总量的压缩。层次化的配置结构能够大幅度地压缩配置信息。由于不同层次的配置信息存储在不同的存储器中，而且每一层配置信息中都含有要使用的下一层配置信息的列表，这样逐层地调出配置信息，而不用一次性从外部将大量配置信息全部输入，从而提高了配置速度。此外，由于较高层次的配置信息只含有底层配置信息的列表，底层的配置信息会被不同的列表多次重复使用，从而达到了减少配置信息总量的目的。可重构数据通路在配置时，层次化的配置结构被一层一层打开，最终每个数据通路单元将得到自己的配置信息并完成配置。数据通路控制模块通过解析配置信息控制每个计算单元的运算、数据的输入/输出、配置信息的加载时间等，从而实现对整个可重构数据通路的调度。

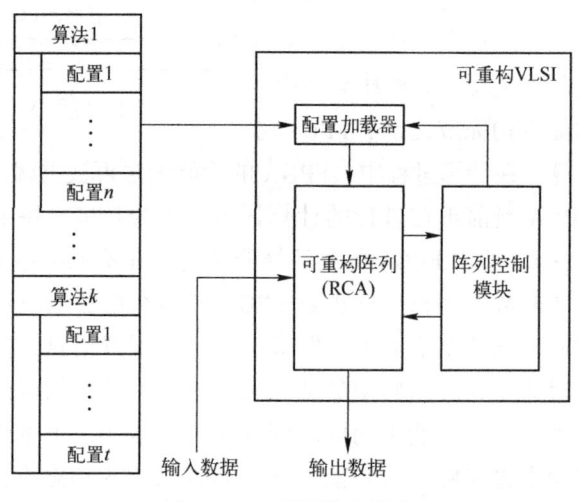

图 5-102　配置信息技术

近年来，可重构计算技术已成为集成电路研究的新热点。可重构计算芯片具备硬件随软件变化而变化、软硬件双编程的特点，突破了传统的基于硬件进行软件编程的计算模式，实现了"电路跟随算法变，架构跟随应用变"的高能效动态可重构计算技术。

撰稿人：清华大学　魏少军　尹首一
审稿人：东南大学　杨军

▷▷ 5.11 设计自动化工具

▷▷▷ 5.11.1 集成电路设计自动化，積體電路設計自動化，IC Design Automation

集成电路设计自动化是指借助电子设计自动化（Electronic Design Automation，EDA）工具进行集成电路设计的方法。集成电路 EDA 工具是集成电路设计方法学的载体及集成电路产业发展的重要组成部分。

集成电路 EDA 工具通常可分为综合设计工具、验证与优化工具、设计输入与数据管理工具三大类[1]。综合设计工具帮助设计者完成各级设计，如系统综合、逻辑综合、布局布线等。验证与优化工具帮助设计者验证其设计的正确性及优化设计结构的合理性，如电路仿真与验证、物理设计规则检查、版图电路图一致性检查、版图寄生参数提取、时序和功耗分析优化、可制造性设计、成品率设计、可靠性设计等。设计输入与数据管理工具帮助设计者快速输入设计对象、设计要求和管理设计数据，如硬件语言描述与编译、电路图与版图的输入编辑、设计流程管理等。

数字电路和模拟电路设计流程及相关 EDA 工具如图 5-103 和图 5-104 所示。

EDA 工具解放了人工诸多繁杂操作，极大地提升了设计效率及正确性，例如逻辑综合工具就是 EDA 工具在此方面最显著的体现。

不同 EDA 公司的工具都必须遵循行业数据标准，如数据库标准 OpenAccess、版图数据标准 GDS 和 OASIS 等。由于 EDA 工具都遵循标准化的数据接口，所以设计者在设计各阶段可以平滑使用不同 EDA 公司的工具，不必因为 EDA 工具的不同而进行数据格式转换。

近年来，EDA 技术发展迅猛，每年的全球设计自动化会议（Design

Automation Conference，DAC）中都会涌现出一批新的 EDA 技术及工具。目前，著名的 EDA 研发企业大多位于美国，主要有 Synopsys、Cadence 等。中国的 EDA 研发企业主要以北京华大九天软件有限公司为代表。

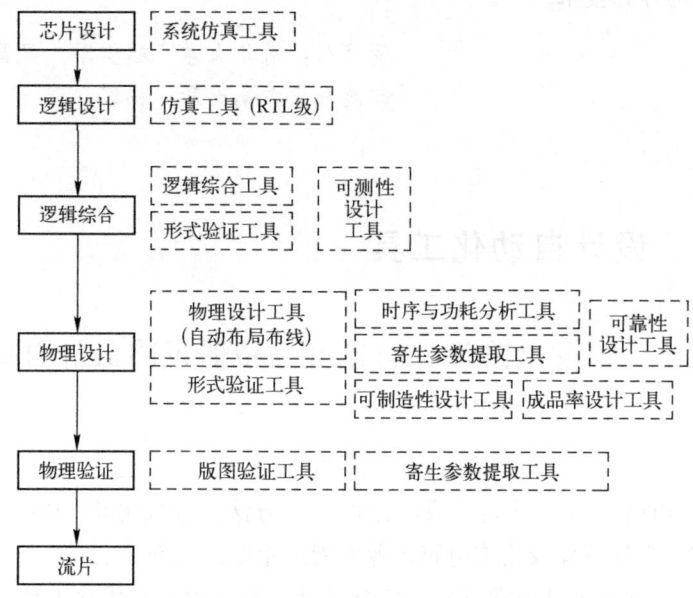

图 5-103 数字电路设计流程及相关 EDA 工具

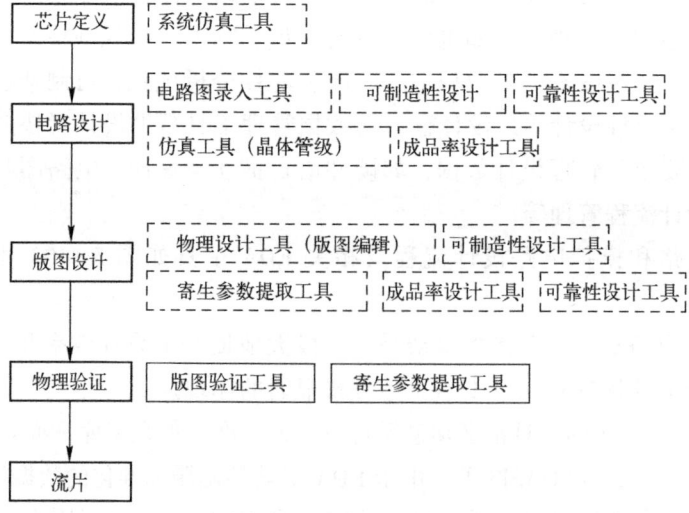

图 5-104 模拟电路设计流程及相关 EDA 工具

参考文献

[1] 洪先龙,刘伟平,边计年. 超大规模集成电路计算机辅助设计技术 [M]. 北京:国防工业出版社,1998.

撰稿人：北京华大九天软件有限公司　杨俊祺
审稿人：北京华大九天软件有限公司　刘伟平

▷▷▷ 5.11.2　流程管理工具，流程管理工具，Flow Management Tool

流程管理工具是一种能够帮助集成电路设计者在最短的时间内高质量完成大规模复杂集成电路设计而采用的规范化工具。

流程管理（Flow Management）中的"流程"包括从需求定义到版图生成的各阶段设计流程、IP 核与标准单元库质量检查流程和客户自定义流程等。

流程管理工具主要管理设计数据和配置数据。设计数据包括集成电路设计全流程中的电路图、版图、RTL（寄存器传输级）网表、电路仿真结果、时序与功耗分析结果和寄生参数提取结果等数据。配置数据包括 IP 核、标准单元库、物理验证规则、工艺物理特性信息文件和器件模型等设计配套数据。

流程管理工具的功能如下。

(1) 信息共享：建立各步骤之间的依赖关系，汇总各个流程步骤的变化，及时把状态变化信息传递给相关团队成员。

(2) 权限管理：为不同的设计者配置不同的权限，保护设计数据的安全。

(3) 版本管理：管理同一数据的不同历史版本，实现不同版本的数据切换及比较。

(4) 数据同步：同步不同设计人员的数据，完成冲突版本的比较与合并。

(5) 问题追踪：记录各个环节出现的问题，便于管理者了解项目各环节进展。

(6) 开放接口：提供开放的开发环境和第三方工具接口，便于数据的导入、移植及定制化功能扩展。

(7) 流程可视化（Flow Visualization）：收集流程创建、观测、配置、执行、调试、报告等各个阶段的信息，并通过图形界面和统计分析的方式，将各个流程阶段组织起来，为管理者提供直观且易用的掌控集成电路设计项目的手段。

用于逻辑综合、设计规划、布局布线、芯片完成等不同项目阶段所需设计时间的统计如图 5-105 所示。

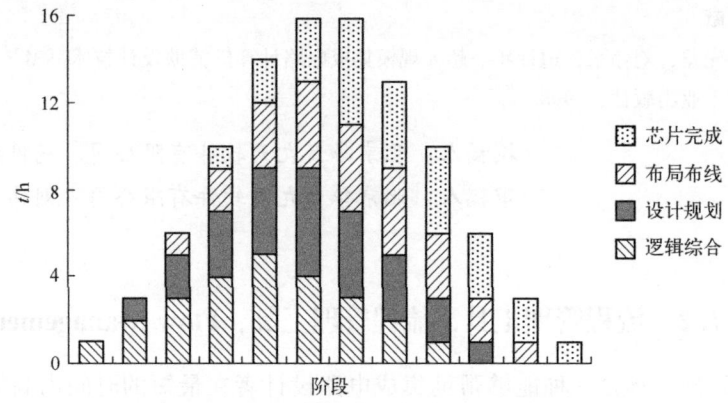

图 5-105　不同项目阶段所需设计时间的统计示意图

随着 IC 设计环节及数据类型越来越多，数据量越来越大，协同设计的需求也因此越来越迫切，所以利用流程管理工具管理流程与数据将成为不可或缺的管理手段。

撰稿人：北京华大九天软件有限公司　刘毅　刘晓明

审稿人：北京华大九天软件有限公司　刘伟平

▷▷▷ 5.11.3　系统仿真工具，系统模拟工具，System Level Simulator

系统仿真工具（System Level Simulator）的作用是对电子系统进行高层次的建模及仿真，以减少系统从设计到实现所需迭代优化的次数，降低在系统实现中后期出现问题的风险。

系统仿真工具可对系统建模提供灵活的支持，利用内建或外接的各种预估算法、实现算法和仿真算法对系统的功能与性能做出合理的评估和验证。

系统仿真工具使用建模语言描述系统，建模语言具有如下特性：

（1）建立系统各功能模块的模型，允许用不同层次的模型来描述不同的模块以及模块相互间的信息交换；

（2）对模块提供不同实现方法的选择，例如用硬件或嵌入式软件实现，使用何种架构实现等；

（3）提供各种模型库，支持用已有的设计模型或 IP 核来实现一部分特定的功能模块。

C/C++和 System C 是当前常用的建模语言。针对系统描述和仿真的多样化需求，新型的系统建模语言还在不断涌现。其中一些以更抽象的形式来描述系统,适合一般性的系统设计,如 UML、SysML 等语言;另一些则在嵌入式系统设计方面提供更多定制化的支持,如系统设计工具 Teraptor® 所支持的 SMDL 和 SSDL 等建模语言。

许多系统仿真工具都是基于模型并利用图形化界面进行仿真的,如 LabVIEW、MATLAB、SystemVue、VisualSim Architect 和 Simulink 等。

系统仿真工具已经被设计公司广泛地应用在系统和芯片设计中,在嵌入式系统、SoC 软硬件系统的设计、验证和调试过程中扮演着愈加重要的角色。

撰稿人:北京华大九天软件有限公司　邵雪
审稿人:北京华大九天软件有限公司　刘伟平

▷▷▷ 5.11.4　电路图录入工具,示意图录入工具,Schematic Capture Tool

电路图录入工具(Schematic Capture Tool)又称原理图录入工具,提供交互式电路图编辑功能,可完成层次化电路图设计,并为集成电路仿真、布局布线、全定制版图设计等提供必要的数据支持。

电路图录入工具根据电路图的层次化设计特点,提供元件符号录入和电路图录入,分别以 Symbol 和 Schematic 视图(View)对应。元件符号录入的作用是根据电路图特点创建其对应的元件图形符号,以便在高层次电路图设计中被调用。电路图录入的作用是将元件的连接关系、元件的参数和电路的特性用图形的方式展现出来。其中,反相器电路图和元件符号举例如图 5-106 所示。另外,电路图录入工具也提供根据电路图自动生成元件符号的功能。

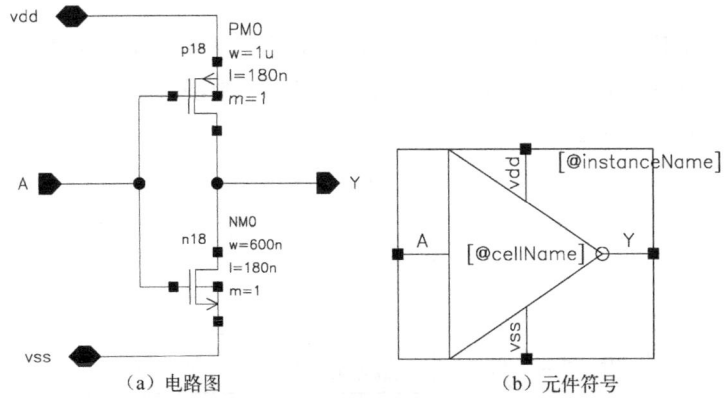

图 5-106　反相器电路图及元件符号举例

电路图录入工具可以描述电路的系统层、模块层、单元层和晶体管层的电路图，支持对元件的参数、电路节点、电路连线和注释的创建和修改，并支持电路图电气规则检查，如短路、断路等。

电路图录入工具存储的数据分为物理信息和逻辑信息。物理信息一般指图形数据，如 I/O 形状、I/O 位置信息等。逻辑信息一般指电路图中的连接信息，即电路图的拓扑信息。

电路图录入工具提供两种数据交换形式：电子设计交换格式（Electronic Design Interchange Format，EDIF）和网表。EDIF 格式一般包含电路图的物理和逻辑信息，不同的电路图录入工具的数据可以通过 EDIF 格式相互转换。网表不同于 EDIF 格式，它不包含物理信息，仅包含逻辑信息。根据用途不同，常用的网表格式有 CDL、SPICE、SPECTRE 及 Verilog 等。

随着集成电路设计方法学的发展以及设计难度的增加，电路图录入工具呈现两大发展趋势：易用性和扩展性。在易用性方面，电路图录入工具提供更方便、灵活的功能，如以不同颜色区分连线属性、实时电气规则检查、智能化连线等功能。在扩展性方面，电路图录入工具不再单纯满足于电路图创建和编辑功能，还提供了更多的与其他工具协同工作的接口，如电路仿真工具接口、调试电路仿真结果接口、电路图驱动版图接口和约束驱动版图接口等。

撰稿人：北京华大九天软件有限公司　李起宏
审稿人：北京华大九天软件有限公司　刘伟平

▷▷▷ 5.11.5 仿真工具，模拟工具，Simulator

按照仿真对象划分，电路仿真工具通常分为三大类：晶体管级的模拟电路仿真工具、门级和 RTL 级的数字电路仿真工具、模数混合电路仿真工具。

1. 模拟电路仿真工具

模拟电路仿真的基本流程如图 5-107 所示。

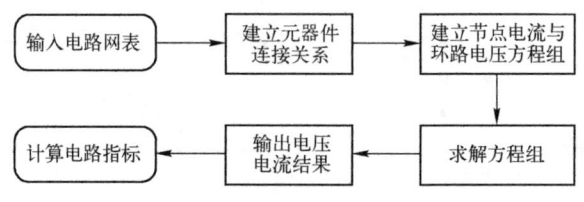

图 5-107　模拟电路仿真的基本流程

模拟电路的方程为

$$f(V_t) + E(V_t) = I_t - \frac{dQ_t}{dt}$$

式中，t 为时间；V_t 为节点电压；I_t 为节点独立电流源；Q_t 为节点电荷；$f(V_t)$ 为节点非线性电流；$E(V_t)$ 为节点受控电流。采用 Newton-Raphson 迭代法可以求解该方程组，得到解的迭代形式（$i=1,2,3,\cdots$，为迭代次数）：

$$V_{t,i+1} = Y_t^{-1}\left(I_t - \frac{dQ_t}{dt} - f(V_{t,i}) - E(V_{t,i})\right) + V_{t,i}$$

式中，Y_t 为 $f(V_t)+E(V_t)$ 的雅克比矩阵，即

$$Y_t = \partial(f(V_t)+E(V_t))/\partial V_t$$

Y_t 通常是一个稀疏矩阵，可以采用 LU 分解算法降低其计算复杂度。在 LU 分解之前对 Y_t 的行列进行预排序，可以减少计算量并提高迭代计算的稳定性。结构较为特殊的电路其 Y_t 矩阵为稠密矩阵，用 PCG、GMRES 等算法可以获得更快的求解速度。电荷 Q_t 对时间 t 的微分计算有 Forward Euler 法、Backward Euler 法等单步算法与 TRAP、GEAR 等多步算法，其精度与稳定性受电路类型影响。

求解方程组的计算量随着电路节点的增加而急剧增加，因此商业模拟电路仿真工具中通常会加入多种加速技术以提高性能。

（1）并行计算：将电流与雅克比矩阵的计算分配到多个 CPU 上同时进行。

（2）旁路（Bypass）技术：当节点电压变化不大时无须重新计算非线性电流与雅克比矩阵，仅对电流做线性修正。

（3）节点合并（Node Folding）技术：采用线性修正的算法消除非线性器件的内部节点，减少方程数。

对于更大规模的电路，仿真工具还会引入一些降低精度但可以极大提高仿真速度与容量的技术，即快速仿真技术。这些技术主要有如下几种。

（1）查表模型（Table Model）：采用查表插值的办法计算非线性器件的电流电荷。

（2）事件驱动（Event Driven）：将电路划分为若干模块独立求解，仅在端口节点的电压变化时才重新计算相邻模块。

（3）同态技术（Isomorphism）：结构相同、电压相近的多个模块共享雅克比矩阵，只求解一次方程组，不同模块之间微小的差异依靠线性插值修正。

此外，寄生效应会影响集成电路的性能甚至功能，而考虑了寄生效应的模拟电路仿真则称为模拟电路后仿真。在后仿真中，寄生器件导致矩阵规模急剧增大，耦合效应导致矩阵填充更为稠密，为此需要引入加速技术在精度影响很

小的前提下提高仿真速度与容量，常用的技术如下。

（1）RC 约减：通过物理或数学等效方法将寄生 RC 网络简化为规模较小的等效电路，其常用算法为 TICER 降阶算法[1]。

（2）电路划分：将电路分割为多个耦合较少的模块分别计算，结果回代到顶层矩阵得到电路的解。常用方法有超图划分、BBD 和 SuperLU 等[2-4]。

（3）多重速率：根据工作频率将电路划分成多个模块，信号频率较高的模块设置较小的时间步长以保证计算精度，信号频率较低的模块设置较大时间步长以提升计算速度。

2. 数字电路仿真工具

数字电路仿真的基本流程如图 5-108 所示。

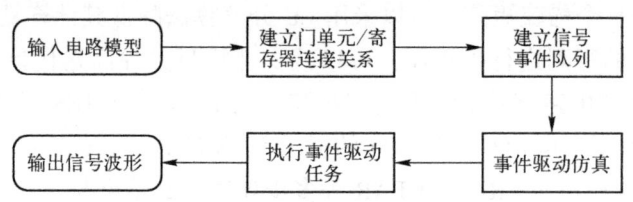

图 5-108　数字电路仿真的基本流程

数字电路一般采用 VHDL、Verilog HDL 或者 System Verilog 等语言来描述。这些语言支持对逻辑信号的时序关系进行量化及检测。数字电路仿真采用事件驱动算法进行信号逻辑仿真，即逻辑单元的输入/输出信号为有限数量的逻辑态，其输出仅在输入信号状态发生变化的情况下重新计算。事件驱动算法框图如图 5-109 所示。

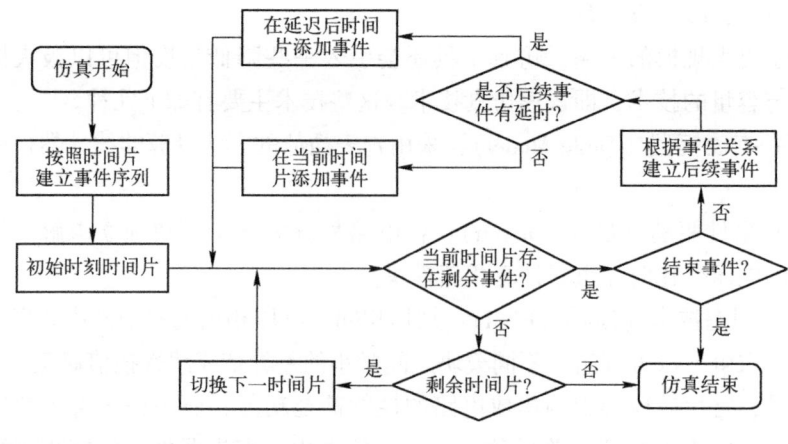

图 5-109　事件驱动算法框图

在数字电路仿真中可以附加 SDF（Standard Delay Format）文件进行后仿真以得到更准确的时序结果[5]。该文件通过提取电路版图获得元器件与连线精确延时而产生。数字电路仿真的速度远高于模拟电路仿真，但精度远低于模拟电路仿真。

3. 模数混合电路仿真工具

模数混合电路仿真工具结合模拟与数字信号电路仿真工具，对不同模块分别采用晶体管级或门级/RTL级电路进行仿真。模数混合电路仿真的核心是识别模拟信号与数字信号相连的节点，并通过信号转换算法将其中连续的模拟信号与离散的数字信号互相转换。模数混合电路仿真的基本流程如图5-110所示。

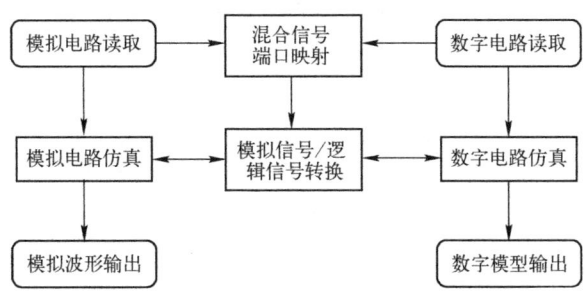

图 5-110 模数混合电路仿真的基本流程

参考文献

[1] Sheehan, Bernard N. TICER: realizable reduction of extracted RC circuits [C]. IEEE/ACM International Conference on Computer-Aided Design, 1999. Digest of Technical Papers IEEE, 1999: 200-203.

[2] Navaratnasothie Selvakkumaran, G. Karypis. Multi-objective hypergraph partitioning algorithms for cut and maximum subdomain degree minimization [C]. IEEE/ACM International Conference on Computer-Aided Design IEEE Computer Society, 2006, 25 (3): 504-517.

[3] Vlach M. LU decomposition and forward-backward substitution of recursive bordered block diagonal matrices [J]. Electronic Circuits & Systems IEEE Proceedings G 132.1 (1985): 24-31.

[4] Grigori, Laura, J. W. Demmel, X. S. Li. Parallel symbolic factorization for sparse LU with static pivoting [J]. Siam Journal on Scientific Computing, 2007, 29 (3): 1289-1314.

[5] IEEE 1497-2001. IEEE Standard for Standard Delay Format (SDF) for the Electronic Design Process.

撰稿人：北京华大九天软件有限公司　邵雪
审稿人：北京华大九天软件有限公司　刘伟平

▷▷▷ 5.11.6 逻辑综合工具，邏輯合成工具，Logic Synthesizer

逻辑综合工具（Logic Synthesizer）是将数字电路的寄存器传输级（RTL）描述经过布尔函数简化和逻辑优化等步骤自动转换到逻辑门级网表的工具。逻辑综合工具的工作流程如图 5-111 所示。

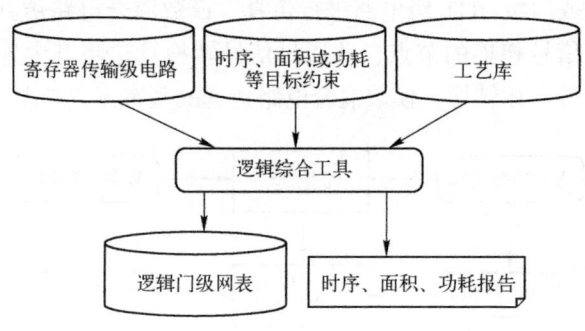

图 5-111　逻辑综合工具的工作流程

逻辑综合工具的输入有以下 3 方面。

（1）Verilog 或 VHDL 硬件描述语言所描述的寄存器传输级电路。

（2）时序、面积或功耗等目标约束（Constraints）。

（3）集成电路逻辑组件工艺库（Libraries）。此工艺库通常包含与、或、异或、与非、寄存器等逻辑门。

逻辑综合工具将寄存器传输级电路描述根据所设定的各类目标约束进行如下编译、综合及优化。

（1）从 Verilog 或 VHDL 硬件描述语言编译至与工艺组件无关的初始电路。

（2）执行算术逻辑（加、减、乘、除及复杂的组合运算）优化。例如，乘法器有多种实现方式，相应地会产生多种时序、功耗及面积，如何根据目标设定选出最合适的结构将对最后的综合结果有重大影响。

（3）与工艺无关的时序逻辑及组合逻辑优化。时序逻辑优化主要对有限状态机（Finite State Machine）及寄存器进行优化，组合逻辑优化主要对布尔函数进行优化。

（4）将优化完的时序及组合逻辑转换成逻辑门级的电路网表。此时因各个逻辑门有准确的时序、功耗及面积数据，即可执行与工艺有关的最后优化。

完成上述过程后，逻辑综合工具即生成经过优化的逻辑门级电路网表，输出的门级电路网表的逻辑功能必须与原有寄存器传输级电路功能保持一致。

随着集成电路规模的不断增大和制造工艺尺寸的不断减小,为了更准确地评估芯片的时序和面积,逻辑综合工具需预先考虑后段布局布线效应以实现前后段设计的一致性。同时,为了提高逻辑综合工具运行效率,逻辑综合工具必须采用层次化及并行技术实现。

撰稿人:北京华大九天软件有限公司　陈一浩

审稿人:北京华大九天软件有限公司　刘伟平

▷▷▷ 5.11.7　形式验证工具,形式驗證工具,Formal Verification Tool

形式验证工具(Formal Verification Tool)是通过数学逻辑的算法来判断硬件设计的功能是否正确,通常有等价性检查(Equivalence Checking)和属性检查(Property Checking)两种方法。

等价性检查用来检查两个数字集成电路设计之间的逻辑等价性。在集成电路设计过程中许多步骤都可能做逻辑修改,例如插入可测性设计逻辑、时钟树综合、工程变更单等,如果用仿真验证会耗费大量时间而且难以保证验证的覆盖率。等价性检查是通过静态和数学逻辑的算法来比较修改前后逻辑的一致性,理论上可实现全覆盖验证。

对于给定的两个网表(可以称为原始网表和修订网表),假设两个网表的输入信号、输出信号,以及网表中的寄存器个数相同,等价性检查工具通常先将原始网表和修订网表中的输入信号、输出信号和网表中的寄存器配对,产生多对组合逻辑锥(Combinational Logic Cones);然后再用二元决策图(Binary Decision Diagram)[1]、合取范式的可满足性求解器(SAT Solver)等算法,对每一对组合逻辑锥进行比较。如果每一对里两个逻辑锥的布尔函数都是等价的,就能断定两个网表的静态和时序逻辑功能是相同的[2]。等价性检查验证示意图如图 5-112 所示。

当原始网表和修订网表的寄存器个数不相同时,上述的算法通常会发现有些配对的组合逻辑锥里的两个布尔函数是不等价的。这时就必须用一些检测时序逻辑等效性(Sequential Equivalence Checking)的算法做进一步分析,从而判定两个网表的逻辑功能是否相同[3]。

属性检查是一种分析电路设计是否满足某些给定规范或断言(Assertion)的方法。首先用逻辑结构和形式化逻辑描述系统模型和待验证的属性,如时序逻辑

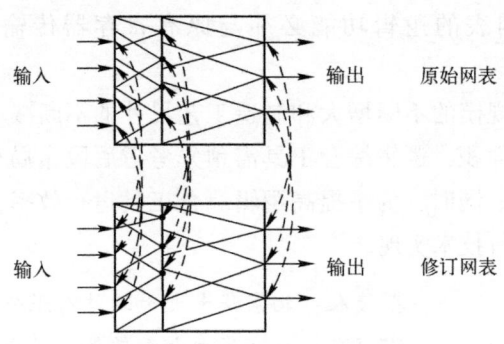

图 5-112　等价性检查验证示意图

结构、有限状态机和形式逻辑公式等，再通过形式验证的算法来检测设计是否满足该属性。属性检查技术又可以分为定理证明（Theorem Proving）和模型检查（Model Checking）。

定理证明是将设计和待验证的属性用某种形式化逻辑系统的公式表示出来，再根据该系统的公理、推理规则以及已经证明的定理，推导出表达系统属性的公式，从而证明设计满足该属性。这种推导的过程通常需要人工参与，并要对系统功能设计有相当程度的了解。

模型检查是用时序逻辑结构或有限状态机表示待检验的设计。首先用某种时态逻辑表示设计应该具有的属性，再通过二元决策图、合取范式可满足性求解、自动测试生成（ATPG）等技术搜寻设计的状态空间，检测是否在所有可能的状态下设计都满足这些属性[4]。如果检测出设计不满足某种属性时，也能给出反例，方便错误的定位。模型检查算法通常不需要人工参与，但如果设计可能存在的状态空间太大时，会遭遇所谓的状态爆炸（State Explosion）问题，导致无法在有限的时间内得到最终的结果。

由于工艺的不断演进，等价性检查和属性检查的技术必须不断地改进才能处理越来越大的设计规模。

参考文献

[1] Randal E Bryant. Graph-based algorithms for boolean function manipulation [J]. IEEE Trans on Computers, Aug. 1986, 35（8）：677-691.

[2] C Leonard Berman, Louise H Trevillyan. Functional comparison of logic designs for VLSI circuits [J]. In Proceedings of the Int'l Conf. On Computer-Aided Design, Nov. 1989.

[3] S Y Huang, K T Cheng, K C Chen, C Y Huang, F Brewer. AQUILA：an equivalence checking system for large sequential designs [J]. IEEE Trans on Computers, 2000, 49（5）：443-464.

[4] J R Burch, E M Clarke, K L McMillan, D L Dill. Sequential circuit verification using

symbolic model checking [C]. In Proceedings of the ACM/IEEE Design Automation Conference, 1991: 46-51.

撰稿人：北京华大九天软件有限公司　陈光前
审稿人：北京华大九天软件有限公司　刘伟平

▷▷▷ 5.11.8　可测性设计工具，可測性設計工具，Design for Testability Tool

可测性设计工具针对集成电路生产测试需要，通过人工插入或工具自动综合生成测试逻辑电路，自动产生测试向量。可测性设计工具可以显著提升测试覆盖率，有效降低芯片在自动测试设备（Automatic Test Equipment，ATE）上测试的困难度及成本。

1. 测试电路的自动生成

基于扫描设计（Scan-Based Design）方法是一种最常用的可测性设计方法。它把被测电路的寄存器转换成扫描寄存器，再将扫描寄存器连接成一条或多条的扫描链以传递测试信号。可测性设计的测试电路生成涉及一系列复杂的操作，通常需依靠自动化工具辅助完成。一个典型的基于扫描设计的可测性设计综合自动化流程如图5-113所示。

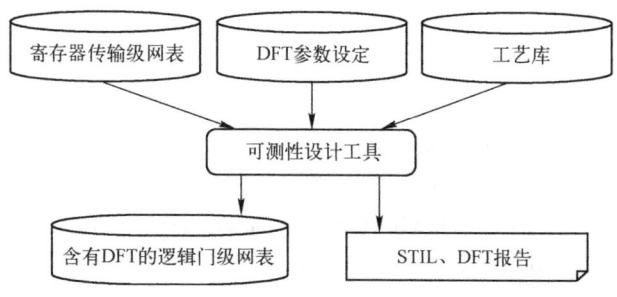

图5-113　基于扫描设计的可测性设计综合自动化流程

该流程包括下列几个主要步骤：

（1）将普通寄存器时序单元转换成扫描寄存器；

（2）检测被测电路是否符合一系列的DFT规则；

（3）对任何违反DFT规则的电路部分，进行自动修复或人工修复；

（4）根据DFT约束及目标设定，进行扫描链的链接并合成所需添加的逻辑。

测试电路的自动生成结果包括含DFT的逻辑门级电路网表、使用STIL

（Standard Test Interface Language，标准测试接口语言）描述的 DFT 工作情况以及 DFT 分析报告。

2. 测试向量的自动生成及优化

基于 DFT 网表和 STIL 结果，自动测试向量生成工具可以自动产生芯片测试所需的测试向量信号。测试向量经过编码压缩、广播式压缩、逻辑变换压缩等方法优化后，在保证测试覆盖率的前提下可以减少测试数据数量、测试时间和必需的测试通道数。

D 算法（又称多维通路敏化法）是第一个完备的 ATPG 算法[1]，其基本思想是利用电路简化表和 D 向量传递，使故障沿着所有敏化通路传播至输出，通过兼容性检查得到最终的测试向量。针对大型组合电路中敏化通路选择的有效性，PODEM 算法和 FAN 算法又对 D 算法进行了改进[2,3]。后来的 SOCRATES[4] 利用功能学习的方法提升了逻辑蕴含、通路敏化以及多路回退的效率。业界 ATPG 工具多采用基于类似 SOCRATES 的方法，并做了更进一步的改进。

除了上述的基于扫描设计 DFT 方法，业界还有几种不同的 DFT 解决方案。例如，LBIST（Logic Built-In Self-Test）将特殊的硬件或软件加入电路中，在不需要外在测试设备的条件下进行电路自测试。相对于 LBIST，MBIST（Memory Built-In Self-Test）可用于存储器的自测试。

参考文献

[1] J P Roth. Diagnosis of automata failures：a calculus and method［J］. IBM Journal of Research & Development，1996，10（4）：278-291.

[2] P Goel. An implicit enumeration algorithm to generate tests for combinational logic circuits ［J］. IEEE Trans on Computers，1981，C-30（3）：215-222.

[3] H Fujiwara，T Shimono. On the acceleration of test generation algorithms ［J］. IEEE Trans on Computers，1983，C-32（12）：1137-1144.

[4] M Schulz. Socrates：A highly efficient automatic test pattern generation system ［J］. Proceedings of International Test Conference，1987，7（1）：126-137.

撰稿人：北京华大九天软件有限公司　陈一浩　刘毅
审稿人：北京华大九天软件有限公司　刘伟平

▷▷▷ 5.11.9　物理设计工具，物理設計工具，Physical Design Tool

物理设计工具的作用是采用自动布局布线技术或人工编辑的方法实现集成电路的版图设计。

第 5 章 集成电路设计

自动布局布线通常分为布局规划（Floor Planning）、物理布局（Placement）、时钟树综合（Clock Tree Synthesis，CTS）、物理布线（Routing）等几个步骤[1]。

布局规划在一定几何约束条件下，确定芯片面积及优化模块形状，决定标准单元、I/O Pad 和宏单元的位置。常用的布局规划算法有布局尺寸变化算法、基于群生长摆放模块的方法、仿真退火迭代算法，以及将问题映射为等式集合进行解析求解的方法等。

物理布局又分为总体布局和详细布局，是指将标准单元摆放到版图核心区域的单元行上且满足设计规则的合理位置，使得芯片线长、时序、拥挤度、功耗等多个性能目标得到最优化。布局问题属于非确定性问题，很难找到一个多项式时间复杂度算法来得到最优解。在实际应用中通常寻求可行解来作为最优解的近似。常见的解决布局问题的算法可以分为图论算法（深度优先搜索、关键路径等）、确定性算法（线性规划、非线性规划、动态规划等）、随机算法（仿真退火[2]等）3 种。

利用仿真退火算法求解布局问题的流程如下。

```
给定初始温度 T=T₀(充分大),每个温度下迭代次数 N,初始解状态 X₀
while(T>0){
    for(loop=1;loop<=N;++loop){
        从邻域函数中选取产生一个新解 X_new(例如变换模块或单元的位置等)
        计算评价函数的变化 ΔE=E(X_new)-E(X₀)    (例如线网连线总长度等)
        if(ΔE<0){
            接受 X_new 为新的当前解
        }else if(exp(-ΔE/T)>random(0,1)){
            接受 X_new 为新的当前解
        }
    }
}
降低温度 T
```

时钟树综合在时钟电路中插入缓冲器单元，将时钟信号传递到各个同步单元（触发器等），其优化目标在于尽量减少时钟路径延迟和时钟偏差。常见的时钟树综合算法有 H-Tree 算法、Fishbone 算法等，如图 5-114 所示。为了减少时钟偏差和受参数变化的影响，高性能的时钟系统设计还会采用网形（Mesh）结构，但同时也会占用更多的布线资源和面积。

物理布线阶段分为总体布线和详细布线两个步骤[3]：总体布线把线网合理地分配在合适的布线区域，尽量避免局部拥挤；详细布线实现线网通过布线层连线和通孔的具体连接，避免线网的短路、开路错误。根据布线区域和线网端

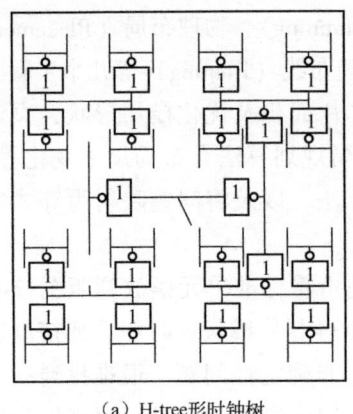
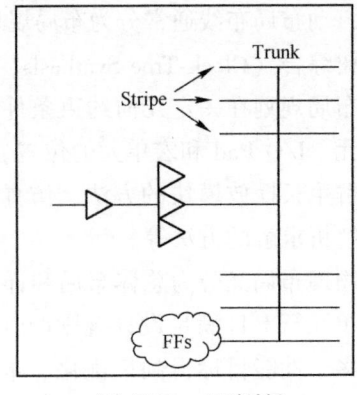

(a) H-tree 形时钟树　　　　　　　(b) Fishbone 形时钟树

图 5-114　H-tree 形时钟树和 Fishbone 形时钟树

点在区域中的分布情况又可以把详细布线分为通道布线、开关盒布线和区域布线。双层通道布线结果和线网垂直约束图如图 5-115 所示。

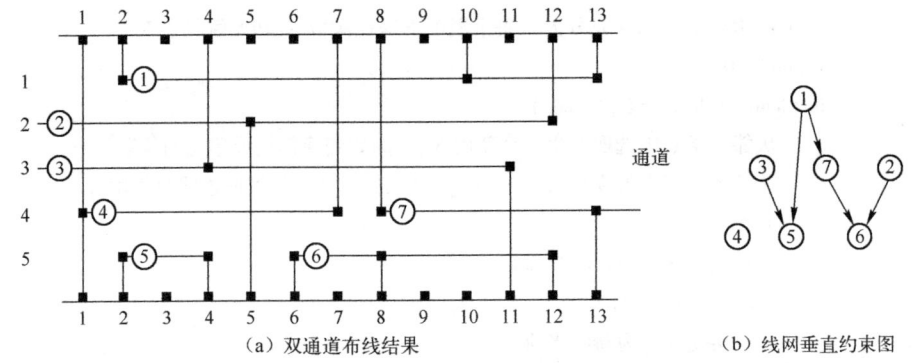

(a) 双通道布线结果　　　　　　　(b) 线网垂直约束图

图 5-115　双层通道布线结果和线网垂直约束图

随着集成电路工艺技术进入 28nm 工艺和更先进工艺，物理布线需要支持多重曝光工艺技术，以保证设计的可制造性。

在集成电路的版图设计中，人工编辑主要依靠版图编辑工具。版图编辑工具提供一个以多边形为基础的二维几何图形创建与编辑环境，根据集成电路版图的特点及设计规则提供交互式的编辑与操作功能，最终以 GDS 或者 OASIS 等格式输出物理版图。版图编辑工具的基本功能如下。

（1）支持层次化编辑。

（2）与工艺绑定，并以一定的颜色、线型和填充方式区分不同的工艺层。

（3）支持矩形、多边形、路径等基本图形的创建、缩放、拉伸等。

（4）采用参数化单元（Parameterized Cell），减少重复输入。

随着集成电路设计方法学的发展,对版图编辑工具的要求也越来越高,主要体现在以下方面。

(1) 与电路图的交互,由此产生了电路图驱动版图(Schematic-Driven Layout,SDL)和约束驱动版图(Constraint Driven Layout,CDL)两项新技术。

(2) 模拟和数字集成电路的融合,衍生出模拟电路的自动布局和自动布线技术。

(3) 设计规模的急剧膨胀对工具效率提出更高要求,催生快速显示、多线程查询等技术。

(4) 工艺技术的发展需要新的版图编辑技术,例如鳍式场效应晶体管(FinFET)的设计需要多格点对齐技术等。

参考文献

[1] 洪先龙,刘伟平,边计年. 超大规模集成电路计算机辅助设计技术 [M]. 北京:国防工业出版社,1998.

[2] 徐宁,杨程. 混合模拟退火算法解决 VLSI 布局问题 [J]. 微电子学与计算机,2006,23(10):51-53.

[3] 谢满德,严晓浪. 芯片级多层布线关键技术研究 [D]. 杭州:浙江大学,2006.

撰稿人:北京华大九天软件有限公司　刘毅

审稿人:北京华大九天软件有限公司　刘伟平

▷▷▷ 5.11.10　寄生参数提取工具,寄生参数提取工具,Parasitic Parameter Extractor

寄生参数提取工具的作用是根据工艺参数对版图互连线及器件的寄生参数进行提取,从而得到含有寄生参数的电路网表,以用于电路的各项性能分析和后仿真。

寄生参数通常包含寄生电阻、寄生电容和寄生电感。寄生参数对时延、功耗及电路信号完整性等有显著影响。由于工艺的不断发展,寄生参数已成为影响电路性能乃至决定电路能否正常工作的关键因素。在集成电路设计流程中,寄生参数提取已成为必不可少的一个环节。

寄生参数的提取通常有两类方法:精确计算方法和快速模型方法。精确计算方法精度高,但其速度较慢,所以常用于规模较小但对精度要求较高的应用,例如工艺分析、标准单元建库、射频电路分析等。快速模型方法相比精确计算方法精度稍差,但由于其速度快上千倍,因此被广泛应用于全芯片级的寄生参数提取。

1. 精确计算方法

精确计算方法,也称为场求解器(Field Solver)法,通过求解电磁场方程得到精确的场分布，从而得到寄生参数。

寄生电容、寄生电阻和寄生电感的精确计算方法类似，这里以寄生电容计算方法为例说明。

寄生电容的精确计算方法基于数值计算方法，求解如下带偏置电压的拉普拉斯场方程[1]。

$$\begin{cases} \varepsilon_k \nabla^2 u = \varepsilon_k \left(\dfrac{\partial^2 u}{\partial x^2} + \dfrac{\partial^2 u}{\partial y^2} + \dfrac{\partial^2 u}{\partial z^2} \right) = 0 & \text{在 } \Omega_k (k=1,\cdots,M) \text{ 中} \\ u = \bar{u} & \text{在 } \Gamma_u \\ q = \dfrac{\partial u}{\partial n} = \bar{q} = 0 & \text{在 } \Gamma_q \\ \varepsilon_a \cdot \dfrac{\partial u_a}{\partial n_a} = \varepsilon_b \cdot \dfrac{\partial u_b}{\partial n_b}, u_a = u_b & \text{在 } \Gamma_I \text{ 上} \end{cases}$$

式中，待解域 $\Omega = \cup \Omega_k$，Ω_k 为介质 k 所占有的区域；M 为所含介质总数；u 为电势，$q = \partial u/\partial n$ 为边界表面法向电场强度，n 为边界单位外法向量；ε_k 为介质 k 的介电常数。在介质交界面 Γ_I 上，下标 a 与 b 分别代表其所邻的两种介质。

根据不同的数值计算方法，通过对三维场进行网格剖分，将拉普拉斯场方程离散为网格上的积分方程，从而形成离散的线性方程组进行求解，即可得到导体表面的电场强度。然后通过公式

$$Q_i = \int_{\Gamma_i} \varepsilon \cdot \dfrac{\partial u}{\partial n} \mathrm{d}\Gamma$$

式中，Q_i 为导体 i 上的感应电荷；Γ_i 为导体 i 的表面；ε 为导体所在介质的介电常数；u 为电动势，$\dfrac{\partial u}{\partial n}$ 表示边界表面法向电场强度。

可以求得导体之间的感应电荷，根据以下电容公式可以计算得到电容。

$$C_{ij} = -Q_i/U_{ij}$$

式中，C_{ij} 为导体 i 和导体 j 之间的电容；Q_i 为导体 i 上的感应电荷；U_{ji} 为导体 j 与 i 之间的电压。

常用的数值计算方法包括边界元素法（Boundary Element Method，BEM）和有限元法（Finite Element Method，FEM）等。

边界元素法对三维区域的二维边界进行离散，通过加权余量法并应用格林公式将三维区域的拉普拉斯方程转换为二维边界上的离散积分方程，同时应用边界条件将离散积分方程转换成线性代数方程组进行求解。

有限元法直接对三维区域进行离散，利用变分原理将拉普拉斯方程化为求解泛函的极值问题，使得每个子区域的误差函数达到最小值，将积分方程转换

成线性方程组进行求解。

2. 快速模型方法

快速模型方法通过建立寄生参数模型，快速分析版图的几何图形，利用参数模型匹配方式得到寄生参数。常用的快速模型有二维模型和准三维模型。由于准三维模型法考虑了三维结构的特点，其计算结果较二维模型法准确，所以广泛应用于大规模版图寄生参数提取工具中。

仍以寄生电容计算为例，准三维模型法将三维结构上的电容分解为重叠（Overlap）电容、横向（Lateral）电容及边缘（Fringe）电容等，分别考虑它们对总电容的影响，如图 5-116 所示。每项电容通过建立查表模型或者解析公式模型进行计算。

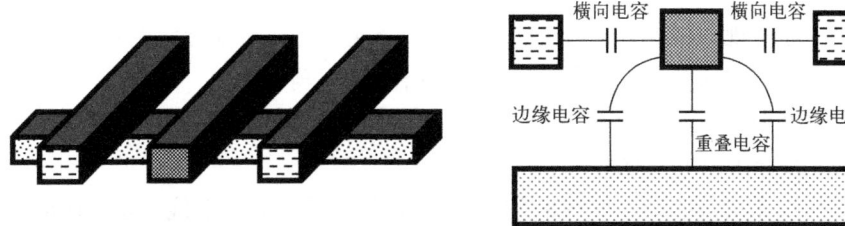

图 5-116　准三维模型法示意图

快速模型方法需预先通过精确计算方法对典型图形形状进行计算建立模型数据库，根据版图模式匹配（Pattern Match）方法对所计算版图图形产生模型参数，通过查找模型库得到结果。

随着工艺技术的发展，影响寄生参数的工艺条件日益增多，三维结构日趋复杂，对寄生参数提取提出了更高的要求。同时，电路规模日益庞大对于寄生参数提取工具的速度和精度要求更高。寄生参数模型已经相当复杂，必须考虑多种因素组合才能得到较好的计算精度。特别在 FinFET 工艺下，由于器件结构与传统工艺相比存在很大差异，对寄生参数提取工具也提出了新的挑战。

参考文献

［1］马信山，张济世，王平. 电磁场基础［M］. 北京：清华大学出版社，1995.

撰稿人：北京华大九天软件有限公司　陆涛涛
审稿人：北京华大九天软件有限公司　刘伟平

▷▷▷ 5.11.11　版图验证工具，版圖驗證工具，Layout Verification Tool

版图验证工具的作用是检查版图是否满足设计规则、电气规则、版图与电路图是否一致等[1]，对于降低设计失败的风险具有重要作用。

版图验证工具不仅要支持扁平化验证，而且要支持层次化验证。扁平化验证是版图验证工具的基础；层次化验证充分利用版图层次，可以有效避免重复报错和提高处理版图的速度。对于大规模版图，通常还采用并行技术以加速版图验证效率。

版图验证工具主要包括设计规则检查（Design Rule Check，DRC）、版图电路图一致性检查（Layout Versus Schematic，LVS）、电气规则检查（Electronic Rule Check，ERC）、版图比对检查（Layout Versus Layout，LVL）等。

1. 设计规则检查（DRC）

版图设计必须遵循制造工艺的设计规则要求，因此设计检查主要包括连线宽度、连线间距、图形包含关系、金属密度、天线效应检查等。如果版图设计中违反了这些规则将导致制造失败，例如线条宽度过小可能导致断路。

DRC 涉及的关键技术有层次处理和扫描线算法等。

层次处理技术是对版图原始层次进行调整，根据需要对版图图形进行投影或提升以提高 DRC 工具的性能。

扫描线算法包括基于梯形的扫描线算法和基于边的扫描线算法。DRC 技术通常采用基于边的扫描线算法。

边，即一条线段，用它的两个端点的坐标表示。基于边的扫描线算法的本质是将平面的二维几何问题转化成两个一维问题，包含以下几个步骤：

（1）确定当前扫描线的位置；

（2）加入当前扫描线上的新进边，与原有的边构成当前扫描线边集合；

（3）对当前扫描线边集合进行排序；

（4）遍历当前扫描线边集合，根据不同的命令进行相应的逻辑处理；

（5）删除当前扫描线上的离开边，并重新回到步骤（1）。

在图 5-117 中，L1 和 L2 图层为输入图层，x1、x2、x3、x4 为扫描线需要计算的位置，Result 图层为结果图层。

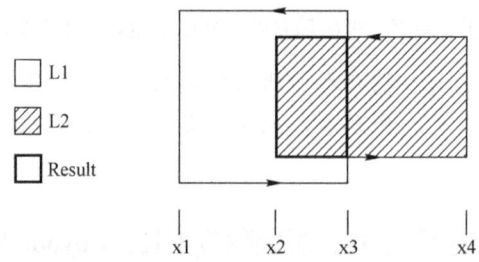

图 5-117　用扫描线算法对两图层求"与"

2. 版图电路图一致性检查（LVS）

LVS 工具的主要功能是检查从版图中提取的网表和从电路图中导出的网表的一致性，涉及的主要技术有网表提取（Netlist Extraction）技术和网表比较（Netlist Comparison）技术。网表提取的主要工作是提取电路的线网（Net）、器件（Device）和器件属性。网表比较本质上是图论中的图同构问题。

LVS 的基本原理：在有初始匹配对的情况下通过跟踪匹配更多的器件或线网；在没有初始匹配对的情况下使用签名划分[2]等方法获得初始匹配对，然后再从初始匹配对出发继续跟踪。如此循环，直至版图与电路图全部匹配或无新的匹配对产生为止。对于未能匹配的器件和线网，尝试根据其周围环境进行修复并进行匹配；如果修复失败，则作为错误写出至报告中。

其中，签名划分方法是根据器件类型给每种器件赋予相应签名值，根据签名值的不同将器件划分成不同集合；根据线网与器件的连接关系，线网也会被赋予签名值，划分为不同集合。

图 5-118（a）为由版图提取网表，图 5-118（b）为由电路图导出网表，LVS 报告版图存在一个开路错误。

3. 电气规则检查（ERC）

ERC 用于检查版图的电气规则，如开路、短路、路径检查等。ERC 基于版图进行检查，不需要电路图，可以快速检查并直观定位设计中存在的常见问题。通常 ERC 功能包含于 LVS 工具中。

4. 版图比对检查（LVL）

LVL 工具主要应用在两个方面：①版图改版时设计者需要借助 LVL 工具查看修改前后的差异；②制版时版图数据通常被扁平化，LVL 工具用于比对版图扁平化前后的差异。

LVL 检查涉及的关键技术有层次处理、扫描线算法、数据压缩、并行计算等。另外，由于涉及的规则比较少，可以针对不同类型的版图采用一些特殊的加速技巧。

工艺发展到 40nm 和更先进的工艺后，因线距变小，层厚度也变小，线与周围的环境以及线间耦合的影响变大，光学效应的影响也凸显出来。传统的版图验证工具所采用的二维检查技术已经不能满足检查需求，需要利用三维和光学分析技术以处理各种效应的影响，开发新的检查功能，例如模式匹配（Pattern

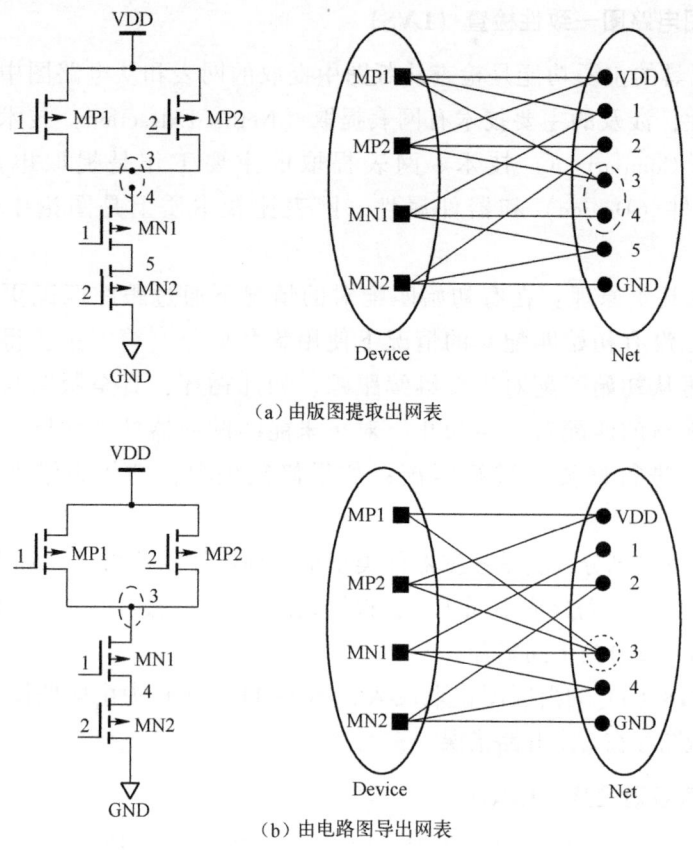

图 5-118 网表比较

Match)、双重/多重曝光（Double/Multi-pattern）、智能哑元填充（Smart Fill）等。

参考文献

[1] 洪先龙,刘伟平,边计年. 超大规模集成电路计算机辅助设计技术 [M]. 北京：国防工业出版社, 1998.

[2] Carl Ebeling. Gemini II: A Second Generation Layout Validation Tool [C]. In Proceedings of the IEEE International Conference on Computer-Aided Design (ICCAD-88), 1988: 322-325.

撰稿人：北京华大九天软件有限公司　李志梁
审稿人：北京华大九天软件有限公司　刘伟平

▷▷▷ 5.11.12 时序与功耗分析工具，時序與功耗分析工具，Timing and Power Analysis Tool

1. 时序分析工具

时序分析工具用来检查同步电路设计是否满足给定的时序约束（包括建立时间 Setup 约束、保持时间 Hold 约束等），分为静态时序分析（Static Timing Analysis，STA）和动态时序分析（Dynamic Timing Analysis，DTA）两种方法。

静态时序分析是一种针对大规模门级电路进行时序验证的有效方法。它不需要测试向量，根据单元库中的时序模型和电路网表的拓扑结构，利用统计线网负载模型或 SDF（Standard Delay Format，标准延时格式）文件中的电阻电容反标值计算时序路径延迟，检查每一个触发器的建立和保持时间是否满足设计要求。它的优点是覆盖率高，速度快；缺点是不能分析异步逻辑电路和模拟电路。

静态时序分析用工艺角（Corner）来反映不同的工艺/电压/温度等环境下电路的工作条件。工艺角下的单元库中定义了单元的时序模型（包括时序延迟值和时序约束值）。理论上时序收敛要保证芯片在各个工作场景（Scenario）下都没有时序违例，而实际操作中会选取某一个或几个特殊的工艺角去检查。

（1）单一模式：采用同一个工艺角条件，分析整个电路中时序路径的建立时间和保持时间。

（2）BC-WC（Best-Case/Worst-Case）模式：用最好条件分析时序路径的保持时间，用最差条件分析时序路径的建立时间。BC-WC 模式的时序检查如图 5-119 所示。

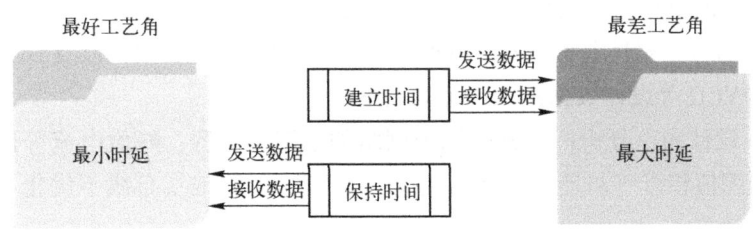

图 5-119 BC-WC 模式的时序检查

（3）OCV（On-Chip Variation）模式：利用放大及缩小倍数，分析建立时间时，令数据路径传输慢一些，时钟路径传输快一些；分析保持时间时，令数据路径传输快一些，时钟路径传输慢一些。OCV 模式的时序检查如图 5-120 所示。

在 28nm 及更先进工艺条件下，新出现的 AOCV（Advanced OCV）方法[1]对 OCV 进行了扩展和延伸。它消除了 OCV 的不利因素，根据时序路径的不同逻辑

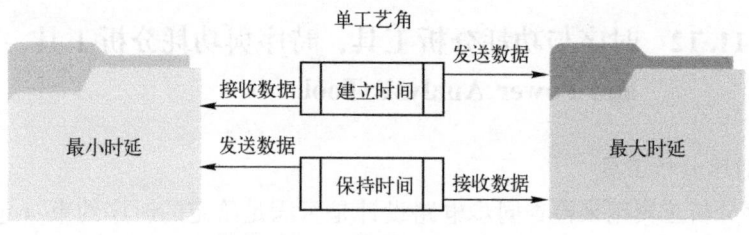

图 5-120　OCV 模式的时序检查

层次深度和物理距离，查表得到每个单元具体的时延值。

为了应对芯片内部及芯片之间出现的系统性和随机性变化，时序分析工具又引入了统计静态时序分析（Statistical Static Timing Analysis，SSTA）方法[2]。该方法利用概率分布函数，计算每个节点上每个信号的到达时间以减少不必要的时序过度修正。SSTA 方法的难点在于概率函数难以计算，而且庞大的统计数据也造成了内存需求量增大，运行时间增长。

在 16nm 工艺条件以下的 SoC 设计以及物联网（IoT）超低电压设计中，以工艺角时延为基础的 STA 计算已经不再准确，而需要采用基于晶体管级仿真的动态时序分析方法。该方法采用并行化处理和特殊加速技术，针对关键时序路径进行高精度快速仿真，以获得时序路径准确的时序信息，帮助时序收敛。

2. 功耗分析工具

功耗分析工具用于对电路中的温度、翻转频率、负载、电流、电压、功耗等进行统计报告，分析 IR 压降（IR-Drop）和电迁移（Electro Migration，EM）等现象引起的电路功耗完整性问题，其主要功能包括如下。

（1）信号完整性分析：检查 APL/LIB/LEF 等库单元数据，以及 DEF/SPEF/IPF/STA/VCD 等设计数据是否正确且完整。

（2）设计弱点分析：检查电源地网络的电阻、电容、峰值电流等设计指标是否与预期值相符（可能由于 Pad 分布不合理、电源地线布线不优化、频率过高等导致偏差）。

（3）热点（Hot Spot）分析：检查电路中的静态电阻电流、动态压降、功耗、电迁移等相关项是否满足签核标准，如有违反则定位问题所在区域并追溯其原因。

参考文献

[1] 王帅，王殿超. 28nm 制程下多电压设计中 AOCV 的应用 [J]. 中国集成电路，2014，23（8）：43-49.

[2] D Blaauw, et al. Statistical timing analysis: from basic principles to state of the art [J].

IEEE Transactions on Computer-Aided Design of Integrated Circuits and Systems, 2008, 27 (4): 589-607.

撰稿人：北京华大九天软件有限公司　刘毅
审稿人：北京华大九天软件有限公司　刘伟平

5.11.13　可制造性设计，可製造性設計，Design for Manufacturability（DFM）

在一般工业中，可制造性设计（Design for Manufacturability, DFM）是指一套应用于产品设计阶段的方法，其在设计的早期阶段，就考虑产品制造过程中的困难、要求和约束等，使得最终产品具有良好的可制造性和成品率，能以最低成本、最短时间、最高质量被制造出来。

在集成电路中，DFM主要是针对集成电路制造工艺面临的严峻困难，通过前段和后段的设计手段来部分解决或缓解工艺制造的困难，提高电路制造后的功能成品率（Functional Yield）和参数成品率（Parametric Yield）。

随着集成电路工艺进入纳米尺度，集成电路制造面临日益严重的挑战。例如，采用193nm波长光源的亚波长光刻导致硅片图形严重畸变，化学机械抛光工艺导致互连线在高度方向发生严重偏差，工艺扰动的影响日益严重等。

在亚波长光刻工艺中，即使采用分辨率增强技术（Resolution Enhancement Technology, RET）后，光刻中依然容易在互连线顶端和拐角处出现"圆角"形变（Round-off），在线段中出现部分消失（Partial Disappearance）等畸变现象，如图5-121所示。这些可能产生畸变图形的设计版图（Pattern）称为光刻热点，在设计时应尽量避免此类图形，而在流片前要用光刻热点检查工具进行彻底排查。

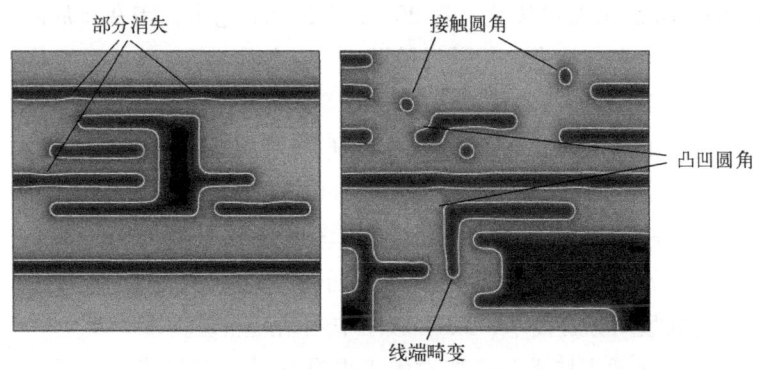

图5-121　光刻热点示意图

金属哑元插入（Dummy Filling）对化学机械抛光（Chemical Mechanical Polishing，CMP）工艺后芯片表面形貌影响如图 5-122 所示。插入金属哑元后，芯片表面平整性明显优于插入哑元前。但引入金属哑元会增加寄生电容，降低电路性能。因此，在芯片哪些位置插入哑元、插入多少哑元、确定哑元形状等是哑元填充工具需解决的关键问题。上述光刻热点检查和金属哑元插入技术均属于常见的 DFM 技术。

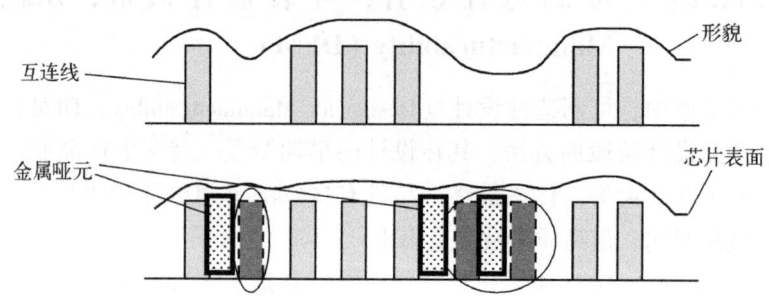

图 5-122 哑元插入对化学机械抛光后芯片表面形貌影响的示意图

总体而言，DFM 技术是针对传统设计流程的扩充和优化，其通常包括如下技术。

（1）考虑 DFM 的标准单元设计技术。该技术不仅需考虑标准单元本身的可制造性，而且应考虑相邻单元边界附近光刻的相互影响。在考虑 DFM 的标准单元综合技术中，除需满足传统设计规则外，还需兼容大量新增的 DFM 设计规则；甚至为提高成品率，标准单元行间隙（Line-Gap）也需进行优化。为了兼容多重曝光和自对准双重曝光等新的光刻工艺，满足日益紧张的布线通道约束，输入/输出的位置（Pin Access）也需进行仔细优化。

（2）考虑 DFM 的布局优化。在 20nm 以下的工艺中，需在布局阶段考虑双重/三重/多重曝光光刻技术和化学机械抛光工艺的影响。

（3）考虑 DFM 的布线优化。传统布线算法一般仅考虑布通率、总线长等优化目标，而在考虑 DFM 的布线优化中，还需考虑与多重曝光、电子束光刻（Electron-Beam Lithography）等新光刻技术的兼容性。

（4）考虑 DFM 的掩模版优化。例如，多重曝光光刻技术、DSA（Directed Self-assembly）等新光刻工艺中的版图图形分解技术、多重曝光、DSA 与电子束光刻的混合光刻版图分解技术、Mask 版图中光刻热点检测技术等。

（5）金属哑元插入技术。该技术用于提升化学机械抛光工艺后芯片表面的平整性。

（6）冗余通孔技术（Redundant Via）。该技术用于提升通孔的可靠性。

当集成电路进入纳米尺度后，部分 DFM 技术已进入芯片代工厂（Foundry）的参考设计流程（Reference Flows）中，是设计者必须考虑的设计环节之一。在可见的未来，DFM 技术会随着新的制造工艺和设计技术的出现而不断扩充和发展。集成电路设计者需在具有 DFM 功能的电子设计自动化（Electronic Design Automation，EDA）工具的协助下，在设计阶段充分考虑工艺制造中的困难，这样才能有效提升流片后芯片的成品率。

撰稿人：复旦大学　严昌浩　曾晓洋
审稿人：复旦大学　李文宏

▷▷▷ 5.11.14　成品率设计，良率设计，Design for Yield

随着集成电路工艺进入纳米尺度，复杂工艺的采用使得工艺偏差日益严重。工艺偏差是指在集成电路制造过程中，电路几何和电学参数的随机波动。例如，采用 193nm 波长光源的亚波长光刻造成硅片图形偏差，化学机械抛光导致铜互连线高度严重偏差，掺杂的随机波动导致器件参数的偏差等。工艺偏差使得集成电路设计性能与制造后的性能具有较大差异并呈现随机分布。工艺缺陷如尘埃导致的断路和短路也会使电路出现功能失效。

成品率设计主要是通过早期的设计手段来降低工艺缺陷和工艺偏差对电路性能的影响，提高电路制造后的成品率。相比来说，可制造性设计则更偏向于通过设计手段，解决芯片制造中可能存在的化学机械抛光平整性、亚波长光刻等制造困难。

成品率设计首先需要建立工艺参数的随机模型以及支持随机参数的器件模型。在此基础上，通过电路仿真可以支持模拟电路的成品率分析和优化；通过建立单元电路的随机延时模型，支持数字电路的成品率分析和优化。

模拟电路对工艺偏差更为敏感，因此设计者很早就已经考虑尺度失配对电路性能的影响；而在成品率设计中，还需要进一步考虑工艺参数偏差对设计的影响。模拟电路设计者一般通过增加裕量、中心化设计等方法来提高电路成品率。近年也有直接以成品率为优化目标的模拟电路自动成品率优化方法的相关研究。Cadence 公司的 Virtuoso 设计环境提供了多工艺角优化、成品率优化等工具。

数字电路的成品率设计分为众工艺角优化方法和统计优化方法两类。众工艺角设计是传统数字电路抗工艺偏差设计的延伸，通过引入更多工艺角，经过优化来保证电路在众多工艺角下都能满足性能要求，提升电路的成品率。Synopsys 公司的 IC Compiler、Cadence 公司的 Innovus 均提供了众工艺角优化功能。基于统计的优化方法目前发展得尚不成熟。IBM 公司最早开发了统计时序分析的工具，并基于该工具来进行电路成品率优化。但基于统计的成品率分析和优化方法还没有被大规模使用。Synopsys 公司和 Cadence 公司最近也发布了统计时序分析工具，基于统计的分析及成品率优化方法也许会成为未来的发展趋势。

成品率增长技术（Yield Enhancement）包含的内涵越来越丰富。传统上是指在不牺牲面积的前提下，通过冗余通孔插入、互连展宽等技术来减少由于尘埃缺陷引起的短路、断路以及通孔缺陷引起的断路失效。成品率增长技术现在涵盖了更多的内容，如光学邻近效应校正（Optical Proximity Correction，OPC）、针对化学机械抛光的哑元金属插入、光刻热点检测及修正等可制造性设计方法，以及前面提到的各种成品率优化方法等。

为了应对工艺偏差引起的成品率的严重下降，近年来还提出了一些可调或自修复的电路设计方法。这些方法在电路设计阶段引入一些可调单元来调整电路的偏置、驱动能力和负载等；在电路制造后，根据电路的实际偏差，通过人工测试或自动测量电路性能，对可调单元进行手工或自动调整，以提高电路性能和成品率。这种设计方法由于可以在制造后调整，可以降低为应对工艺偏差引入的不必要的面积和功耗开销。

成品率设计是集成电路进入纳米尺度后必须采用的设计方法，只有在设计阶段考虑工艺偏差的影响，才能有效地提高集成电路的成品率。随着工艺尺寸的进一步缩小，成品率设计方法将变得更加重要。

撰稿人：复旦大学　杨帆　曾晓洋
审稿人：复旦大学　李文宏

▷▷▷ 5.11.15　可靠性设计，可靠性設計，Design for Reliability

负偏压温度不稳定性（Negative Bias Temperature Instability，NBTI）、热载流子注入（Hot Carrier Injection，HCI）效应、电迁移（Electromigration，EM）效应、静电放电（Electrostatic Discharge，ESD）和辐射效应等因素对于集成电路的可靠性有很大影响。可靠性设计就是通过设计阶段的优化，降低这些因素对集成电路功能和性能的影响，从而提高集成电路的可靠性。

NBTI 是指在较高温度和负偏压下，pMOS 界面处的 Si—H 键断裂产生界面陷阱，栅氧化层陷阱也会俘获空穴，这些都会引起 pMOS 阈值电压漂移，导致电路因时序无法满足而出现功能错误。HCI 效应则是因为沟道源漏电压较高时，一部分载流子获得足够高的能量或因漏结附近的反射，进入氧化层造成阈值电压的变化，对电路时序产生影响，甚至导致电路出现功能错误。随着电路特征尺寸的下降，HCI 效应也越来越显著。

近年来 NBTI 和 HCI 效应引起的可靠性问题越来越受到重视。为了解决这一问题，首先需要建立 NBTI 和 HCI 效应对阈值电压影响的模型，在电路设计阶段对这两个效应的影响进行仿真，在关键路径等电路中引入额外裕量，以保证在这两个效应的影响下，电路仍然可以正常工作。对于 NBTI，还研究了通过改变电路工作方式，避免关键路径中的晶体管长时间工作在负偏压下的方法来消除偏压温度不稳定性的影响。

EM 效应是影响电路可靠性的另一个重要因素。电路工作时，金属互连线内有一定的电流通过，金属离子会沿导体产生质量输运；如果单向电流过大，会使导体的某些部位产生空洞，导致电路失效。在可靠性设计中，通常通过分析关键互连线电流，对于流过大电流的互连线，采取增加互连线宽度来降低 EM 效应的影响。

目前在 22nm 以下工艺，FinFET 器件被广泛采用。相比传统的平面晶体管，FinFET 器件产生的热量无法通过衬底散热，会产生严重的自加热现象。自加热现象会导致 FinFET 集成电路出现可靠性问题，如温度过高会导致电迁移效应更加严重，也会导致电路性能的下降等。FinFET 的自加热效应通常通过改进工艺、降低功耗等手段来缓解。

ESD 是造成集成电路芯片受过度电应力破坏的主要因素。ESD 保护电路提供了静电放电的电流路径，在放电时，可避免静电电流流入芯片内部而使其造成损伤。

电离辐射也会引起集成电路工作的不稳定，因为辐射会诱生 MOS 管界面陷阱，引起阈值电压、迁移率等参数的变化，从而影响电路功能和性能。这种辐射产生的失效是长期辐射导致的，因此又称总剂量效应。辐射产生的瞬时电流还会引起敏感器件如 SRAM 单元的短时状态翻转，产生软错误。这种辐射产生的失效是单粒子辐射引起的瞬态效应，因此也被称为单粒子效应。抗辐射电路在军事、航天等领域具有广泛的应用。对于总剂量效应，可通过在工艺、器件、电路和版图等方面进行抗辐射加固设计。对于辐射产生的瞬时电流引起的软错误，可通过三模冗余电路、纠错码或检测到错误后重新计算等方法进行加固设计。

对于 NBTI、HCI 效应和 EM 效应引起的可靠性问题，建立精确的物理模型和电路级、单元级的仿真方法更为重要。有了精确的分析结果，才能有针对性地对电路进行优化。目前，ESD 保护电路已较为成熟。抗辐射电路设计是可靠性设计中较为专门的领域，主要在军事和航天中应用，可通过电路和工艺上的加固，以及电路的冗余设计等方法降低辐射的影响，提高电路可靠性。

撰稿人：复旦大学　杨帆　曾晓洋
审稿人：复旦大学　李文宏

第 6 章　集成电路制造与企业管理

集成电路制造在整个集成电路产业链中占据着重要的地位，推动着摩尔定律的演进。集成电路制造不仅为集成电路设计业提供产品，同时也支撑着庞大的集成电路专用装备和专用材料市场。本章系统介绍了与先进超大规模集成电路（VLSI）制造工艺技术和企业管理相关的内容。首先从制造技术的演进、硅基器件物理和结构进行介绍，然后详尽地介绍了最高水平的单项工艺、模块工艺和先进的集成制造工艺，包括超级结、应变硅、嵌入式外延源漏、浸没式光刻技术、自对准双重图形化技术、CMOS 多晶硅栅和高 k 金属栅工艺流程、FinFET、DRAM、3D-NAND、NVM、RRAM、PCRAM、MRAM、设计-工艺协同优化技术等。本章也介绍了非硅基（如化合物半导体）及其集成电路和微机电系统（MEMS）制造，以及在 CMOS 圆片上以最新工艺实现集成的方法。另外，本章还介绍了集成电路制造企业的类型和管理模式。

◎ 本章编委会

主　　编：季明华

副 主 编：王　煜　陈南翔

编　　委（按姓氏笔画排序）：

　　　　　卜伟海　王跃林　刘英坤

　　　　　吴汉明　陈向东　赵海军

责任编委：卜伟海　吴汉明

6.1 集成电路制造技术的演进

6.1.1 摩尔定律和工艺微缩, 摩爾定律和製程尺寸微縮, Moore's Law and Technology Scaling

工艺微缩是集成电路制造技术发展的最重要的特征之一。集成电路（又称芯片）是将微型化的晶体管、电阻器（简称电阻）、电容器（简称电容）、电感器（简称电感）等元器件，以及器件之间的互连线，通过半导体工艺集成在晶片表面上的具有特定功能的电路，因此集成电路与工艺微缩密不可分。工艺微缩表现为随着工艺能力的提高，可以加工出更小尺度的器件，这也就意味着在相同面积的芯片上可以集成更多的器件。集成电路中的有源区、栅、接触孔、金属互连线等关键部位的大小和间距等关键参数称为特征尺寸，具备某一系列特征尺寸的技术称为技术节点或技术代，如20世纪的0.35μm技术代或技术节点，21世纪初的90nm技术代，当前的14nm/10nm技术代等。在不同的技术节点，决定电路集成度的特征尺寸有所不同。总之，特征尺寸的缩小会带来集成度的提高，从而提高芯片性能，降低单位制造成本，所以说，集成电路技术的进步是以提高集成电路性价比为目的的。在工艺微缩过程中，特征尺寸的缩小，要求薄膜厚度、pn结深度等工艺参数也随之缩小，这就加大了集成电路制造工艺的难度。图6-1所示的是1971—2017年单个微处理器上集成的晶体管数量的变化。1989年，英特尔公司的80486 CPU集成了约100万个晶体管；2015年，甲骨文公司的SPARC M7集成了100亿个晶体管[1]。过去50多年的工艺微缩（或者说集成电路的发展）都是遵循摩尔定律的[2]。

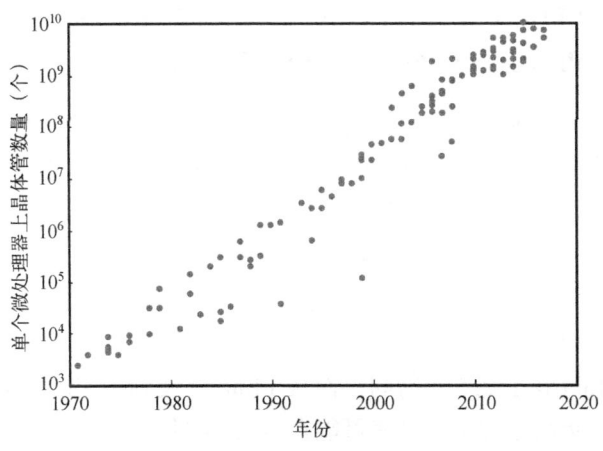

图6-1 1971—2017年单个微处理器上集成的晶体管数量的变化

摩尔定律是由美国仙童公司及英特尔公司创始人之一戈登·摩尔（Gordon Moore）在1965年首次提出的。目前对摩尔定律较为通用的表述是，在维持最低单元成本的前提下，集成电路上可集成的晶体管数量每2年增加约1倍，性能也将提升1倍，或者说集成度每2年提高1倍。因此一般来说，集成电路的每个技术节点的命名与上一个技术节点的命名在数值上约为0.7倍的关系，面积约为0.5倍的关系。摩尔定律预见了信息技术进步的速度，对集成电路企业布局长期规划和设定研发目标具有指导作用[1]。尽管这种趋势已经持续了半个多世纪，但摩尔定律至今仍被认为是对集成电路技术和产业发展的一种推测，其本质上是一种经济学规律。摩尔定律的实现，使得消费者能以越来越低的价格买到越来越高性能的产品。从22nm之后的几个技术节点的发展来看，与摩尔定律原本预测的发展速度相比，集成电路发展的速度似乎正在逐渐放缓，目前英特尔公司基本上需要花2.5年或更长的时间来推出新一代技术。摩尔定律的长期有效性在很大程度上得益于集成电路制造工艺技术的发展，尤其是新器件、新工艺、新材料的创造发明。在不同的阶段，集成电路制造工艺技术的发展具有不同的特点和规律。

参考文献

[1] Transistor count [EB/OL]. (2017-06-02) [2017-06-08]. https://en.wikipedia.org/wiki/Transistor_count.

[2] Moore's law [EB/OL]. (2017-05-11) [2017-06-08]. https://en.wikipedia.org/wiki/Moore%27s_law.

撰稿人：中芯国际集成电路制造有限公司　卜伟海
审稿人：中芯国际集成电路制造有限公司　季明华

▷▷▷ 6.1.2 后摩尔定律时代的工艺，後摩爾定律時代的製程，Process of Post Moore's Law Era

后摩尔定律时代或后摩尔时代是指集成电路产业和技术在摩尔定律"失效"后所面临的新时代，此时集成电路的发展不再严格遵循摩尔定律所预言的规律。摩尔定律提出半个多世纪以来，已经不止一次被预言即将失效；然而在实际发展中，从事集成电路技术研发的科学家和工程师们每次都能通过采用新工艺、新器件、新材料等来保持摩尔定律持续有效，直到芯片特征尺寸越来越接近物理极限。从世界集成电路领先企业英特尔公司近期推出的几个技术节点来看，从22nm发展到14nm花了2.5年时间，而从14nm发展到10nm预计需要3年时间（见图6-2）[1]。英特尔的7nm技术可能在2022年量产，这一代用时将超过4年。台积电在新技术代的定义中采用了比英特尔更为宽松的设计规则，所以看起来还

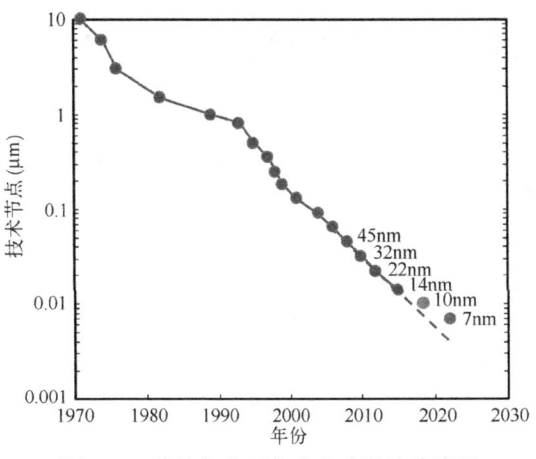

图 6-2 英特尔公司集成电路微缩路线图

能维持每两年一代技术的发展趋势。截至 2017 年，极紫外光刻机的成熟度尚不能满足大规模量产的需求，而继续采用浸没式深紫外光刻技术必须将集成电路中的一层图形分割成三次甚至四次曝光，这就导致集成电路微缩过程中的图形化难度大大提高。正是技术难度和成本的双重提升，导致了产业发展相比摩尔定律的预测有所延缓。因此有人说摩尔定律即将或已经终结，从而使集成电路产业的发展进入后摩尔时代。此外，传统意义上代表技术节点的量值（如 $0.13\mu m$）在某种程度上与该技术节点器件的某个特征尺寸（通常为最小物理栅长）直接相关。但是在后摩尔时代，对于技术节点的定义与任何单一特征尺寸已无直接关联，基本上认为某一技术节点相比上一代技术，其集成度增加一倍。

业界对于未来后摩尔时代的技术发展，已分成延续摩尔定律（More Moore）和拓展摩尔定律（More than Moore）两个方向。延续摩尔定律指的是工艺持续微缩，随之将引入新的器件结构、新工艺、新材料，FinFET 有望被沿用至 7nm 节点，5nm 以下的节点则可能引入围栅纳米线或其他新型器件，而极紫外光刻机可能在 7nm/5nm 节点引入量产。拓展摩尔定律所涵盖的技术较多，其中一部分是为满足特定需求而开发的差异化技术；另一部分是为后摩尔时代准备的，如通过三维集成（3D Integration）和三维封装（3D Package）技术，可在维持成本下降的前提下，进一步提高芯片的整体集成度和性能，而硅基光互连及其他非硅基的新型技术也可能被应用到量产中。

参考文献

[1] Transistor count [EB/OL]. (2017-06-02) [2017-06-08]. https://en.wikipedia.org/wiki/Transistor_count.

撰稿人：中芯国际集成电路制造有限公司　卜伟海　唐粕人
审稿人：中芯国际集成电路制造有限公司　季明华

▷▷▷ 6.1.3 技术路线图,技術路綫圖,Technology Roadmap

技术路线图是指集成电路相关行业协会或企业制定的未来一段时间内技术发展预测蓝图,一般分为长期和短期两种路线图。集成电路制造是一个发展迅速且高度复杂的过程,产业链分工较细,制造企业需要面对不同的设计客户,并在生产中用到不同厂商的设备、软件及原材料。为了保证集成电路产业链中的企业保持较为一致的发展节奏,并维持与摩尔定律兼容的时间表,半导体行业机构联合发布了遵循摩尔定律的技术路线图,其中以国际半导体技术路线图(International Technology Roadmap for Semiconductors,ITRS)最具代表性。ITRS主要从不同的技术角度阐述集成电路领域各方面技术所面临的挑战以及可能的解决方案,预测了未来几代技术推出的时间,以及具体的器件参数、工艺参数、电学指标等,同时总结了已涌现的各种新技术。在过去相当长时间内,ITRS成为了学术界和产业界开展研究和开发工作的重要依据和标准,各大企业的主要技术路线也比较接近。但在近几年,由于集成电路技术发展面临的挑战加大,各大集成电路制造领先企业已经无法在统一的ITRS下开发产品。虽然现在不再有统一的技术节点定义,技术更新换代的速度也落后于ITRS的预测,但ITRS仍然具有指引作用。

最新一版的ITRS发布于2015年,它一直展望到了2030年的技术发展趋势。ITRS组织宣称,由微处理器性能的提高驱动PC发展的模式将逐渐被由智能终端的需求驱动集成电路发展的新模式替代。因此,2015年ITRS相比2013年之前有较大改版,故称为ITRS2.0。2015年ITRS主要关注7个方面,即系统集成、异质集成(Hetero-Integration)、异质组件、外部系统连接、延续摩尔定律、超越CMOS和工厂集成。表6-1所列为ITRS2.0报告中的技术路线图(部分)。

表6-1 ITRS2.0报告中的技术路线图(部分)[1]

	量产年份	2015	2017	2019	2021	2024	2027	2030
	逻辑技术节点	16nm/14nm	11nm/10nm	8nm/7nm	6nm/5nm	4nm/3nm	3nm/2.5nm	2nm/1.5nm
	逻辑器件结构选项	FinFET FD-SOI	FinFET FD-SOI	FinFET LGAA	FinFET LGAA VGAA	LGAA M3D	VGAA M3D	VGAA M3D
逻辑器件基本规则	MPU/SoC 中间层金属连线半节距/nm	28.0	18.0	12.0	10.0	6.0	6.0	6.0
	MPU/SoC 0/1层金属连线半节距/nm	28.0	18.0	12.0	10.0	6.0	6.0	6.0
	CPP 半节距/nm	35.0	24.0	21.0	16.0	12.0	12.0	12.0
	高性能逻辑技术物理栅长/nm	24	18	14	10	10	10	10
	低功耗逻辑技术物理栅长/nm	26	20	16	12	12	12	12

表中，LGAA 表示横向围栅器件（Lateral Gate-all-around），VGAA 表示纵向围栅器件（Vertical Gate-All-Around），M3D 表示单片三维集成电路（Monolithic 3D IC），MPU 表示微处理器（Micro Processor Unit），CPP 表示最小栅节距（Contacted Poly Pitch）。

除了 ITRS，还有其他集成电路相关组织制定的技术发展路线图，如欧洲纳电子路线图（Nano Electronics Roadmap for Europe）、日本系统器件路线图（System Device Roadmap Committee of Japan）等。2016 年，IEEE 也制定了国际器件与系统路线图（International Roadmap for Devices and Systems，IRDS）。此外，各集成电路制造领先企业也都推出了自己的技术发展路线图，企业的预测时间跨度较短，会不定期地根据技术和市场的发展趋势更新自身的技术路线图。

参考文献

[1] ITRS2.0 Publication［EB/OL］.［2017-07-24］. http://www.itrs2.net/itrs-reports.html.

撰稿人：中芯国际集成电路制造有限公司　卜伟海

审稿人：中芯国际集成电路制造有限公司　季明华

▷▷▷ 6.1.4　前段、中段、后段工艺，前段、中段、後段製程，FEOL，MOL，BEOL

集成电路制造工艺一般分为前段（Front End of Line，FEOL）和后段（Back End of Line，BEOL）。前段工艺一般是指晶体管等器件的制造过程，主要包括隔离、栅结构、源漏、接触孔等形成工艺。后段工艺主要是指形成能将电信号传输到芯片各个器件的互连线，主要包括互连线间介质沉积、金属线条形成、引出焊盘（Pad，又称衬垫）形成等工艺。通常，前段工艺与后段工艺之间以接触孔（Contact）制备工艺为分界线。接触孔是为连接首层金属互连线和衬底器件而在硅片垂直方向刻蚀形成的孔，其中填充钨等金属，其作用是引出器件电极到金属互连层；通孔（Via）是相邻两层金属互连线之间的连接通路，位于两层金属中间的介质层中，一般用铜等金属来填充。

为了提高晶体管性能，45nm/28nm 以后的先进技术节点采用了高介电常数栅介质及金属栅极（High-k Metal Gate，HKMG）工艺，在晶体管源漏结构制备完成后增加替代金属栅（Replacement Metal Gate，RMG）工艺及局部互连（Local Interconnect）工艺。这些工艺介于前段工艺与后段工艺之间，均为传统工艺中未采用的工艺，因此称为中段（Middle of Line，MOL）工艺。

广义的集成电路制造还应包括测试、封装等步骤。相对于测试和封装，元器件和互连线制造均为集成电路制造的前一部分，统称为前道（Front End）工序，而测试和封装则称为后道（Back End）工序。图 6-3 所示为集成电路制造工艺段落示意图，它清晰地标明了集成电路前、后段工艺及前、后道工序的涵盖范围。

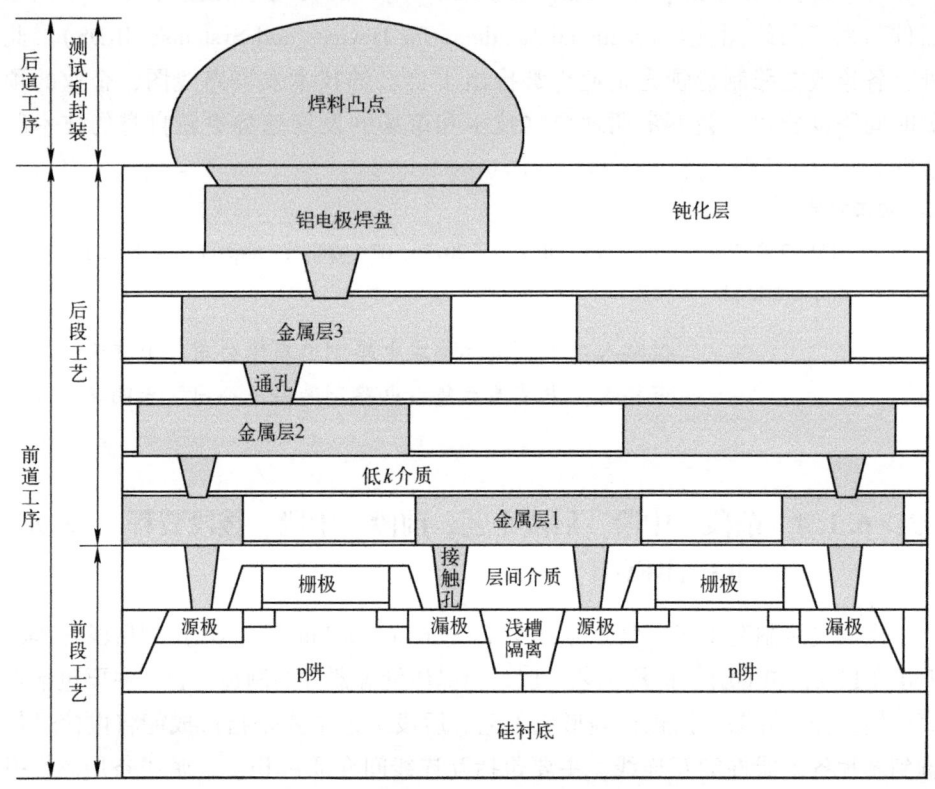

图 6-3　集成电路制造工艺段落示意图

撰稿人：中芯国际集成电路制造有限公司　王文博
审稿人：中芯国际集成电路制造有限公司　卜伟海

6.2 集成电路中的硅基器件

体硅衬底和绝缘体上硅（Silicon on Insulator，SOI）衬底是硅基集成电路制造业最基本的原材料。关于多晶硅材料制备、硅单晶制备、硅圆片制备、硅圆片外延、绝缘体上硅和硅片材料检测等相关知识，请参考本书第9章。

硅基器件是集成电路的基石，硅基器件主要包括双极晶体管（Bipolar Junction Transistor，BJT）、MOSFET、鳍式场效应晶体管（FinFET）、全耗尽型SOI（Fully Depleted SOI，FD-SOI）、超级结（Super Junction）、横向扩散晶体管（Laterally Diffusion MOS，LDMOS）和集成无源元件（Integrated Passive Device，IPD）等基本元器件。

6.2.1 双极晶体管，雙極型電晶體，Bipolar Junction Transistor（BJT）

双极晶体管（BJT）是最基础的集成电路器件之一，在集成电路发展史中起着重要的作用。因为这种晶体管工作时，电子和空穴两种载流子均参与导电，所以被称为双极性结型晶体管，简称双极晶体管。如图6-4所示，BJT可以看作是由两个背靠背的pn结二极管构成的，根据结构设计的不同，可以分为n-p-n和p-n-p两种类型。以n-p-n型晶体管为例，p型掺杂区为晶体管的基极（Base，B），两侧的n型掺杂区分别是晶体管的发射极（Emitter，E）和集电极（Collector，C）。正常工作时，基极和发射极构成的发射结接正向偏置电压，发射极的电子注入到基区；同时，在基极和集电极构成的集电结反向电场作用下，大部分电子将注入集电极。由于基区一般很薄，而且掺杂浓度较低，所以基极电流很小，经过放大后形成集电极电流。

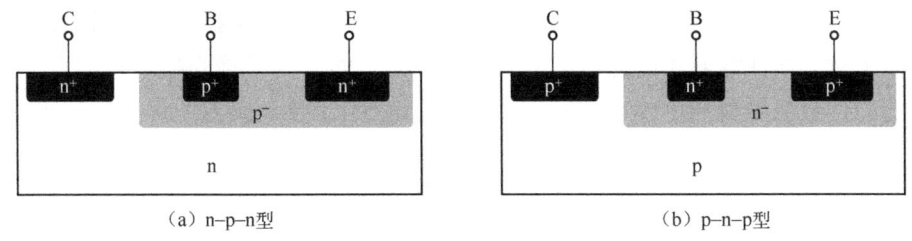

(a) n-p-n型　　　　　　　　　(b) p-n-p型

图6-4　双极晶体管（BJT）结构示意图

与MOS晶体管的载流子表面导电不同，BJT属于体器件，载流子在半导体内部输运，具有跨导高、速度快、功率高的特点。事实上，20世纪70年代以前的集成电路单元主要是基于 BJT 架构的。但是，由于 BJT 在关态时其泄漏电流相对于 MOS 晶体管大很多，随着芯片集成度的提高，芯片功耗和散热的问题越来越突出，BJT 逐渐被 MOS 晶体管取代。虽然目前大多数集成电路都采用 MOS 晶体管作为基本单元，但在模拟电路、射频电路及高速、功率控制应用中，BJT 因为其具有电流增益大、跨导高等优势，仍然是构成这部分集成电路的重要单元。

撰稿人：中芯国际集成电路制造有限公司　唐粕人
审稿人：中芯国际集成电路制造有限公司　卜伟海

▷▷▷ 6.2.2　MOS 场效应晶体管，MOS 場效應電晶體，MOSFET

金属-氧化物-半导体场效应晶体管（Metal-Oxide-Semiconductor Field Effect Transistor，MOSFET）是集成电路最重要的基本单元。金属、氧化物、半导体在 MOSFET 中分别作为栅极、栅介质、沟道及源漏，通过栅电压的变化改变沟道区的积累、耗尽和反型，使得晶体管实现开关功能。最基本的 MOSFET 由栅（Gate，G）、源（Source，S）、漏（Drain，D）及体区（Body）组成。根据沟道掺杂类型的不同，MOSFET 分为 nMOSFET 和 pMOSFET 两种，两者组合在一起即为互补型 MOS（Complementary MOS，CMOS）。平面 MOSFET 的沟道是一个平面，而且源极、漏极、栅极具有自对准特点，制作工艺较为简单。在替代双极晶体管后，平面 MOSFET 在集成电路器件发展中占据着主导地位。

因为传统的平面 MOSFET 只有一个栅极，而单栅器件对沟道的控制范围有限，仅为沟道表面的一个薄层，因此在集成电路微缩过程中面临着两难问题：一方面，为了抑制因沟道长度变小所带来的短沟道效应，需要提高沟道的掺杂浓度；另一方面，沟道掺杂浓度过高，将引起器件随机涨落及迁移率退化。这两个方面的问题是一对不可调和的矛盾，尤其是在集成电路技术发展到 22nm 节点以下时，器件漏电和性能退化的问题越来越严重。为了增强栅极对沟道的控制能力，全耗尽型 SOI MOSFET 和三维多栅 MOSFET 逐渐成为平面单栅 MOSFET 的替代者。

撰稿人：中芯国际集成电路制造有限公司　卜伟海
审稿人：中芯国际集成电路制造有限公司　季明华

6.2.3 鳍式场效应晶体管，鰭式場效應電晶體，Fin Field Effect Transistor (FinFET)

鳍式场效应晶体管（FinFET）是立体多栅器件的一种，其主要特征是由鱼鳍形（Fin）的薄层硅构成折叠的导电通道，并由双面或三面折叠包围的栅极控制，如图 6-5 所示。较薄的沟道和多栅控制提高了器件的栅控能力，可以保证器件工作于全耗尽状态。与平面 CMOS 器件相比，FinFET 因其三维全耗尽的结构，在抑制短沟道效应、提高器件性能、降低功耗等方面具有明显的优势；由于 FinFET 的短沟道效应控制较好，因此沟道掺杂浓度可显著降低，从而改善迁移率下降和随机掺杂涨落问题；双栅或多栅 FinFET 可明显改善器件亚阈值斜率，优化后的亚阈值斜率可接近 60mV/decade[1]；在相同的硅片投影面积上，FinFET 可形成更宽的有效沟道，从而提高芯片的驱动能力。

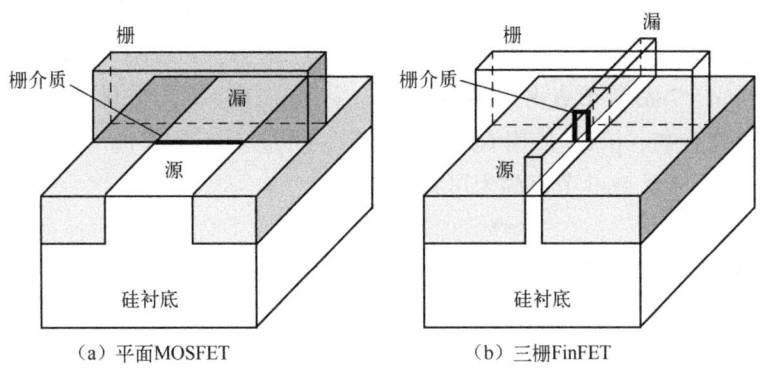

图 6-5　两种器件结构示意图

FinFET 由美国加州大学伯克利分校的胡正明（Chenming Hu）团队在 1999 年命名[2]，其原型为 DELTA（Depleted Lean-Channel Transistor）器件[3]。英特尔公司将类似器件称为三栅晶体管（Tri-Gate Transistor）[4]，在技术文献中一般将这种基于 Fin 并具有多栅结构的器件（无论双栅还是三栅），都称为 FinFET。

2006 年之前，FinFET 的制备尚未引入源漏选择性外延和应变硅技术，因此其驱动电流普遍较低。而对设计者来说，无法灵活地改变沟道宽度，所以离量产应用尚有距离。英特尔公司在 2006 年发表的论文中采用了源漏外延的方法来增加应力和源漏接触面积，从而提高迁移率，降低串联电阻，FinFET 获得了足够的驱动能力，nFET 和 pFET 的电流驱动能力均达到 1mA/μm 以上[5]。此外，在设计中，FinFET 沟道宽度的调整可通过 Fin 的不同数量来变通实现，这就为 FinFET 的量产奠定了基础。

FinFET 在量产应用中也面临着诸多挑战：Fin 具有较大的高宽比，这对于 Fin 的图形化及精确控制，表面光滑及缺陷去除处理，掺杂注入，以及后续工艺中对 Fin 的无损伤保护等都有很高的难度；由于 Fin 的存在，非平面的硅片表面给栅、侧墙等工艺的刻蚀和填充等都带来了挑战；Fin 的厚度存在一定的优化值，厚度过小会导致驱动电流过小；增加 Fin 的高度可以获得更大的有效沟道宽度，但是也会增加寄生电容；通过 Fin 的数量实现的有效沟道宽度变化存在离散化、非连续的特点，给电路设计的灵活性带来问题。

在 22nm 技术节点之前，采用了高 k 金属栅的平面 CMOS 技术尚能满足量产的需要，再加上 FinFET 技术的上述挑战，以及由此带来的成本上升，因此 FinFET 技术一直没有实现工业量产。直到 2012 年，FinFET 技术才由英特尔公司在 22nm 节点实现规模量产，并从 16nm/14nm 节点开始成为国际主流集成电路制造厂商的首选技术。截至 2017 年 4 月，已有英特尔、三星、台积电和格芯在 16nm/14nm 节点实现了 FinFET 的规模量产，三星和台积电也已开始进行 10nm FinFET 技术的量产。2016 年的主流观点认为，FinFET 技术可在 16nm/14nm、10nm、7nm 等节点占据主导地位，采用高迁移率沟道材料，如 nFET 使用Ⅲ-Ⅴ族化合物、pFET 使用 Ge/SiGe 材料，可进一步提高 FinFET 性能，但是否能进一步延伸至 5nm 节点尚未可知。

参考文献

[1] JAN C H, BHATTACHARYA U, BRAIN R, et al. A 22nm SoC platform technology featuring 3-D tri-gate and high-k/metal gate, optimized for ultra low power, high performance and high density SoC applications: IEDM 2012, San Francisco, December 10-13, 2012 [C]. San Francisco: IEEE, 2012.

[2] HUANG X, LEE W C, HISAMOTO D, et al. Sub 50-nm FinFET: PMOS: IEDM 1999, Washington, DC, December 5-8, 1999 [C]. Washington, DC: IEEE, 1999.

[3] HISAMOTO D, KAGA T, KAWAMOTO Y, et al. A fully depleted lean-channel Transistor (DELTA) - a novel vertical ultra thin SOI MOSFET: IEDM 1989, Washington, DC, December 3-6, 1989 [C]. Washington, DC: IEEE, 1989.

[4] CHAU R, DOYLE B, KAVALIEROS J, et al. Advanced depleted-substrate transistors: single-gate, double-gate and tri-gate: SSDM 2002, Nagoya, Sept. 17-19, 2002 [C]. Nagoya: The Japan Society of AppliedPhysics, 2002.

[5] KAVALIEROS J, DOYLE B, DATTA S, et al. Tri-gate transistor architecture with high-k gate dielectrics, metal gates and strain engineering: VLSI 2006, Honolulu, June 13-15, 2006 [C]. Honolulu: IEEE, 2006.

撰稿人：中芯国际集成电路制造有限公司　卜伟海
审稿人：中芯国际集成电路制造有限公司　季明华

▷▷▷ 6.2.4　全耗尽型 SOI，全耗盡型 SOI，Fully Depleted SOI（FD-SOI）

绝缘体上硅（SOI）硅片由顶层硅膜、埋氧层和硅衬底三部分组成。随着集成电路技术的发展，体硅衬底 CMOS 集成电路面临着诸多挑战，如寄生闩锁效应（Latch-Up Effect）、短沟道效应、泄漏电流增大、阈值电压漂移、寄生电容增大等，SOI 集成电路则可减少上述困扰。SOI 集成电路可以实现集成电路中器件之间更有效的介质隔离，并彻底消除体硅衬底 CMOS 电路中的寄生闩锁效应，同时降低寄生电容和 RC 延迟，提高电路操作速度，减少光掩模版数量，减缓短沟道效应，降低功耗。根据器件工作时沟道区域是否存在中性区，将 SOI 器件分为部分耗尽型 SOI（Partially Depleted SOI，PD-SOI）器件及全耗尽型 SOI（Fully Depleted SOI，FD-SOI）器件两种类型，如图 6-6 所示。FD-SOI 器件的顶层硅膜较薄，导通状态下硅膜处于完全耗尽状态，消除了中性体区引起的翘曲效应（Kink Effect）和寄生 n-p-n 管效应。同时，超薄的顶层硅膜使栅极对沟道控制能力得到提高，亚阈值摆幅得到改善，因此 FD-SOI 器件具有良好的短沟道特性。

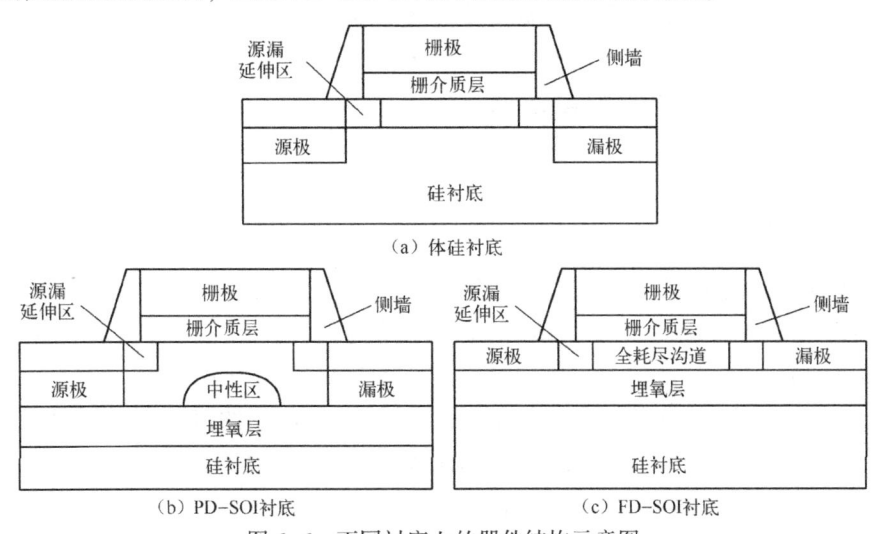

图 6-6　不同衬底上的器件结构示意图

有分析认为，从 28nm/20nm 节点开始，基于体硅 CMOS 和 FinFET 工艺的集成电路主流技术的单个晶体管的成本出现不降反升的局面。而作为 FD-SOI 技术的主要支持者（如 IBM、意法半导体、格芯等）认为，在先进节点上，FD-SOI 将更具备竞争优势。FD-SOI 技术在低功耗、低漏电等方面具有一定优势，并且基于其优秀的栅控能力，FD-SOI 技术可延续平面 CMOS 器件的微缩进程。此外，也有一些公司和科研机构正在研究 FD-SOI FinFET 工艺，如图 6-7 所示。

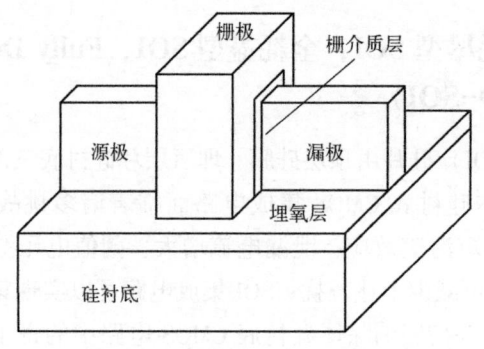

图 6-7　SOI FinFET 技术示意图

相对于体硅 FinFET，FD-SOI 因目前仍然采用平面架构，其工艺实现难度及制造成本相对较低。虽然在 SOI 衬底上制备集成电路的工艺相对简单，但其原材料成本较高，限制了 SOI 工艺的广泛应用。除了价格因素，FD-SOI 的产业生态环境建设也是制约其发展的重要因素，模拟仿真软件、设计 IP、设计工具尚不及普通体硅技术健全，因此 FD-SOI 目前主要应用于低功耗、低漏电等领域。

撰稿人：中芯国际集成电路制造有限公司　　王文博
　　　　中国电子科技集团公司第十三研究所　刘英坤　秦龙
审稿人：中芯国际集成电路制造有限公司　　卜伟海

▷▷▷ 6.2.5　超级结，超级接面，Super Junction

超级结又称超结，是制造功率场效应晶体管的一种技术，其名称最早出现于 1993 年[1]。传统高压功率 MOSFET 的击穿电压主要由 n 型外延层和 p 型体区形成的 pn 结耗尽区的耐压决定，又因 p 型体区掺杂浓度较高，耗尽区承压主要在外延 n^- 层。为了提高击穿电压，通常外延 n^- 层浓度较低、厚度较大，然而掺杂浓度过低和厚度增加都将使功率 MOS 晶体管的导通电阻增加，这将导致功率转换工作时的功率消耗增大，带来极大的功耗浪费。正因这种矛盾的存在，使得传统高压功率 MOS 管的导通电阻受击穿电压限制而存在一个极限值，业内称之为"硅限"（Silicon Limit）。为了突破这一极限，中国科学院陈星弼院士等在 1988 年至 1995 年期间分别提出了 3 种改善漂移层结构的方法，构成了超级结的基本思想，并申请了相应的专利。基于这 3 个专利，1997 年 Taksuhiko 等人对超级结思想进行总结，提出了"超级结理论"的概念[2]。超级结 MOSFET 的结构有很多种，图 6-8 所示为典型传统功率 MOSFET 与超级结 MOSFET 的比较[3]。

第 6 章 集成电路制造与企业管理

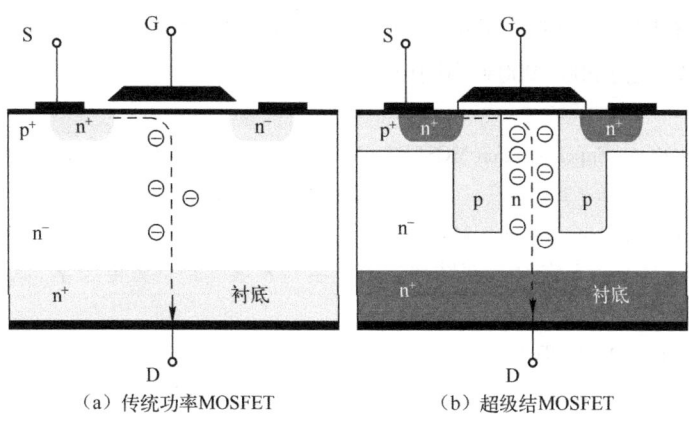

(a) 传统功率MOSFET　　　(b) 超级结MOSFET

图 6-8　两种不同功率 MOSFET 的结构示意图

从图 6-8（b）中可以看到，与传统的功率 MOSFET 不同，超级结 MOSFET 在垂直方向上存在深入外延 n⁻ 层的 p 型区，这些 p 型区的掺杂浓度比原 p 型体区的掺杂浓度低，可以补偿过量的电流导通电荷，并使 pn 结的耗尽区向 p 区一侧大大扩展，起到了电压支持层的作用，降低了击穿电压对 n⁻ 外延层的要求。在相同击穿电压条件下，超级结 MOSFET 的 n⁻ 电压支持层掺杂浓度可以大幅提高，导通电阻可以大大降低，突破了传统功率 MOSFET 的硅限。与传统的功率 MOSFET 相比，超级结 MOSFET 具有传导损耗低、电流驱动能力大、栅极电荷低、开启电压低、开关速度快、出色的非钳位感性开关（Unclamped Inductive Switching，UIS）能力、百分之百的雪崩能量击穿测试等优点。但是超级结结构本身也存在一些问题和缺陷：由于其结构复杂，使得制造工艺难度增大，成本增加；np 复合结构也使得器件的反向恢复特性变差等。

从工艺实现来看，超级结功率 MOSFET 工艺的主要特点是，需要在垂直方向形成多个并行的 n 型、p 型复合注入区，其中 n 型区和 p 型区具有高深宽比、高垂直倾角的特性（一般为 85°~89.5°），这些要求使得超级结功率 MOSFET 的工艺复杂性大大增加。目前，主流的超级结功率 MOSFET 工艺主要可以分为两大类，一类是通过多次离子注入和外延，另一类是深槽刻蚀和填槽技术。在通过离子注入实现的超级结结构中，实际上仅依靠离子注入往往无法保证超级结 n 型区和 p 型区的深度与高深宽比，通常需要多次离子注入与多次外延工艺的结合。通过深槽工艺实现超级结功率 MOSFET 的流程是，首先在 n⁺ 衬底上外延 n⁻ 层，然后刻蚀形成高深度、陡直的硅槽，再外延填充上 p 型硅，从而形成超级结结构。

英飞凌公司是国际上较早实现超级结 MOSFET 量产的公司。上海华虹宏力

· 873 ·

半导体制造有限公司可在200mm晶片上提供超级结MOSFET代工服务,采用深槽工艺,可以支持500~900V不同电压等级产品的生产。

参考文献

[1] AVRON A. Super junction MOSFET: Analysis and market outlook of next generation silicon power devices [EB/OL]. (2012-11-12) [2017-06-08]. http://www.p-e-china.com/neir.asp? newsid=14647.

[2] 田波,程序,亢宝位. 超结理论的产生与发展 [J]. 微电子学, 2006, 36 (1): 75-83.

[3] CLAUDIO A, COTOROGEA M, MACEDONIO J. Comparative analysis of SJ-MOSFET and conventional MOSFET by electrical measurements. IEEE International Power Electronics Congress, October 24, 2002 [C]. Guadalajara, Mexico: IEEE, 2002.

撰稿人:中芯国际集成电路制造有限公司　卜伟海　唐粕人
审稿人:中芯国际集成电路制造有限公司　季明华

▷▷▷ 6.2.6 横向扩散MOSFET,横向擴散MOSFET,Laterally Diffused MOSFET (LDMOS)

传统LDMOS器件结构如图6-9所示。其制备方案为,在同一窗口区域掺杂扩散速率、浓度及极性各不相同的两种杂质(p-Ext和n$^+$源),经过高温工艺后,扩散速率快但掺杂浓度相对较低的杂质沿着沟道横向扩散得更远(见图6-9中d_1),形成一个有浓度梯度的沟道,沟道长度为两种杂质横向扩散的距离之差。窗口区域极性由掺杂浓度高的杂质决定,形成MOS管的源极。通常,LDMOS器件漏极施加电压比较高,采用降低表面电场(Reduced Surface Field, RESURF)技术可提高器件的击穿电压(Breakdown Voltage at Drain, BVD)。一般通过在沟道区域和漏极之间设计具有低掺杂浓度的漂移区(见图6-9中n-Well),可增加漏极pn结耗尽层的宽度,提高漏极pn结的击穿电压。漂移区的掺杂浓度、pn结深度等因素都会影响漏极击穿电压。还可以通过优化漂移区杂质分布,或者在漂移区中引入相反极性的杂质,实现器件导通电阻(R_{on})和击穿电压的同步优化。针对LDMOS器件,合理设计场板(Field Plate, FP)技术(如氧化层厚度、场板长度和位置等参数)可以降低场板边缘的电场,使其电场变化趋于平缓,提高击穿电压。图6-9所示的LDMOS多晶硅栅极(d_2),其一部分控制沟道的开通与关断,另一部分作为场板扩展到漂移区的场氧(Field Oxide,见图中d_3)上方,从而避免在场板边缘和漂移区表面形成电场尖峰,以及器件过早击穿[1]。

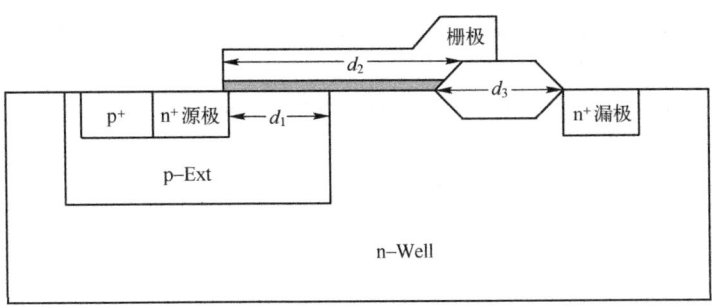

图 6-9 传统 LDMOS 器件结构

先进集成电路技术节点采用浅槽隔离（Shallow Trench Isolation，STI）或深槽隔离（Deep Trench Isolation，DTI），以及离子注入技术形成漂移区及沟道掺杂，不再需要利用两次杂质扩散横向结深之差形成沟道，使互补的 LDMOS 成为可能[2]。与双极晶体管（BJT）相比，LDMOS 器件的增益更高，频率稳定性和热稳定性更好，偏流电路更简单，输入阻抗恒定，热阻和噪声更低，耐久性更好，因此特别适用于宽频率范围、高线性度和高使用寿命的通信应用领域。LDMOS 工艺容易与 CMOS 工艺兼容而被广泛应用[3]，完全隔离的 LDMOS 器件结构和 CMOS 工艺兼容的工艺流程示意图如图 6-10 所示。

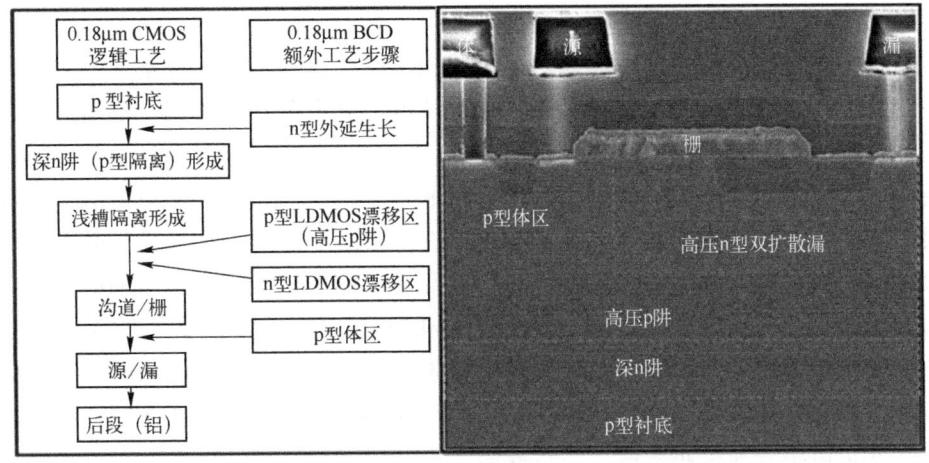

图 6-10 完全隔离的 LDMOS 器件结构和 CMOS 工艺兼容的工艺流程示意图

参考文献

[1] LIN D G, TU S L, SEE Y C, et al. A novel LDMOS structure with a step gate oxide: IEDM 1995, Washington, DC, December 10-13, 1995 [C]. Washington, DC: IEEE, 1995.

[2] DUNCAN M R, ROBCITSON J M, HOLWILL R J et al. CMOS-compatible high-voltage

complementary LDMOS devices: ESSDERC 1989, Berlin, September 11-14, 1989 [C]. Berlin: IEEE, 1989.

[3] LI M, KOO J M, PURAKH R V. 0.18μm BCD technology platform with performance and cost optimized fully isolated LDMOS: EDSSC 2015, Singapore, June 1-4, 2015 [C]. Singapore: IEEE, 2015.

撰稿人：中芯国际集成电路制造有限公司　　王文博　季明华
审稿人：中芯国际集成电路制造有限公司　　卜伟海

▷▷▷ 6.2.7 集成无源元件，積體化被動元件，Integrated Passive Device (IPD)

将电阻、电感、电容、传输线、功率分配器/功率合成器和金属互连线等无源元件集成在一个芯片上，从而形成集成无源元件（IPD）。集成无源元件的制备工艺与集成电路制造工艺兼容，主要包括薄膜工艺和光刻刻蚀工艺。集成无源元件可以减小产品尺寸，提高产品性能。

集成电阻形式多样，通常可分为非金属电阻和金属电阻两种。传统意义上，非金属电阻主要用于硅基集成电路工艺，金属电阻在化合物半导体工艺中较为常用。但是，随着硅基集成电路的发展，引入高 k 金属栅工艺后，金属电阻也被用于硅基集成电路中。非金属电阻是指用半导体材料或多晶硅制备而成的电阻，因半导体材料或多晶硅的掺杂浓度的不同，其电阻率也不同。根据这一特性，利用扩散工艺、离子注入及退火工艺，可以改变半导体材料或多晶硅的掺杂浓度，并通过版图设计得到合适的形状和尺寸，制作所需要的电阻。金属电阻是指利用蒸发或溅射镀膜技术，在绝缘介质上沉积一层金属薄膜，通过光刻刻蚀或剥离（Lift-off）技术去除多余的金属，从而形成合适电阻值的电阻。常用的金属电阻材料有镍铬合金（NiCr）、氮化钽（TaN）和氮化钛（TiN）等。

集成电容通常分为金属-氧化物-半导体（MOS）电容、金属-绝缘层-金属（MIM）电容、pn 结电容、叉指结构电容等，可采用半导体加工工艺制备而成。

集成电感分为单匝线圈、多匝线圈、传输线电感。其中，多匝线圈又分为螺旋型和直角型两种。电容、电感通过沉积金属-电镀加厚-湿法刻蚀或干法刻蚀工艺制作，步骤简单，但是需要比较精确的控制，高质量的电容和电感对于滤波、去耦及匹配电路中降低相位噪声起着直接作用。

利用互连线和传输线可以实现芯片上元器件的连接。为了提高芯片的集成度，减小寄生效应，互连线在满足电流密度要求的条件下应尽量窄和短，小电流的互连线制作应选择工艺上能提供的最小线宽，长互连线设计时应考虑互连线带来的延迟效应。当工作频率在微波和毫米波范围时，互连线不可当作纯电阻看待，需要考虑寄生参数和趋肤效应的影响。

撰稿人：中国电子科技集团公司第十三研究所　刘英坤　秦龙
审稿人：中芯国际集成电路制造有限公司　　　卜伟海

▷▷ 6.3　化合物半导体器件及其集成电路

第一代半导体材料主要是以硅和锗为代表的Ⅳ族材料，而第二代和第三代半导体材料主要是化合物半导体（Compound Semiconductor）材料，其中砷化镓（GaAs）和磷化铟（InP）是第二代半导体材料中的代表，氮化镓（GaN）和碳化硅（SiC）是第三代半导体材料中的代表。

与硅基的分立器件及其集成电路相比，化合物半导体的分立器件及其集成电路呈现出更优异的性能。例如，氮化镓（GaN）适用于较高的工作频率，碳化硅（SiC）适用于较高的工作温度和电压，砷化铟（InAs）和砷化镓（GaAs）适用于混合发光源，二硫化钼（MoS_2）或二硒化钨（WSe_2）具有较高的迁移率。这些化合物半导体材料比硅具有更优异的材料特性，如较宽的带隙及直接能带间隙产生较强的发光能力等。但Ⅲ-Ⅴ族或Ⅱ-Ⅵ族等化合物材料在现代硅半导体工厂中被认为有交叉污染的风险，而且只有小尺寸的衬底（150mm或更小），因而全面用化合物半导体形成的集成电路的发展和制造较缓慢。如何在绝缘层上硅（SOI）或体硅衬底上形成高质量和大面积（或选择性局部区域）的化合物半导体材料技术[1,2]是一项使能技术（Enabling Technology），不仅能利用硅工艺集成技术进一步加快发展化合物半导体器件的应用和制造，而且也能扩展硅基集成电路的功能。

参考文献

[1] LEE K H, LIN Y, BAO S, et al. High quality Ge-OI, III-V-OI on 200 mm Si substrate：SNW 2016, Honolulu, June 12-13, 2016［C］. Honolulu：IEEE, 2016.

[2] WONG K Y R, KWAN M H, YAO F W, et al. A next generation CMOS-compatible GaN-on-Si transistors for high efficiency energy systems：IEDM 2015, Washington, DC, December 7-9, 2015［C］. Washington, DC：IEEE, 2015.

撰稿人：中芯国际集成电路制造有限公司　季明华
　　　　有研光电新材料有限责任公司　　黎建明
　　　　华润微电子有限公司　　　　　　苏巍
审稿人：北京大学　　　　　　　　　　　罗正忠

▷▷▷ 6.3.1 化合物半导体功率器件与集成，化合物半導體功率元件與積體化，Compound Semiconductor Power Devices and Integration

1. 碳化硅集成电路（SiC IC）

碳化硅（SiC）具有较宽的带隙，已广泛应用在高电压电力电子器件中，如分立式的功率金属-氧化物-半导体场效应晶体管（Power MOSFET）和绝缘栅双极晶体管（IGBT）。这些电力器件与数字或模拟集成电路（如门驱动器、调节器和信号波形调整器）集成在一起而成为碳化硅（SiC）集成电路，可应用于多个领域，如高速铁路、混合动力汽车电池充电器、航空、深部钻井机械和其他极端环境下的应用等。碳化硅集成电路的发展受限于其制作工艺流程缺乏稳定性和准确性。进入 21 世纪后，半导体制造代工业不断开发出具有更稳定和更先进的新工艺技术，使碳化硅的混合信号集成电路与较复杂的数字集成电路设计开始得以实现，如 15V 1.2μm CMOS HiTSiC 工艺流程（Raytheon 公司）[1]。常见的碳化硅单晶片以 4in（1in=25.4mm）为主，并有部分 150mm 晶片。根据 2010 年报道的新方法[2]，使用气液固（VLS）法和金属催化剂能排除或减少错位，因此能在大硅晶片衬底上选择性地生长三碳原子碳化硅（3C-SiC）单晶。

2. 氮化镓集成电路（GaN IC）

氮化镓（GaN）分立器件已经在功率切换和微波/毫米波应用领域表现出优异的性能。将功率开关及其驱动电路集成在同一芯片上，可以减少寄生电感，并充分利用其优越性。在单晶片上的集成可减少装配和封装成本，使其具有较大的竞争优势。实现 GaN 集成电路的主要困难在于如何形成 p 沟道场效应晶体管。通过下述方法可以实现 GaN CMOS 集成电路工艺[3]。

（1）在相同的芯片上，选择性地外延生长 GaN nMOS 和 pMOS 场效应晶体管；

（2）运用 MOCVD 生长氮化铝/氮化硅（AlN/Si_3N_4）介电层堆叠结构，作为 nMOS 和 pMOS 场效应晶体管的栅极绝缘层，如图 6-11 所示。

在不同基片上（如 SiC 或 Al_2O_3）生长 GaN 单晶薄膜可制造 GaN CMOS 集成电路，但是这些基片（碳化硅或蓝宝石）也以小尺寸（4in 或 150mm）为主，而且价格昂贵，因此迫切需要发展可以在硅基片上大面积地（或特定的区域）生长异质外延 GaN 单晶薄膜的技术[4]。

(a) n型沟道场效应晶体管外延生长

(b) p型沟道场效应晶体管选择性区域外延生长

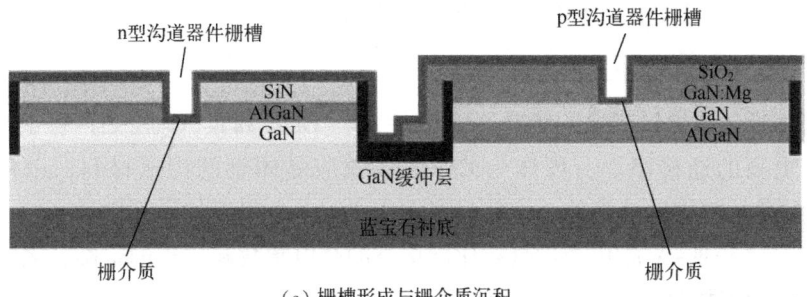

(c) 栅槽形成与栅介质沉积

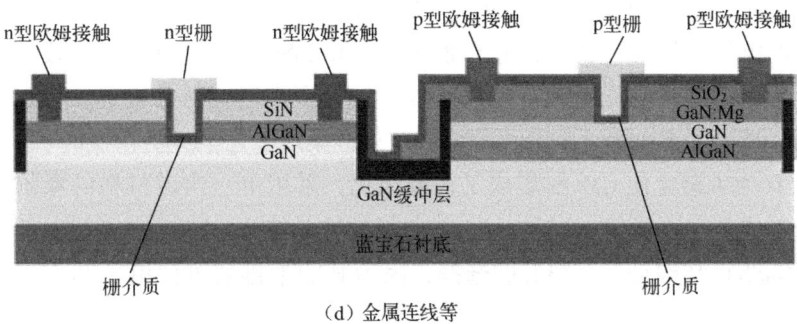

(d) 金属连线等

图 6-11 在蓝宝石基片上制造 GaN nMOS 和 pMOS 场效应晶体管的主要步骤

参考文献

[1] RAHMAN A, FRANCIS A M, AHMED S, et al. High-temperature voltage and current references in silicon Carbide CMOS [J]. IEEE Transactions on Electron Devices, 2016, 63 (6): 2455-2461.

[2] CHEN Y F, LIU X Z, DENG X W, et al. The growth of SiC micro-pillar array by vapor liquid-solid mechanism: NMES 2010, Xiamen, January 20-23, 2010 [C]. Xiamen: IEEE, 2010.

[3] CHU R, CAO Y, CHEN M, et al. An experimental demonstration of GaN CMOS technology [J]. IEEE Electron Device Letters, 2016, 37 (3): 269-271.

[4] JONES E A, WANG F, COSTINETT D. Review of commercial GaN power devices and GaN-based converter design challenges [J]. IEEE Journal of Emerging and Selected Topics in Power Electronics, 2016, 4 (3): 707-719.

撰稿人：中芯国际集成电路制造有限公司　季明华
审稿人：北京大学　　　　　　　　　　　　罗正忠

▷▷▷ 6.3.2　高迁移率沟道集成电路，高遷移率通道積體電路，High-Mobility Channel ICs

1. Ⅲ-Ⅴ互补金属-氧化物-半导体

与硅半导体材料相比，锗硅（SiGe）、锗（Ge）和Ⅲ-Ⅴ族化合物半导体材料具有更高的迁移率[1]，可作为 CMOS 场效应晶体管的沟道材料，以使硅基 CMOS 的微缩规则继续延伸。这些材料在集成工艺上仍面临如下挑战。

(1) 锗和Ⅲ-Ⅴ族化合物具有比硅更高的介电常数和较小的带隙，若用于平面 CMOS 沟道材料，会有较大短沟道效应（Short Channel Effect，SCE）和泄漏电流；但对于 FinFET 结构的 CMOS，则可以提供更好的静电控制沟道能力，并减少泄漏电流。目前，锗、锗硅和铟镓锑（InGaSb）都具有高空穴迁移率，有望用于 p 型沟道材料。铟镓砷（InGaAs）是 n 型沟道材料的首选，但在优化接触电阻、减少关态电流、提高可靠性和改进硅集成工艺上，仍存在诸多困难。

(2) 为了避免使 CMOS 集成工艺复杂化，采用单一沟道材料的系统[2]会更有利于形成良好性能的 n 型和 p 型 MOS 场效应晶体管。铝镓锑（AlGaSb）/铟镓锑（InGaSb）结构是一个很好的选择，因为其能带排列可使电子和空穴趋向高迁移率。

(3) 非硅材料的集成工艺：大的晶格失配（如锗晶格失配约为 4%，铟镓砷 $In_{0.53}Ga_{0.47}As$ 晶格失配约为 8%）会在半导体层中产生大量的晶格缺陷。

2. 隧道场效应晶体管

隧道场效应晶体管（Tunneling FET，TFET）[3,4]比传统的 CMOS 场效应晶体管具有更优异的开关特性，更适用于超低功耗的电路。TFET 器件的操作机制是基于电子在能带间隧道穿透（Band To Band Tunneling，BTBT）的特性；这种带间隧道穿透电流又称为栅致漏极泄漏（Gate Induced Drain Leakage，GIDL）电流。最简单的器件结构是一个反向偏压的栅极控制的 p-i-n 二极管（Gated Pin

Diode),利用栅极上的电压可以关闭或打开 TFET 器件。TFET 的关态电流通常比传统的 MOSFET 的关态电流要低数个数量级。TFET 的亚阈值斜率(SS)可以比传统 MOSFET 的亚阈值斜率极限值(60mV/decade)更小。在传统 MOSFET 电路的工艺设计上,需要通过降低栅致漏极泄漏(GIDL)电流来减少关态电流;但在 TFET 的电路中,源极却要增强 GIDL 带间隧道穿透电流以增强器件的工作电流。因此,TFET 器件可以选择具有较小带隙的半导体材料,如铟镓砷(InGaAs)或镓砷锑(GaAsSb),以产生较高的 BTBT 电流。异质结构的 TFETs(如源极用低带隙材料,漏极用高带隙材料)还可以利用能带工程设计(如断裂间隙和交错间隙结构的能带排列等)进一步优化器件特性。逻辑电路需要采用互补式的 TFET 技术,n-TFET 的设计已经比较明确;但 p-TFET 的设计则较难,其原因是受到 Fermi 简并的影响,限制了 p-TFET 达到更低的亚阈区斜率(60mV/decade)。简言之,窄带隙材料可以实现应用在 IoT 上的超低功耗电路的低亚阈区斜率器件(如 TFET)。除此之外,Ⅲ-Ⅴ族材料和 2D 半导体材料(如 WSe_2 和 MoS_2)也可能应用在 TFET 上。

3. 二维材料沟道(2D-Material Channel)

由于 2004 年以来石墨烯的开拓性研究,使得二维(2D)材料受到极大关注。但石墨烯具有零带隙特性,并不适合作为 MOSFET 的沟道材料。最近,单层或多层的二硫化钼(MoS_2)或二硒化钨(WSe_2)[5]已被证明具有足够大的带隙、合理的迁移率、超薄沟道(器件具有缩小能力)和可弯曲性(适用于柔软性电子),可作为 MOSFET 的沟道材料。虽然这些 2D 材料的迁移率仅达到中等数值,但用作 MOSFET 的沟道材料可实现特殊的功能:由于单层原子 2D 材料非常薄,有利于用作超薄的沟道层(超越了传统的硅 MOSFET 的极限);由于这些 2D 材料是可弯曲的,适用于有柔软性要求的电子器件,可拓展新的应用领域。与大多数 2D 材料相比,传统的柔软性电子器件材料(如有机和非晶质半导体、金属氧化物等)的迁移率要低很多。但是,将 2D 材料应用于柔软性电子器件仍面临许多挑战。采用 2D 材料的晶体管具有超薄(最终能达到原子层级厚度,小于 1nm)和可弯曲的特点,且具有比传统半导体更低的介电常数,利用这些特性可有效抑制短沟道效应,从而实现极短的沟道。此外,2D 材料具有较大的电子等效质量,可以抑制源漏间的直接隧道穿透电流。虽然较低的介电常数会产生较小的栅极电容(单位面积),降低导通电流和跨导,但从 2D 材料具有的诸多优点综合来看,2D 材料 CMOS 有望最终超越传统的硅基器件而实现更小的尺寸极限。

参考文献

[1] COLLAERT N, ALIAN A, ARIMURA H, et al. Beyond-Si materials and devices for more

Moore and more than Moore applications: ICICDT 2016, Ho Chi Minh City, June 27-29, 2016 [C]. Ho Chi Minh City: IEEE, 2016.
[2] YUAN Z, NAINANI A, KUMAR A, et al. InGaSb: single channel solution for realizing III-V CMOS: VLSI 2012, Honolulu, June 12-14, 2012 [C]. Honolulu: IEEE, 2012.
[3] LIU H, DATTA S, NARAYANAN V. Steep switching tunnel FET: A promise to extend the energy efficient roadmap for post-CMOS digital and analog/RF applications: ISLPED 2013, Beijing, September 4-6, 2013 [C]. Beijing: IEEE, 2013.
[4] AVCI U E, MORRIS D H, YOUNG I A. Tunnel field-effect transistors: prospects and challenges [J]. IEEE Journal of the Electron Devices Society, 2015, 3 (3): 88-95.
[5] GENG Z, KINBERGER W, GRANZNER R, et al. 2D electronics - opportunities and limitations: ESSDERC 2016, Lausanne, September 12-15, 2016 [C]. Lausanne: IEEE, 2016.

撰稿人：中芯国际集成电路制造有限公司　季明华
审稿人：北京大学　　　　　　　　　　　罗正忠

▷▷▷ 6.3.3　硅光子集成电路，矽光子積體電路，Si Photonics ICs

利用光互连可以有效地实现宽带、高速和低功耗的数据通信，所以硅光电子集成电路[1]与 CMOS 器件的集成具有较大的市场需求。可在硅片上集成的光学元件包括光波导、光探测器、发光二极管（LED）、Mach-Zehnder 调制器（MZM）和激光器（Laser）等。光学收/发 IC 包括光源、调制器（含控制回路）、光探测器和收/发电路。硅光电子集成电路的制造必须基于高技术水平的 CMOS 工艺，具有深亚微米特征与精度，并能实现量产。各种光学元件对工艺的不同技术要求简述如下。

（1）波导管（Wave-Guides）：光信号要在低损耗的波导管中传导。光信号的分路和路由必须经过波导带通滤波器，光信号传输到光纤也要经过光与芯片之间的耦合作用来实现，特别是亚微米硅波导管对光信号偏振（Polarization）有极灵敏的影响，因此要求硅波导管必须具有精准的 CD、层厚度和光学质量（如光信号不被过多地吸收，避免粗糙表面上的散射等）。由于受工艺的影响，必须对工作波长进行调节或用电路进行主动补偿，所以需要将硅光子集成电路与 CMOS 电路集成在单个芯片上（或进行混合 3D 集成），从而形成高性能的硅光电子集成电路。

（2）光探测器、调制器和激光器（Photo-Detectors, Signal Modulators and Laser）：可以通过光电二极管将光信号转换成电信号。利用嵌入式二极管（在 Si 衬底上选择性外延生长 Ge）或电容器可以修正硅波导中的载流子密度，从而产生相位或振幅调制，使电信号耦合到光载波中。激光器光源可以用Ⅲ-Ⅴ族工艺集成在单片 IC 上,进而外贴(Bonding)或片外耦合在 CMOS 集成电路芯片上。目前,宽带隙的氮化镓(GaN)已被广泛应用于制作蓝光 LED。

如图 6-12 所示,将硅光子器件集成在标准的 CMOS/SOI[2] 上,只需要增加两道工序模块:沟槽刻蚀模块,以形成光学器件(如波导、耦合器等);选择性 Ge 外延生长,以在硅片上集成光电探测器。在这个硅光子/CMOS 工艺平台上可以形成各种硅光电子结构模块,如波导管、光学 I/O、相位/振幅调制器和光探测器。光学 I/O(如光栅耦合器)在标准单模光纤中应具有非常小的耦合损耗。

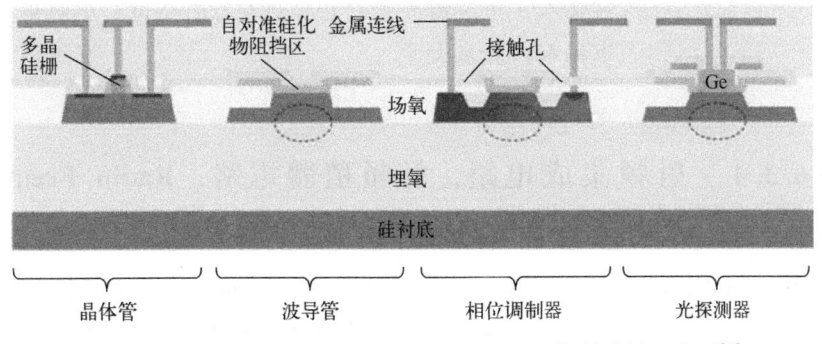

图 6-12 在 CMOS/SOI 芯片上集成硅光电子器件单片的示意图[2]

光电子器件也可集成在已有异质集成的 CMOS/SOI 工艺平台上[3],如将 Ge/SiGe/Ⅲ-Ⅴ族化合物集成在 CMOS SOI 单晶片上,如图 6-13 所示。具有应变结构的 SiGe 可以增强等离子体的色散效应,降低空穴的等效质量,因此可以提高光调制器的效率。锗基的光子器件(纳米线波导)已展示出在中红外线上的应用。另外,在高质量的光子绝缘层上,Ⅲ-Ⅴ(Ⅲ-Ⅴ-OI)晶片上可以直接用圆片接合技术形成光电子器件,如 InGaAsP 纳米线(包括光学开关和光探测器),目前在硅片上外延生长Ⅲ-Ⅴ族化合物的工艺已展现出Ⅲ-Ⅴ-OI 圆片的可制造性。

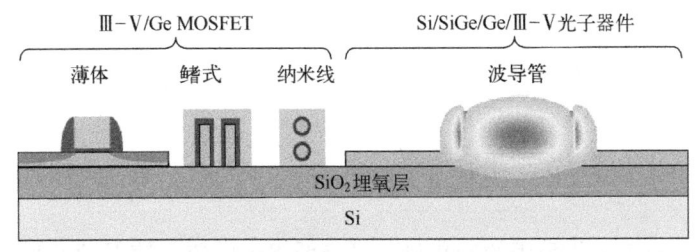

图 6-13 硅光电子工艺平台示意图

参考文献

[1] BOGAERTS W, FIERS M, DUMON P. Design challenges in silicon photonics [J]. IEEE Journal of Selected Topics in Quantum Electronics, 2014, 20 (4): 8202008.

[2] DOBBELAERE P D. Silicon photonics technology platform for embedded and integrated optical interconnect systems: ASP-DAC 2013, Yokohama, January 22-25, 2013 [C]. Yokohama: IEEE, 2013.

[3] TAKENAKA M, KIM Y, HAN J, et al. CMOS photonics technologies based on heterogeneous integration of SiGe/Ge and Ⅲ-V on Si: IEDM 2015, Washington, DC, December 7-9, 2015 [C]. Washington, DC: IEEE, 2015.

撰稿人：中芯国际集成电路制造有限公司　季明华
审稿人：北京大学　　　　　　　　　　　　罗正忠

▷▷▷ 6.3.4　射频集成电路，射频積體電路，Radio Frequency Integrated Circuits（RFIC）

早期的射频集成电路（RFIC）主要是以硅基双极晶体管分立器件为主，将二极管、电感器、电容器等无源元件与之互连并集成在 PCB 上，从而形成射频混合集成电路。20 世纪 90 年代以来，随着 IC 工艺技术的进步，RFIC 实现了由各种晶体管芯片与二极管、电感、电容等无源元件（或芯片）在陶瓷基板上的互连集成，然后对其进行小型化封装或微封装，大幅度缩小了射频电路的尺寸，快速取代了旧式使用分立器件的混合电路[1]，使 RFIC 得到了长足的进步和发展，并推动了小型化封装及无线通信技术的飞跃发展。进入 21 世纪后，随着 CMOS 技术、射频 GaAs 芯片技术、射频 GaN 芯片技术的进一步发展，现已逐步朝着射频单片集成电路（RF-MIC）的方向发展。

射频 SOI（RF-SOI）是采用 SOI 工艺技术制作的射频器件和集成电路。SOI 是指在体硅材料中插入一层 SiO_2 绝缘层的衬底结构（参见 6.2.4 节）。在 SOI 衬底上制作低电压、低功耗集成电路是深亚微米技术节点的主流选择之一[2]。RF-SOI 具有如下优点。

（1）RF-SOI 具有很高的工作频率，器件的 f_T/f_{max} 可提高到毫米波工作频率的 3~5 倍。

（2）RF-SOI 可以实现集成电路堆叠（IC Stacking）结构，同时提高了功率及能效比。

（3）RF-SOI 工艺采用的 SOI 衬底可降低寄生效应，使射频芯片的品质因数更高、损耗更低、噪声系数更好，同时也提升了产品的绝缘水平与线性度。

（4）RF-SOI 可以将逻辑电路和控制电路集成在同一芯片上，而 GaAs 工艺则无法做到这一点，因为 GaAs 器件在应用中需要搭配一个控制芯片。采用 RF-SOI 工艺还可以将功率放大器（Power Amplifier，PA）和控制功能电路集成在同一芯片上。

（5）RF-SOI 具备后栅偏压可调（Back-Gate Bias）功能，可以依照使用的需求微调毫米波射频线路[3]。

目前，RF-SOI 技术在智能手机及 WiFi 等无线通信领域已逐步取代化合物工艺技术。

参考文献

[1] RFIC［EB/OL］.［2017-06-08］. http://baike.baidu.com/item/RFIC.

[2] SOI（硅技术）［EB/OL］.［2017-06-08］. http://baike.baidu.com/item/SOI/3412946.

[3] 5G 时代 RF-SOI 工艺的机会［EB/OL］.（2016-09-18）［2017-06-08］. http://www.eefocus.com/component/369117.

撰稿人：中国电子科技集团公司第十三研究所　刘英坤　秦龙
审稿人：北京大学　罗正忠

▷▷▷ 6.3.5 微波单片集成电路，微波單片積體電路，Microwave Monolithic Integrated Circuits（MMIC）

微波单片集成电路（MMIC）基于半导体制造工艺，将晶体管、二极管、无源元件（电阻器、电容器、电感器、传输线、功率分配器/功率合成器等）、互连金属集成在同一个半导体芯片上，以实现微波功率放大器、微波低噪声放大器、混频器、多路功率合成，以及微波信号的发射/接收、多功能电路等。

目前，MMIC 中常用的有源晶体管按制作材料可分为硅基晶体管和化合物异质结晶体管。其中，硅基晶体管主要是指硅双极晶体管（BJT）、硅互补金属-氧化物-半导体（CMOS）场效应晶体管、硅横向双扩散金属-氧化物-半导体场效应晶体管（LDMOS）。化合物异质结晶体管主要包括锗硅（SiGe）异质结双极晶体管（HBT）、InP 异质结双极晶体管（HBT）、GaAs 金属半导体场效应晶体管（GaAs MESFET）、异质结场效应晶体管（HFET）、高电子迁移率场效应晶体管（HEMT）、赝配高电子迁移率场效应晶体管（PHEMT），以及近些年发展起来的 GaN 高电子迁移率场效应晶体管（HEMT 和 PHEMT）。另外，正处于研发初期的石墨烯 MOSFET 等器件也已开始探索用于研制 MMIC。

（1）Si-MMIC：始于 20 世纪 80 年代初，至 20 世纪 80 年代中期 Avantek 公

司凭借等平面自对准亚微米线条和深槽隔离等技术，使 Si-BJT 的截止频率 f_T 高达 10GHz。Avantek 将两个 BJT 直接级联放大，并将反馈电阻和偏置电阻等集成在同一芯片上，率先开发出微波宽带、系列化、高性能的 Si-MMIC，其 I/O 端口阻抗均为 50Ω，无须再增加匹配电路，采用单电源供电，操作方便。20 世纪 90 年代，Si-MMIC 被大量应用于 4GHz 以下频段的微波小功率（$P_o<1W$ @ 1GHz）和低噪声领域。

（2）GaAs-MMIC：由于 GaAs 材料的电子迁移率比硅高 7 倍，其漂移速度比硅材料的高得多，因此在微波和毫米波频段内，GaAs 器件的性能远优于硅器件的性能。GaAs 材料对微波半导体技术的发展具有重要的影响。GaAs MESFET 在微波频段内的低噪声、大功率和宽频带特性，使它成为微波领域内最重要的半导体器件之一。1974 年，美国的 Plessey 公司研制出 GaAs-MMIC 放大器；1986 年，TI 公司发布了实用的 GaAs 商品功率放大器（MESFET MMIC-TGA8014），它采用两级 MESFET 级联放大，主要用于相控阵雷达等系统中[1]。

20 世纪 90 年代至今，随着 GaAs 材料和器件加工工艺技术的成熟，采用多级级联放大的 GaAs MMIC 得到了长足的发展，其工作频率可达到 3mm 波段，产品成熟、可靠，种类涉及功率放大器、低噪声放大器、混频器、发射/接收（T/R）电路、多功能芯片电路等，其中 X 波段（9~10GHz）GaAs 功率放大器 MMIC 的输出功率已达 12W，增益达到 25.5dB 以上，功率附加效率大于 45%[2]。

GaAs-MMIC 制造技术包括用分子束外延（MBE）或金属有机气相沉积（MOCVD）技术生长多层 GaAs 外延层、隔离工艺、深亚微米"T"型栅电极制造技术、源漏欧姆接触技术、Au 金属化电极和金属互连工艺、背面通孔接地技术、空气桥技术等，并将电阻器、电容器、电感器、互连线、功率分配器/功率合成器等集成在同一芯片上，将 MMIC 放大器 I/O 阻抗匹配到 50Ω。

为了实现更高的工作频率和更低的功耗，硅基 SiGe 射频 CMOS 和 BiCMOS 工艺技术在 21 世纪初得到较为广泛的研究。目前，此类器件的工作频率可达到 60GHz 以上，但其输出功率很小，仅在 100mW 以内，这限制了其应用。

GaN 材料具有较高的临界击穿电场和较高的载流子饱和漂移速度。2015 年，由 GaN-MMIC 技术和电路拓扑技术相结合，制造出 C 波段至 W 波段的高效率、高功率和宽带功放系列产品，同时研制出了宽带鲁棒的低噪声放大器、Ka 波段高功率 GaN SPDT 开关、X 波段高功率 GaN 高通/低通移相器、W 波段 GaN 压控振荡器、X 波段收发机前端、X 波段 GaN 多芯片组件等多功能 MMIC，以及 Si 衬底上的 CMOS 栅偏压控制电路和 GaN 放大器的直接单片异质集成产品[3]。GaN-MMIC 的制造工艺与 GaAs-MMIC 的制造工艺类似。

InP 具有极高的电子迁移率和载流子饱和速度，可以将 MMIC 的工作频率提高至太赫兹（THz）频段。由于 InP 材料技术、器件工艺技术和电路拓扑技术已日趋成熟，2015 年 4 月美国 DARPA 公司采用 25nm 栅长 InP HEMT 技术和 10 级 HEMT（2 栅指总栅宽 8μm）级联放大的设计，首次实现了具有里程碑意义的太赫兹单片电路（TMIC）[4]，在 1THz 频率处获得 9dB 的增益，如图 6-14 和图 6-15 所示。

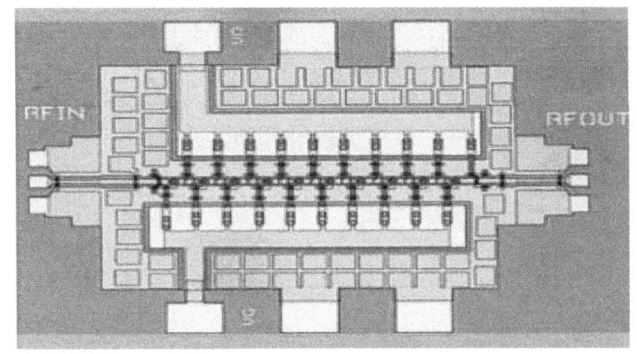

图 6-14　太赫兹单片电路（TMIC）显微镜图片[4]

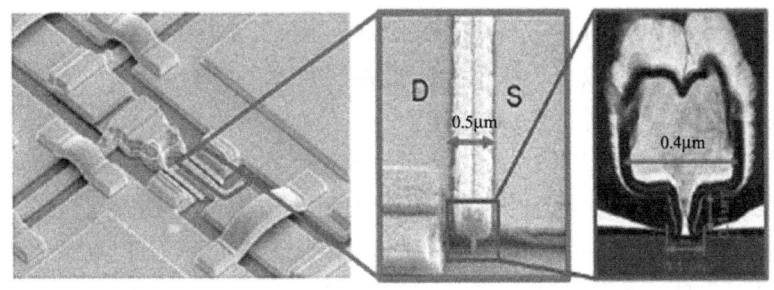

图 6-15　太赫兹单片电路（TMIC）栅结构 SEM 图[4]

2013 年，美国 H. Madan 等人利用石墨烯的高迁移率和高速率特性，在半绝缘 SiC 衬底上制作了石墨烯 RF 低噪声放大器，其最小的本征噪声系数为 0.26dB@1GHz；同年，意大利的 E. Guerriero 也制作出最高振荡频率为 1.28GHz 的石墨烯环形振荡器（RO），该石墨烯振荡器的制作有助于石墨烯集成电路的发展。2014 年，IBM 的 S. J. Han 等人采用石墨烯制作了接收机集成电路，可实现信号放大、滤波和下变频等功能，其工艺与硅基 CMOS 工艺兼容，可用于无线通信中的接收端且保持 4.3GHz 的载波信号[5]。

参考文献

[1] 刘自明，李淑芳. 国内外微波毫米波单片集成电路的现状和发展趋势 [J]. 半导体技术，1992, 6 (3): 8-23.

[2] 冯威，倪帅. X 波段 12W GaAs 功率放大器 MMIC [J]. 半导体技术，2016, 5: 341-346.

[3] 赵正平. 微波、毫米波 GaN HEMT 与 MMIC 的新进展 [J]. 半导体技术, 2015, 1: 1-7.

[4] MEI X, YOSHIDA W, LANGE M, et al. First demonstration of amplification at 1 THz using 25-nm InP high electron mobility transistor process [J]. IEEE Electron Device Letters, 2015, 36 (4): 327-329.

[5] 王宗成, 王淑华. 石墨烯材料、器件与电路的研究现状 [J]. 微纳电子技术, 2015, 52 (10): 613-619.

撰稿人：中国电子科技集团公司第十三研究所　　刘英坤　秦龙　刘佳佳
审稿人：中芯国际集成电路制造有限公司　　　　季明华
　　　　北京大学　　　　　　　　　　　　　　罗正忠

6.4 微机电系统制造

微机电系统（Micro Electro Mechanical System，MEMS）制造中特有的常用工艺技术包括湿法刻蚀、干法刻蚀、牺牲层技术、键合技术、空腔-SOI。其中，湿法刻蚀与干法刻蚀在标准 CMOS 工艺中也较为常见，但在 MEMS 工艺中却有所不同。MEMS 工艺中的湿法刻蚀与 CMOS 工艺相比，最大的不同在于刻蚀深度，以及巧妙地利用各向异性湿法刻蚀实现对刻蚀图形的精确控制，或者得到悬浮结构；而对于 CMOS 而言，湿法刻蚀常用于薄膜的去除，如硬掩模材料氧化硅、氮化硅等，CMOS 加工较少关注各向异性湿法刻蚀技术，而更加关注腐蚀液对不同材料的选择比。MEMS 工艺中的干法刻蚀与 CMOS 工艺相比，最大的不同在于刻蚀深度（1~100μm 量级），以及对刻蚀深宽比的要求；而对于 CMOS 工艺而言，干法刻蚀常用于掩模图形的刻蚀，刻蚀厚度较小（纳米量级），刻蚀深宽比要求不高，但对形貌、精度、均匀性、选择性等要求很高。

6.4.1 湿法刻蚀，濕式蝕刻，Wet Etching

湿法刻蚀也称腐蚀。硅的湿法刻蚀是 MEMS 加工中常用的技术。其中，各向同性（Isotropic）湿法刻蚀常用的腐蚀剂是由氢氟酸（HF）、硝酸（HNO_3）和乙酸（CH_3COOH）组成的混合物（也称为 HNA 腐蚀剂）；对硅的刻蚀速率和对掩模材料的刻蚀选择性可通过各组分比例的不同来调节。目前，各向同性湿法刻蚀的实际应用较少。

硅的各向异性（Anisotropic）湿法刻蚀技术已成功用于多种 MEMS 产品中，如硅压力传感器、加速度计、MEMS 传声器等。图 6-16 所示为湿法刻蚀示意图（各向同性与各向异性对比）。硅的各向异性腐蚀主要是利用各个硅晶体面腐蚀速率不同而实现的[1]。利用这种特性，可以在硅衬底上加工出多种多样的结构，如凹槽（可应用于压力传感器的腔体等）、金字塔结构（可应用于原子力显微镜探针等）或悬浮结构（可应用于加速度计的悬臂梁等）等。表 6-2 列出的是 KOH 腐蚀与 TMAH 腐蚀的对比。注意，表中给出的值为估值，并不是绝对准确的值，因为诸多因素（如搅拌或浓度）均会对腐蚀速率产生影响。

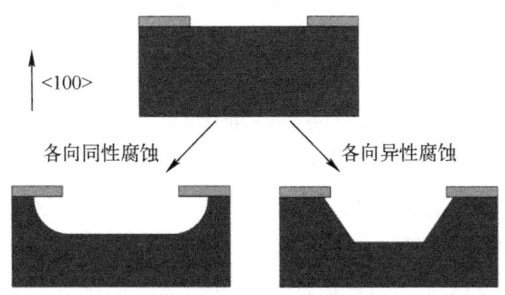

图 6-16　湿法刻蚀示意图（各向同性与各向异性对比）

表 6-2　KOH 腐蚀与 TMAH 腐蚀的对比

特 性 指 标	KOH	TMAH
<100>晶向腐蚀速率	5μm/h@40℃ 10μm/h@50℃	20μm/h@80℃
<111>:<110>选择比	100:1	50:1
氮化硅腐蚀速率/(nm/min)	<1	<0.1
氧化硅腐蚀速率/(nm/min)	≈10	<0.1
底面光滑度	好	多变
毒性	无	无
金属离子污染	有	无

在各向异性湿法刻蚀中，随着腐蚀时间的推移，快速腐蚀面将消失，仅留下低速腐蚀面，此时腐蚀腔体的形状几乎不再变化，但其尺寸会随着慢速腐蚀面的腐蚀而略有增大，这时获得的腔体称为自限制图形。

如图 6-17 所示，对于{100}硅衬底，预测任意掩模图案的自限制图形腐蚀窗口的方法为[2]：①确定掩模图案上沿<110>晶向的上下左右 4 个方向上的最上点、最下点、最左点和最右点；②过这 4 个点做平行于<110>晶向的 4 条直线；③这 4 条直线围成的区域即为自稳定图形的窗口形貌；④腐蚀的深度由硅片厚度、有无自停止层和窗口尺寸共同决定。图中灰色区域为掩模，虚线轮廓为该掩模的自限制图形。由图可见，有些掩模覆盖下的区域也被刻蚀了。在 MEMS 器件加工中，可以利用该特性加工悬臂梁结构。

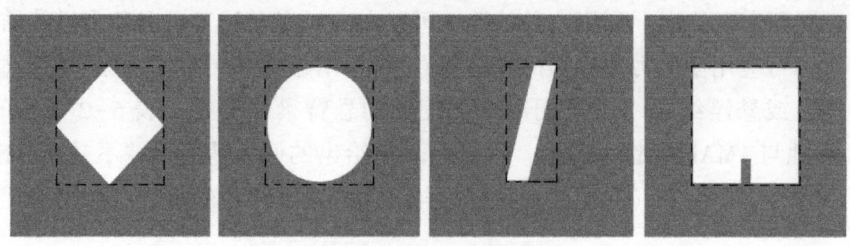

图 6-17 自限制图形腐蚀窗口

图 6-18 所示的是一种利用各向异性湿法刻蚀加工悬臂梁式加速度计的工艺流程。其中，图 6-18（a）所示为在硅衬底上沉积悬梁薄膜（可以使用氮化硅，或者氮化硅与氧化硅的复合薄膜）；图 6-18（b）所示为沉积压电材料并图形化；图 6-18（c）所示为沉积电极材料并图形化；图 6-18（d）所示为图形化湿法刻蚀窗口；图 6-18（e）所示为各向异性湿法刻蚀，释放可动结构。

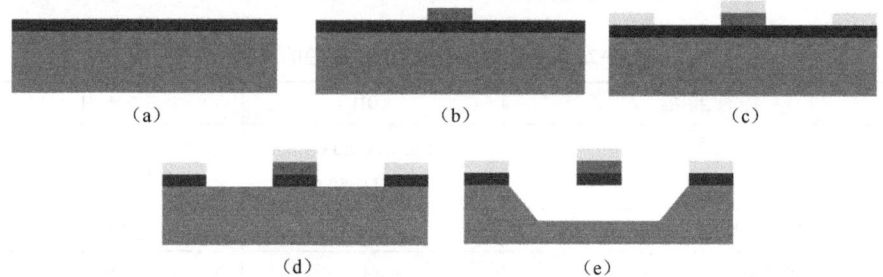

图 6-18 利用各向异性湿法刻蚀加工悬臂梁式加速度计的工艺流程

图 6-19 所示的是在 {100} 衬底上腐蚀悬臂梁的过程示意图。

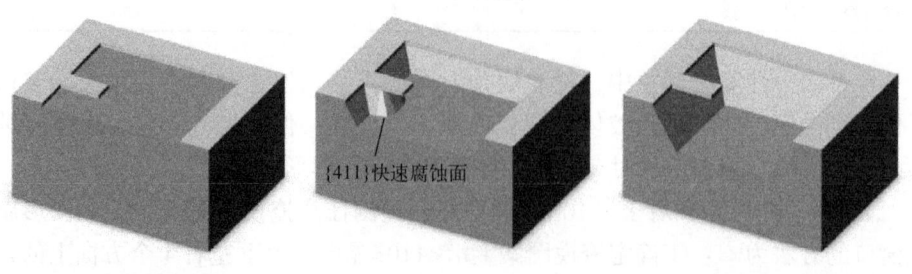

图 6-19 在 {100} 衬底上腐蚀悬臂梁的过程示意图

在某些加工中，往往需要避免出现凸角刻蚀。例如，当需要的一个矩形凸台时，凸角腐蚀将导致矩形的 4 个角严重失真。此时，就需要利用凸角补偿方法来完成腐蚀。凸角补偿的相关研究较多，其中文献 [3] 做了较好的概括。常见的凸角补偿主要是在掩模版设计时，在凸角处增加图形，完成对凸角的保护，补偿图形的尺寸与形状随腐蚀深度与腐蚀液种类的不同而调节，通过控制补偿图形，可以得到非常理想的凸角结构。图 6-20 所示的是一种<100>补偿条结构，通过控制腐蚀时间，可以在补偿条刚好去除时，得到完美的凸角。

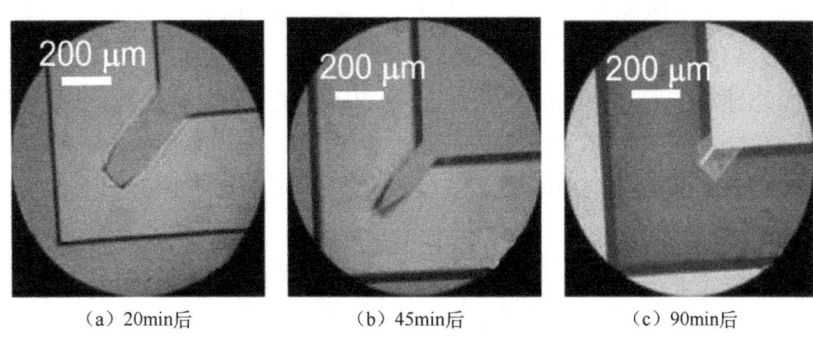

（a）20min后　　　（b）45min后　　　（c）90min后

图 6-20　{100} 硅衬底的 KOH 各向异性腐蚀（使用<100>凸角补偿条）[4]

参考文献

[1] BEAN K E. Anisotropic etching of silicon [J]. IEEE Transactions on Electron Devices，1978，25 (10)：1185-1193.

[2] LIU C. 微机电系统基础（原书第 2 版）[M]. 黄庆安，译. 北京：机械工业出版社，2013.

[3] PAL P，SATO K，CHANDRA S. Fabrication techniques of convex corners in a (１００) - silicon wafer using bulk micromachining: a review [J]. Journal of Micromechanics and Microengineering，2007，17 (10)：R111-R133.

[4] JOVIC V，LAMOVEC J，MLADENOVIC I，et al. Prevention of convex corner undercutting in fabrication of silicon microcantilevers by wet anisotropic etching: MIEL 2014，Belgrade，May12-14，2014 [C]. Belgrade：IEEE，2014. 163-166.

　　　　　撰稿人：中国科学院上海微系统与信息技术研究所　　余爱生
　　　　　审稿人：中芯国际集成电路制造有限公司　　　　　　季明华

▷▷▷ 6.4.2　干法刻蚀，乾式蝕刻，Dry Etching

在 MEMS 制造工艺中，常用的干法刻蚀包括反应离子刻蚀（Reactive Ion

Etching，RIE)、深反应离子刻蚀（Deep Reactive Ion Etching，DRIE）和 XeF_2 各向同性刻蚀。其中，RIE 也是微电子制造中常见的工艺。深反应离子刻蚀（DRIE）又称电感耦合等离子体（Inductively Coupled Plasma，ICP）刻蚀，是一种高度各向异性干法刻蚀（Anisotropic Etch）工艺。DRIE 使用刻蚀与钝化交替进行的 Bosch 工艺[1]，解决了 RIE 中无法得到高深宽比结构或陡直侧壁的问题。DRIE 使用两个射频源，其中线圈射频源（Coil RF）用于产生等离子体，平板射频源（Platen RF）用于产生偏压。这种分离的射频源可以分别调整 RIE 刻蚀中射频功率与等离子体浓度。DRIE 技术大大推进了 MEMS 技术的发展，目前主要的 DRIE 设备供应商为英国的 STS 和法国的 Alcatel。

深冷处理工艺（Cryogenic Process）和 Bosch 工艺（Bosch Process）是实现 DRIE 的两种主要方式，其中，Bosch 工艺为德国 Robert Bosch GmbH 公司的技术专利[1]。图 6-21 所示为 DRIE 技术流程示意图（以深硅刻蚀为例）。

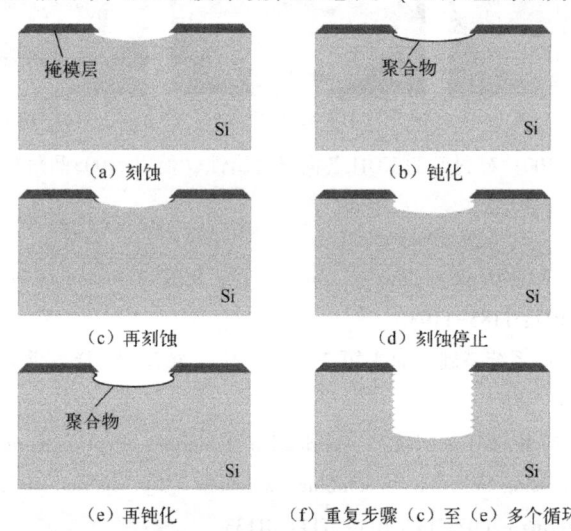

图 6-21　DRIE 技术流程示意图（以深硅刻蚀为例）

DRIE 工艺存在的问题包括滞后（RIE Lag）效应、侧壁底部掏蚀现象（Charging）和锯齿形侧壁（Scalloping）现象等。滞后效应如图 6-22（a）和（b）所示，是指刻蚀速率和开口窗口的大小有关，分为正效应（大的窗口刻蚀速率较快）和反效应（小的窗口刻蚀速率较快）两种；侧壁底部掏蚀现象如图 6-22（c）所示，该现象导致深腔的底部出现侧向掏蚀；锯齿形侧壁现象如图 6-22（d）所示，等比例地调节刻蚀时间和钝化时间，同时保持二者比例不变，可以减小锯齿形侧壁现象。

图 6-23（a）至（e）所示的是 DRIE 工艺在制作谐振器中的应用，其制作流程如下：（a）氧化，制作湿法刻蚀的掩蔽层；（b）湿法刻蚀，获得谐振腔；

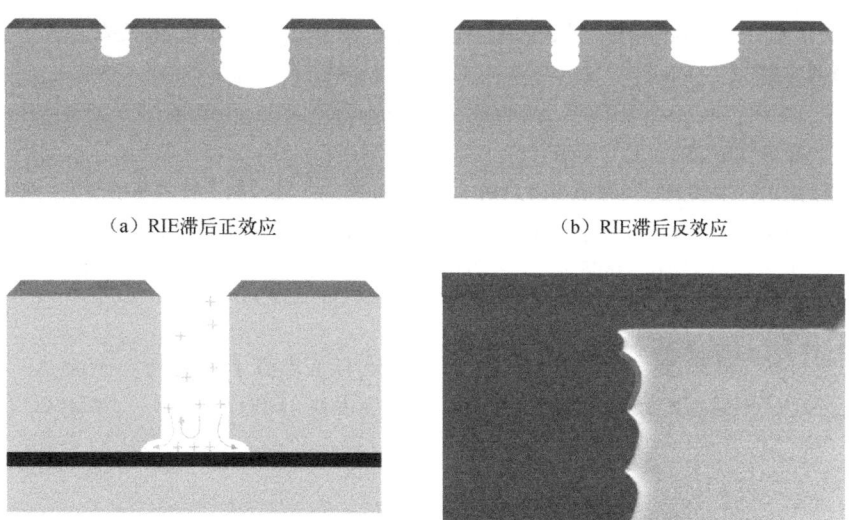

(a) RIE滞后正效应　　　　　　　(b) RIE滞后反效应

(c) 侧壁底部掏蚀现象　　　　　　(d) 锯齿形侧壁现象[2]

图6-22　DRIE工艺存在的问题

(c) 键合，获得谐振腔上的谐振块材料；　(d) 减薄谐振块，并制作电极；(e) DRIE释放可动谐振块。

DRIE也应用于高密度DRAM存储器的制造中，其需要的沟道深度通常为10~20μm，如图6-23（f）所示。此外，DRIE的另一个新的应用领域是硅通孔技术（Through Silicon Via，TSV），这是一种实现集成电路芯片三维堆叠和互连的新方案[3]。

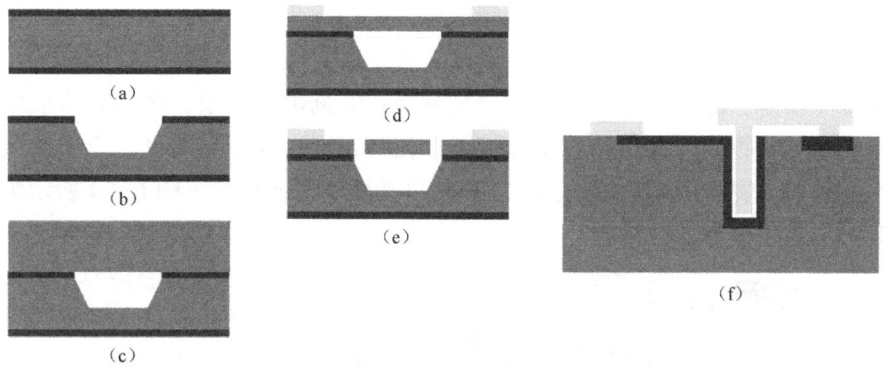

图6-23　DRIE应用示意图

XeF_2刻蚀是一种各向同性刻蚀。在室温下，当压强小于100mTorr（1Torr＝133.3224Pa）时，XeF_2从固态变为气态，XeF_2气体可以在室温下与硅发生反应，且刻蚀速率可达到每个进气周期20~50μm。此外，XeF_2对掩模材料具有很好的选择比，如二氧化硅、氮化硅、铝和光刻胶均可作为掩模材料。但XeF_2刻蚀深度不易控制,且刻蚀反应产物中含HF气体,需要进行严格的尾气处理。

参考文献

[1] LAERMER F, SCHILP A. Method of anisotropically etching silicon: US, 5501893 [P]. 1994-06-23.

[2] 中国科学院上海微系统与信息技术研究所. MEMS规模制造技术基础研究: 973项目总结报告 [R]. 上海: 中国科学院上海微系统与信息技术研究所, 2015.

[3] 王宇哲, 汪学方, 徐明海, 等. 应用于MEMS封装的TSV工艺研究 [J]. 微电子技术, 2012, 49 (1): 62-67.

撰稿人: 中国科学院上海微系统与信息技术研究所　余爱生
审稿人: 中芯国际集成电路制造有限公司　　　　　季明华

▷▷▷ 6.4.3　牺牲层技术, 犧牲層技術, Sacrificial Layer Technology

牺牲层技术自20世纪80年代美国加州大学伯克利分校开发至今[1], 得到了快速发展。牺牲层技术是MEMS工艺设计中有别于传统IC制造工艺技术之一。该技术利用一层可被腐蚀或刻蚀的薄膜材料作为结构层和衬底之间的中间层(称为牺牲层), 待结构层图形化后, 再使用湿法刻蚀或干法刻蚀去除中间层材料(称为牺牲层材料), 获得可动微结构或悬空微结构。可动微结构或悬空微结构是MEMS中大部分传感器和执行器的不可或缺的敏感元件和执行元件(如微型压力传感器、微型陀螺、微型加速度计和微型马达等)[2-4], 因此牺牲层技术在未来新型MEMS器件的创新和制造中将会扮演更重要的角色。常用的牺牲层材料主要有多晶硅、光刻胶、金属薄膜和聚酰亚胺等。牺牲层技术大致包含如下5个步骤: ①在衬底上沉积一层牺牲层; ②刻蚀牺牲层, 做出结构层的支撑点; ③在牺牲层上沉积结构层; ④图形化结构层; ⑤用湿法刻蚀或干法刻蚀去除牺牲层, 释放图形化的结构层, 获得可动微结构或空腔。图6-24所示为利用牺牲层技术制作的微结构。

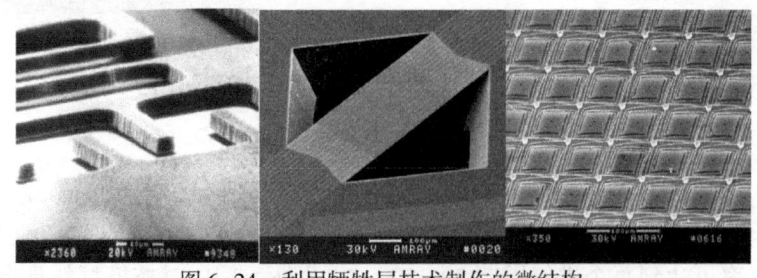

图6-24　利用牺牲层技术制作的微结构

(图片来源: 中国科学院上海微系统与信息技术研究所)

图 6-25 所示为简易多晶硅微型桥制作流程示意图。

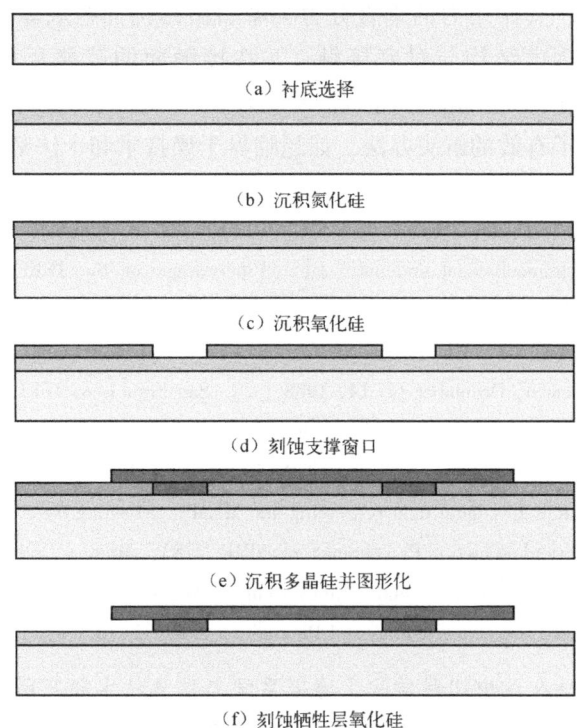

图 6-25　简易多晶硅微型桥制作流程示意图

牺牲层技术常常采用湿法刻蚀来释放图形化的结构层,原因在于其刻蚀速率快,设备简单,选择性好。但湿法刻蚀去除牺牲层后,需要蒸发溶液和干燥圆片,在此过程中容易发生微结构变形和黏附,如图 6-26 所示。由图可见,随

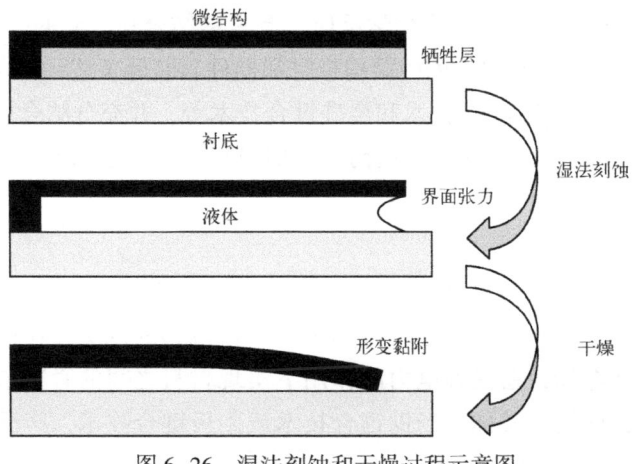

图 6-26　湿法刻蚀和干燥过程示意图

着液体被蒸发,微结构和衬底之间的液体去除缓慢,液体和空气的界面处产生较大的表面张力,其作用力的垂直分力会牵引微结构向衬底靠近,使得微结构变形,甚至会出现微结构与衬底接触,并在接触面的范德瓦耳斯力(van der Waals force)作用下发生黏附,导致器件失效。针对湿法释放后干燥带来的黏附失效,现已开发了有效的解决办法,如超临界干燥技术和干法刻蚀技术。

参考文献

［1］BUSTILLO J M, HOWE R T, MULLER R S. Surface micromachining for microelectromechanical systems［J］. Proceedings of the IEEE, 1998, 86（8）: 1552-1574.

［2］FAN L S, TAI Y C, MULLER R S. IC-processed electrostatic micro-motors: IEDM 1988, San Francisco, December 11-14, 1988［C］. San Francisco: IEEE, 1988: 666-669.

［3］ROYLANCE L M, ANGELL J B. A batch-fabricated silicon accelerometer［J］. IEEE Transactions on Electron Devices, 1979, 26（12）: 1911-1917.

［4］HORNBECK L J. Digital light processing and MEMS: reflecting the digital display needs of the networked society: Proceedings of SPIE 2783, Micro–Optical Technologies for Measurement, Sensors, and Microsystems, August 26, 1996［C］. Besancon: International Society for Optics and Photonics, 1996: 2-13.

撰稿人:中国科学院上海微系统与信息技术研究所　何云乾
审稿人:中芯国际集成电路制造有限公司　　　　　季明华

▷▷▷ 6.4.4　键合技术,鍵合技術,Bonding Technology

键合技术是 MEMS 工艺中常用的技术之一,是指将硅片与硅片、硅片与玻璃或硅片与金属等材料通过物理或化学反应机制紧密结合在一起的一种工艺技术。在 MEMS 制造中,为实现复杂的微结构悬空和器件封装等工艺,键合技术快速发展出了静电键合技术、热键合技术和金硅键合技术等,并充分结合表面硅加工技术与体硅加工技术。其中,静电键合技术和热键合技术是 MEMS 制造中的常用技术。

1. 静电键合技术

静电键合技术最早是由 Wallis 和 Pomerantz 于 1969 年提出的[1]。静电键合技术充分利用键合材料中杂质在静电场下向电极偏移的现象,在键合界面处留下耗尽区形成强电场,在强静电力的作用下实现材料之间的紧密结合。由于借助强电场作用,该技术又称为场助键合技术或阳极键合技术,广泛应用于玻璃与半导体、金属和合金的键合。

下面以硅-玻璃静电键合为例,介绍静电键合的基本原理与过程[2],如图 6-27 所示。首先,将硅片放在阳极加热板上,玻璃与硅片对齐并与阴极连接。接着将加热板加热至 300~500℃,硅片内本征载流子剧烈运动,硅片电阻率下降至金属电阻率,表面电势与阳极相等。然后闭合开关,施加 500~1000V 电压;玻璃中的杂质离子(尤其是占大比例的钠离子)在强电场下快速向阴极偏移,外围电路输出电流,界面处留下不可移动的负电荷,形成耗尽层,与阳极之间形成静电场,产生静电力。最后,随着离子不断偏移和耗尽层的不断变宽,界面处电场不断增强,形成强静电力,实现静电键合;当外围电路电流从峰值降为零时,表明键合完成。静电键合技术因其具有较低的键合温度、简单的键合控制和优异的键合质量等优势,广泛应用于传感器的制作和封装、SOI 材料制备,以及玻璃与金属或合金键合等领域。

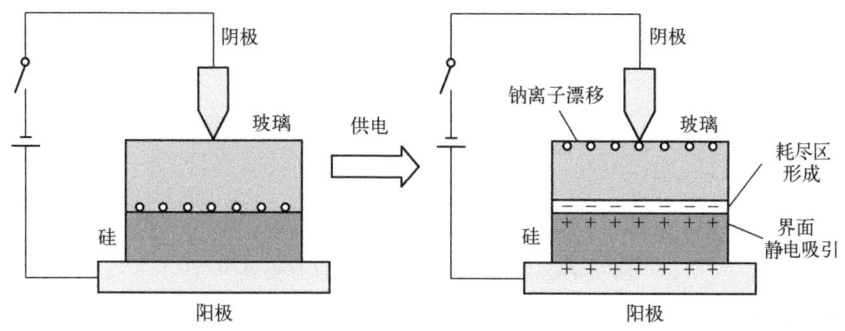

图 6-27 硅-玻璃静电键合原理与过程示意图

2. 热键合技术

热键合技术最早是由 Lasky 提出的[3]。热键合技术借助键合材料表面修饰基团的桥接作用,在高温环境下,键合材料界面处原子间形成强健的共价键,从而实现紧密键合。由于热键合技术仅通过高温实现材料的键合,因此又称为直接键合技术,现已广泛应用于硅与硅、硅与二氧化硅、二氧化硅与二氧化硅等材料之间的键合。

下面以硅-硅热键合技术为例,介绍热键合技术的基本原理与过程[4,5],如图 6-28 所示。首先对硅片进行预处理,在硅片表面修饰吸附-OH 基团,对准、贴合后放入氧气或氮气氛围的高温箱内。接着进行加热,加热温度达 800℃ 以上,该阶段是热键合技术的关键阶段;当温度从室温加热至 400℃ 时,键合界面处完成由氢键连接到硅氧键连接的转变;当温度从 400℃ 加热至 800℃ 时,前一段加热产生的水分子向氧化层内扩散,同时提供 OH^- 离子破坏原有的桥接氧,使之变成非桥接氧;当温度加热超过 800℃ 后,键合界面处的水分子快速扩散,气压降低,形成局部真空,在大气压力的作用下,以及高温下硅发生塑性变形和界面氧化物黏滞流动的共同作用下，消除键合界面处的微间隙和空洞；当温度达到1000℃后，键合界面处发生一系列反应，形成共价键连接，实现硅-硅紧密键合。热键合技术以工艺控制简单和优异的键合质量等优势，广泛应用于电力电子器件制作、SOI材料制备、传感器与微结构制作，以及Si-其他材料、Ti-Ti和Ti-SiO_2等的键合。

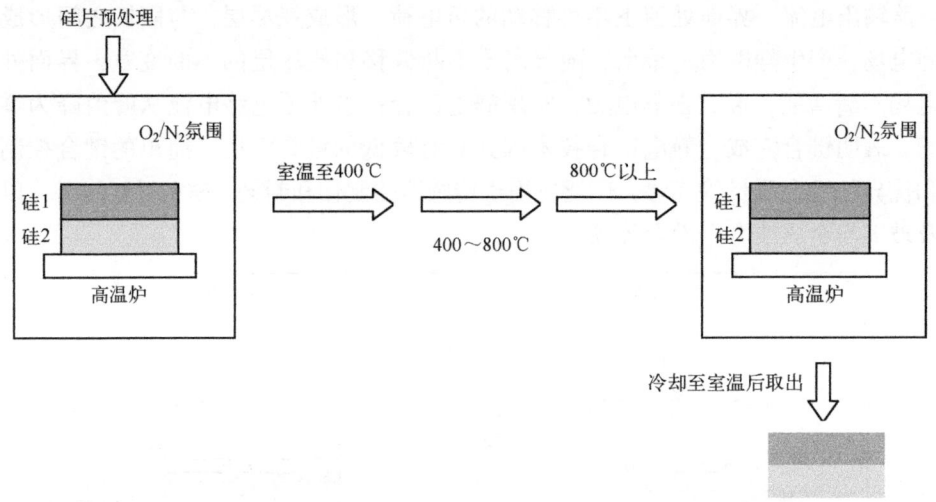

图6-28　硅-硅热键合原理与过程示意图

参考文献

［1］WALLIS G, POMERANTZ D I. Field assisted glass-metal sealing［J］. Journal of Applied Physics, 1969, 40（10）：3946-3949.

［2］ALBAUGH K B, CADE P E, RASMUSSEN D H. Mechanisms of anodic bonding of silicon to pyrex glass：Solid-State Sensor and Actuator Workshop, Hilton Head Island, SC, USA, June 6-9, 1988［C］. Hilton Head Island, SC, USA：IEEE, 1988：109-110.

［3］LASKY J B, STIFFLER S R, WHITE F R, et al. Silicon-on-insulator（SOI）by bonding and ETCH-back：IEDM 1985, Washington, DC, December 1-4, 1985［C］. Washington, DC：IEEE, 1985：684-687.

［4］SHIMBO M, FURUKAWA K, FUKUDA K, et al. Silicon-to-silicon direct bonding method ［J］. Journal of Applied Physics, 1986, 60（8）：2987-2989.

［5］MASZARA W P, GOETZ G, CAVIGLIA A, et al. Bonding of silicon wafers for silicon-on-insulator［J］. Journal of Applied Physics, 1988, 64（10）：4943-4950.

撰稿人：中国科学院上海微系统与信息技术研究所　何云乾
审稿人：中芯国际集成电路制造有限公司　　　　　季明华

▷▷▷ 6.4.5　空腔-SOI，空腔-SOI，Cavity-Silicon on Insulator（Cavity-SOI）

常规的绝缘层上硅（Silicon on Insulator，SOI）是通过注氧隔离（Separation by Implanted Oxygen，SIMOX）、智能切割（Smart Cut）等方法在体硅衬底中引入绝缘层，从而达到表层硅与衬底硅电学隔离的目的的。如果在制作 SOI 硅片的过程中，先在下层硅片上刻蚀出硅槽，然后再进行键合和抛光减薄，即可制造出带空腔的 SOI 硅片，称为空腔-SOI（Cavity-SOI）。常规 SOI 与空腔-SOI 衬底的差异如图 6-29 所示。对于 MEMS 行业而言，使用空腔-SOI 衬底的优势在于：①可消除多晶硅中常见的应力问题；②对于 MEMS 谐振器而言，高精度的膜厚可以带来高精度的振荡频率；③极佳的表面及侧壁平滑度；④更薄的结构；⑤提高了 MEMS 部件热导率；⑥大大降低制造时间，节约成本。

相比于传统的 SOI 衬底，空腔-SOI 衬底更适于加工需要垂直或水平运动的结构（如电容式惯性传感器、压力传感器、传声器、射频器件和微流控器件[1,2]），因为腔体在空腔-SOI 衬底制造中可以很好地定义出来，配合干法刻蚀，可以很容易地释放可动结构，大大缩短了开发时间。图 6-30（a）所示为利用空腔-SOI 衬底制造 MEMS 谐振器的工艺流程[3]：①减薄上层硅的厚度（可以通过 CMP、湿法刻蚀或干法刻蚀等方法）；②电极制作；③光刻出结构图形，使用 DRIE 刻蚀硅以释放可动结构。图 6-30（b）所示的是一种使用这种方法制作出来的 MEMS 谐振器的 SEM 照片。

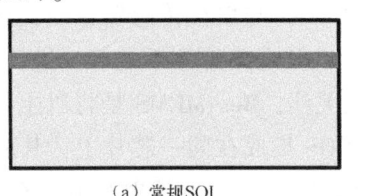

（a）常规SOI　　　　　　　　（b）空腔-SOI

图 6-29　常规 SOI 与空腔-SOI 衬底的差异

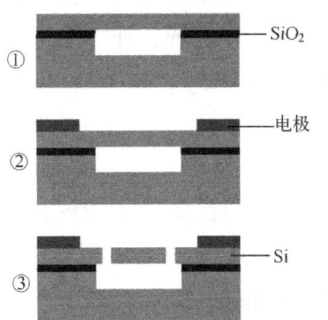
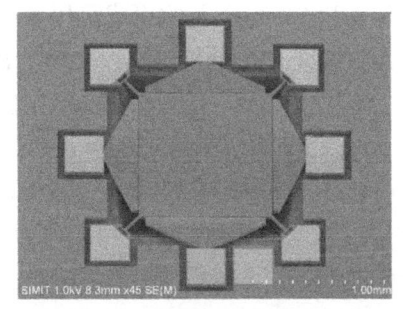

（a）工艺流程示意图　　　　　　　　（b）谐振器SEM照片[3]

图 6-30　利用空腔-SOI 制作 MEMS 谐振器

参考文献

[1] XU J, ZHANG X, FERNANDO S N, et al. AlN-on-SOI platform-based micro-machined hydrophone [J]. Applied Physics Letters. 2016, 109 (3): 3-8.

[2] LU Y, HORSLEY D A. Modeling, fabrication, and characterization of piezoelectric micromachined ultrasonic transducer arrays based on cavity SOI wafers [J]. Journal of Microelectromechanical Systems, 2015, 24 (4): 1142-1149.

[3] WU G, XU D, XIONG B, et al. A high-performance bulk mode single crystal silicon microresonator based on a cavity-SOI wafer [J]. Journal of Micromechanics & Microengineering, 2012, 22 (2): 025020.

撰稿人：中国科学院上海微系统与信息技术研究所　余爱生
审稿人：中芯国际集成电路制造有限公司　　　　　季明华

▷▷▷ 6.4.6　微机电系统与CMOS集成，微機電系統與CMOS積體化，MEMS and CMOS Integration

MEMS技术源于CMOS工艺技术，MEMS与CMOS集成是指在主流标准CMOS工艺技术基础上制造MEMS[1]，即在芯片设计及工艺中由两个基本模块组成，一个模块是CMOS器件区，包括控制电路、信号处理电路、I/O接口电路等外围电路；另一个模块是MEMS器件区，主要进行微机械结构的加工制造[2]。通过这种方法可以集成制备各种微系统，如压力与惯性传感器系统，化学与生化敏感、声学、仿生学和RF MEMS元件，以及电路感测系统等。进入21世纪以来，生物微机电系统（Bio-MEMS）备受关注，Bio-MEMS是将以生物医疗诊断或生物信息分析为目的的生物芯片与CMOS集成在同一芯片上，其应用主要包括生物信息识别分析、医疗诊断、组织细胞工程、医疗注射及手术辅助等。制造过程由标准CMOS工艺和与其兼容的MEMS微机械加工工艺共同完成。MEMS微机械加工和CMOS工艺的集成可以通过不同的方法来实现，外加的工艺模块及步骤可以在标准CMOS工艺流程之前（Pre-CMOS/MEMS）、之中（Intra-CMOS/MEMS）或之后（Post-CMOS/MEMS）进行[2,3]。

1. Pre-CMOS/MEMS工艺

Pre-CMOS/MEMS是指部分或全部的MEMS结构在制作CMOS之前完成，带有MEMS微结构部分的硅片可以作为CMOS工艺的初始材料。图6-31所示为Pre-CMOS/MEMS工艺截面示意图，这是Sandia National Laboratories开发的模块化MEMS加工技术[4]。首先，在硅基片上采用各向异性的刻蚀方法形成浅隔离槽，接着在浅隔离槽中沉积多层多晶硅材料并加工形成微结构。形成MEMS微

第6章 集成电路制造与企业管理

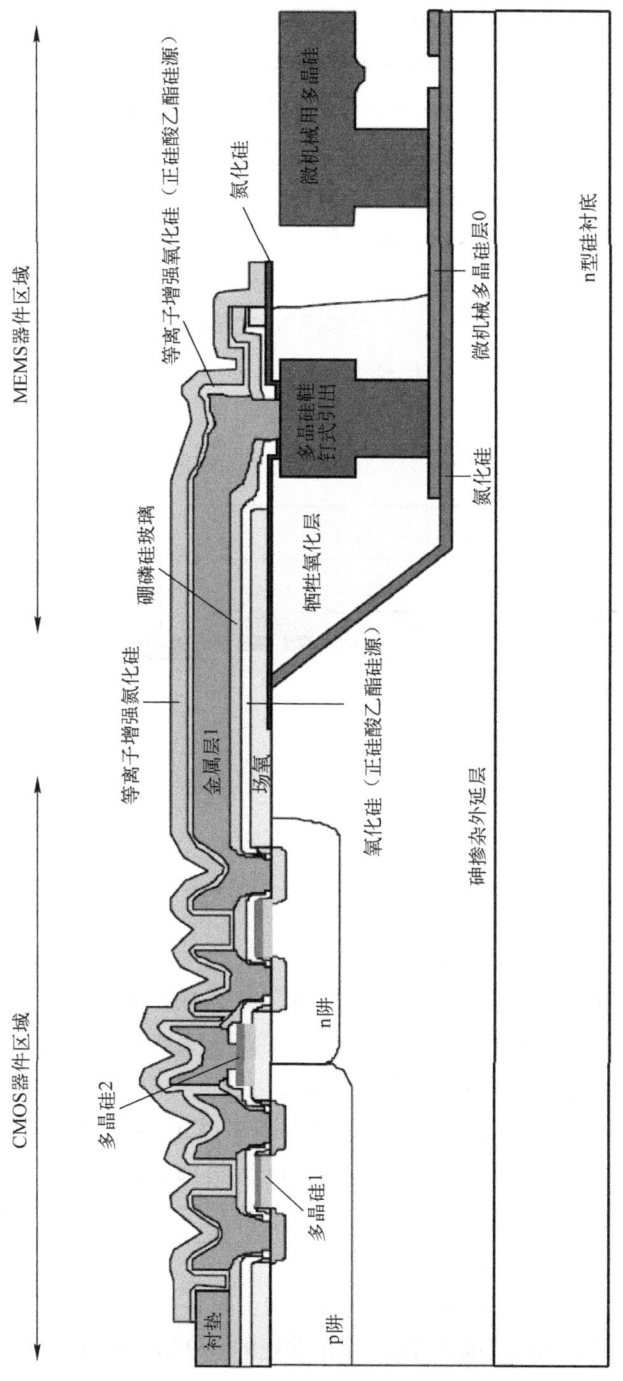

图6-31 Pre-CMOS/MEMS工艺截面示意图[4]

结构后，在隔离槽中沉积 SiO_2 等填充物质，并利用 CMP 平坦化硅片表面，最终的基片作为起始材料送到标准 CMOS 生产线上在预留的区域制备出 CMOS 电路部分。然后通过金属互连连接 CMOS 电路和 MEMS 结构，最后用干法刻蚀或化学腐蚀法将微结构释放，完成 Pre-CMOS/MEMS 微机械加工。将 MEMS 结构在 CMOS 之前完成，可以完全避免 CMOS 电路受损，提高敏感 MEMS 器件的性能。

2. Intra-CMOS/MEMS 工艺

在标准的 CMOS 制作过程中，在后段互连金属之前也可以插入薄膜工艺，以形成 MEMS 结构。这种方法多用于形成高温多晶硅的微结构，以确保多晶硅沉积和退火工艺与 CMOS 工艺兼容[2]。如图 6-32 所示，首先在 CMOS 衬底上形成一层场氧作为牺牲层，然后沉积掺杂的或未掺杂的多晶硅层作为微结构层，再用干法刻蚀或湿法刻蚀清除牺牲层，释放微结构。然后回到 CMOS 流程，在微结构表面沉积氧化硅，并继续制作其他 CMOS 后段金属互连线。

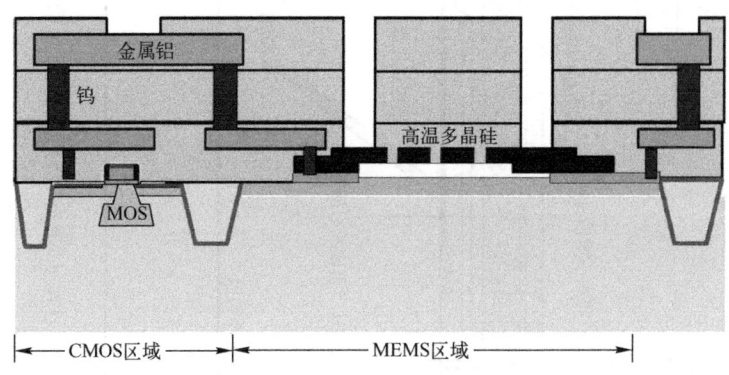

图 6-32 Intra-CMOS/MEMS 工艺截面示意图

3. Post-CMOS/MEMS 工艺

Post-CMOS/MEMS 工艺是指先在 CMOS 工厂完成标准的 CMOS 工艺，然后在专门的 MEMS 工厂完成 MEMS 工艺。Post-CMOS/MEMS 工艺成本比前两种工艺的成本低，是目前广泛应用的 CMOS/MEMS 工艺。只需要将传统的版图设计做适当的改变，保持 Post-CMOS 的工艺温度不超过 450℃，最后通过刻蚀的方法将 MEMS 微结构释放出来，即可实现 MEMS 微结构与 CMOS 外围电路的单芯片集成[2]。根据 CMOS 电路部分与 MEMS 结构部分相对位置的不同，Post-CMOS/MEMS 工艺可以分为如下 3 种。

（1）在 CMOS 衬底上形成整个 MEMS 结构：图 6-33 所示的是以低温多晶锗硅（Poly-SiGe）为结构层的陀螺仪集成在常规的 0.35μm CMOS 工艺平台上[5]，其工艺流程如图 6-34 所示。

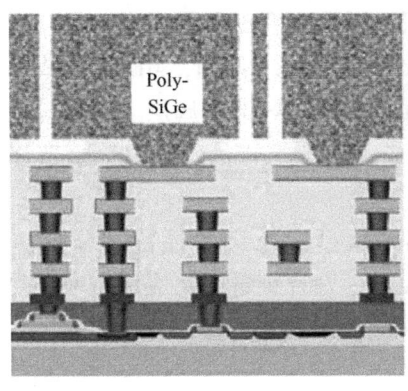
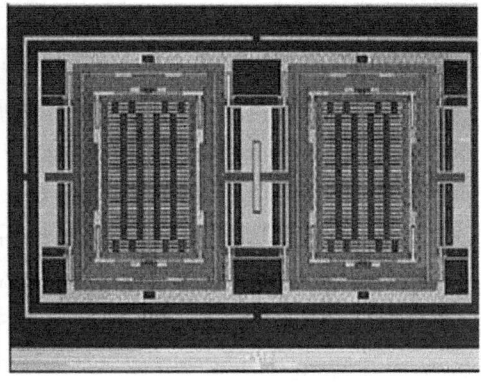

图 6-33　以低温多晶锗硅（Poly-SiGe）为结构层的陀螺仪集成在常规的 0.35μm CMOS 工艺平台上[5]

Typical CMOS flow
1. Isolation formation.
2. n-well and p-well formation.
3. Gate stack formation.
4. Offset spacer formation.
5. nLDD, pLDD.
6. Spacer formation.
7. Source/Drain formation.
8. Co-silicide, ILD, Contact, W-plug formation.
9. Metal 1 formation: IMD1 dep; Mask (M1); IMD1 etch; TaN/Ta/Cu seed; Cu-plating; CMP.
10. Via1 and metal-2 formation.
    (1) IMD2; Mask (V1); V1 etch; Barc, LTO; Mask (M2); M2-ox etch.
    (2) TaN/Ta/Cu seed; Cu-plating; CMP.
    (3) Repeat (10) for multi-layer metals.

MEMS flow for Gyroscope
(Add steps after CMOS BEOL)

(1) After metal-5, dep thick un-doped Si-oxide (sacrificial layer); CMP.
(2) Dep SiGe by CVD/PECVD (structural layer).
(3) Mask (pattern SiGe layer); etch SiGe.
(4) Release (wet HF); CO_2 super critical drying.

（a）英文版

典型的CMOS工艺流程
1. 隔离形成。
2. n阱和p阱形成。
3. 栅叠层形成。
4. 补偿侧墙形成。
5. nLDD, pLDD。
6. 侧墙形成。
7. 源漏形成。
8. 钴硅化物、ILD、接触孔、钨栓塞形成。
9. 金属层-1形成：IMD1沉积；M1掩模光刻；IMD1刻蚀；TaN/Ta/铜籽晶层；铜电镀；CMP。
10. 通孔-1和金属层-2的形成。
    (1) IMD2沉积；V1掩模光刻、刻蚀；BARC、LTO沉积；金属层-2掩模光刻；金属层-2氧化层刻蚀。
    (2) TaN/Ta/铜籽晶层；铜电镀；CMP。
    (3) 重复步骤（10）形成多层金属。

MEMS陀螺仪工艺流程：
（在CMOS后段工艺中增加步骤）

(1) 在金属层-5后，沉积无掺杂厚氧化硅作为牺牲层；CMP。
(2) 以CVD/PECVD方式沉积SiGe结构层。
(3) 光刻图形化SiGe层；刻蚀SiGe。
(4) 利用HF湿法释放；CO_2超临界干燥。

（b）中文版

图 6-34　以低温多晶锗硅（Poly-SiGe）为结构层的陀螺仪工艺流程示意图

（2）带附加层的 Post-CMOS/MEMS 加工：为了避免杂质再分布，保持所需的高温稳定金属化，后处理的工艺温度必须低于 450℃。例如，MEMS 集成加速度计就是通过低温熔融键合（Fusion Bonding）在 CMOS 的金属层上叠加硅结构层，然后经过深反应离子刻蚀（DRIE）形成 MEMS 结构层，并由钨栓塞连接 MEMS 与 CMOS。

（3）CMOS 与 MEMS 各自完成加工后，通过圆片级共晶键合（Eutectic Bonding）集成单一芯片（如采用 CMOS 与 MEMS 圆片级键合集成加速度计陀螺仪）。该方法具有较好的工艺兼容性，MEMS 结构材料的选择可以多样化，并可有效节省芯片面积。

参考文献

[1] BRAND O, FEDDER G K. CMOS MEMS 技术与应用 [M]. 黄庆安，秦明，译. 南京：东南大学出版社，2007.

[2] 胡明，崔梦，田斌，等. CMOS MEMS 技术的现状及展望 [J]. 压电与声光，2004（4）：276-279.

[3] BALTES H, BRAND O, HIERLEMANN A, et al. CMOS MEMS：Present and future：MEMS 2002, Las Vegas, January 24, 2002 [C]. Las Vegas：IEEE, 2002.

[4] SMITH J H, MONTAGUE S, SNIEGOWSKI J J, et al. Embedded micromechanical devices for the monolithic integration of MEMS with CMOS：IEDM 1995, Washington, DC, December 10-13, 1995 [C]. Washington, DC：IEEE, 1995. 609-612.

[5] WITVROUW A. CMOS-MEMS Integration：Why, How and What?：2006 IEEE/ACM International Conference on Computer Aided Design, San Jose, CA, November 5-9, 2006 [C]. San Jose, CA：IEEE, 2006. 826-827.

撰稿人：中芯国际集成电路制造有限公司　刘煊杰
审稿人：中芯国际集成电路制造有限公司　季明华

6.5 单项工艺

完整的硅基 CMOS 集成电路工艺流程包含数百至上千个工艺步骤，这类由单台设备或单个反应腔室（Chamber）即可完成的工艺步骤称为单项工艺（Unit Process）。在制造实践中，为了技术和管理上的便利性，将可以集合成有特定功能工艺模块的一组单项工艺称为模块工艺（Module Process）。更进一步，可以将这些模块工艺集合归类为前段（FEOL）、中段（MOL）和后段（BEOL）等集成工艺（Integration Process）。

▷▷▷ 6.5.1　光刻工艺，微影製程，Lithography

传统的光刻工艺是相对目前已经或尚未应用于集成电路产业的先进光刻工艺而言的，普遍认为193nm 波长的 ArF 深紫外光刻工艺是分水岭（见表6-3）。这是因为193nm 的光刻依靠浸没式和多重曝光技术的支撑，可以满足从 0.13μm 至7nm 共9个技术节点的光刻需要。

表6-3　光刻技术与产业技术节点的关系

光源与波段		光 波 长	应用技术节点
紫外线（汞灯）	g 线	436nm	≥0.5μm
	i 线	365nm	0.35~0.25μm
深紫外线（DUV）	KrF	248nm	0.25~0.13μm
	ArF	193nm 浸没式193nm	0.13μm~7nm
	F_2	157nm	未产业化应用
等离子体极紫外线	极紫外线（软X）	13.5nm	7nm/5nm 及以下

为了将掩模版（也称掩膜版）上的设计线路图形转移到硅片上，首先需要通过曝光工艺（俗称光刻）来实现转移，然后通过刻蚀工艺得到硅图形。由于光刻工艺区的照明采用的是感光材料不敏感的黄色光源，因此又称黄光区。光刻技术最先应用于印刷行业，并且是早期制造 PCB 的主要技术。自20世纪50年代起，光刻技术逐步成为集成电路芯片制造中图形转移的主流技术。光刻工艺的关键指标包括分辨率、灵敏度、套准精度、缺陷率等。光刻工艺中最关键的材料是作为感光材料的光刻胶，由于光刻胶的敏感性依赖于光源波长，所以 g/i 线、248nm KrF、193nm ArF 等光刻工艺需要采用不同的光刻胶材料，如 i 线光刻胶中最常见的重氮萘醌（DNQ）线性酚醛树脂就不适用于193nm 光刻工艺。光刻胶按极性可分为正光刻胶（简称正胶）和负光刻胶（简称负胶）两种，其性能差别在于：负光刻胶曝光区域在曝光显影后变硬而留在圆片表面，未曝光部分被显影剂溶解；正光刻胶经过曝光后，曝光区域的胶连状聚合物会因为光溶解作用而断裂变软，最后被显影剂溶解，而未曝光的部分则保留在圆片表面。先进芯片的制造大都使用正光刻胶，这是因为正光刻胶能达到纳米图形尺寸所要求的高分辨率。16nm/14nm 及以下技术代在通孔和金属层又发展出正胶负显影技术，将未经曝光的正光刻胶使用负显影液清洗掉，留下曝光的光刻胶，这种方法可提高小尺寸沟槽的成像对比度。

典型的光刻工艺主要过程包括8个步骤：底膜准备→涂光刻胶→软烘→对准和曝光→曝光后烘→显影→坚膜→显影检测[1,2]。

（1）底膜准备：主要是清洗和脱水。因为任何污染物都会减弱光刻胶与硅片之间的附着力,所以彻底的清洗可以提升硅片与光刻胶之间的黏附性。

(2) 涂光刻胶:通过旋转硅片的方式实现。不同的光刻胶要求不同的涂胶工艺参数,包括旋转速度、胶厚度和温度等。

(3) 软烘:通过烘烤可以提高光刻胶与硅片的黏附性,以及光刻胶厚度的均匀性,以利于后续刻蚀工艺的几何尺寸的精密控制。

(4) 对准和曝光(Alignment and Exposure):这是光刻工艺中最重要的环节,是指将掩模版图形与硅片已有图形(或称前层图形)对准,然后用特定的光照射,光能激活光刻胶中的光敏成分,从而将掩模版图形转移到光刻胶上。对准和曝光所用的设备为光刻机,它是整个集成电路制造工艺中单台价格最高的工艺设备。光刻机的技术水平代表了整条生产线的先进程度。

(5) 曝光后烘烤(Post Exposure Bake,PEB):即曝光后进行短时间的烘烤处理,其作用与在深紫外光刻胶和常规 i 线光刻胶中的作用有所不同。对于深紫外光刻胶,曝光及后烘去除了光刻胶中的保护成分,使得光刻胶能溶解于显影液,因此曝光后烘是必须进行的;对于常规 i 线光刻胶,后烘可提高光刻胶的黏附性并减少驻波(驻波对光刻胶边缘形貌会有不良影响)。

(6) 显影(Development):即用显影液溶解曝光后的光刻胶可溶解部分(正光刻胶),将掩模版图形准确地用光刻胶图形显现出来。显影工艺的关键参数包括显影温度和时间、显影液用量和浓度、清洗等,通过调整显影中的相关参数可提高曝光与未曝光部分光刻胶的溶解速率差,从而获得所需的显影效果。

(7) 坚膜(Hard Bake):又称坚膜烘焙,是将显影后的光刻胶中剩余的溶剂、显影液、水及其他不必要的残留成分通过加热蒸发去除,以提高光刻胶与硅衬底的黏附性及光刻胶的抗刻蚀能力。坚膜过程的温度视光刻胶的不同及坚膜方法的不同而有所不同,以光刻胶图形不发生形变为前提,并应使光刻胶变得足够坚硬。

(8) 显影检测(After Development Inspection,ADI):即检查显影后光刻胶图形的缺陷。通常利用图像识别技术,自动扫描显影后的芯片图形,与预存的无缺陷标准图形进行比对,若发现有不同之处,就视为存在缺陷。如果缺陷超过一定的数量,则该硅片被判定未通过显影检测,视情况可对该硅片进行报废或返工处理。在集成电路制造过程中,绝大多数工艺都是不可逆的,而光刻是极少数可进行返工(Rework)的一道工序。

当特征尺寸缩小时,缩短曝光的波长能满足图形分辨率的要求。有两种光源被广泛使用在光刻技术中,即水银灯管和准分子激光。曝光的光源必须稳定、可靠、可调整,且波长短、强度高、寿命长。特征尺寸缩小到亚微米后,必须用单一波长的光源才能达到分辨率的要求[3]。

目前，主流的关键工艺层的光刻工艺主要使用深紫外光源。

参考文献

［1］XIAO H（萧宏）. 半导体制造技术导论［M］. 杨银堂，段宝兴，译. 北京：电子工业出版社，2013.

［2］QUIRK M, SERDA J. 半导体制造技术［M］. 韩郑生，等译. 北京：电子工业出版社，2006.

［3］王阳元，康晋锋. 硅集成电路光刻技术的发展与挑战［J］. 半导体学报，2002，23（3）：225-237.

撰稿人：中芯国际集成电路制造有限公司　吴汉明　卜伟海
　　　　美国科天（KLA-Tencor）公司　　　萧宏
审稿人：中芯国际集成电路制造有限公司　季明华

▷▷▷ 6.5.2　移相掩模，相位移光罩，Phase-Shift Mask（PSM）

为了提高光刻技术的分辨率，多种提高分辨率的技术被开发出来，这也使得光学光刻的应用可以扩展到先进集成电路制造中。移相掩模可以通过降低系统常数提高光刻技术的分辨率，又被称为相移掩模或相位移掩模[1]。将一个很小的孤立图形从掩模版转移到光刻胶上并不困难，但将许多紧密排列在一起的微小图形从掩模版转移到光刻胶上就很有挑战性，因为光的衍射和干涉会导致相邻部分的光强相互叠加，从而造成投影对比度不足，使图形扭曲变形，如图6-35（a）所示。为了解决这个问题，人们引入了移相掩模技术。移相掩模的原理是，硅片表面成像光强度是由掩模上各个透光孔产生的衍射波组合确定的，因此可以在掩模版上的开口部分（明亮区或透明区）以间隔的方式形成相位移图形，通过没有相位移涂敷开口部分的光线，会与通过有相位移涂敷开口部分的光线产生破坏性干涉；由于感光材料接收的光强正比于光波振幅的二次方，所以相反的相位移可以提高高密度排列区图像对比度，如图6-35（b）所示。

光刻图形质量的主要判据是图形成像的对比度，移相掩模方法可使对比度得到改善，从而使得其分辨率比传统方法改善40%～100%。移相掩模按不同的分类方法可分为多种类型，其基本原理均为相邻透光图形透过的光振幅相位相反而产生相消干涉，振幅零点和（或）频谱分布压窄，从而改善对比度、分辨率和成像质量。移相掩模技术大体上可分为交替式移相掩模（Alternate Phase-Shift Mask，Alt-PSM）、衰减式移相掩模（Attenuate Phase-Shift Mask，Att-PSM）、边缘增强型相移掩模、无铬全透明移相掩模及复合移相掩模等类别，其中以Alt-PSM和无铬全透明移相掩模两种方式对分辨率改善最为显著，为实现

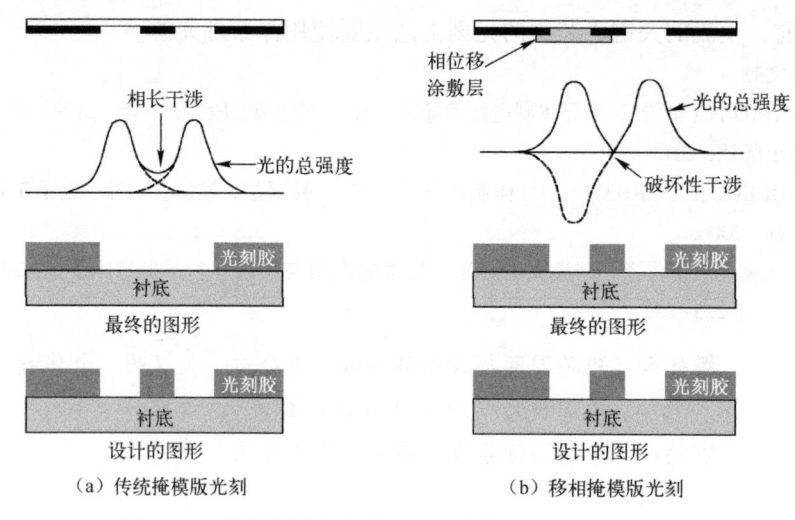

图6-35 传统掩模版光刻与移相掩模版光刻的工作原理

亚波长光刻创造了可能。[2]但是,这两种掩模的制备工艺过于复杂,因此工业界使用最多的是衰减式移相掩模,以及在此基础上发展而来的不透光钼硅掩模(Opaque MoSi on Glass,OMOG)。OMOG技术具有较小的掩模误差影响因子,可提升光刻品质和成品率。

参考文献

[1] XIAO H(萧宏). 半导体制造技术导论[M]. 杨银堂,段宝兴,译. 北京:电子工业出版社,2013.

[2] 陈宝钦. 微光刻与微/纳米加工技术[J]. 微纳电子技术,2011(1):69-73.

撰稿人: 中芯国际集成电路制造有限公司　吴汉明

美国科天(KLA-Tencor)公司　萧宏

审稿人: 中芯国际集成电路制造有限公司　卜伟海

▷▷▷ 6.5.3　浸没式光刻,浸润式微影,Immersion Lithography

浸没式光刻技术一般是指对193nm深紫外光刻的改进,所以又称193nm浸没式光刻、深紫外浸没式光刻或193nm湿法光刻。光刻技术的核心参数分辨率可以表示为$R=k_1\lambda/nNA$,从式中可以看出分辨率正比于波长(λ),反比于数值孔径(NA)和液体的折射率(n)。为了提升分辨率,需要加大n值。在光刻设备显微镜系统的物镜和样品之间的空隙中充入高折射率介质(如油或超纯去离子水),即可提高显微镜的图像分辨率。

21世纪初,代表集成电路技术发展水平的关键指标半节距(Half Pitch)已经进入65nm及以下范围,波长为157nm的光刻技术曾有望成为193nm干法光刻之后的新一代光刻技术,但因其光学镜头材料、掩模及保护膜材料、抗蚀剂及污染控制等方面存在严重的技术和成本障碍,遭受重大挫折,因此没有进入集成电路产业界。2002年,在对193nm浸没式光刻的研究中发现,如果将超纯去离子水作为浸没介质填充到光刻机镜头下原本充满空气的空间,因为波长为193nm的深紫外线在水中的折射率为1.44,大于其在空气中的折射率1,就可以使193nm深紫外光刻技术能够满足45nm及以下节点的分辨率需求。鉴于193nm干法光刻设备及工艺技术均已十分成熟,采用浸没式方法对光刻工艺做进一步改进,即可使该技术延伸到32nm/28nm节点。产业界在45nm和32nm两个节点的量产工艺中陆续引入了浸没式光刻技术,目前已被业界广泛接受并采用。第一代浸没式光刻的数值孔径在0.75~0.93之间,第二代浸没式光刻的数值孔径约为1.35。在当前的浸没式光刻机中,填充于硅片与镜头之间的流动的超纯水需要精确控制温度并确保其与镜头及硅片的温度一致,同时要防止工艺过程中气泡的产生。最新的浸没式光刻机仅用单次曝光即可实现28nm节点关键层的光刻,采用两次或多次曝光可实现14nm/10nm,甚至7nm节点的光刻[1,2]。目前,全球范围仅有阿斯麦(ASML)一家公司能提供成熟的商用浸没式光刻机。

参考文献

[1] XIAO H(萧宏). 半导体制造技术导论[M]. 杨银堂, 段宝兴, 译. 北京: 电子工业出版社, 2013.

[2] 何鉴, 高子奇, 李冰, 等. 193nm浸没式光刻材料的研究进展[J]. 半导体技术, 2008, 33(9): 743-747.

撰稿人: 中芯国际集成电路制造有限公司　吴汉明

美国科天(KLA-Tencor)公司　萧宏

审稿人: 中芯国际集成电路制造有限公司　卜伟海

▷▷▷ 6.5.4　极紫外光刻,極紫外微影,EUV Lithography

极紫外光刻(Extreme Ultraviolet Lithography)技术即采用光源波长在极紫外波段范围的光刻技术。在空气环境中,光刻技术最具标志性的技术指标分辨率$R=k_1\lambda/n\text{NA}$,真空中$n=1$。由此可见,提高分辨率有三种途径,即减小工艺因子k_1、减小波长λ、增大数值孔径NA。根据焦深公式$\text{DOF}=k_2\lambda/(\text{NA})^2$可知,增大数值孔径虽然可以提高分辨率,但也会降低焦深,影响成像效果,因此发展光刻技术最有效的手段为缩短光源波长。在 0.13μm 技术节点之前，波长为 248nm 的深紫外光刻即可满足需求；到了 90nm 节点，在某些关键层就需要采用波长为 193nm 的光刻技术。可以说，在 45nm 节点采用浸没式光刻之前，发展光刻技术采用的主要手段是减小光源波长。极紫外线是波长介于 1~50nm 之间的电磁辐射，作为紫外线和 X 射线的重叠区域，它又称真空紫外线或软 X 射线。产生极紫外光源的方法主要有激光致等离子体技术（LPP）和放电等离子体技术（DPP）两种[1]。采用 EUV 进行光刻的主要难点是光学输出功率太低而影响产出率，EUV 光刻所需的光刻胶、掩模版、掩模版保护膜等技术难度均极大[2]。所有的光学调制都需要通过镜像系统来实现，但是通常材料对极紫外短波的能量吸收率很高，使得无法制备传统的光学透视镜头来实现调制。为了使掩模版有效地反射波长为 13.5nm 的 EUV，需要在作为反射镜的石英掩模衬底上覆盖多达 50 层的 Mo/Si 薄膜，如图 6-36 所示。此外，掩模版的缺陷的光学检测极为困难。通常，光学检测可以获得表面缺陷和相缺陷引起的所有转印缺陷，但是由于 EUV 的多层掩模结构，使得这些缺陷被埋在多层薄膜的下面。目前，光学方式 EUV 掩模检测技术仍处于萌芽阶段，所以光掩模检测和电子束光刻版检测仅停留在可用于 EUV 光刻技术的开发和实验阶段。

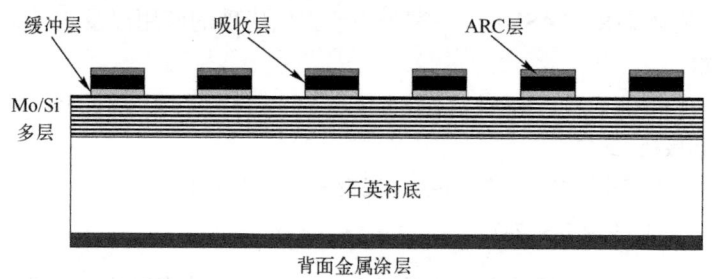

图 6-36　EUV 掩模版示意图

当前，全世界仅有荷兰 ASML 公司能制造商用的 EUV 光刻机，相关的关键技术已经取得突破。业界领先的公司大都已购买或订购多台 EUV 光刻机用于 7nm/5nm 等先进技术节点的研发工作，均获得了积极的效果，产出率也已接近浸没式光刻机三次曝光的水平，有望在 7nm 节点首次应用于集成电路的量产。如果在 7nm/5nm 以下技术代仅使用浸没式光刻，大量图形层必须采用双重甚至多重曝光，这将导致光掩模版数量及光刻次数的成倍上升。如果采用 EUV 光刻技术，7nm 节点几乎所有的图形层都仅需单次曝光即可完成，可减少 20 层以上掩模版，从而减小工艺复杂度，降低生产成本，提高成品率，缩短产品研发周期。虽然 EUV 光刻机具有上述优点，但是其单价很高，截至 2017 年年底，它仍是集成电路发展史上单台价格最高的工艺设备,而且因光能转换和传递中能量转换效率较低而需要较高的光源能耗来维持其运行,再加上其产出效率(Throughput)及稳定在线时间、相关配套生态链等方面相比浸没式光刻机还有较大的提升空间,因此限制了 EUV 光刻机在工业界的广泛应用。

参考文献

[1] 赵环昱,赵红卫.用于光刻的 EUV 光源 [J].半导体技术,2007,32(1):12-16.

[2] XIAO H(萧宏).半导体制造技术导论 [M].杨银堂,段宝兴,译.北京:电子工业出版社,2013.

撰稿人: 中芯国际集成电路制造有限公司　吴汉明　卜伟海
　　　　美国科天(KLA-Tencor)公司　　　　　萧宏
审稿人: 中芯国际集成电路制造有限公司　季明华

▷▷▷ 6.5.5　计算光刻,计算微影,Computational Lithography

计算光刻(Computational Lithography)技术是指利用计算机辅助技术来增强光刻工艺中图形转移保真度的一种方法,它是分辨率增强技术(Resolution Enhancement Technology,RET)的延伸,其关键技术主要包括光学成像物理仿真、光学邻近效应校正(Optical Proximity Correction,OPC)、光源-掩模协同优化(Source-Mask Optimization,SMO)等。三种计算光刻技术的对比见表 6-4。

表 6-4　三种计算光刻技术的对比

光刻技术	光刻成像物理仿真	光学邻近效应校正	光源-掩模协同优化
核心模型	衍射/干涉成像模型	快速成像模型	混合模型
输入量	光刻机及光刻工艺各相关参数	掩模版图	光瞳填充参数 初始掩模版图
输出量	光刻成像效果	修正的掩模版图	优化的光瞳填充参数 修正后掩模版图
用途	设计并调整光刻机参数 优化光刻工艺参数	补偿图形失真	增大工艺窗口

双曝光和多次曝光技术中所需要的图形分割和组合计算也被纳入广义的 OPC 技术范畴。计算光刻技术通过光刻仿真计算等方法预测目标硅片上形成的图形,再反馈调整和优化掩模版图形及光刻工艺条件,其目标是结合光刻设备及工艺状况将电路设计图形更真实地转移到硅片上。计算光刻技术在 DFM(Design for Manufacturability)或 DTCO(Design and Technology Co-optimization)中发挥着巨大的作用。

光刻成像物理仿真是指利用 Abbe 成像模型,通过依次计算掩模衍射、光瞳调制、干涉成像,仿真最终光刻效果的技术。其中,光刻机的各项技术参数(如离焦、波像差、偏振等)、光刻胶的光学参数(如膜系构成、各层的折射率和吸收系数等)都表达在一个统一的瞳面方程中,用于计算光瞳调制效果。将各项工艺参数(如光化学反应参数、显影参数等)加载到光刻胶上的空间光强分布中,从而计算出最终的工艺效果。在光刻机的开发过程中,光刻成像物理仿真可用于设备参数的设计优化,指导性能调试;在光刻工艺的开发过程中,光刻成像物理仿真常用于确定量产工艺的设备、工艺初始参数配置,并在配置参数的优化过程中进行光刻效果的趋势分析。

光学邻近效应校正(OPC)技术是一种用于修正光刻后图形缺陷和变形的光刻增强技术,也是目前在集成电路制造中广泛应用的分辨率增强技术[1]。当半导体器件最小线宽接近光源波长时,由于光学邻近效应的影响,光刻后转移到硅片上的图形相对掩模版的图形存在变形和缺陷,如尺寸缩短、线顶端缩短、边角圆化等,而且这种效应随工艺节点的微缩越来越严重。光学邻近效应校正技术使用计算机仿真计算修改掩模版图形,使得转移到硅片上的图形逼近目标图形。OPC处理流程如图6-37所示[2]。OPC技术的原理是,将光刻形成的最终图形与设计图形进行对比,对因邻近效应而产生的图形缺陷和变形在掩模版制作过程中进行相应的补偿,并建立补偿规则库或补偿模型。在更先进的技术中还要考虑刻蚀的影响,经过多次的补偿迭代,使得最终在圆片上形成的物理图形与设计图形或目标图形尽量接近,以保证器件和电路的正常工作。建立补偿规则库的方式被称为基于规则的OPC(Rule-based OPC)技术,一般应用于0.18μm及之前的技术代;建立补偿模型的方式被称为基于模型的OPC(Model-based OPC)技术,一般应用于0.13μm及之后的技术代。

光源-掩模协同优化技术采用类似于光线追踪算法的思路,从需要成型的目标图像进行反推计算,以获得所需的最佳掩模版图形和光源配置方案。该技术利用精确的成像模型,计算不同光瞳填充参数及掩模版图修正量下的光刻成像效果,通过对光瞳填充参数及掩模版图的优化调整,增大光刻工艺窗口。在实施过程中,光刻成像物理仿真技术及光学邻近效应校正技术被结合使用,分别针对光瞳填充参数及掩模版图修正量对最终光刻效果的影响,通过多次迭代,得到总体最优的光瞳填充参数及掩模版图修正量,在提高光刻成像对比度的同时,补偿图形失真,最终增大光刻工艺窗口。

计算光刻的发展使得现有的深紫外浸没式光刻机极限能够突破业界此前的预测。目前看来,至少可满足14~10nm技术代的光刻需求,为EUV光刻技术更为成熟争取了时间。计算光刻技术提高了光刻工艺的分辨率及图像保真性,但也给电路设计带来了更多限制,使得设计规则(Design Rules)更为复杂。此外,

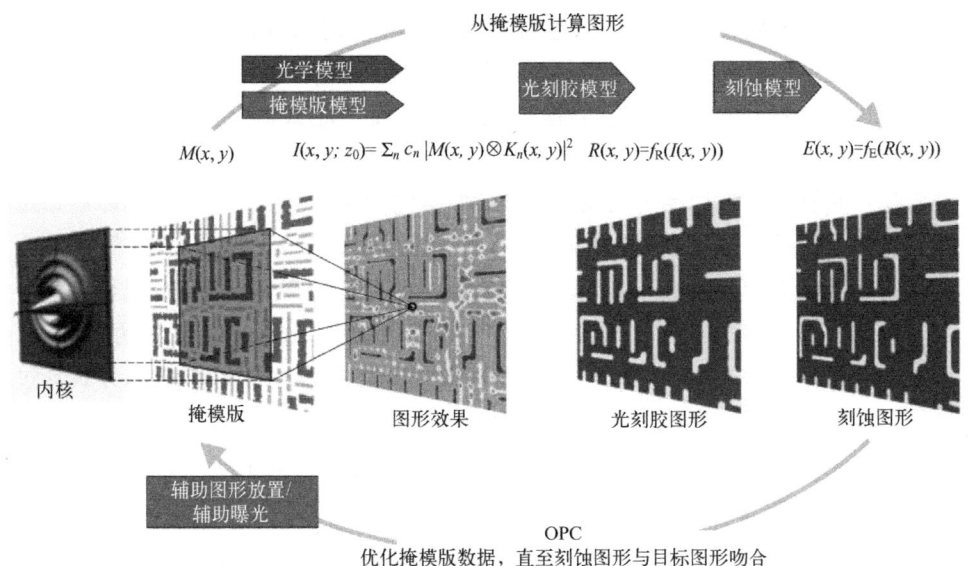

图 6-37　OPC 处理流程[2]

计算光刻在集成电路制造技术研发过程中的计算量非常大，需要用到大量的 EDA 软件和 CPU 硬件资源，为了开发一代 14nm 以下节点的工艺技术，制造企业必须建立一个类似超级计算中心的计算光刻平台。

参考文献

［1］MA X，ARCE G R. Computational Lithography［M］. Wiley，2010.

［2］BISSCHOP P D. Optical proximity correction：A cross road of data flows［J］. Japanese Journal of Applied Physics，2016，55（6S1）.

撰稿人：	北京大学	杜刚	江海
	中芯国际集成电路制造有限公司	吴汉明	
	美国科天（KLA-Tencor）公司	萧宏	
	上海微电子装备（集团）股份有限公司	杨志勇	孙刚
审稿人：	上海微电子装备（集团）股份有限公司	程建瑞	
	中芯国际集成电路制造有限公司	季明华	

▷▷▷ 6.5.6　氧化工艺，氧化製程，Oxidation Process

在集成电路制造工艺中，氧化硅薄膜形成的方法有热氧化和沉积两种。氧化工艺是指用热氧化方法在硅片表面形成二氧化硅（SiO_2）的过程。热氧化形成的二氧化硅薄膜，因其具有优越的电绝缘性和工艺的可行性，在集成电路制造工艺中被广泛采用，其最重要的用途是作为 MOS 器件结构中的栅介质，其他用途还包括器件保护和隔离、表面钝化处理、离子注入掩蔽层、扩散阻挡层、硅与其他材料之间的缓冲层等。硅在空气中会与空气中的氧自然反应生成氧化硅薄膜，其氧化速率约为 1.5nm/h，最大厚度约为 4nm。自然氧化层的厚度很难精确控制，而且质量很差，在制造过程中需要尽量避免和去除；而在氧气浓度更高的环境中进行高温加热，可以更快速地得到更厚的高质量二氧化硅膜[1-3]。

根据反应气体的不同，氧化工艺通常分为干氧氧化和湿氧氧化两种方式。干氧氧化化学反应式为 $Si+O_2 \longrightarrow SiO_2$，反应气体中的氧分子以扩散的方式穿过已经形成的氧化层，到达二氧化硅-硅界面，与硅发生反应，进一步生成二氧化硅层。干氧氧化制备的二氧化硅结构致密，厚度均匀，对于注入和扩散的掩蔽能力强，工艺重复性强，其缺点是生长速率较慢。这种方法一般用于高质量的氧化，如栅介质氧化、薄缓冲层氧化，或者在厚层氧化时用于起始氧化和终止氧化。

湿氧氧化化学反应式为

$$H_2O(水汽)+Si \longrightarrow SiO_2+2H_2$$

在湿氧工艺中，可在氧气中直接携带水汽，也可以通过氢气和氧气反应得到水汽，通过调节氢气或水汽与氧气的分压比改变氧化速率。注意，为了确保安全，氢气与氧气的比例不得超过 1.88:1。湿氧氧化由于反应气体中同时存在氧气和水汽，而水汽在高温下将分解为氧化氢（HO），氧化氢在氧化硅中的扩散速率比氧快得多，所以湿氧氧化速率比干氧氧化速率高约一个数量级。除了传统的干氧氧化和湿氧氧化，还可在氧气中掺入含氯气体，如氯化氢（HCl）、二氯乙烯 DCE（$C_2H_2Cl_2$）或其衍生物，使氧化速率及氧化层质量均得到提高。氧化速率提高的主要原因是，掺氯氧化时，不仅反应产物中含有可加速氧化的水汽，而且氯积累在 $Si-SiO_2$ 界面附近，在有氧的情况下，氯硅化物易转变成氧化硅，可催化氧化。氧化层质量改善的主要原因是，氧化层中的氯原子可以钝化钠离子的活性，从而减少因设备、工艺原材料的钠离子沾污而引入的氧化缺陷[4,5]。因此，多数干氧氧化工艺中都有掺氯行为。

由于传统氧化工艺所需温度较高，时间较长，引入的热预算（Thermal Budget）很高，造成了硅片中杂质的再分布，在先进技术节点中会导致器件性能劣化，因此应严格控制热预算。在后高 k（High-k Last）的高 k 金属栅工艺中，一般会采用快速热氧化（Rapid Thermal Oxidation，RTO）或化学品氧化（Chemical Oxidation）等方法生长栅介质超薄界面层（Interfacial Layer）。快速热氧化中的升/降温速率比普通热氧化快 100~1000 倍，减少了升/降温过程中的热预算。在化学品氧化中，结合臭氧氧化和化学品处理，可以在接近室温条件下获得高质量的界面氧化层，减少了由于高温带来的热预算。

参考文献

[1] QUIRK M, SERDA J. 半导体制造技术 [M]. 韩郑生, 等译. 北京：电子工业出版社, 2006.

[2] XIAO H (萧宏). 半导体制造技术导论 [M]. 杨银堂, 段宝兴, 译. 北京：电子工业出版社, 2013.

[3] 施敏, 梅凯瑞. 半导体制造工艺基础 [M]. 陈军宁, 柯导明, 孟坚, 译. 合肥：安徽大学出版社, 2011.

[4] 孙铭斌. 硅的氧化 [D/OL]. (2013-06-01) [2017-06-08]. http://wenku.baidu.com/view/92bb379b6529647d272852c7.html.

[5] 扩散工艺-半导体制造 [OL]. (2011-06-01) [2017-06-08]. https://wenku.baidu.com/view/26f1239b51e79b896802268c.html.

撰稿人：中芯国际集成电路制造有限公司　吴汉明

审稿人：中芯国际集成电路制造有限公司　卜伟海

▷▷▷ 6.5.7　扩散工艺，擴散製程，Diffusion Process

传统的扩散是指物质从较高浓度区域向较低浓度区域转移，扩散过程遵循菲克定律（Fick's Law），直至均匀分布为止。扩散可以发生在两种或两种以上物质之间，由不同区域之间的浓度和温度差异驱动物质分布至均匀的平衡状态。可用于集成电路的半导体材料所必须具备的最重要特性之一是，其电导率可以通过不同类型或浓度的掺杂物实现控制，这个过程通常通过掺杂或扩散工艺来实现。根据设计目标，硅、锗或Ⅲ-Ⅴ族化合物等半导体材料均可通过掺入施主杂质或受主杂质分别获得 n 型或 p 型两种不同的半导体性质。半导体掺杂主要通过扩散或离子注入两种方法进行，二者各有特点：扩散掺杂成本较低，但是无法控制掺杂物质的浓度和深度；而离子注入成本相对较高，但是可以精确控制掺杂物的浓度分布[1]。

20 世纪 70 年代之前，集成电路图形特征尺寸在 $10\mu m$ 数量级，一般采用传统的热扩散技术进行掺杂。扩散工艺主要用于对半导体材料的改性，通过扩散不同的物质到半导体材料中，可以改变其电导率和其他物理特性。例如，在硅中扩散掺入三价元素硼 B，就形成了 p 型半导体；掺入五价元素磷 P 或砷 As，就形成了 n 型半导体。具有较多空穴的 p 型半导体与具有较多电子的 n 型半导体相接触，就构成了 pn 结。随着特征尺寸的缩小，各向同性的扩散工艺使得掺杂物可能扩散到屏蔽氧化层的另一侧,导致相邻区域之间发生短路。除某些特殊的用途(如长时间扩散形成均匀分布的耐高压区域)以外,扩散工艺已逐渐被离子注入所取代。但是在10nm以下技术代,由于FinFET器件中Fin的尺寸非常小,离子注入会损伤其微小结构,而采用固态源扩散工艺则有可能解决这个问题。

参考文献

[1] XIAO H(萧宏). 半导体制造技术导论[M]. 杨银堂,段宝兴,译. 北京:电子工业出版社,2013.

撰稿人: 中芯国际集成电路制造有限公司　吴汉明

美国科天(KLA-Tencor)公司　萧宏

审稿人: 中芯国际集成电路制造有限公司　卜伟海

▷▷▷ 6.5.8 离子注入,離子佈植,Ion Implantation

离子注入工艺是集成电路制造的主要工艺之一,它是指将离子束加速到一定能量(一般在keV至MeV量级范围内),然后注入固体材料表层内,以改变材料表层物理性质的工艺。在集成电路工艺中,固体材料通常是硅,而注入的杂质离子通常是硼离子、磷离子、砷离子、铟离子、锗离子等,如图6-38所示。注入的离子可改变固体材料表层电导率或形成pn结。当集成电路的特征尺寸缩小到亚微米时代后,离子注入工艺得到了广泛应用。

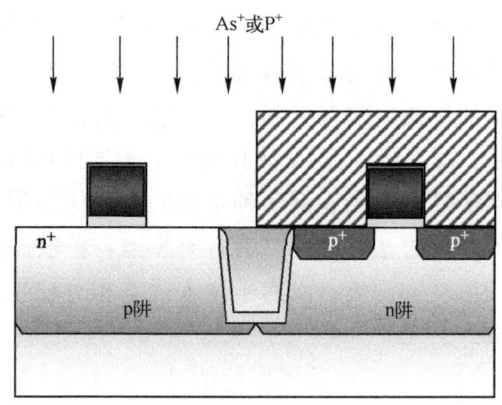

图6-38　通过离子注入工艺对nMOS区域注入As^+或P^+形成源漏的示意图

与通过传统热扩散工艺进行掺杂的方式相比,离子注入掺杂具有如下优点。

(1)通过调节注入的能量和剂量来改变注入离子的深度和浓度,可以获得衬底内部比表面浓度更高的杂质离子分布，而这是扩散工艺无法实现的[1]。

（2）进入衬底材料的入射离子虽然会因为碰撞发生很小的横向偏移，但总体来说可以按照掩模图形在所需的位置获得掺杂，而且掩模材料可以是包括光刻胶在内的任意半导体工艺常用的材料，非常有利于提高集成度。

（3）离子注入利用扫描的方法在圆片上顺次打入离子，突破扩散工艺中固溶度的限制，可以得到更高的浓度、更浅的结深、更均匀的分布。

在集成电路制造工艺中，离子注入通常应用于深埋层、倒掺杂阱、阈值电压调节、源漏扩展注入、源漏注入、多晶硅栅掺杂、形成 pn 结和电阻/电容等。在绝缘体上硅（SOI）衬底材料制备工艺中，主要通过高浓度氧离子注入的方法来形成埋氧层，或者通过高浓度氢离子注入的方法来实现智能切割（Smart Cut）。离子注入是通过离子注入机来完成的，其最重要的工艺参数是剂量和能量：剂量决定了最终的浓度，而能量决定了离子的射程（即深度）。根据器件设计需求的不同，注入的条件分为大剂量高能量、中剂量中能量、中剂量低能量或大剂量低能量等。为了获得理想的注入效果，针对不同的工艺要求，应配备不同的注入机。离子注入后，一般要经过高温退火过程，用以修复离子注入导致的晶格损伤，同时激活杂质离子。在传统集成电路工艺中，虽然退火温度对掺杂有很大影响，但离子注入工艺本身的温度并不关键。在 14nm 以下技术节点，某些离子注入工艺需在低温或高温的环境下进行，这样可以改变晶格损伤等的影响。

参考文献

[1] QUIRK M, SERDA J. 半导体制造技术［M］. 韩郑生，等译. 北京：电子工业出版社，2006.

撰稿人：中芯国际集成电路制造有限公司　余山　吴汉明

审稿人：中芯国际集成电路制造有限公司　卜伟海

6.5.9　等离子体掺杂，電漿佈植，Plasma Doping

等离子体中的离子可以利用等离子体的自偏压特性和外加偏压组合，将离子轰击晶片表面的能量范围控制在数电子伏（eV）至数万电子伏，从而可以部分替代传统的离子注入。等离子体掺杂的最大优点是，可以高效地实现超低能量的掺杂，这是因为其工艺过程是在"面"上处理的，而传统的离子注入是在"点"上处理的。对于那些对离子成分和轰击能量纯度要求不高的 IC 产品的生产制造，这种工艺非常适合[1]。等离子体浸没离子注入（Plasma Immersion Ion

Implantation，PIII）或等离子体掺杂（Plasma Doping，PLAD）系统已经被广泛地开发、应用于需要低能量或高剂量的 IC 产品规模生产中（如超浅结和深沟槽应用），其示意图如图 6-39 所示。

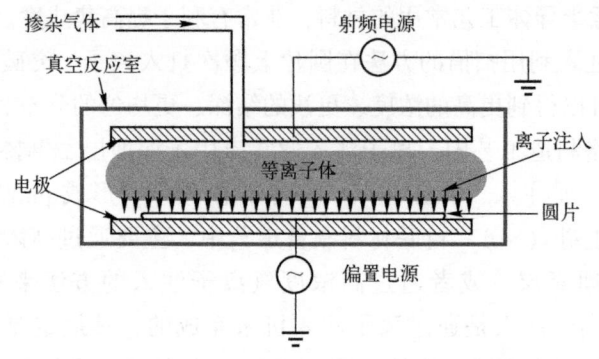

图 6-39　等离子体浸没（PIII）或等离子体掺杂（PLAD）系统示意图

通常，用射频电源产生高浓度等离子体电离掺杂气体，而用偏置电源加速离子去"轰击"圆片表面。最常用的 PLAD 掺杂气体为 B_2H_6，用于硼掺杂。对于需要非常高剂量的圆片掺杂的产品，由于离子注入机需要"点"式扫描注入，即使在最高的离子束流下，工艺实施时间仍然较长，产出效率低。而等离子体掺杂则采用等离子体的"面"轰击来替代离子束的"点"扫描，因此可以大幅度提升产出效率。但是，PLAD 不能选择离子种类，也不能精确控制离子的流量或剂量，因此 PLAD 的主要应用范围是高剂量、非关键层离子注入。目前，PLAD 广泛应用于 DRAM 芯片的多晶硅补偿掺杂，以及 DRAM 器件阵列的接触注入。

在等离子体浸没系统中，掺杂离子将轰击圆片，并被注入衬底。掺杂离子流通量主要受外加 RF 或微波的功率控制，离子的能量主要由偏压的射频功率决定。通过磁铁的电流可以调整磁场的位型，由于低气压下磁化的等离子体受到磁场的约束，因此可以通过磁场来控制掺杂离子流的均匀性。等离子体浸没注入技术是一种低能量过程，离子能量一般小于 1keV，所以对于亚 0.1μm 器件的应用，PIII 可以用于形成超浅结。与传统离子注入技术相比，等离子体浸没系统的缺点是无法选择特殊的离子种类，并且由于离子流量受等离子体位置和反应室压力的影响，离子能量分布范围不如传统离子注入那样单纯，容易形成能量污染。所以，等离子体浸没注入系统很难精确控制掺杂物的浓度和结深。

参考文献

[1] XIAO H(萧宏). 半导体制造技术导论[M]. 杨银堂, 段宝兴, 译. 北京: 电子工业出版社, 2013.

撰稿人： 美国科天（KLA-Tencor）公司　　萧宏

中芯国际集成电路制造有限公司　　吴汉明

审稿人： 中芯国际集成电路制造有限公司　　卜伟海

▷▷▷ 6.5.10　退火工艺，退火製程，Thermal Annealing

退火工艺又称为热退火（Thermal Annealing），其过程是将硅片放置于较高温度环境中一定的时间，使硅片表面或内部的微观结构发生变化，以达到特定的工艺目的。退火工艺的最关键的参数为温度和时间，温度越高、时间越长，热预算（Thermal Budget）越高。在实际集成电路制造工艺中，热预算都有严格的控制。如果工艺流程中有多步退火工艺，则热预算就可以表达为多次热处理的叠加，即

$$DT_{eff} = DT_1 + DT_2 + \cdots + DT_n$$

随着工艺节点的微缩，在整个工艺过程中容许的热预算越来越少，即高温热过程的温度变低、时间变短[1]。

通常，退火工艺是与其他工艺（如离子注入、薄膜沉积、金属硅化物的形成等）结合在一起的，最常见的就是离子注入后的热退火。离子注入会撞击衬底原子，使其脱离原本的晶格结构，而对衬底晶格造成损伤。热退火可修复离子注入时造成的晶格损伤，还能使注入的杂质原子从晶格间隙移动到晶格点上，从而使其激活。晶格损伤修复所需的温度约为500℃，杂质激活所需的温度约为950℃[2]。理论上，退火时间越长、温度越高，杂质的激活率越高，但是过高的热预算将导致杂质过度扩散，使得工艺不可控，引发最终的器件和电路性能退化。因此，随着制造工艺的发展，传统的长时间炉管退火已逐渐被快速热退火（Rapid Thermal Annealing，RTA）取代。在制造工艺中，某些特定的薄膜在沉积后需要经过热退火过程，以使薄膜的某些物理或化学特性发生变化。例如，疏松的薄膜变得致密，改变其在干法刻蚀或湿法刻蚀时的速率；或者在高 k 栅介质生长后进行退火（Post Deposition Annealing，PDA），改善高 k 介质的特性，可降低栅泄漏电流，并提高介电常数。还有一种使用得较多的退火工艺发生在金属硅化物（Silicide）形成过程中。金属薄膜如钴、镍、钛等被溅射到硅片表面，经过较低温度的快速热退火，可使金属与硅形成合金。某些金属在不同的温度

条件下形成的合金相不同，一般在工艺中希望形成接触电阻和本体电阻均较低的合金相。

如前所述，根据热预算需求的不同，退火工艺分为高温炉管退火和快速热退火。高温炉管退火是一种传统的退火方式，其温度较高且退火时间较长，热预算很高。在一些特殊的工艺中，如注氧隔离技术（Separation by Implantation of Oxygen，SIMOX）制备 SOI 衬底、深 n 阱（Deep n-Well）扩散驱入（Drive-in）工艺中应用较多，此类工艺一般需要通过高的热预算来获得完美的晶格或均匀的杂质分布。快速热退火是用极快的升/降温和在目标温度处的短暂停留对硅片进行处理，有时也称快速热过程（Rapid Thermal Processing，RTP）。在形成超浅结过程中，快速热退火在晶格缺陷修复、杂质激活、杂质扩散最小化三者之间实现了折中优化，在先进技术节点的制造工艺中必不可少。升/降温过程及目标温度短暂停留共同组成了快速热退火的热预算。传统的快速热退火温度约为1000℃，时间在秒量级。近年来对其要求越来越严格，逐渐发展出闪光退火（Flash Lamp Annealing，FLA）、尖峰退火（Spike Anneal）及激光尖峰退火（Laser Spike Annealing，LSA），退火时间达到了毫秒量级，甚至有向微秒和亚微秒量级发展的趋势。激光退火最独特的优点是空间上的局域性和时间上的短暂性，采用激光光源的能量来快速加热圆片表面到临界熔化点温度[3]。由于硅的高热导率，硅片表面可以在约 0.1ns 时间内快速降温冷却。激光退火系统可以在离子注入后以最小的杂质扩散激活掺杂物离子，已被用于 45nm 以下工艺技术节点。激光退火系统可与尖峰退火系统一起使用，以实现最优的结果。

参考文献

[1] CHANG C Y, SZE S M. ULSI Technology [M]. Mcgraw-Hill College, 1996.
[2] QUIRK M, SERDA J. 半导体制造技术 [M]. 韩郑生，等译. 北京：电子工业出版社，2006.
[3] XIAO H（萧宏）. 半导体制造技术导论 [M]. 杨银堂，段宝兴，译. 北京：电子工业出版社，2013.

撰稿人：中芯国际集成电路制造有限公司　卜伟海　吴汉明
　　　　美国科天（KLA-Tencor）公司　　萧宏
审稿人：中芯国际集成电路制造有限公司　季明华

▷▷▷ 6.5.11 物理气相沉积及溅射工艺，物理氣相沉積及濺射製程，Physical Vapor Deposition and Sputtering

物理气相沉积（Physical Vapor Deposition，PVD）工艺是指采用物理方法，如真空蒸发、溅射（Sputtering）镀膜、离子体镀膜和分子束外延等，在圆片表面形成薄膜。在超大规模集成电路产业中，使用最广泛的PVD技术是溅射镀膜，主要应用于集成电路的电极和金属互连。溅射镀膜是在高度真空条件下，稀有气体（如氩气Ar）在外加电场作用下电离成离子（如Ar^+），并在高电压环境下轰击材料靶源，撞击出靶材的原子或分子，经过无碰撞飞行过程抵达圆片表面形成薄膜，其工艺示意图如图6-40所示。氩气的化学性质稳定，其离子不会与靶材和薄膜产生化学反应。随着集成电路芯片进入0.13μm铜互连时代，铜的阻挡材料层采用了氮化钛（TiN）或氮化钽（TaN）薄膜，产业技术的需求推动了对化学反应溅射技术的研发，即在溅射腔里，除了氩气，还有反应气体N_2，这样从靶材Ti或Ta轰击出来的Ti或Ta与氮气反应，生成所需的TiN或TaN薄膜[1]。常用的溅射方式有3种，即直流溅射、射频溅射和磁控溅射。由于集成电路的集成度不断提高，多层金属布线的层数越来越多，PVD工艺的应用也更为广泛。PVD材料包括Al-Si、Al-Cu、Al-Si-Cu、Ti、Ta、Co、TiN、TaN、Ni、WSi_2等。

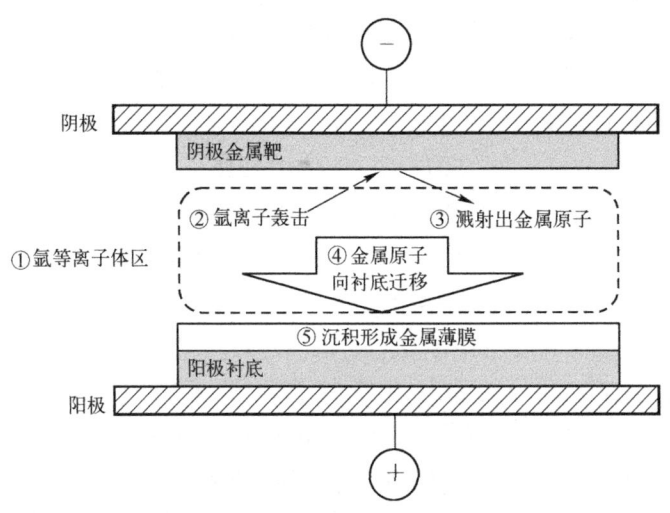

图6-40 PVD工艺示意图

PVD和溅射工艺通常是在一个高度密闭的反应腔室里完成的，其真空度达到$1\times10^{-7} \sim 9\times10^{-9}$Torr，可保证反应过程中气体的纯度；同时，还需要外接一个高电压，使稀有气体离化以产生足够高的电压轰击靶材。评价物理气相沉积和溅射工艺的主要参数有尘埃数量，以及形成薄膜的电阻值、均匀性、反射率、厚度和应力等。

参考文献

[1] QUIRK M, SERDA J. 半导体制造技术 [M]. 韩郑生, 等译. 北京: 电子工业出版社, 2006.

撰稿人: 中芯国际集成电路制造有限公司　余山　吴汉明
审稿人: 中芯国际集成电路制造有限公司　卜伟海

▷▷▷ 6.5.12　化学气相沉积工艺, 化學氣相沉積製程, Chemical Vapor Deposition

化学气相沉积 (Chemical Vapor Deposition, CVD) 是指不同分压的多种气相状态反应物在一定温度和气压下发生化学反应, 生成的固态物质沉积在衬底材料表面, 从而获得所需薄膜的工艺技术。在传统集成电路制造工艺中, 所获得的薄膜材料一般为氧化物、氮化物、碳化物等化合物或多晶硅、非晶硅等材料。45nm 节点后比较常用的选择性外延 (Selective Epitaxy) 技术, 如源漏 SiGe 或 Si 选择性外延生长, 也是一种 CVD 技术, 这种技术可在硅或其他材料单晶衬底上顺着原有晶格继续形成同种类或晶格相近的单晶材料。CVD 广泛用于绝缘介质薄膜 (如 SiO_2、Si_3N_4 和 SiON 等) 及金属薄膜 (如 W 等) 的生长[1]。在一定的温度下, 基本的化学反应为

$$SiH_4 + O_2 \longrightarrow SiO_2 + 2H_2$$

$$SiH_4 + 2PH_3 + O_2 \longrightarrow SiO_2 + 2P + 5H_2$$

$$SiH_4 + B_2H_6 + O_2 \longrightarrow SiO_2 + 2B + 5H_2$$

$$3SiH_4 + 4NH_3 \longrightarrow Si_3N_4 + 12H_2$$

用来作为反应的气体还有 N_2O、$Si(C_2H_5O)_4$、$SiCl_2H_2$、WF_6 等。通常, 按照压力分类, CVD 可分为常压化学气相沉积 (Atmospheric Pressure CVD, APCVD)、亚常压化学气相沉积 (Sub Atmospheric Pressure CVD) 和低压化学气相沉积 (Low Pressure CVD, LPCVD); 按照温度分类, CVD 可分为高温/低温氧化膜化学气相沉积 (HTO/LTO CVD) 和快速热化学气相沉积 (Rapid Thermal CVD, RTCVD); 按照反应源分类, CVD 可分为硅烷基化学气相沉积 (Silane-Based CVD)、聚酯基化学气相沉积 (TEOS-Based CVD) 和金属有机气相沉积 (MOCVD); 按照能量分类, CVD 可分为热能化学气相沉积 (Thermal CVD)、等离子体增强化学气相沉积 (Plasma Enhanced CVD, PECVD) 和高密度等离子体化学气相沉积 (High Density Plasma CVD, HDPCVD); 近期还发展出缝隙填充能力极好的流动性化学气相沉积 (Flowable CVD, FCVD)。不同的 CVD 生长的膜的特性 (如化学成分、介电常数、张力、应力和击穿电压) 都有差别, 可根

据不同的工艺要求（如温度、台阶覆盖率、填充要求等）而分别使用。CVD工艺示意图如图6-41所示。

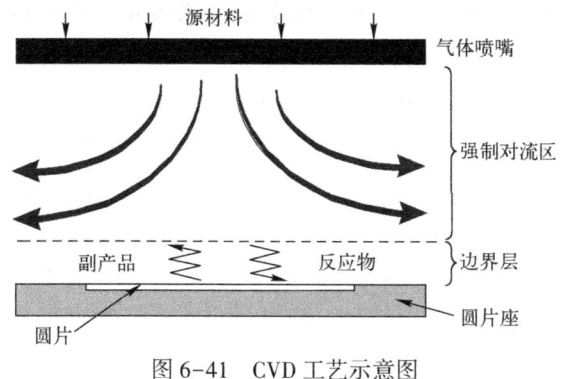

图6-41 CVD工艺示意图

参考文献

[1] XIAO H（萧宏）. 半导体制造技术导论［M］. 杨银堂，段宝兴，译. 北京：电子工业出版社，2013.

撰稿人：中芯国际集成电路制造有限公司　余山　吴汉明
　　　　美国科天（KLA-Tencor）公司　　　　萧宏
审稿人：中芯国际集成电路制造有限公司　卜伟海

▷▷▷ 6.5.13　原子层沉积，原子層沉積，Atomic Layer Deposition

原子层沉积（Atomic Layer Deposition，ALD）是指通过单原子膜逐层生长的方式，将原子逐层沉淀在衬底材料上。典型的ALD采用的是将气相前驱物（Precursor）交替脉冲式地输入到反应器内的方式。例如，首先将反应前驱物1通入到衬底表面，并经过化学吸附，在衬底表面形成一层单原子层，接着通过气泵抽走残留在衬底表面和反应腔室内的前驱物1；然后通入反应前驱物2到衬底表面，并与被吸附在衬底表面的前驱物1发生化学反应，在衬底表面生成相应的薄膜材料和相应的副产物；当前驱物1完全反应后，反应将自动终止，这就是ALD的自限制（Self-Limiting）特性，再抽离残留的反应物和副产物，准备下一阶段生长；通过不断重复上述过程，就可以实现沉积逐层单原子生长的薄膜材料。ALD与CVD都是通入气相化学反应源在衬底表面发生化学反应的方式，不同的是CVD的气相反应源不具有自限制生长的特性。由此可见，开发ALD技术的关键是寻找具有反应自限制特性的前驱物。

由于ALD技术逐层生长薄膜的特点，所以ALD薄膜具有极佳的台阶覆盖能力,以及极高的沉积均匀性和一致性,同时可以较好地控制其制备薄膜的厚度、成分和结构,因此被广泛地应用在微电子领域。尤其是ALD具有的极佳的台阶覆盖能力和沟槽填充均匀性,十分适用于栅极侧墙介质的制备,以及在较大高宽比的通孔和沟槽中的薄膜制备。ALD技术在产业中的主要应用领域为栅极侧墙生长、高k栅介质和金属栅(Metal Gate)、铜互连工艺中的阻挡层(Barrier Layer)、微机电系统(MEMS)、光电子材料和器件、有机发光二极管(Organic Light Emitting Diode,OLED)材料、DRAM及MRAM的介电层、嵌入式电容、电磁记录磁头等各类薄膜。随着集成电路的发展,器件的尺寸越来越小,生长的薄膜厚度不断缩小且深槽深宽比不断增加,使得ALD技术在先进技术节点的应用越来越多,如从平面器件转到FinFET器件后,自对准两次曝光技术的侧墙采用ALD技术生长;从多晶硅栅转向高k介质金属栅技术,高k介质和金属栅叠层生长过程也采用了ALD技术。

撰稿人:中芯国际集成电路制造有限公司　吴汉明　唐粕人

审稿人:中芯国际集成电路制造有限公司　卜伟海

▷▷▷ 6.5.14　化学机械抛光工艺,化學機械拋光製程,Chemical Mechanical Polishing

化学机械抛光是集成电路制造的重要工艺之一,又被称为化学机械平坦化(Chemical Mechanical Planarization,CMP)。20世纪80年代初,IBM公司在制造DRAM的过程中,为了达到圆片表面金属间介电质层(IMD)的全局平坦,建立起了硅氧化物(SiO_2)的CMP工艺,后来又扩展到对金属钨(W)的CMP。随着晶体管集成度的不断提高,从$0.13\mu m$工艺节点开始,铜互连成为集成电路后段工艺流程的唯一选择,这就使铜连线的平坦化工艺(Cu CMP)变得举足轻重。随着摩尔定律的向前延伸,在从28nm开始的高端工艺中,场效应管栅极的制造流程也引入了CMP工艺,以求获得更加均匀的栅极高度。

CMP所采用的设备及耗材包括抛光机、抛光液(又称研磨液)、抛光垫、抛光后清洗设备、抛光终点(End Point)检测及工艺控制设备、废物处理和检测设备等[1]。应用CMP工艺的设备一般称为抛光机,主流的抛光机通常具备一个较大的圆形抛光台,抛光台上贴附着根据工艺需要所采用的不同材质制成的抛光垫,通过装载头在圆片背面施加压力,使得圆片表面向下紧压于抛光垫上;抛光液通过抛光机的液体输送管路从微小的喷嘴匀速流落在抛光垫的特定位置,随着抛光垫的运动自然分散于圆片和抛光垫之间。

CMP 工艺的物理基础是摩擦原理，其化学基础是氧化反应。在抛光过程中，圆片与抛光垫一般具有同向但不同速的旋转运动，装载头带着圆片还会产生径向的摆动，圆片与抛光垫之间由于速度差会产生相对运动。抛光液中的化学药剂与圆片表面的材料发生氧化反应，将圆片表面的材料转化成易于分离的物质，同时抛光液中的研磨颗粒以机械摩擦的方式将物质从圆片表面逐层剥离。化学反应和机械研磨同时进行，当二者达到平衡时，可以获得稳定的抛光速率，以及圆片表面较好的缺陷移除效果。由于 CMP 工艺可以通过圆片表面微观图形高、低处之间的抛光速率差（高处的速率大于低处的速率）达到去除高处图形从而获得均匀的图形表面的目的，因此 CMP 工艺既可以进行全局平坦化，也可以达到局部平坦化的效果，而后者使得 CMP 工艺在先进集成电路制造流程中具有不可替代的地位。CMP 工艺融合了化学研磨和物理研磨的过程，而单一的化学或物理研磨在表面精度、粗糙度、均匀性、材料去除率及表面损失程度上都不能同时满足要求。CMP 工艺兼具了二者的优点，可以在保证材料去除效率的同时，得到准确的表面材料层的厚度，较好的圆片表面平坦度和均匀性，以及实现纳米级甚至原子级的表面粗糙度，同时还能保证较小的表面损失程度。

基于简单的物理和化学原理过程，CMP 工艺就能得到精准和稳定的微观工艺结果，因此它已经成为集成电路制造工艺流程中一种最广泛采用且不断扩张应用领域的技术，如在先进技术研发中，CMP 工艺直接影响晶体管栅极的形成，对器件最终性能的影响越来越重要。CMP 工艺的独特之处是可以通过适当设计抛光液和抛光垫来满足不同需求的抛光工艺。根据对象的不同，CMP 工艺主要分为硅抛光（Poly CMP）、硅氧化物抛光（Silicon Oxide CMP）、碳化硅抛光（Silicon Carbide CMP）、钨抛光（W CMP）和铜抛光（Cu CMP）。

参考文献

[1] 张健，史宝军，杜运东，等. 化学机械抛光技术研究现状与展望 [J]. 山东建筑大学学报，2009，24（2）：168-174.

撰稿人：中芯国际集成电路制造有限公司　葛军
审稿人：中芯国际集成电路制造有限公司　卜伟海

▷▷▷ 6.5.15 外延工艺，磊晶製程，Epitaxy

外延工艺是指在衬底上生长完全排列有序的单晶体层的工艺。一般来讲，外延工艺是在单晶衬底上生长一层与原衬底相同晶格取向的晶体层。外延工艺广泛用于半导体制造，如集成电路工业的外延硅片，MOS 晶体管的嵌入式源漏外延生长，LED 衬底上的外延生长等。根据生长源物相状态的不同，外延生长方式可以分为固相外延、液相外延、气相外延。在集成电路制造中，常用的外延方式是固相外延和气相外延。

固相外延，是指固体源在衬底上生长一层单晶层，如离子注入后的热退火实际上就是一种固相外延过程。离子注入加工时，硅片的硅原子受到高能注入离子的轰击，脱离原有晶格位置，发生非晶化，形成一层表面非晶硅层；再经过高温热退火，非晶原子重新回到晶格位置，并与衬底内部原子晶向保持一致。

气相外延的生长方法包括化学气相外延生长（CVE）、分子束外延（MBE）、原子层外延（ALE）等。在集成电路制造中，最常用的是化学气相外延生长（CVE）。化学气相外延与化学气相沉积（CVD）原理基本相同，都是利用气体混合后在圆片表面发生化学反应，沉积薄膜的工艺；不同的是，因为化学气相外延生长的是单晶层，所以对设备内的杂质含量和硅片表面的洁净度要求都更高。早期的化学气相外延硅工艺需要在高温条件下（大于 1000℃）进行。随着工艺设备的改进，尤其是真空交换腔体（Load Lock Chamber）技术的采用，设备腔内和硅片表面的洁净度大大改进，硅的外延已经可以在较低温度（600～700℃）下进行。在集成电路制造中，CVE 主要用于外延硅片工艺和 MOS 晶体管嵌入式源漏外延工艺。外延硅片工艺是在硅片表面外延一层单晶硅，与原来的硅衬底相比，外延硅层的纯度更高，晶格缺陷更少，从而提高了半导体制造的成品率。另外，硅片上生长的外延硅层的生长厚度和掺杂浓度可以灵活设计，这给器件的设计带来了灵活性，如可以用于减小衬底电阻，增强衬底隔离等。嵌入式源漏外延工艺是在逻辑先进技术节点广泛采用的技术，是指在 MOS 晶体管的源漏区域外延生长掺杂的锗硅或硅的工艺。引入嵌入式源漏外延工艺的主要优点包括：可以生长因晶格适配而包含应力的赝晶层，提升沟道载流子迁移率；可以原位掺杂源漏，降低源漏结寄生电阻，减少高能离子注入的缺陷。

撰稿人：中芯国际集成电路制造有限公司　唐粕人
审稿人：中芯国际集成电路制造有限公司　卜伟海

▷▷▷ 6.5.16　干法刻蚀和清洗，乾式蝕刻和清洗，Dry Etch and Cleaning

产业中的干法刻蚀主要是指等离子体刻蚀，即利用增强活性的等离子体对特定物质进行刻蚀。大规模生产工艺中的设备系统采用的是低温非平衡态等离子体。等离子体刻蚀主要采用两种放电模式,即电容耦合放电(Capacitiviely Coupled Plasma, CCP)和电感耦合放电(Inductively Coupled Plasma, ICP)。在电容耦合放电模式中,等离子体在两块平行板电容中通过外加 RF 电源产生和维持放电,通常的气压在数十毫托至数毫托,电离率小于 10^{-5}。在电感耦合放电模式中,一般在较低气压下(数十毫托),通过电感耦合输入能量来产生和维持等离子体,通常电离率大于 10^{-5},故又称高密度等离子体。高密度等离子体源也可以通过电子回旋共振(Electron Cyclotron Resonance, ECR)和回旋波(Helicon Wave)放电得到。高密度等离子体通过外加 RF 或微波电源和基片上的射频偏压电源,独立控制离子流量和离子轰击能量,可以优化刻蚀工艺的刻蚀率和选择比,同时降低刻蚀损伤[1]。

干法刻蚀工艺流程为,将刻蚀气体注入真空反应室,待压力稳定后,利用射频辉光放电产生等离子体;受高速电子撞击后分解产生自由基,并扩散到圆片表面被吸附[1]。在离子轰击作用下,被吸附的自由基与圆片表面的原子或分子发生反应,从而形成气态副产品,该副产品从反应室中被排出。干法刻蚀工艺可以分为如下 4 类。

(1)物理溅射刻蚀:主要依靠等离子体中的载能离子轰击被刻蚀材料的表面,溅射出的原子数量取决于入射粒子的能量和角度。当能量和角度不变时,不同材料的溅射率通常只有 2~3 倍的差异,因此没有选择性特征。反应过程以各向异性为主。

(2)化学刻蚀:等离子体提供气相的刻蚀原子和分子,与物质表面产生化学反应后产生挥发性气体,例如:

$$Si(固态)+4F \longrightarrow SiF_4(气态)$$
$$光刻胶+O(气态) \longrightarrow CO_2(气态)+H_2O(气态)$$

这种纯化学的反应具有良好的选择性,在不考虑晶格结构时,呈现各向同性特征。

(3)离子能量驱动刻蚀:离子既是产生刻蚀的粒子,又是载能粒子。这种载能粒子的刻蚀效率比单纯的物理或化学刻蚀要高一个量级以上。其中,工艺的物理和化学参数的优化是控制刻蚀过程的核心。

(4)离子-阻挡层复合刻蚀:主要是指在刻蚀过程中有复合粒子产生聚合物类的阻挡保护层。等离子体在刻蚀工艺过程中需要有这样的保护层来阻止侧壁的刻蚀反应。例如,在 Cl 和 Cl_2 刻蚀中加入 C,可以在刻蚀中产生氯碳化合物层来保护侧壁不被刻蚀。

干法清洗(Dry Cleaning)主要是指等离子体清洗。通过等离子体中的离子轰击被清洗表面,加上激活状态的原子、分子与被清洗表面相互作用,从而实现去除和灰化光刻胶。与干法刻蚀不同的是，干法清洗工艺参数中通常不包括方向的选择性，因此工艺设计相对较为简单。大生产工艺中，主要采用氟基气体和氧或氢为反应等离子体的主体，此外加入含有一定数量的氩等离子体，可以增强离子轰击效果，从而提高清洗效率。

在等离子干法清洗工艺中，通常采用远程等离子体（Remote Plasma）的方法。这是因为清洗工艺中希望降低等离子体的轰击效果，以控制离子轰击引起的损伤；而化学自由基的反应得到增强，则可以提高清洗的效率。远程等离子体可以利用微波在反应腔室外生成稳定且高密度的等离子体，产生大量的自由基进入反应腔体实现清洗需要的反应。产业中干法清洗气源大多采用氟基气体，如 NF_3 等，在微波等离子体中有 99% 以上的 NF_3 被分解。干法清洗工艺中几乎没有离子轰击效应，故有利于保护硅片免受损伤及延长反应腔体寿命。

参考文献

[1] XIAO H（萧宏）. 半导体制造技术导论［M］. 杨银堂，段宝兴，译. 北京：电子工业出版社，2013.

撰稿人：中芯国际集成电路制造有限公司　吴汉明
美国科天（KLA-Tencor）公司　萧宏
审稿人：中芯国际集成电路制造有限公司　卜伟海

▷▷▷ 6.5.17　湿法刻蚀和清洗，濕式蝕刻和清洗，Wet Etch and Cleaning

湿法刻蚀是集成电路制造工艺最早采用的技术之一。虽然由于受其刻蚀的各向同性的限制，使得大部分的湿法刻蚀工艺被具有各向异性的干法刻蚀替代，但是它在尺寸较大的非关键层清洗中依然发挥着重要的作用。尤其是在对氧化物去除残留与表皮剥离的刻蚀中，比干法刻蚀更为有效和经济。湿法刻蚀的对象主要有氧化硅、氮化硅、单晶硅或多晶硅等。湿法刻蚀氧化硅通常采用氢氟酸（HF）为主要化学载体。为了提高选择性，工艺中采用氟化铵缓冲的稀氢氟酸。为了保持 pH 值稳定，可以加入少量的强酸或其他元素。掺杂的氧化硅比纯氧化硅更容易腐蚀。湿法化学剥离（Wet Removal）主要是为了去除光刻胶和硬掩模（氮化硅）。热磷酸（H_3PO_4）是湿法化学剥离去除氮化硅的主要化学液，对于氧化硅有较好的选择比。在进行这类化学剥离工艺前，需要将附在表面的氧化硅用 HF 酸进行预处理，以便将氮化硅均匀地清除掉[1,2]。

湿法清洗与湿法刻蚀类似，主要是通过化学反应去除硅片表面的污染物，包括颗粒、有机物、金属和氧化物。主流的湿法清洗就是湿化学法。虽然干法清洗可以替代很多湿法清洗，但是目前尚未找到可以完全取代湿法清洗的方法。湿法清洗常用的化学品有硫酸、盐酸、氢氟酸、磷酸、过氧化氢、氢氧化铵、氟化铵等，在实际应用中视需要以一种或多种化学品按照一定比例与去离子水调配组成清洗液，如 SC1、SC2、DHF、BHF 等[3,4]。

清洗常用于氧化膜沉积前工艺，因为氧化膜的制备必须在绝对清洁的硅片表面上进行。常见的硅片清洗流程见表 6-5。

表 6-5 常见的硅片清洗流程[4]

序 号	清洗工艺步骤	工艺目的
1	热的 H_2SO_4/H_2O_2	去除有机物和金属
2	超纯水	清洗
3	稀释的 HF（DHF）	去除自然氧化层
4	超纯水	清洗
5	$NH_4OH/H_2O_2/H_2O$	去除颗粒
6	超纯水清洗（室温、80~90℃、室温）	清洗
7	$HCl/H_2O_2/H_2O$	去除金属
8	超纯水	清洗
9	稀释的 HF（DHF）	去除自然氧化层
10	超纯水	清洗
11	干燥	干燥

1970 年，由美国无线电公司的 W. Kern 和 D. Puotinen 提出了 RCA 湿法清洗方法。在这种方法中，1 号清洗液（RCA1 或 SC1）是碱性溶液，能去除表面颗粒物和有机物质；2 号清洗液（RCA2 或 SC2）是酸性溶液，能去除表面金属污染物和颗粒。近年来，清洗技术在雾化蒸汽清洗（Vapor Clean）、超声波辅助清洗等新技术支撑下，在高端芯片制造工艺中获得了更广泛的应用。

参考文献

[1] QUIRK M, SERDA J. 半导体制造技术 [M]. 韩郑生, 等译. 北京：电子工业出版社, 2006.

[2] XIAO H (萧宏). 半导体制造技术导论 [M]. 杨银堂, 段宝兴, 译. 北京：电子工业出版社, 2013.

[3] HATTORI T. Trends in wafer cleaning technology [M] // Ultraclean Surface Processing of Silicon Wafers. Berlin：Springer Berlin Heidelberg, 1998：437-450.

[4] OHMI T. Total room temperature wet cleaning for Si substrate surface [J]. Journal of the Electrochemical Society, 1996, 143 (9)：2957-2964.

撰稿人：中芯国际集成电路制造有限公司　吴汉明
审稿人：中芯国际集成电路制造有限公司　卜伟海

6.6 模块工艺

6.6.1 双阱工艺，双阱製程，Twin-Well or Dual Well

CMOS 集成电路的基础工艺之一就是双阱工艺，它包括两个区域，即 nMOS 和 pMOS 有源区，分别对应 p 阱和 n 阱，如图 6-42 所示。在进行阱注入时，产业内的主流技术多数采用倒掺杂技术来调节晶体管的电学特性，即首先采用高能量、大剂量的离子注入，注入的深度约为 1μm，注入区域与阱相同，随后通过大幅降低注入能量及剂量，控制注入深度和掺杂剖面。阱的注入掺杂不仅可以调节晶体管的阈值电压，也可以解决 CMOS 电路常见的一些问题，如闩锁效应和其他可靠性问题[1]。双阱 CMOS 工艺是当前集成电路的标准工艺之一，它最初是在 nMOS 工艺和 pMOS 工艺的基础上发展起来的。早期的双阱 CMOS 工艺没有高能量大剂量的注入，只是用中能量和中剂量离子注入 n 阱和 p 阱的区域，然后热退火形成独立的 n 阱和 p 阱。随着离子注入技术的发展，高能量大剂量的注入不再成为离子注入的难题，并且高能量大剂量的注入形成的倒置阱效果很明显，所以才逐步形成现在的标准双阱工艺。双阱工艺常见的基本制造步骤是先制作 n 阱，包括牺牲氧化层生长，n 阱区域光刻，n 阱注入，然后退火；p 阱的形成与其类似。确定双阱工艺的基本条件是确保器件电学特性满足要求，包括阱之间的击穿电压、有效的电学隔离、避免闩锁效应、合适的阈值电压等。另外，衬底材料的掺杂情况也对阱的形成条件有很大影响。

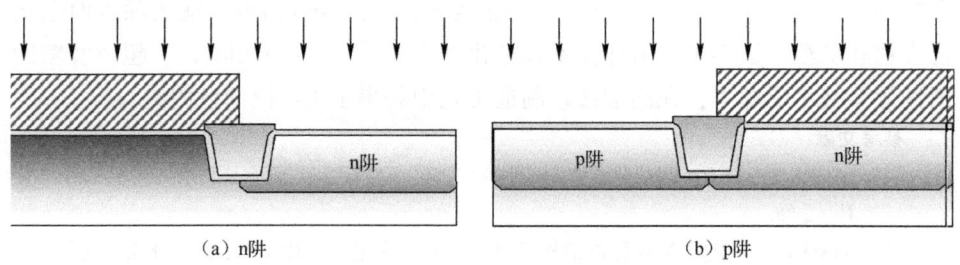

(a) n阱　　　　　　　　　　　　(b) p阱

图 6-42　双阱结构示意图

参考文献

[1] 关旭东. 硅集成电路工艺基础 [M]. 北京：北京大学出版社，2003.

撰稿人：中芯国际集成电路制造有限公司　余山

审稿人：中芯国际集成电路制造有限公司　卜伟海

▷▷▷ 6.6.2 隔离工艺，隔离製程，Isolation

集成电路是由很多晶体管组成的，各个晶体管的工作状态也不尽相同，如果不进行有效的隔离，就会形成相互干扰，集成电路就不能正常工作。所谓隔离技术，就是阻断器件有源区之间的电流和电压信号互相干扰，从而保证器件和电路正常工作的技术，通常有 pn 结隔离、介质隔离，以及 pn 结介质混合隔离，其中介质隔离包括局部氧化（Local Oxidation of Silicon，LOCOS）隔离和浅槽隔离（Shallow Trench Isolation，STI）。

最早的隔离技术是 pn 结隔离，因为加上反向偏压，pn 结就能起到很好的天然隔离作用。但是，由于其需要较宽的耗尽层，面积占比和电容均较大，响应速度慢，不适用于集成电路的隔离。随着平面工艺的发展，LOCOS 隔离技术开始用于实现有源区的有效隔离。它的基本工艺原理是，使用氮化硅（Si_3N_4）作为 Si 氧化的阻挡层，在有源区之间的场区热氧化形成 SiO_2 介质层，然后通过热磷酸高刻蚀选择比去除 Si_3N_4，从而实现有源区的隔离。由于热氧化存在横向氧化，LOCOS 隔离所用面积仍然较大，自 $0.25\mu m$ 技术代开始，STI 技术取代 LOCOS 隔离技术成为超大规模集成电路的主流隔离技术，如图 6-43 所示。STI 的基本工艺步骤是，在需要隔离的区域上用干法刻蚀形成 $300\sim400nm$ 的硅槽，然后经过氧化表面处理，沉积 SiO_2 填充硅槽，最后采用 CMP 去掉表面多余的 SiO_2，并实现平坦化。由于 STI 区域的尺寸差异较大，对 CMP 的平面化工艺有所挑战。此外，STI 的 Si 槽的角度和深度等都会对器件特性造成很大的影响。随着集成电路工作速度提升至 RF 频段甚至微波频段，对各种噪声和干扰的要求越来越严，在一些区域的 STI 无法满足要求，因此深槽隔离或其他隔离方式逐渐得到了发展。

图 6-43 CMOS 工艺中 STI 隔离结构示意图

撰稿人：中芯国际集成电路制造有限公司　余山
审稿人：中芯国际集成电路制造有限公司　卜伟海

▷▷▷ 6.6.3 沟道工艺，通道製程，Channel Process

调节 MOSFET 阈值电压的最直接的工艺方法就是对 nMOSFET 和 pMOSFET 的沟道区分别进行离子注入，从而使其阈值电压达到预期值。另外，在沟道区为防止源漏穿通而引入的高能量离子注入，以及在栅电极形成后为减少短沟道效应而从源漏端大角度地侧面离子注入，也会对 MOSFET 的阈值电压有直接影响。沟道工艺在一定程度上还与双阱工艺相关。

沟道工艺是集成电路的核心工艺之一，它确定了场效应晶体管的基本特性，如阈值电压、短沟道特性、噪声特性、穿通（Punch-through）特性等，其目的是使场效应晶体管具有稳定的符合要求的电学参数，如阈值电压等。随着器件尺寸的不断缩小，出现了很多会影响阈值电压的因素，如栅氧厚度的波动，多晶硅栅长和宽度的变化，多晶硅栅的耗尽效应和掺杂的波动，侧墙的宽度，以及源漏注入 LDD 等。例如，为了改善短沟道效应，侧墙和轻掺杂漏工艺在 20 世纪 80 年代被引入。为了控制器件的穿通，在沟道区之间注入的基础上，也使用了大角度回转的从栅的侧面注入。接下来先后引入了氮氧化硅栅介质和高 k 栅介质层，以解决栅氧化层变薄引起的器件特性恶化问题。所以在一定程度上说，沟道工艺已经不再局限于沟道区的离子注入。例如，对于 40nm 以下的工艺，通过源漏锗硅（SiGe）外延对沟道区施加应力，可以提高 MOSFET 的开关速度。

由于 SoC 的应用越来越广泛，在一个集成电路中会有多种特性的场效应晶体管存在，它们工作在不同的电源电压和阈值电压条件下，同时器件尺寸（长宽）持续缩小，电源电压持续下降也导致阈值电压随之下降，这就使得器件的漏电和噪声问题变得越来越难以解决，随机因素显著增加，因此给沟道工艺带来了严峻的挑战。

撰稿人：中芯国际集成电路制造有限公司　余山
审稿人：中芯国际集成电路制造有限公司　卜伟海

▷▷▷ 6.6.4 多晶硅栅，多晶矽閘，Poly-Si Gate

多晶硅栅的形成是集成电路工艺中最关键的步骤，因为它包括了最薄的栅氧化层的热生长（干氧和湿氧），形成多晶硅栅的先进且复杂的光刻技术和干法刻蚀技术，以及需要精确控制且复杂的侧墙工艺。多晶硅栅结构通常是一代集成电路工艺中物理尺度最小的结构，也是形成晶体管的关键。多晶硅栅形成的一般流程是，首先使用高温热氧化生成栅 SiO_2 膜，膜的厚度约为 1~10nm（由于在集成电路中有不同工作电压的场效应晶体管，所以栅氧化层的厚度也不相同，需要采取多个步骤才能完成不同厚度的栅氧化层），然后进行多晶硅栅的化学气相沉积和掺杂（扩散或离子注入），最后进行光刻和干法刻蚀。

多晶硅栅光刻工艺使用的光刻机是同一技术代集成电路工艺线中最先进、最昂贵的设备，它采用 UV 光源进行曝光，波长从 g 线（436nm）到 DUV（248nm 和 193nm），以及 193nm 浸没式；在光刻掩模版上采用了 OPC 和 PSM 等技术；在光刻工艺中采用了抗反射层、硬光刻胶技术、多重曝光技术等。多晶硅栅的刻蚀采用的是最精细的刻蚀设备和技术，通常采用 NF_3、SF_6、HBr、Cl_2 等气体，要求与 SiO_2 有极高的选择比。多晶硅栅的检测技术也是最精细的检测技术，用于光刻和刻蚀完成后多晶硅栅线宽和形状等的检测。虽然在 45nm 以下的超大规模集成电路制造工艺中，为了解决多晶硅栅耗尽效应，以及多晶硅与高 k 介质高界面态密度等问题，多采用了高 k 金属栅工艺，多晶硅栅的重要性有所降低，但是多晶硅栅工艺仍然被认为是集成电路的标志性工艺之一。

撰稿人：中芯国际集成电路制造有限公司　余山
审稿人：中芯国际集成电路制造有限公司　卜伟海

▷▷▷ 6.6.5 高 k 金属栅工艺，高 k 金屬閘製程，High-k Metal Gate（HKMG）

随着晶体管尺寸的不断缩小，为保证栅控能力，需要维持足够的栅电容，因此要求栅氧厚度继续减薄。然而，当栅氧物理厚度减薄到低于 1.5nm 时，由于直接隧道效应指数级增加，器件漏电随之大幅增加，从而导致器件无法实际工作。通过将相对介电常数（Relative Dielectric Constant，用希腊字母 κ 或 ε_r 表示，在描述高 k 金属栅工艺中通常表示为 k）远大于 SiO_2（$k\approx3.9$）的高 k 栅介质材料导入集成电路工艺，如 HfO_2（相对介电常数为 24~40），可以在保证等效栅氧厚度（Equivalent Oxide Thickness，EOT）持续缩小的前提下，使栅介质的物理厚度相对较大，以抑制栅泄漏电流。然后用 TaN、TiN、TiAl、W 等金属合金或化合物叠层结构取代多晶硅栅，金属叠层具有功函数调节和降低电阻率等作用，可避免多晶硅栅的耗尽效应，同时保证高 k 栅介质材料与金属栅有较好的接触效果。

目前，高 k 栅介质与金属栅极技术已广泛应用于 28nm 以下高性能产品的制造，它在相同功耗的情况下可以使集成电路的性能大幅度提高，泄漏电流大幅下降。高 k 金属栅的应用经历了较长的探索过程：在很长的时间里，晶体管的栅氧化层都是采用高温干法或湿法热氧化 Si 形成 SiO_2；后来为了提高 SiO_2 的介电常数，在氧化过程中掺入 N 元素形成 SiON 栅介质层；随着栅多晶硅厚度的降低，不仅导致电阻变大，还引起器件延迟和栅耗尽效应。在此背景下，在 28nm 这个工艺节点，工业界大多开始使用 HKMG 作为超大规模集成电路的标准工艺，虽然性能得到大幅提升，但也大大增加了工艺复杂度。

由于 HKMG 与 Poly/SiO_2 的 MOSFET 结构有很大的不同，导致整个器件的工艺条件发生巨大变化，而且大量的 IP 核需要重新设计。在最初的工艺开发阶段，业内存在两种制作 HKMG 结构晶体管的工艺技术路线，分别是 Gate-First（先栅极）工艺和 Gate-Last（后栅极）工艺。Gate-First 工艺相对简单，但是 pMOS 阈值电压很难控制；而 Gate-Last 工艺比较复杂，但它可以有效地调节栅极材料的功函数值，方便调节阈值电压，还可以在 pMOS 的沟道实现改善沟道载流子迁移率的硅应变力。在同时兼顾高性能与低功耗的情况下（如手机应用处理器和基带芯片等），Gate-Last 工艺逐渐取得优势，是目前大规模生产中的主流工艺。

撰稿人：中芯国际集成电路制造有限公司　余山
审稿人：中芯国际集成电路制造有限公司　卜伟海

▷▷▷ 6.6.6　硅化物工艺，矽化物製程，Silicidation

为了降低接触电阻和串联电阻，在集成电路制造中引入了硅化物工艺，业界先后采用了可规模生产的 WSi_2、$TiSi_2$、$CoSi_2$、$NiSi$ 等工艺。早期发展起来的钨硅化物工艺采用 WF_6 作为钨原料，并用 Si_2H_6 作为硅原料，通过 CVD 加热技术将其沉积到多晶硅表面后生成钨硅化物。在钨硅化物工艺之后，集成电路芯片制造中主要有如下 3 种硅化物工艺。[1]

（1）钛硅化物 $TiSi_2$ 工艺：广泛应用于 0.25μm 以上集成电路的制造，具有工艺简单、高温稳定的特点。产业中的主流工艺是采用 PVD 物理溅射方法将 Ti 金属沉积在晶片上形成薄膜，然后经过两次退火处理。其中，第 1 次的退火温度为 600~700℃，形成高阻的中间相 C49；第 2 次退火温度稍高，为 800~900℃，使 C49 相转变为低阻的 C54 相。当线宽变得过窄时，第 2 次退火转变所需的温度和时间可能大幅度增加。但因受热预算的限制，使得退火温度不能过高，避免硅加剧扩散而引起漏电和短路。因此需要精密控制温度参数，尤其是随着MOS尺寸变小时，应尽量控制$TiSi_2$相变的充分性，保证接触电阻不会增加。

（2）钴硅化物$CoSi_x$工艺：钴硅化物形成过程中所需的退火温度比钛硅化物的明显降低，这表示该工艺具有较少的热预算，因此$CoSi_x$可作为$TiSi_2$的替代品。当芯片技术推进到65nm/45nm节点以下时，线宽效应又显现出来。另外，当CMOS技术进入65nm/45nm及更小节点以后，有源区结深越来越浅，而钴硅化物在形成过程中需消耗较多的高掺杂硅；同时对硅化物过程中的热预算有更苛刻的要求，而$CoSi_2$需要700℃以上的二次退火，因此产业界寻找了具有更低热预算的替代者——镍硅化物。

（3）镍硅化物NiSi工艺：对于65/45nm及以下技术节点的芯片制造工艺，为了突破钴硅化物的工艺限制，产业界开发了镍硅化物（NiSi）作为替代物，其主要优势在于，即使镍硅化物工艺沿用了两步退火，但其退火温度比钴硅化物工艺明显降低（通常小于600℃），且采用较短的退火时间，可以有效地抑制离子的扩散，降低对器件超浅结的破坏性。镍硅化物的第1次退火多采用尖峰退火（Spike Anneal）或激光退火（Laser Anneal），此类退火方式的升/降温时间很短，且不再需要保持峰值温度的时间，缩短了总退火时间，因此掺杂离子在硅化物形成过程中的扩散被有效遏制，保持了原有的掺杂剖面。

除了上述3种硅化物工艺，Ti的低温硅化物在14nm及以下节点被采用，可显著降低接触电阻和减小漏电。这种Ti-Si化合物不同于传统的$TiSi_2$，其本身的电阻率并不比NiSi的低，但是通过改变与硅接触的肖特基势垒，可有效降低其接触电阻。

参考文献

[1] 方志军，汤继跃，许志. 集成电路中金属硅化物的发展与演变 [J]. 集成电路应用，2008（9）：51-52.

撰稿人：中芯国际集成电路制造有限公司　吴汉明
审稿人：中芯国际集成电路制造有限公司　卜伟海

▷▷▷ 6.6.7　接触孔工艺，接觸窗口製程，Contact Process

集成电路的接触孔工艺是用于将前段（FEOL）所制造好的有源器件和无源元件与后段（BEOL）的第一层互连金属在物理和电学上连接起来的工艺。它是多个集成电路制造工艺的集成：①CVD 生长 SiO_2 或 Si_3N_4 介质层，CMP 磨平 SiO_2 介质层的平坦化工艺；②光刻工艺曝光接触孔图形，刻蚀 SiO_2 或 Si_3N_4 介质打开接触孔，热退火回流形成光滑的接触孔形状；③PVD 生长阻挡层（如 Ti/TiN），CVD 金属钨栓塞（W-Plug），CMP 金属钨；④为了形成良好的金属与硅衬底的欧姆接触而进行的中温（约 400℃）退火。

接触孔工艺是集成电路制造中的关键工艺，也是技术难度最高的工艺之一。接触孔的尺寸是集成电路工艺中最小的尺寸之一，是决定芯片面积的关键尺寸。考虑到接触孔有的是在源漏硅衬底上，有的是在多晶硅栅上，这样就导致需要被干法刻蚀掉的 Si_3N_4 或 SiO_2 的厚度不同，也就是说，接触孔的深度不一致，容易引起浅的接触孔下面的材料被损伤或刻蚀掉，所以要求干法刻蚀的选择比很高，既要将介质膜刻蚀完，又不能损坏其下面的材料。为此，通常在介质层中加入 Si_3N_4 作为阻挡层（Barrier Layer）。干法刻蚀的气体通常是 CF_4、C_2F_6、C_3F_8、NF_3、He 等气体，以及它们的混合气体。接触孔的形状也是需要重点关注的，上、下尺寸要求基本一样，孔的表面平滑，上开口稍微打开（像一个喇叭口），以确保阻挡层的均匀性，并形成良好的覆盖。为了形成接触孔开口良好、光滑的形状，通常在 SiO_2 介质层中掺杂硼和磷，形成硼磷硅玻璃或磷硅玻璃（用热退火回流形成）。最后的 CMP 金属钨或干法刻蚀金属钨，是为了去除残留在 SiO_2 表面的多余的钨，以便形成互相隔离的接触孔（通常其形状是圆形的）。

撰稿人：中芯国际集成电路制造有限公司　余山
审稿人：中芯国际集成电路制造有限公司　卜伟海

▷▷▷ 6.6.8　铝/铜互连工艺与双镶嵌法，鋁/銅互連製程與雙鑲嵌法，Al/Cu Interconnect and Dual Damascenes

铝/铜互连工艺是指将前段工艺制备的晶体管连接起来的工艺。硅片上的金属互连工艺过程是应用化学方法和物理方法制备金属连线的过程，这些金属线在 IC 电路中负责传导信号，而周围介质层的物性对邻近金属线的影响很大。在金属互连中，接触孔（Contact）是指硅芯片内器件与第一金属层之间的连接，过孔（Via）是指相邻金属层之间的连接。连接通道中填充薄膜金属，以便在两层金属层之间形成电学连接。多层金属互连是指金属/平面金属/垂直过孔的重复叠加，只是金属连线与过孔的尺寸上的变化，以及平面金属连线的厚度上的变化。互连的金属主要有铝、铝-硅合金、铝-铜合金等。0.13μm 以前的互连技术是在铝工艺基础上发展出来的较为系统的铝互连工艺技术，其中包括铝刻蚀和铝沉积等工艺模块。

对于集成电路来说，由于集成度和工作频率的提高，为了减小 RC 延迟和互连金属的电阻，用铜替代铝是必然的趋势；同时还需要用低 k 层间介质（ILD）来减小寄生电容。铜互连技术是 Intel 公司率先在 0.13μm 技术代的产品中大规模引入生产线的，是一种在逻辑器件产品中全面替代铝互连的技术。由于采用铜具有较高的电导率，从而使互连线的厚度降低（导电界面减薄），在保持较高电导的同时，降低其电容，提高工作频率。铜互连的技术特点是，由于其具有更小的电阻和更大的电子迁移率，减小了互连能耗和互连时延，提升了芯片速度。但是铜具有不可挥发性，所以铝互连技术中的金属刻蚀技术无法在铜互连工艺中继续应用。

为此，一种用于铜互连的新型工艺技术——双镶嵌法（Dual Damascenes）被研发出来，这种技术也称为"双大马士革法"。所谓的双镶嵌法，就是在介质上打孔和挖槽，然后将铜填充进去，再进行 CMP，如图 6-44 所示。由于铜的扩散性和迁移率较高，在介质中填充铜会导致铜原子扩散渗透到介质中，从而导致互连的可靠性变差。为此，需要在铜与介质之间通过物理沉积制备一层阻挡层（Ta/TaN）来阻止铜的扩散，然后通过物理沉积制备一层铜籽晶层，再通过电镀技术将铜填入通孔和沟槽，多余的部分通过化学机械研磨去除掉。

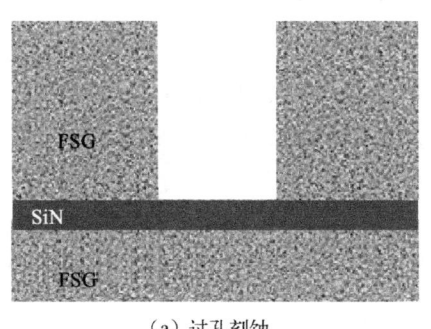
(a) 过孔刻蚀

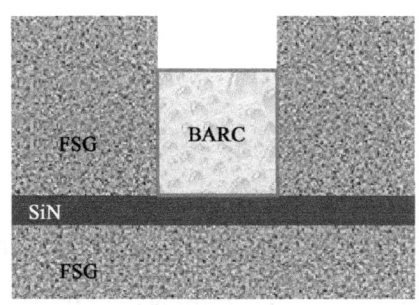
(b) 填充

图 6-44　0.13μm 技术代铜互连中双镶嵌法工艺流程示意图

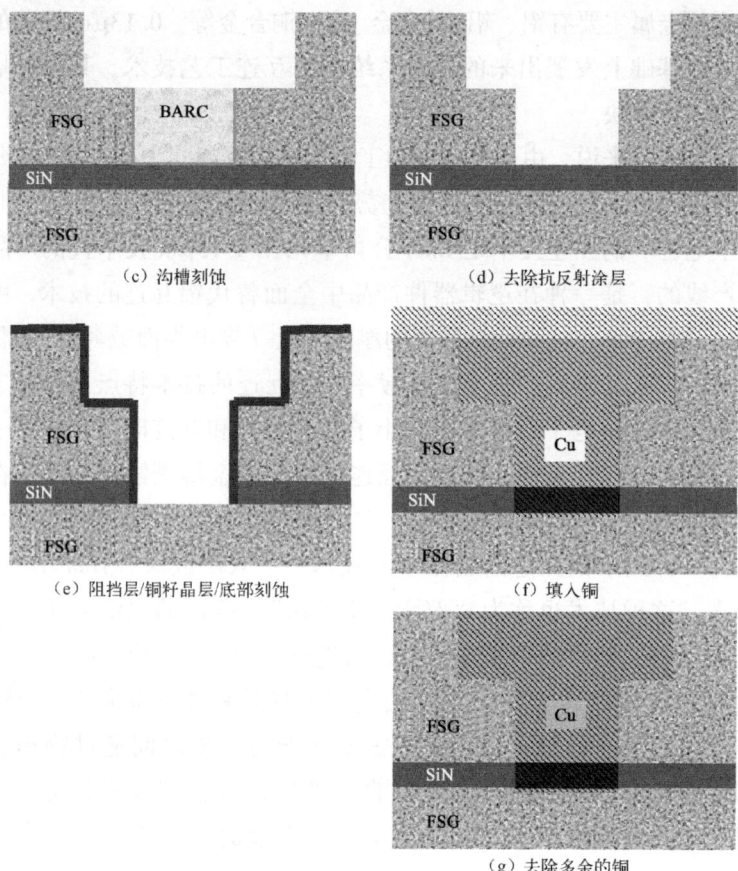

图 6-44　0.13μm 技术代铜互连中双镶嵌法工艺流程示意图（续）

撰稿人：中芯国际集成电路制造有限公司　余山　吴汉明
审稿人：中芯国际集成电路制造有限公司　卜伟海

▷▷▷ 6.6.9　双重图形化技术，雙重圖形化技術，Double Patterning Technology（DPT）

双重图形化又称双曝光或两次曝光，其思路是将同一图形层的数据分成两次或两张掩模版分别成像。随着集成电路制造技术的发展，光刻技术面临着巨大挑战，从而对版图设计的要求也更为严格。例如，为了保证图形转移的质量，设计规则倾向于将同一层图形的线条按一个方向排列。尽管如此，当同一方向排列的线条的节距接近 80nm 时，也已达到 193nm 浸没式光刻机单次曝光的极限；如果节距小于 80nm，在更先进的光刻机被应用于量产前，必须采用双重或多重图形化技术。目前，在工业界最常见的双重图形化技术有两种，即自对准双重图形化（Self-Aligned Double Patterning，SADP）技术和光刻-刻蚀-光刻-刻蚀（Litho-Etch-Litho-Etch，LELE）双重图形化技术。SADP 技术先利用浸没式光刻机形成节距较大的线条，再利用侧墙图形转移的方式形成 1/2 节距的线条，这种技术比较适合线条排列规则的图形层，如 FinFET 工艺中的 Fin 或后段金属线条。由 SADP 技术还可发展出自对准四重图形化（Self-Aligned Quadruple Patterning，SAQP）技术或自对准多重图形化（Self-Aligned Multiple Patterning，SAMP）技术。SADP 技术大大降低了对光刻机的要求，而且也不存在套准的问题，但增加了对设计图形的限制；对于复杂分布的小尺寸高密度图形，则需采用 LELE 方式实现双重图形化。如图 6-45 所示，LELE 双重图形化技术需要先将图形按一定的算法拆分成两层并分别制作掩模版，使得每一层图形都能在光刻能力限制范围内。常见的 LELE 工艺流程为，首先用第 1 张掩模版曝光并刻蚀，将图形转移到硬掩模上；然后用第 2 张掩模版曝光，利用第 2 次曝光形成的光刻胶及第 1 次刻蚀形成的硬掩模作为阻挡进行第 2 次刻蚀，同时将两层掩模版的图形转移到目标圆片上。LELE 双重图形化技术根据应用场景的不同，在实施时稍有差别，但无论采用何种方式，关键是要保证最终图形与设计图形尽可能接近[1]。LELE 方式的技术难点在于图形的拆分与组合，两次曝光的套准，以及避免图形在多次转移过程中质量变差等。除了上述两种双重图形化技术，还有对同一层曝光两次，然后刻蚀一次的方式，但是这种方式对光刻胶的要求很高，在业界较少采用。

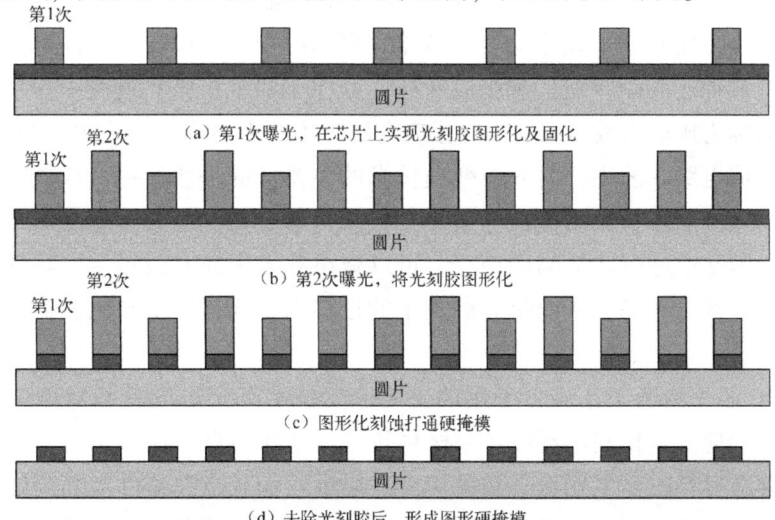

(a) 第1次曝光，在芯片上实现光刻胶图形化及固化

(b) 第2次曝光，将光刻胶图形化

(c) 图形化刻蚀打通硬掩模

(d) 去除光刻胶后，形成图形硬掩模

图 6-45　LELE 工艺流程示意图

从严格意义上来说，32nm/28nm 节点是采用全部单次曝光技术的最后一代，虽然在栅极光刻中用到端对端切割技术，但也仅被认为是一种准双重图形化技术。20～14nm 节点关键层均开始采用双重图形化，包括 SADP 和 LELE。到了 7nm 节点，就可能需要采用 SAQP 和 LE 多次的技术，这种将一层图形拆分成多层的方式突破了光刻机的极限，但也提高了工艺复杂度，所以对成品率有不利的影响。同时，由于掩模版是集成电路制造中价格最高的工艺材料，光刻机是价格最高的工艺设备，所以双重或多重图形化技术明显增加了制造成本。随着 EUV 光刻技术的成熟，在 7nm/5nm 节点的关键图层极有可能采用 EUV 光刻。

参考文献

[1] XIAO H（萧宏）. 半导体制造技术导论 [M]. 杨银堂，段宝兴，译. 北京：电子工业出版社，2013.

撰稿人：中芯国际集成电路制造有限公司　　吴汉明　　卜伟海
　　　　美国科天（KLA-Tencor）公司　　萧宏
审稿人：中芯国际集成电路制造有限公司　　李明华

▷▷▷ **6.6.10　应变硅（压应力/张应力），應變矽（壓應力/張應力），Strained Silicon（Compressive Stress/Tensile Stress）**

应变硅技术是指在利用工艺过程中不同材料晶格常数失配或材料热膨胀差异产生的应力使硅原子发生应变的技术。根据应变的不同，应变硅可以分为压应变硅（硅原子间距收缩）和张应变硅（硅原子间距扩张）两种。压应变所产生的应力称为压应力或压缩应力，张应变所产生的应力称为张应力或拉伸应力。在先进集成电路工艺中，引入应变硅技术的主要目的是通过提高载流子迁移率来增大场效应晶体管驱动电流。由于晶格结构的变化，应变硅的能带结构会发生改变，因此通过引入适当的应变，可以减小载流子的有效质量，降低载流子输运过程的散射概率，从而提高载流子的迁移率，这是应变硅能够提升器件性能的机理。

在 IC 芯片制造工艺中，采用的主流应变技术有全局应变和局域应变两大类[1]。全局应变是指利用器件薄层材料和晶片之间的自然晶格常数失配，在整个器件薄层材料内产生相对一致的应变。局域应变是指在器件表面局部区域引入应力，通过局部区域作用到 MOS 器件沟道。局域应变作用的效果与器件结构密切相关，而应力临近度（即局域应力层临近器件沟道的距离）是一个重要的指标。在锗硅衬底上外延生长硅薄层是常见的全局应变工艺，较大的锗硅晶格常数将使硅薄层的晶格常数大于原始值，从而在硅层内形成张应变，其应力大小主要由硅薄层厚度与锗硅虚衬底中锗的含量决定。与全局应变不同，局域应变主要通过在芯片制造工艺中局部引入应力来实现，如在器件源漏区选择性外延锗硅外延等，其产生的应力不仅与锗的浓度相关，而且与器件的结构（尤其是外延层对沟道的临近度）有密切关系。另外，由于应力还受到栅侧墙介质、浅槽隔离介质、硅化物或绝缘夹层的影响，虽然研究结果表明电子的迁移率在应变硅材料中可以提升70%，但是制成器件后实测的改善效果却小于理想结果。由此可见，器件结构和工艺流程因素限制了器件性能的提升。

根据应变的作用方向差异，应变还可以分为双轴应变（Biaxial Strain，在晶片表面的 x 和 y 两个方向上形成相对一致的应力）和单轴应变（Uniaxial Strain，在晶片表面主要沿单一方向的应变）。

针对 CMOS 应用的研究结果表明，沿沟道方向的张应力有利于提升电子迁移率，故用于 nMOS 器件；而沿沟道方向的压应力有助于提升空穴迁移率，故用于 pMOS 器件[2]。集成电路发展到 90nm 节点以后，开始在 MOSFET 器件中使用应变硅技术，早期引入的应变硅技术包括针对 pMOS 器件的锗硅源漏外延技术和针对 nMOS 器件的应力层技术。锗硅源漏外延技术是指在 pMOS 器件的源漏区域选择性外延生长原位掺杂的锗硅，利用锗硅晶格常数高于硅，在器件沟道区产生压应变。采用应力层技术可以生长一层应力层介质材料，通过热作用等在器件沟道区产生应变，如应力记忆技术（Stress Memorization Technique，SMT）和接触孔刻蚀停止层（Contact Etch Stop Layer，CESL）技术。根据工艺的不同，应力层技术可以产生张应变和压应变，目前最常用的是 nMOS 器件的张应变层。此外，还可以引入双应力层（Dual Stress Liner，DSL）在 pMOS 和 nMOS 器件上分别实现压应变和张应变，但其集成难度大，较少用于实际工艺中。对于 nMOS 器件而言，还可以在源漏选择性外延碳化硅层或极高磷掺杂浓度的 Si：P 层，产生沿沟道方向的张应变。

参考文献

[1] XIAO H（萧宏）. 半导体制造技术导论［M］. 杨银堂，段宝兴，译. 北京：电子工业出版社，2013.

[2] 王敬. 延伸摩尔定律的应变硅技术［J］. 微电子学，2008，38（1）：50-56.

撰稿人：美国科天（KLA-Tencor）公司　　萧宏
　　　　中芯国际集成电路制造有限公司　　吴汉明　唐粕人
审稿人：中芯国际集成电路制造有限公司　　卜伟海

6.6.11 嵌入式源漏选择性外延，嵌入式源漏選擇性磊晶，Embedded Source and Drain Selective Epitaxy

嵌入式源漏选择性外延是指在 MOS 晶体管的源漏区域，选择性地外延生长一层原位掺杂的半导体单晶层（如掺杂的单晶硅或锗硅）。这也是单轴应变 (Uniaxial Strain) 的应用实例。因为使用嵌入式源漏工艺可以使得 MOS 场效应晶体管性能显著提升，包括开态电流的增大和开关速度的增加，故被广泛用于逻辑集成电路 65nm 以下技术节点。目前在集成电路工业中，对于 pMOS 场效应晶体管，嵌入式源漏工艺一般是指在源漏区域外延生长一层 p 型掺杂（如硼等）的单晶硅锗 SiGe；而对于 nMOS 场效应晶体管，一般是指在源漏区域外延生长一层 n 型掺杂（如磷、砷等）的单晶硅 Si 或碳化硅 SiC。

通常，选择性外延是在低温下进行的。降低外延生长温度的一个方法是降低工艺过程中的压力，目前减压的外延生长是在 40~100Torr 压力下操作的，所需的工艺温度约为 1000℃。当工艺压力进一步降低到 0.01~0.02Torr 时，操作的温度可以降低到 750~800℃[1]。产生的应力大小除了与工艺参数和锗等杂质浓度的分布有关，还与锗硅与沟道不同的相对位置密切相关。

源漏选择性外延一般采用氮化硅或二氧化硅作为硬掩模遮蔽层，利用刻蚀气体抑制遮蔽层上的外延生长，仅在曝露出硅的源漏极区域实现外延生长。源漏选择性外延工艺一般包括外延前预清洗、外延 SiCoNi 清洗、原位氢气烘焙、选择性外延生长 4 个步骤。外延前预清洗一般在酸槽中进行，采用氢氟酸（HF）和 RCA 清洗表面氧化层和杂质；外延 SiCoNi 清洗用于去除自然氧化层；原位氢气烘焙进一步降低硅片表面的氧原子、碳原子含量；选择性外延生长，即利用化学气相外延方法，通入反应气体源，包括硅源（如 SiH_4、SiH_2Cl_2、Si_2H_6 等）、锗源（GeH_4）、刻蚀气体（HCl、Cl_2）、载流气体（H_2、N_2）等，在硅片表面通过气相化学反应生长外延层。

对于 pMOS 器件的嵌入式锗硅工艺，利用锗、硅晶格常数的不同，在源漏区域外延生长锗硅（晶格常数大于硅）后，在 MOS 器件的沟道区会产生单轴压应力，可以提升 pMOS 器件的空穴迁移率[2]。在嵌入式锗硅外延工艺开发中，一方面应通过外延工艺的优化提高锗硅的锗含量和增大原位掺杂浓度，以获得更高器件性能；另一方面还需要注意控制外延生长过程中产生的各种缺陷，如生长不均、晶格缺陷（如位错、堆叠缺陷）等。另外，随着技术的发展，器件结构的变化，嵌入式锗硅外延工艺也发生着相应的变化。早期平面 MOS 器件中嵌入式锗硅外延倾向于采用Σ形状的结构，而随着三维器件 FinFET 的出现，锗硅外延更倾向于采用"U"形结构的源漏。

对于 nMOS 器件，源漏选择性外延技术主要包括在源漏区域掺杂硅外延生长和掺杂碳化硅外延生长两种技术。在 nMOS 器件中，通过掺杂硅在源漏区域的外延生长，可以提升源漏区域的硅表面水平位置，从而降低寄生电阻和后续硅化物产生的穿刺缺陷。为了进一步提升器件的性能，源漏外延 SiC 技术被提出，即在 nMOS 器件的源漏区选择性外延 SiC。由于 SiC 晶格常数小于硅，将在 nMOS 沟道区产生单轴张应变，从而可以提高沟道电子的迁移率。但在实际工艺中，由于碳和硅的晶格常数相差较大，源漏外延 SiC 会导致出现外延缺陷过多、应力释放等问题，因此该技术尚需进一步研发。

参考文献

[1] XIAO H（萧宏）. 半导体制造技术导论［M］. 杨银堂，段宝兴，译. 北京：电子工业出版社，2013.

[2] 王敬. 延伸摩尔定律的应变硅技术［J］. 微电子学，2008，38（1）：50-56.

撰稿人：中芯国际集成电路制造有限公司　唐粕人　吴汉明
　　　　美国科天（KLA-Tencor）公司　萧宏
审稿人：中芯国际集成电路制造有限公司　卜伟海

6.7 集成工艺

6.7.1 前段集成工艺，前段整合製程，FEOL Integration Flow

1. 浅槽隔离工艺

浅槽隔离（Shallow Trench Isolation，STI）工艺示意图如图 6-46 所示。首先，对硅衬底进行热氧化（称为初始氧化（Initial-ox）），然后以 LPCVD 方式沉积一层氮化硅。接下来进行光刻，具体步骤为：旋涂一层光刻胶（Photo Resist，PR），然后通过掩模版（俗称"AA"版）进行紫外线（UV）曝光（有源区不会受到 UV 照射），显影后通过干法刻蚀去除曝露的氮化硅和初始氧化物；去掉光刻胶后，进行 Si 的刻蚀（露出的氮化硅充当刻蚀的硬掩模），在 Si 衬底上刻蚀出浅槽。浅槽的刻蚀要达到足够深度，以满足电学隔离的需要（如 300~500nm 可满足 2.5~3.3V 电隔离）。掩模材料（如 PR 类的软掩模和氮化硅之类的硬掩模）必须足够厚，足以承受后续对氮化硅、二氧化硅和硅的等离子体刻蚀。硅槽形成后，进行氧化，以在槽内形成一层"衬里"（或称线氧化（Liner Oxide）），并通过 CVD 方法在槽内填充氧化物（厚度略超过槽的深度），并且通

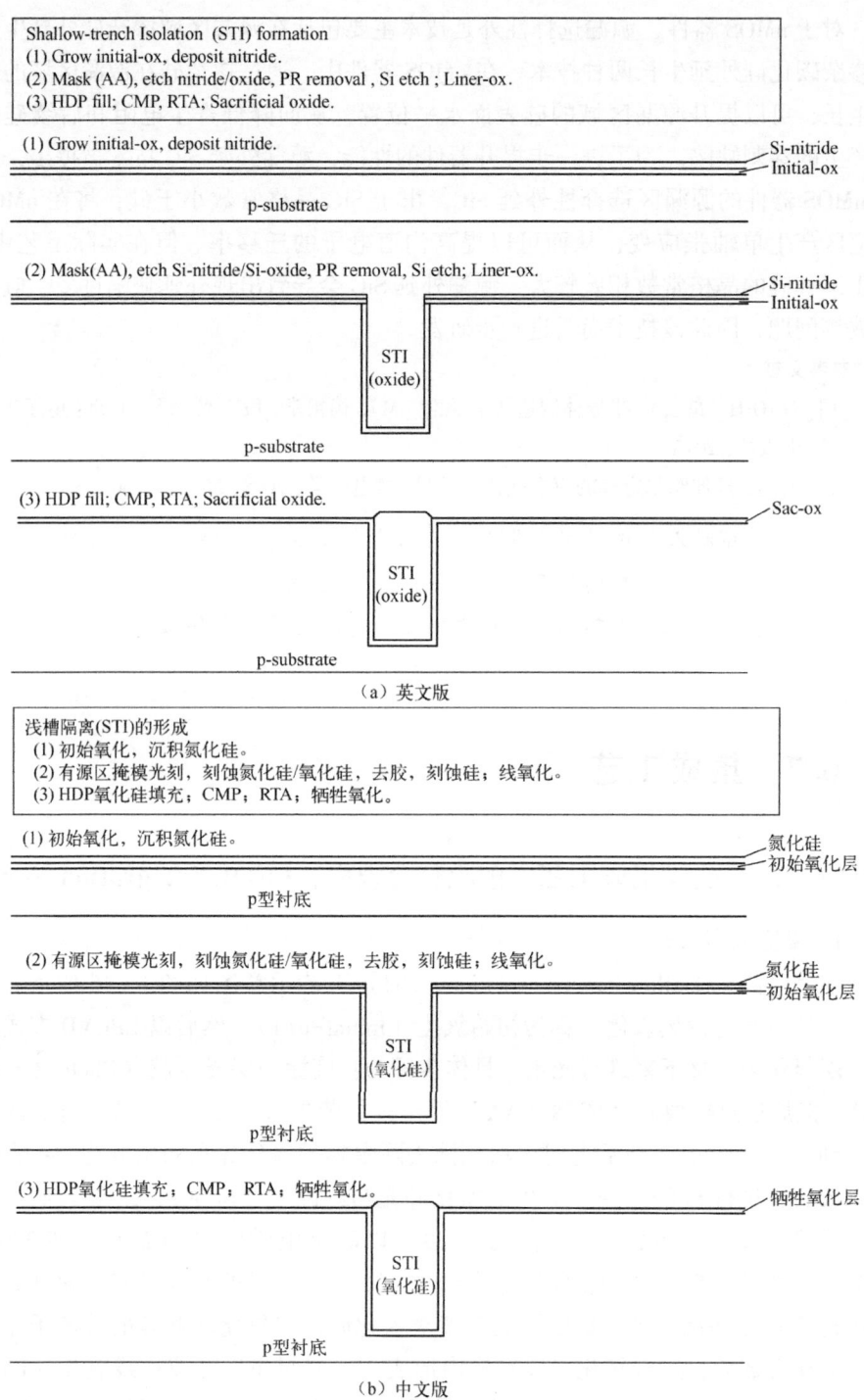

图 6-46 浅槽隔离（STI）工艺示意图

过快速热退火（RTA）使 CVD 沉积的氧化物坚硬。之后进行化学机械抛光（CMP）使表面平坦化，随后去除残余的氮化硅和二氧化硅。接下来在表面生长一层新的热氧化层——牺牲氧化层（Sacrificial Oxide），以减少界面的缺陷。高密度等离子体（High Density Plasma，HDP）CVD 比 LPCVD 沉积氧化物有更好的填充间隙能力，因此广泛用于 CMOS 制造工艺（0.13μm 及以下的节点）。新的流体化学气相沉积（Flowable CVD，FCVD）比 HDPCVD 具有更好的填充间隙能力，因此广泛用于 14nm 及以下的节点。

2. 双阱和深 n 阱工艺

双阱（Dual Well）工艺示意图如图 6-47 所示，包括形成掩模图形（分别曝露 n 阱区和 p 阱区）和穿过牺牲氧化层的离子注入。n 阱和 p 阱的形成顺序对场效应晶体管的性能影响不大。之后会在 n 阱中形成 pMOS，在 p 阱中形成 nMOS。n 阱和 p 阱的离子注入通常以不同的能量、剂量和种类分多次进行。这些离子注入用于阱的形成，同时也用于调整 pMOS 和 nMOS 的阈值电压，以及防止源漏穿通（Punch-Through）电流。n 阱离子注入后，使用 RTA 激活杂质离子和推进杂质深度。同样，用类似的方法可形成深 n 阱（Deep n-Well，DNW），使用掩模图形曝露深 n 阱区用于高能离子注入，可用于隔离 p 阱（如隔离深 n 阱内、外的 p 阱）。

3. 栅氧化层（Gate Oxide）和多晶硅栅（Poly Gate）工艺

双层栅氧化层和多晶硅栅叠层工艺示意图如图 6-48 所示。用湿法去掉牺牲氧化层后，通过热氧化生长第 1 层栅氧化层（Gate-ox-1，为了提高质量和降低内部缺陷），然后形成核心场效应晶体管区的掩模图形（使用掩模"Core"曝露核心区域），接着浸入到 HF 溶液中，随后在核心场效应晶体管区通过热氧化的方式生长晶体管的第 2 层栅氧化层（Gate-ox-2）。注意，在 I/O 晶体管区（非核心区）经历了两次氧化，因此 I/O 晶体管的栅氧化层更厚一些。当核心区域和 I/O 区域都已经生长晶体管后，沉积多晶硅层（Poly-Si）和硬掩模层（薄的 SiON 和 PECVD 二氧化硅）。沉积栅叠层（Gate-Stack）后，进行图形化硬掩模（经过光刻步骤）。去除光刻胶后，将 SiON 和二氧化硅作为硬掩模进行多晶硅刻蚀。去除 SiON 后，利用氧化炉或快速热氧化（RTO）形成多晶硅栅叠层侧壁的再氧化（小于 3nm），以修补栅氧化物中的损伤和缺陷。因为栅的形状决定了场效应晶体管沟道的长度，即 CMOS 场效应晶体管中的最小关键尺寸（Critical Dimension，CD），因此栅叠层图形化通过硬掩模方案（而不是光刻胶图形化方案）会获得更好的分辨率和一致性。两次栅氧化的结果使得 I/O 场效应晶体管的栅氧层较厚而核心场效应晶体管的栅氧层较薄。

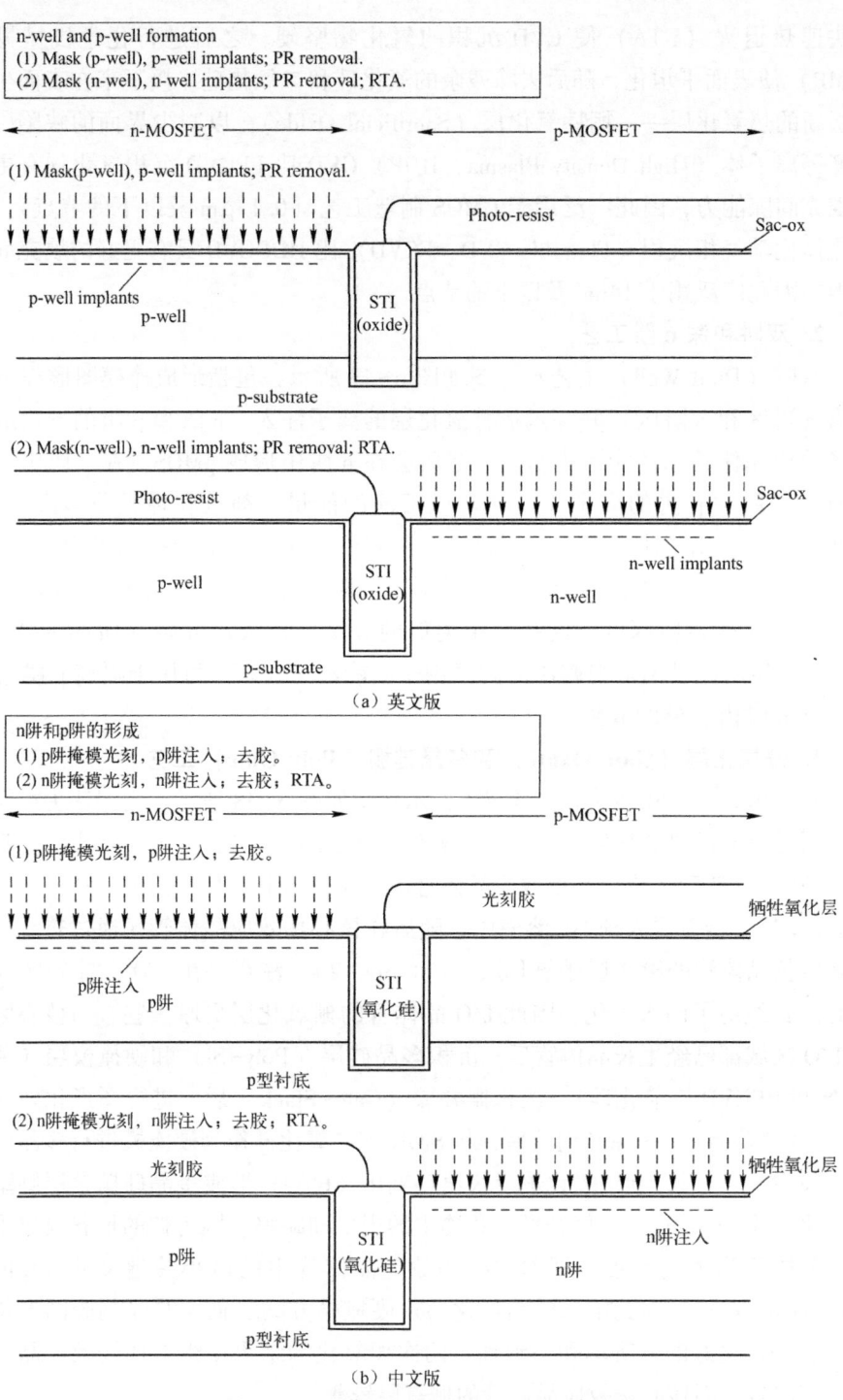

图 6-47 双阱（Dual Well）工艺示意图

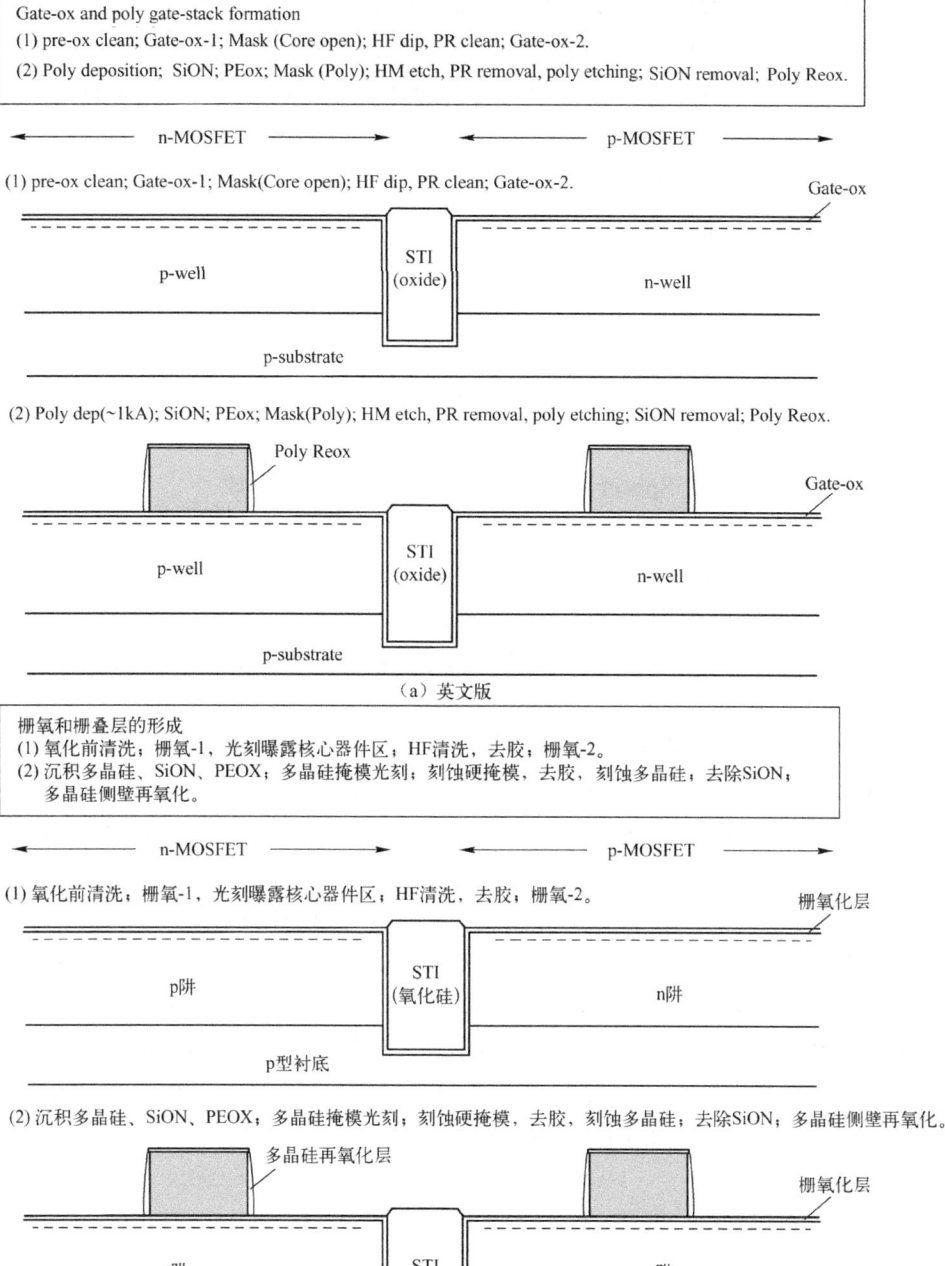

图 6-48 栅氧化层和多晶硅栅叠层工艺示意图

4. 补偿侧墙（Offset Spacer）和 n/p 轻掺杂漏极（n/pLDD）工艺

补偿侧墙和 n/p 轻掺杂漏极工艺示意图如图 6-49 所示。首先沉积一薄层氮化硅或氮氧化硅（通常约 2nm），然后进行回刻蚀（Etch-Back），在栅的侧壁上形成一个薄层侧墙（Spacer）。在补偿侧墙刻蚀后，剩下的氧化层厚度约为 2nm。在硅表面保留的这一层氧化层，在后续每步工艺中将发挥重要的保护作用。补偿侧墙用于隔开和补偿由于 LDD 离子注入（为了减弱短沟道效应）引起的横向扩散，对于 45nm/28nm 或更先进的节点，这一步是必要的。然后分别对 nMOS 和 pMOS 进行轻掺杂漏极（LDD）离子注入。完成离子注入后，用尖峰退火（Spike Anneal）技术去除缺陷并激活 LDD 注入的杂质。nLDD 和 pLDD 离子注入的顺序、能量、剂量，以及尖峰退火或 RTA 的温度，对晶体管的性能都有重要的影响。

5. 主侧墙（Main Spacer）和 n^+/p^+ 源漏（S/D）的形成

形成主侧墙和 n^+/p^+ 源漏的工艺示意图如图 6-50 所示。首先，沉积四乙基原硅酸盐氧化物（即使用正硅酸乙酯 TEOS 前驱的 CVD 氧化物，简称 TEOS-ox）和氮化硅的复合层，并对 TEOS-ox 和氮化硅进行等离子体回刻，以形成复合主侧墙。然后，对 nMOS 区域和 pMOS 区域分别进行自对准的 n^+ 和 p^+ 注入形成源漏。RTA 和尖峰退火被用于去除缺陷，并激活在源漏注入的杂质。

6. 锗硅（SiGe）外延（pMOS 源漏）

自 32nm 节点以来，CMOS 器件结构已从多晶硅栅（如硅氧化/多晶硅结构）和非应变源漏结构演变到利用高 k 栅介质/金属栅（High-k/Metal-Gate，HKMG）[1] 和应变硅源漏，如图 6-51 所示。其制造工艺流程如下：首先形成补偿侧墙（Offset Spacer），经 n^+/p^+ 轻掺杂源漏后，选择性地进行图形化，在 p 型源漏区先进行干法刻蚀，使其凹陷适当的深度（30~100nm）；然后采用湿法各向异性刻蚀形成"钻石形腔"（Diamond Cavity，又称"Σ"形状）；接着外延锗硅（SiGe）形成 pMOS 的源漏，p 型掺杂可由原位硼掺杂或硼离子注入和快速热退火（RTA）来形成。p 型源漏的钻石形锗硅面向沟道的邻近尖点（Diamond Tip），可有效地增强沿沟道方向的压应力，因此也增强了沟道空穴迁移率。

7. 应力记忆技术

在传统的 CMOS 工艺（如 32nm 或更早的节点）中，对 nMOS 而言，可同时运用多晶硅栅的变形（多晶硅栅的 SMT）和源漏收缩（源漏的 SMT）来叠加产生应力记忆技术（Stress Memorization Technique，SMT）效应，以增强 nMOS 沟道电子的迁移率。但是在先进的高 k 金属栅 CMOS 工艺（即 28nm 或更先进的节点）中，多晶硅栅被"清除"了，多晶硅栅的 SMT 也随之消失，因此只能加强利用 n 源漏产生的 SMT 效应。n 源漏的 SMT 工艺流程如图 6-52 所示。首先进行

Offset spacer and n/pLDD formation
(1) Spacer-SiN deposition and etch-back.
(2) Mask (nLDD); implants (nLDD + pocket); PR removal; spike anneal.
(3) Mask (pLDD); implants (PAI+ pLDD, pocket); PR removal; spike anneal.

←——— n-MOSFET ———→ ←——— p-MOSFET ———→

(1) Offset Spacer-SiN deposition and etch-back.

←——— n-MOSFET ———→ ←——— p-MOSFET ———→

(2) Mask(nLDD); implants(nLDD+packet); PR removal; spike anneal.

(3) Mask(pLDD); implants(PAI+pLDD, packet); PR removal; spike anneal.

(a) 英文版

图 6-49 补偿侧墙和 n/p 轻掺杂漏极工艺示意图

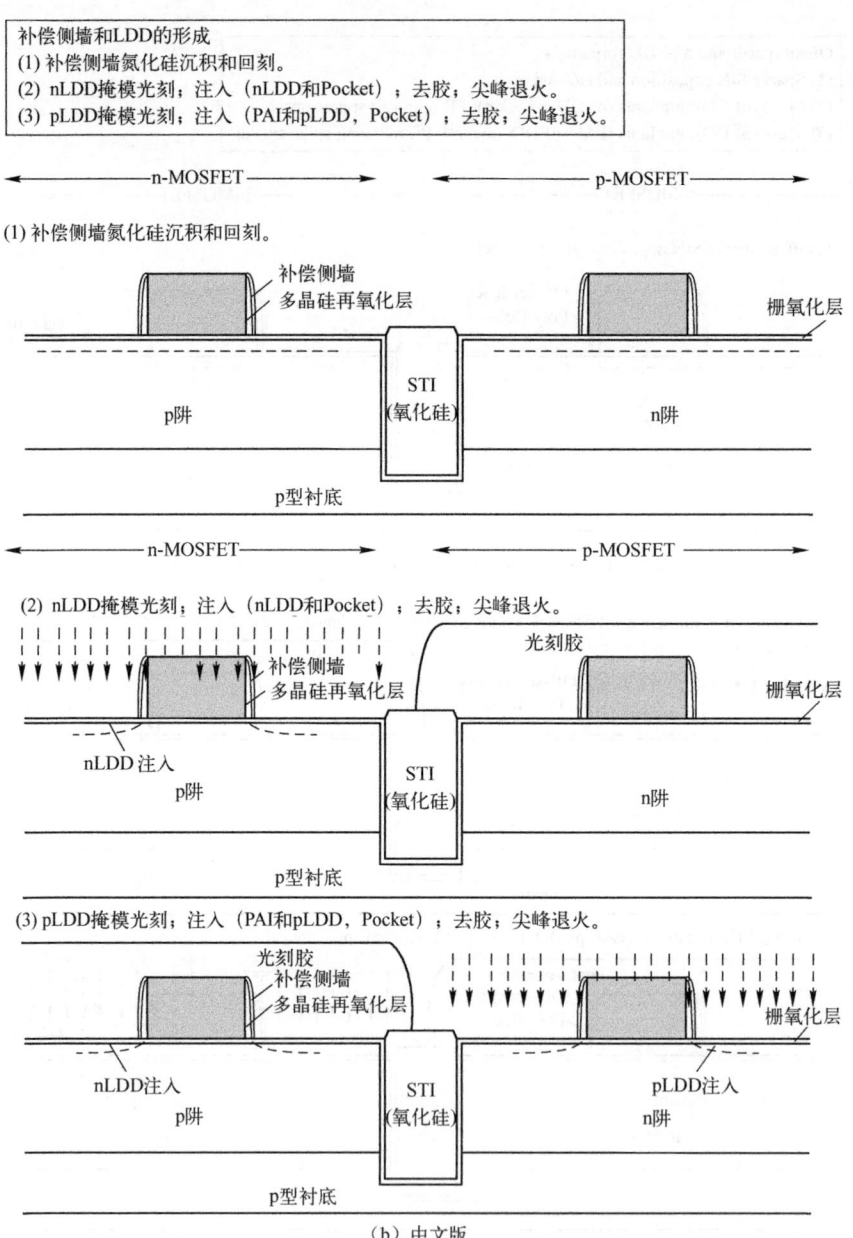

图 6-49 补偿侧墙和 n/p 轻掺杂漏极工艺示意图（续）

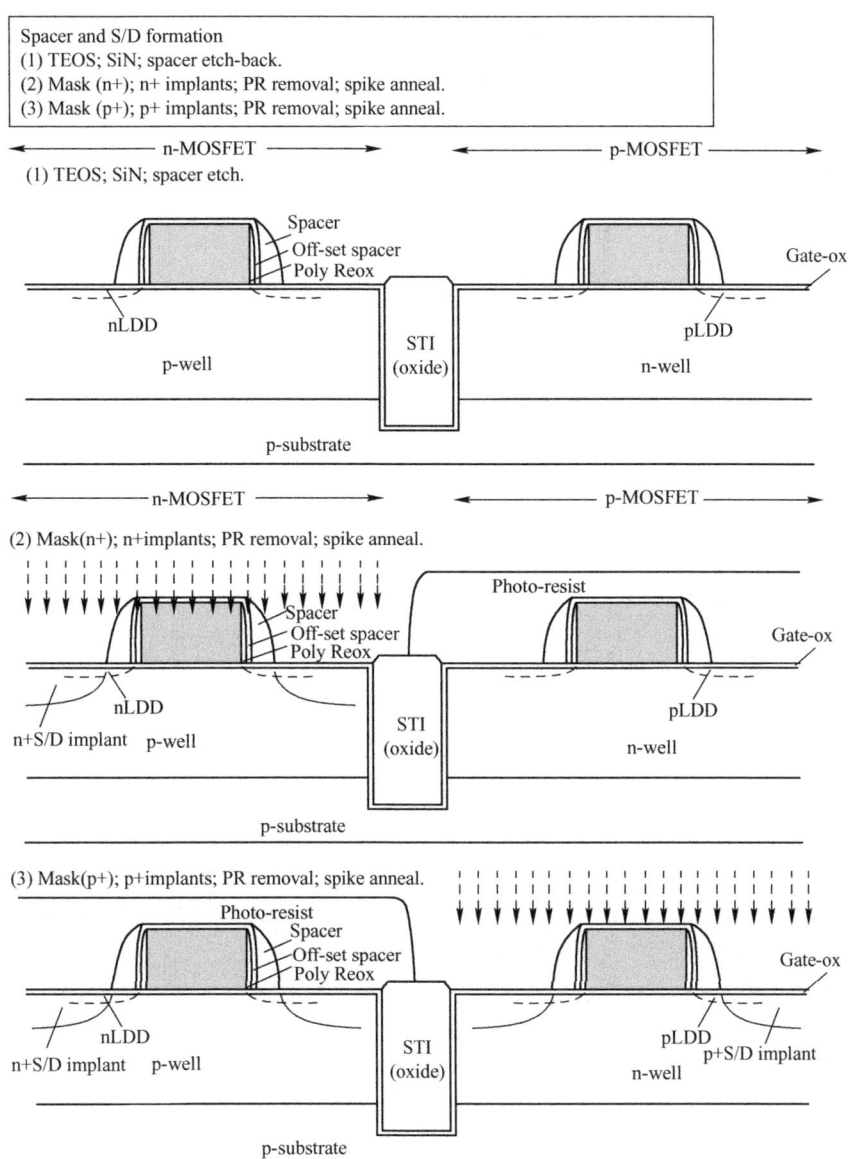

(a) 英文版

图 6-50 形成主侧墙和 n^+/p^+ 源漏的工艺示意图

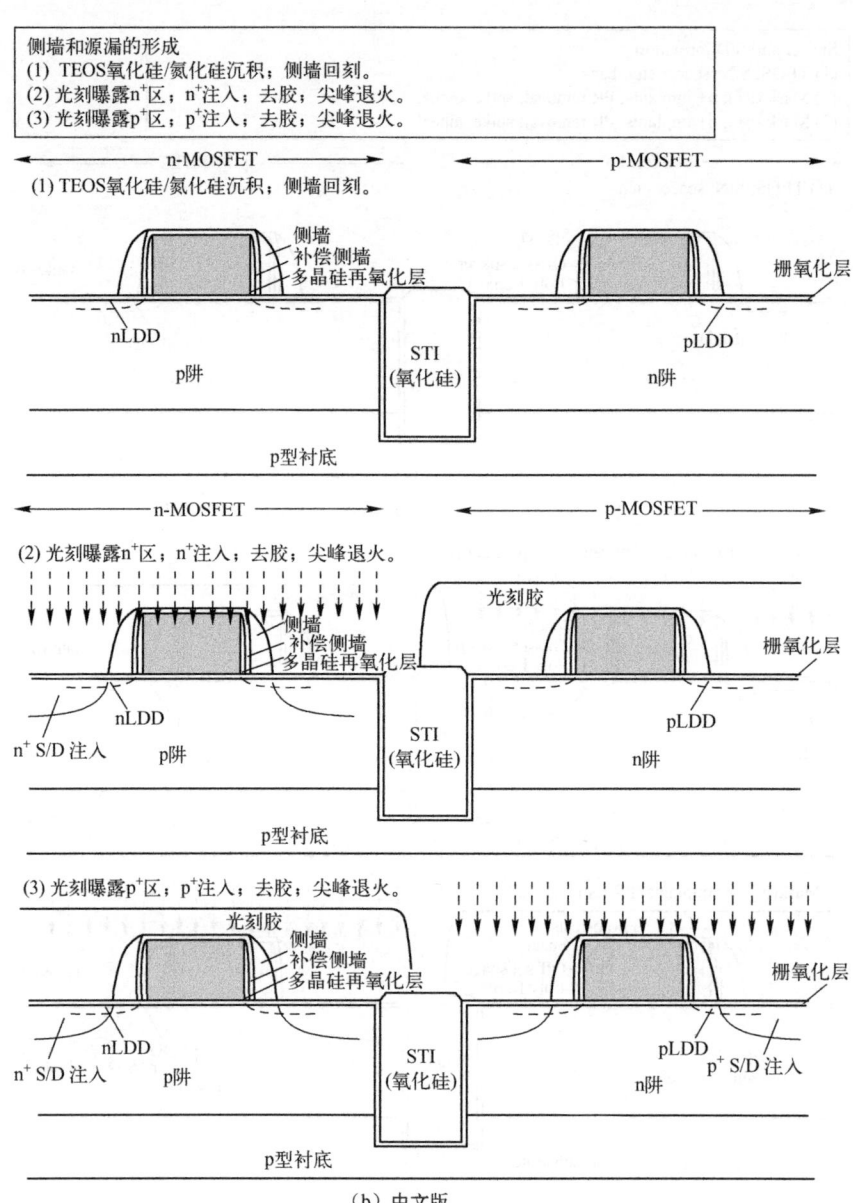

(b) 中文版

图 6-50 形成主侧墙和 n^+/p^+ 源漏的工艺示意图（续）

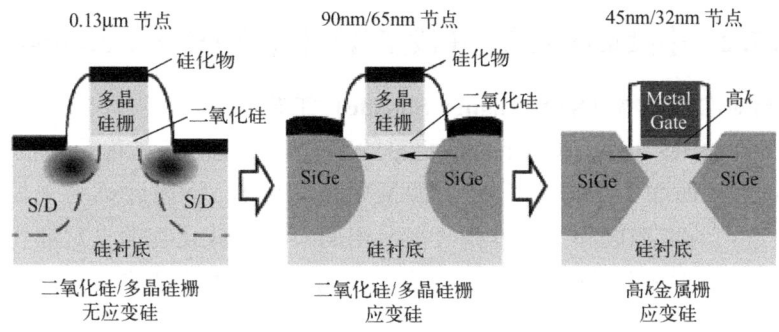

图 6-51 p 源漏结构的演变[2]

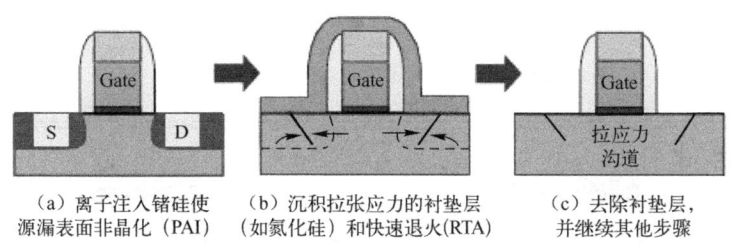

图 6-52 n 源漏的 SMT 工艺流程[3]

的是离子注入锗硅，使 n 源漏表面非晶化；然后沉积有张应力的衬垫层（如氮化硅）和快速热退火（RTA），引起 n 源漏区的拉张应变产生位错，使其延伸到栅边缘源漏下面；最后去除衬垫层，并继续执行其他步骤。

参考文献

[1] MISTRY K, ALLEN C, AUTH C, et al. A 45nm logic technology with high-k + metal gate transistors, strained silicon, 9 Cu interconnect layers, 193nm dry patterning, and 100% Pb-free packaging：IEDM 2007, Washington, DC, December 10-12, 2007[C]. Washington, DC：IEEE, 2007.

[2] JAN C H, AGOSTINELLI M, DESHPANDE H, et al. RF CMOS technology scaling in high-k/metal gate era for RF SoC (System-on-Chip) applications：IEDM 2010, San Francisco, December 6-8, 2010[C]. San Francisco：IEEE, 2010.

[3] LIM K Y, LEE H, RYU C, et al. Novel stress-memorization-technology (SMT) for high electron mobility enhancement of gate last high-k/metal gate devices：IEDM 2010, San Francisco, December 6-8, 2010[C]. San Francisco：IEEE, 2010.

撰稿人：中芯国际集成电路制造有限公司　季明华
审稿人：中芯国际集成电路制造有限公司　吴汉明　卜伟海

▷▷▷ 6.7.2 中段集成工艺，中段整合製程，MOL Integration Flow

1. 自对准硅化物（Self-Aligned Silicide）工艺

传统的 CMOS 工艺（如 32nm 或更早的节点上）是基于氧化硅/多晶硅结构形成源漏的（即非 HKMG 和非应变源漏的工艺流程），因此称为先栅（Gate First）工艺。在有源区和多晶硅栅区多采用同时形成硅化物的自对准技术，如图 6-53 所示。形成多晶硅栅和源漏之后，先用湿法或干法清除在有源区（AA）

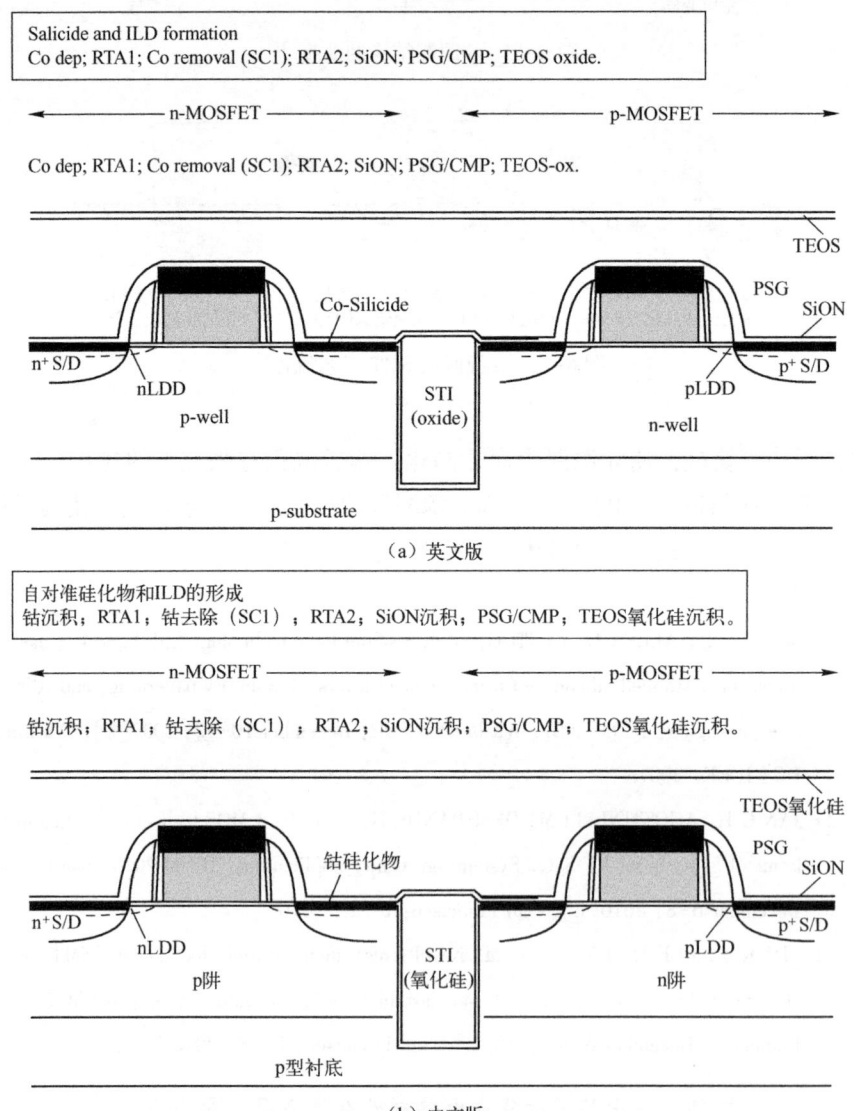

图 6-53 形成自对准多晶硅化物的工艺示意图

和多晶硅栅表面的氧化物，溅射一薄层（厚度范围 10~20nm）金属（钴 Co 或镍 Ni），紧接着进行第 1 次 RTA（温度范围为 400~550℃），与硅接触的金属发生反应形成金属硅化物（Metal Silicide）。然后，用 SC1 溶剂去掉氧化硅上剩余的未参与反应的金属，并进行第 2 次 RTA（温度约为 700℃），在有源区和多晶硅栅区域上留有金属硅化物，这一过程被称为自对准硅化物工艺。之后，沉积氮氧硅和磷硅玻璃（PSG），并用 CMP 进行平坦化，再沉积一层 CVD 氧化物（TEOS-ox）来密封 PSG，形成栅-金属层间介质（Inter-Layer Dielectric，ILD）。

2. 高 k 介质（High-k Dielectric）和替代金属栅（RMG）工艺

2007 年，Intel 公司宣布在 45nm CMOS 工艺节点上成功地使用高 k 氧化铪基（Hf-oxide Based）介质和金属栅工艺，可以显著减少栅介质泄漏电流和增加栅导电能力。但高 k 氧化铪基栅介质较易被源漏退火步骤的热过程引起结晶化，导致较大的泄漏电流，因此高 k 介质金属栅模块工艺需要在源漏之后再形成，这被称为后栅（Gate Last）工艺或替代金属栅（Replacement Metal Gate，RMG）工艺，如图 6-54 所示。因此，高 k 介质（如 HfO_2、$HfSiO_x$、HfSiON）和金属栅（如 TiN、TiAl、Al 或 W 等）模块便成为 32nm/28nm 和更先进节点上的标准配备；后栅工艺或替代金属栅工艺也成为产业界先进 CMOS 工艺节点（28nm 节点之后）采用的主流工艺方案。

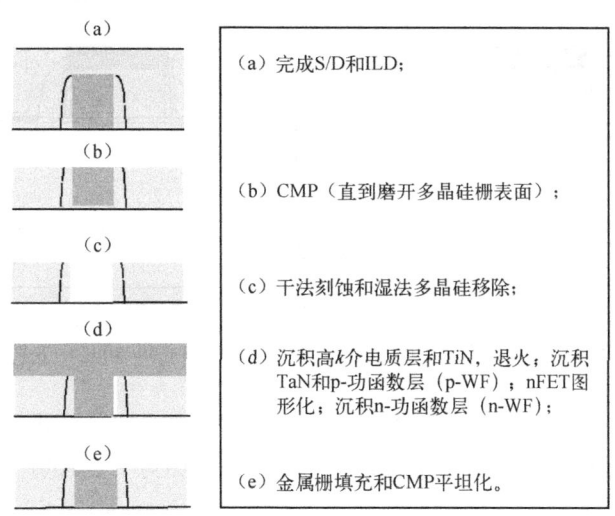

图 6-54 高 k 介质和替代金属栅（HKMG）/RMG 工艺流程

3. 接触孔（Contact）工艺和钨栓塞（W-Plug）工艺

形成接触孔图形（用接触孔掩模进行光刻的步骤）后，需要刻蚀接触孔上的 PSG 和 Si_3N_4；然后溅射 Ti 和 TiN（用作阻挡层），用 CVD 法沉积钨（W），并用 RTA 进行退火；对钨表面进行平坦化（使用 CMP），直至露出 TEOS-ox 表面，此时接触孔内的钨栓塞就形成了，如图 6-55 所示。接触孔侧壁和底部覆盖的 Ti 和 TiN 阻挡层对于 W 的填入十分重要，也用于阻挡 W 扩散入硅或氧化硅。

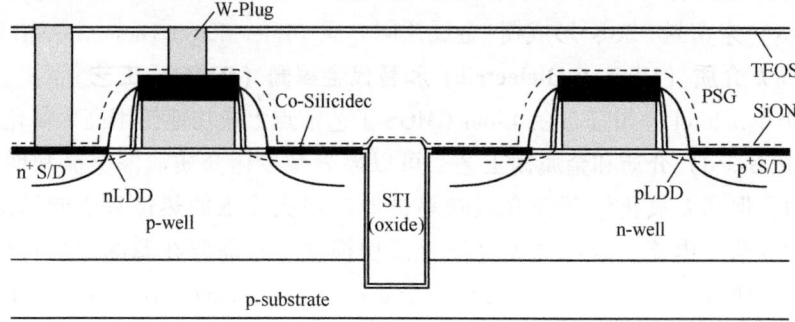

(a) 英文版

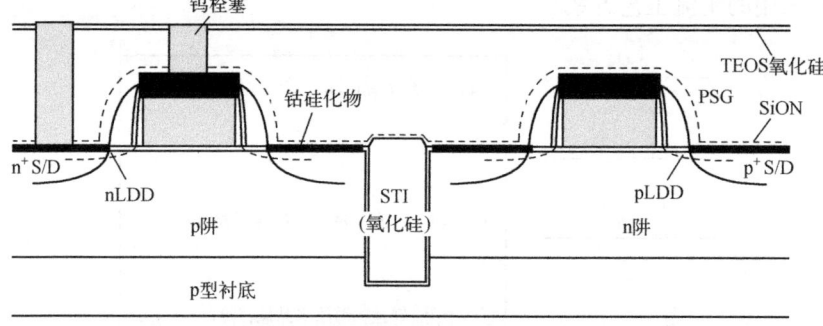

(b) 中文版

图 6-55 接触孔 (Contact) 工艺和钨栓塞 (W-Plug) 工艺

撰稿人：中芯国际集成电路制造有限公司　李明华
审稿人：中芯国际集成电路制造有限公司　吴汉明　卜伟海

▷▷▷ 6.7.3 后段集成工艺，後段整合製程，BEOL Integration Flow

1. 金属-1 的形成（单镶嵌）

后段集成工艺中首先要进行的是沉积金属间介电质层（IMD），如 SiCN

(30nm)、含碳低 k PECVD 氧化硅（200nm）和 TEOS-ox（25nm），并进行图形化（使用掩模金属-1）和氧化物刻蚀。IMD1 层的主要作用是提供良好的密封和覆盖更加多孔的低 k 介质。然后沉积 Ta/TaN 阻挡层（Barrier Layer）和铜籽晶层（Seeding Layer），随后填充铜（通过电镀 ECP 法），并用 CMP 进行平坦化。这样，金属-1（M1）互连就形成了。单镶嵌技术（Single Damascene）工艺示意图如图 6-56 所示。

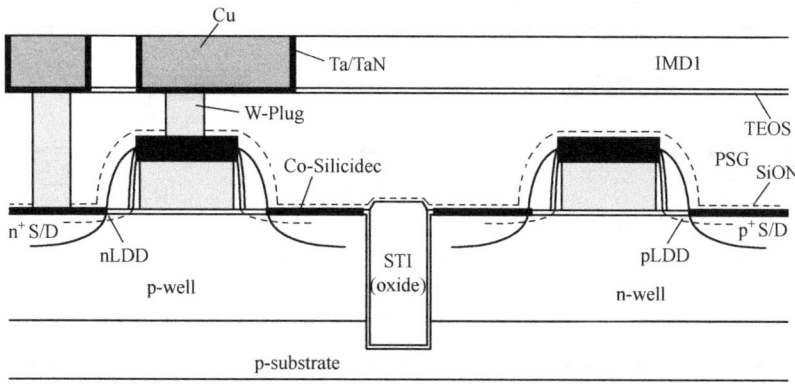

(a) 英文版

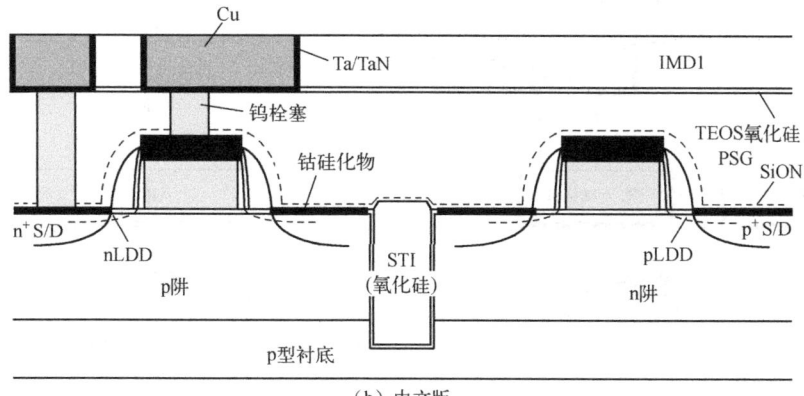

(b) 中文版

图 6-56 单镶嵌技术工艺示意图

2. 双镶嵌（Dual-Damascene）和多层金属互连接（Multi-Interconnection）

通孔-1（V1）和金属-2（M2）互连的形成是通过双镶嵌（Dual-Damascene）工艺实现的，如图 6-57 所示。双镶嵌工艺分为先通孔（Via-First）和先沟槽

Via-1 and Metal-2 formation
(1) IMD2; Mask (V1); V1 etch; Barc, LTO; Mask (M2); M2-ox etch; TaN/Ta/Cu seed; Cu-plating; CMP.
(2) Repeat the above for multi-layer metals.

Dual-Damascene (for V1/M2 formation): IMD2; Mask (V1); V1 etch; Barc, LTO; Mask (M2); M2-ox etch; TaN/Ta/Cu seed; Cu-plating; CMP.

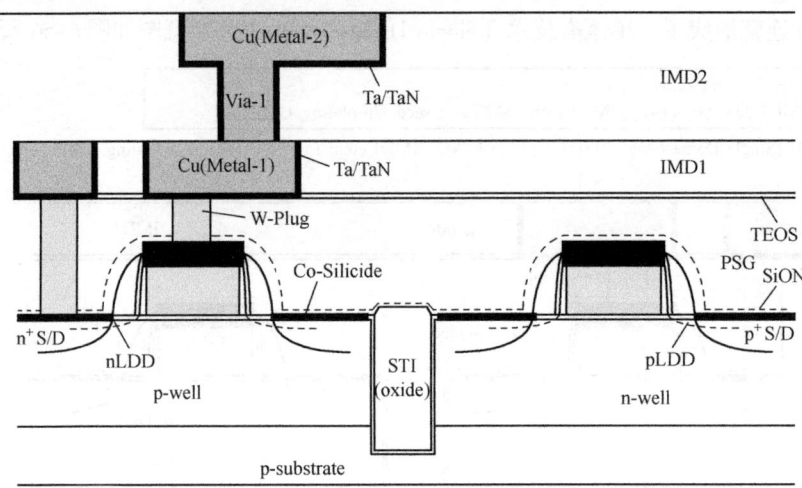

(a) 英文版

通孔-1和金属层-2的形成
(1) IMD2沉积；V1掩模光刻、刻蚀；BARC、LTO沉积；金属层-2掩模光刻；金属层-2氧化层刻蚀；TaN/Ta/铜籽晶层；铜电镀；CMP。
(2) 重复上述步骤，形成多层金属。

双镶嵌（针对V1/M2形成）：IMD2沉积；V1掩模光刻、刻蚀；BARC、LTO沉积；金属层-2掩模光刻；金属层-2氧化层刻蚀；TaN/Ta/铜籽晶层；铜电镀；CMP。

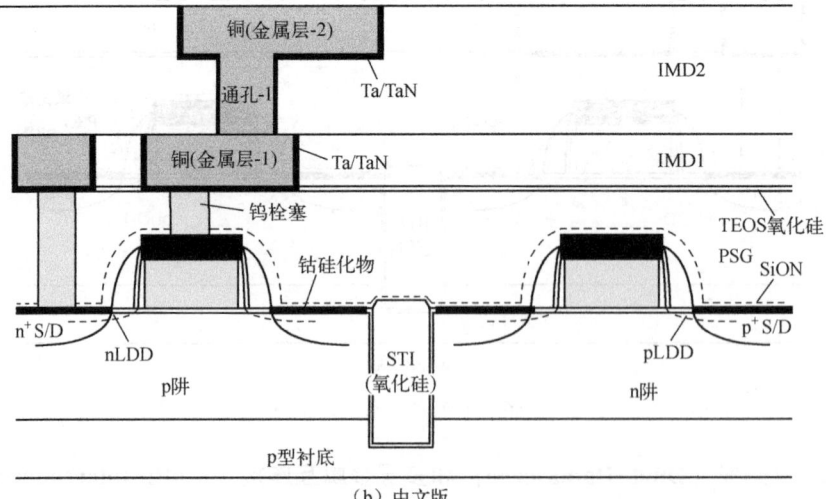

(b) 中文版

图 6-57 双镶嵌工艺示意图

(Trench-First)两种技术。以先通孔技术为例,首先沉积 IMD2 层(如 SiCN 层厚度约为 50nm,含碳低 k PECVD 氧化硅黑金刚石层厚度约为 600nm),然后形成 V1 的图形并进行刻蚀。多层 IMD1 的主要作用是提供良好的密封和覆盖更加多孔的低 k 介质。为了平坦化,需要在通孔中填充底部抗反射涂层(Bottom-Anti-Reflective Coatings,BARC),并沉积一层 LTO (Low Temperature Oxide)。随后形成 M2 的图形并刻蚀氧化物,去除 BARC 并清洗后,沉积 Ta/TaN 阻挡层和 Cu 籽晶层,随后进行 Cu 填充(使用 ECP 法),并进行 CMP 平坦化,这样 M2 互连就形成了。

通过重复上述步骤,可以实现多层铜互连。相应的,先沟槽技术的双镶嵌工艺就是先实施 M2 沟槽制备再形成 V1 的图形并刻蚀氧化物,然后沉积阻挡层和籽晶层,最后进行 Cu 填充和 CMP 平坦化。

  撰稿人:中芯国际集成电路制造有限公司 季明华
  审稿人:中芯国际集成电路制造有限公司 吴汉明 卜伟海

▷▷▷ 6.7.4 CMOS 集成工艺,CMOS 整合技术,CMOS Integration Technology

1. 平面互补场效应晶体管工艺集成流程

典型的现代平面 CMOS 逻辑芯片的结构(以 45nm/28nm 节点为例)如图 6-58 所示。典型的衬底是 p 型硅或绝缘体上硅(SOI),其直径为 200mm 或 300mm;在多层铜互连中,最上面两层金属较厚(常被用于制造电感或电容),顶层的铝层用于制造封装用的键合焊盘。局部放大图显示了 MOS 场效应晶体管的多晶硅和硅化物栅叠层、高 k 栅介质、轻掺杂(LDD)或源漏扩展区、外延生长应变硅源漏等细节。CMOS 场效应晶体管(28nm 节点)的特征包括钴或镍硅化物多晶硅栅叠层、氮氧化硅或高 k 材料(氧化铪)栅介质、多层(Oxide-Nitride-Oxide,ONO)侧墙、轻掺杂(LDD)或源漏扩展结(S/D Extension)和镍硅化物 S/D 深结。内部核心逻辑电路的场效应晶体管的典型工作电压为 0.9~1.1V,沟道长度为 30~40nm,栅介质等效氧化硅厚度为 1.5~2nm,S/D 扩展结厚度为 15~20nm。I/O 电路(连接外围芯片的接口)场效应晶体管的典型工作电压是 1.5V、1.8V 和 2.5V,相应的沟道长度为 100~200nm,栅介质厚度为 3~6nm,S/D 扩展结厚度为 25~30nm。核心逻辑电路较小的工作电压是为了减小操作功耗。在 45nm/28nm CMOS 节点都采用了沟道工程,通过沿场效应晶体管沟道方向施加应力来增强迁移率(如针对 nMOS 沟道中电子施加张应力和针对 pMOS 沟道中空穴施加压应力)。28nm CMOS 节点都采用了 SiGe 应变硅外延 S/D

（用于 pMOS）和应力记忆技术（用于 nMOS）。在 28nm/20nm 及以下的节点还采用了新的模块技术，如新的高 k 介质和金属栅叠层，双应力 SiC 或 Si：P 外延与应力记忆技术（用于 nMOS 源漏）。在 16nm/14nm/10nm/7nm 及以下的更先进节点，都采用了非平面沟道器件 FinFET。

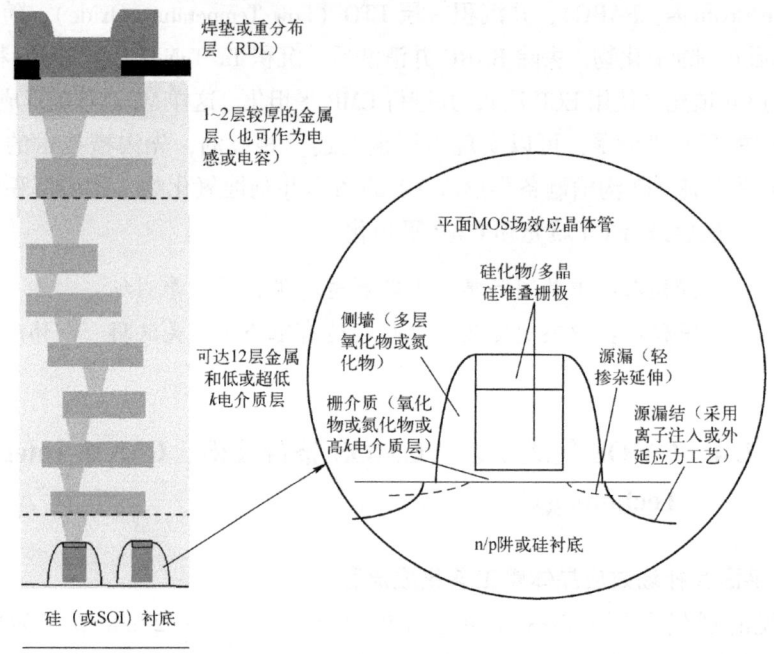

图 6-58　典型的现代平面 CMOS 逻辑芯片的结构（以 45nm/28nm 节点为例）

现代平面 CMOS 场效应晶体管和金属互连的制造工艺流程如图 6-59 所示。以平面 CMOS 28nm 节点为例，其制造工艺流程如下所述。

（1）形成浅槽隔离 STI，然后形成 n 阱区域（用于 pMOS）和 p 阱区域（用于 nMOS），分别对阱区域进行选择性注入掺杂。

（2）生长 nMOS 和 pMOS 栅氧化层，形成多晶栅叠层和图形化，再氧化以保护多晶栅叠层的边缘，然后形成补偿侧墙来调整 n/pMOS LDD 的位置。

（3）形成锗硅（SiGe）外延 pMOS 的源漏；再形成 nMOS 的源漏，并进行应力记忆技术和源漏注入掺杂。

（4）形成镍硅化物，沉积层间介质层（ILD）后，通过图形化，刻蚀和钨栓塞（W-Plug）填充形成接触孔。至此，nMOS 和 pMOS 晶体管已经形成。

（5）通过单镶嵌技术形成第一层铜 M1，其他的互连通过双镶嵌技术来实现。通过重复双镶嵌技术实现多层互连。最顶层的两个金属层和铝层用于制造无源器件和键合焊盘。

在图 6-59 所示的工艺流程中，步骤 1 至步骤 7 统称为前段工艺（FEOL），步骤 8 和步骤 9 统称为后段工艺（BEOL）。

2. 平面互补场效应晶体管替代金属栅工艺流程[1]

从平面 CMOS 45nm/32nm 节点开始，Intel 公司率先成功使用替代金属栅（Replacement-Metal-Gate，RMG）工艺（又称后栅工艺），实现了高 k 氧化铪栅介质（减小栅泄漏电流）和金属栅（较低栅电阻），如图 6-60 所示。该工艺是指在形成层间介质层（ILD）后，插入工序以形成高 k 介质和金属栅叠层，即在化学机械抛光（露出多晶硅栅叠层）后，刻蚀掉硬掩模（氮化硅/氧化硅），利用干法或湿法刻蚀清除多晶硅；然后形成高 k 介质（IL-ox/氧化铪），接下来进行退火→沉积 TiN 覆盖层→退火→沉积非晶硅覆盖层→尖峰退火→湿法清除非晶硅→沉积 TaN（刻蚀阻挡层）和 p 型功函数层（p-WF，TiN）→掩模（开 nFET）→刻蚀 p-WF（TiN）→光刻胶去除→沉积 n 型功函数层（TiAl）→栅金属层填充（CVD 或溅射钛，铝或钨）。其他工序与图 6-59 中的相同。

```
Typical CMOS flow (for 28nm with gate-1st flow and S/D stress engineering)
1. STI formation.
    (1)Grow initial-ox, deposit nitride.
    (2)Mask (AA), Nitride/Oxide etch, PR removal, Si etch; Liner-ox .
    (3)Oxide gap-fill (flowable oxide, SACVD, or HDP); RTA; CMP; Nitride/oxide removal; Sac-ox.
2. n-well and p-well formation.
    (1)Mask (p-well), p-well implants; PR removal.
    (2)Mask (n-well), n-well implants; PR removal; RTA.
3. Gate stack formation.
    (1)pre-ox clean; Gate-ox-1 (oxide), Mask (Core open); HF dip, PR clean; Gate-ox-2 (oxide/nitride or high-k).
    (2)Poly, SiON, Peox deposition.
    (3)Mask (Poly); HM etch, PR removal, poly etching; SiON removal; Poly Reox.
4. Offset spacer and LDD formation.
    (1)Spacer-1 (SP1) formation (SiN dep, etch-back).
    (2)Mask (nLDD); implants (nLDD + pocket); PR removal.
    (3)Mask (pLDD); implants (PAI+ pLDD, pocket); PR removal; spike anneal.
    (4)If n/p IO, Multi-Vt, transistors may have different LDD, then apply additional Masking/implant steps.
5. p+ S/D formation (with SiGe stress engineering).
    (1)Spacer-2 (SP2) Ox/Nitride dep.
    (2)Mask (pFET open); SP2 etch; Si recess etch; wet cavity etch (TMAH); PR strip.
    (3)Selective SiGe epi-growth (in-stiu doped or later by implant).
6. n+ S/D formation (with stress memorization).
    (1)Mask (nFET open); SP2-etch; PR strip; Reox; SP3 formation (HARP/SiN dep); SP3 etch).
    (2)Mask (p+); p+ implant (if not in-stiu doped at step 5); Mask (n+); n+ implants; spike anneal.
    (3)Stress Memorization (SM) formation (Ox/Nitride dep; spike/laser anneal; Ox/Nitride removal).
7. Salicide, ILD, Contact, W-plug formation.
    (1)Silicide formation (Ni; RTA1; Ni removal; RTA2); ILD formation (SiON; PSG/CMP; Peox).
    (2)Mask (CT); contact etch; PR strip; Ti/TiN; anneal; W-plug formation (W-dep;W-CMP).
8. Metal-1 formation.
    - IMD1 dep; Mask (M1); IMD1 etch; TaN/Ta/Cu seed; Cu-plating; CMP.
9. Via-1 and Metal-2 formation.
    (1)IMD2; Mask (V1); V1 etch; Barc,LTO; Mask (M2); M2-ox etch.
    (2)TaN/Ta/Cu seed; Cu-plating; CMP.
    (3)Repeat (9) for multi-layer metals; …
```

（a）英文版

图 6-59　现代平面 CMOS 场效应晶体管和金属互连的制造工艺流程

> **典型的CMOS工艺流程**（以带有源漏应力工程的28nm前栅工艺为例）
> 1. 浅槽隔离的形成。
>   (1)初始氧化，沉积氮化硅。
>   (2)有源区掩模光刻，刻蚀氮化硅/氧化硅，去胶，刻蚀硅，线氧化。
>   (3)氧化硅填充（流动性氧化硅，SACVD或HDP）；RTA；CMP；去除氮化硅/氧化硅，牺牲氧化。
> 2. n阱和p阱的形成。
>   (1)p阱掩模光刻，p阱注入，去胶。
>   (2)n阱掩模光刻，n阱注入，去胶；RTA。
> 3. 栅叠层的形成。
>   (1)氧化前清洗；栅氧-1（氧化硅），光刻曝露核心器件区；HF清洗，去胶；栅氧-2（氧化硅/氮化硅或高k介质）。
>   (2)沉积多晶硅、SiON、PEOX。
>   (3)多晶硅掩模光刻；刻蚀硬掩模，去胶；刻蚀多晶硅；去除SiON；多晶硅侧壁再氧化。
> 4. 补偿侧墙和LDD的形成。
>   (1)侧墙-1形成（氮化硅沉积，回刻）。
>   (2)nLDD掩模光刻；注入（nLDD和Pocket）；去胶。
>   (3)pLDD掩模光刻；注入（PAI和pLDD，Pocket）；去胶；尖峰退火。
>   (4)如果n/p IO、多阈值等器件需要不同的LDD，可使用额外的光刻和注入步骤。
> 5. p⁺源漏的形成（伴随锗硅应力工程）。
>   (1)侧墙-2形成（氧化硅/氮化硅沉积）。
>   (2)光刻曝露pFET区；侧墙-2刻蚀；硅凹陷刻蚀；空腔湿法腐蚀（TMAH）；去胶。
>   (3)选择性外延生长锗硅（原位掺杂或后续注入掺杂）。
> 6. n⁺源漏的形成（伴随应力记忆技术）。
>   (1)光刻曝露nFET区；侧墙-2刻蚀；去胶；再次氧化；侧墙-3形成（HARP/氮化硅沉积）；侧墙-3刻蚀。
>   (2)p⁺光刻；p⁺注入（如果在步骤5中无原位掺杂）；n⁺注入；尖峰退火。
>   (3)应力记忆形成（氧化硅/氮化硅沉积；尖峰、激光退火；去除氧化硅/氮化硅）。
> 7. 自对准硅化物、ILD、接触孔、钨栓塞形成。
>   (1)硅化物形成（Ni沉积，RTA1；去除Ni；RTA2）；ILD形成（SiON；PSG/CMP；PEOX）。
>   (2)接触孔掩模光刻；接触孔刻蚀；去胶；Ti/TiN；退火；钨栓塞形成（钨沉积，钨CMP）。
> 8. 金属-1形成：IMD1沉积，金属-1掩模光刻，IMD1刻蚀，TaN/Ta/铜籽晶层，铜电镀，CMP。
> 9. 通孔-1和金属-2形成。
>   (1)IMD2沉积，通孔-1掩模光刻；通孔-1刻蚀；BARC、LTO沉积；金属-2掩模光刻；金属-2氧化硅刻蚀。
>   (2)TaN/Ta/铜籽晶层；铜电镀；CMP。
>   (3)重复步骤9，形成多层金属……

(b) 中文版

图6-59 现代平面CMOS场效应晶体管和金属互连的制造工艺流程（续）

3. 鳍式场效应晶体管工艺流程[2]

从22nm节点开始，Intel公司率先成功使用了鳍式场效应晶体管（FinFET），其制造工艺流程如图6-61所示。图中的工序1由工序1'替代，以形成鳍（Fin）。浅槽隔离和形成鳍的过程如下所述：首先沉积鳍轴（Mandrel）和硬掩模层，掩模图形化鳍轴并刻蚀，形成第一侧墙；去除鳍轴，刻蚀硬掩模，去除光刻胶；刻蚀硅（120~150nm），氧化硅填充间隙，化学机械抛光，退火（鳍与鳍之间的浅槽隔离）；掩模（开SDB区域，以切除鳍），刻蚀硅/氧化硅（深度为50~80nm），氧化硅填充SDB间隙、化学机械抛光（鳍中间的浅槽隔离）；刻蚀氧化硅（深度为30~50nm），以呈现出鳍的高度。其他工序与图6-60中的相同。

Typical CMOS flow (for 28nm and S/D stress engineering)
1. STI formation.
   (1) Grow initial-ox, deposit nitride .
   (2) Mask (AA), Nitride/Oxide etch, PR removal, Si etch; Liner-ox .
   (3) Oxide gap-fill (flowable oxide, SACVD, or HDP); RTA; CMP; Nitride/oxide removal; Sac-ox.
2. n-well and p-well formation.
   (1) Mask (p-well), p-well implants; PR removal.
   (2) Mask (n-well), n-well implants; PR removal; RTA.
3. Gate stack formation.
   (1) pre-ox clean; Gate-ox-1 (oxide), Mask (Core open); HF dip, PR clean, Gate-ox-2 (oxide/nitride or high-k).
   (2) Poly, SiON, Peox deposition.
   (3) Mask (Poly); HM etch, PR removal, poly etching; SiON removal; Poly Reox.
4. Offset spacer and LDD formation.
   (1) Spacer-1 (SP1) formation (SiN dep, etch-back).
   (2) Mask (nLDD); implants (nLDD + pocket); PR removal.
   (3) Mask (pLDD); implants (PAI+ pLDD, pocket); PR removal; spike anneal.
   (4) If n/p IO, Multi-Vt, transistors may have different LDD, then apply additional Masking/implant steps.
5. p+ S/D formation (with SiGe stress engineering).
   (1) Spacer-2 (SP2) Ox/Nitride dep.
   (2) Mask (pFET open); SP2 etch; Si recess etch; wet cavity etch (TMAH); PR strip.
   (3) Selective SiGe epi-growth (in-stiu doped or later by implant).
6. n+ S/D formation (with stress memorization).
   (1) Mask (nFET open); SP2-etch; PR strip; Reox; SP3 formation (HARP/SiN dep; SP3 etch).
   (2) Mask (p+); p+ implant (if not in-stiu doped at step 5); Mask (n+); n+ implants; spike anneal.
   (3) Stress Memorization (SM) formation: (Ox/Nitride dep; spike/laser anneal; Ox/Nitride removal).
7. Salicide, ILD, Contact, W-plug formation.
   (1) Silicide formation (Ni; RTA1; Co removal; RTA2); ILD formation (SiON; PSG/CMP; Peox).
   (2) Mask (CT); contact etch; PR strip; Ti/TiN; anneal; W-plug formation (W-dep;W-CMP).
8. Meta-l 1 formation: IMD–1 dep; Mask (M1); IMD1 etch; TaN/Ta/Cu seed; Cu-plating; CMP.
9. Via-1 and Metal-2 formation.
   (1) IMD2; Mask (V1); V1 etch; Barc,LTO; Mask (M2); M2-ox etch.
   (2) TaN/Ta/Cu seed; Cu-plating; CMP.
   (3) Repeat (9) for multi-layer metals …

CMOS flow (for 28nm with high -k and replacement-metal-gate (RMG) flow,

Ref to as sacrificial gate (to be removed later)

Insert

(7') RMG steps.
(1) After ILD dep/anneal; CMP (expose poly gate-stack).
(2) Etch hard mask (Nitride/oxide); poly dry/wet removal.
(3) Form high-k dielectric (IL-ox/ high-k, anneal, TiN cap).
(4) Anneal (dep poly-cap, spike-anneal, wet poly removal).
(5) Dep TaN (as etch-stop); p-work-function (TiN); Mask (open nFET); etch p-WF (TiN), PR strip; dep n-WF (TiAl).
(6) Gate metal fill (dep Ti, Al or W).

(a) 英文版

图 6-60 具有替代金属栅（RMG）的平面 CMOS 制造工艺流程

典型的CMOS工艺流程（以带有源漏应力工程的28nm工艺为例）
1. 浅槽隔离的形成。
   (1)初始氧化，沉积氮化硅。
   (2)有源区掩模光刻，刻蚀氮化硅/氧化硅，去胶，刻蚀硅，线氧化。
   (3)氧化硅填充（流动性氧化硅，SACVD或HDP）；RTA；CMP；去除氮化硅/氧化硅；牺牲氧化。
2. n阱和p阱的形成。
   (1)p阱掩模光刻，p阱注入；去胶。
   (2)n阱掩模光刻，n阱注入；去胶；RTA。
3. 栅叠层的形成。
   (1)氧化前清洗；栅氧-1（氧化硅），光刻曝露核心器件区；HF清洗，去胶；栅氧-2（氧化硅/氮化硅或高k介质）。
   (2)沉积多晶硅、SiON、PEOX。
   (3)多晶硅掩模光刻，刻蚀硬掩模，去胶，刻蚀多晶硅，去除SiON；多晶硅侧壁再氧化。
4. 补偿侧墙和LDD的形成。
   (1)侧墙-1形成（氮化硅沉积，回刻）。
   (2)nLDD掩模光刻；注入（nLDD和Pocket）；去胶。
   (3)pLDD掩模光刻；注入（PAI和pLDD, Pocket）；去胶；尖峰退火。
   (4)如果n/p IO，多阈值等器件需要不同LDD，可使用额外的光刻和注入步骤。
5. p⁺源漏的形成（伴随锗硅应力工程）。
   (1)侧墙-2形成（氧化硅/氮化硅沉积）。
   (2)光刻曝露pFET区；侧墙-2刻蚀；硅凹陷刻蚀；空腔湿法腐蚀（TMAH）；去胶。
   (3)选择性外延生长锗硅（原位掺杂或后续注入掺杂）。
6. n⁺源漏的形成（伴随应力记忆技术）。
   (1)光刻曝露nFET区；侧墙-2刻蚀；去胶；再次氧化；侧墙-3形成（HARP/氮化硅沉积；侧墙-3刻蚀）。
   (2)p⁺光刻；p⁺注入（如在步骤5无原位掺杂）；n⁺注入；尖峰退火。
   (3)应力记忆形成（氧化硅/氮化硅沉积，尖峰/激光退火，去除氧化硅/氮化硅）。
7. 自对准硅化物，ILD，接触孔，钨栓塞形成。
   (1)硅化物形成（Ni沉积；RTA1，去除Ni；RTA2）；ILD形成（SiON, PSG/CMP；PEOX）。
   (2)接触孔掩模光刻；接触孔刻蚀；去胶；Ti/TiN；退火；钨栓塞形成（钨沉积；钨CMP）。
8. 金属-1形成：IMD1沉积，金属-1掩模光刻，IMD1刻蚀；TaN/Ta/铜籽晶层；铜电镀；CMP。
9. 通孔-1和金属-2形成。
   (1)IMD2沉积；通孔-1掩模光刻；通孔-1刻蚀；BARC、LTO沉积；金属-2掩模光刻；金属-2氧化硅刻蚀。
   (2)TaN/Ta/铜籽晶层；铜电镀；CMP。
   (3)重复步骤9，形成多层金属……

具有替代金属栅（RMG）的平面CMOS工艺流程

作为牺牲栅，在后续工艺中将被去除。

插入

7′. 替代栅步骤。
(1)ILD沉积/退火后，CMP露出多晶硅栅叠层。
(2)刻蚀硬掩模（氮化硅/氧化硅）；多晶硅干法/湿法去除。
(3)形成高k介质层（界面氧化硅/高k，退火，TiN盖帽）。
(4)退火（沉积多晶硅盖帽，尖峰退火，湿法去除多晶硅）。
(5)沉积TaN（刻蚀停止层），p型功函数层TiN；光刻曝露nFET区；刻蚀p型功函数层TiN，去胶；沉积n型功函数层TiAl。
(6)栅金属填充（沉积Ti, Al或W）。

(b) 中文版

图6-60 具有替代金属栅（RMG）的平面CMOS制造工艺流程（续）

Typical CMOS flow (for planar 28nm):
1. STI formation.
   (1) Grow initial-ox, deposit nitride.
   (2) Mask (AA), Nitride/Oxide etch, PR removal, Si etch; Liner-ox.
   (3) Oxide gap-fill (flowable oxide, SACVD, or HDP); RTA; CMP; Nitride/oxide removal; Sac-ox.
2. n-well and p-well formation.
   (1) Mask (p-well), p-well implants; PR removal.
   (2) Mask (n-well), n-well implants; PR removal; RTA.
3. Gate stack formation.
   (1) pre-ox clean; Gate-ox-1 (oxide), Mask (Core open); HF dip, PR clean; Gate-ox-2 (oxide/nitride or high-k).
   (2) Poly, SiON, PEox deposition.
   (3) Mask (Poly); HM etch, PR removal, poly etching; SiON removal; Poly Reox.
4. Offset spacer and LDD formation.
   (1) Spacer-1 (SP1) formation (SiN dep, etch-back).
   (2) Mask (nLDD); implants (nLDD + packet); PR removal.
   (3) Mask (pLDD); implants (PAI+ pLDD, pocket); PR removal; spike anneal.
   (4) If n/p IO, Multi-Vt, transistors may have different LDD, then apply additional Masking/implant steps.
5. p+ S/D formation (with SiGe stress engineering).
   (1) Spacer-2 (SP2) Ox/Nitride dep.
   (2) Mask (pFET open); SP2 etch; Si recess etch; wet cavity etch (TMAH); PR strip.
   (3) Selective SiGe epi-growth (in-stiu doped or later by implant).
6. n+ S/D formation (with stress memorization).
   (1) Mask (nFET open); SP2-etch; PR strip; Reox; SP3 formation (HARP/SiN dep; SP3 etch).
   (2) Mask (p+); p+ implant (if not in-stiu doped at step 5); Mask (n+); n+ implants; spike anneal.
   (3) Stress Memorization (SM) formation: (Ox/Nitride dep; spike/laser anneal; Ox/Nitride removal).
7. Salicide, ILD, Contact, W-plug formation.
   (1) Silicide formation (Ni; RTA1; Co removal; RTA2); ILD formation (SiON; PSG/CMP; Peox).
   (2) Mask (CT); contact etch; PR strip; Ti/TiN; anneal; W-plug formation (W-dep;W-CMP).
8. Metal-1 formation: IMD1 dep; Mask (M1); IMD1 etch; TaN/Ta/Cu seed; Cu-plating; CMP.
9. Via-1 and Metal-2 formation.
   (1) IMD2; Mask (V1); V1 etch; Barc,LTO; Mask (M2); M2-ox etch.
   (2) TaN/Ta/Cu seed; Cu-plating; CMP.
   (3) Repeat (9) for multi-layer metals; ...

(1') Fin formation, STI and fin reveal.
(1) Dep mandrel/hard-mask (HM) layers; Mask for mandrel pattern/etch; Form 1st spacer; mandrel removal; Etch HM; PR removal.
(2) Perform Si-etching (~120-150nm with hard-mask), Oxide gap-fill/CMP/anneal (STI).
(3) Mask (Fin-cut) (open SDB areas), etching Si/SiO2 (depth~50-80nm); dep oxide and CMP.
(4) Then, fin reveal (i.e. oxide etch (30-50nm)).

(7') RMG steps.
(1) After ILD dep/anneal; CMP (expose poly gate-stack).
(2) Etch hard mask (Nitride/oxide); poly dry/wet removal.
(3) Form high-k dielectric (IL-ox/high-k, anneal, TiN cap).
(4) Anneal (dep poly-cap, spike-anneal, wet poly removal).
(5) Dep TaN (as etch-stop); p-work-function (TiN); Mask (open nFET); etch p-WF (TiN), PR strip; dep n-WF (TiAl).
(6) Gate metal fill (dep Ti, Al or W).

(a) 英文版

图 6-61 具有替代金属栅（RMG）的 FinFET CMOS 制造工艺流程

典型的CMOS工艺流程（以28nm平面工艺为例）

1. 浅槽隔离的形成。
   (1)初始氧化，沉积氮化硅。
   (2)有源区掩模光刻，刻蚀氮化硅/氧化硅，去胶，刻蚀硅，线氧化。
   (3)氧化硅填充（流动性氧化硅，SACVD或HDP）；RTA；CMP；去除氮化硅/氧化硅；牺牲氧化。

   → **替换** → **1′. 鳍的形成，STI和鳍的露出。**
   (1)沉积轴心图形/硬掩模层；光刻轴心图形并刻蚀；形成第一次侧墙；轴心图形去除；刻蚀硬掩模；去胶。
   (2)刻蚀硅（加上硬掩模约为120~150nm）；氧化硅填充/CMP/退火（STI）。
   (3)鳍切割层光刻（曝露SDB区域）；刻蚀硅/二氧化硅（深度约为50~80nm）；沉积氧化硅并CMP。
   (4)露出鳍（氧化硅刻蚀30~50nm等）。

2. n阱和p阱的形成。
   (1)p阱掩模光刻，p阱注入，去胶。
   (2)n阱掩模光刻，n阱注入，去胶，RTA。

3. 栅叠层的形成。
   (1)氧化前清洗，栅氧-1（氧化硅），光刻曝露核心器件区；HF清洗，去胶，栅氧-2（氧化硅/氮化硅或高k介质）。
   (2)沉积多晶硅，SiON，PEOX。
   (3)多晶硅掩模光刻，刻蚀硬掩模，去胶，刻蚀多晶硅，去除SiON，多晶硅侧壁再氧化。

4. 补偿侧墙和LDD的形成。
   (1)侧墙-1形成（氮化硅沉积，回刻）。
   (2)nLDD掩模光刻，注入（nLDD和Pocket），去胶。
   (3)pLDD掩模光刻，注入（PAI和pLDD，Pocket），去胶，尖峰退火。
   (4)如果n/p IO、多阈值等器件需要不同LDD，可使用额外的光刻和注入步骤。

5. p^+源漏的形成（伴随锗硅应力工程）。
   (1)侧墙-2形成（氧化硅/氮化硅沉积）。
   (2)光刻曝露pFET区；侧墙-2刻蚀；硅凹陷刻蚀；空腔湿法腐蚀（TMAH）；去胶。
   (3)选择性外延生长锗硅（原位掺杂或后续注入掺杂）。

6. n^+源漏的形成（伴随应力记忆技术）。
   (1)光刻曝露nFET区；侧墙-2刻蚀；去胶；再次氧化；侧墙-3形成（HARP/氮化硅沉积；侧墙-3刻蚀）。
   (2)p^+光刻；p^+注入（如果在步骤5无原位掺杂）；n^+注入；尖峰退火。
   (3)应力记忆形成（氧化硅/氮化硅沉积；尖峰/激光退火；去除氧化硅/氮化硅）。

7. 自对准硅化物、ILD、接触孔、钨栓塞形成。
   (1)硅化物形成（Ni沉积；RTA1；去除Ni；RTA2）；ILD形成（SiON；PSG/CMP；PEOX）。
   (2)接触孔掩模光刻，接触孔刻蚀，去胶；← **插入** ← Ti/TiN；退火；钨栓塞形成（钨沉积；钨CMP）。

   7′. 替代栅步骤。
   (1)ILD沉积/退火后；CMP露出多晶硅栅叠层。
   (2)刻蚀硬掩模（氮化硅/氧化硅）；多晶硅干法/湿法去除。
   (3)形成高k介质层（界面氧化硅/高k，退火，TiN盖帽）。
   (4)退火（沉积多晶硅盖帽，尖峰退火，湿法去除多晶硅）。
   (5)沉积TaN（刻蚀停止层）；p型功函数层TiN；光刻曝露nFET区；刻蚀p型功函数层TiN，去胶；沉积n型功函数层TiAl。
   (6)栅金属填充（沉积Ti、Al或W）。

8. 金属-1形成；IMD1沉积；金属-1掩模光刻，IMD1刻蚀；TaN/Ta/铜籽晶层；铜电镀；CMP。

9. 通孔-1和金属-2形成。
   (1)IMD2沉积；通孔-1掩模光刻；通孔-1刻蚀；BARC；低温氧化沉积；金属-2掩模光刻；金属-2氧化硅刻蚀。
   (2)TaN/Ta/铜籽晶层；铜电镀；CMP。
   (3)重复步骤9，形成多层金属……

(b) 中文版

图6-61 具有替代金属栅（RMG）的FinFET CMOS制造工艺流程（续）

参考文献

[1] AUTH C, CAPPELLANI A, CHUN J S, et al. 45nm high-k + metal gate strain-enhanced transistors: VLSI 2008, Honolulu, June 17-19, 2008[C]. Honolulu: IEEE, 2008.

[2] NATARAJAN S, AGOSTINELLI M, AKBAR S, et al. A 14nm logic technology featuring 2nd-generation FinFET, air-gapped interconnects, self-aligned double patterning and a 0.0588μm^2 SRAM cell size: IEDM 2014, San Francisco, December 15-17, 2014[C]. San Francisco: IEEE, 2014.

撰稿人：中芯国际集成电路制造有限公司　季明华

审稿人：中芯国际集成电路制造有限公司　吴汉明　卜伟海

▷▷▷ 6.7.5　非易失性存储器集成工艺，非揮發性記憶體整合技術，Non-volatile Memory (NVM) Integration Technology

闪速存储器（Flash Memory）又称快闪存储器，简称闪存。浮栅闪存工艺是在 FEOL 中形成的，这会改变逻辑晶体管的一些特性，不易与逻辑电路集成在同一晶片上，因而多用于独立式（Standalone）的 NVM 存储器的制造。在新的 NVM 制作工艺研究中，业界对能够完全在 BEOL 中形成 NVM 存储器的工艺特别重视，包括相变随机存取存储器（Phase Change RAM，PCRAM）、电阻式随机存取存储器（Resistive RAM，RRAM）、磁性随机存取存储器（Magnetic RAM，MRAM）等[1]。因为在 BEOL 插入这些 NVM 工艺不会改变逻辑晶体管的特性，所以特别适用于嵌入式存储器的制造。此外，这类 NVM 也容易堆叠成三维结构，因此更易应用于高密度和高性能系统中。本节介绍在 FEOL 中形成的浮栅闪存，以及在 BEOL 中形成的先进 NVM 存储器技术和工艺流程。

1. 浮栅闪速存储器制造工艺

目前，浮栅闪速存储器仍是非易失性存储器（NVM）中的主流产品。浮栅闪速存储器基于传统成熟的多晶硅浮栅结构存储单元，电子存储在多晶硅浮栅上，用于改变晶体管的阈值电压，以表示逻辑数据"1"或"0"。存储单元的写入和擦除操作就是添加或去除浮栅上的电子。浮栅闪速存储器的总体阵列结构有"或非"（NOR）型闪存和"与非"（NAND）型闪存两种，其容量均可大于 10Gbit。但闪存也有不足之处，如写入和擦除工作电压较高（大于 10V），擦除较慢（约 1ms），有限的存储次数（约 10^5 次），NAND 型闪存比 NOR 型闪存读取速度更慢。目前，三维堆叠的 NAND（3D 型 NAND）型闪存已是大容量存储的主流固态存储芯片。图 6-62 所示的是传统的多晶硅浮栅结构存储器制造工艺流程。因邻近浮栅之间存在耦合电容干扰，所以多晶硅浮栅存储单元很难微缩至45nm节点以下。近来发展的新型存储单元，如SONOS（Silicon-Oxide-Nitride-Oxide-Silicon）单元、电荷俘获（TaN-Al$_2$O$_3$-Nitride-Oxide-Silicon，TANOS）单元、带隙工程优化的SONOS单元，都用较薄的氮化硅取代了多晶硅浮栅作为电荷俘获层（Charge Trapping Layer），以减少邻近耦合电容干扰。

2. 相变随机存取存储器（PCRAM）制造工艺

相变随机存取存储器具有低电压操作、编程速度快、功耗小和成本低等特点。最常用的制作相变存储器的材料是基于GST（GeTe和Sb$_2$Te$_3$的二元组合）的硫系合金（Chalcogenide Alloy），可掺杂微量的N、C或O。相变存储单元结构的微缩（如缩小单元底部加热器，减薄相变材料），有利于非结晶

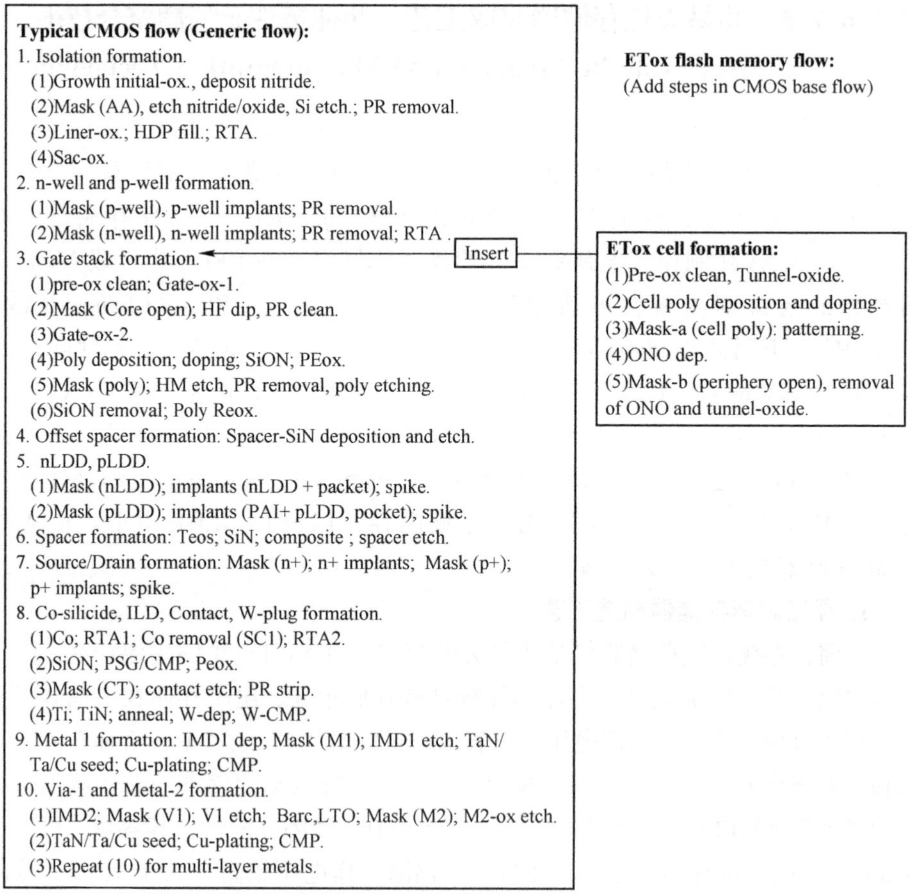

```
Typical CMOS flow (Generic flow):
1. Isolation formation.
   (1) Growth initial-ox., deposit nitride.
   (2) Mask (AA), etch nitride/oxide, Si etch.; PR removal.
   (3) Liner-ox.; HDP fill.; RTA.
   (4) Sac-ox.
2. n-well and p-well formation.
   (1) Mask (p-well), p-well implants; PR removal.
   (2) Mask (n-well), n-well implants; PR removal; RTA
3. Gate stack formation.                                    ← Insert
   (1) pre-ox clean; Gate-ox-1.
   (2) Mask (Core open); HF dip, PR clean.
   (3) Gate-ox-2.
   (4) Poly deposition; doping; SiON; PEox.
   (5) Mask (poly); HM etch, PR removal, poly etching.
   (6) SiON removal; Poly Reox.
4. Offset spacer formation: Spacer-SiN deposition and etch.
5. nLDD, pLDD.
   (1) Mask (nLDD); implants (nLDD + packet); spike.
   (2) Mask (pLDD); implants (PAI+ pLDD, pocket); spike.
6. Spacer formation: Teos; SiN; composite ; spacer etch.
7. Source/Drain formation: Mask (n+); n+ implants; Mask (p+);
   p+ implants; spike.
8. Co-silicide, ILD, Contact, W-plug formation.
   (1) Co; RTA1; Co removal (SC1); RTA2.
   (2) SiON; PSG/CMP; Peox.
   (3) Mask (CT); contact etch; PR strip.
   (4) Ti; TiN; anneal; W-dep; W-CMP.
9. Metal 1 formation: IMD1 dep; Mask (M1); IMD1 etch; TaN/
   Ta/Cu seed; Cu-plating; CMP.
10. Via-1 and Metal-2 formation.
    (1) IMD2; Mask (V1); V1 etch; Barc,LTO; Mask (M2); M2-ox etch.
    (2) TaN/Ta/Cu seed; Cu-plating; CMP.
    (3) Repeat (10) for multi-layer metals.
```

```
ETox flash memory flow:
(Add steps in CMOS base flow)

ETox cell formation:
(1) Pre-ox clean, Tunnel-oxide.
(2) Cell poly deposition and doping.
(3) Mask-a (cell poly): patterning.
(4) ONO dep.
(5) Mask-b (periphery open), removal
    of ONO and tunnel-oxide.
```

（a）英文版

图6-62 传统的多晶硅浮栅结构存储器制造工艺流程

```
典型的CMOS工艺流程（通用流程）                    Etox闪存工艺流程
1. 隔离的形成。                                    （在CMOS基础工艺
   (1)生长初始氧化层，沉积氮化硅。                  流程中增加步骤）
   (2)有源区掩模光刻，刻蚀氮化硅/氧化硅，刻蚀硅；去胶。
   (3)线氧化；HDP填充；RTA。
   (4)牺牲氧化。
2. n阱和p阱的形成。
   (1)p阱掩模光刻，p阱注入；去胶。
   (2)阱掩模光刻，n阱注入；去胶；RTA。      ←─插入── Etox存储单元的形成
3. 栅叠层的形成。                                   (1)氧化前清洗，隧穿氧
   (1)氧化前清洗；栅氧化-1。                           化硅。
   (2)光刻曝露核心器件区域；HF浸洗，去胶。           (2)存储单元多晶硅沉积
   (3)栅氧化-2。                                       和掺杂。
   (4)多晶硅沉积；掺杂；沉积SiON和PEox。             (3)存储单元多晶硅光刻：
   (5)栅掩模光刻，硬掩模刻蚀，去胶，多晶硅刻蚀。         图形化。
   (6)SiON去除；多晶硅再氧化。                      (4)ONO沉积。
4. 补偿侧墙的形成：侧墙-氮化硅沉积和刻蚀。           (5)光刻曝露外围区域，去
5. nLDD, pLDD。                                       除ONO和隧穿氧化硅。
   (1)nLDD掩模光刻，注入（nLDD + pocket）；尖峰退火。
   (2)pLDD掩模光刻，注入（PAI + pLDD, pocket）；尖峰退火。
6. 侧墙的形成：TEOS；氮化硅；复合材料；侧墙刻蚀。
7. 源漏的形成：n+掩模光刻，n+注入；p+掩模光刻，p+注入；尖峰
   退火。
8. 钴硅化物、ILD、接触孔、钨栓塞的形成。
   (1)钴；RTA1；钴去除（SC1）；RTA2。
   (2)SiON；PSG/CMP；PEOX。
   (3)接触孔掩模光刻、刻蚀；去胶。
   (4)Ti；TiN；退火；钨沉积、CMP。
9. 金属层-1的形成：IMD1沉积，M1掩模光刻；IMD1刻蚀；TaN/Ta/
   铜籽晶层；铜电镀；CMP。
10. 通孔-1和金属层-2的形成。
    (1)IMD2沉积，V1掩模光刻、刻蚀；BARC、LTO沉积；金属层-2
    掩模光刻；金属层-2氧化层刻蚀。
    (2)TaN/Ta/铜籽晶层；铜电镀；CMP。
    (3)重复步骤(10)形成多层金属。
```

(b) 中文版

图 6-62 传统的多晶硅浮栅结构存储器制造工艺流程（续）

相（高电阻值）和结晶相（低电阻值）之间的转换，因此擦写（SET-RESET）电流较小。目前，PCRAM 的擦写次数约为 $10^3 \sim 10^5$ 次。图 6-63 所示的是 PCRAM 制造工艺流程。只需要在 BEOL 任何一层金属互连中形成钨栓塞（W-Plug）通孔（Via）后加入一个光刻掩模版步骤，就可以形成相变存储器单元。

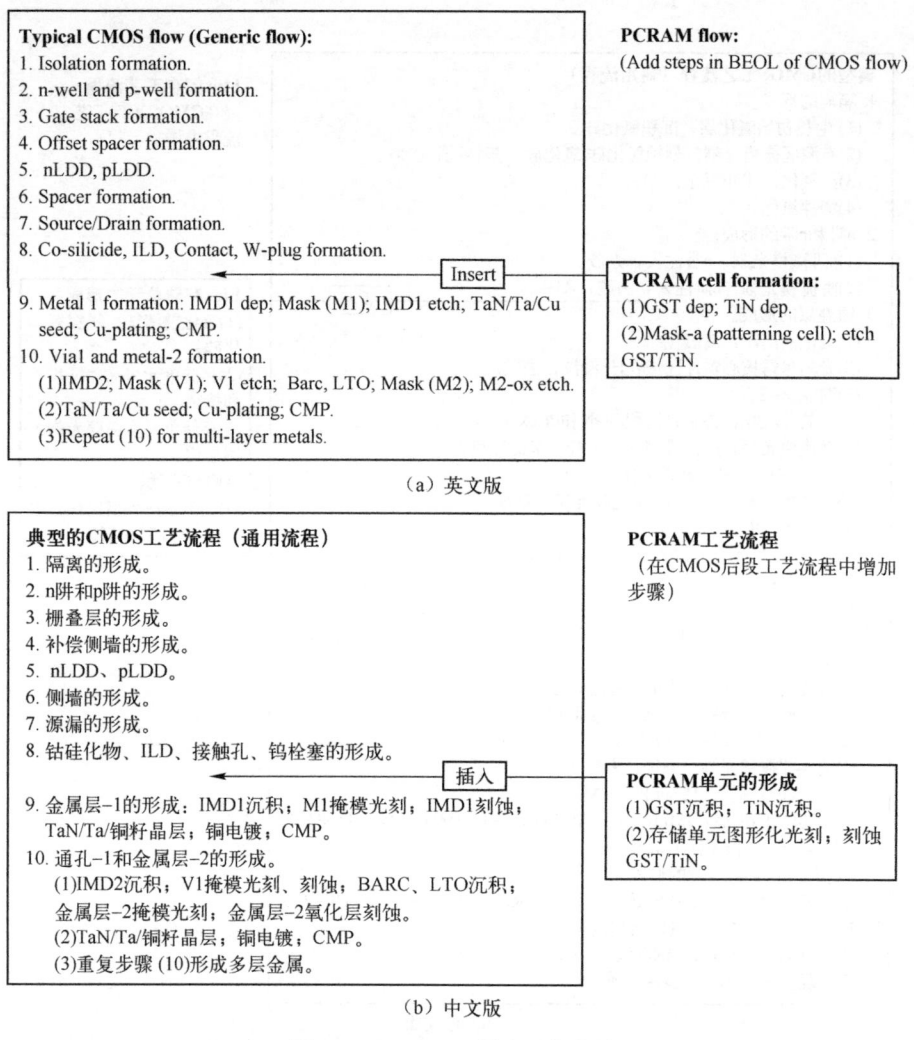

图 6-63 PCRAM 制造工艺流程

3. 电阻式随机存取存储器（RRAM）制造工艺

在钙钛矿型氧化物（如 $SrTiO_3$、$SrZrO_3$、SZO、PCMO、PZTO 等）、过渡金属氧化物（如 Ni-O、Cu-O、W-O、TiON、Zr-O、Fe-O 等）、固态电解质、聚合物材料中，都发现了双稳态电阻开关的特性，这些材料都可以用于 RRAM 存储单元（表示逻辑数据"1"或"0"）。与结构相变不同，电阻转换机制主要基于微细导电路径的形成与断裂，这与金属或氧离子/空位的移动、还原/氧化、电子捕获和释放、高电场介质击穿或热效应有关。一个 RRAM 存储器单元包括选通场效应晶体管（Selector）和双稳态"金属-介质-金属"（Metal-Insulator-Metal，MIM）电阻。RRAM 有希望实现更加微缩化和更低电压操作，而且其工艺流程与 BEOL 高度兼容。目前，RRAM 的擦写次数与 PCRAM 的相近，为 $10^3 \sim 10^5$。图 6-64 所示为 RRAM 存储单元在 CMOS 的 BEOL 中的制造工艺流程。

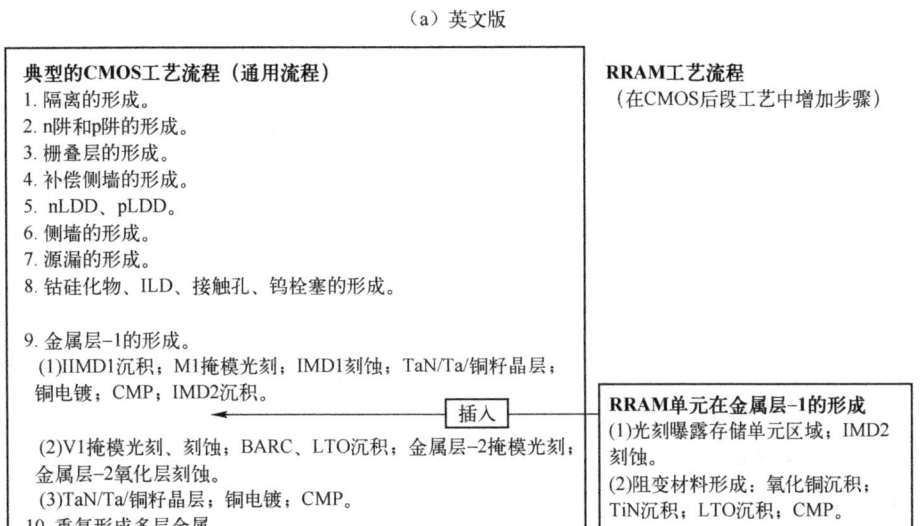

图 6-64　RRAM 存储单元在 CMOS 的 BEOL 中的制造工艺流程

4. 磁性随机存取存储器（MRAM）制造工艺[2]

磁性隧道结（MTJ）通常是由两层铁磁材料中间夹着薄绝缘屏蔽（MgO 或 Al_2O_3）层组成的，它可以实现双稳态隧道磁电阻（Tunneling Magneto-Resistance, TMR），此特性可用于存储逻辑数据"1"或"0"。由于 MTJ 中的"自由"（Free）铁磁层和"钉扎"（Pinned）铁磁层的自旋磁状态"平行"或"反平行"，所以 TMR 会呈现出电阻小或大的双稳态，如 CoFeB/MgO/CoFeB 结构的 MTJ 能达到约 500% 的 TMR 电阻比。MRAM 存储单元由一个选通场效应晶体管（Selector）和一个 MTJ 组成，称为 1T-1MTJ 存储单元。"自由"（Free）铁磁层的自旋磁状态可以被存储单元邻近的磁场或由被选通的 MTJ 通过直流电从"钉扎"铁磁层带入的自旋转移矩（Spin Transfer Torque，STT）转换或写入。用 STT 转换或写入不仅快速（小于 10ns），而且写入电流密度较低（小于 10^6 A/cm^2），数据保留时间长（大于 10 年）。STT-MRAM 可以微缩存储单元尺寸（$6F^2$，其中 F 是指该工艺节点的最小关键尺寸），而且存储次数高达约 10^{14}。STT-MRAM 目前业界积极推动的嵌入式 NVM 存储器，并在未来有望取代 DRAM、SRAM 和闪速存储器。图 6-65 所示为 MRAM 的制造工艺流程。

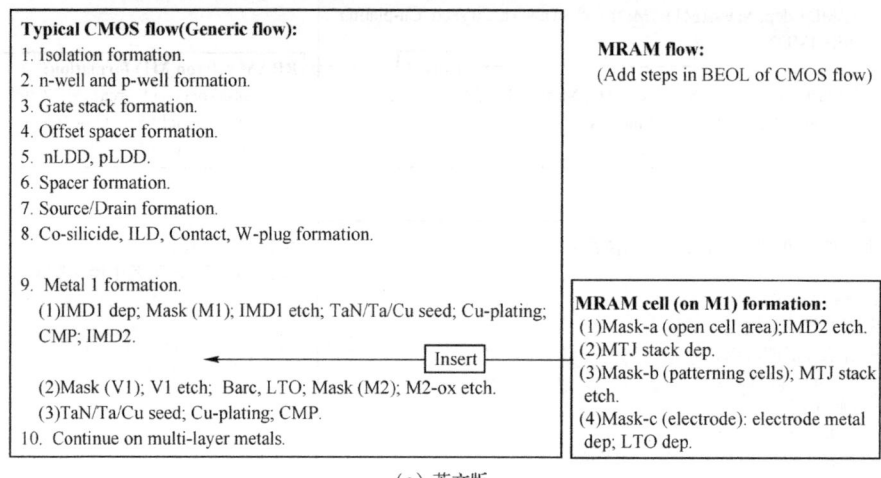

图 6-65　MRAM 的制造工艺流程

参考文献

[1] LU C Y, LU T C, LIU R. Non-volatile memory technology: today and tomorrow: IPFA 2006 Singapore, July 3-7, 2006 [C]. Singapore: IEEE, 2006.

[2] FONG X, KIM Y, VENKATESAN R, et al. Spin-transfer torque memories: devices, circuits, and systems [J]. Proceedings of the IEEE, 2016, 104 (7): 1449-1488.

撰稿人：中芯国际集成电路制造有限公司　季明华

审稿人：中芯国际集成电路制造有限公司　吴汉明　卜伟海

▷▷▷ 6.7.6　三维 NAND 集成工艺，三维 NAND 整合技术，3D NAND Integration Technology

在 20nm 工艺节点之后，传统的平面浮栅 NAND 闪速存储器因受到邻近浮栅-浮栅的耦合电容干扰而达到了微缩的极限。为了实现更高的存储容量，NAND 集成工艺开始向三维堆叠方向发展。在三维 NAND 存储单元中，电荷的存储层可以是浮栅或氮化硅电荷俘获层（Charge-Trapping Layer, CTL）。三维 CTL 垂直沟道型 NAND 闪存（3D NAND 或 V-NAND）基于无结型（Junctionless, JL）薄膜场效应晶体管（TFT），具有更好的可靠性。目前，国际上主流的 3D NAND 产品[1,2]是韩国三星电子研发出来的，2013 年第一代产品（32~64Gbit）有 24 层堆叠的存储单元，2014 年第二代产品（128Gbit）有 32 层，2015 年第三代产品（256Gbit）有 48 层，64 层产品于 2017 年量产，128 层存储单元的 3D NAND 产品目前尚在研发中。

图 6-66 所示为 3D NAND 闪存器件结构示意图[1]。图中，底层的选通晶体管（CSL/GSL）为反型晶体管，其余每个存储单元的晶体管均为无结型薄膜晶体管（JL-TFT）。在晶体管关闭时，多晶硅薄膜沟道处于全耗尽状态，开关电流比大于 10^6。存储层采用的是基于氮化硅的高陷阱密度材料（电子/空穴在存储层中的横向扩散会降低 3D NAND 的可靠性）。电荷存储单元之间的耦合效应低。写入/擦除操作分别使用电子和空穴的 FN 隧道穿透，隧道穿透层通常是基于氧化硅和氮氧化硅叠层材料结构的，阻挡层采用氧化硅或氧化铝等材料（目的是降低栅反向注入）。3D NAND 存储单元的存储性能优异，具有写入/擦除快速，存储窗口大于 6V，存储写入/擦除次数大于 10^4，以及在 85°C 下数据保持能力可达 10 年等优势。

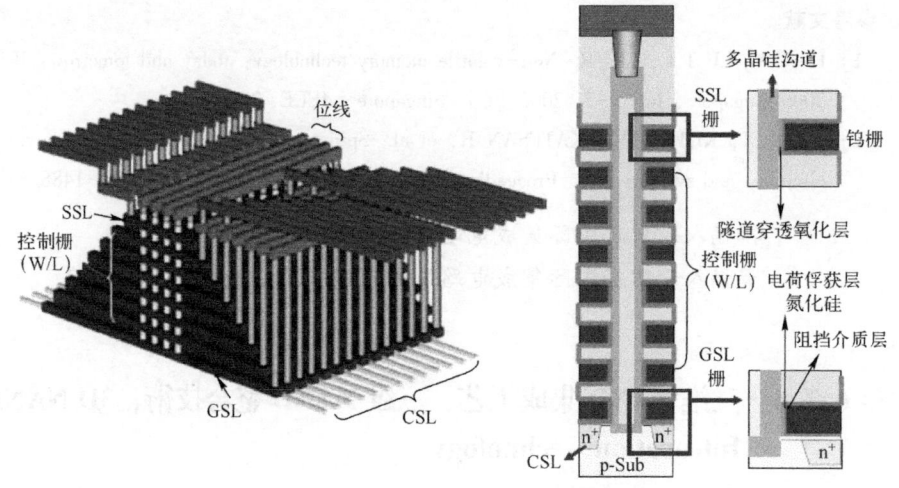

图 6-66 3D NAND 闪存器件结构示意图

图 6-67 所示为 3D NAND 闪存器件制造工艺流程示意图[1]。在完成 CMOS 的源漏之后，开始重覆沉淀多层氧化硅/氮化硅，然后进行光刻和沟道超深孔刻蚀（深宽比大于 30:1），沉淀高质量的多晶硅薄膜和沟道深孔填充并形成栅衬垫阵列（Gate Pad）。接下来进行光刻和字线刻蚀→离子注入形成 CSL 线→湿法去除氮化硅→沉淀栅介质和电荷俘获 ONO 薄膜（其特点是厚度和组分均匀，沟道-介质界面缺陷密度低）→沉积钨薄膜作为栅极，并刻蚀钨以分开字线。完成上述工艺后，继续进行 BEOL 工艺。

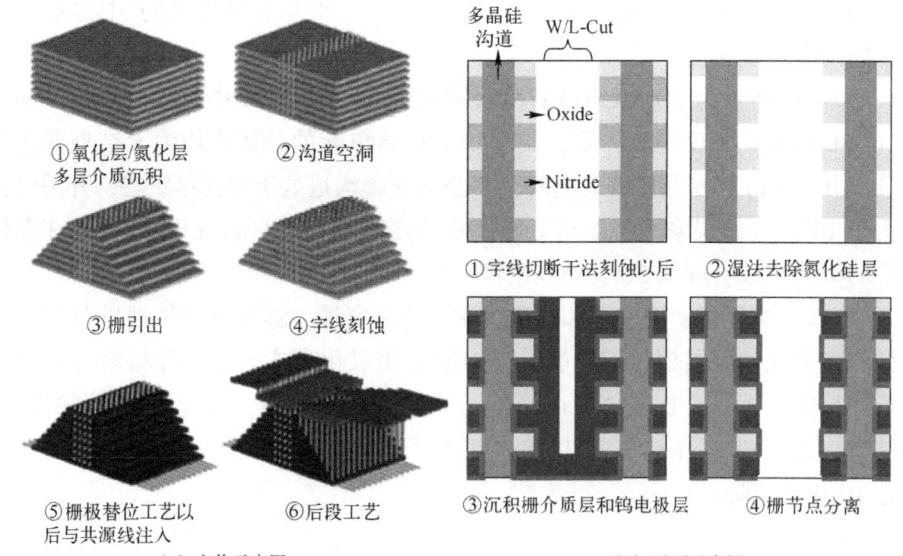

图 6-67 3D NAND 闪存器件制造工艺流程示意图[1]

参考文献

[1] JANG J, KIM H S, CHO W, et al. Vertical cell array using TCAT (Terabit Cell Array Transistor) technology for ultra high density NAND flash memory：VLSI 2009, Kyoto, June 16-18, 2009 [C]. Kyoto：IEEE, 2009.

[2] LEE S H. Technology scaling challenges and opportunities of memory devices：IEDM 2016, San Francisco, December 3-7, 2016 [C]. San Francisco：IEEE, 2016.

撰稿人：中芯国际集成电路制造有限公司　季明华
审稿人：中芯国际集成电路制造有限公司　吴汉明　卜伟海

6.7.7 动态随机存储器集成工艺，動態隨機存儲器整合技術，Dynamic RAM (DRAM) Integration Technology

在当前计算密集的高性能系统中，动态随机存储器（DRAM）和嵌入式动态随机存取存储器（embedded-DRAM, eDRAM）是主要的动态快速读/写存储器。先进的 DRAM 存储单元有两种，即深沟槽（Deep Trench）式存储单元和堆叠（Stack）式电容存储单元。70nm 技术节点后，堆叠式电容存储单元逐渐成为业界主流。为了使系统向更高速、高密度、低功耗不断优化，DRAM 存储单元也在不断微缩（如 14nm 工艺节点）。图 6-68 所示为 DRAM 的制造工艺流程。由图可见，堆叠式电容存储单元在 CMOS 场效应晶体管之后（MOL 中）形成的，主要用于制造独立式的高密度 DRAM；而深沟槽式电容存储单元是在 CMOS 场效应晶体管之前（FEOL 之始）形成的，因此不会影响 CMOS 场效应晶体管的特性，比较适合将 DRAM 和逻辑电路集成在同一晶片上，因此称为 eDRAM（嵌入式 DRAM）。

新型的 eDRAM 可以集成在 14nm 高性能的 FinFET 逻辑技术平台上（利用 SOI 和高 k 金属栅技术）[1]，如图 6-69 所示。深沟槽式电容器在 FEOL 的开始阶段就已经形成，单元沟槽电容可达 10fF。电容器的上电极采用的是用原子层沉积（ALD）的 TiN 薄膜。填充在沟槽电容器的重掺杂多晶硅连接到鳍式场效应晶体管（FinFET），即存储单元的传输管（Pass Transistor）。

参考文献

[1] FREDEMAN G, PLASS D W, MATHEWS A, et al. A 14 nm 1.1 Mb Embedded DRAM Macro With 1 ns Access [J]. IEEE Journal of Solid-state circuits, 2016, 51(1)：230-239.

撰稿人：中芯国际集成电路制造有限公司　季明华
审稿人：中芯国际集成电路制造有限公司　吴汉明　卜伟海

Typical CMOS flow (Generic flow):
1. Isolation formation.
   (1) Growth initial-ox, deposit nitride.
   (2) Mask (AA), etch nitride/oxide, Si etch; PR removal.
   (3) Liner-ox; HDP fill; RTA.
   (4) Sac-ox.
2. n-well and p-well formation. ← Insert
   (1) Mask (p-well), p-well implants; PR removal.
   (2) Mask (n-well), n-well implants; PR removal; RTA.
3. Gate stack formation.
   (1) pre-ox clean; Gate-ox-1.
   (2) Mask (Core open); HF dip, PR clean.
   (3) Gate-ox-2.
   (4) Poly deposition; doping; SiON; Peox.
   (5) Mask (poly); HM etch, PR removal, poly etching.
   (6) SiON removal; Poly Reox.
4. Offset spacer formation: Spacer-SiN deposition and etch.
5. nLDD, pLDD.
   (1) Mask (nLDD); implants (nLDD + packet); spike.
   (2) Mask (pLDD); implants (PAI+ pLDD, pocket); spike.
6. Spacer formation: Teos; SiN; composite; spacer etch.
7. Source/Drain formation: Mask (n+); n+ implants; Mask (p+); p+ implants;spike.
8. Salicide, ILD, Contact, W-plug formation.
   (1) Co; RTA1; Co removal (SC1); RTA2.
   (2) SiON; PSG/CMP; Peox.
   (3) Mask (CT); contact etch; PR strip.
   (4) Ti; TiN; anneal; W-dep;W-CMP.
9. Metal 1 formation. ← Insert
   (1) IMD1 dep; Mask (M1); IMD1 etch; TaN/Ta/Cu seed; Cu-plating; CMP.
   (2) IMD2; Mask (V1); V1 etch; Barc,LTO; Mask (M2); M2-ox etch.
   (3) TaN/Ta/Cu seed; Cu-plating; CMP.
10. Continue on multi-layer metals.

DRAM flow:
(for Trench cell or Stacked cell)

Trench cell formation:
(1) Mask-a: deep trench opening; Si etch.
(2) Clean; linear-ox; Nitride deposition.
(3) Cell poly deposition and doping.
(4) Mask-b (cell poly): patterning; poly etch; oxide dip.

Stack cell (COB scheme) formation:
(1) Mask-a: W-line patterning; W-etching; IMD dep.
(2) Mask-b (poly contact): patterning; IMD etching; poly fill; poly CMP.
(3) Mask-c (capacitor): patterning; etching; poly dep; HSG; Ta2O5 dep; annealing.
(4) Top electrode: TiN dep.

(a) 英文版

图 6-68　DRAM 的制造工艺流程

```
典型的CMOS工艺流程（通用流程）
1. 隔离的形成。
   (1)生长初始氧化层，沉积氮化硅。
   (2)有源区掩模光刻，刻蚀氮化硅/氧化硅，刻蚀硅，去胶。
   (3)线氧化；HDP填充；RTA。
   (4)牺牲氧化。
2. n阱和p阱的形成。
   (1)p阱掩模光刻，p阱注入，去胶。
   (2)n阱掩模光刻，n阱注入，去胶，RTA。
3. 栅叠层的形成。
   (1)氧化前清洗；栅氧化-1。
   (2)光刻曝露核心器件区域；HF浸洗，去胶。
   (3)栅氧化-2。
   (4)多晶硅沉积；掺杂；沉积SiON和PEox。
   (5)栅掩模光刻，硬掩模刻蚀，去胶，多晶硅刻蚀。
   (6)SiON去除；多晶硅再氧化。
4. 补偿侧墙的形成：侧墙-氮化硅沉积和刻蚀。
5. nLDD、pLDD。
   (1)nLDD掩模光刻；注入（nLDD + Pocket）；尖峰退火。
   (2)pLDD掩模光刻；注入（PAI + pLDD, Pocket）；尖峰退火。
6. 侧墙的形成：TEOS，氮化硅，复合材料，侧墙刻蚀。
7. 源漏的形成：n⁺掩模光刻；n⁺注入；p⁺掩模光刻；p⁺注入；尖峰退火。
8. 钴硅化物、ILD、接触孔、钨栓塞的形成。
   (1)钴；RTA1；钴去除（SC1）；RTA2。
   (2)SiON；PSG/CMP；PEOX。
   (3)接触孔掩模光刻、刻蚀；去胶。
   (4)Ti；TiN；退火；钨沉积；CMP。
9. 金属层-1的形成：IMD1沉积；M1掩模光刻；IMD1刻蚀；TaN/Ta/铜籽晶层；铜电镀；CMP。
10. 通孔-1和金属层-2的形成。
    (1)IMD2沉积；V1掩模光刻、刻蚀；BARC、LTO沉积；金属层-2掩模光刻；金属层-2氧化层刻蚀。
    (2)TaN/Ta/铜籽晶层；铜电镀；CMP。
    (3)重复步骤(j)形成多层金属。
```

```
DRAM工艺流程
（槽型存储单元或堆叠存储单元）

槽型存储单元的形成
(1)光刻曝露深槽区；硅刻蚀。
(2)清洗；线氧化；氮化硅沉积。
(3)存储单元多晶硅沉积和掺杂。
(4)光刻图形化曝露存储单元多晶硅；多晶硅刻蚀；氧化硅浸蚀。

堆叠存储单元（COB方式）的形成
(1)光刻图形化钨线；钨刻蚀；IMD沉积。
(2)多晶硅接触孔光刻图形化；IMD刻蚀；多晶硅填充；多晶硅CMP。
(3)电容光刻图形化；刻蚀；多晶硅沉积；HSG；Ta2O5沉积；退火。
(4)上电极；TiN沉积。
```

(b) 中文版

图6-68 DRAM的制造工艺流程（续）

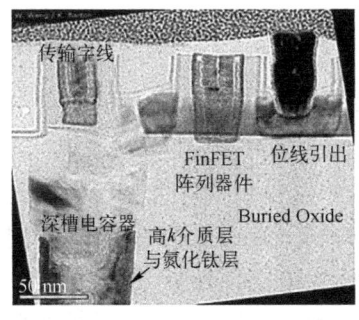 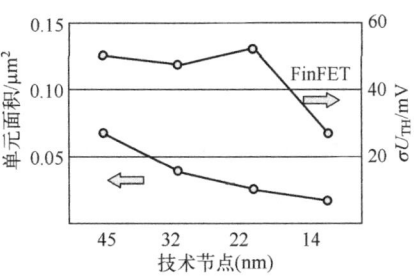

(a) 存储单元（面积0.0174μm²）的横截面图　(b) 存储单元技术节点和阈值电压变化范围

图6-69 eDRAM存储器集成在14nm的FinFET平台上[1]

▷▷▷ 6.7.8 设计-工艺协同优化技术，設計-製程協同優化技術，Design-Technology Co-Optimization（DTCO）

在 20nm 节点以下集成电路产品的研发过程中，需要相关领域的设计工程师、工艺工程师进行并行设计和优化，因此引入了设计-工艺协同优化技术。设计-工艺协同优化是可制造性设计（Design for Manufacturability，DFM）的衍生物，是指从工艺技术研发的初期，设计工程师与工艺工程师就开始共同开展研发工作，从而提升工艺验证效率，增强可制造性。

在集成电路产业链中，圆片代工厂、设计公司、IP 单元及 EDA 工具提供商、封装企业各司其职，它们都是产业链中的重要环节。在早期的技术研发过程中，圆片代工厂、设计公司、IP 单元及 EDA 工具提供商各自开展相对独立的工作，如图 6-70 所示。一般在本代产品量产之前两三年，确定好技术的特征并完成技术的定义，然后开展工艺研发工作。当整个工艺基本稳定后，圆片厂商就会制作一套工艺设计包（Process Design Kit，PDK），供 IP 开发，然后再将其应用到早期的设计和成品率的提升过程中。

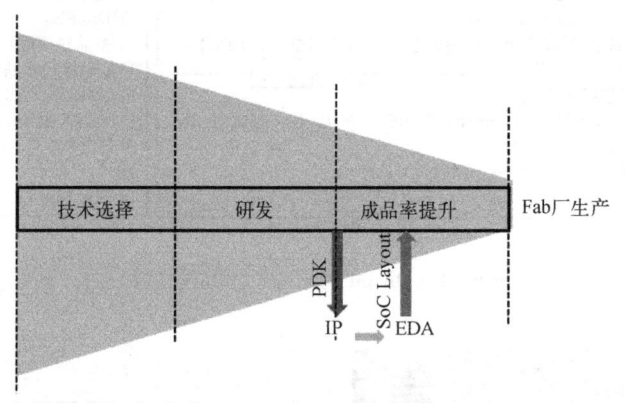

图 6-70　早期工艺开发与设计服务流程示意图[1]

由图 6-70 可以看到，在整个工艺开发的过程中，信息流动基本上是单向的，即从工艺开发者（圆片代工厂）流向 IP 及 EDA 工具提供商，再到电路设计公司；一旦完成技术的定义和工艺流程的建立，在后期将不能修改。在 20nm 节点以下的先进工艺技术节点，随着 CMOS 器件尺寸的不断缩小，工艺技术和电路设计的联系越来越紧密，需要在技术研发早期就能够对设计单元特性进行评估，所以在先进工艺技术代，从技术的选取、工艺研发到成品率提升的整个过程中，Fab 厂商、IP 供应商及 EDA 供应商都要积极参与，共同决定技术的定义、微缩的程度等，由此产生了设计-工艺协同优化技术，如图 6-71 所示。

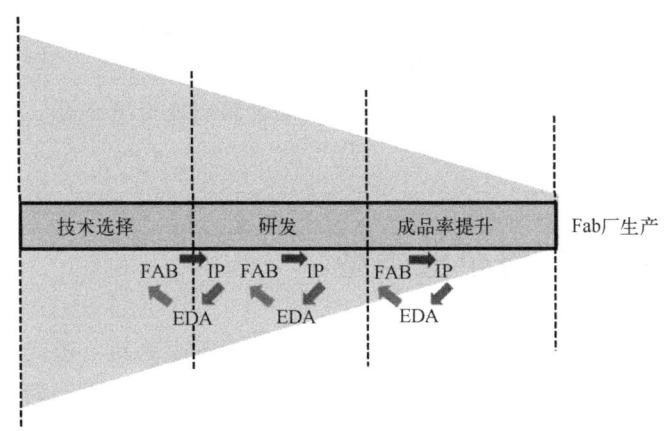

图 6-71　先进工艺开发与设计服务流程示意图[1]

从具体内容来看，目前的 DTCO 技术大致可以包含如下三个方面内容：光刻和 CMP 等工艺与可制造性评估；IP 单元库和 SRAM 单元的建立；建立器件性能与版图依赖性模型[1,2]。在先进技术节点，193nm 深紫外线光刻、193nm 浸没式光刻和多次光刻技术的引入，以及光学邻近效应校正、离轴照明、光源-掩模协同优化（Source-Mask Optimization，SMO）技术的使用，使得光刻工艺变得非常复杂。如果只将落后工艺代技术的设计结构图形等比例缩小，将会产生很多光刻缺陷和其他工艺缺陷，导致成品率降低。采用 DTCO 技术后，在工艺开发初期，就对设计 IP 单元的图形进行评估，分析其在光刻及其他工艺下的缺陷问题，帮助进行工艺的选择和图形的限定。另外，在建立 IP 单元和 SRAM 单元时，通过工艺研发中对各种 IP 单元和 SRAM 单元图形结构的工艺缺陷分析、电路性能分析，最终形成一批具有高成品率和高性能的 IP 单元库和 SRAM 单元结构。此外，在先进工艺节点，CMOS 器件的尺寸变得越来越小，器件性能在不同的版图环境下会有较大的差异，如何分析这些差异对器件及电路单元的影响也变得越来越重要。为了提升器件的性能和产品的成品率，需要在工艺研发早期就开始进行版图依赖效应分析，并将分析结果反馈到工艺设计之中，从而达到优化工艺的目的。

参考文献

［1］ YERIC G, CLINE B, SINHA S, et al. The past present and future of design-technology co-optimization：CICC 2013, San Jose, September 22 - 25, 2013 ［C］. San Jose：IEEE, 2013.

[2] KIKKAWA T, JOSHI R. Design technology co-optimization for 10nm and beyond: CICC 2014, San Jose, September 15-17, 2014 [C]. San Jose: IEEE, 2014.

撰稿人：中芯国际集成电路制造有限公司　唐粕人
　　　　格芯公司　　　　　　　　　　　　王一娇
审稿人：中芯国际集成电路制造有限公司　季明华

▷▷▷ 6.8　集成电路企业类型

在摩尔定律的驱动下，集成电路产业保持了高速更新、迭代的创新发展，使人类社会生活发生了翻天覆地的变化。同时，集成电路产业结构也经历了从垂直整合模式向专业分工协作模式的演变，从整合器件制造公司（Integrated Device Manufacturer，IDM）衍生出无生产线集成电路设计公司（Fabless Design House）、模块制造公司（Module Manufacturer）、集成电路圆片代工企业（Wafer Foundry）、IP 设计和服务公司（IP Design and Service）、外包半导体封装测试厂（OSAT）、掩模版制造厂（Photo Mask Manufacturer）、半导体设备制造公司、半导体材料制造公司、电子设计自动化（EDA）软件公司，以及分销商与销售代理等众多细分子产业。随着行业成熟度的不断提升，产业链结构的发展演变仍在继续，上下游开始出现业务融合的迹象。例如，EDA 软件公司、无生产线集成电路设计公司、圆片代工厂也在开展 IP 研发和销售业务；部分圆片制造厂开始涉及先进封装的某些工艺环节。未来，集成电路产业链仍将随着经济、技术的发展不断演进。

▷▷▷ 6.8.1　整合器件制造公司，整合式元件製造公司，Integrated Device Manufacturer（IDM）

整合器件制造公司（IDM）是指企业内包含从电路设计、圆片制造到封装测试的全制造流程，并销售自有品牌产品的公司，又称集成器件制造公司。其代表性企业有英特尔（Intel）、三星（SAMSUNG）、海力士（SK Hynix）、美光（Micron）、德州仪器（Texas Instruments，TI）等。在集成电路产业发展初期，西方发达国家的企业基本上都是 IDM 模式，这样的组织架构使得企业具备如下优势。

（1）内部整合优势：在企业内部实现从开始设计到完成制造的时间较短，新产品从开发到面市的时间短；

（2）企业整体利润率较高：前端设计和末端销售处于"微笑"曲线两端，是产业链利润率最高的部分；

（3）可以发挥整体技术优势：IDM 公司拥有自主知识产权，经过长期的研发与积累，技术储备充足，开发能力强，具有技术领先优势。

随着电子技术的发展，工艺技术的不断升级，导致建设圆片制造厂所需的投资成本越来越高，加剧了 IDM 厂商的资本性支出成本；工艺研发费用也随着先进工艺的发展而快速攀升，如 32nm/28nm 的工艺研发费用，对于领先者来说要超过 8 亿美元，即便是跟随者也要超过 6 亿美元。另外，随着集成电路产品应用领域的不断拓宽，差异化的产品层出不穷，在市场行情的波动下，IDM 厂商很难保障其产能利用率维持在盈亏平衡点之上，这将导致成本的增加和造成极大的浪费。随着专业圆片代工厂商的成立，越来越多的 IDM 厂商不再继续投资圆片制造，产能不足的部分交给专业圆片代工厂商，形成轻圆片制造厂（Fab-Lite）模式，其代表性企业有恩智浦、英飞凌、瑞萨、富士通等。

撰稿人：	华润微电子有限公司	张昭伊	
	上海华虹宏力半导体制造有限公司	李国强	许昭昭
审稿人：	华润微电子有限公司	范成建	
	中芯国际集成电路制造有限公司	卜伟海	

▷▷▷ 6.8.2 无生产线集成电路设计公司，無晶圓廠積體電路設計公司，Fabless Design House

无生产线集成电路设计公司是指没有制造生产线工厂（Fab）或没有制造（Fabrication），仅专注于产品设计的集成电路设计企业（Fabless Design House，或简称 Fabless），又称无圆片厂集成电路设计公司，其代表企业包括高通、博通、联发科、海思、展锐、MPS 等。这类企业与专业的 IP 设计和服务公司的区别在于：无生产线集成电路设计公司拥有自己的芯片产品，而 IP 公司仅提供设计和服务，无实体芯片产品。自 1984 年诞生以来，Fabless 发展至今已有 30 多年。在集成电路产业链分工中，Fabless 公司直接面对客户需求，为市场需求服务。这类企业除了进行集成电路设计，还负责集成电路产品的销售，而集成电路产品的生产则依靠专门的圆片代工公司（Foundry）和封装测试厂商。Fabless 和 Foundry 分工合作的商业模式的出现，降低了集成电路设计企业的产品制造成本和进入门槛，集成电路设计企业可以更加专注于产品的设计，富有创造性的产品更易实现，因此催生了大量的初创型 Fabless 设计公司。Fabless 商业模式使得设计公司的数量大大超过制造公司的数量,据《2016年上海集成电路产业发展研究报告》统计,2015年中国的集成电路设计企业数量为736家,而具有150mm以上生产线的制造企业约为50家。当然,这也加剧了设计企业之间的竞争,企业从初创到能够在业内占有一席之地,从技术层面来说,除了具有优秀的设计能力,还必须对制造工艺有深入的了解。这种现象在国际领先的Fabless设计公司中尤为突出,如高通和海思,因为其最先进的产品所需的代工工艺尚未成熟,所以它们必须与代工厂之间在工艺开发方面进行非常密切的互动,才能使自己的产品及时实现量产以进入市场,因此这类Fabless设计公司往往自身就有较为强大的工艺相关团队。

撰稿人: 华润微电子有限公司　　　　沈筛英
审稿人: 华润微电子有限公司　　　　范成建
　　　　中芯国际集成电路制造有限公司　卜伟海

▷▷▷ 6.8.3　模块制造公司,模組製造公司,Module Manufacturer

模块制造公司是指专门从事整机系统中共性功能模块和专用子系统的开发、设计或制造的企业。随着集成电路技术和整机系统应用的发展,整机系统设计开发和验证的复杂度不断提高,整机系统中的共性功能模块(如功率驱动、射频功率放大和控制处理等功能模块)和专用子系统(如通信和传感识别等子系统)的性能实现和开发生产对技术的专业深度和学科广度的要求越来越高,导致整机系统生产厂商直接进行模块开发会出现效率上的瓶颈,因此需要采用新的分工方式来提高效率、降低成本。对功能模块进行专业化定制设计,将多个集成电路芯片、多类不同芯片或芯片加外围元件等,采用封装技术或模组技术,制造生产成专用的功能模块,以模块作为产品形式供整机系统厂家设计应用。这种模块设计及制造的分工方式带来了更高的效率,并逐渐在集成电路制造产业链中形成了从事模块设计、开发和生产的模块制造商。很多集成电路设计公司为了给客户提供整体解决方案,已经从提供单一芯片发展为提供功能模块,从而成为模块制造商,提高了自身的竞争力。

从功能上进行分类,常见的模块分为功率模块、射频模块、通信模块等。典型的功率模块制造商有英飞凌(Infineon)、ABB、Mitsubishi、富士电子(Fuji Electric)、深圳振华微电子等;典型的射频模块制造商有TDK、AVAGO等;典型的通信模块制造商有罗姆半导体、江波龙电子等;华为、展锐等在射频模块和通信模块方面也有很强的竞争力。

从产品形式上进行分类，模块可以分为多元件集成电路（Multi-Component Integrated Circuit，MCO）和多芯片集成电路（Multi-Chip Integrated Circuit，MCP）。多元件集成电路是指由一个或多个芯片，混合至少一个元件所构成的组合体。多芯片集成电路是指由两个或多个单片集成电路芯片组合在一片或多片绝缘基片上构成的电路。目前，世界半导体理事会（World Semiconductor Council，WSC）顺应模块产品的发展，为促进模块作为集成电路产品的一种产品形式拓展贸易，正在积极推动 MCO、MCP 进入海关编码。

撰稿人：华润微电子有限公司　　　　陈钧
审稿人：华润微电子有限公司　　　　范成建
　　　　中芯国际集成电路制造有限公司　卜伟海

▷▷▷ 6.8.4　集成电路圆片代工企业，積體電路晶圓代工企業，Wafer Foundry

集成电路圆片代工是指企业专注于提供集成电路制造订单式服务但其自身并不开展产品设计的一种商业模式，这种模式是半导体产业分工细化和专业化的成果。圆片代工行业具备资本密集、技术密集、人才密集等特点，根据市场需求及技术发展趋势，通过大规模投资建设圆片生产线，进行工艺平台及工艺技术开发并持续进行技术升级，为集成电路设计企业提供圆片制造服务来获取利润。圆片代工业务模式的诞生和发展，促进了行业的分工及效率的提升，带动了大量无生产线集成电路设计公司的出现，推动了产业的发展。圆片代工企业如需获得较好的经济效益，关键在于规模和产能利用率两个方面：开发新技术的成本相对固定，而开发完成后必须有足够的订单才能分摊其开发费用；产能建设需投入巨额资金，维持接近满产的产能利用率才能获得最有效的回报。

圆片代工行业位于芯片制造产业链的前道（Front End）工序。该模式的特点如下所述。

（1）通过 Fabless+Foundry 的专业分工，Foundry 根据客户需求专注于产能建设，工艺技术开发，生产效率和成品率提升，维持先进工艺技术优势与高生产效率。

（2）开放式圆片代工企业同时服务于多家芯片产品设计公司，有利于分散单一客户或单一类别产品市场波动带来的产能利用率的影响。而产品公司则无须投入大量资金用于建设生产能力和工艺研发，可专注于根据应用需求灵活进行产品设计，然后将设计好的产品交由圆片代工和封装测试企业进行加工制造。

通过专业分工可以促进产业技术的进步和效率的提升。目前，台积电、格芯（GlobalFoundries）、联电、中芯国际是前四大开放式纯圆片代工企业。

除了上述开放式圆片代工模式，目前还发展出如下两种开放性稍弱的新模式。

（1）以 IDM 公司为基础的限制式圆片代工（Captive Foundry）模式：它是以 IDM 公司技术节点为基础而专门开发的标准工艺平台，利用自身多余的产能提供圆片加工服务。该模式特点是工艺平台先进，但客户只能使用其现有平台，对产品类别有一定的限制，而且这类代工服务供应商与其客户之间存在某种竞争关系，因此对其代工业务的发展也有限制。对 IDM 来说，可以减少自身产品销量和产业周期变化带来的产能利用率波动。目前，三星、Intel 均进入了限制式圆片代工领域，但其客户数量比较有限，如三星的代工服务客户主要是苹果、高通等销量很大的企业。

（2）虚拟 IDM 模式：这是由开放式圆片代工演变而来的一种模式，是由开放式圆片代工厂和产品公司通过紧密合作形成的类似 IDM 的一种商业模式。代工厂将部分产能专供给绑定的产品公司，因此这类代工厂也可称为专业器件制造公司。在这种合作模式中，设计公司也可以获得更好的产能、平台、技术支持。

在 20 世纪 90 年代，大部分 200mm 圆片代工企业一般都能通过设备的升级来实现技术的向前推进。但是进入 300mm 时代后，因为建厂投资巨大，所以只有少数几家企业有能力承担。随着工业研发成本的急剧增加，能够持续升级技术的圆片代工企业就更少了。根据国际相关市场研究机构的统计，在 200mm $0.13\mu m$ 时代，全球约有 20 家公司拥有该节点技术，圆片代工企业有近 10 家；到 300mm 28nm 时代，全球还有约 10 家公司拥有该节点技术，纯圆片代工企业约有 5 家；预计到 7nm 时代，全球可能只有少数几家公司拥有该节点技术。因为工艺研发和半导体建厂费用的急剧攀升，所以全球只有少数几家公司才能承受这样庞大的资金支出。由此可见，随着集成电路技术的发展，主流逻辑工艺代工企业将越来越少，更多代工企业将转而从事特色工艺代工。

撰稿人：	华润微电子有限公司	柴汝飞	
	上海华虹宏力半导体制造有限公司	李国强	许昭昭
审稿人：	华润微电子有限公司	范成建	
	中芯国际集成电路制造有限公司	卜伟海	

▷▷▷ 6.8.5　IP 设计和服务公司，IP 設計和服務公司，IP Design and Service

IP 设计和服务公司是指利用圆片制造厂商的工艺数据，设计具有知识产权的集成电路宏单元（即 IP 核）并提供相应服务的企业，这类公司一般不形成自主的芯片产品。IP 即 Intellectual Property，从字面理解为"知识产权"，但是在集成电路领域，设计 IP 是指具有知识产权、功能具体、接口定义明确且规范、可在不同专用集成电路（Application Specific Integrated Circuit, ASIC）中重复使用的功能模块，是实现 ASIC 及系统芯片（System on Chip, SoC）的基本构件。根据其设计阶段、规格类型、验证模式程度的不同，IP 核可以分为软核、固核和硬核三类。无芯片集成电路设计公司的商业模式有如下三种。

（1）基于圆片代工的 IP 商业模式：由圆片代工厂商向 IP 供应商购买 IP 技术授权，并在其所对应的工艺平台上验证，然后圆片代工厂商向 IP 供应商支付版权许可证（IP License）费用。SoC 设计公司选定圆片代工厂商并确定工艺平台及需使用的 IP 后，向 IP 供应商支付 IP 使用费或 IP NRE（Non-Recurring Engineering）费用，购买 IP 使用权，获取 IP 设计文件后开始进行 SoC 设计。SoC 设计公司完成设计后，向圆片代工厂商下单委托制造，支付圆片费用，并按照约定的版税费（IP Royalty）比例支付相应的费用。圆片代工厂商定期向 IP 供应商提供 SoC 出货报告并支付版权税费用。无芯片集成电路设计公司商业模式如图 6-72 所示。

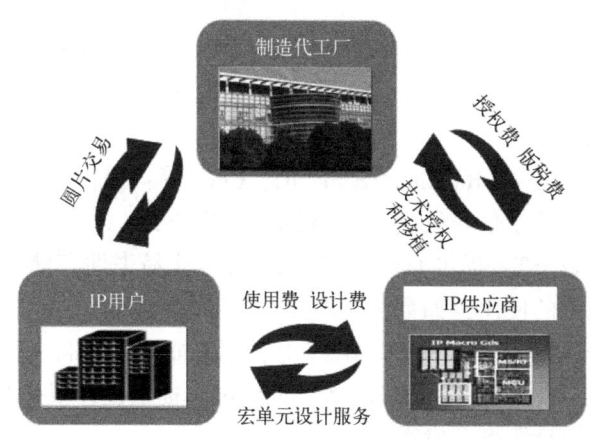

图 6-72　无芯片集成电路设计公司商业模式

（2）基于 IP 供应商的 IP 商业模式：用户直接从 IP 供应商获得 IP 规格及相关的数据包进行评估，选取合适的 IP 软核进行设计评估和验证，同时向 IP 供应商支付一次性 IP 版权许可证费用。用户需要向 IP 供应商支付 IP 版权税费用，版权税费用按单个芯片售价或圆片价格的一定比例来计算。IP 供应商依据圆片代工厂商提供的圆片片数和价格，按照约定的比例收取 IP 版权税费用。

（3）基于设计服务模式的 IP 商业模式：用户提出产品规格，设计服务公司依据客户的产品需求进行评估，包括 IP 技术评估、IP 面积评估、IP 费用评估，以及全芯片设计服务的 NRE 费用评估，形成基于客户需求的产品开发方案。自身设计 IP 部分费用可以少收或不收，依据客户产品的未来预期产量形成"交钥匙"（Turnkey）的商业模式，收取设计芯片开发费用和后续封装测试等服务费用，并按约定比例收取版权税费用。

高附加值的 IP 模块所提供的功能往往具有设计技术复杂或验证难度高、开发验证周期长的特点，因此它在某些特定应用领域的 SoC 设计中扮演了不可或缺的角色。一方面，IP 公司与圆片代工厂商形成了紧密的合作关系，双方合作开发 IP 并服务于共同的设计客户；另一方面，IP 公司通过提供经过某种程度验证的 IP 功能模块，可以大大缩短设计客户的 SoC 设计、验证周期，以及节约开发该 IP 功能模块的研发、验证及运营成本。IP 公司、圆片代工厂商、SoC 设计公司三者之间是共生、共赢的互利合作关系。随着系统集成度越来越高，SoC 设计越来越复杂，IP 在未来 SoC 设计中将扮演日益重要的角色，IP 设计服务公司所提供的 IP 也将越来越多元化，它在 SoC 设计及圆片制造中的角色也将越来越重要。目前，行业内主流的 IP 公司如下所述。

（1）ARM：提供高性价比、高代码密度、低功耗、面积极具竞争力的 ARM 架构 RISC 微处理器，其 IP 广泛应用于各式各样的便携式消费产品。

（2）美国新思科技（Synopsys）及美国铿腾电子（Cadence）：携其 EDA 工具之便利，提供各种数字、模拟 IP，并且为客户提供各自 SoC 的整体解决方案（Turnkey Solution）。

（3）Silicon Images、Rambus、Sonic IC、Ceva 等：提供各种高速芯片接口、数字媒体播放器、数字信号处理器、SATA、蓝牙等 IP。

（4）eMemory/SST：提供 OTP/MTP/eFlash 等非易失性存储器 IP，集中在各种热点产品应用中的使用，如数字电源类、加密芯片等。

国内的 IP 公司有 Verisilicon、ACTT 等，它们能提供各自基于客户应用的电源类 IP、高速接口 IP、特殊应用 IP 等，同时配套提供设计服务的技术支持，可一揽子解决芯片设计服务开发需求。

撰稿人：华润微电子有限公司　　　　　　王浩
审稿人：华润微电子有限公司　　　　　　范成建
　　　　中芯国际集成电路制造有限公司　卜伟海

6.8.6 外包半导体封装测试厂，外包半導體封裝及測試廠，Outsourced Semiconductor Assembly & Test (OSAT)

集成电路封装测试属于集成电路产品制造的后道（Back End）工序。封装测试工作是指在圆片完成制造后，对裸露的圆片进行加工，从而形成可以单独安装到 PCB 上的独立的器件。1968 年，安靠（Amkor Technology）公司的成立标志着封装测试业从 IDM 模式中独立出来。开放式封装测试企业通过提供圆片封装、测试服务（有的企业仅提供测试服务）收取加工费。还有一种封装企业采购圆片，进行封装测试后自己进行产品销售。测试主要分为中测（Probe Test）和成测（Final Test）两种。中测的目的是在封装前剔除不合格的芯片，减少封装过程中的浪费。在完成圆片制造工序后，通过探针与芯片上的焊盘（Pad）接触，进行芯片功能的测试，同时标记不合格芯片并在切割后进行筛选。成品测试是封装后测试，是对完成封装的芯片进行结构和功能检测的过程。

早期封装测试技术含量低，属于劳动密集型产业。随着集成电路行业的发展及小型化技术的进步，封装技术从传统的 DIP、SOP、QFP 向 QFN、BGA、FLIPCHIP、WLCSP 方向发展，封装材料（引线、塑封）随之演进，封装测试企业也凭借技术拥有了产品服务的定价权，如图 6-73 所示。随着后摩尔时代 3D 封装、圆片级封装等技术的应用，凸点（Bumping）等中道（Middle End）工序陆续出现，传统圆片制造企业开始向封装延伸，而封装企业也在向圆片制造端

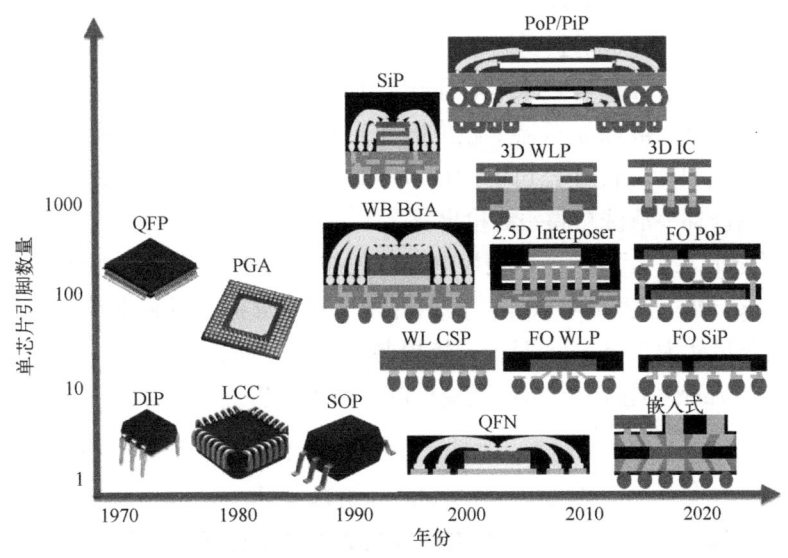

图 6-73 半导体封装技术的演进

延伸，圆片制造和封装测试工序出现融合的趋势。目前，主要的 OSAT 服务商有日月光、矽品、安靠、长电科技、南通富士通、华天科技、华润安盛等。台积电通过推出硅圆片堆叠（Chip on Wafer on Silicon，CoWos）封装与整合式扇出（Integrated Fan-out，InFO）封装等先进封装技术进入后道工序。中芯国际与长电科技建立了 300mm 凸点工艺及配套测试合资公司；日月光也在向前道工序扩展，建立起了前道工艺制造能力。

撰稿人：华润微电子有限公司　　　　　　柴汝飞
审稿人：华润微电子有限公司　　　　　　范成建
　　　　中芯国际集成电路制造有限公司　卜伟海

▷▷▷ 6.8.7　掩模版制造厂，光罩製造廠，Photo Mask Manufacturer

在圆片制造过程中，需要通过光刻工艺在圆片上形成特定图形，并依据此图形进行干法刻蚀、湿法刻蚀或清洗、离子注入、沉积等工艺，而光刻工艺中必不可少的工具就是制作了所需几何图形的掩模版（也称掩膜版）。掩模版制造是指将设计公司的电路版图转化为实物图形呈现在掩模版上，其核心是图形的转移、分层处理和对数据安全性的保护，是当前集成电路制造产业链中必不可少的最关键的环节之一。掩模制造厂主要有两种运营模式：自有掩模制造和商业化掩模制造。通常，国际大型半导体制造商会自建掩模制造厂（即自有掩模制造厂），针对自有产品进行掩模版的制造，通常产品种类比较单一。商业化掩模制造厂是指面向外部客户采取订单模式管理和运营的掩模制造厂，其产品范围涉及集成电路、液晶显示器、触摸屏和光学器件等，种类较多。商业化掩模制造的运营流程为：设计公司下达订单→数据处理→曝光→显影→刻蚀→剥离→缺陷检测修补→清洗贴膜→终检出货。

20 世纪七八十年代，国内掩模制造厂的规模较小，其产品主要满足自有生产线的需求。20 世纪 80 年代末，国内开始出现独立运营的商业化掩模制造厂，其掩模线条尺寸为 3~5μm。目前，掩模制造技术发展迅速，国际上最高的技术水平已达到 7nm，国内中芯国际光掩模制造厂的工艺技术能力达到了 28nm。

撰稿人：华润微电子有限公司　　　　　　田炜
审稿人：华润微电子有限公司　　　　　　范成建
　　　　中芯国际集成电路制造有限公司　卜伟海

▷▷▷ 6.8.8　半导体设备制造公司，半導體設備製造公司，Semiconductor Equipment Manufacturer

半导体设备制造公司，是指可以供应各种圆片制造、封装、测试、检测设备或仪器，并提供相应技术支持与服务的企业。早期的半导体公司均自己制造设备，后来随着产业的发展，这些设备制造部门依据不同的专业特点而独立发展成为半导体设备专业供应商。随着半导体技术的不断进步，专业化半导体设备公司通常在设备技术本身及工艺菜单（Recipe）研发上投入了相当大的资源，使其持续保持相应专业设备的领导或垄断地位。二手旧设备的翻修也形成一种新的商业模式，如单台、多台套、甚至整条生产线设备转让模式等。半导体设备是整个产业链上游的重要环节，是下游生产工厂不可缺少的生产资料，也是圆片制造及封装厂商的主要的固定资产投入项目，一般圆片生产线的设备投入比例高达总资产的70%以上。设备能力决定着整个产业技术的发展，如7nm技术早在2004年就已出现，但要实现产业化，还需要设备的完善。进入300mm阶段，集成电路设备越来越复杂，除了硬件本身，还包含了工艺技术、生产管理系统等。半导体制造工艺设备主要包括光刻机、刻蚀机、离子注入机、氧化扩散炉管、快速热退火设备、物理气相沉积设备、化学气相沉积设备、原子层沉积设备、化学机械抛光设备、清洗机、量测及检测设备等。半导体设备的开发和制造需要综合运用光学、物理、化学、机械、电子、精密仪器、自动化等技术，具有科技含量高、制造难度大、设备价值高等特点。

从主要生产半导体设备的企业分布地域来看，它们大多集中在拥有较强高端制造产业链的美国、日本和荷兰等发达国家。国际上主要半导体设备供应商包括美国应用材料（Applied Materials）、荷兰阿斯麦（ASML）、美国泛林半导体（Lam Research）、日本东京电子（Tokyo Electron，TEL）、美国科磊（KLA-Tencor）等。国内主要的半导体设备供应商有北方华创、中微半导体、沈阳拓荆、上海微装、中电48所、中科信、中电45所、华海清科、盛美和大族激光等。

撰稿人：华润微电子有限公司　　　　房世林
审稿人：华润微电子有限公司　　　　范成建
　　　　中芯国际集成电路制造有限公司　卜伟海

▷▷▷ 6.8.9　半导体材料制造公司，半導體材料製造公司，Semiconductor Materials Manufacturer

半导体材料制造商，除了指供应各种规格的半导体衬底材料圆片的制造商，还包括供应圆片制造和封装测试过程中所需的电子级的气体、化学品、金属靶材、光刻胶、研磨液等材料的企业。

半导体材料对纯度的要求很高,关键工艺所需材料通常要求达到 6N (99.999 9%)及以上的级别。圆片的衬底材料除了对纯度有要求,对掺杂元素也有参数要求,且控制范围十分严格,同时要求材料具备表面洁净度高、低缺陷密度等技术条件。在半导体制造过程中,涉及的材料种类涵盖了气体、液体、固体等多种形态,品类多达上百种,且多具有剧毒、易腐蚀、易燃易爆等高危险特性,如气体类的氢气、甲烷、硅烷等,化学品类的氢氟酸、硫酸、硝酸、有机溶剂等。因此材料的运输、存储、使用及废料处理等都必须遵循国际标准和国家制度,严格按照管控流程执行。

早期的半导体制造公司具备部分半导体(硅)衬底等材料的制备能力。随着行业的发展,衬底材料厂商逐渐独立出来进行专业化运作,并首选为圆片制造领域中的龙头企业供货,同时材料厂商也在下游市场的驱动下迅速发展。衬底材料的生产商主要集中在日本、德国和中国台湾地区,全球知名企业包括日本信越化学工业(Shin-Etsu)、日本三菱住友(SUMCO)、中国台湾环球晶圆、德国 Siltronic、法国 Soitech 等。截至 2016 年年底,我国企业已具备 4in~200mm 硅衬底材料的制备能力。目前,砷化镓材料的先进技术仍掌握在日本、德国及美国等国际大公司手中。截至 2016 年年底,我国砷化镓材料企业主要是以制造 LED 用的低阻砷化镓晶片为代表的制造商。

随着集成电路制造工艺向精细化方向发展,制造超细线条工艺所用的光刻胶显得非常重要。目前,先进光刻胶的供应商主要以产业发展初期就开始研发生产有机感光材料的企业为主。截至 2016 年年底,我国尚未具备 65nm 以下技术的光刻胶制备能力。我国企业在研磨液、金属靶材、铜电镀液等集成电路工艺材料方面已具备一定的市场规模。

半导体芯片封装材料包括引线架、陶瓷板、塑料板、芯片焊接材料、焊线、封装材料、TAB、COF 等。目前,半导体封装材料供应商主要集中在日本和美国。

撰稿人: 华润微电子有限公司　　　　房世林
审稿人: 华润微电子有限公司　　　　范成建
　　　　中芯国际集成电路制造有限公司　卜伟海

▷▷▷ 6.8.10　电子设计自动化软件公司,電子設計自動化軟體公司, Electronic Design Automation (EDA) Company

EDA 技术是指以计算机为硬件平台工具,采用以计算机辅助设计

(Computer Aided Design，CAD）技术为基础发展起来的计算机软件系统，根据硬件描述语言 HDL（包括 Verilog HDL 和 VHDL 等），完成产品设计的 RTL 源码，自动地完成逻辑编译、化简、模块分割、综合及时序优化、自动布局/布线（模拟手工全定制版图设计）、前/后仿真，直至对于特定目标芯片的适配编译、逻辑映射和 DFM 效应的仿真和优化、GDS 数据生成等工作，最终形成集成电路芯片或集成电路系统设计的一种新技术。TCAD（Technology Computer Aided Design）技术也属于 EDA 技术，主要是对工艺和器件进行仿真优化。国际大型 EDA 公司利用自有设计工具的优势，已经涉足 IP 设计和服务领域。

目前，世界范围内的 EDA 工具商大约有将近百家，主要分布在美国、欧洲、以色列等国家和地区。排名前三的公司分别是新思科技（Synopsys）、铿腾电子（Cadence Design Systems）和明导（Mentor Graphics），它们占据着超过半数的市场份额。这三家 EDA 工具商的业务基本相似，但各自的优势又不尽相同。Synopsys 的优势在于数字前端、数字后端、静态时序验证确认（Prime Time Sign-Off），以及各种模拟、数字 IP 的完整提供；Cadence 的优势在于模拟设计、数字后端、设计服务、提供双倍速率同步动态随机存储器（Double Data Rate，DDR）IP 等；Mentor 的优势在于后端验证确认（Calibre Sign-Off）、可测试性设计（Design for Testability，DFT）和光学邻近效应校正（Optical Proximity Correction，OPC）等。与半导体设计行业类似，EDA 行业也频繁发生公司并购事件，三大 EDA 工具商通过不断收购小型 EDA 或 IP 公司来完善设计流程，增加市场份额，如 Synopsys 收购 Magma，Mentor 收购 BDA，Cadence 收购 Tensilica 等。2017 年，西门子（Siemens）完成了对 Mentor 的收购，因此获得了向上游芯片设计领域快速靠拢的机会；Mentor 也将获得销售支持和所需资源的投入，扩大产品领域。目前，中国提供 EDA 软件的企业主要有华大九天，它根据中国市场用户自身特点，将产品开发聚焦于全定制设计流程，在国外 EDA 工具商垄断的领域形成了一定的技术突破。

EDA 工具商通过聚集全球顶尖研发人才和科学家，不断投入技术研发，掌握研发所需的核心技术和方法学，结合先进半导体工艺技术的持续发展，开发并持续完善 EDA 工具，从而引导、销售并服务于全球的设计公司、代工厂商、封测厂商，引领整个行业现有的和前瞻性的设计开发流程。EDA 工具商的销售模式从最开始的由客户购买永久授权（License）模式演变为现在的 TBL（Term Base License）模式，即客户需要定期续约和重新购买。客户采用 EDA 公司提供的先进设计流程和设计软件，可更快速和高效地实现应用产品的设计研发，同时在不断设计研发的过程中对 EDA 软件的功能、准确度和易用性向 EDA 工具商反馈各种改进需求，推动 EDA 工具商不断进行产品的升级和优化，实现了半导体产业推动 EDA 产业发展，EDA 产业发展又同时加速半导体产业升级的正向循环。

撰稿人：华润微电子有限公司　　　　　　　礼品
审稿人：华润微电子有限公司　　　　　　　范成建
　　　　中芯国际集成电路制造有限公司　　卜伟海

▷▷▷ 6.8.11　分销商与销售代理，經銷商與銷售代理，Distributor & Sales Representative

分销商，又称分销网络或分销通路，是指产品从制造商或设计商手中传递至消费者或终端用户手中所经过的各中间商连接起来的通路。从产品的设计制造公司（原厂）到使用产品的公司组织和个人（客户）之间，除由原厂将产品直接销售给客户并取得付款的部分外，其余部分都是由分销商、销售代理或不同层级的渠道商完成的。分销商和销售代理的作用主要有以下 5 种。

（1）将原厂的产品销售给散布非常广的规模大小不一的客户，将产品销售延伸到最大范围。

（2）分销商可以满足客户灵活的付款账期和物流要求，起到了"银行"和"物流公司"的作用。

（3）对客户提供必要的技术支持，特别是针对坐落在比较偏远地域的中小型公司。有些分销商甚至还利用自己很强的技术实力为客户量身定做技术方案。

（4）减少客户的供应商数量，为客户提供"打包"服务，提高客户供应链的效率，减少客户在供应链管理投入的资源，节省客户的成本。

（5）减少原厂在销售市场方面的投入，使销售与市场的运转更高效；减少原厂在销售、技术支持方面的投入，降低原厂在财务运作方面的压力。

集成电路行业分销的特点如下所述。

（1）集成电路是用于电子企业大规模生产的，但其产量可能随季节的变化发生明显的波动。作为供应链中重要一环的分销商为了支持客户生产的正常运转，往往会根据客户的需求预测提前向原厂购买产品，做好库存准备。

（2）随着竞争更加激烈，电子企业缩短新产品的上市时间变得非常重要，这就需要供应商提供对新产品使用的详细技术支持和说明。所以很多分销商有专门的技术团队，可为客户提供产品用于系统设计时的技术支持，甚至帮助客户定制部分 PCB 的设计，或者将自己代理的不同公司的产品做在一个产品方案的参考设计中，供客户测试评估和使用，这也是经销商的优势和核心竞争力之一。

（3）分销商会举办各种技术研讨会，这种研讨会有的是和原厂联合举办的，有的是独立举办的，并得到原厂在财务上的资助，以及演讲人员和演示产品上的支持，其目的是发掘新的潜在客户，并将原厂的特色产品更广泛地推向市场。

（4）产品销售日益电子化、网络化。

撰稿人：华润微电子有限公司　　　王剑
审稿人：华润微电子有限公司　　　范成建
中芯国际集成电路制造有限公司　卜伟海

6.9 集成电路制造企业管理和模式

6.9.1 组织架构，組織架構，Organization Structure

芯片制造企业的组织架构设置按照职能类别分为制造部门、协作部门、保障部门3类，不同部门之间遵循专业分工与组织协作的基本原则。

1. 制造部门

制造部门与芯片的制造直接相关，主要涉及芯片制造、工艺技术、设备维护等职能。为了方便生产管理，芯片制造车间按照承载的工艺功能划分为光刻、刻蚀、离子注入、扩散、外延、薄膜等工程，其组织架构的设置通常以方便工程管理为基础，主要包括如下3类。

（1）以工程为单位设置部门，如光刻工程部、刻蚀工程部等，这些部门承担相关工程的生产、工艺、设备等的管理和技术职能。

（2）采用职能方式，如制造部、工艺部、设备部等，各部门负责所有工程的相应职能。

（3）各工程进行不同职能的组合，如制造部以职能方式设置，负责所有工程的生产管理，而工艺和设备职能按照工程设置。

2. 协作部门

协作部门包括技术支持部门、质量保证部门、物料保障部门、动力部门等。

（1）技术支持部门主要负责为客户提供芯片设计、制版、失效分析等技术支持，按照客户的产品要求为制造部门提供合理的工艺技术和工艺流程，对在线具有标准工艺的产品进行技术管理和维护，开发新的工艺技术和产品技术。技术支持部门主要包括技术研发部门、产品技术部门、技术服务部门、工艺集成部门等。其中,有的企业将工艺集成部门的职能划分到芯片制造部门。

(2)质量保证部门主要负责建立质量保证体系、生产过程质量控制、管理过程质量控制等。芯片制造具有生产工序多、流程长、生产周期长等特点,生产过程中除光刻工序外的其他工序几乎没有返工的可能性,因此要求每道工序都必须保证其过程产品质量,所以质量过程控制是质量保证部门的核心。质量保证部门主要有质量控制部(QC)、质量体系部(QS)、质量工程部(QE)、客户质量保证服务部(CQA)、可靠性保证及失效分析部(RA/FA)等。有的企业将客户服务部的职能划分到技术支持部门或市场销售部门,将可靠性保证及失效分析部划分到技术部门。

(3)物料保障部门主要负责生产材料、设备、备件、实物资产、工程材料、办公用品及生活设施等相关物资的采购及仓储管理,主要部门有采购部、外贸部、仓库等。

(4)动力部门负责为芯片生产提供所需要的超纯水、氮气、氧气、氢气等产品,提供满足芯片制造车间生产需要的电源、压力空气、恒温恒湿等动力条件,以及废水废气处理和排放等。

3. 保障部门

保障部门主要包括行政、人力资源、财务、环境/健康/安全(EHS)等部门,其职能和组织模式与常规企业的组织结构没有太大的区别。其中,环境/健康/安全部门是很重要的保障部门,因为芯片制造过程中会使用易燃、易爆、有毒、腐蚀性等化学品和特种气体,同时生产过程中要使用高温、高压等设备,工作人员又长期在相对封闭的环境中工作,而这些因素均要求芯片制造企业必须非常重视对环境、职业健康、安全等方面的管理工作。

撰稿人:杭州士兰微电子股份有限公司　　马良　闫建新
审稿人:杭州士兰微电子股份有限公司　　陈向东
　　　　中芯国际集成电路制造有限公司　季明华

▷▷▷ 6.9.2 战略管理,戰略管理,Strategy Management

集成电路芯片制造企业有 IDM 和代工两种不同类型的商业模式,不同的商业模式需采用不同的战略管理。发展型战略是芯片制造企业最主要的战略,它以企业发展作为核心向导,引导企业不断开发新技术和新产品,开拓新的市场领域,增强企业竞争力。

1. IDM 模式企业的战略管理

IDM 模式的企业大致分为两类:一类是以特色工艺技术满足不同细分产品

市场需求的企业；另一类是拥有自己的终端产品，以制造芯片自用为主的企业。对于前者，其战略发展管理主要包括如下4个方面。

（1）在目前特色工艺技术的基础上，不断扩展产品应用领域；

（2）不断开发有特色的工艺技术，满足不同特定用途或用户的需要；

（3）与客户联盟，将不同类型的芯片采用特殊工艺集成，制造成系统芯片；

（4）避开摩尔定律细线宽工艺技术路线的竞争，沿着拓展摩尔定律（More than Moore）的技术发展路线开发新产品。

对于后者，其战略发展管理主要包括如下5个方面。

（1）通过集成电路芯片设计，在提高终端产品的使用性能、增加使用功能、满足不同客户需求等方面不断升级目前已有的终端产品；

（2）迎合终端客户不同的消费需求，促使集成电路芯片不断更新换代；

（3）终端产品中不同类型的芯片通过芯片设计和工艺技术集成为系统芯片，在满足使用功能的前提下，终端产品的体积减小、便携性提高、制造成本降低会提高产品的市场竞争能力；

（4）开拓不同市场领域的终端产品，研发更多类型的芯片产品；

（5）沿着摩尔定律和拓展摩尔定律两种不同的技术发展路线，开发不同类型的芯片，并应用于终端产品。

2. 代工模式企业的战略管理

代工模式的企业是典型的制造服务型企业，其战略发展管理主要围绕满足芯片设计公司的代工需求来进行，包括如下5个方面。

（1）充分利用产能，降低制造成本；

（2）不断扩展标准工艺，满足不同客户的设计需求；

（3）跟踪世界上最先进的制造技术，形成标准化芯片制造工艺，并应用于客户的代工产品；

（4）不断扩大生产规模以满足客户代工需求；

（5）遵循摩尔定律的技术发展路线，引领客户采用更为先进的技术进行设计和开发芯片产品。

在技术发展战略方面，无论是IDM企业还是代工企业，当摩尔定律的技术发展路线不能支撑企业发展的产品战略时，都要深入研究拓展摩尔定律的技术发展战略，同时需要考虑更为长远的超越摩尔（Beyond Moore）技术发展战略。

撰稿人：杭州士兰微电子股份有限公司　　闫建新
审稿人：杭州士兰微电子股份有限公司　　陈向东
　　　　中芯国际集成电路制造有限公司　　季明华

▷▷▷ 6.9.3 计划管理，計劃管理，Planning Management

集成电路芯片制造企业的计划管理通常采用全面计划管理模式，围绕企业发展的战略目标，将企业总体目标逐级分解到管理层各部门，从生产经营管理人员到一线作业员工，均要努力完成各自计划的目标和任务，以保证企业总体目标的实现。企业首先制订销售收入、利润等一级指标；再将一级指标分解为芯片的产量、销量、成本、质量等二级指标，并将其具体落实到制造车间及各职能部门；二级指标进一步分解为在线成品率、单片材料成本、生产周期、总体设备效率、及时交付率等三级指标；以此类推。每项指标必须明确具体负责部门或人员。各部门要根据分解到本部门的指标制订本部门的指标。例如，生产部从企业二级指标的芯片产量、成本和质量指标中分解到生产周期、单片材料成本、在线成品率等指标后，要将这些指标细化分解到承担指标任务的光刻、刻蚀、薄膜等工程班组，并落实到具体责任人。按照上述方法，企业建立起纵向分级多层、横向合作分工的目标网络，以实现全局和局部的有机统一。

计划分为长期计划、中期计划和短期计划，每种计划的执行和调整是一个相辅相成的过程。

长期计划初步制定后，需要根据当前的产线产能、厂房布局等综合评价是否符合公司未来的战略发展和盈利预期；若不满足，则需要对计划进行调整，并重新进行评价；经过往复调整和评价，最终得到一个既能满足未来发展和盈利期许，又结合企业实际情况的长期计划。

中期计划首先由销售部门进行客户订单预测，再利用产能模型工具对预测计划进行评估，制定出新增设备配置、关键设备产能提升等方案。如果上述措施都不能满足计划，应及时通知销售部门对计划进行相应的调整，调整完成后再进行评估，最终得到一个合理的中期计划。

短期计划包含未来1个月的投入计划和产出计划。投入计划需要经产能管理部门进行评估，并与计划执行管理部门、制造部门就产能资源进行协调，保障投入计划的贯彻和实施。产出计划则由计划执行管理部门和制造部门根据客户要求的交付数量、交付周期及在线制品情况，通过控制在线流片量、关键工序加工量等手段保障计划的落实和实施。

计划考核主要是指对中期和短期计划执行情况的考核。中期计划的主要考核指标是产能拓展项目完成的及时性，短期生产计划的主要考核指标是芯片生产周期、及时交付率等。

撰稿人：杭州士兰微电子股份有限公司　　肖毅　闫建新
审稿人：杭州士兰微电子股份有限公司　　陈向东
　　　　中芯国际集成电路制造有限公司　　季明华

▷▷▷ 6.9.4　技术管理，技術管理，Technology Management

芯片制造的技术管理主要分为工程管理和产品管理，二者之间通过工艺流程发生关联。工程管理又称单项工艺管理，其核心是工序管理，通常包括扩散、光刻、刻蚀、注入和薄膜等工程，每个工程用以实现不同类型的工艺要求。工艺流程中的每个工序对应唯一的工艺条件且得到指定的工艺结果，以实现不同产品的要求。工程管理包括硬件管理和软件管理。其中，硬件管理是指以工序对应物理设备的管理，包括设备的开/关机步骤、菜单编写方法、维修保养要求和备件管理规范等；软件管理是指以工序对应工艺要求的管理，包括作业指导书编制、操作人员培训、成熟工艺维护、新工艺开发、材料标准制定、工装夹具制作、统计过程控制和生产通量评估等。

产品管理也称为产品过程管理，它涵盖产品开发到量产的整个过程，将工艺流程与工程管理的单项工艺关联，实现产品达到设计的功能。产品管理分为产品开发计划、产品制造设计、产品过程设计和产品定型量产4个阶段。

(1) 产品开发计划阶段：通过产品开发需求表确认客户需求，成立开发项目组，制定开发计划，编制立项报告，编制产品加工过程流程图，编制产品开发需要的材料、设备、设施清单等；识别产品研发环境、安全及有害物质，以及识别产品及其加工过程的特殊性；制定新设备、新工艺、新材料的采购计划、开发计划、新品可靠性试验计划、新品过程能力评价计划等。

(2) 产品制造设计阶段：编制或修订设计规则，设计产品结构图，设计产品版图，版图输出及制版，产品试加工等。通过评估工程管理中的单项工艺开发报告、新设备验收报告、新品测试开发报告等，对新工艺、新设备、新技术、新材料进行认定和确认，编制或修订产品加工的质量控制计划，编制产品加工工艺流程，编制或修订相关过程检验/测试标准、出厂检验标准、测试标准等文件，对产品试验工程批进行加工生产。

(3) 产品过程设计阶段：工程批投料生产后，需要编制产品规格书和工程批总结报告，确认过程流程图，获得客户试用/认定报告，修订工艺过程检验标准、出厂检验标准、测试标准等文件，编制质量控制计划，识别设计和过程中的失效模式并进行分析，进行产品的成本和产能分析，编制拓展计划等。

（4）产品定型量产阶段：对所有的文件进行固化和标准化，使产品转为企业的标准品，进行批量生产。

撰稿人：杭州士兰微电子股份有限公司　　闻永祥　刘慧勇
审稿人：杭州士兰微电子股份有限公司　　陈向东
　　　　中芯国际集成电路制造有限公司　　季明华

▷▷▷ 6.9.5　品质管理，品質管理，Quality Management

芯片制造企业的品质管理主要包括芯片开发过程品质管理、芯片生产过程品质管理、环境控制管理和企业标准化管理等。

1. 芯片开发过程品质管理

芯片开发过程中的各个阶段都要进行品质管控。

（1）项目计划阶段：在提出开发需求和进行可行性评估时，与客户进行充分沟通，并制定项目开发目标，编制项目开发品质控制计划，获取材料、设备、工装等资源的品质需求。

（2）产品设计阶段：在产品试验设计（Design of Experiments，DOE）和绘制版图时，同时编制工程规范、技术标准、包装标准等。

（3）工艺开发阶段：对样品制作、试验批、工程批等流水产品进行品质评价，通过评价后，再提交客户试用。

（4）定型阶段：定型批试生产合格并获得客户满意的认定结果后，工艺技术和产品标准固化在相关文件中，提交客户审核，确保客户认可产品的品质和品质管理过程。

（5）量产阶段：量产评审资料通过品质评审后，交付生产部门批量生产，按照固化的标准文件进行品质控制。

2. 芯片生产过程品质管理

由于集成电路芯片制造流程长、工序多，为了确保各工序生产出合格品，需要对生产过程进行精细的品质管理。芯片生产过程品质管理的主要内容有：实现自动化生产、标准化操作、生产过程监视和测量、不合格品控制、环境管理、设备/工装管理、监视/测量设备管理、生产过程的变更管理等。芯片制造过程控制采用离线和在线两种方式进行统计过程控制（SPC）。其中，离线 SPC 监控工艺和测试设备的能力；在线 SPC 监控产品工艺参数。生产过程控制的目标是要达到最佳成品率和产品品质。对各 SPC 控制项目按期评价过程能力，各

3. 环境控制管理

芯片制造对净化车间环境的要求非常苛刻，为确保生产车间环境满足产品品质控制要求，对净化车间的温度、湿度、洁净度、空气压力、防静电等参数进行实时监控。对仓库的温/湿度等环境进行管理，以确保物料、化学品等储存环境满足存放要求，避免因材料的品质变化影响产品的品质。

4. 企业标准化管理

企业标准化是指对标准的制定、执行和管理过程，它是企业提高芯片质量，减少过程损耗，加快产品流速，提高经济效益的有效措施。芯片制造企业的标准主要是技术标准，不同类型的产品所用的工艺技术会有较大的差异，需要根据工艺技术水平和产品技术的需求制定相应的技术标准，如硅片、化学品、常规气体、特气等材料标准，光刻、刻蚀、扩散等工艺标准，设计规则、工艺流程、产品测试、可靠性试验等技术标准，洁净室颗粒、温/湿度、防静电、送风/排风等环境标准。

撰稿人：杭州士兰微电子股份有限公司　　何忠伟　闫建新
审稿人：杭州士兰微电子股份有限公司　　陈向东
　　　　中芯国际集成电路制造有限公司　季明华

▷▷▷ 6.9.6　市场和销售管理，市场和銷售管理，Marketing and Sales Management

集成电路制造业不再是传统意义上的单纯制造业，提高集成电路制造企业的服务意识是大势所趋。随着信息技术的发展和企业对"顾客满意"重要性认识的加深，IC制造企业营销策略的核心是不断关注和加强客户需求管理。

代工模式的集成电路芯片制造企业的客户需求管理是指代工前期的技术咨询服务、客户财产/技术资料管理、代工过程的沟通、协助客户进行代工产品的失效/可靠性分析等。代工企业的产品设计规则、工艺条件、技术标准、测试标准等，需要充分沟通和论证；客户提供代工产品资料及财产（如掩模版），需要妥善管理和保护；在代工过程中，与客户沟通产品进度、工艺异常、产品异常等；产品制造完成后，协助客户进行产品失效和可靠性等分析，共同协商在产品的设计、工艺等方面的改善措施。对于客户提出的特别需求和期望，组织相关部门进行评审。

IDM模式的集成电路芯片制造企业或芯片设计企业的客户需求是获得满意

的芯片产品和服务。在制定营销策略时,要充分考虑和尽可能满足企业、经销商、终端用户等利益群体的需求。

(1) 企业需求:企业必须追求可持续发展和盈利。在市场孕育期,需要提高新产品的市场认可度;在市场成长期,开发多品种产品系列,比竞争对手做得更好、更全面,并完善销售渠道和经销商激励方法等;在市场成熟期,不断推出新产品,推出针对不同客户群体的促销政策;在市场衰退期,要尽快回收投资,并开拓新的产品领域。营销管理应以满足企业的需求为根本。

(2) 经销商需求:IC 产品应用领域非常广泛,建立经销商渠道是市场营销的重要策略之一。IC 产品应用有一定的技术属性,可通过帮助经销商管理芯片应用渠道和应用终端客户来满足经销商的需求。

(3) 终端用户需求:IC 产品应用于特定的终端产品领域,产品的市场特征是专业性强,因此需要与客户相互协作,协同开发芯片应用终端产品和市场,不断满足芯片应用终端的消费需求。

撰稿人:杭州士兰微电子股份有限公司　闫建新
审稿人:杭州士兰微电子股份有限公司　陈向东
　　　　中芯国际集成电路制造有限公司　季明华

▷▷▷ 6.9.7 洁净厂房管理,潔淨廠房管理,Clean Room Management

集成电路芯片制造企业洁净厂房管理的内容可分为防尘管理、温/湿度管理和防静电管理。

1. 防尘管理

作业环境中存在的微尘粒子可能导致器件或电路失效,影响产品的品质和成品率。因此集成电路生产洁净厂房有严格的防尘控制要求。

(1) 洁净室人员管理:对人员的着装和行为进行制度化管理;对于局部较高级别的洁净区域,应明确规定进入人员的数量。

(2) 洁净服管理:严格管理洁净服采购、制作、使用、清洗等。

(3) 洁净室进入物流管理:建立进入洁净室的物料准入制度,以及规范的物料清理和清扫管理制度。

(4) 洁净室设备及工器具管理:建立设备及工器具的进入和退出洁净室具体管理制度。

(5) 防尘环境控制:防止环境气体进入洁净厂房,保证洁净厂房气压对外正压,高洁净区气压对低洁净区正压,保证换气数、新风量、排风量等。

2. 温/湿度管理

IC芯片制造过程须保证芯片生产环境的温/湿度在一定范围内。尤其在光刻工序，要进行细微线条图形的不同光刻层次多次反复套刻，当温差较大时，因设备、器具、掩模版、硅片等产生胀缩而引起误差，影响产品的品质。洁净车间对湿度的要求也极为严格，若湿度过小，容易产生静电，如果措施不当会造成已形成电路的产品芯片损坏；若湿度过大，硅片表面容易积累水膜，导致光刻胶在硅片的黏附性变差，影响细微线条图形的光刻质量。洁净车间的温/湿度控制标准应根据不同生产工艺来制订不同的控制标准，光刻区域的温度和湿度控制比较严格。IC芯片制造洁净厂房通常采用新风空调箱+风机过滤单元+干冷盘管的设计，满足洁净厂房温/湿度的要求。由于生产设备运行的不确定性，车间的局部区域会出现温/湿度波动现象，通过在线监测、实时监控等方式对车间的温/湿度进行控制管理。

3. 防静电管理

IC芯片形成电路后容易受静电影响，特别是在芯片制造流程后段、芯片测试和封装工序，外界静电容易造成芯片损伤或击穿损坏，IC制造洁净室作业区也是防静电区域。静电保护区域采用防静电地板，全部用铜片连接，在墙壁、梁柱位置设有与地板、地面、建筑结构形成的防静电网络。生产用设备、仪器、工作台、物料架面等必须进行接地连接，接地连接链条需拖地。防静电地板两点之间和任何一点与地之间的电阻测量应符合规定电阻要求。

撰稿人：杭州士兰微电子股份有限公司　　钱峰　俞凯旋　闫建新
审稿人：杭州士兰微电子股份有限公司　　陈向东
　　　　中芯国际集成电路制造有限公司　　季明华

▶▶▶ 6.9.8　物料管控，物料管控，Materiel Management and Control

IC芯片制造行业物料管理的特点是进口物料多、物料价值高、纯度高、危险性高、多样性、批量少、有效期短、对运输和储存的环境要求高，甚至需要采购许可证、运输许可证等。在物料质量和供货能力的稳定性和一致性方面也比其他行业要求高。物料管理分为物料控制管理和库存管理。

1. 物料控制管理

物料控制管理主要包括如下8个方面。

（1）严格控制物料种类，制定完善的物料规格采购标准。对物料规格的新增与变更需要经过严格的评审程序，控制物料种类增加。

(2) 确定物料采购周期，按照采购周期和生产对物料的需求情况适时供应生产所需的物料，满足生产对物料的需求。

(3) 对物料的采购价格进行适当管制，根据市场情况，提出年度降价目标，降低物料成本。

(4) 对物料供应商的物料品质进行管制，确保物料品质良好和稳定，满足生产对物料品质的需求。

(5) 强化收/发物料人员的管理工作，提高工作人员的工作效率，保证物料先进先出，避免呆料、废料产生。

(6) 根据生产对物料的使用量、使用频次及采购周期，建立适当安全库存量，减少资金的积压。

(7) 制定物料管理绩效考核制度，提高管理人员的积极性和主动性。

(8) 适当投资仓库设备，合理利用仓库资源和仓储空间。

2. 库存管理

库存管理采用供应商管理库存（Vendor Managed Inventory，VMI）、安全库存、采购计划等方式进行管控，主要包含以下 8 个环节。

(1) 采购计划控制：根据销售部门预测形成的生产计划确定各种物料需求计划，采用安全库存技术来保障公司的不间断生产。

(2) 用料计划：根据生产计划调整的交货时间表编制用料计划。

(3) 采购：控制供应商以合理的价格在合适的地点、按约定数量和时间交货，并确保主要材料有 2 家及以上的供应商。

(4) 统计分析：对物料数据进行收集、分类和分析，预测材料价格趋势，寻找替代品，评估供应商供应能力。

(5) 质量控制：进行来料检查，保证物料合格。

(6) 物料收/发：负责物料的实际接收处理，以及货物的验明，并通知质量部门或使用部门进行来料质量检验；负责将物料发送到使用地点和仓储地点。

(7) 仓储管理：化学品需要专用库房且双人双锁管理；许多物料有温/湿度控制和通风需求；剧毒品储存需要与当地的公安等部门联网监控。

(8) 库存控制：定期检查物料的进出情况，实时掌握库存情况，定期盘点，及时通报异常情况。

撰稿人：杭州士兰微电子股份有限公司　　夏荣忠
审稿人：杭州士兰微电子股份有限公司　　陈向东
　　　　中芯国际集成电路制造有限公司　　季明华

▷▷▷ 6.9.9 设备维护管理，設備維護管理，Facility Management

做好 IC 芯片制造设备维护是延长半导体设备使用寿命和保证工艺稳定性的重要一环，需要使用者和管理者从设备的点检、保养、维修、预防性维修等方面进行制度化和规范化管理。

设备点检主要是指对设备的动力条件、设备参数等按照规范要求进行核对和检查，若发现不符合规范要求，应立即停止设备运行，并反馈给设备人员进行处理或维修。

设备保养分为三大类。第一类为定期保养，如设备的传动件保养（如传片系统的丝杠、轴承、皮带等）、注入机束道保养等。第二类为条件保养，是指按照加工产品数量的多少来制定保养周期，这是因为加工过程中产生的反应物会对设备内部结构（一般称为工艺腔体）造成沉积，当沉积达到一定程度后，会对腔体的工艺特性（如颗粒数、均匀性、膜厚、线宽等）造成影响，同时对设备参数（如功率、漏率、真空度、流量等）也会造成影响；刻蚀设备腔体保养、CVD 腔体保养、LPCVD 腔体保养、外延腔体保养等均属于条件保养。第三类保养是前两类保养的结合，这是因为有些关键部件发生的故障与设备使用时间和反应生成物均相关，所以需要定期保养和条件保养相结合，无论哪个条件先满足均可触发保养。

设备维修主要是指由维修工程师利用设备原理和结构等知识和技能排除故障，分为状态检修、事后维修和主动维修 3 种方式。状态检修是指通过管理系统对设备关键参数建立过程控制报警系统（如 SPC 控制），每天将设备参数输入系统，依据设定的上、下限进行报警，根据趋势间接判断设备的状态，若有变坏的趋势，及时对设备进行维修；事后维修是指设备发生故障后的无计划维修，日常在人力、备件、工具等方面做好充分准备，有助于提高维修效率；主动维修是指对故障发生频率过高或某部件的维修费用过大的设备进行维修，在部件的设计阶段进行改进，减少设备发生故障的频率，降低维修费用[1]。

预防性维修是指综合运用各种设备参数检测技术、统计分析技术和管理方法，在故障出现前对故障部件进行维修或替换，使设备恢复稳定的工作状态。预防性维修的维修成本低，可以减少设备故障对正常生产的影响，提高设备利用率。企业应对设备进行分类，按照设备的重要程度、产能需求等评估出重点设备，定期组织相关专家和资深工程师评价出预防性维修项目。

设备维护管理的效果对设备的运行状态和使用寿命起着关键作用，主要评价指标有点检完成率、保养完成率、设备正常运行时间（Up-Time）、设备平均修复时间（Mean Time To Repair，MTTR）、平均无故障工作时间（Mean Time

Between Failure, MTBF)、设备每小时圆片产出量（Wafers per Hour, WPH）、总体设备效率（Overall Equipment Effectiveness, OEE）等，其中总体设备效率（OEE）用于综合反映设备维护和使用的能力。通过增加设备点检和维护项目，减少设备维修的次数和时间，提高设备维护能力和管理水平，是设备维护管理的趋势。

参考文献

[1] 巫世晶. 设备管理工程 [M]. 北京：中国电力出版社, 2005.

撰稿人： 杭州士兰微电子股份有限公司　　江为团
审稿人： 杭州士兰微电子股份有限公司　　陈向东
　　　　 中芯国际集成电路制造有限公司　季明华

▷▷▷ 6.9.10　废弃物处理管理，廢棄物處理管理，Waste Material Treatment Management

废气、废水和危险废物是 IC 芯片制造过程中产生的主要废弃物。

废气主要包括酸性废气、碱性废气、有机溶剂废气等，以及少量工艺尾气和一般废气（废热）。废气分别经酸碱性废气处理系统、有机废气处理系统、工艺尾气处理系统和一般废气（废热）排风系统处理后，向高空排放。一般废气（废热）在车间屋顶排放，酸碱性废气、有机废气经不低于 15m 的高排气筒排放（因污染物不同，高度要求也不同）。

废水要分类回收，分别处理。其中，酸碱废水、中低浓度含氨废水、含氟废水和有机废水必须分别进入酸碱废水系统、含氨废水系统、含氟废水系统和有机废水系统进行处理。CMP 研磨废水、废气洗涤塔排水、纯水站 RO 浓缩废水、冷却塔循环水排水等一般废水先经过一般废水系统处理。废水经过处理达到国家排放标准要求后，再统一排入污水处理厂集中处理。

危险废物包括液体废物和固体废物。液体废物采取分类回收处理的方式，废酸、高浓度含氨废液、光刻胶废液、有机溶剂废液等通过设备上设置的废液回收系统集中收集，分类放置，由环境服务公司进行回收处置。固体废物主要是含汞废物、废水处理污泥、废包装材料、废试剂容器瓶、电子混合废料等。含汞废物主要为废弃的含汞灯泡等，应集中送环境服务公司进行处置；废水处理污泥主要是含氟废水处理时产生的污泥（主要成分为 CaF_2、SiO_2），经脱水处理成泥饼再外运，泥饼属毒性较低的一般固体废物，送到有资质的环境服务公司进行处置；废包装材料主要是废包装箱、包装袋、包装纸箱和废塑胶手套等，由废品回收商收购；废试剂容器瓶主要是玻璃、塑料制品，送有资质的环境服务公司进行处置或由原厂回收；电子混合废料主要是废五金和废金属等，为一般固体废物，由废品回收商收购。企业对固体废物的处置原则是，综合利用，充分回收，最大限度地合理使用资源，减少固体废物的产生量，进行安全、合理的处理和处置。

撰稿人：杭州士兰微电子股份有限公司　　王勇
审稿人：杭州士兰微电子股份有限公司　　陈向东
　　　　中芯国际集成电路制造有限公司　　季明华

▷▷▷ 6.9.11　环境保护管理，環境保護管理，Environmental Protection Management

集成电路制造企业环境保护管理由源头预防、过程管理控制、检查评价、隐患整改与事故/事件调查处理、应急响应等管理过程组成。

源头预防是指通过对环境因素的识别和评价，分别对过去、现在和将来，在正常、异常和紧急情况下，对可能产生废水、废气、噪声、土壤污染等工序进行分析评估，依据一定的规则和选取适当评价方法对环境因素进行分级管理，按照消除、替代、工程控制、标志/标识等顺序来降低环境风险，编制控制措施并组织执行。

过程管理控制是指按照企业环境保护管理办法、污染物处理设施运行、环境安全与应急处置、污染物在线监控、污染物检测分析等管理文件要求，组织落实和执行环境保护工作。

检查评价是指通过制定环境保护达标评价管理制度，对环保责任部门实施环境保护管理的源头和过程进行评价和考核，考核结果与部门的绩效挂钩。环保管理部门按照制定的标准环保项目检查表定期或不定期进行检查，检查结果作为过程考核评价的依据之一。

隐患整改与事故/事件调查处理是指建立环境隐患排查管理制度，从环境保护管理系统，以及废水、废气、固废和噪声等方面建立专项的标准格式检查表，安排专人进行日常环保检查，若发现隐患，按隐患级别报送相关权限部门及时消除或整改。整改效果按照环保达标考核体系进行考核。企业现场管理人员巡检时发现的环保隐患，安排专人跟踪整改和验证，并进行考核。

应急响应是指依据国家环境保护突发事件应急预案相关法律、法规和要求，结合地方自然环境、企业周边情况、企业自身特点等多方面因素，编制切合实际且行之有效的三级突发环境应急预案。定期或不定期举行应急演练，必要时与相关政府部门、周边企业甚至周边居民共同演练，以提高应急处理人员的应急处置能力。

撰稿人： 杭州士兰微电子股份有限公司　　王勇
审稿人： 杭州士兰微电子股份有限公司　　陈向东
　　　　 中芯国际集成电路制造有限公司　季明华

▷▷▷ 6.9.12　安全管理，安全管理，Safety Management

集成电路芯片制造企业在封闭的洁净车间进行生产，工艺流程复杂，使用种类繁多的危险化学品和特殊气体，所以其安全管理工作有别于一般制造行业。安全管理包含安全生产管理、职业卫生管理、消防安全管理、事故应急管理等。

安全生产管理主要由安全生产责任和组织体系、源头预防控制体系、监督检查与目标达标评价体系、事故调查处理体系、设备设施安全管理体系、隐患排查与整改体系、应急响应体系构成。针对生产过程中种类繁杂的危险化学品及其使用的设备设施，建立和完善有效的风险识别和预防控制措施，落实安全管理责任，并定期监督检查和考核；严格落实新设备、新材料、新工艺的安全审批流程，在源头上进行风险管控，降低事故风险。

职业卫生管理主要是指预防、控制和消除职业危害，使员工的健康在职业活动过程中免受有害因素侵害。在集成电路芯片制造企业的各类生产活动中，涉及的职业性有害因素相对一般行业更加复杂，危险化学品的种类繁多，不断有各类新工艺、新材料和新设备的投入生产，因此职业性有害因素的辨识和管控需要更加灵活和有效。企业应对整个生产过程、劳动过程、生产环境和工作场所的有害因素进行辨识、预防和定期检测，确保生产现场职业接触限值合格。

消防安全管理是指依照消防法律法规和消防技术标准，通过对火灾的发生、发展规律的研究，建立有效的防火、灭火机制，预防火灾的发生。由于集成电路制造过程中涉及易燃易爆化学品、自燃物质、强氧化剂、腐蚀性化学品等危化品，设备本身存在高温、高压等危险因素，而且在洁净厂房内铺设有错综复杂的送/排风管道，使其在防火工作上存在高度的复杂性和危险性，因此必须保证消防自动报警系统、消防喷淋灭火系统、气体灭火系统、气体检测报警系统等的正常运行。现场必须配置适合起火物质火灾性质的灭火器，定期进行各类消防检测和人员培训，在电气防火、防爆防泄、净化区域送排风管道防火、大宗可燃性气体防火和危险化学品防火方面推进技术性防范措施，采用与人员定期防火巡查相结合的手段，预防和消灭火灾。

事故应急管理主要是指在安全生产事故发生后，快速应对和有效处置，以控制和减少事故导致的各类损失。集成电路芯片制造企业由于其生产过程中使用大量的危险化学品和特殊气体，必须在安全事故发生的初期阶段予以快速控制和消灭，防止事故扩大而造成严重后果。首先，企业在建设阶段就应该做好事故发生的准备工作，与厂房建设同步设置和安装控制和消灭事故的各类消防安全和应急设施，配置与现场相适应的应急器材和物资；其次，编制和完善与现场生产工艺和设备设施相适应的事故应急救援预案，如火灾应急预案、危险化学品泄漏应急预案、突发停电应急预案等，同时编制详细的现场应急处置方案；最后，必须建立相对专业的应急响应队伍，开展各类应急技能培训，并定期进行各类事故应急演习，总结演习和事故处置经验，不断完善应急救援预案。

撰稿人：杭州士兰微电子股份有限公司　　信传峰
审稿人：杭州士兰微电子股份有限公司　　陈向东
　　　　中芯国际集成电路制造有限公司　　季明华

▷▷▷ 6.9.13　信息安全管理，資訊安全管理，Information Security Management

集成电路芯片制造企业面临的信息安全隐患主要有病毒、网络攻击、信息泄露等。计算机病毒感染会导致网络堵塞、系统瘫痪，数据和文件被破坏（甚至丢失、泄露），造成企业的重要文档或数据的损毁，其损失难以估量，是各类信息安全威胁之首。企业信息系统的连通为企业数据传递提供了方便，如邮件系统、办公自动化系统、MES 制造管理系统、SPC 数据统计分析系统等，同时也对网络的安全防护、抵御网络攻击风险、保护企业信息系统和信息数据安全提出了更高的要求。在信息泄露方面，随着办公自动化与企业信息系统的连通，产品设计文档、工艺技术参数、生产管理数据等在企业内部局域网和 Internet 网传输过程中面临着种种安全风险，如被非法用户截取，被企业内部员工泄露，以及被非法篡改而影响数据的有效性和可用性等。

为消除各类信息安全隐患，集成电路芯片制造企业要建立完整的信息安全防护体系，主要包括如下三个方面的工作内容。

（1）执行信息安全风险评估。根据企业实际情况，参考 ISMS ISO 27001 或国家信息安全等级保护管理办法，必要时借助外部安全咨询公司的力量，进行全面的信息安全风险评估，罗列安全风险与不足，制定安全策略，进行信息安全相关系统的修正和新系统的实施。

（2）完善信息安全管理制度，提高信息安全管理水平。信息系统安全依赖于系统选择时所采用的网络安全策略及管理策略，与完备的管理制度密不可分。在完善的信息安全工具和技术手段的基础上，依据实际制定办公网络接入、IT终端安全、涉密文件管理等一系列规章制度，指导信息安全工作。

（3）采用先进信息安全技术，建立信息安全防护体系。对各类信息安全隐患，制定信息安全规划及对应的安全解决方案，并实施。对于办公信息系统，建立相应的防护系统，如终端管理系统、IPS入侵防御系统、容灾管理系统；对于芯片制造过程中的数据安全防护，要从实际需求出发，联合解决方案供应商，定制相应的安全系统，如光刻机等工艺参数的防护，采用无尘衣内置RFID感应标签，结合设备控制端实现身份识别，防止无权限人员窥视工艺参数；对于设计技术文档，采用文档加密系统，从源头端防止信息外泄。

集成电路芯片制造企业的信息安全管理是一项长期的复杂的系统工程，涉及信息技术、设备系统、制度和管理等多方面，必须系统地规划和实施信息安全解决方案，确保企业信息的保密性、完整性和有效性。

撰稿人：杭州士兰微电子股份有限公司　　朱永亮
审稿人：杭州士兰微电子股份有限公司　　陈向东
　　　　中芯国际集成电路制造有限公司　　季明华

第 7 章　集成电路封装测试

　　集成电路封装测试是集成电路产业链中不可或缺的环节。近年来，在《国家集成电路产业发展推进纲要》和国家集成电路产业投资基金的推动下，集成电路封测业的发展十分迅速。

　　传统上，封装的作用包含对芯片的支撑与机械保护、电信号的互连与引出、电源的分配以及热管理。随着芯片技术的发展，封装也具有了新的作用，如功能集成和系统测试。随着封装技术的不断发展，先进封装不断涌现，如圆片级封装、系统集成封装、三维封装等，进一步提高了电子整机系统的微型化及可靠性等。通过国家科技重大专项等的持续实施，中国封装测试技术能力和工艺水平不断得到提高，中高端先进封装的占比逐渐提升。

　　通过对本章的阅读，读者可以了解封测业的发展现状与特点，探究传统封装和先进封装的关键工艺，对封装测试及可靠性技术、封装的标准化有一个系统性认识。

　　在本章编撰过程中，编委会组织召开了 7 次专题会，历时 15 个月才得以完稿。在此，对参与本章编写的所有撰稿人和审稿人，以及支持出版的有关单位表示由衷的感谢！

◎ 本章编委会

主　　编：毕克允

副 主 编：于燮康

编　　委（按姓氏笔画排序）：

　　　　　于大全　王国平　朱文辉　孙宏伟
　　　　　肖　斐　吴　健　张志勇　罗　乐
　　　　　唐　亮　黄安君　曹立强　梁新夫
　　　　　虞国良　蔡　坚

责任编委：孙宏伟

7.1 集成电路封装测试业的发展

7.1.1 全球封测业发展现状与趋势,全球封測業發展現狀與趨勢, Developing of Global Packaging and Testing Industry

集成电路封装作为集成电路产业链中不可或缺的环节,一直伴随着集成电路芯片技术的不断发展而变化。传统上,封装的作用包含对芯片的支撑与机械保护,电信号的互连与引出,电源的分配和热管理。随着芯片技术的发展,封装具有了新的作用,如功能集成和系统测试。从封装类型的发展来看,早期的封装主要是金属晶体管外形(Transistor Outline, TO)封装和陶瓷双列直插封装(Ceramic Dual In-line Package, CDIP),它们都属于通孔插装型(Pin Through Hole, PTH)的封装形式。随着集成电路芯片技术的进步,对封装密度提出了越来越高的要求,这就导致了越来越多封装形式的出现。从 20 世纪 90 年代初期开始,双列直插的通孔插装型封装逐渐转向了适应于表面贴装的封装形式,典型的形式包括小外形封装(Small Outline Package, SOP)、四面引线扁平封装(Quad Flat Package, QFP)、球栅阵列(Ball Grid Array, BGA)封装等。随着技术的进一步发展,圆片级封装(Wafer Level Package, WLP)、三维封装(Three Dimension Package, 3DP)和系统级封装(System in Package, SiP)等形式相继出现,封装形式与封装技术之间在名称上的区分也越来越模糊。按照芯片到封装体之间的互连方法划分,目前通常有引线键合(Wire Bonding, WB)、载带自动键合(Tape Automated Bonding, TAB)、倒装芯片(Flip Chip, FC)和硅通孔(Through Silicon Via, TSV)技术等。

传统的封装形式主要是利用引线框架作为载体,采用引线键合互连的形式(如 DiP、SOP 和 QFP 等);之后出现了采用引线键合互连并利用封装基板来实现(如 BGA、LGA 等)的封装形式,并逐渐采用在封装基板上的倒装芯片实现(如 FC-BGA 等)。

国际半导体技术路线图(ITRS)曾经明确提出了未来集成电路技术发展的两个方向:一是 More Moore,即延续摩尔定律;二是 More than Moore,即拓展摩尔定律。沿着拓展摩尔定律方向发展的技术路线,更关注将多种功能芯片集成在一个系统中,包括信息处理芯片(如处理器、存储器等)和信息交互芯片(如射频芯片、传感器等),因此系统级封装成为了未来封装技术和系统集成的主流技术路线之一。

根据相关数据统计，2016年全球封测业的整体产值约为500亿美元，IC Insights估计其中的外包封装测试代工厂（OSAT）的产值约占封测业整体产值的55%，这基本上反映了全球集成电路封测业的规模及其在集成电路产业链中的占比。目前，在全球集成电路封测企业排名中，中国台湾地区的企业占据了领先的地位，中国的封测产业进步显著。

撰稿人：清华大学　　　　　　　　　　　　　　　　　　　　　蔡坚
审稿人：华进半导体封装先导技术研发中心有限公司　　曹立强

▷▷▷ 7.1.2　中国集成电路封测业发展现状与特点，中國積體電路封測業發展現狀與特點，Status and Characteristics of Packaging and Testing Industry in China

中国集成电路封测业在中国集成电路产业链中占据重要的位置，在国家集成电路发展中扮演着重要的角色。在中国集成电路设计、芯片制造和封装测试三大产业中，封测业的规模占比高于国际上的普遍情况，2016年的占比达到36.1%。

近年来，中国集成电路封测业保持了较快的增长速度，销售额从2011年的600多亿元，增长到2016年的1500多亿元，年平均增长约27%。

从中国集成电路封测企业分布来看，它们主要集中于长江三角洲、珠江三角洲和京津环渤海湾地区；由于西安、成都等地的区位优势原因，中西部地区的封测业也在持续快速发展中。

据统计，到2016年年底，中国规模较大的集成电路封装测试企业有89家。

从市场的应用角度来看，中国集成电路市场增长的主要动力来源于计算机、网络通信、消费电子、汽车电子、工业控制等市场。在物联网、云计算、大数据等相关产业的带动下，中国数据中心建设热度持续高涨，服务器、存储器等产品需求旺盛。消费电子领域和传统家电市场产销量基本保持稳定，在消费升级和家电智能化趋势的带动下，集成电路市场规模略有增长，该领域市场增长的主要动力来源于以智能手环、智能手表为代表的智能移动设备的增长。

中国封装测试企业在BGA、CSP、WLP（WLCSP）、FC、FCBGA、FCCSP、BUMP、SiP等中高端封装领域已经实现量产。据2016年封测业不完全统计，在中国的集成电路产品中，中高端先进封装的占比约为32%；在中国部分领先的封测企业的集成电路产品中，先进封装技术的占比已经达到40%~50%。

2015年，广泛使用中高端先进封装的智能移动设备（如智能手机、平板电脑等）的增长率虽然有所趋缓，但由于其未来的使用量仍很大，设备功能也在不断增加和优化，因此对各种先进封装技术的需求也越来越多。

集成电路产业界普遍认为，物联网将是推动未来半导体市场增长的主要动力。为了满足物联网市场的需要，半导体业需要掌握诸多关键技术，不仅集成电路的设计业、圆片制造业需要努力，封测业也需要研发并掌握更多、更强的先进系统级封装（SiP）技术。由于物联网产品比手机更强调轻薄短小，因此需要将不同工艺和功能的芯片利用堆叠等方式全部封装在一起，从而缩小体积。未来，具备完整系统封装和系统模组整合能力的封测企业更会受到市场的青睐。

中国封测企业通过自主创新和国际合作，以及通过国家科技重大专项等的持续实施，封装技术能力和工艺水平不断得到提高，在倒装芯片凸点制作、圆片级封装等先进工艺技术方面已达到世界封装领域先进水平。当然，从中国封测产业整体情况来看，排在封装测试业前十位的企业中，内资、中外合资企业仅占4席；在先进封装技术和工艺方面，中国本土企业与国际大公司的差距还是比较明显的。因此中国封测业需要共同努力，切合未来市场需求进行合理布局，不断增加研发投入，提高创新能力。未来，中国封测企业需要更多、持续地进行国际合作，也可以对海外企业进行兼并、收购，以此来获取封装工艺技术的跨越式发展，从而满足国内外不断增长的对先进封装的需求，在国际市场上占据更大、更高端的市场。

撰稿人：通富微电子股份有限公司　　　　　　　　　　虞国良
审稿人：华进半导体封装先导技术研发中心有限公司　　曹立强

▷▷▷ 7.1.3　中国集成电路封测产业链的协同创新，中國積體電路封測產業鏈的協同創新，Collaborative Innovation of Packaging and Testing Industry Chain in China

自《国家中长期科学和技术发展规划纲要（2006—2020年）》颁布后，在政策引导、政府支持等多重因素的影响下，中国集成电路封测产业链通过协同创新，实现了跨越式发展，封测业的规模迅速扩张，封测技术水平逐步与国际先进水平接轨，部分技术已处于国际领先水平，关键装备和材料已部分实现国产配套。

中国集成电路封测产业链的协同创新主要体现在以下3个方面。

1. 通过项目的产学研用合作模式促进封测产业联合

"十一五""十二五"期间，封测产业链通过实施国家科技重大专项，由牵头单位组织中国终端产品芯片设计公司、圆片代工厂、主流封装测试企业、设备及材料技术研发实体和大学、研究所等开展产业链协同攻关，以项目产品为纽带，将产业链紧密地结合在一起，通过优势资源互补，充分发挥产业链中高端封装技术的优势，结合设计、系统企业的产品需求，共同完成创新，从而缩短研发周期，积淀创新资源，实现高端封装技术的量产应用与产业化推广，使企业具有更持久、更独特的核心竞争力。该合作模式促进了集成电路产业链及封测产业链之间的协同和联合，建立了可持续发展的产业模式。

2. 加快产业资源整合和价值链向高端发展

为更好地促进封测产业链的发展，国家集成电路封测产业链技术创新战略联盟（简称"封测联盟"）于2009年在北京成立。该联盟主要依托长电科技和通富微电子，集成电路封测产业链中从事制造、开发、科研、教学的27家骨干单位作为发起单位，围绕"极大规模集成电路制造装备及成套工艺"重大专项的创新课题，组织开展了一系列封测领域的关键技术协同攻关。由封测联盟组织实施的"关键封测设备、材料应用工程项目""通讯与多媒体芯片封装测试设备与材料应用工程项目"，改变了关键封测设备由国外企业长期垄断的局面，使中国生产厂商有望较快参与国际竞争，极大地推动了中国封测装备和材料等配套产业链的发展。

针对封测产业链现状，封测联盟组织专家学者对国际封装技术路线图进行分析，研究封测业未来产业化的发展趋势，寻找封装技术的突破口，规划封测装备业、材料业的发展路线，并对标国际先进企业，组织研究封测产业链在快速发展中遇到的管理瓶颈，寻找与国际先进企业的差距，提供封测产业链诊断报告和管理倡议，从而促进了市场开发与技术进步的结合，提高了产业化经营水平，调整优化了产业结构。目前，中国的封装工艺、设备与材料研发及产业化已取得了重要进展，正逐步向部分高端产品推广应用。封测联盟的成立，促进了产业资源的整合，加快了价值链向高端发展。

3. 建立国家级封测共性技术研发平台，促进产业链的技术升级

为推进封测产业链共性技术的研发，2012年9月，由中科院微电子所和集成电路封测产业领军企业长电科技、通富微电、华天科技、深南电路5家单位共同投资成立了华进半导体封装先导技术研发中心有限公司。

作为封测联盟共性技术研发平台，该研发中心自成立以来，结合我国集成电路封测产业链发展的需求，专注知识产权和成套技术的研发，开发了多项国内领先的三维高密度封装技术，为国内外客户提供技术服务，持续支撑中国封测产业链技术升级，并在部分领域引领国际产业技术的发展。

该研发中心通过"封测联合体"创新合作模式，联合国内外知名半导体公司、终端用户、封测企业、材料/设备供应商等组成研发团队，利用各领域龙头企业的资源和技术优势，共同研发先进封装技术。至2016年，多项工艺与装备"联合体"取得了丰硕成果，其中12家成员单位已通过华进解决方案打开国内外市场。该创新模式为涉及封测产业链关键技术的联合研发进行了有益的探索和尝试。

撰稿人：华进半导体封装先导技术研发中心有限公司　孙宏伟
审稿人：华进半导体封装先导技术研发中心有限公司　曹立强

▷▷▷ 7.1.4 全球封测业的主要运营模式，全球封测業的主要運營模式，Main Business Model of Global Packaging and Testing Industry

按照实际运营情况，全球封测企业主要分为两类，即从属于垂直整合器件制造商（Integrated Device Manufacturing，IDM，又称集成器件制造商）的封测厂和独立的封测代工厂（Outsourced Semiconductor Assembly and Test，OSAT）。IDM公司拥有自己的集成电路产品，所属的封测厂通常为自有集成电路产品服务；OSAT封测代工厂完全没有自己的集成电路产品，纯粹为其他公司（包括芯片设计公司和圆片代工厂）提供封装和测试服务。根据近年来的统计，在全球封测产业的产值中，IDM所属封测厂和OSAT封测代工厂的市场规模基本相当。但是一般而言，很少将IDM所属的封测厂与OSAT封测厂的产值和市场占有率进行比较和排名。

IDM制造商自身具有从集成电路设计、制造到封装测试的完整产业链，而OSAT封测代工厂则需要通过与无生产线集成电路企业（Fabless公司）及圆片代工厂形成完整的制造链以实现自身的运营。有时IDM会选择与OSAT封测代工厂的合作，IDM自有的封测厂也有可能为其他设计公司或圆片制造厂提供代工；有时，IDM也可能成为OSAT封测厂的客户。部分IDM厂商实际上会将成熟的大批量封测交给OSAT封测代工厂来完成。

另外，传统的圆片代工厂一般选择与OSAT封测代工厂形成上下游的合作关系。随着先进封装技术的发展，尤其是圆片级封装、硅通孔互连的三维集成，以及创新的扇出型封装的发展，导致中道工艺（Middle-End Process）的出现，一部分圆片代工厂开始选择进入封测领域，如台湾积体电路制造公司（Taiwan Semiconductor Manufacturing Company，TSMC，简称"台积电"）开发了CoWoS（Chip on Wafer on Substrate）及集成扇出（Integrated Fan-Out，InFO）技术来响应客户的封测需求。从运营及结构而言，圆片代工厂与封测代工厂存在差异，最显著的差异是圆片代工厂的毛利润高于封测代工厂，这可能成为影响客户选择的一个重要因素。同时，如果设计企业选择封测代工厂完成其封装测试制造服务，通常可以选择具备不同策略的两家或更多的封测代工厂作为供应商。此外，封测代工厂由于具备多种芯片的封装工艺与能力，这对于系统级封装及系统集成产品的制造具有一定的优势。

表7-1中列出了2010—2016年全球排名前十位的封测代工厂。

表7-1 2010—2016年全球排名前十位的封测代工厂

排名	2010年	2011年	2012年	2013年	2014年	2015年	2016年
1	日月光	日月光	日月光	日月光	日月光	日月光	日月光
2	安靠科技	安靠科技	安靠科技	安靠科技	安靠科技	安靠科技	安靠科技
3	矽品科技	矽品科技	矽品科技	矽品科技	矽品科技	矽品科技	长电科技
4	星科金朋	星科金朋	星科金朋	星科金朋	星科金朋	星科金朋	矽品科技
5	力成科技	力成科技	力成科技	力成科技	力成科技	长电科技	力成科技
6	联合科技	联合科技	J-Devices	长电科技	长电科技	力成科技	华天科技
7	新光电气	新光电气	联合科技	J-Devices	J-Devices	J-Devices	通富微电
8	J-Devices	J-Devices	长电科技	联合科技	联合科技	联合科技	京元电子
9	南茂科技	南茂科技	南茂科技	南茂科技	南茂科技	华天科技	南茂科技
10	长电科技	长电科技	新光电气	欣邦电子	欣邦电子	南茂科技	联合科技

撰稿人：清华大学　　　　　　　　　　　　　　　　　　　　蔡坚
审稿人：华进半导体封装先导技术研发中心有限公司　曹立强

▷▷▷ 7.1.5 全球主要IDM企业的封测业务，全球主要IDM企业的封测业务，Packaging and Testing Business of Major Global IDM Companies

根据IC Insights数据显示，2016年IDM封测营收占整体封测业营收的45%，表明IDM在整个封测产业中仍然占有重要地位。其中，发展较早、规模较大且具有代表性的企业包括IBM、Intel和三星（Samsung）等。

IBM的封测部门曾经隶属于IBM微电子，2015年芯片代工厂商格芯（Global Foundries）完成对IBM微电子业务的收购，目前IBM封测业务归并到其

IT基础设施服务部。20世纪60年代，IBM率先研发出可控塌陷芯片连接（C4）技术，并将其应用于倒装芯片封装中。领先的技术研发能力使IBM一直在封测领域占有重要的地位。IBM提供综合性封测服务，特别是对大尺寸高复杂度的封装，其一站式的解决方案包括材料分析、设计评估、快速原型制作及量产导入，支持IDM、OEM等服务对象。IBM在先进技术领域积累了丰富的经验，在倒装芯片封装技术方面，无论单芯片、多芯片，还是大尺寸复杂结构及高可靠性应用的封装产品，IBM都有最优化的设计和工艺制造流程。通过在结构完整性、电性能、热管理、互连和底充材料、基板材料、整体封装设计等方面的创新，IBM实现了封装小型化并改善了可靠性。使用大尺寸基板实现大尺寸芯片或多组件的封装是IBM公司的优势；陶瓷封装方面，IBM使用有铅或无铅材料的COS（Chip-on-Substrate）和POB（Package-on-Board）互连方法；IBM的CSP技术也在工业界遥遥领先，为提高产品的成品率，IBM使用了包括KGD全检测和特有的裸芯片返修等技术。目前，IBM研发的先进封装技术包括，采用纤维和柔性聚合物的自动组装实现紧密排列的硅光子光学耦合（Silicon Photonics Optical Coupling）技术，以及硅基毫米波（Silicon Based mmWave）集成与封装技术等。

Intel是一家具有从工艺技术开发、芯片设计到生产制造一条龙体系的垂直集成制造商。Intel的封测业务隶属于其定制代工（Custom Foundry）部门，封测厂位于马来西亚、中国和越南。其中，成立于2003年的成都封装测试中心是Intel在全球规模最大的封装生产基地，也是Intel最大的芯片封装测试中心之一，全球约50%的笔记本式计算机芯片出自这里。Intel提供多种类型和尺寸的封装产品，其中包括标准的FCBGA封装。Intel还为不同需求提供解决方案，如高性能的多芯片封装和高密度的CSP封装等。Intel的多芯片封装（MCP）技术全球领先，采用高性能混合多芯片互连技术实现的集成封装可以有效降低传统的2.5D/3D封装方法的成本。这些方案可以应对性能、带宽、散热等多方面的技术挑战。Intel研发的EMIB（Embedded Multi-Die Interconnect Bridge）是一项突破性的先进封装技术，这一技术通过硅桥结构实现了芯片之间的互连，省去了硅中介转接层，大幅度减小了高带宽、多芯片集成的制造复杂度，从而降低了制造成本，提高了产品的成品率。2015年年底，已被Intel收购的Altera公司利用EMIB技术成功推出了基于14nm工艺的Stratix 10 DRAM SiP。该器件在单个封装中高效地集成了高性能现场可编程逻辑阵列（FPGA）和SK Hynix的堆叠宽带存储器（HBM2）管芯，其特殊的体系结构设计满足了高性能系统对存储器带宽最严格的要求。相对于目前的分立DRAM解决方案，Stratix 10 DRAM SiP的存储器带宽提高了10倍。

三星电子是三星集团最大的子公司。三星电子提供的主要封装类型包括

QFP、TQFP/LQFP、ELP、PBGA、FBGA、LGA、FI－WLP、TCP、COF、COG等。其封测产品既有应用处理器（Application Processor，AP），也有 CMOS 图像传感器（CMOS Imaging Sensor，CIS），其深度和广度几乎可涵盖所有半导体器件。三星是唯一一家可提供包括圆片制造、测试、封装、内存整合（如 DRAM、Flash、低功率内存）等在内的一站式服务的公司，其完备的生态系统在全球企业中占有绝对优势。三星电子领先的封装技术研发使其产品取得了很多的世界第一，如最大的窄节距倒装芯片封装，最早量产应用 TSV 技术的高密度 DRAM，第一个研发采用 TSV SiP 技术的 AP 产品，智能手机应用中最佳的 PoP 技术，以及采用闪存堆叠技术实现了容量最高的 SSD 产品等。其中，三星在 2013 年提出了利用 TSV 将 AP 和 DRAM 进行 3D 堆叠的 Widcon 技术；2014 年率先量产了基于 TSV 技术的 DDR4 DRAM；2015 年，又推出首款 ePoP（embedded Package on Package）存储器，这款新型存储器将 3GB 的 LPDDR3 移动 DRAM、32GB 的 eMMC 和控制器三者首次放在了同一封装内，与需要两个封装的 eMCP 相比，性能有了显著改善。

撰稿人：国家集成电路封测产业链技术创新战略联盟　吴健
审稿人：华进半导体封装先导技术研发中心有限公司　曹立强

▷▷▷ 7.1.6　中国半导体封装技术研究机构，中國半導體封裝技術研究機構，Semiconductor Packaging Technology Research Institutes in China

中国的半导体封装技术研究机构大致可以分为高校和科研院所两类。

集成电路封装具有学科交叉强的特点，中国部分高校依托自身学科的特点，在基础研究和应用基础研究方面开展过较为长期的研究工作。近年来，在该研究领域比较活跃的高校包括北京大学、清华大学、复旦大学、上海交通大学、哈尔滨工业大学、华中科技大学、东南大学、上海大学、北京工业大学、中南大学、华南理工大学、电子科技大学、天津大学等。这些高校的封装研究工作包括先进封装材料的基础研究，封装工艺与结构的创新性研究（如基于硅通孔的三维异质集成），封装设计方法（如系统级封装的电磁兼容设计等）研究，以及复杂工作环境下可靠性及其研究方法和与封装相关的制造基础研究等。此外，哈尔滨工业大学、北京理工大学、华中科技大学、西安电子科技大学、桂林电子科技大学、厦门理工大学、江苏科技大学和南昌航空大学开设了独立的电子封装技术或微电子制造专业，开展封装专业人才的教育和培养。

据中国半导体行业协会封装分会的统计，2016 年全国涉及封装技术研究的科研院所有 36 家。这些机构的主要研究工作包括陶瓷封装、光电封装、混合电路封装、金属及陶瓷外壳研制、封装材料开发、封装设备研制、可靠性测试等，应用于包括高可靠应用的多种需求领域。其中，中国电子科技集团公司（简称中电科）第十三研究所从 1956 年就开始为国防工程配套进行封装技术的研究与开发，经过多年发展，现已成为"大规模集成电路高密度封装国家工业性试验基地"；中电科下属的多个研究所在特种封装研制、封装设备、封装材料等方面的研究比较全面。中科院微电子所在高密度三维集成系统级封装方面、中科院上海微系统与信息技术研究所在先进封装技术（包括 MEMS 封装技术）方面的研究也比较深入。此外，航天、航空等系统的科研院所也都进行了有针对性的封装技术的研究与开发。基于现阶段封装技术的发展，部分研究机构已经建立了微系统研究的事业部或研究中心，开展系统集成的研究与开发工作。

撰稿人：清华大学　　　　　　　　　　　　　　　　　　　蔡坚
审稿人：华进半导体封装先导技术研发中心有限公司　　　曹立强

7.2　集成电路封装类型

7.2.1　传统封装的定义与作用，傳統封裝的定義與作用，Definition and Function of Conventional Packaging

本词条的内容仅涉及集成电路传统封装的定义、作用、功能、分类和分级。

1. 定义

狭义的封装定义是指安装集成电路芯片外壳的过程；广义的封装定义应包括将制备合格的芯片、元件等装配到载体（Carrier）上，采用适当的连接技术形成电气连接，安装外壳，构成有效组件的整个过程。

安装集成电路芯片（元件）的外壳时，可以采用塑料、金属、陶瓷、玻璃等材料，通过特定的工艺将芯片（元件）包封起来，使得集成电路在工作环境和条件下能稳定、可靠地工作。

2. 作用

封装是集成电路的重要组成部分，它起着非常重要的作用。封装主要起着安放、固定、密封、保护芯片，以及确保电路性能和热性能等作用。具体作用包括：使芯片与外界环境隔离，避免芯片受到外界有害气体、水气等的影响，保证芯片表面的清洁与干燥；为集成电路提供合适的外引线；为集成电路提供外壳，从而抵御外部不良环境的影响，并能为集成电路提供更好的机械强度，为电路保持长期正常工作提供保护；针对功率电路和高频电路，良好的封装外壳可以起到散热和屏蔽作用。

3. 功能[1]

封装的功能通常包括 5 个方面，即电源分配、信号分配、散热通道、机械支撑和环境保护。

（1）电源分配：首先，封装需要考虑电源的接通，使得集成电路芯片能与外部电路进行"沟通"；其次，封装还要满足封装体内部不同部位的电源分配，以优化封装体内部能源的消耗。

（2）信号分配：为使电信号最大程度地减小延迟，布线时应尽量使信号线与芯片的互连路径及通过封装输入/输出（I/O）引出的路径优化到最短。为避免高频信号的串扰，信号线与地线的布局也需要进行优化。

（3）散热通道：封装的结构和材料，对器件的散热效果起着关键作用。对于功率特别大的集成电路，还需考虑附加的降温措施，如散热板（片）、风冷、水冷等。

（4）机械支撑：封装可为集成电路芯片和其他部件提供可靠的机械支撑，使其适应不同的工作环境和条件的变化。

（5）环境保护：在没有封装之前，半导体芯片一直处于各种各样的环境影响之中。集成电路在使用过程中，可能会遇到不同的环境，有时甚至在十分恶劣的环境中使用。为此，封装对芯片的环境保护作用是显而易见的。

4. 分类

按照封装的外壳材料的不同，一般可以将封装分为塑料封装、金属封装、陶瓷封装和玻璃封装等。

5. 分级[1]

集成电路封装一般可以分为芯片级封装（0 级封装）、元器件级封装（1 级封装）、板卡级封装（2 级封装）和整机级封装（3 级封装）。

0 级封装，即芯片级封装。通常芯片级封装的连接方式有引线键合（Wire Bonding, WB）、载带自动键合（Tape Automated Bonding, TAB）和倒装焊（Flip Chip Bonding, FCB）三种。

1 级封装，即元器件级封装。1 级封装就是针对 IC 的封装，是将一个或多个 IC 芯片用适当的材料封装起来，这些材料可以是塑料、金属和陶瓷等，或者是它们的组合。

2 级封装，即板卡级封装。2 级封装就是将 IC、电阻、电容、接插件及其他元器件安装在 PCB 上的过程。

3级封装,即整机级封装。3级封装就是将以上各类PCB(板或卡)总装成整机的过程。

参考文献

［1］中国电子学会生产技术学分会丛书编委会. 微电子封装技术［M］. 合肥：中国科学技术大学出版社, 2003.

　　　　　　撰稿人：通富微电子股份有限公司　　　虞国良
　　　　　　审稿人：江苏长电科技股份有限公司　　梁志忠

▷▷▷ 7.2.2 主要封装类型的变迁,主要封裝類型的變遷,Changes of Major Package Types

1947年,美国电报电话公司(AT&T)贝尔实验室发明了第一个晶体管,开启了电子封装时代。

20世纪50年代,封装外壳以3个引脚的晶体管外形(Transistor Outline,TO)金属-玻璃封装外壳为主,之后发展为各类陶瓷、塑料封装外壳。

1958年,美国TI公司推出了世界上第一个集成电路,由此催生了多引脚封装外壳的出现。

20世纪60年代,出现了双列直插封装(Dual In-line Package,DIP)型陶瓷-金属引脚封装,其引脚数量基本为4~64个;到了70年代,DIP已成为中小规模IC封装的系列主导形式。随着塑封DIP的出现,这种封装在大量使用的民品中被广泛使用。

20世纪70年代,IC技术飞速发展,在一个硅片上可集成2^{11}~2^{16}个元器件,出现了大规模IC(Large Scale Integration,LSI)。此时,元器件集成度大幅增加,芯片尺寸不断扩大。

20世纪80年代,随着表面贴装技术(SMT)的出现,与之相应的各类表面贴装元器件(Surface Mount Component/Device,SMC/SMD)封装技术日益成熟,如无引脚陶瓷片式载体(Leadless Ceramic Chip Carrier,LCCC)、塑料有引线片式载体(Plastic Leaded Chip Carrier,PLCC)和四面引线扁平封装(Quad Flat Package,QFP)等于80年代初已实现标准化批量生产。随着环氧树脂材料性能的不断提升,使得IC的封装密度进一步提高,引脚节距越来越小,成本降低,更适于批量规模生产;塑料四面引线扁平封装(Plastic Quad Flat Package,PQFP)成为80年代IC的主导封装类型,其I/O引脚数最多可达240个。同时,用于SMT的中、小规模IC及I/O引脚数少的LSI芯片采用小外形封装(Small

Outline Package，SOP），成为 DIP 的"变形"封装形式。

20 世纪 80 年代至 90 年代，随着 IC 特征尺寸的减小及集成度的提高，芯片尺寸不断增大，IC 发展到超大规模集成电路（Very Large Scale Integration Circuit，VLSI）阶段，在一个硅片上可集成 $2^{16} \sim 2^{22}$ 个元器件，其 I/O 引脚数达到数百个，甚至上千个。原有的 QFP 及其他类型的电子封装已经无法满足封装 VLSI 的要求，IC 封装引脚由周边排列型发展成矩阵分布型，如针栅阵列（Pin Grid Array，PGA）封装和球栅阵列（Ball Grid Array，BGA）封装。

20 世纪 90 年代，美国开发出微型球栅阵列（μBGA）封装，日本开发出芯片尺寸封装（Chip Scale Package，CSP），这两种封装的实质是相同的，其封装面积与芯片面积之比不大于 1.2，因此 CSP 解决了芯片小而封装大的根本矛盾。CSP 可分为引线框架型（Lead Frame Type）封装、硬质中介转接层型（Rigid Interposer Type）封装、软质中介转接层型（Flexible Interposer Type）封装、圆片级封装（Wafer Level Package）。同时，倒装芯片（Flip Chip，FC）技术的使用，再次引发了 IC 封装技术的更迭。

进入 21 世纪，随着半导体技术逐渐逼近硅工艺尺寸的极限，半导体技术进入"后摩尔定律"时代，从过去着力于圆片制造工艺技术节点的推进，转向系统级设计制造封装技术的创新，先进封装技术得到了空前发展。出现于 20 世纪末的多芯片组件（Multi-Chip Module，MCM）封装、系统级封装（System in Package，SiP）、三维立体（3 Dimension，3D）封装和芯片尺寸封装等技术快速发展，并被广泛应用。同时，系统级芯片（System on Chip，SoC）封装、微机电系统（Micro Electro Mechanical System，MEMS）封装、硅通孔（Through Silicon Via，TSV）技术、凸点制作（Bumping）、表面活化室温连接（Surface Activated Bonding，SAB）等技术实现了新的突破，并已实现批量生产。

封装技术及外形的发展紧跟半导体芯片制造技术的进程，每一代芯片均有与之相匹配的封装技术与外形。21 世纪以来，先进封装技术得到了快速发展，如圆片级（Wafer Level）封装、芯片级（Chip Level）封装、板级（Board Level）封装和系统级（System Level）封装等。随着电子器件朝着短、小、轻、薄，且功能更多、集成度更高的方向发展，电子封装在半导体产业中的重要性显得愈发突出[1,2]。

参考文献

[1] 中国电子学会生产技术学分会丛书编委会. 微电子封装技术 [M]. 合肥：中国科学技术大学出版社，2003.

[2] 吴懿平，鲜飞. 电子组装技术 [M]. 武汉：华中科技大学出版社，2006.

撰稿人：通富微电子股份有限公司　虞国良
审稿人：江苏长电科技股份有限公司　梁志忠

▷▷▷ 7.2.3 传统封装，傳統封裝，Conventional Package

传统封装通常是指先将圆片切割成单个芯片再进行封装的工艺形式，主要包含 SIP、DIP、SOP、SOT、TO、QFP、QFN、DFN、BGA 等封装形式。由于不同的国家和地区、不同的企业的发展水平不一致，有的也将 QFN 和 BGA 列入先进封装范围。

1. 单列直插封装（Single In-line Package，SIP）

SIP 的引脚从封装体的一个侧面引出，排列成一条直线，如图 7-1 所示。主要的 SIP 外形有 SIP8、SIP9、SIPT10 等，SIPT 表示在塑封体顶部具有 Tab 作为散热片，如图 7-2 所示。通常，SIP 的引脚数量为 2~23 个，引脚节距通常为 2.54mm（即 100mil）或 1.27mm（即 50mil）。

图 7-1 SIP8

图 7-2 SIPT10

2. 双列直插封装（Dual In-line Package，DIP）

DIP 是从封装体的两侧引出引脚，排列成两条直线，如图 7-3 所示。

DIP 是 1958 年集成电路发明以后，表面贴装器件出现之前，最具代表性的集成电路封装外形。目前，虽然 DIP 的用量有较大幅度下降，但仍在普遍使用。DIP 的引脚数量为 4~88 个，标准引脚节距为 2.54mm（100mil）。当引脚节距缩窄为 1.778mm（70mil）时，

图 7-3 DIP8

称为 SDIP（Shrink DIP）；当引脚节距缩窄为 1.27mm 时，称为 SSDIP（Super Shrink DIP）。当 DIP 的引脚中间有用于散热的宽引脚时，称为 HDIP（Heat Sink DIP），如图 7-4 所示；当 DIP 封装体的侧面有用于散热的引脚时，称为 DIPT（DIP-tab），如图 7-5 所示。

按封装体的材料来分类，DIP 主要有陶瓷双列直插封装（CDIP）和塑料双列直插封装（PDIP）两种。

图 7-4　HDIP12　　　　　图 7-5　DIPT14

通常，DIP 还按两列引脚之间的跨度（Row Spacing）即 e_1 来区分，主要有 DIP300mil、DIP400mil、DIP600mil、DIP750mil、DIP900mil 系列，如图 7-6 所示。通常，DIP300mil 系列封装的最大引脚数量为 20，当引脚数量超过 20 的 DIP 采用 DIP300mil 的外形标准时，为了与其他系列进行区分，将其称为窄体 DIP（Skinny DIP，SKDIP），通常包括 SKDIP22、SKDIP24、SKDIP28、SKDIP32。

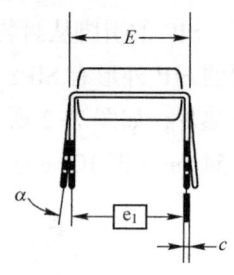

图 7-6　引脚跨度示意图

3. 小外形封装（Small Outline Package，SOP）

SOP 属于表面贴装封装，如图 7-7 所示。SOP 的体积和质量比 DIP 的小很多。SOP 系列封装通常有两种引脚类型，一种是"L"形引脚（俗称海鸥翅膀），通常称为 SOP；另一种是"J"形引脚，通常称为 SOJ。当 SOP 封装体表面金属引线框架基岛外露时，可以提高其散热功能，此种 SOP 称为 HSOP，如图 7-8 所示。

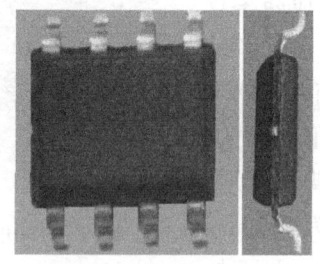 

图 7-7　SOP8　　　　　图 7-8　HSOP20

按封装体的材料来分，SOP 主要有陶瓷 SOP（CSOP）和塑料 SOP（PSOP）两种。SOP 的引脚节距有 1.27mm、0.8mm、0.65mm、0.50mm、0.40mm 等多种规格。当引脚节距不大于 0.65mm 时，称为 SSOP（Shrink SOP）。根据 JEDEC 标准（DEGISN GUIDE 4.15），当封装产品整体高度不超过 1.20mm 时，称为 TSOP（Thin SOP）；根据 JEDEC 标准（MO-153），当封装产品整体高度不超过 1.20mm

且引脚节距不超过 0.65mm 时，称为 TSSOP（Thin Shrink SOP），但国内部分封装厂以产品整体高度不超过 1.27mm 为基准。还有一种 MSOP（Mini SOP），是在 TSSOP 的基础上缩小封装体面积，如 MSOP8 比 TSSOP8 封装体面积小约 30%。

4. 小外形晶体管（Small Outline Transistor，SOT）封装

SOT 是最先研制出的表面贴装封装之一，主要包括 SOT23、SOT89、SOT143、SC70 和 SOT223，如图 7-9 所示。其中，SOT23 又根据塑封体厚度和大小分为 TSOT23（Thin SOT23，见图 7-10）和 SSOT23（Small SOT23）两种。SOT 的封装体材料均为塑料。

图 7-9　SOT223

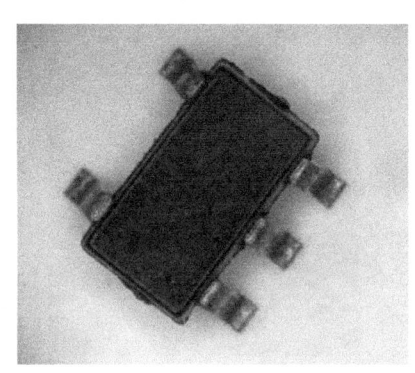

图 7-10　TSOT23-5

5. 晶体管外形（Transistor Outline，TO）封装

金属 TO 封装是使用最早、应用最广泛的封装形式。随着封装技术的发展，现在金属 TO 封装基本上被塑料 TO 封装所取代。

通孔插装类的 TO 封装主要有 TO92、TO126、TO251、TO220、TO220FP、TO247 和 TO262，如图 7-11 至图 7-17 所示。表面贴装类的 TO 封装主要有 TO252 和 TO263，如图 7-18 和图 7-19 所示。

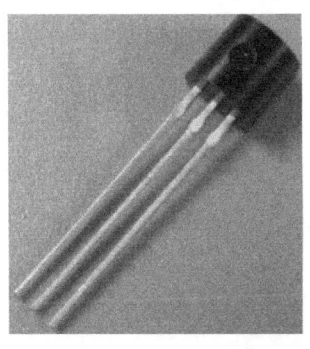

图 7-11　TO92

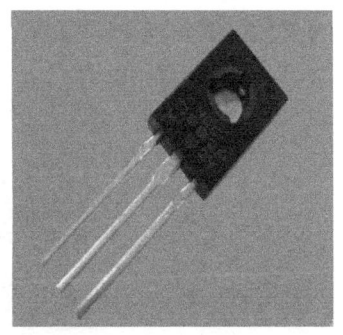

图 7-12　TO126

图 7-13　TO251

图 7-14　TO220

图 7-15　TO220FP

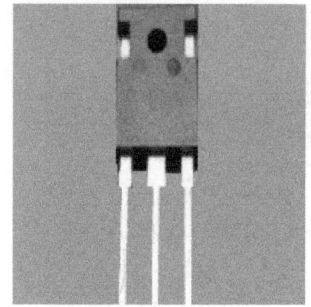

图 7-16　TO247

图 7-17　TO262

图 7-18　TO252

图 7-19　TO263

TO 封装的引脚数量较少，通常为 2~7 个。

传统封装的应用非常广泛。其中，SIP 主要应用在电视机、收音机等家用消费电子产品上（如音频功率放大电路、调频立体声锁相环解码电路等），以及一些测量仪器上（如 LED 电平指示器、电阻排等）。DIP 主要应用在固定电话机、录音机、收音机、电视机等家用电器上（如音频集成功放电路和单片机控制电路），还常用于封装工业控制领域的光耦继电器等。SOP 主要用于笔记本式计算机、路由器的存储电路、电视机等消费电子的电源管理和显示器的驱动电路等。QFP 不仅用于空调、洗衣机等消费电子的微处理器、门阵列等数字逻辑 LSI 电路，而且也用于 VTR 信号处理、音响信号处理等模拟电路，以及机顶盒、卫星接收机的信息处理电路。

广泛应用于手机、笔记本式计算机等电子设备中的中低功率管常采用 SOT 封装，而应用在照明设备、开关电源、微波炉、电动汽车等电子产品中的中高功率器件通常采用 TO 封装。

在市场需求的推动下，传统封装不断创新、演变，出现了各种新型的封装结构。虽然随着电子产品及设备的高速化、小型化、系统化、低成本的要求不断提高，传统封装的局限性越来越突出，需求数量在不断下降，但由于其封装结构简单、制造成本较低，目前仍具有一定的市场空间[1]。

参考文献

[1] 杜中一. 电子制造与封装 [M]. 北京：电子工业出版社，2010.

撰稿人：通富微电子股份有限公司　季永刚　袁星
审稿人：江苏长电科技股份有限公司　梁志忠

▷▷▷ 7.2.4　先进封装，先進封裝，Advanced Package

先进封装是指处于当时最前沿的封装形式和技术。目前，带有倒装芯片（Flip Chip，FC）结构的封装、圆片级封装（Wafer Level Package，WLP）、2.5D 封装、3D 封装等被认为属于先进封装的范畴。

带有倒装芯片结构的封装是先在芯片上制作金属凸点，然后将芯片面朝下利用焊料直接与基板互连，通常会使用底部填充（Under Fill）树脂对热应力进行再分布来提高可靠性。其优点是封装面积减小，引线互连长度缩短，I/O 端口数量增加。

WLP 是直接以圆片为加工对象，同时对圆片上的众多芯片进行封装及测试，最后切割成单颗产品，可以直接贴装到基板或 PCB 上，其中主要工艺为再布线（Redistribution Layer，RDL）技术，包括溅射、光刻、电镀等工序。WLP 的优点是封装产品轻薄短小，信号传输路径更短，在生产方面可大大提高加工效率，降低成本。根据结构的不同，WLP可分为扇入型（Fan-in）和扇出型（Fan-out）两种。其中，产品尺寸和芯片尺寸在二维平面上一样大的称为扇入型，产品尺寸比芯片尺寸在二维平面上大的称为扇出型。

2.5D封装是在2D封装结构的基础上，在芯片和封装载体之间加入了一个硅中介转接层，该中介转接层上利用硅通孔（Through Silicon Via，TSV）连接其上、下表面的金属，多采用倒装芯片组装工艺。由于采用了中介转接层，其表面金属层的布线可以使用与芯片表面布线相同的工艺，使产品在容量及性能上比2D结构得到巨大提升。

3D结构是将芯片与芯片直接堆叠，可采用引线键合、倒装芯片或二者混合的组装工艺，也可采用硅通孔技术进行互连。3D结构进一步缩小了产品尺寸，提高了产品容量和性能。目前，散热较差、成本较高是制约TSV技术发展的主要因素。

先进封装被广泛应用于计算机、通信、消费类电子、医疗、航天等领域，推动着封装技术及整个电子行业向前发展。目前，倒装芯片、2.5D封装、3D封装主要用于存储器、中央处理器（CPU）、图像处理器（GPU）等；WLP主要应用于功率放大器、无线连接器件、射频收发器等。

近几年热门的先进封装技术为扇出型（Fan-out）封装技术，主要有圆片级扇出（Wafer Level Fan-out）技术和大板级扇出（Panel Level Fan-out）技术。该技术又可以衍生出扇出层叠封装（Fan-out Package on Package）等封装技术。扇出结构可以大幅增加I/O端口数量，而利用圆片级或大板级工艺则可以提高生产效率，进一步降低生产成本，因此这是未来的发展趋势。

  撰稿人：通富微电子股份有限公司   林伟
  审稿人：华天科技（昆山）电子有限公司 于大全

▷▷▷ 7.2.5 通孔插装类封装和表面贴装类封装，通孔插裝類封裝和表面貼裝類封裝，Through Hole and Surface Mount Package

根据与PCB连接的不同方式，集成电路封装分为通孔插装类封装和表面贴装类封装两大类。在PCB上，两大类的封装器件既可以单独使用，也可混合使用。

1. 通孔插装类封装（Through Hole Package，THP）

THP是指采用通孔插装技术（Through Hole Technology，THT）将集成电路安装到PCB上。THP所对应的集成电路称为通孔插装器件（Through Hole Devices，

THD）。通孔插装器件是 1958 年集成电路发明时最早的封装外形，其外形特点是具有直插式引脚，引脚插入 PCB 上的通孔后，使用波峰焊进行焊接，器件和焊接点分别位于 PCB 的两面，如图 7-20 所示。

图 7-20　通孔插装器件的焊接

根据外形结构的不同，通孔插装封装主要分为晶体管外形（Transistor Outline，TO）封装、单列直插封装（Single In-line Package，SIP）、双列直插封装（Dual In-line Package，DIP）和针栅阵列（Pin Grid Array，PGA）封装等。

2. 表面贴装封装（Surface Mounted Package，SMP）

SMP 是指采用表面贴装技术（Surface Mounted Technology，SMT）将集成电路安装到 PCB 上。SMP 所对应的集成电路称为表面贴装器件（Surface Mounted Devices，SMD）。表面贴装器件是在通孔插装封装的基础上，随着集成电路高密度、小型化及薄型化的发展需要，而发明的另一种集成电路封装外形类别，一般具有"L"形引脚、"J"形引脚、焊球或焊盘（凸块）。器件贴装在 PCB 表面的焊盘上，再使用回流焊进行高温焊接，器件与焊接点位于 PCB 的同一面上。

根据封装外形结构的不同，表面贴装器件主要分为小外形封装（Small Outline Package，SOP）、晶体管外形（Transistor Outline，TO）封装、小外形晶体管（Small Outline Transistor，SOT）封装、四面引线扁平封装（Quad Flat Package，QFP）、四面无引线扁平（Quad Flat No-lead，QFN）封装、双列扁平无引脚（Dual Flat No-lead，DFN）封装、球栅阵列（Ball Grid Array，BGA）封装等。

无论通孔插装类封装还是表面贴装类封装，其封装体所使用的材料主要分为陶瓷（C）、玻璃（G）、金属（M）和塑料（P）4 种。例如，"PDIP"表示塑料材质的 DIP。塑料是使用最普遍的封装体材料，若未标识材料，通常指的是塑料封装。

塑封材料的 QFP "J" 形引脚产品又称 PLCC（Plastic Leaded Chip Carrier），陶瓷材料的 QFN 又称 LCCC（Leadless Ceramic Chip Carrier）。

表 7-2 所列为通孔插装类封装与表面贴装类封装特点对比。

表 7-2 通孔插装类封装与表面贴装类封装特点对比

序号	项目	通孔插装类封装	表面贴装类封装
1	引脚数量	除 PGA 外，一般不超过 100；PGA 不超过 500	最多可达 1000 以上（如 BGA）
2	封装密度	与 SMP 相比，当具有相同的引脚数量时，封装面积较大，质量大。芯片面积占封装面积比小，通常在 1:10 以下	与 THP 相比，当具有相同的引脚数量时，SMP 的封装面积为 THP 的 25%~40%，其质量为 THP 的 5%~15%。芯片面积占封装面积比最大可超过 1:1.14，非常接近 1:1
3	电性能	寄生电感、电阻和电容大，信号传输慢	寄生电感、电阻和电容小，信号传输快
4	自动化生产	体积大、质量大、外形复杂，需要多种插装机	体积小、质量小，贴装更容易
5	生产成本	材料成本高，生产效率低	材料成本低，生产效率高
6	可靠性	焊点缺陷率高，不耐机械冲击和高频振动	焊点缺陷率低 50% 以上，具有良好的耐机械冲击及耐高频振动能力
7	环境保护	封装材料使用量大	封装材料使用量少

尽管表面贴装封装比通孔插装封装具有很多的优势，但由于表面贴装封装在 PCB 上的安装密度高，对散热的要求更高；同时，由于器件与 PCB 的热膨胀系数（Coefficient of Thermal Expansion，CTE）不同，容易造成焊点处出现裂纹甚至开裂。最严重的是塑封体的吸湿问题，由于表面贴装封装在焊接时塑封体整体受热，容易造成塑封体吸收的水汽受热膨胀而产生内部分层现象，严重时可能产生塑封体爆裂。

由此可见，表面贴装封装与通孔插装封装相比，区别不仅是外形的不同，也是对集成电路芯片设计、封装结构设计、封装材料、检测技术和相应的设备提出了更高的要求。正是由于这些关键技术和关键材料的突破，才使表面贴装器件和表面贴装技术得到更广泛的应用。

当然，通孔插装类封装具有焊接方便、可靠性好、易于维修、对材料湿气敏感要求低、散热性能好、功率大等特点，通常使用在对体积要求不严苛的场合，也可用于大功率器件的封装。因此，到目前为止，通孔插装类封装仍占据着一定的市场份额。

从封装材料性质来看，陶瓷、玻璃和金属封装属于气密性封装（Hermetic Package），它能够有效地防止使用环境中的液体类污染物的侵入和腐蚀，多用于军事通信设备、航空航天、船舶等尖端领域和可靠性要求高的电子产品中；塑料封装属于非气密性封装（No Hermetic Package），相对陶瓷、玻璃和金属封装，工艺简单、成本较低，多用于消费类电子产品中。

通孔插装类封装的器件通常用在对封装体积没有严格要求的电子产品中，

如电视机、电动车、微波炉、台式计算机。特别是一些中大功率晶体管，通常采用通孔插装的 TO 封装。而对封装体积有严格要求时，通常采用表面贴装类封装，如手机、数码相机、笔记本式计算机等便携式电子产品。[1]

参考文献

[1] 中国电子学会生产技术学分会丛书编委会. 微电子封装技术 [M]. 合肥：中国科学技术大学出版社，2003.

撰稿人：通富微电子股份有限公司　　季永刚
审稿人：江苏长电科技股份有限公司　　梁志忠

7.2.6　四面引线扁平封装，四面引綫扁平封装，Quad Flat Package

四面引线扁平封装主要分为两大类，即有引脚的封装外形（QFP）和无引脚的封装外形（QFN）。

1. 四面引线扁平封装（Quad Flat Package，QFP）

QFP 是从封装体的 4 个侧面引出"L"形引脚的一种封装，如图 7-21 所示。QFP 通常按封装体的厚度进行分类，见表 7-3。

表 7-3　QFP 外形分类

分类	描述	封装体厚度/mm	封装体大小	引脚数量/个	引脚节距/mm
MQFP	公制 QFP（Metric QFP）	2.00、2.50、2.70、2.80、3.40、3.80、4.10	10mm×10mm~40mm×40mm	64~376	0.40、0.50、0.65、0.80、1.00
LQFP	薄型 QFP（Low Profile QFP）	1.40	4mm×4mm~28mm×28mm	20~256	
TQFP	超薄型 QFP（Thin Profile QFP）	1.00	4mm×4mm~28mm×28mm	20~256	

另外，引脚节距小于 0.65mm 的 QFP 称为 FQFP（Fine Pitch QFP）；封装表面引线框架基岛外露用于散热或加有散热片的 QFP 称为 HQFP（Heat Sink QFP），如图 7-22 所示。

图 7-21　QFP

图 7-22　HQFP

按封装体使用的材料的不同，QFP 主要分为陶瓷 QFP 和塑料 QFP 两种，通常在封装外形的缩写词汇前分别加 C（Ceramic）和 P（Plastic）来表示，如"PQFP"表示塑料材质的 QFP。塑料是使用最普遍的封装体材料，若未标识材料，一般指的是塑料材质的 QFP。

2. 四面无引线扁平（Quad Flat No-lead, QFN）封装

QFN 封装是从封装体的底部四周引出可以与 PCB 焊接的焊盘的一种封装，如图 7-23 所示。

QFN 封装外形的分类主要有如下两种。

(1) 按产品高度分类：见表 7-4。

图 7-23 QFN

表 7-4 QFN 封装外形（按产品高度分类）

名称	描述	产品最大高度/mm	封装体大小	焊盘数量（个）	焊盘节距/mm
QFN	普通 QFN	2.45	10mm×10mm~25mm×30mm	68、74	0.50、0.55、0.60、0.65、0.70、0.75、0.80、0.85、0.90、0.95、1.00、1.05、1.10、1.15、1.20、1.25
LQFN	Low QFN	1.70	10mm×10mm~25mm×30mm	68、74	0.50、0.55、0.60、0.65、0.70、0.75、0.80、0.85、0.90、0.95、1.00、1.05、1.10、1.15、1.20、1.25
TQFN	Thin QFN	1.20	1mm×1mm~19mm×19mm	4~156	0.40、0.50、0.65、0.80、1.00、1.27、1.50
VQFN	Very Thin QFN	1.00	1mm×1mm~19mm×19mm	4~156	0.40、0.50、0.65、0.80、1.00
WQFN	Very Very Thin QFN	0.80	1mm×1mm~19mm×19mm	4~156	0.40、0.50、0.65、0.80、1.00
UQFN	Ultra Thin QFN	0.65	1mm×1mm~19mm×19mm	4~156	0.40、0.50、0.65
XQFN	Extremely Thin QFN	0.50	1mm×1mm~2.5mm×3.4mm	4~24	0.35、0.40、0.50

(2) 按分离方式分类：主要分为切割和冲压两种。切割是指用树脂或金属刀片切割封装体进行分离的方式；冲压是指用模具冲压切割封装体进行分离的方式。冲压的 QFN 通常又称 PQFN（Punch QFN）。

3. QFP 和 QFN 封装的特点

(1) QFP 的特点：引脚数量多，接触面积大，具有较高的焊接强度和可靠性。QFP 引脚的宽度通常为 0.13~0.50mm，厚度为 0.09~0.20mm，非常细，寄生参数小,适合高频应用的场合。目前,最大的 QFP 封装体尺寸为 40mm×40mm,引脚数量最多的为 376 个,最小引脚节距为 0.40mm。若封装体尺寸进一步增大,封装体翘曲变形会进一步增大;若缩小引脚节距,容易导致引脚之间因毛刺或回流时桥接而造成短路;若引脚数量进一步增加,引脚的共面性无法保证,在回流时易造成虚焊而开路。因此,当需要较多引脚数量的封装时,应采用 BGA 等封装技术。

(2) QFN 封装的特点:QFN 封装没有引脚,因此其安装面积较小,安装高度较低。

QFN 封装内部引脚与外部端子之间的连接路径短,电感系数及内阻小,所以其电性能更好。QFN 封装具有外露的载片台,因此具有出色的散热性能。

封装器件在安装到 PCB 上进行回流焊时,会在 PCB 和封装体之间产生热应力,QFN 封装是紧贴着 PCB 安装的,在焊盘处应力不容易得到释放。因此,在设计时,若 I/O 数量不超过 156,可采用 QFN 封装;否则,应考虑采用 BGA 等封装形式。

另外,QFN 封装与 PCB 的焊点在器件的底部,返工比较困难。

目前,QFP/QFN 封装广泛应用于诸多领域。其中,陶瓷 QFP 多用于军事通信、航空航天、船舶等尖端领域和可靠性要求高的电子产品中;塑料 QFP 主要应用于空调、洗衣机等家用电器的微处理器,卫星电视接收机、机顶盒、电视机、手机的 LCD 驱动电路、音频电路、移动存储设备等。

QFN 封装主要应用于智能手机、PDA 等便携式移动电子设备上,如天线开关、功率放大电路等。QFN 封装还应用于一些检测仪器和传感器上,如加速度计、磁力传感器、陀螺仪、压力传感器等。

撰稿人: 通富微电子股份有限公司　　季永刚

审稿人: 江苏长电科技股份有限公司　　梁志忠

▷▷▷ 7.2.7 有机基板封装,有機基板封裝,Organic Substrate Package

有机基板封装是指以通过引线键合、倒装芯片或系统级封装技术,将单芯片或多芯片及多种元件通过有机基板将信号、电源扇出到有机基板背面的焊盘或焊球上的封装形式。

有机基板材料分为刚性基板与挠性基板两种。目前,市场上大量应用的是刚性基板,其主要的封装外形是球栅阵列(BGA)封装和触点阵列(LGA)封装,如图 7-24 和图 7-25 所示。

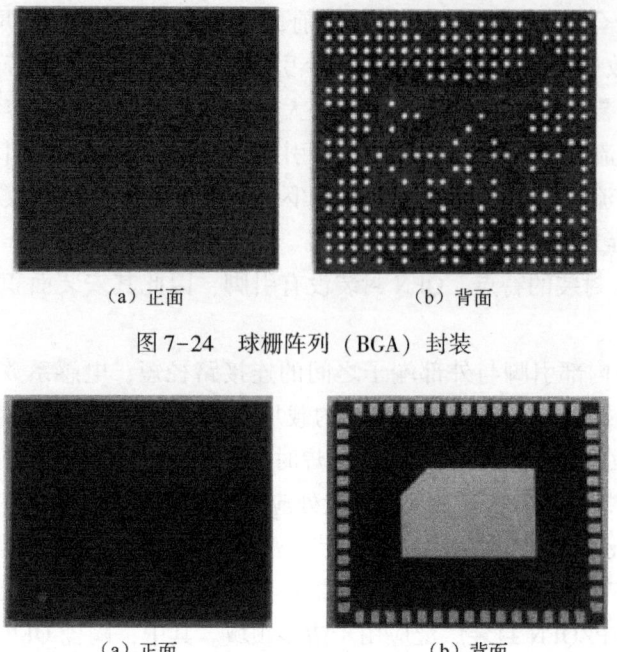

图 7-24 球栅阵列（BGA）封装

图 7-25 触点阵列（LGA）封装

有机基板封装具有如下优点：高 I/O 数和高 I/O 密度，与同样外形尺寸的 LQFP 对比，BGA 封装的 I/O 数量可以达到 LQFP 的 5~6 倍；贴装成品率高，成品贴片不良率可控制在 5×10^{-6} 以下；散热效果好；易实现微细图形电路加工（目前最先进的 PCB 技术可达 20~30μm）；可采用灵活的设计方案，根据需求实现输出端子自由定义；I/O 端良好的共面性表现，减小了在组装过程中因为共面性差而引起的损耗；适用于 SiP，能够实现 SiP 的高密度、高性能；可靠性高。

有机基板封装也存在如下不足之处：基板成本高；封装过程中容易存在翘曲问题；返修困难，返修后芯片需重新植球才可使用；封装厚度较大，在某些领域被扇出技术取代。

目前，BGA/LGA 封装技术在小、轻、高性能封装中占据主要地位。BGA 封装出现于 20 世纪 90 年代初期，现已发展成为一项成熟的高密度封装技术，其封装产品广泛应用于消费类电子产品（如 4C、智能穿戴设备、加密模块、医疗设备）等领域。

随着消费类电子产品和移动产品的不断轻薄化和智能化，有机基板在 BGA/LGA 封装领域将发挥越来越重要的作用。与此同时，基板封装将向多功能和高集成方向发展，其发展趋势将会表现在以下几个方面：在高密度方面，在通过降低成本和进一步提高布线密度来满足目前日益成长的集成封装 3S 技术需求的同时，对超高密度基板进行研究与探索，开发小直径（<35μm）的微通孔技术、超精密窄间距金属细线（<10μm）技术、低成本平整式微通孔及其直叠多层互连技术；在高性能方面，在保持信号的完整性和功率一致性的同时，降低基板的厚度并开发超薄基板或无内芯基板；在元器件集成方面，同时研究埋入式无源器件和埋入式有源器件，以获得最好的系统性能。

撰稿人：通富微电子股份有限公司　　　　王洪辉　姚兵
审稿人：华天科技（昆山）电子有限公司　于大全

▷▷▷ 7.2.8　圆片级封装，晶圆级封装，Wafer Level Package

圆片级封装（Wafer Level Package，WLP）是指所有的封装和测试过程是以圆片为单位进行的，封装体所有输入/输出（I/O）端均分布于芯片面内，这是一种 I/O 扇入型（Fan-in）圆片级封装，其核心特征是利用再布线技术对分布在芯片周边的焊盘进行重新排布，并在之后完成凸点（或者焊球）成型。该结构的芯片面积尺寸和最终的封装体面积尺寸为标准的 1:1，封装后形成的单个封装体可以直接应用于组装工艺。

圆片级封装的特点如下所述。

（1）圆片级封装外形尺寸小，芯片到 PCB 之间的电感很小，信息传输路径短、稳定性高、散热性好，可用于各类电子产品中，满足了封装体轻、薄、小的要求。

（2）圆片级芯片尺寸封装工艺较传统封装工艺有极大的优化，封装后的芯片尺寸与芯片一致，涵盖了重新分配再布线、圆片凸块、圆片级测试、圆片切割和以载带形式的包装，是能够支持一条龙外包服务的先进封装解决方案，其生产周期和成本大幅下降。

（3）圆片级封装在设计半导体芯片时需要考虑封装要求，有利于芯片布局设计，可改善器件的性能。如图 7-26 所示，再布线（Redistribution Layer，RDL）技术为圆片级封装的芯片端子绕线至外接引脚的一般解决方案，而凸块（Bumping）技术是实现最终的芯片面直接连接至 PCB 的最优选择。

圆片级封装是将 IC 设计、圆片制造、封装测试、基板制造整合为一体的技术，是当前封装领域的热点之一，具有最小芯片尺寸级封装（CSP）与较佳电性能表现的优势，目前多用于低引脚数的消费类可携式产品（包括模拟/混合信号、无线连接、汽车电子等），可满足其对轻薄短小及超薄大尺寸的存储类芯片的特性需求。

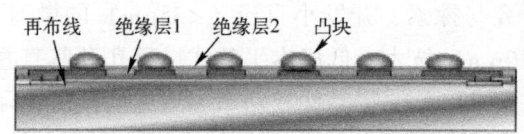

图 7-26 圆片级封装

圆片级封装主要有两个发展趋势,一是在兼顾圆片级封装产品性能和可靠性的基础上,通过减少圆片级封装的结构层数,以达到降低封装工艺成本,缩短工艺时间的目的;二是通过新 WLP 技术的研发和新材料的应用,提高圆片级封装产品的性能和可靠性,满足更加严苛的产品应用需求。在此基础上,可满足实现扇出型圆片级封装、圆片系统级封装和 3D 圆片级封装、高密度布线等先进封装的发展趋势。

撰稿人:通富微电子股份有限公司　　　高国华　施建根
审稿人:华天科技(昆山)电子有限公司　　　于大全

▷▷▷ 7.2.9　系统级封装,系统级封装,System in Package(SiP)

系统级封装(SiP)是以组合的形式,将多个具有不同功能的有源电子器件,与可选择的无源元件,以及诸如微机电系统(MEMS)或光学器件等其他器件,组装成为可以提供多种功能的单个标准封装件,从而形成一个系统或子系统[1]。

SiP 的主流封装形式为球栅阵列(BGA)封装,封装载体大多为基板(Substrate)或 PCB,根据需求可在板内埋入无源元件。与传统板级系统集成相比,SiP 尺寸更小,成本更低,系统性能和集成度大大提高;与系统芯片(System on Chip, SoC)相比,SiP 具有开发周期短、成本低、灵活度高等优势。按照芯片组装方式的不同,SiP 可以分为 2D、2.5D 及 3D 结构。

2D 结构 SiP 是将多个芯片组装到同一封装载体的表面,组装工艺有引线键合(Wire Bonding, WB)、倒装芯片(Flip Chip, FC),或者两种工艺混合使用,如图 7-27 所示。由于封装载体上的布线比芯片上的布线宽出 3 个数量级,所以该结构在互连芯片的数量上会受到一定的限制。

2.5D 结构 SiP 以 2D 结构 SiP 为基础,在芯片和封装载体之间加入一个硅中介转接层,在该中介转接层上利用硅通孔(Through Silicon Via, TSV)连接其

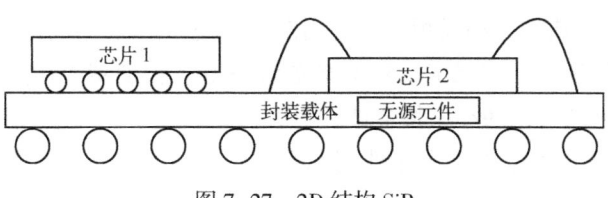

图 7-27 2D 结构 SiP

上、下表面的金属,多采用倒装芯片组装工艺,如图 7-28 所示。由于采用了中介转接层,其表面金属层的布线可以使用与芯片表面布线相同的工艺,使产品在容量及性能上比 2D 结构得到巨大提升。

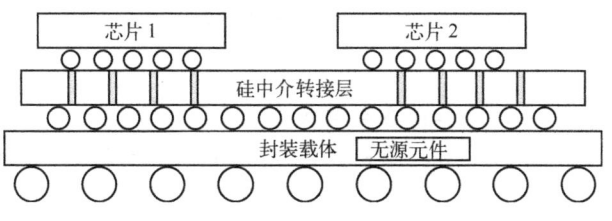

图 7-28 2.5D 结构 SiP

3D 结构 SiP 则是将芯片与芯片进行堆叠,可采用引线键合与倒装芯片混合的组装工艺,也可采用硅通孔技术进行互连,如图 7-29 和图 7-30 所示。3D 结构 SiP 进一步缩小了产品尺寸,提高了产品容量;另外,采用硅通孔技术可以缩短互连引线的距离,提高产品性能。然而基于目前的 TSV 技术,散热较差、成本较高是制约其发展的主要因素。

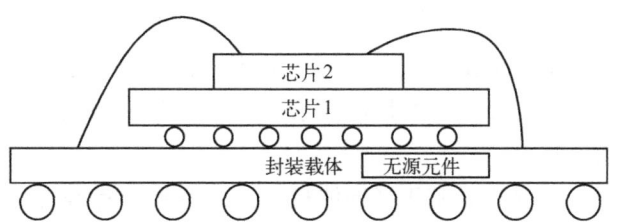

图 7-29 3D 结构 SiP(引线键合与倒装芯片)

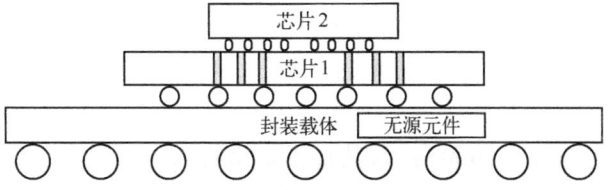

图 7-30 3D 结构 SiP(硅通孔与倒装芯片)

SiP 适用于低成本、小面积、生产周期短的电子产品，如功率放大器、蓝牙模块、高性能处理器、记忆卡、智能穿戴设备等。在消费类电子产品领域，尤其是在物联网领域，这些产品将会被广泛应用。

3D 结构 SiP 能大幅提高产品性能和容量，是未来 SiP 技术的发展趋势；以 TSV 技术、晶片减薄和再布线工艺、芯片/晶片键合堆叠等技术为核心的 TSV 堆叠封装，以及封装堆叠技术，将是系统级封装的核心技术。超低弧度引线键合技术、窄节距引线键合技术、新型芯片粘贴技术、新型引线键合材料、窄节距铜柱倒装凸点技术及微凸点技术等将成为系统级封装中的关键封装工艺和技术。

参考文献

[1] 国际半导体技术路线图（International Technology Roadmap for Semiconductors，ITRS）[R]. 2005.

撰稿人：通富微电子股份有限公司　　　　徐彬彬

审稿人：华天科技（昆山）电子有限公司　　于大全

▷▷▷ 7.2.10 微系统封装，微系统封装，Micro System Package

微系统封装技术是指将多个功能芯片，用必要的配件和装配平台，按照系统最优的原则进行集成、组合，从而构成应用产品的封装技术。

微系统是以微电子技术、射频技术、无线电技术、光学（或光电子学）技术、微机电系统（MEMS）等技术为核心，从系统工程的高度出发，通过包封、互连等微细加工技术，在框架、基板等载体上制造、装配、集成出微小化的功能装置。

微系统封装技术，根据其微系统定义的不同，分为微电子封装技术、射频封装技术、光电子封装技术、微机电系统封装技术和多功能系统集成封装技术等多个方面的封装技术。

（1）微电子封装技术是基于半导体材料，采用微米级/纳米级加工工艺，制造微小型化电子元器件和微型化电路的技术。

（2）射频封装技术是指制造小型化、多功能、便携式、低成本射频装置的封装技术，是微系统封装技术应用领域中的重要技术。

（3）光电子封装技术是指将光电子器件、电子元器件、功能应用材料进行系统集成的封装技术。

（4）微机电系统（MEMS）封装技术是指将微电子技术与机械工程技术融合的封装技术。

微系统封装在封装分级上包括芯片级、器件级和系统级 3 个等级。

(1) 芯片级封装：是指封装和保护微型装置中的细微元件，如压力传感器、悬臂梁、微电极、微通道等。芯片级封装的主要目标是保护芯片和其他核心元件，避免其塑性变形或破裂；保护系统信号转换的电路；对元器件提供必要的电隔离和机械隔离；确保系统在正常操作和超载状态下的功能实现。

(2) 器件级封装：通常由 MEMS 器件、电源、信号与系统的接口等部分组成。器件级封装的目标是在确保器件性能的前提下，减小尺寸和降低价格。器件级封装面临的最大挑战是接口问题，包括接口尺寸和不同工作环境下的接口性能。

(3) 系统级封装：是指对芯片和核心元件，以及主要信号处理电路的封装。系统级封装需要对电路进行电磁屏蔽，提供适当的力和热隔离。系统级封装中的接口问题主要源自不同尺寸元器件之间的组装。

微系统封装在汽车电子、计算机、商用设备、通信产品、消费类电子产品、工业和医疗电子产品、军事和航空电子系统等领域都有实际应用[1]。

微系统封装技术中的三维集成技术正在向立体空间发展，一方面可以增加晶体管密度，提高微电子产品性能；另一方面可以发展三维异构，实现功能多样化，促进微系统封装产品的发展。这一技术可使未来的微系统封装产品的体积、质量减小，性能更优越，智能化水平更高。

参考文献

[1] 图马拉（Tummala Rao R）. 微系统封装基础 [M]. 南京：东南大学出版社，2005.

撰稿人：通富微电子股份有限公司　　　　虞国良　朱薛峰
审稿人：华天科技（昆山）电子有限公司　于大全

▷▷▷ 7.2.11 多芯片组件封装，多晶片模组封装，Multi-Chip Module Package

多芯片组件（Multi-Chip Module，MCM）封装是指在多层互连基板上，采用微焊接、封装工艺将构成电子电路的各种微型元器件（IC 裸芯片及贴片式元器件）组装起来，从而形成高密度、高性能、高可靠性的微电子产品（包括组件、部件、子系统、系统）的一种封装。多芯片组件封装技术是在 PCB 技术和表面贴装技术的基础上发展起来的新一代微电子封装技术。

根据多层互连基板的结构和工艺技术的不同，MCM 分为如下三类。

(1) 叠层多芯片组件（MCM-L）：采用多层 PCB 做成的 MCM，制造工艺成熟，生产成本较低。但受芯片的安装方式和基板的结构所限，实现高密度布线较困难，电性能一般，主要用于工作频率小于 30MHz 的产品。

(2) 共烧陶瓷多芯片组件（MCM-C）：以共烧陶瓷混合电路技术为基础，布线层数多，布线密度、封装效率和性能较高，主要用于工作频率为 30~50MHz 的高可靠产品。

(3) 沉积多芯片组件（MCM-D）：在硅、陶瓷或金属基板上，采用薄膜工艺形成高密度互连布线的 MCM。MCM-D 的组装密度较高，主要用于高频率产品。

根据封装维度的不同，MCM 可以分为 2D-MCM 和 3D-MCM 两类。3D-MCM 元器件相对于 2D-MCM 元器件除了在 x-y 平面上展开，也在 z 方向（垂直方向）上排列。

多芯片组件封装的特点如下所述。

(1) 将多个 IC 芯片高密度地安装在同一基板上，节省了 IC 封装材料和工艺，缩小了整体封装尺寸和质量。

(2) 多芯片组件是高密度封装产品，芯片面积至少占基板总面积的 20%，互连线长度缩短，响应时间减小。

(3) 多芯片组件由模拟电路、数字电路、功率器件、光电器件、微波器件及各类贴片式元器件优化封装而成，这就使线路之间的串扰噪声减少，阻抗易于控制，电路性能得以提高。

(4) 多芯片组件减弱或避免了单个 IC 封装的热阻、引线及焊接等问题，使产品的可靠性得到提高。

(5) 多芯片组件集中采用了先进的半导体 IC 微细加工技术，厚膜、陶瓷与 PCB 多层基板技术，以及芯片的高度互连与封装等新技术。

(6) 由于封装密度的增加，多芯片组件单位基板面积上的发热量增加，对散热要求高。多芯片组件的配套新设备、新软件需要进一步开发和完善。

多芯片组件封装技术中的三维多芯片组件（3D-MCM）封装技术是为适应各种市场的迫切需求而迅速发展起来的高新技术，具有降低功耗、减轻质量、缩小体积、减弱噪声、降低成本等优点。因此三维多芯片组件封装技术是未来微组装技术发展的重要方向之一。

多芯片组件在大型计算机系统，通信行业的交换与传输系统，以及雷达、汽车行业、医疗仪器等电子系统产品上得到了广泛应用。

撰稿人：通富微电子股份有限公司　　　　虞国良　朱薛峰
审稿人：华天科技（昆山）电子有限公司　　于大全

▷▷▷ 7.2.12　嵌入式封装，嵌入式封装，Embedded Package

嵌入式封装是指将电容器、电阻器、电感器等无源元件，甚至是芯片等有源器件埋入基板内部，以实现系统集成、功能模块化的一种封装技术，如图 7-31 所示。

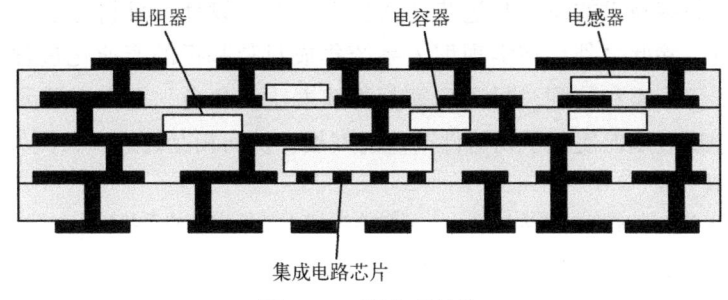

图 7-31　嵌入式封装

与传统封装相比，嵌入式封装具有能提高封装密度、减小封装尺寸，实现电子设备多功能化的特点，另外还能提高设计自由度，缩短开发周期[1]。

嵌入式封装用基板主要包括陶瓷基板、有机基板、硅基板和玻璃基板。

（1）陶瓷基板：具有机械强度高、耐热性好、导热率高，稳定性好，热膨胀系数较小，绝缘电阻高等优点。但是，陶瓷本身介电常数较大，会降低信号传输速度；陶瓷需要高温烧结，存在烧结收缩的问题；陶瓷基板厚度较大，尺寸精度差，难以控制产品强度。因而，其市场占有率越来越小。

（2）有机基板：与陶瓷基板相比，有机基板不需要高温烧结，不存在烧结收缩的问题，且介电常数低，可以批量生产，成本低。其存在的主要缺点是热应力，即有机基板的热膨胀系数与电子元器件相差较大，易形成老化、结构缺陷，从而导致产品寿命降低。

（3）硅基板：硅基板是一种半导体基板，具有良好的散热能力。硅通孔垂直互连技术是应用广泛的 3D 互连技术。其存在的主要问题是，硅基板与导电金属通孔材料的热膨胀系数不匹配，TSV 存在残余应力，会导致开裂现象。

（4）玻璃基板：玻璃基板稳定性好，能做到无孔洞包覆、绝缘、透明，可大尺寸、小厚度生产，在防潮性能和气密性能上均具有优势。玻璃通孔（Through Glass Via，TGV）是玻璃基板的关键技术，以 TGV 代替 TSV 是重要的研究方向。

在基板中埋入元器件可以大大缩短布线距离，但由于材料属性的不匹配（如热膨胀系数、湿膨胀系数等），不同材料之间的界面容易发生层裂失效，需要采取特殊的应变缓和措施，包括对材料、设计、封装工艺、元件、基板的结构、封装设备、测量及检查、返修及元件的三维布置进行综合研究开发等。

陶瓷基板类的嵌入式封装一般应用于高可靠性产品，如军用产品、射频产品等；有机基板类的嵌入式封装广泛应用于微处理器、存储器等器件；硅基板类的嵌入式封装由于其平行度高、热导性好，主要应用于一些大功率器件；玻璃基板类的嵌入式封装，主要用于显示器（Flat Panel Display，FPD）领域。

嵌入式封装技术的发展与进步还需要对工艺、设计、材料等进行不断的综合研究开发。除此之外，在实现埋入系统集成封装基板的产业化过程中，基板厂家、元器件厂家和装配、封测厂家都扮演着重要角色。埋入电子元器件的基板技术也会反过来促使电子元器件产业的发展，从而相互促进、共同发展。

参考文献

[1] 田民波. 高密度封装进展之一：元件全部埋入基板内部的系统集成封装（下）[J]. 印制电路信息，2003（10）：3-6，9.

撰稿人：通富微电子股份有限公司　　郝亚兰

审稿人：华天科技（昆山）电子有限公司　　于大全

▷▷▷ 7.2.13　三维封装，三维封装，3D Package

三维封装技术是指在二维封装技术的基础上，进一步向垂直方向发展的微电子组装技术。三维封装的形式主要分为填埋型三维封装、有源基板型三维封装和叠层型三维封装。

填埋型三维封装是将元器件填埋在基板多层布线内，或者填埋、制作在基板内部，以达到实现系统集成、功能模块化的一种新型封装方式。有源基板型三维封装采用硅圆片集成技术，在制作基板时，先采用一般半导体集成电路制作方法进行一次元器件集成化，形成有源基板；然后再实施多层布线，并将表面组装元件与表面组装器件贴在最上层，从而实现有源基板型三维封装。叠层型三维封装是将两个或多个裸芯片或已经封装的芯片在垂直方向上、下多层互连，然后再进行封装形成三维结构[1]。三维封装（引线键合与倒装芯片）如图7-32所示。

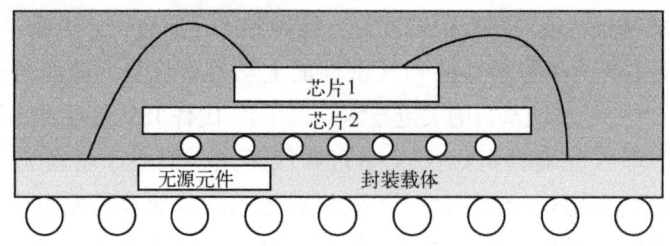

图7-32　三维封装（引线键合与倒装芯片）

与传统的二维封装技术相比，三维封装技术具有提高封装密度、减小封装尺寸、提高信号传输速度、降低功耗和噪声、实现产品多功能化等特点。三维互连的方法主要包括引线键合、倒装芯片、硅通孔（TSV）、薄膜导线等。其中，

TSV 技术可实现芯片与芯片之间垂直方向上的互连,不需要引线键合,可以有效缩短互连线长度,减小信号传输延迟和损失,提高信号传输速度[2]。

在三维封装中,由于封装密度增加、体积减小,造成热流密度大幅度提高,因此如何解决散热问题成为重中之重。一般可以通过使用低热阻基板和高热传性能封装材料、使用冷却方法为三维器件降温,在叠层元件之间使用导热通孔将内部的热量散至表面的方法来解决散热问题。另外,在基板内埋入热膨胀系数不同的芯片会产生更为复杂的应力,需要采取特殊的应变缓和措施,因此应该对设计、封装工艺、元件、基板的结构变化、封装设备、测量及检查、返修及元件的三维布置等进行综合研究开发。

2014 年,三维封装技术已经应用于内存芯片封装(包括大容量内存芯片堆叠)和高性能芯片的消费电子产品中。到了 2015 年,三维封装技术已经开始应用于一些高端的 CPU、GPU 及网络芯片中。现在,三维扇出(苹果处理器)和采用硅通孔的三维集成(包括图像传感器、指纹传感器)器件均已实现量产。

随着三维封装技术的不断提高,轻薄化、高密度是未来的重要发展方向。未来,这一先进的封装技术将被广泛应用于各个领域,包括尖端科技产品和众多消费类电子产品等。

参考文献

[1] 邓丹,吴丰顺,周龙早,等.3D 封装及其最新研究进展[J].微纳电子技术,2010,47(7):443-450.

[2] 燕英强,吉勇,明雪飞.3D-TSV 封装技术[J].电子与封装,2014,14(7):1-5.

撰稿人:通富微电子股份有限公司　　　郝亚兰

审稿人:华天科技(昆山)电子有限公司　　于大全

▷▷▷7.2.14　板上芯片封装,板上晶片封装,Chip on Board(COB)Package

板上芯片封装是指将裸芯片用导电或非导电胶黏结在互连基板上,然后通过引线键合实现其电气连接,或者采用倒装芯片技术(FC)将裸芯片与基板实现电气和机械上的连接。如果裸芯片直接曝露在空气中,容易受到污染或人为损坏,影响或破坏芯片的功能,因此要用封装胶将芯片包封起来,如图 7-33 所示。

板上芯片封装的特点如下所述。

(1)板上芯片封装的主要优点:表面贴装技术(SMT)通常适用于单芯片封装,而 COB 封装更适用于同一基板的多芯片、阵列式封装;SMT 封装界面层

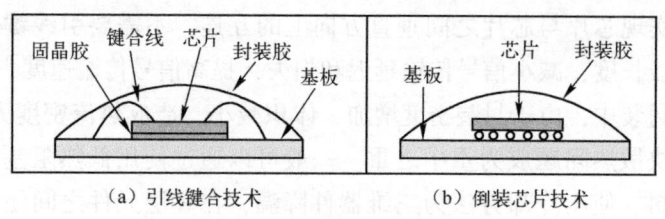

图 7-33 COB 封装结构

会形成多个热阻界面层，导致器件散热性较差，与之相比，COB 封装方式界面结构简单，热阻界面较少，器件的散热性能优良，从而提高了器件的使用寿命及效率；SMT 封装方式中要制作多个界面金属层、支架等外部辅助设备，成本较高，而 COB 封装是直接黏结在基板上，制作工艺简单，外部线路简单，从而大大降低了封装的成本；COB 封装技术中所采用的许多工艺都适用于自动化生产[1]。

（2）板上芯片封装的主要缺点：大功率 COB 封装所用的基板目前主要有铝基板和陶瓷基板两类，铝基板较便宜，但散热性能较差，而陶瓷基板散热性能较好，但价格较贵；封装胶的性能对于 COB 封装有很大的影响；芯片不仅影响系统工作性能，还与整个系统的散热性有关，但存在芯片与封装胶、芯片与基板匹配失衡的问题；COB 封装的散热结构有很多种，但在实际生产过程中仍存在散热结构达不到预期散热效果的情况，整个散热结构加工也过于复杂，制造成本较大[2]。

随着 LED 应用市场的逐渐成熟，用户对产品的可靠性、稳定性的要求越来越高。COB 封装技术能将多芯片直接封装在 PCB 上，与传统封装相比，减少了制造工艺及成本，并且能有效地解决 LED 的散热问题。除此之外，COB 封装在高端、高像素图像传感器领域也有普遍应用，利用该技术将芯片贴装在 PCB 的焊盘上，使用引线键合，装上红外镜头，可形成组装模块结构。

近几年，COB 封装市场竞争日趋激烈，企业需要不断进行技术升级以提高 COB 封装的性价比。未来，光源体积小、光效更高的倒装 COB 封装将会成为市场发展的趋势。

参考文献

[1] 祁姝琪，丁申冬，郑鹏，等. COB 封装对 LED 光学性能影响的研究 [J]. 电子与封装，2012, 12 (3): 6-9, 18.

[2] 黄承斌，王忆，彭渤. 大功率 LED COB 封装关键技术的研究与分析 [J]. 中国照明电器，2014 (5): 1-5.

撰稿人：通富微电子股份有限公司　　陈肖瑾
审稿人：华天科技（昆山）电子有限公司　　于大全

▷▷▷ 7.2.15 基板类封装，基板類封裝，Substrate Package

基板（Substrate）是半导体芯片封装的载体之一，它为芯片提供电连接、保护、支撑、散热等。利用基板进行封装，能达到增加引脚数量、减小体积、改善电性能、实现多芯片模块化的目的。基板类封装是指以封装基板作为芯片载体的封装形式。封装基板按材料的不同主要分为陶瓷基板、有机基板和玻璃基板3类。

（1）陶瓷基板：依烧结温度的不同，主要有高温共烧陶瓷（High Temperature Co-fired Ceramics，HTCC）基板、低温共烧陶瓷（Low Temperature Co-fired Ceramics，LTCC）基板；依基体材料的不同，可分为氧化铝陶瓷基板、氮化铝陶瓷基板、氧化铍陶瓷基板、碳化硅陶瓷基板等。陶瓷基板具有机械强度优异，热导率高，耐热性好，化学稳定性好，热膨胀系数与芯片更接近，低翘曲度等优点，但由于陶瓷介电常数较大会降低信号传输速度，且厚度较大、封装密度低、质量大，难以满足高集成度的薄型化、轻量化的需求，同时陶瓷基板的成本也较高。

（2）有机基板：按照基材的不同，可以分为刚性基板和挠性基板两种。有机基板是应用最广泛的基板类型。与陶瓷基板相比，有机基板不需要高温烧结，介电常数低，易加工，厚度可以做得更薄，成本较低，适合大批量生产。其主要缺点是热膨胀系数与芯片相差较大，容易导致翘曲的产生，而且热导率较低，目前主要通过改进基材来减小这两方面带来的影响。利用有机基板作为载体的封装形式主要有球栅阵列（BGA）封装和触点阵列（LGA）封装，多采用引线键合（WB）和倒装芯片（FC）工艺进行互连。有机基板缩短了芯片到引出端的距离，减小了信号传输路径长度和引线电感、电阻，改善了电路的性能。有机基板厚度越来越薄，线宽/线间距、引出端焊盘直径或焊球尺寸和节距也在减小，在封装尺寸不变的情况下可以满足I/O端口数量大幅增加的需要，如高密度互连基板（High Density Interconnector，HDI）大幅提高了产品的容量和性能。有机基板可以将多个不同功能的芯片集成在一个基板上，还可以根据需要在基板中埋入无源器件，使封装成为一个完整的微系统，这样不仅缩小了系统的体积，减小了系统间的信号传输距离和外界干扰，也降低了耗散功率，进一步提升了产品性能。

（3）玻璃基板：主要用于平板显示（Flat Panel Display，FPD）器件，是平板显示器的基础材料之一。其工作原理是，在表面平整度很高的玻璃上经过蒸镀导电膜、光刻加工制成导电图形，再通过导电橡胶条或导电胶带等连接形成电路，以达到FDP器件对高电阻率、低热膨胀性、良好的化学性和超高平整度的要求。

不同材质的基板有不同的应用领域。陶瓷基板一般用于高可靠性产品（如航天用集成电路）、大功率密度的射频电路、电源管理电路等；有机基板广泛应用于微处理器、存储器、FPGA、DSP、功率放大器（PA）等，由于其具有良好的产品性能，常被应用到航空、汽车、医疗等特殊领域；玻璃基板主要应用于平板显示等领域。

未来，基板类封装凭借其技术优势，将会朝着更轻薄、更高封装密度、更大容量（三维系统级封装）的方向发展。扇出（Fan-out）型封装采用有机基板、玻璃基板或硅基板作为封装载体，包括扇出型圆片级封装（Fan-out Wafer Level Package, FoWLP）和扇出型大板级封装（Fan-out Panel Level Package, FoPLP）。扇出结构能大幅度增加 I/O 端口数量，而利用圆片级或大板级封装工艺能提高生产效率，降低生产成本。扇出型封装将是基板类封装的一个发展趋势，包括扇出型多芯片封装（Fan-out Multi-Chip Package, FoMCP）、扇出型层叠封装（Fan-out Package on Package, FoPOP）、扇出型系统级封装（Fan-out System in Package, FoSiP）、扇出型三维层叠封装（3D FoPOP），如图 7-34 所示。

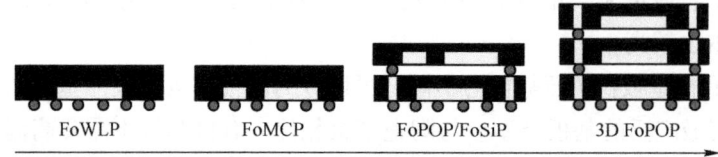

图 7-34　扇出型封装的发展趋势

撰稿人：通富微电子股份有限公司　　徐彬彬
审稿人：中科芯集成电路股份有限公司　丁荣峥

▷▷▷ 7.2.16　外壳封装分类，外殼封裝分類，Packaging Shell Catagories

按照封装材料的不同，外壳封装一般可以分为塑料封装、金属封装、陶瓷封装和玻璃封装。

1. 塑料封装

塑料封装是以塑料作为集成电路外壳的一种封装方式。它是通过使用特制的模具，在一定的压力和温度条件下，用环氧树脂等模塑料将键合后的半成品封装保护起来的。

塑料封装的优点：由于制造工艺相对简单，适合自动化生产，能提高生产效率；质量减轻，体积缩小，易于实现薄型化、小型化和轻量化；能节约大量的金属等材料，外壳的成本较低。

塑料封装的缺点：机械性能相对较差；与金属、陶瓷等材料相比，塑料的导热性、耐热性较弱；无屏蔽电磁场的作用；与金属封装和陶瓷封装相比，在气密性方面显得不足。

塑料封装的应用范围很广,在消费电子产品、汽车电子、航空航天电子产品中随处可见,是目前使用最多的封装形式。

2. 金属封装

金属封装是以金属作为集成电路外壳的一种封装方式,是可满足高可靠性需求的主要封装形式之一。

金属封装的主要特点是,具有优良的导热性能和力学性能,能很好地保护芯片免受恶劣环境的影响;使用的温度范围宽,通常可以达到-65~125℃;气密性优良,漏率小;大多为金属壳体搭配陶瓷基板及各类绝缘子的封装,封装后的体积(壳体)较大,不太适合于器件的小型化。

金属封装在高温或低温、高湿、强冲击等恶劣环境下使用时,由于它具有优异的气密特性及空封腔结构,可以对芯片起到良好的物理保护;由于金属封装具有很好的电磁屏蔽特点和热阻较小等特点,封装的可靠性可以得到保证,因此它被较多地用于军事和高可靠民用电子封装领域。

3. 陶瓷封装

陶瓷封装是以陶瓷作为集成电路外壳的一种封装方式,是可满足高可靠性需求的主要封装形式之一。

陶瓷封装的优点:可为集成电路提供芯片气密性的密封保护,具有优异的可靠度;陶瓷的高频绝缘性能较好,多用于高频、超高频和微波应用领域;陶瓷封装在电、热、机械等方面具有极其稳定的特点。

陶瓷封装的缺点:脆性较高,容易受到机械应力的损害;与塑料封装相比,原材料较贵、工艺复杂、批量生产效率低,成本较高;薄型化、小型化和工艺自动化能力弱于塑料封装;在高I/O密度集成电路封装中不具有优势。

陶瓷封装多用于有高可靠性需求和有空封结构要求的产品,如声表面波器件、带空气桥的GaAs器件、MEMS器件等。

4. 玻璃封装

玻璃封装是以玻璃作为集成电路外壳的一种封装方式,是高可靠气密性封装工艺中的一种重要的封装方式。玻璃材料也可用于陶瓷-陶瓷、陶瓷-金属等材料之间的封接。

玻璃封装的优点:玻璃的电绝缘性、耐高温性、耐酸碱性良好;具有良好的气密性;相对于其他几种气密性封装,玻璃封装工艺简单、成本较低;可以通过调整玻璃的成分来改变其热性质。

玻璃封装的缺点:玻璃封装的工艺温度较高,封接温度约为430℃,且高温保持时间较长,不适合混合电路及温度敏感电路的封装;不易实现真空封装,而且熔封后外引脚通常需要进行电镀处理，电镀过程中电镀液对玻璃的侵蚀问题需要特别加以控制；与其他几种气密性封装相比，玻璃封装产品的机械强度相对较弱，受到机械冲击时容易出现玻璃破裂问题。

玻璃封装广泛应用于二极管、存储器、LED、MEMS 传感器、太阳电池、航空发动机用排气温度热电偶电极元件等产品。随着电子元器件朝着小型化、高性能、高可靠等方向发展，要求玻璃封装的封接温度更低，封接强度更高。

撰稿人：通富微电子股份有限公司　　虞国良
审稿人：中科芯集成电路股份有限公司　　丁荣峥

▷▷▷ 7.2.17　封装互连，封装互連，Packaging Interconnection

封装互连是指将芯片 I/O 端口通过金属引线、金属凸点等与封装载体相互连接，实现芯片的功能引出。封装互连主要包括引线键合（Wire Bonding，WB）、载带自动键合（Tape Automated Bonding，TAB）和倒装焊（Flip Chip Bonding）。

1. 引线键合（WB）

引线键合技术包括超声热压球焊技术和超声楔形焊接技术两种。

超声热压球焊技术是指使用金属焊线，在外壳、基板或引线框架端加热的条件下，通过设备焊头施加的压力及超声波，利用陶瓷劈刀使金属焊线与芯片电极、金属焊线与外壳、基板或引线框架端子连接，以达到功能的输入与输出的一种封装技术。

超声楔形焊接技术是指使用金属焊线（通常是铝线或铝带等），通过设备焊头施加的压力及超声波，利用金属楔形劈刀使金属焊线与芯片电极、金属焊线与外壳、基板或引线框架端子连接，以达到功能的输入与输出的一种封装技术。

金属焊线包括纯金线、镀钯铜线、银合金线、纯铜线、铝线、铝带等。

金属焊线的选择取决于产品需要焊线承载的电流大小、成本的高低，以及芯片电极区铝层的厚度、耐蚀性等因素。

图 7-35 所示为超声热压球焊引线键合产品局部图。

2. 载带自动键合（TAB）[1]

载带自动键合技术是指利用超声热压焊接机，将芯片上的凸点与载带上的焊点焊接在一起，再对焊接后的芯片进行密封保护的一种封装技术，如图 7-36 和图 7-37 所示。

TAB 的关键工艺包括芯片凸点制作、载带制作，以及内引线、外引线的焊接和包封。

图 7-35 超声热压球焊引线键合产品局部图

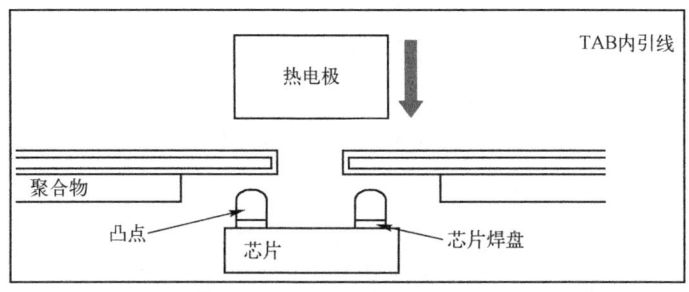

图 7-36 载带引线键合

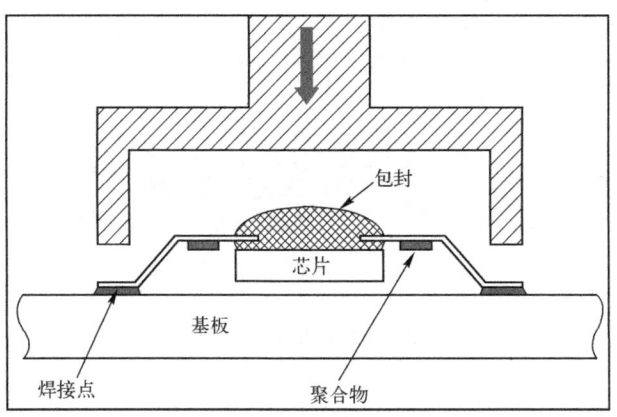

图 7-37 载带密封

对载带材料的要求是高温性能好、热匹配性好、收缩率小、机械强度高；典型的芯片表面凸点材料为金或金合金。

载带自动键合的优点是，结构轻、薄、短、小；密度高；具有更好的电性能；键合点抗键合拉力比引线键合的高。

3. 倒装焊

倒装焊接技术是指在芯片的电极上预制凸点（Bump），再将凸点与基板或引线框架对应的电极区相连，以达到功能的输入与输出的一种封装技术。

芯片表面凸点种类包括铜柱（Cu Pillar）、焊锡球（Solder Ball）、金凸点（Au Bump）等。焊接方式包括回流焊接和热压焊接（Thermal Compression Bond，TCB）两种方式。

铜柱和焊锡球的焊接方法是，将芯片翻转向下，在铜柱、焊锡球表面蘸取水洗型或免洗型助焊剂，通过回流焊接方式将芯片与基板或引线框架固定；金凸点的焊接方法是，在基板上涂覆 NCP 材料，或者将 NCF 材料涂敷在凸点圆片表面，再将芯片翻转向下，通过热压方式将芯片与基板固定。

倒装焊的填充方式包括环氧树脂塑封底部填充（Molding Under Fill，MUF）、毛细管底部填充（Capillary Under Fill，CUF）、不导电焊膏（Non Conductive Paste，NCP）填充、不导电薄膜（Non Conductive Film，NCF）填充等。

图 7-38 所示为倒装焊接产品局部图。

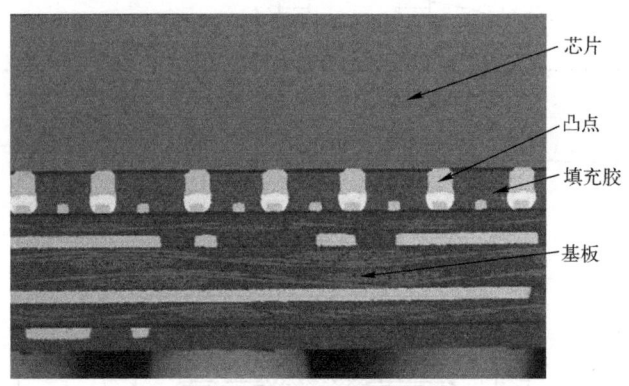

图 7-38　倒装焊接产品局部图

目前，引线键合技术因其成本相对低廉，仍是主流的封装互连技术，但它不适合对高密度、高频有要求的产品。倒装焊接技术适合对高密度、高频及大电流有要求的产品，如电源管理、智能终端的处理器等。TAB 封装技术主要应用于大规模、多引线的集成电路的封装。

参考文献

[1] 李可为. 集成电路芯片封装技术［M］. 北京：电子工业出版社，2007.

撰稿人：通富微电子股份有限公司　　沈海军

审稿人：中科芯集成电路股份有限公司　　丁荣峥

▷▷▷ 7.2.18 引线框架类封装，引綫框架類封裝，Lead Frame Package

引线框架（Lead Frame，LF）类封装通常是指以铜基合金、铁镍合金等制作的引线框架为载体的封装。引线框架类封装的外形系列较多，包括 TO、DIP、ZIP、SIP、SOP、QFP、PLCC、QFN、DFN、SOD、SOT 等插装或贴装系列。

根据生产方式的不同，引线框架分为模具冲压引线框架和化学半刻蚀引线框架两类。

20 世纪 70 年代，美国 Olin 公司开发了引线框架所用的低成本铜基合金 C19400、C19500 材料，冲压引线框架因此得到了发展，形成了如 DIP、SOP、QFP、TO 等 10 多个冲压引线框架系列；进入 21 世纪以来，半刻蚀工艺生产的引线框架有 QFN、DFN 等系列，主要使用化学药剂半刻蚀方式进行生产。

引线框架类封装均为内引线与外露的引脚或端子融为一体，具有优良的电输出能力。

冲压引线框架具有生产效率高、成本低等优点，但也存在封装体积偏大、封装密度偏低、封装效率偏低、封装综合成本偏高等不足之处。

虽然 QFN、DFN 等半刻蚀引线框架类封装所选用的引线框架也存在生产效率低、成本高等不足之处，但它们具有封装体积小、单元密度高、封装效率高、封装综合成本低等优点。半刻蚀引线框架适用于冲压方式较难实现的 QFN、DFN 封装，高引脚数的 QFP，或者产品开发初期尚未定型的引线框架。

引线框架类封装主要用于生产 I/O 端口总数低于 300 个的器件，在消费、工业、汽车等领域应用较多。

当封装 I/O 端口总数超过 300 个时，无论采用模具冲压方式还是刻蚀方式，都很难生产出合适的引线框架，此时一般需要选用成本比较高的层积基板取代引线框架。

引线框架类封装逐渐由通孔插装向表面贴装方向发展，由双列向四面引线和阵列方向发展，由 1.27mm/1.0mm/0.8mm/0.65mm 等向更窄引脚节距的小型化、薄型化、集成化的高密度封装方向发展，由外引脚的 DIP、SOP、QFP 引线框架类封装逐步向无引脚 DFN、QFN 等引线框架类封装方向发展，部分 TO 封装也有被无引脚功率 DFN 封装替代的趋势。

撰稿人：通富微电子股份有限公司　　石海忠
审稿人：中科芯集成电路股份有限公司　丁荣峥

▷▷▷ 7.2.19 气密性封装和非气密性封装，氮密性封装和非氮密性封装，Hermetic Package and Non-hermetic Package

封装的目的之一就是使芯片免受外部气体的影响，因此，封装的形式可分为气密性封装和非气密性封装两类。

气密性封装是指能够防止水汽和其他污染物侵入的封装，属于高可靠性封装。

气密性封装的材料包括金属、陶瓷和玻璃。气密性封装一般在封装前需加热到较高的温度以去除水汽。气密性封装防止了污染，可以大大提高电路的可靠性，特别是有源器件的可靠性[1]。

非气密性封装以塑料作为集成电路外壳，主要是热固性塑料，包括有机硅类、聚酯类、酚醛类和环氧类，其中以环氧树脂应用最为广泛。相对而言，非气密性封装是水汽和其他污染物易渗透到电路元件中的一种封装。

金属封装是最常用的气密封装类型，常用玻璃绝缘子、陶瓷绝缘子制作信号、电源的输入和输出端口。金属材料主要是由 4J29（Fe54-Ni29-Col7 合金，与 ASTM F-15 合金对应）制成的，它与玻璃具有优良的结合特性，常用作腔体和引脚材料。金属封装不仅具有优良的水分子渗透阻绝能力，还可以提供良好的热传导和电磁屏蔽性能。

在陶瓷外壳或陶瓷基板制造过程中，钨或钨钼等金属浆料被印刷在生瓷膜片上，并在高温共烧时形成互连导线、通孔及金属化密封区，之后再活化并镀上镍层，钎焊金属零部件后镀上可焊接的镍-金层；用 4J42、4J29 等与陶瓷相近的定膨胀封接铁镍合金、铁镍钴合金制成的盖板以相同的方式电镀，在氮气保护炉内常用 Au80/Sn20 合金焊料熔融后形成密封。另一种便宜但密封可靠性稍差的密封方法是，使用低熔点玻璃将一个陶瓷盖板及必要的金属引线直接密封到陶瓷底座上，这种方法简化了结构并精减了工艺步骤，大大降低了成本。

玻璃既可用于金属封装，也可用于陶瓷封装。玻璃材料具有良好的化学稳定性、抗氧化性、电绝缘性和致密性，且可以通过成分的调整来改变其热性质。

非气密性封装发展迅猛，并且随着塑料封装技术和芯片钝化技术的进步，因潮气侵入而引起的电子器件失效能力已大大降低，因此塑料封装的地位越来越高。与气密性封装相比，非气密性封装制造工艺简单，生产效率高；质量小，适合电路的小型化、微型化；绝缘性能好；性价比高。非气密性封装的缺点是机械性能较差，散热性、耐热性较弱，容易膨胀等。

气密性封装在多芯片组件（Multi-Chip Module，MCM）、微机电系统（Micro-Electro-Mechanical System，MEMS）和单片微波集成电路（Monolithic Microwave

Integrated Circuit，MMIC）等封装中均有应用，且因其具有高可靠性而被广泛应用于军事领域。

非气密性封装的应用极为广泛，如消费类电子产品、高端处理器、车载品等，也是半导体工业中使用最多的封装方法。

现在，人们在追求电子产品高性能的同时，对其气密性的要求也越来越高，这就需要企业通过开发新技术、新工艺、新材料去面对高可靠性、低成本等挑战。

参考文献

[1] Charles A. Harper. 电子封装与互连手册（第四版）[M]. 贾松良，蔡坚，沈卓身，等译. 北京：电子工业出版社，2009.

撰稿人：通富微电子股份有限公司　　陈肖瑾
审稿人：中科芯集成电路股份有限公司　　丁荣峥

▷▷▷ 7.2.20 封装类型的选择，封裝類型的選擇，Package Type Selection

封装类型的选择是 IC 设计和封装测试的一个重要环节。如果封装类型选择不当，可能会造成产品功能无法实现，或者成本过高，甚至导致整个设计失败。

在选择封装类型时，主要从封装体的装配方式、封装体尺寸、封装体总引脚数、产品可靠性、产品散热性能、成本等主要方面综合考虑。

（1）封装体的装配方式：选择封装类型的首要工作就是确定装配方式，这直接决定电子产品封装完后的 PCB 设计及如何与 PCB 连接。封装的装配方式主要有通孔插装和表面贴装两种。通孔插装就是将其外面的引脚利用插件的方式与 PCB 连接，如 SIP 和 DIP；表面贴装是通过表面贴装技术将其快速地焊接到 PCB 上，如 QFP、QFN 封装、BGA 封装、SOP 等。

（2）封装体的尺寸：由于封装工艺的极限会限制芯片尺寸（长度、宽度和厚度），在选择封装体时，首先保证芯片能够安装进封装体，再根据产品厚度要求选择封装体厚度。随着消费类电子越来越朝轻、薄、短、小的方向发展，封装产品的厚度也越来越薄，选择封装体尺寸应优先选择小尺寸、薄型的封装体，以节约 PCB 的面积。

（3）封装体引脚数：所选择的封装体总引脚数应等于或大于集成电路芯片所需要的引出端总数（包括输入、输出、控制端、电源端、地线端等）。

（4）产品可靠性要求：塑料封装属于非气密性封装，抗潮湿性能和机械性能相对较差，同时热稳定性也不太好，但在性能价格比上有优势；金属封装和陶瓷封装属于气密性封装，气密性、抗潮湿性能好，散热性和机械性能好，但装配尺寸精度较差，价格较昂贵。因此，对于高可靠性的集成电路不宜选用塑料封装，而应选用陶瓷封装或金属-陶瓷封装，如军用和航天用产品；而一般工业用电子产品和消费用电子产品，由于其对可靠性要求不太高且考虑成本因素，一般会选用塑料封装。

（5）产品散热性能、电性能要求：集成电路在工作时会产生大量的热量。在了解客户的散热性能需求和电性能要求后，需要对选定的封装体进行热仿真、电仿真，以便确认是否满足散热性能要求和电性能要求。基于散热性能的要求，封装体越薄越好，一般针对高功耗产品，除了考虑选用低阻率、高导热性能的材料黏结芯片，高导热塑封料，采用金属合金焊接工艺，还可以考虑选择加强型封装（如增加内置式散热片、外露式散热片或引线框架载片台外露），以增强其散热、冷却功能，如 HSPBGA、HSBGA、EDHS‑QFP、DHS‑QFP、QFN、E‑Pad LQFP 等封装形式。

（6）成本要求：对电子产品来说，封装成本高会导致电子产品失去市场竞争力，从而可能失去客户和市场。一般来讲，对于同一种封装形式，大封装体尺寸的产品比小封装体尺寸的产品封装成本高。对于不同的封装形式，基板产品比引线框架产品的封装成本高；多层基板产品比单层基板产品封装成本高；可靠性等级要求高的产品比可靠性等级要求低的产品封装成本高。

撰稿人：通富微电子股份有限公司　　　　任永兵
审稿人：中科芯集成电路股份有限公司　　丁荣峥

7.3 传统封装关键工艺及典型流程

7.3.1 圆片减薄工艺，晶圆减薄製程，Wafer Thinning Process

圆片减薄工艺又称背面研磨（Back-Side Grinding）工艺，是指对圆片的背面进行研磨或刻蚀，将圆片减薄至封装所需厚度的工艺，同时圆片减薄也可以改善芯片散热效果。随着小型化和超薄封装需求的增长，无论传统的封装还是圆片级的封装，减薄是必要的关键工艺。目前，减薄包括机械研磨、干法刻蚀、湿法刻蚀等方式，应根据不同的应用需求来选择合适的减薄工艺。

（1）机械研磨：这是应用最广的减薄工艺。目前存在两种机械研磨减薄工艺，一种是 Creep-feed 方式，用于 150mm 及以下硅圆片减薄，圆片不旋转，通过旋转砂轮（Grinder）研磨圆片使其减薄；另一种是 In-feed 方式，主要用于 200mm 及以上硅圆片减薄，圆片和砂轮同时旋转，使圆片通过研磨被减薄。目前，封装行业主要采用 In-feed 方式。机械研磨减薄一般分为粗磨和精磨。粗磨是在较大磨粒尺寸的金钢石磨轮的高速旋转下，快速去除大部分硅；精磨是在较小磨粒尺寸的金钢石磨轮的高速旋转下，慢速去除最后 $40\sim100\mu m$ 的硅，最终达到所需厚度。典型的全自动研磨设备有两个，分别用于粗磨及精磨的主轴和 3 个放置圆片且可旋转的工作台（Chuck Table）。机械研磨的主要问题是圆片破损，通常原因包括低机械强度、圆片翘曲、研磨损伤、热应力、研磨产生的硅颗粒等杂质。为提高芯片强度和减少圆片翘曲，需去除精磨引起的研磨损伤层，其去除过程为应力消除，可通过抛光、干法刻蚀和湿法刻蚀来完成。

（2）干法刻蚀：通过 SF_6 氟化物气体在高频的作用下等离子化，产生含氟的离子，对圆片表面进行干法刻蚀。等离子体刻蚀减薄速度可以到达 $10\mu m/min$，去除的厚度由刻蚀时间决定。在圆片级封装应用方面，有时干法刻蚀减薄去除的硅厚度可达 $50\mu m$。

（3）湿法刻蚀：该工艺分为两大类，即各向同性刻蚀和各向异性刻蚀。各向同性刻蚀使用以氢氟酸和硝酸为主的混合物对圆片进行湿法刻蚀，其主要原理是利用 HNO_3 将硅氧化，再利用 HF 溶解 SiO_2；该混合溶液刻蚀速率较高，可以达到 $15\mu m/min$（部分应用也可以选择利用 TMAH 溶液进行慢速刻蚀，其刻蚀速率一般小于 $1\mu m/min$）；而各向异性刻蚀使用以 KOH 溶液为主的混合物，利用 KOH 电解的 OH^- 离子与硅原子反应，所以最终的刻蚀形貌与硅晶向有着直接对应的关系。

随着封装尺寸越来越小，减薄后的圆片厚度也越来越薄。为了降低在多个设备之间传送薄圆片所带来的圆片破裂的风险，引入了研磨后工艺的集成方案，即将研磨、抛光、研磨胶带剥离和切割胶（含切割环）贴敷都集成在一个系统中，使加工后的产品可以直接用于切割设备的后续作业，更加有利于封装能力的提升。

撰稿人：华天科技（昆山）电子有限公司　于大全
审稿人：通富微电子股份有限公司　　　　虞国良

▷▷▷ 7.3.2　划片工艺，晶圆切割製程，Wafer Dicing Process

划片工艺又称切割工艺，是指用不同的方法将单个芯片从圆片上分离出来，是封装中必不可少的工艺。目前，划片工艺主要分为金钢石刀片机械切割、激光切割和等离子切割 3 种工艺。

（1）金钢石刀片机械切割：以高速旋转的超薄金刚石刀片穿过圆片并延伸至 20~30μm 的切割膜中，沿着芯片与芯片之间的切割道，将整片圆片分成一个个单独的芯片。目前，机械切割用的刀片主要是轮毂刀片，通过电镀的方式在轮毂上形成所需要的厚度。在机械切割过程中，必须使用配备的冷却喷嘴供水，一方面使得刀片得到冷却，移除在切割点处产生的热，另一方面清除切割过程中产生的污染物和硅粉颗粒。

（2）激光切割：主要分为穿透切割和隐形切割两种。穿透切割是指激光直接切穿整个圆片并分离得到芯片。隐形切割的原理是，用传统的 DPSS 激光器（nm 级红外）透过材料表面，并聚焦于内部，当内部激光功率密度超过临界值时，可以在任意深度上形成带状 SD 层（多晶层/高位错密度层和微裂纹/孔洞），然后再通过扩晶得到芯片。隐形切割技术避免了传统激光切割由于熔化等导致热损伤等缺点，且非常适用于超薄半导体硅片的高速和高质量切割。

（3）等离子切割：先用光阻覆盖圆片的表面，通过曝光和显影工艺，去除芯片间切割道内的光刻胶，然后在低压的真空腔体内通入特殊的气体，通过高频的直流电或交流电将气体等离子化，使等离子和切割道内的硅反应，形成一个个单独的芯片。目前，等离子切割更多应用于超小尺寸的芯片切割，一方面可以减少切割成本，另一方面可以减少切割道的宽度，增加圆片所设计的芯片数量，进一步减少芯片的成本。

随着圆片工艺发展到 90nm 以下，低 k 材料作为线路之间的绝缘体，由于低 k 材料的抗热性、化学性、机械延展性及材料稳定性差等原因，对含有低 k 材料的圆片切割要求也变得更为困难。目前，行业内通常采用穿透式激光切割去除切割道中的低 k 介质层，再用机械切割的方式将圆片切成一个个独立的芯片（Die）。

撰稿人：华天科技（昆山）电子有限公司　　胡津津
审稿人：通富微电子股份有限公司　　　　　虞国良

▷▷▷ 7.3.3　装片工艺，黏晶粒製程，Die Attach Process

装片又称黏片。广义的装片是指通过精密机械设备将芯片或其他载体，利用粘贴介质将其固定在为达成某种功能而构建的平台、腔体或任意材料组成的器件内。狭义的装片是指 IC 封装前的工序，即通过专门的装片设备，利用装片胶、胶膜等材料，将切割后的圆片芯片与不同封装形式的框架或基板进行黏结[1]。

装片的目的：在芯片与载体之间实现有效的物理性连接；满足电性能的要求，在芯片与框架之间达到传导性或绝缘性的连接；作为传导介质将芯片上产生的热能传导到器件外部，达到一定的散热效果[2]。

装片的要求：必须具备永久结合性，在器件应用过程中不应出现在外部环境作用下导致电子产品失效的情况，这对于在应用于很强的物理作用力环境中的产品尤为重要；工艺本身选用的材料应该不含污染物，在余下的流水作业的加热环节中不会释放气体；工艺本身还应该具有较高的应用效率和较低的制造成本[3]。

装片工艺大致分为如下 4 类。

（1）银浆装片：又称环氧树脂贴装，是指在液体树脂黏合剂中掺入银粉，用于在芯片和框架之间黏合，从而形成永久性物理连接，并实现导热和导电功能的一种经济实用的装配方法。

（2）共晶装片：用高温熔化金属，使其原子活跃达到熔融状态，利用每个金属组织至少有一个合成物的熔点比其内部其他合成物的熔点低的原理来完成焊接装片的过程。共晶装片采用的材料一般有金-锡、金-硅、金-锗等。

（3）焊料装片：主要使用铅锡丝作为芯片与框架的连接介质，通过轨道高温和压膜的作用，将铅锡丝熔化成既定形状的液态，经过轨道通入氮氢混合气体对框架进行氧化-还原反应后的装片形式。

（4）热超声覆晶倒装焊接：其工艺原理是在一定的压力和温度下，对芯片的凸点施加超声波能量，在一定的时间内，凸点与框架、基板或焊盘产生结合力，从而实现芯片与框架的连接。

装片设备的关键材料和治具及其功用见表 7-5。

表 7-5 装片设备的关键材料和治具及其功用

关键材料与治具	功　用
吸嘴（Pickup Tool）	橡胶材料倒模而成，与芯片表面直接无缝接触，通过负压将芯片吸附后进行可靠的移动，最终实现键合的功能
顶针（Needle）	顶起芯片，让其更快速地从圆片固定膜上剥离，配合吸嘴实现吸片的动作
点胶头（Dispensing Tool）	使银浆按照一定形状，准确地点（写）在载片台预定位置上
框架（Lead-Frame）	用于构成电路连接骨架，以固定和承载芯片，并对其形成物理支撑
银浆（Silver Paste）	保证芯片与框架的物理固定，并实现导电、绝缘、散热等功能
料盒、周转箱（Bonding Carrier）	用于存放框架的合金盒

装片的主要步骤如下所述。

（1）吸片：顶针从蓝膜下方将芯片上顶，使真空吸嘴与芯片接触，通过负压将芯片向上提拉，从而做反向力，使芯片背面挣脱开蓝膜的黏附力，达到剥离蓝膜的目的，如图 7-39 所示。

（2）涂胶：将液态环氧树脂（导电银浆或绝缘胶）涂覆到引线框架的载片台（Lead-Frame Pad）上，如图 7-40 所示。

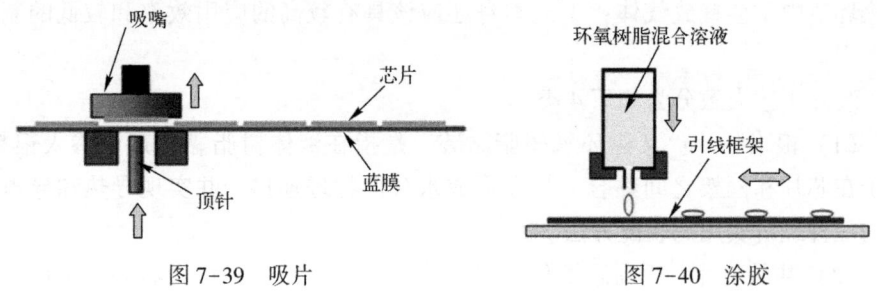

图 7-39　吸片　　　　　　　　图 7-40　涂胶

（3）键合：将芯片安装到涂好环氧树脂的引线框架上，如图 7-41 所示。

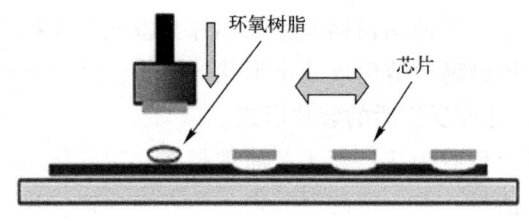

图 7-41　键合

装片工艺需要根据材料的变化及封装产品的特点不断提高工艺要求。随着电子器件的不断小型化，超小超薄芯片的开发将给装片带来前所未有的挑战，并将孕育出更多、更复杂的工艺流程和更高密集度工艺的开发[4]。

参考文献

[1] 王天曦，王豫明，等. 贴片工艺与设备 [M]. 北京：电子工业出版社，2008.
[2] 毕克允. 微电子技术 [M]. 北京：国防工业出版社，2008.
[3] 田民波. 电子封装工程 [M]. 北京：清华大学出版社，2003.
[4] Tummala R, Rymaszwski E J, Klopfenstein A G. 微电子封装手册（第二版）[M]. 北京：电子工业出版社，2001.

撰稿人：通富微电子股份有限公司　沈晶辉
审稿人：通富微电子股份有限公司　虞国良

▷▷▷ 7.3.4 引线键合工艺，焊綫製程，Wire Bonding Process

引线键合是指在半导体器件封装过程中，实现芯片（或其他器件）与基板或框架互连的一种方法。作为最早的芯片封装技术，引线键合因其灵活和易于使用的特点得到了大规模应用。引线键合工艺是先将直径较小的金属线（一般是直径为 25μm 的金线）连接到芯片的金属焊盘（一般是铝焊盘）上，再将金属线的另一端连接到基板或框架上从而形成互连。该工艺利用调节温度、压力、超声波能量和时间参数，实现芯片与基板或框架间的电气互连、芯片散热和芯片间的信息互通。引线键合属于固相键合中的一种，其键合原理是引线与芯片焊盘间发生电子的跨区迁移、共享及不同原子的相互扩散，使金属实现原子量级上的键合，从而实现稳定可靠的连接。

按外加能量的不同，引线键合可分为超声键合、热压键合和热超声键合；按劈刀类型的不同，引线键合可分为楔形键合和球形键合。目前，电子封装行业使用较多的是超声球形键合技术，配合使用的线材多为金线、铜线，因为金线具有高抗拉强度、高导电性、高可靠性和强抗氧化性。此外，铝线因为特殊的氧化性能导致不易成球，因此铝线和铝带多用于楔形键合。电子封装行业中应用引线键合的封装形式有 TSSOP、QFN、DFN、BGA 以及 3D 封装等。

引线键合工艺流程如图 7-42 所示。

线拉力试验（Pull Test）和球剪切试验（Shear Test）通常被用于测量、评估键合强度，试验可分为破坏性试验和非破坏性试验两种，其试验方法和标准一般采用的是美国军工标准（MIL-STD-883 Method 2011.9）。高温存储试验（HTST）、热冲击和热循环试验（TS&TCT）、湿气相关的可靠性试验（PCT 和 HAST）和电迁移试验（ET）主要用于评价引线键合封装的可靠性，其试验条件和方法一般采用 JEDEC 的相关标准。

早期引线键合使用的主要线材为金线，金线材成本较高，且金线键合界面金属间化合物（Intermetallic Compound，IMC）生长速率快，易于生成白斑，影响键合的可靠性。为顺应封装技术逐渐向高密度和细间距的发展趋势，其他高导热和高导电性能的金属线材（主要为铜线和银线）被逐渐使用在引线键合中。金、铜、银的热导率分别为 320W/(m·K)、400W/(m·K)、430W/(m·K)，其电阻率分别为 2.20Ω·m、1.72Ω·m、1.63Ω·m。由于铜的易氧化性和银的易电迁移性，使得镀钯铜线和银合金线成为封装行业中使用较多的键合线材。与线材相对应的芯片焊盘材料有铝焊盘、金焊盘，以及更适合铜线键合的镍钯金焊盘等。

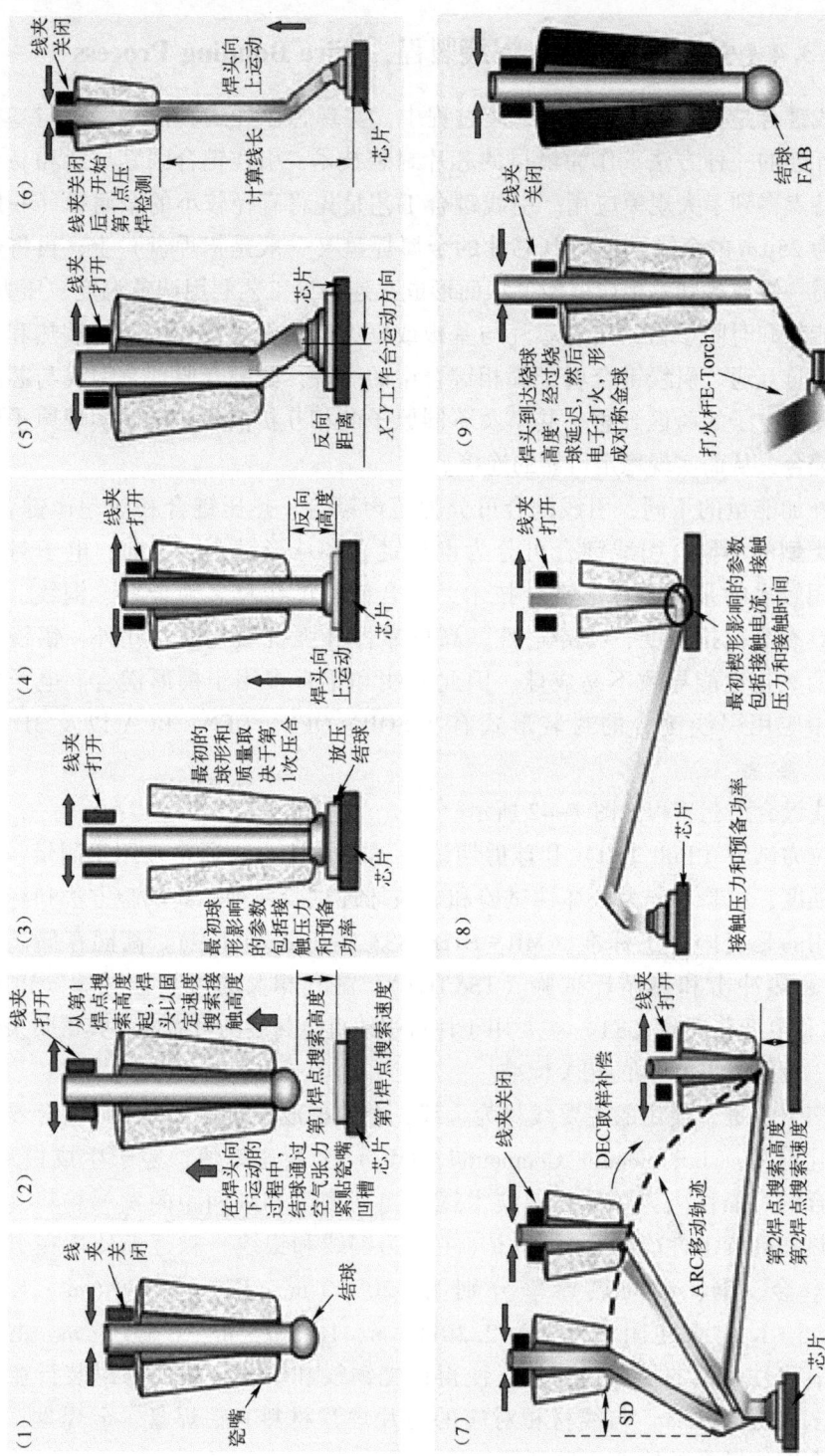

图7-42 引线键合工艺流程

金线一般采用99.99%的纯金，直径为15~50μm，具有优良的HAST可靠性能，多用于有高可靠性要求的军工和航空航天电子器件。

铜线采用99.99%的纯铜，直径一般为18~50μm。镀钯铜线直径一般为18~30μm，内部芯材采用99.99%的纯铜，外部为镀钯层（厚度为50~100nm）。因镀钯铜线的HAST可靠性优于铜线[1]，铜线多用于框架类封装，而镀钯铜线则多用于基板类封装。

银合金线的直径一般为16~75μm，分为低银合金线（银含量为88%）、中银合金线（银含量为95%）和高银合金线（银含量为98%），多应用于LED封装和基板类封装，但其基板类封装的HAST可靠性低于镀钯铜线，且高银线材的可靠性低于中银线材。

参考文献

[1] Chauhan P S, Choubey A, Zhong Z W, et al. Copper Wire Bonding [M]. Springer New York, 2014.

撰稿人：中科院沈阳金属所　　　　刘志权

审稿人：通富微电子股份有限公司　虞国良

▷▷▷ 7.3.5　塑封工艺，塑封製程，Molding Process

塑封是一种将芯片或器件覆盖模塑料进行保护的封装工艺。通过塑封，使得原先裸露于外界的芯片、器件及连接线路通过外部塑封体得到保护，免受外界环境（特别是湿气环境）对半导体器件造成的侵袭，避免产品失效[1]。塑封工艺广泛应用于目前熟知的半导体封装形式中，如TSSOP、DFN、QFN、SIP、BGA、LGA、FSCSP、WLCSP等。随着扇出型封装的兴起，塑封又起到了重新构造圆片、面板，并增加芯片布线、布球的功能。在主流的圆片级、面板级扇出封装中，塑封工艺是关键工艺。

按照成型原理的不同，半导体塑封主要分为注射式成型塑封和压缩式成型塑封两种，如图7-43和图7-44所示。其中，注射式成型塑封由于具有工艺成熟、产品成型可靠性高、设备每小时产量（UPH）高等优点，目前其应用较为广泛，主要应用于TSSOP、DFN、QFN及BGA等传统封装工艺。压缩式成型塑封主要用于存储器等多叠层超薄产品的封装，由于塑封料在模具腔体内无流动，可实现无冲线塑封和超薄塑封，也可实现圆片级塑封等大面积塑封需求，主要应用于LGA、WLCSP等高端封装工艺。

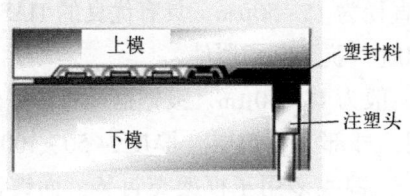 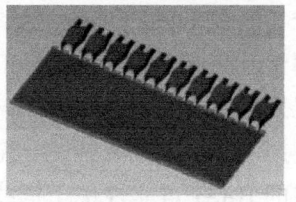

(a) 注塑　　　　　　　　　　(b) 注塑成型

图 7-43 注射式成型塑封示意图

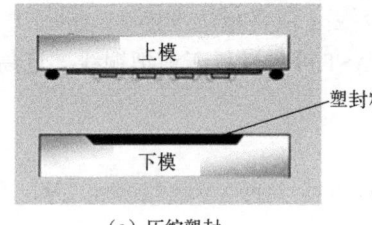 

(a) 压缩塑封　　　　　　　　(b) 压缩塑封成型

图 7-44 压缩式成型塑封示意图

半导体塑封中使用的塑封料应具有以下特点。

（1）可成型性：避免芯片、金线及其他产品器件受到损害，减少溢料，避免产生空洞和不完全填充，并且需具有快速固化的特性。

（2）可靠性：具有耐湿性，防止电流泄漏和铝电路刻蚀；具有抗热性，防止键合引线断裂，以及芯片和封装体破裂；耐高温储存。

塑封过程为热化学反应，所以在进行传递塑封料时，塑封料首先要进行预热，一般使用高频预热机进行预热。将塑封料放入模具后，预热 20~40s（根据预热机的要求来设定），预热温度为 75~85℃（预热温度为料饼表面温度，而不是料饼内部温度）。传递塑封料时，为保证产品质量，首先要检查模具温度、传递压力、传递速度/时间、合模压力、固化时间、料饼质量等参数；塑封完成后，需进行产品质量确认，包括冲弯率是否合格，是否存在内部空洞和分层，塑封体外观是否有缺陷等。表 7-6 所列为典型注射式成型塑封工艺参数。

表 7-6 典型注射式成型塑封工艺参数

参　数	条　件	备　注
模具温度/℃	170~180	取决于模具和模具设计
预热温度/℃	75~85	取决于模具
注塑时间/s	5~30	取决于模具设计和模具尺寸
注塑压力/（N/cm²）	≥686	在没有溢胶和冲线的情况下，建议使用较大的注塑压力，以保证完全填充
固化时间/s	60~120	取决于模具尺寸

完整的塑封流程还包括塑封前的等离子清洗和塑封后的后固化两个步骤。等离子清洗通常采用 Ar 和 H_2 混合气体，其目的是清除待塑封芯片表面的微尘和污染物，并使表面活化，增加塑封界面结合力，防止分层的发生。后固化可以提高热固化性塑封件的硬度，稳定固化物的分子结构，减少因塑封结束后降到室温时产生的固化材料的应力，从而提高固化件的机械特性。

参考文献

［1］毛忠宇，潘计划，袁正红. IC 封装基础与工程设计实例［M］. 北京：电子工业出版社，2014.

撰稿人：华天科技（西安）有限公司　　陈文钊
审稿人：通富微电子股份有限公司　　　虞国良

▷▷▷ 7.3.6　电镀工艺，電鍍製程，Plating Process

电镀又称电沉积，是一种功能性金属薄膜的制备方法。电镀本质上属于一种电化学还原过程，即借助外电场提供的电子，在所需的基材上将水溶液中的金属离子还原成原子态金属，并通过控制溶液中的金属离子种类、存在形态、浓度、微量添加剂，以及温度、电流密度、酸碱度、搅拌程度等，来调控沉积金属的结晶形态、晶体取向、晶粒大小、表面平整度及金属成分等，最终获得所需要的具备特殊功能的金属薄膜。由于电镀是以金属薄膜制备为主，因此，在电子封装中主要涉及各种金属布线、焊盘、凸点，接插件中的电接触镀层等的制备。

电镀具有以下优势：配合各种光刻、掩模技术，可实现高密度、高精度金属薄膜或线路制造；与物理/化学等气相沉积技术相比，电镀设备投资少、工艺简单，可实现大规模低成本工业化制造；通过金属种类的选择和多层组合，可实现各种特殊功能，满足产品需求。

在电子封装中，电镀工艺是必不可少的。针对不同的封装，电镀的加工精度和功能要求有所不同。

在传统的引线框型（如 DIP、QFP、QFN、SOP、SON 等）封装中，镀铜、镀银、镀镍、镀钯和镀金主要用于铜或铁镍合金引线框架表面的处理，其目的是保证框架表面的可焊性、键合性和防护性。为了降低成本，贵金属电镀多采用局部电镀。

球珊阵列型（如 BGA、FC-BGA 等）封装所用到的有机封装基板内部铜布线及 Flip Chip 表面再布线（RDL），多采用化学镀铜与电镀铜相结合的办法来完成。表面的焊盘多需要镀镍打底，表面再镀银、镀金或镀锡，线宽一般在 5～50μm 范围内。

在圆片级封装（WLP）中，除了表面再布线（RDL）用到镀铜、镀镍或镀金，对于焊点密度较高的产品，焊接凸点（Bump）也是通过电镀制作的，包括掩模镀铜柱、镀锡或镀锡合金凸点。RDL 线宽一般为 1～25μm，Bump 高度可达 200μm。

随着电子封装技术与产业的发展，电镀在高密度制造、高精度制造和低成本制造方面将会发挥越来越大的作用。

撰稿人：上海交通大学　　　　　李明
审稿人：通富微电子股份有限公司　虞国良

▷▷▷ 7.3.7　SOP 封装工艺，SOP 封裝製程，SOP Process

小外形封装（Small Outline Package，SOP）器件属于引脚从封装体两侧引出呈翼状的表面贴装器件，其封装结构分为嵌入式和外露式两种。SOP 的标准引脚节距为 1.27mm，引脚数为 6～64。SOP 是市场上用量较大的封装形式之一。SOP 是在 DIP 基础上发展而来的，衍生出的封装形式有"J"形引脚小外形封装（SOJ）、薄小外形封装（TSOP）、带散热片的小外形封装（HSOP）、裸露焊盘的小外形封装（ESOP）、微小外形封装（MSOP）、甚小外形封装（VSOP）、缩小型 SOP（SSOP）、薄的缩小型 SOP 封装（TSSOP）、裸露焊盘薄的微小外形封装（EMSOP）、裸露焊盘薄的缩小型 SOP（ETSSOP）。这些封装的引脚节距通常在 0.40～1.27mm 的范围内。

SOP 较 DIP、SiP 最明显的区别在于，DIP 和 SiP 的引脚是直插式的，SOP 的引脚是呈翼状的表面贴装式的。其主要优点如下：体积小，由于 SOP 与相同引脚数的 DIP 和 SIP 相比，厚度大大降低，引脚节距至少减少 50%；与 DIP 和 SIP 相比，SOP 衍生的封装类别较多；SOP 的芯片与引脚之间的连线短，寄生电容要比 DIP 的小；裸露焊盘封装散热效果更好。图 7-45 所示为 SOP、SSOP、TSSOP 产品图，图 7-46 所示为 ESOP、ETSSOP 产品图。

图 7-45　SOP、SSOP、TSSOP 产品图

   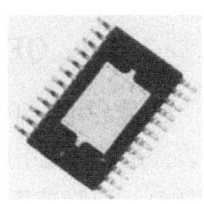

图 7-46　ESOP、ETSSOP 产品图

SOP 封装工艺是一种表面贴装型（SMD）封装制造工艺。SOP 封装工艺流程为，首先减薄、划片，然后将 IC 芯片粘贴在 SOP 引线框架的载体上，经过烘烤后，键合（打线）使芯片与芯片、芯片与内引脚相连接，再经过塑封将芯片、键合丝、内引脚等包封，最后通过后固化、打标、电镀、切筋成型、测试，完成整个 SOP 生产工艺过程。

SOP 封装工艺标准流程如图 7-47 所示。

图 7-47　SOP 封装工艺标准流程

（1）减薄：已背金（背银）的圆片不减薄。非背金（背银）的圆片采用粗磨、精磨方法将原始圆片减薄。

（2）划片：根据封装需要，选择普通蓝膜、DAF（Die Attach Film）膜、CDAF（Conductive Die Attach Film）膜或 UV（Ultra-violet Rays Film）膜。目前，划片主要采用金钢石刀片机械切割或激光切割工艺。

（3）装片：采用黏片胶、胶膜片及 UV 膜上芯 3 种工艺。

（4）键合：即打线，焊线有金线、铜线、银合金线和铝线等材料，采用超声波热键合工艺。

（5）塑封：SOP 采用注射式成型工艺。

（6）后固化：使用烘箱对塑封后的产品进行高温烘烤。

（7）打标：在产品正面使用激光打标机生成产品标志（旧称"打印"）。

（8）电镀：采用纯锡电沉积工艺。锡化后，需要对产品进行烘烤。

（9）切筋成型：在切筋成型一体机上，先冲废料、切去中筋，然后成型，自动入管。

（10）测试：采用管装或编带一体化测试技术。

　　　　　　　　撰稿人：天水华天科技股份有限公司　　慕蔚
　　　　　　　　审稿人：通富微电子股份有限公司　　　虞国良

▷▷▷ 7.3.8　QFN 封装工艺，QFN 封装製程，QFN Process

四面无引线扁平（Quad Flat No-lead Package，QFN）封装属于表面贴装型封装，是一种无引脚且呈方形的封装，其封装四侧有对外电气连接的导电焊盘（引脚），引脚节距一般为 0.65mm、0.5mm、0.4mm、0.35mm。由于封装体外部无引脚，其贴装面积和高度比 QFP 小。QFN 封装底部中央有一个大面积外露的导热焊盘。QFN 封装无鸥翼状引线，内部引脚与焊盘之间的导电路径短，自感系数及体内线路电阻低，能提供优越的电性能。外露的导热焊盘上有散热通道，使 QFN 封装具有出色的散热性。

图 7-48 和图 7-49 所示的分别是 WB-QFN（Wire Bonding-QFN）和 FC-QFN（Filp Chip-QFN）基本结构示意图。这些结构加上 MCP 技术和 SiP 等封装技术，为 QFN 的灵活多样性提供了良好的 I/O 设计解决方案，也进一步提高了封装密度。

图 7-48　WB-QFN 基本结构示意图

图 7-49　FC-QFN 基本结构示意图

QFN 封装工艺流程与传统封装的接近，主要差异点如下所述。

（1）QFN 产品框架在塑封前一般采取贴膜工艺，进行球焊时的球焊参数模式与传统的有差异，若控制不当，会造成焊线第 2 点的断裂；另外，矩阵框架的塑封工艺必须采取多段注射方式来避免气泡和冲线的发生。

（2）QFN 产品的分离是采取切割工艺来实现的，切割过程中要采取合适的工艺（如低温水）来避免熔锡，采用树脂软刀来减少切割应力，采用合适的切割速度来避免分层等。

（3）QFN 产品通过选择不同收缩率的塑封料来控制翘曲，不同厚度和大小的芯片需要选择不同收缩率的塑封料。

（4）QFN 产品的框架均为刻蚀框架，框架设计包含应力、抗分层、预防毛刺等考虑因素，框架设计的好坏决定着产品品质的水平。

传统上芯（装片）的 QFN 产品的生产工艺流程如下：

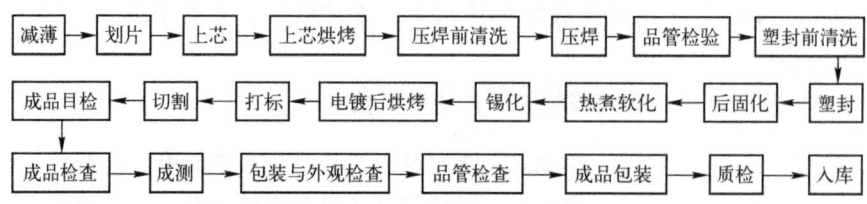

倒装上芯的 QFN 产品的生产工艺流程如下：

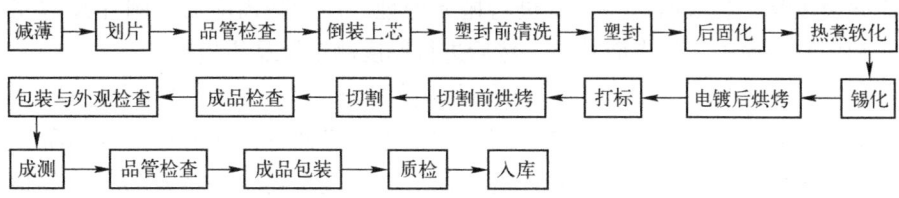

随着现代电子信息技术的飞速发展，对电子产品的小型化、便携化、多功能、高可靠性和低成本等提出了越来越高的要求，因 QFN 封装可以很好地适应了这个需要，所以其市场份额将会越来越大。

撰稿人：华天科技（西安）有限公司　　郭小伟
审稿人：通富微电子股份有限公司　　　虞国良

▷▷▷ 7.3.9　键合 BGA 工艺，焊綫球栅阵列封装製程，Wire Bond BGA Process

球栅阵列（Ball Grid Array，BGA）封装在封装基板底部植球，以此作为电路的 I/O 接口，因此大大提升了 IC 的接口数量，并因其 I/O 间距较大，使得其 SMT 失效率大幅降低。自 20 世纪 90 年代初 BGA 封装实用化后，该封装广泛应用于 PC 芯片组、微处理器、存储器、DSP 等器件上。

键合 BGA 封装工艺分为前段工艺和后段工艺，其具体流程如图 7-50 所示。

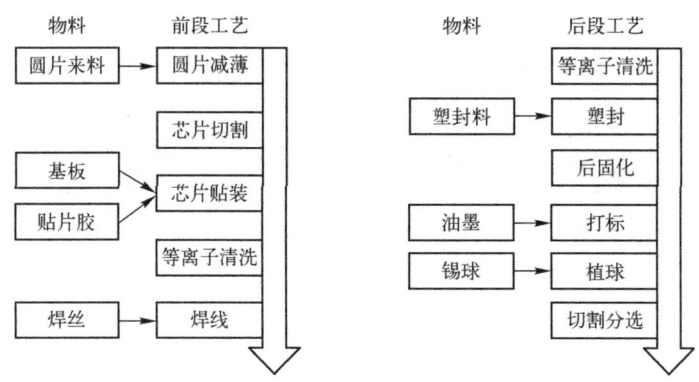

图 7-50　BGA 封装工艺流程

（1）圆片减薄：圆片减薄是通过研磨轮在圆片背面高速旋转打磨来实现圆片减薄的，在该过程中，还需要进行水冷及清洗操作，以防止减薄过程中的高温集聚及碎屑聚集。若芯片需要减薄到一定厚度，为防止芯片碎片及减小芯片表面碎裂风险，会依据产品类型进行抛光处理，以消除内应力。圆片减薄完成后，利用胶带揭去圆片表面贴膜，然后进行厚度测量及品质检验。

（2）芯片切割：圆片减薄后，通过蓝膜将圆片固定在金属环上进行切割，使之成为独立的芯片。现有的芯片切割方式主要有两种，即刀片切割和激光切割。刀片切割通过圆形刀片在圆片切割道上进行完全切割，将整个圆片分割成单个芯片，并使单个芯片有序地排列在蓝膜上。激光切割通过激光束能量打在圆片切割道上，将切割道上的物质蒸发，从而将圆片分离成单个芯片。目前，IC 圆片工艺正向 10nm 以下工艺节点发展，圆片低 k 材料的应用越来越多，激光切割正好可以满足无外力、切割宽度小、切割品质高等需求。

（3）芯片贴装：芯片贴装是根据设计图纸将芯片通过银胶、DAF 膜等贴片材料固定在基板上，其主要作用就是固定芯片及传导芯片上的热量。

（4）等离子清洗：焊线前的等离子清洗使用电离的氩离子、电子、活性基团，使基板及芯片表面上的污染物形成挥发性气体，再由真空系统抽走，从而达到表面清洁之功效，使得焊线时的结合力更好。塑封前的等离子清洗与焊线前的等离子清洗的原理相似，通过使用电离的氩离子和氧离子，将表面污染物及碳化物清洗掉，使基板表面活化，以增加 PCB 与塑封料之间的结合力，提高产品的可靠性。

（5）引线焊接：引线焊接是封装过程中最关键的环节，通过引线焊接将焊线（金线、铜线、银合金线）与芯片上的铝垫、基板上的金属焊盘连接起来，从而实现电性导通。图 7-51 所示为键合 BGA 工艺后的 SEM 图。

图 7-51　键合 BGA 工艺后的 SEM 图

(6) 塑封：首先将塑封料在高温下熔化成黏度较低的液态塑封料并注入模腔中，随后塑封料内部的环氧树脂在硬化剂、偶联剂等助剂的作用下固化，从而完成塑封。

(7) 后固化：将塑封后的塑封料在高温条件下进行塑封材料的熟化，一般塑封料在塑封结束时尚未完全反应，所以需要通过高温烘烤使之完全反应，以稳定环氧树脂分子结构，提高塑封体的硬度，并消除内部应力。

(8) 打标：在芯片的正面进行油墨印刷或激光刻字，将产品名称、生产日期等信息标注于产品表面，以利于产品的识别及追溯，如图7-52所示。

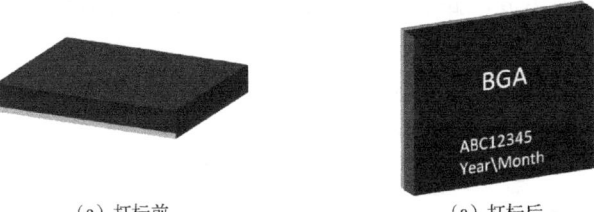

(a) 打标前　　　　　　　　(a) 打标后

图 7-52　打标

(9) 植球：这是BGA封装的特殊工艺，即在基板背面的焊球衬垫（NiAu或镀铜OSP抗氧化处理）上印刷助焊剂并放置锡球，通过回流炉使锡球熔融，并与焊球衬垫形成共晶，冷却后固定于基板背面焊球衬垫上。完成回流后的焊球成为BGA封装的I/O外引脚，从而实现芯片与外部电路的相连。图7-53所示为植球过程示意图。

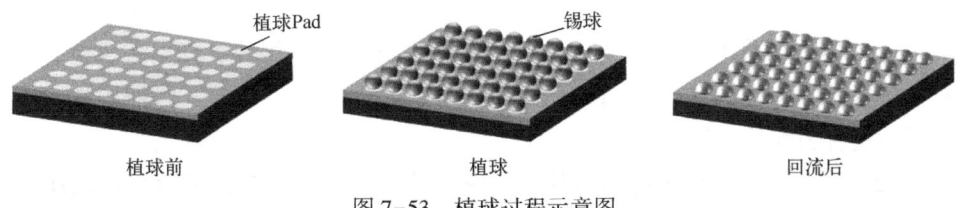

植球前　　　　　　植球　　　　　　回流后

图 7-53　植球过程示意图

(10) 切割分选：切割分选前的工艺流程均是以条为单位进行作业的，此站别将整条BGA基板产品通过切割或冲压方式分割成单个的BGA芯片，从而形成最终的产品。

以上介绍的是键合BGA封装工艺的主要流程。在每个主站别后都有QA检验及出货检验流程。其中的每个站别都会对键合BGA封装的电特性及可靠性造成影响，因此针对特殊的BGA产品设计可能需要特定的流程及工艺。

撰稿人：江苏长电科技股份有限公司　　黄浈
审稿人：通富微电子股份有限公司　　　虞国良

▷▷▷ 7.3.10 金属封装工艺，金属封装製程，Metal Packaging Process

金属封装工艺是指采用金属外壳作为封装壳体或底座，在其内部安装芯片或基板并进行键合连接，外引线通过金属-玻璃（或陶瓷）组装工艺穿过金属外壳，将内部元件的功能引出、外部电源信号等输入的一种电子封装工艺。

金属外壳常采用钢、铜、铝、柯伐合金等材料，表面电镀一定厚度的镍层或镍-金层，其良好的封装气密性可以保护芯片不受外界环境因素的影响。金属封装主要用于各类集成电路、微波器件等产品，具有良好的兼容性，使用灵活方便。

金属封装典型形式如图 7-54 所示。

(a) 平行缝焊类管壳　　　　　　　(b) 储能焊类管壳

图 7-54　金属封装典型形式

金属封装的典型工艺流程如下：

（1）装配：将 PCB/陶瓷基板、芯片、贴片元件等，用环氧胶黏结或合金焊料焊接等方式装配固化于金属外壳腔体内部，起到固定元器件、保护芯片、方便后续键合引线等作用。

（2）键合：在腔体内部的芯片、元件与外引脚之间，根据封装设计使用不同规格的金丝或（硅）铝丝等进行键合连接，起电气连接作用。常用的键合工艺包括金丝球焊键合工艺、（硅）铝线超声楔形键合工艺等。

（3）封装：利用平行缝焊、合金焊料熔封、储能焊等工艺将金属外壳的壳体或底座与管帽或盖板无断点、无缝地缝焊起来，将内部（元器件）与外界环境隔绝，使其免受外部水汽或其他气体的影响。通常在惰性气体或真空环境下进行密封，以保证腔体内部气氛处于稳定受控的状态。

（4）打标：将产品的型号、批号、编号等信息标识在金属外壳主表面，方便器件型号、批次等的识别及后期追溯。常用工艺有油墨印刷、激光打标等。

(5) 检漏：按照不同的试验条件，对密封后的管壳进行粗、细检漏，剔除不合格品。程序上要求先进行细检漏，后进行粗检漏。细检漏试验种类包括示踪气体氦（He）细检漏、放射性同位素细检漏、光学细检漏等。粗检漏试验种类包括碳氟化合物粗检漏、染料浸透粗检漏、增重粗检漏、光学粗检漏等。

撰稿人：天水华天科技有限公司　　　　张剑敏
审稿人：中科芯集成电路股份有限公司　丁荣峥

▷▷▷ 7.3.11　陶瓷封装工艺，陶瓷封装製程，Ceramic Packaging Process

陶瓷封装工艺是指采用陶瓷外壳（Ceramic Packaging Shell，CPS）或陶瓷基板作为封装载体，在陶瓷外壳的芯腔或陶瓷基板芯片安装区黏结或焊接上芯片，再通过引线键合或倒装焊等进行芯片与外壳或基板的互连，然后用金属或陶瓷盖板、管帽将芯片密封在空腔中的一类半导体组装工艺过程。陶瓷封装是为了适应电子产品在恶劣环境（如高温、高湿度、高能辐照环境等）、长寿命等需求而发展起来的高可靠性封装。

陶瓷封装材料有氧化铝（Al_2O_3）、氮化铝（AlN）、碳化硅（SiC）等。高功率密度集成电路封装通常采用高热导率陶瓷外壳或基板。按烧成温度的不同，它们又分为高温共烧陶瓷（High Temperature Co-fired Ceramics，HTCC）和低温共烧陶瓷（Low Temperature Co-fired Ceramics，LTCC）外壳或基板，LTCC 中又有与 FR4 等有机基板热膨胀系数接近的高热膨胀系数陶瓷基板，以及与硅芯片等热膨胀系数较为接近的低热膨胀系数陶瓷基板。

陶瓷封装主要包括陶瓷双列直插封装（CDIP）、陶瓷无引线片式载体封装（CLCC）、陶瓷双列无引脚（CDFN）封装、陶瓷四面无引线扁平（CQFN）封装、陶瓷四面引线扁平封装（CQFP）、陶瓷"J"形引线四面扁平（CQFJ）封装、陶瓷小外形封装（CSOP）、陶瓷"J"形引线小外形（CSOJ）封装、陶瓷针栅阵列（CPGA）封装、交错式针栅阵列（Staggered Pin Grid Array，SPGA）封装、微型针栅阵列（μPGA）封装、陶瓷触点阵列（CLGA）封装、陶瓷球栅阵列（CBGA）封装、陶瓷焊柱阵列（CCGA）封装、低温玻璃熔封系列陶瓷封装、带光窗结构的陶瓷封装等。不同的陶瓷封装形式的封装工艺是有差异的；针对不同的质量要求，封装工艺也会有所不同。

图 7-55 所示为陶瓷封装典型工艺流程图。

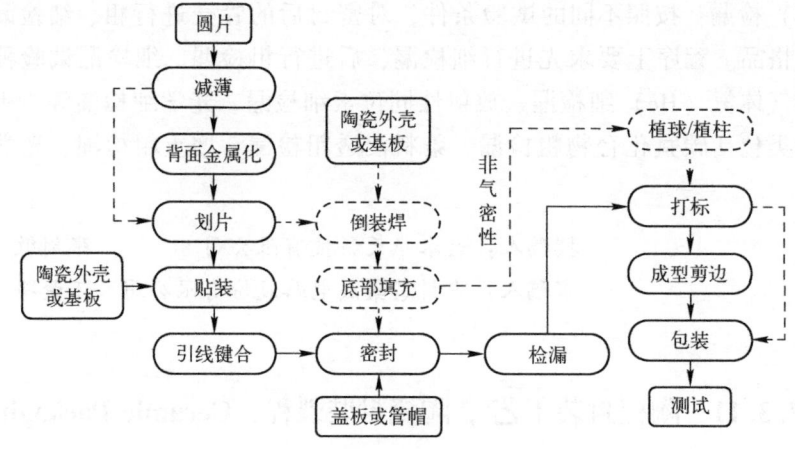

图 7-55 陶瓷封装典型工艺流程图

陶瓷封装工艺流程中的许多工艺与塑料封装流程中的许多工艺是相同的，如圆片减薄、圆片背面金属化、芯片贴装、引线键合（焊线）、倒装焊、回流焊、底部填充、植球或植柱、打标、成型剪边（需要时）、包装等。而密封、检漏、植柱是陶瓷封装中所特有的工艺。

（1）密封：密封工艺有平行缝焊、玻璃熔封、合金焊料熔封、激光封焊等，与金属封装工艺中的密封工艺基本相同，但金属封装中的储能焊不适合作为陶瓷封装的密封工艺，陶瓷封装中的玻璃熔封工艺不适合作为金属封装的密封工艺。

（2）检漏[1]：是指对有内空腔的集成电路通过加压示踪气体（如氦、氪-85 等）、示踪剂（如氟碳化合物、染料等），在规定压强、时间下通过漏孔渗入，再在规定时间内用可以定量分析示踪气体释放来判断密封漏率大小及是否合格的过程。对薄型盖板集成电路，也可通过加一定气压使之变形，再用光干涉仪观测盖板变形来确定漏率并判断其是否合格。

（3）植柱：植柱与 PBGA 或 CBGA 植球工艺基本相同。图 7-56 所示为典型 CCGA 植柱工艺示意图。植柱采用焊膏印刷工艺、回流焊工艺，在焊柱过程中必须采用模具以保证焊柱与外壳或基板面垂直，以及焊柱外端面的共面性在 0.1mm 内。

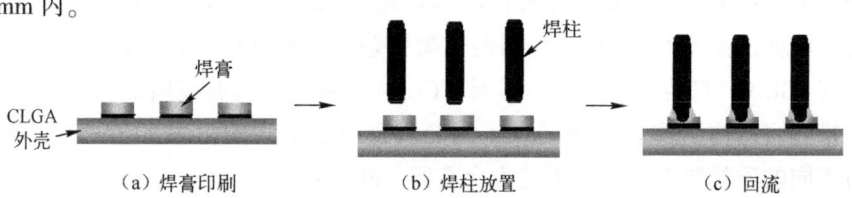

图 7-56 典型 CCGA 植柱工艺示意图

参考文献

[1] 中国人民解放军总装备部. 微电子器件试验方法和程序：GJB 548B—2005 [S]. 北京：总装备部军标出版发行部, 2007.

撰稿人：无锡中微高科电子有限公司　　朱玲华
审稿人：中科芯集成电路股份有限公司　　丁荣峥

7.4　先进封装典型流程及关键工艺

7.4.1　凸块工艺流程与技术，凸塊製程與技術，Bump Process Flow and Technology

凸块是指按设计的要求，定向生长于芯片表面，与芯片焊盘直接或间接相连的具有金属导电特性的凸起物。凸块的材料可以是金属材料、无机材料或复合材料，用于建立芯片焊盘与基板焊盘之间的电互连，在一定范围内，可替代引线键合电互连方式。凸块工艺适用于引线框架、有机基板、硅基基板等倒装焊封装。

从 20 世纪 60 年代 IBM 公司开发出 C4（Controlled Collapse Chip Connection）凸块用于倒装芯片焊接工艺[1]以来，工业界已开发出金凸块（Gold Bump）、焊球凸块（Solder Bump）、铜柱凸块（Pillar Bump）等结构的凸块，如图 7-57 所示。

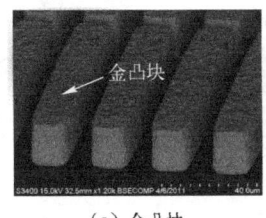
（a）金凸块

（b）焊球凸块

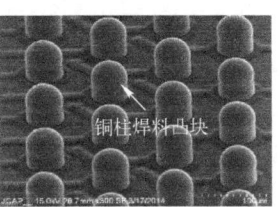
（c）铜柱凸块

图 7-57　凸块 SEM 图片

金凸块由凸块下金属（Under Bump Metallization，UBM）及电镀金组成，多用于液晶屏驱动芯片与玻璃或柔性基板的电互连，以及射频标签芯片与柔性基板的电互连。

焊球凸块由 UBM 和 UBM 上方的金属焊料（Sn、SnPb、SnAg）组成，其结构特点是 UBM 薄（一般低于 10μm），焊料厚（从几十微米到一百多微米，或者更厚）。

铜柱凸块用电镀厚铜（数十微米）作为UBM，同时适当降低焊料的厚度。铜柱凸块可完全替代焊球凸块在倒装封装中的作用。铜具有良好的电学和热学性能，很好地改进了焊球凸块在电学性能和热学性能方面的问题。铜柱凸块因为其焊料薄的特点使其具备了窄节距的优点[2]。

主流的凸块工艺均采用圆片级加工，即在整片圆片表面的所有芯片上加工制作凸块，因此称为圆片级凸块工艺。常用的圆片级凸块工艺有3种，即蒸发方式、印刷方式和电镀方式。目前，业界广泛采用印刷方式和电镀方式制作凸块。

在采用印刷方式制作凸块前，必须先在芯片表面需要生长凸块的区域制作UBM。UBM常用的加工方式有化学镀方式、溅射腐蚀方式和溅射电镀方式。图7-58所示的是电镀方式加工UBM+印刷方式加工焊球凸块的工艺流程。

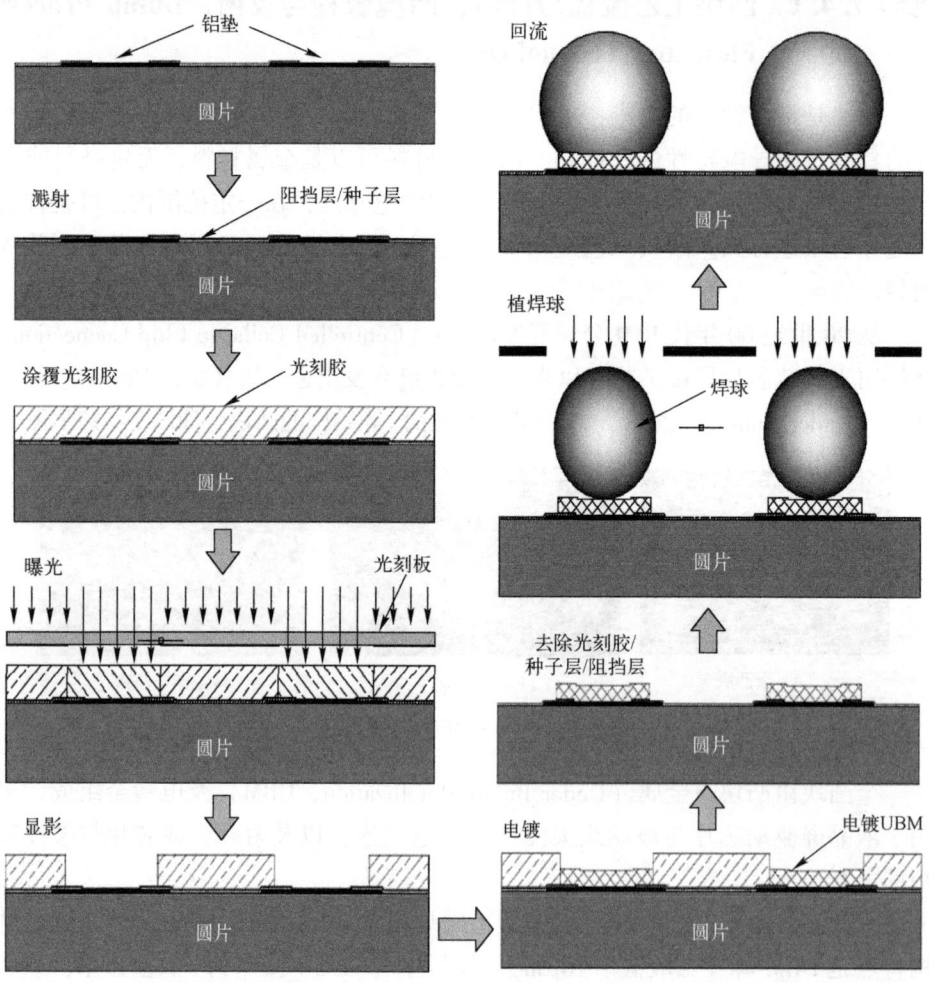

图7-58　电镀方式加工UBM+印刷方式加工焊球凸块的工艺流程

首先，采用溅射或其他物理气相沉积的方式在圆片表面沉积一层钛或钛钨作为阻挡层，再沉积一层铜或其他金属作为后续电镀所需的种子层；阻挡层起到阻挡芯片表面焊盘金属（如铝衬底）与种子层金属互扩散的作用，同时与这两层金属形成良好的结合力。在沉积金属前，圆片先进入溅射机台的预清洁腔体，用氩气等离子去除焊盘金属表面的氧化层，以提高溅射金属层与芯片表面的结合力，以及降低金属氧化层引入的电阻。

其次，在圆片表面旋涂一定厚度的光刻胶，并运用光刻曝光工艺，对光刻胶进行选择性曝光，使光刻胶发生化学变化，以改变其在显影液中的溶解度。光刻胶与显影液充分反应后，得到设计所需的光刻图形。

再则，圆片进入电镀机，通过合理控制电镀电流、电镀时间、电镀液液流、电镀液温度、电镀液成分等，从光刻胶开窗图形的底部开始生长并得到一定厚度的金属层作为 UBM。在有机溶液中浸泡足够长时间后，圆片表面的光刻胶被去除；再用相应的腐蚀液去除圆片表面 UBM 以外区域的溅射种子层和阻挡层，得到 UBM。

最后，在植球工序中，需要用两块开有圆孔的金属薄板作为掩模板，且开孔的位置与圆片表面 UBM 的位置相对应。在植球前，先用第 1 块金属掩模板将助焊剂印刷到 UBM 表面；再用第 2 块金属掩模板将预成型的锡球印刷到 UBM 上；最后，圆片经过回流炉使锡球在高温下熔化，熔化的锡球与 UBM 在界面上生成金属间化合物，冷却后锡球与 UBM 形成良好的结合。

采用电镀的方式也可以得到焊球凸块，即在电镀 UBM 完成后，接着电镀焊料；去除光刻胶和腐蚀溅射金属后，经过回流，得到焊球凸块。电镀方式也是铜柱凸块和金凸块加工的常用方法。

结合再布线（RDL）工艺，可以在芯片表面得到多种结构的凸块结构，如图 7-59 所示。

(a) 双层再布线凸块结构

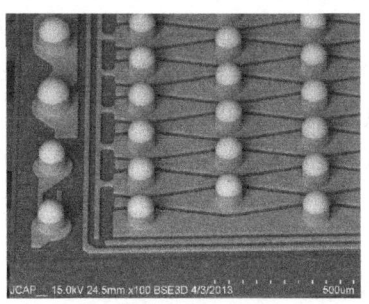
(b) 再布线铜柱凸块

图 7-59　再布线凸块结构 SEM 图片

参考文献

[1] E. M. Davis, W. E. Harding, R. S. Schwartz, et al. Solid logic technology: versatile, high-performance microelectronics [J]. IBM Journal of Research and Development, 1964, 8 (2): 102-114.

[2] Asen Long Xin Jiang, Lai Chih Ming, Jeff Chen Yi Gao, et al. Pillar bump technology and integrated embedded passive devices [C]. 7th International Conference on Electronic Packaging Technology, 2006: 1-5.

撰稿人: 江阴长电先进有限公司　　　　　　　　　　　龙欣江
审稿人: 华进半导体封装先导技术研发中心有限公司　曹立强

▷▷▷ 7.4.2 倒装芯片工艺, 覆晶製程, Flip Chip Process

倒装芯片工艺是指通过在芯片的 I/O 焊盘上直接沉积, 或者通过 RDL 布线后沉积凸块 (包括锡铅球、无铅锡球、铜柱凸点及金凸点等), 然后将芯片翻转, 进行加热, 使熔融的焊料与基板或框架相结合, 将芯片的 I/O 扇出成所需求的封装过程。倒装芯片封装产品示意图如图 7-60 所示。

图 7-60　倒装芯片封装产品示意图

倒装芯片技术于 20 世纪 60 年代由 IBM 率先研发出来, 20 世纪 90 年代后期形成规模化量产, 主要应用于高端领域产品 (如 CPU、GPU 等)。随着铜柱凸点技术的出现, 结合消费类智能电子产品 (如手机、可穿戴产品等) 的快速发展及产品性能的需求, 越来越多的产品从传统的引线键合封装转向了倒装芯片封装。

与传统的引线键合工艺相比, 倒装芯片封装工艺具有如下优点。

(1) I/O 密度高。

(2) 由于采用了凸点结构, 互连长度大大缩短, 互连线电阻、电感更小, 封装的电性能得到极大的改善。

(3) 芯片中产生的热量可通过焊料凸点直接传输到封装衬底上, 因此芯片温度会降低。

倒装芯片包括许多不同的工艺方法。目前, 业界倒装芯片的凸点技术主要有金凸点、锡凸点及铜柱凸点, 对应的焊接工艺主要为超声波热压焊、回流焊及热压焊。由于技术的发展和产品的不同，底部填充工艺主要分为毛细底部填充、塑封底部填充、非导电型胶水（NCP）或胶膜（NCF）底部填充。图7-61所示为凸点示意图。

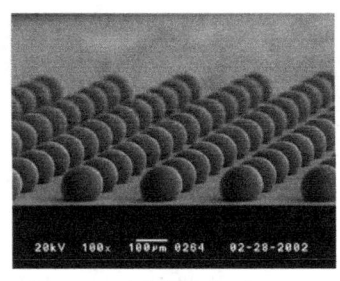
（a）锡凸点

（b）铜柱凸点

图7-61　凸点示意图

随着圆片CMOS工艺不断向16nm、10nm、7nm等高密度方向发展，对芯片I/O的密度和性能要求越来越高，这都需要产品采用倒装工艺来满足芯片的需求。倒装芯片对高密度微凸点技术、小节距倒装芯片键合技术及底部填充技术等方面的封装工艺及可靠性的要求也越来越高。每种工艺方法都有不同之处，且应用范围也有所不同。例如，就电路板或基板类型的选择而言，无论它是有机材料、陶瓷材料还是柔性材料，都决定着组装材料（包括凸点类型、焊剂、底部填充材料等）的选择，而且在一定程度上还决定着所需设备的选择。因此，未来倒装芯片的封装需要结合产品应用、芯片设计、封装设计、封装材料、封装设备及封装工艺来共同选择工艺组合，以找到最优的封装方案。

如今，倒装芯片技术已广泛应用于消费类电子领域，未来在物联网、汽车电子、大数据等方面的应用也会更广泛，倒装芯片封装被认为是推进低成本、高密度便携式电子设备制造所必需的一项工艺。

撰稿人：华天科技（西安）有限公司　　刘卫东
审稿人：通富微电子股份有限公司　　　虞国良

▷▷▷ 7.4.3　倒装芯片球栅阵列工艺流程与技术，覆晶球栅阵列封装製程與技術，Flip-Chip Ball Grid Array Process Flow and Technology

Flip-Chip BGA（FC-BGA）是指将芯片利用倒装（FC）技术焊接在线路基板上，并制成倒装芯片BGA封装形式。

目前，FC-BGA 都是在 C4 的设计基础上，再进行封装与工艺技术的设计与研发的。

FC-BGA 的结构与外形如图 7-62 所示。

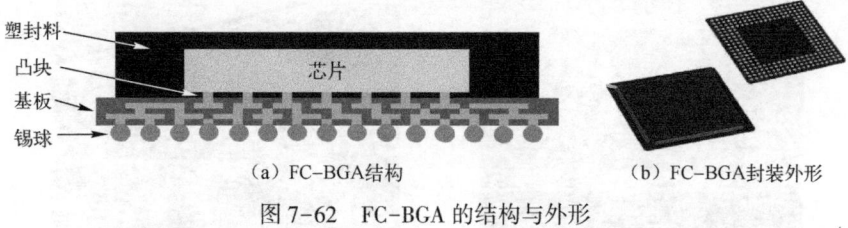

（a）FC-BGA结构　　　（b）FC-BGA封装外形

图 7-62　FC-BGA 的结构与外形

FC-BGA 是将芯片倒装在有机基板上，在芯片输出端的电极上制作金属凸块，再将金属凸块焊接在有机基板上的。依据产品应用的不同，目前金属凸块分别有金属钉头、金凸块、锡凸块及铜柱凸块等。依据不同凸块的种类与应用，芯片输出端的凸块间距也会有所不同。

倒装（FC）工艺所需的金属凸块有很多种。目前比较流行的锡凸块 FC-BGA 封装关键工艺流程如图 7-63 所示。

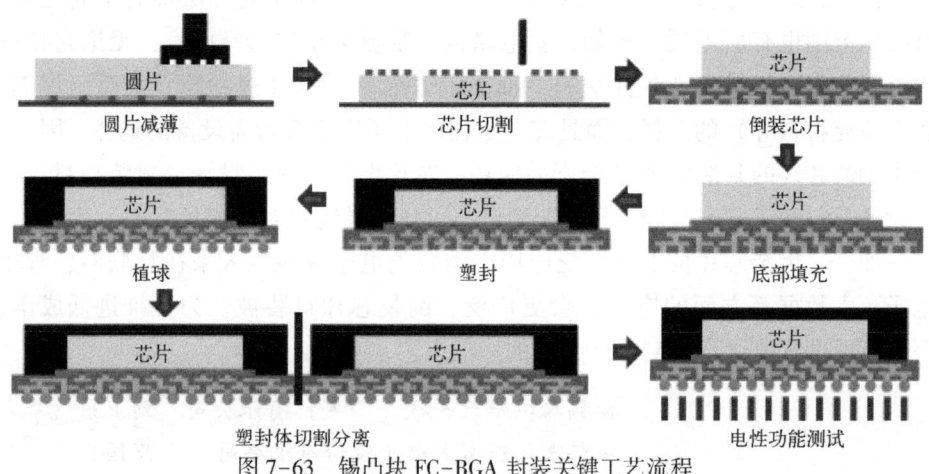

图 7-63　锡凸块 FC-BGA 封装关键工艺流程

在 FC-BGA 封装关键工艺流程中，圆片减薄、倒装芯片和底部填充是 3 个关键工序。

1. 圆片减薄

凸块圆片减薄（Wafer Grinding with Bump）就是根据产品应用及封装结构的要求，将圆片的厚度研磨到需要的厚度，如图 7-64 所示。在倒装芯片的工艺中，圆片来料上已经完成了凸块的制作，因此圆片正面并不平整。由于圆片没有凸块的区域是空心结构，所以在研磨过程中，圆片会产生振动，容易造成圆

· 1078 ·

片龟裂甚至破片，尤其是超薄圆片的研磨更有风险。为了解决有凸块不平整的研磨问题，大部分的研磨会采用底部填充工艺技术，使圆片正面能够保持平整，从而保证研磨过程的稳定。目前采用这种填充技术可将圆片厚度研磨至小于 200μm。

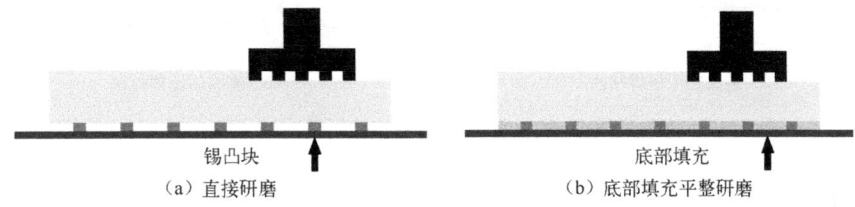

（a）直接研磨　　　　　　　（b）底部填充平整研磨

图 7-64　带有凸块的圆片研磨减薄

2. 倒装芯片（Flip Chip）

这是一种高精度的表面贴装技术（SMT），是将芯片翻转 180°形成芯片与锡凸块面朝下，并采用高精度坐标对准技术，将芯片锡凸块焊接在高密度线路基板上，如图 7-65 所示。

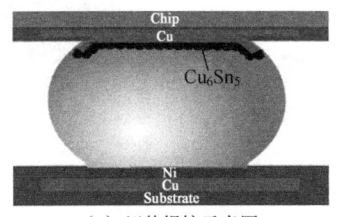 

（a）倒装焊接示意图　　　　　　　（b）倒装焊接剖面图

图 7-65　倒装焊接

在芯片倒装工艺中，比较常用的焊接方法是高温热压板焊接法与高温回流焊接法。

高温热压板焊接法就是在芯片上方采用热板直接传导热量到锡球，使锡球与锡膏软化，再与基板进行焊接，待冷却后形成牢固的倒装焊接，如图 7-66（a）所示。

高温回流焊接法是将芯片放置在基板上，再将基板放置于高温回流炉中，利用封闭式高温回流炉进行间接加热，将热量传导到锡球上，使锡球与锡膏同时软化，待冷却后形成牢固的倒装焊接，如图 7-66（b）所示。

在倒装芯片作业过程中，在各方应力相互拉扯下，基板很容易产生翘曲现象，这会造成焊接出现偏移、冷焊、桥接短路等质量问题。

3. 底部填充（Under Fill）

底部填充就是在芯片、锡凸块及基板 3 种材料之间填充底部填充料，以避

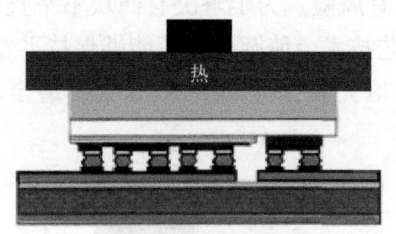 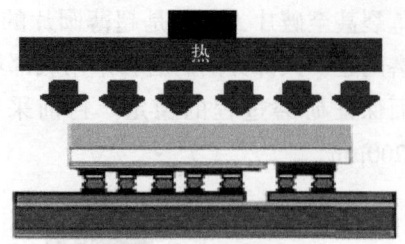

(a) 高温热压板焊接法　　　　　　(b) 高温回流焊接法

图 7-66　常用的倒装芯片焊接方法

免 3 种材料因膨胀系数（CTE）不同而产生剪应力破坏。底部填充涉及流体力学、化学、热力学及应力学等知识，其关键因素是黏度、温度、流动长度与时间。常见的底部填充方法有毛细渗胶法与异方性焊接法。目前比较常用的是毛细渗胶法，如图 7-67 所示。依据芯片面积与填充空间的不同，毛细渗胶法又分为单针单侧渗胶法与双针双侧渗胶法。

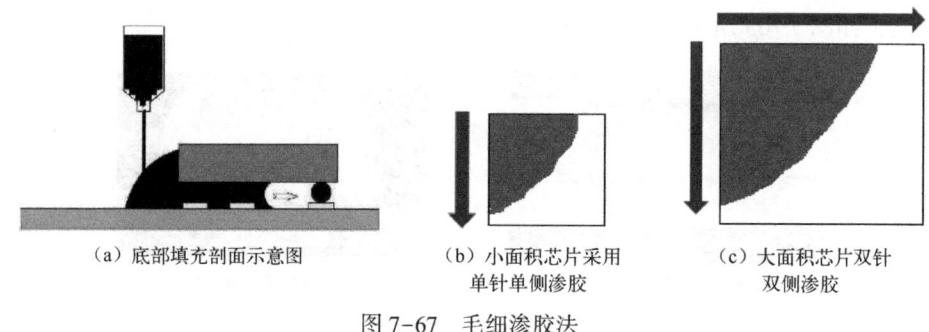

(a) 底部填充剖面示意图　　(b) 小面积芯片采用　　(c) 大面积芯片双针
　　　　　　　　　　　　　　单针单侧渗胶　　　　　双侧渗胶

图 7-67　毛细渗胶法

撰稿人：江苏长电科技股份有限公司　　　　　　梁志忠　张江华
审稿人：华进半导体封装先导技术研发中心有限公司　曹立强

▷▷▷ 7.4.4　倒装芯片尺寸级封装工艺流程与技术，晶片尺寸覆晶封装製程與技術，Flip-Chip Chip-Scale Package（FC-CSP）Process Flow and Technology

FC-CSP 是芯片级尺寸封装（CSP）形式中的一种。根据 J-STD-012 标准的定义[1]，CSP 是指封装体尺寸不超过裸芯片 1.2 倍的一种封装形式，它通过凸块与基板倒装焊方式实现芯片与基板的电气互连，且芯片面朝下，芯片焊区与基板焊区直接互连。相比于 WB 和 TAB 键合方法，FC-CSP 中的半导体芯片与基板的间距更小，信号损失减小，I/O 密度高，更适合大规模集成电路（LSI）、超大规模集成电路（VLSI）和专用集成电路（ASIC）芯片使用。FC-CSP 的基本封装结构如图 7-68 所示。

图 7-68　FC-CSP 的基本封装结构

作为一种先进的封装技术，FC-CSP 主要具有如下技术特点。

（1）封装尺寸较小：FC-CSP 的封装面积不到 QFP（0.5mm 节距）的 1/10，只有 BGA 封装的 1/3～1/10[2]；特别是运用铜柱凸块封装，可以进一步减小凸块间距，从而减小封装面积。

（2）引脚数（I/O）更多：在相同尺寸的芯片封装中，相对于传统的打线封装，FC-CSP 可容纳更多的引脚数。

（3）电性能更优：由于芯片与封装外壳布线之间的互连线更短，寄生参数更小，信号干扰较小，且信号传输延迟时间短，因此具有更小的电阻率，以及更快的信号传输速度。

（4）实现多种不同功能芯片及器件的一体式封装。

以单芯片（Single Die）FC-CSP 产品为例，FC-CSP 封装工艺流程如图 7-69 所示。

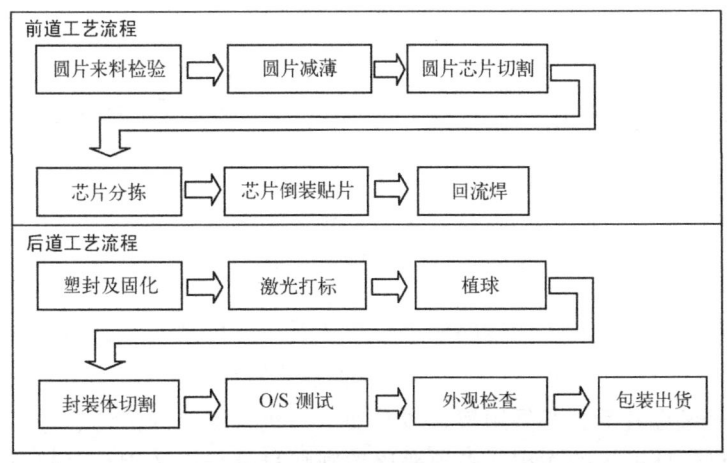

图 7-69　FC-CSP 封装工艺流程

FC-CSP 的关键技术如下所述。

（1）FC-CSP 对于封装的厚度有较高的要求，因此在圆片减薄时，需要严格控制好最终的厚度（在目标值±15μm 以内）。另外，还要控制好工艺参数，避免在切割时发生产品芯片破片及裂纹（见图 7-70）等问题。

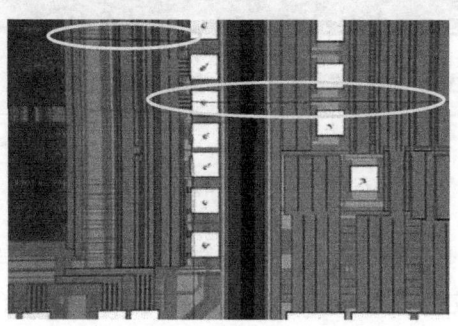

图 7-70　FC-CSP 芯片切割裂纹

（2）由于采用回流焊连接芯片凸块及基板的线路，所以需要防止回流过程中的断路，以及过小间距时的短路问题。特别是当芯片与基板的面积比较大时，由于芯片与基板材料的热收缩比有所不同，可能造成高温回流焊时的翘曲不一致，从而产生一定的应力，导致凸块与基板连接处发生断裂。

（3）必须严格控制回流焊的降温速率，避免凸块与基板结合处及圆片内低 k 材料的断裂。通常，降温到 150℃ 以下时，应控制降温速率在 4℃/s 以内，如图 7-71 所示。

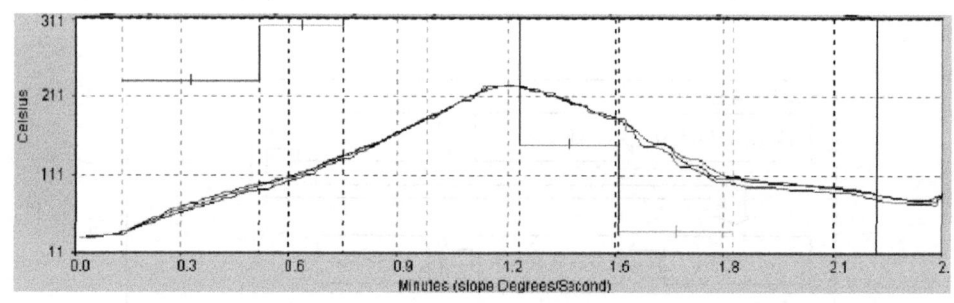

图 7-71　FC-CSP 回流焊温度曲线

（4）当凸块与基板上的线路较窄时，必须严格控制凸块的锡量及倒装对位的精度，防止凸块与邻近的基板线路相连而造成短路。

（5）倒装贴片后，必须用塑封体并加以固化来保护内部的芯片，同时也起到阻隔外界信号干扰的作用。必须严格控制塑封过程中的固化时间及温度，避免塑封体与芯片分离，以及塑封后产品翘曲问题等的发生。

结合工艺和目前各 IC 制造厂商的研发情况来看，FC-CSP 的主要结构类型有单芯片（Single Die）FC-CSP（见图 7-68）、多芯片平置（Multi-Chip Side by Side）FC-CSP（见图 7-72）和叠层芯片混联（Stacked-Die Hybrid）FC-CSP（见图 7-73）。叠层封装是指在一个芯腔或基片上将多个芯片堆叠起来，芯片与芯片或封装之间实现连接。叠层封装主要应用在手机处理器中，以此来降低功耗、缩小尺寸，提高封装的集成度和性能。

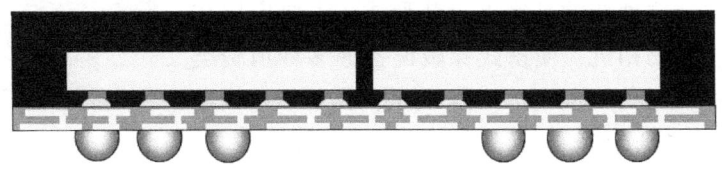

图 7-72　多芯片平置 FC-CSP 结构

图 7-73　叠层芯片混联 FC-CSP 结构

随着 FC-CSP 技术的迅速推广，其应用也越来越广泛，主要应用领域如下所述。

（1）消费类电子产品：手机、便携式摄像机、数码电子产品、DVD、无线产品等。

（2）计算机类：稳压器、高速存储器、智能卡、外设等。

（3）通信类：数字传呼机、移动电话、GPS 等。

（4）因其具有高引脚数、小型化、微型化、薄型化、多功能等特性，使得 FC-CSP 在网络通信、数字信号处理、混合信号和射频信号、专用集成电路、微控制器等领域有着更广泛的应用。

参考文献

[1] J-STD-012. Implementation of flip chip and chip scale technology [C]. IPC, 1996.

[2] 王振宇, 成立, 高平, 等. 先进的芯片尺寸封装（CSP）技术及其发展前景 [J]. 半导体技术, 2003, 28 (12): 39-43.

撰稿人：江苏长电科技股份有限公司　　　　　　　　包旭升

审稿人：华进半导体封装先导技术研发中心有限公司　曹立强

▷▷▷ 7.4.5 叠层封装工艺流程与技术，堆疊式封裝製程與技術，Package on Package (PoP) Process Flow and Technology

叠层封装（Package on Package，PoP）是指在一个处于底部具有高集成度的逻辑封装件上再叠加另一个与之相匹配的大容量存储器封装件，形成一个新的封装整体[1]。这种新的高密度封装形式，主要应用在智能手机、数码相机、便携式穿戴设备等多种消费类电子产品中。PoP 产品图如 7-74 所示，其基本结构示意图如图 7-75 所示。

图 7-74 PoP 产品图

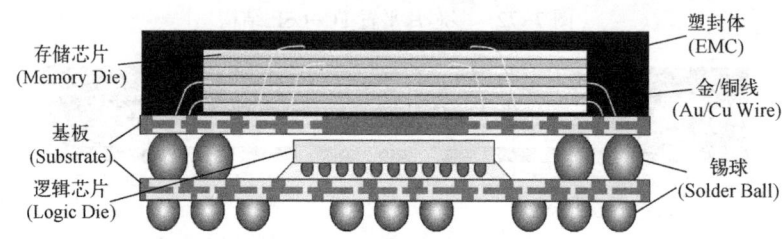

图 7-75 PoP 基本结构示意图

PoP 主要是针对移动设备而发展起来的系统集成 3D 封装，其结构主要有如下特点。

（1）存储器件和逻辑器件可自由组合，并可单独进行测试或替换，保障了成品率。

（2）PoP 在垂直方向上实现堆叠，节省占板面积，提高了系统封装密度。

（3）堆叠器件垂直互连取代了传统二维封装互连，可以实现逻辑器件和存储器件之间更快的数据传输。

随着技术的发展，出现了如下几类主要的 PoP 结构。

（1）锡球连接 PoP：逻辑芯片拥有更多的 I/O 端口，因而常采用倒装互连（Flip Chip，FC）技术对其进行封装，并以此作为底部组件。底部芯片采用毛细管底部填充工艺（Capillary Under Fill，CUF），其结构示意图如图 7-76 所示。

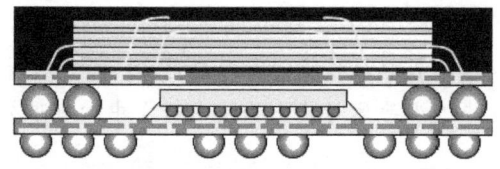

图 7-76 锡球连接 PoP 结构示意图

（2）MLP 连接 PoP：为了发展较薄的 PoP 封装结构，成型激光封装（Molding Laser Package，MLP）技术应运而生，市场上也称之为穿塑孔（Through Mold Via，TMV）技术。其方法是，首先在底部芯片四周焊接锡球并直接塑封，然后采用激光穿孔方式使锡球露出，以便后续与上层元器件连接，如图 7-77 所示。

图 7-77　MLP 连接 PoP 结构示意图

（3）折叠形式 PoP 和 BVA 连接 PoP：为了满足 PoP 产品尺寸薄、功能强、I/O 数多等需求，采用柔性电路板连接各种封装组件并进行折叠形成 PoP 结构[2]，以及采用 BVA（Bond Via Array）技术[3]来提高产品性能、缩小引脚间距，如图 7-78 和图 7-79 所示。

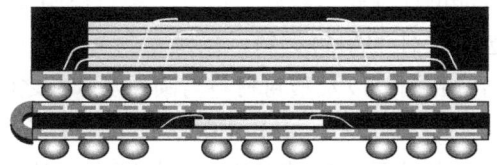

图 7-78　折叠形式 PoP 结构示意图

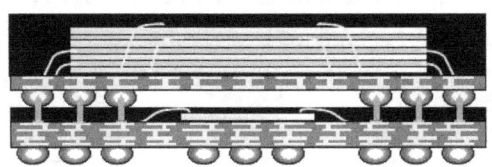

图 7-79　BVA 连接 PoP 结构示意图

依上所述，PoP 封装体底部组件与顶部组件的连接方式主要有锡球连接（Attached with Solder Ball）、MLP、柔性基板连接和 BVA。MLP PoP 封装工艺流程如图 7-80 所示。

PoP 关键技术如下所述。

（1）PoP 作为高度集成的 3D 封装体，对于封装及圆片的厚度有着更高的要求（低于 $100\mu m$），因而对减薄工艺提出了更高的要求，需严格控制并避免出现圆片破裂和芯片裂纹等问题，而且对于厚度薄于 $100\mu m$ 的圆片进行切割时，易造成芯片剥离蓝膜。

（2）由于封装集成度高，信号端口之间的间距更小（小于 0.3mm），所以对于植球工艺提出了更高的要求，需要更高精度的植球机，严格控制对准工艺精度。

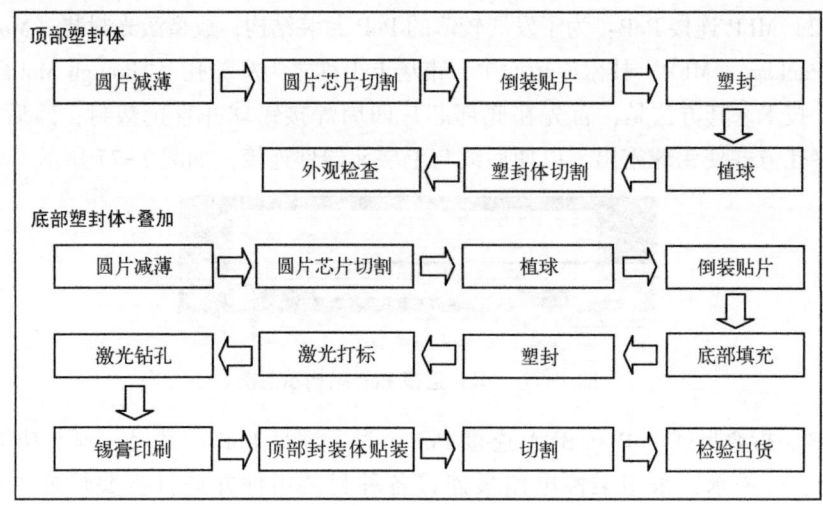

图 7-80 MLP PoP 封装工艺流程

（3）PoP 对于成品的厚度要求较高，需要将塑封控制在较薄的厚度范围内，因而必须通过实验选择最佳的塑封材料，以及塑封和固化参数，以避免发生不完全塑封、塑封体内的孔洞，以及塑封材料与圆片及基板之间分层等问题。

（4）作为目前应用较为广泛的 MLP-POP，塑封后的激光钻孔尤为重要，因此需要控制好激光脉冲的能量、脉冲宽度、重复频率、对位，从而控制好钻孔的尺寸、形状、位置等，更好地实现上、下封装体的叠封，如图 7-81 所示。

图 7-81 MLP PoP 钻孔截面图

（5）PoP 作为高度集成的两个封装体的叠加，对于上、下封装体的翘曲有着较高的要求，应尽量使上、下封装体具有相同的翘曲方向，从而实现叠加上的一致性。对于封装体翘曲过大的情况，需要更好地控制叠加时的锡膏量。进行新产品评估时，需要专门评估分析上、下封装体的翘曲数据。

参考文献

［1］Moody Dreiza，Akito Yoshida，Jonathan Micksch，等．层叠封装（PoP，Package-on-Package）设计的指导原则［J］．中国集成电路，2005（12）：61-65，60.

[2] Kim Y G. Folded stacked package development [C]. Electronic Components & Technology Conference, 2002: 1341-1346.
[3] Invensas. Technologies [EB/OL]. https://www.invensas.com/technologies/bva/.

  撰稿人：江苏长电科技股份有限公司   包旭升
  审稿人：华进半导体封装先导技术研发中心有限公司 曹立强

▷▷▷ 7.4.6 圆片级芯片尺寸封装工艺流程与技术，晶圓級晶片尺寸封裝製程與技術，Wafer Lever Chip-Scale Package (WLCSP) Process Flow and Technology

  圆片级芯片尺寸封装（WLCSP）是指在圆片状态下完成再布线，凸点下金属和焊锡球的制备，以及圆片级的探针测试，然后再将圆片进行背面研磨减薄，最终切割形成单颗芯片的一种封装形式。该种封装的最终的封装尺寸与芯片的尺寸相同，通过芯片表面的焊锡球凸点与PCB形成连接。

  圆片级芯片尺寸封装源自于倒装芯片技术。20世纪60年代，美国IBM公司首先研发了可控塌陷芯片连接（C4）技术；20世纪90年代，一些拥有圆片凸块技术的公司研发了圆片级芯片尺寸封装技术。

  圆片级芯片尺寸封装的主要优势是轻、薄、短、小，主要用于手机等便携产品中，包括电源管理器件（PMIC）、集成无源组件（IPD）、电可擦可编程只读存储器（EEPROM）、射频前端（RF Front End）等。

  由于需要将WLCSP直接组装到PCB上，受制于PCB技术及表面贴装工艺能力，目前WLCSP的焊球节距较大，通常为0.5mm或0.4mm。由于硅芯片与PCB的热膨胀系数不同，较大的芯片尺寸会因存在较大的热应力而导致焊锡球的热疲劳失效，所以WLCSP的封装尺寸通常都小于6mm×6mm。

  按照芯片I/O端子铝垫位置与焊锡球相对位置的差异，WLCSP可分为BoP-WLCSP（Bump on Pad-WLCSP）和RDL-WLCSP（Redistribution Layer-WLCSP）两类。如果芯片表面的I/O端子已经按照最终封装焊球的位置进行阵列排布，这样可以直接在铝垫的上方生长UBM（Under Bump Metallization）并放置焊球，如图7-82所示；如果芯片上的I/O端子铝垫不是阵列分布，或者其位置与最终焊球的位置不同，需要通过再布线对I/O端子的位置进行再分布，如图7-83所示。

  市场上也有一种特殊的WLCSP结构，其商业名称为Super CSP。与上述WLCSP不同，其凸点下金属层为厚的铜柱（Cu Metal Post），且铜柱被包封材料包覆，如图7-84所示。

图 7-82　铝垫上方放置焊球

图 7-83　再布线后再放置焊球

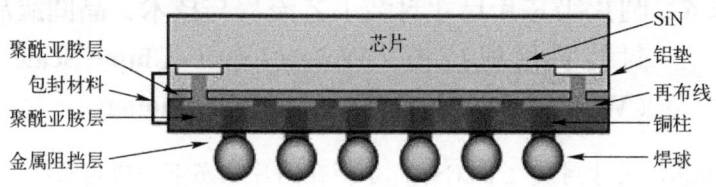

图 7-84　Super CSP 结构示意图

在 BoP-WLCSP 和 RDL-WLCSP 中，为了缓解焊球凸点和再布线层对芯片产生的应力，会在芯片表面和再布线层表面涂覆一层高分子薄膜材料，该层高分子薄膜材料层称为再钝化层（Repassivation Layer）。目前，业界主要使用的再钝化层材料有聚酰亚胺（Polymide，PI）、聚苯并咪唑（Polybenzoxazole，PBO）和苯并环丁烯（Benzocyclobutene，BCB）。

目前再布线层主要采用两种材料，一种是采用腐蚀方法加工的铝再布线层，另一种是采用电镀方式形成的铜再布线层。通常，铝再布线层的金属厚度为 1~4μm；采用电镀铜工艺的再布线层厚度可以达到 10μm，其对电流的承载能力强于铝再布线层，因此对于需要承载大电流的电源管理类器件，通常会选用电镀铜再布线工艺。

凸点下金属层是连接焊锡凸点与芯片最终金属层（铝垫或再布线层）的中间层，需要在芯片与凸点之间形成良好的电气连接。凸点下金属层需要包含界面扩散阻挡层和与焊锡凸点的反应润湿层。凸点下金属层通常采用溅射或溅射加电镀的方式来制备，材料组合有 Ti(SP)/Cu(SP)/Cu(PL)、TiW(SP)/Cu(SP)/Cu(PL)、Ti(SP)/Cu(SP)/Ni(PL)、Ti(SP)/NiV(SP)、Cr(SP)/NiV(SP)等（说明：括号内标示"SP"代表溅射，"PL"代表电镀）。在某些产品中，也会采用化学镀镍金作为凸点下金属层。

图 7-85 所示为典型的 RDL-WLCSP 前道凸点工艺流程。

完成凸点工艺后，还要进行后段封装工艺，主要包含圆片探针测试、圆片减薄、切割和编带等，如图 7-86 所示。

第7章 集成电路封装测试

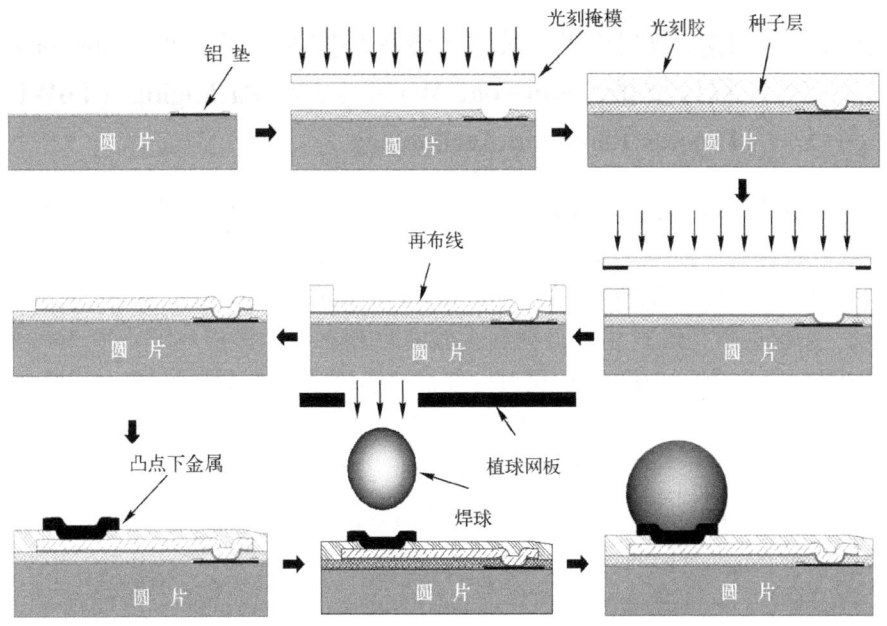

图7-85 典型的RDL-WLCSP前道凸点工艺流程

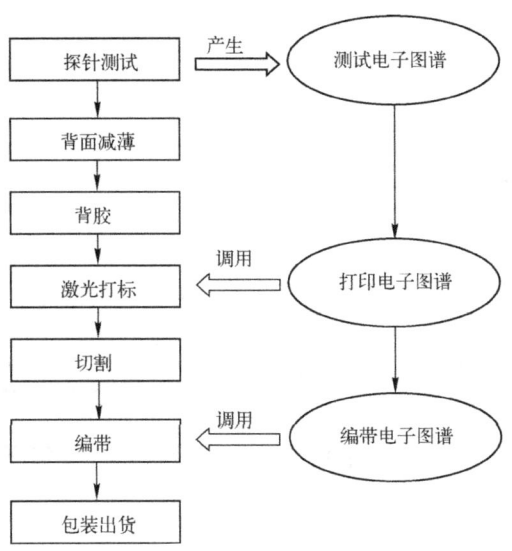

图7-86 RDL-WLCSP后段封装流程图

撰稿人：江阴长电先进有限公司　　　　　　　　　　　　郭洪岩
审稿人：华进半导体封装先导技术研发中心有限公司　　　曹立强

7.4.7 扇出型圆片级封装工艺流程与技术，扇出型晶圆級封裝製程與技術，Fan-out Wafer Level Packaging (FoWLP) Process Flow and Technology

扇出型圆片级封装（FoWLP）是圆片级封装中的一种。相对于传统封装，圆片级封装具有不需要引线框、基板等介质的特点，因此可以实现更轻、薄、短、小的封装。扇出型圆片级封装也可以支持多芯片、2.5D/3D 和系统级封装（SiP）。扇出型圆片级封装可以彻底去除芯片和封装的连接环节（既不需要打线，也不需要凸块），因此不仅可以实现最薄的封装，还因减少了一个可能的失效点而提高了封装的可靠性。同时，由于信号进入芯片的线路更短，也具有更好的电性能。圆片级封装可以通过采用比传统封装更细的线路实现高密度的封装再布线，因此能够在实现封装小型化的同时，提供更高的带宽，从而更加适应先进技术节点芯片的封装。

eWLB[1]（Embedded Wafer Level Ball Grid Array）是目前量产规模最大的扇出型圆片级封装，其生产工艺流程如图 7-87 所示（图中有黑色框的工序为关键工序）。

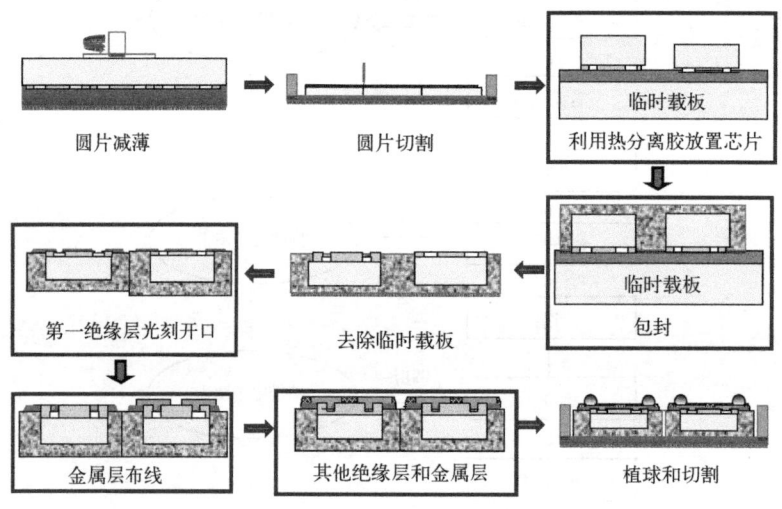

图 7-87　eWLB 生产工艺流程

与 eWLB 不同的另一种扇出型圆片级封装技术为 InFO[2]。InFO 与 eWLB 的主要区别是，在往临时载板上放置芯片时，InFO 将芯片焊盘面朝上放置，在焊盘上镀铜，钝化绝缘后再次研磨减薄，以漏出焊盘上电镀出来的连接点，这样增加了布线前的共面性，从而提高了布线的成功率。InFO 生产工艺流程如图 7-88 所示(图中有黑色框的工序为关键工序)。

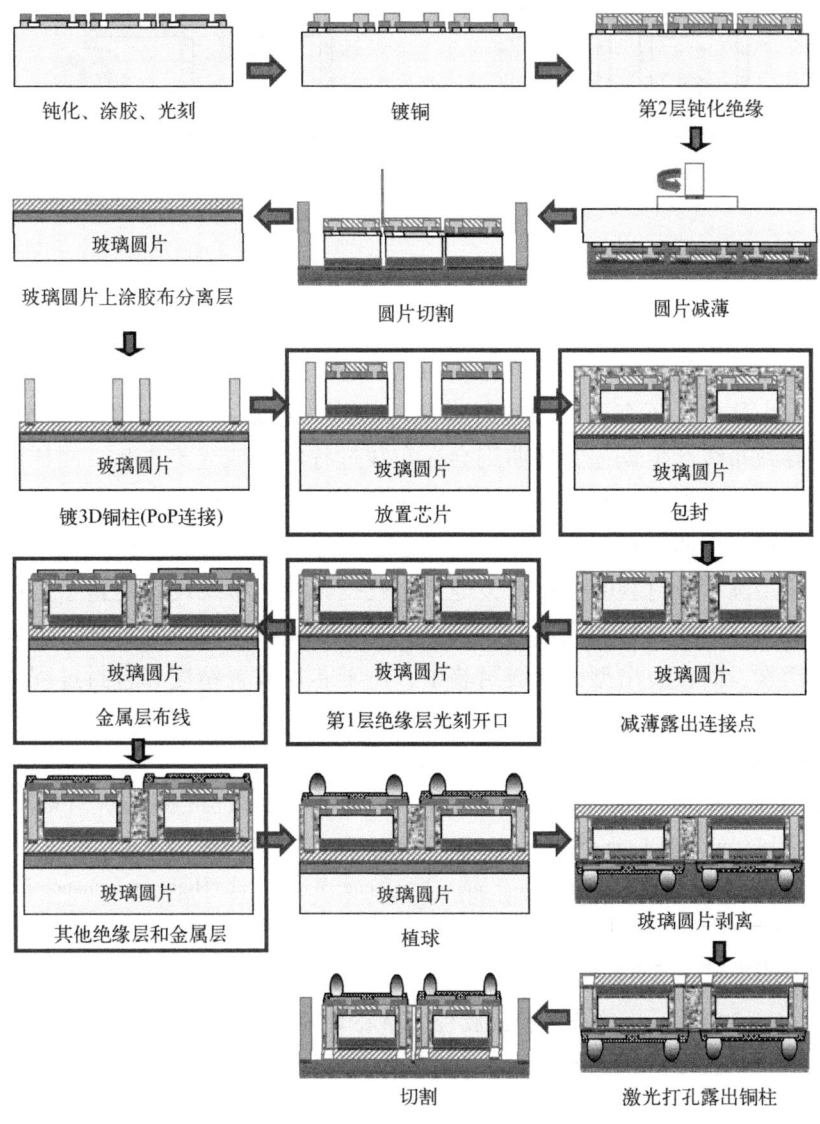

图 7-88 InFO 生产工艺流程

扇出型圆片级封装生产工艺的关键步骤包括芯片放置、包封和布线。芯片放置对速度和精度的要求都很高。放置速度直接决定了生产效率,从而影响制造成本;而放置精度也是决定布线精度的关键性因素,如图 7-89 所示。特别是为了进一步增加生产效率,降低成本,增加临时载板或玻璃圆片的面积(甚至达到板级水平)是目前的主要发展方向。而随着载板面积的增大,从中心到边缘均保持稳定的放置精度，更是对芯片放置设备提出了前所未有的精度要求。

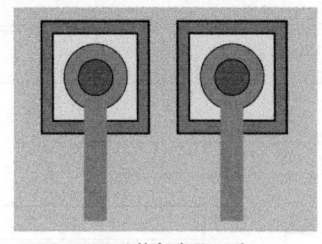 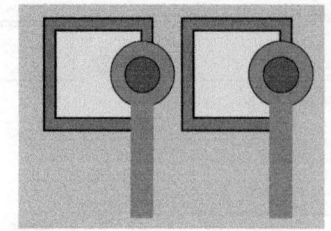

(a) 芯片与布线正确　　　　　　　(b) 芯片与布线偏移(不合格)

图 7-89　芯片与布线情况

包封需要对包封材料进行填充和加热。这一过程中不仅可能导致已放置好的芯片发生移位，还有可能因包封材料与芯片的膨胀系数的不同而造成翘曲。移位可导致布线产生偏差；翘曲则会在布线过程中造成光刻失焦，同样会导致成品率下降。虽然增加包封厚度可以减少翘曲，但是选取圆片级封装的应用往往就是要追求更薄的封装体，而增加厚度是与这一目标背道而驰的。

扇出型圆片级封装的另一个关键工艺就是布线。布线设备是整个生产设备中最昂贵的，因此对制造成本的影响很大。布线成功率是决定最终封装成品率的关键因素，而在扇出型圆片级封装中，由于芯片放置精度和包封过程中翘曲等因素的导入，对提高布线成功率提出了独特的挑战。

参考文献

[1] T. Meyer, G. Ofner, S. Bradl, et al. Embedded wafer level ball grid array (eWLB) [C]. Electronics Packaging Technology Conference, 2008：994-998.

[2] Liu Christianto C., Chen Shuo-Mao, Kuo Feng-Wei, et al. High-performance integrated fan-out wafer level packaging (InFO-WLP)：Technology and system integration：2012 IEDM [C]. San Francisco (US)：1-4.

撰稿人：	江苏长电科技股份有限公司	刘铭
审稿人：	华进半导体封装先导技术研发中心有限公司	曹立强

▷▷▷ 7.4.8　硅通孔封装工艺流程与技术，矽穿孔封装製程与技術，Through Silicon Via (TSV) Process Flow and Technology

硅通孔（TSV）是当前技术先进性最高的封装互连技术之一。基于 TSV 封装的核心工艺包括 TSV 制造、RDL/微凸点加工、衬底减薄、圆片键合与薄圆片拿持等[1]。

(1) TSV 制造：TSV 制造可以分为两种类型，类型 I 是孔底部不需要直接导电连接的制造类型，类型 II 是孔底部需要直接导电连接的制造类型，如图 7-90 所示。TSV 制造的主要工艺步骤包括孔刻蚀、绝缘层沉积、扩散阻挡层/种子层沉积、导电材料填充及表面平坦化等。对于孔底部需要直接导电连接的类型，在完成绝缘层沉积后，需要选择性地将孔底部绝缘层去除。

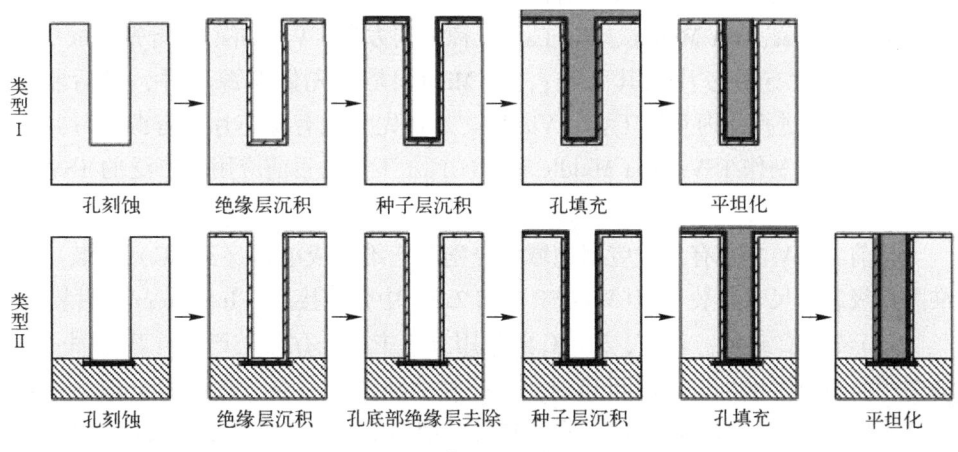

图 7-90 典型 TSV 制造流程

(2) RDL/微凸点加工：再布线层提供了 TSV 及衬底上已有电路或器件的电学重分布，可为 TSV 提供更多的连接自由度，微凸点主要用于实现 TSV 衬底与其他芯片或封装基板的直接电学连接。对于线宽小于 $1\mu m$ 的 RDL，需要用到镶嵌工艺（又称大马士革工艺）；对于线宽为 $1\mu m$ 以上的 RDL，可采用厚膜掩模电镀加成式工艺来实现。

(3) 衬底减薄：根据工艺流程设计，衬底减薄分为有 TSV 孔的减薄和无 TSV 孔的减薄两种情况。对于减薄时衬底内无 TSV 的情况，仅需要处理硅材料，相对比较容易，只要保证处理后的表面平整度即可。对于减薄时衬底内包含 TSV 的情况，在减薄完成后，需要将 TSV 从衬底背面露出来，因此应考虑硅与 TSV 填充材料（如铜）的同步研磨或抛光，并应控制填充材料不能与衬底硅导通或污染衬底硅。

(4) 圆片键合与薄圆片拿持：在圆片减薄完成后，往往还需要很多后续工艺或临时性工艺，其目的是提高生产过程中的成品率与效率，因此要保证薄圆片在这些工艺步骤中的安全，通常这是通过与承载片键合保护来实现的。如果承载片是功能性的，则键合是一种永久键合。根据所使用的中间层材料，永久键合可以分为氧化硅键合、聚合物键合、金属键合，以及这些键合的混合形式等。当承载圆片是非功能性的衬底时，需要临时性的键合，以便在后续工艺过程中实现键合分离。

实现薄圆片拿持的基本工艺思路是，首先将待减薄圆片与一个承载圆片键合，之后进行圆片减薄及减薄后的工艺加工，最后将承载圆片拆除，从而完成薄圆片的加工。

根据工艺集成方案中 TSV、有源器件片内互连的工艺顺序，TSV 封装工艺可以分为 Via First、Via Middle、Via Last 三种工艺方案。Via First 是指先完成 TSV 的制作，再做有源芯片及其互连；Via Middle 是指先做有源器件，然后制作 TSV，之后再进行片内互连工艺；Via Last 是指先完成有源芯片和有源芯片片内互连层，最后制作 TSV。Via Middle 和 Via Last 工艺是目前应用较广泛的 TSV 解决方案。

目前，TSV 主要有三大应用领域，分别是三维集成电路（3D IC）封装、三维圆片级芯片尺寸封装（3D WLCSP）和 2.5D 中介转接层（Interposer）封装。

(1) 3D IC 封装：目前，3D IC 的应用方向主要是存储类产品，其原因是存储类产品引脚密度小、版图布局规律，芯片功率密度小等。通过 TSV 通孔实现三维集成，可以增加存储容量，降低功耗，增加带宽，减小延迟，实现小型化。

(2) 3D WLCSP：主要应用于图像、指纹、滤波器、加速度计等传感器封装领域。其特点是采用 Via Last 工艺，TSV 深宽比较小（1:1～3:1），孔径较大。出于对成本的考虑，目前图像传感器封装大多采取低深宽比的 TSV 结构，其封装工艺流程如图 7-91 所示。

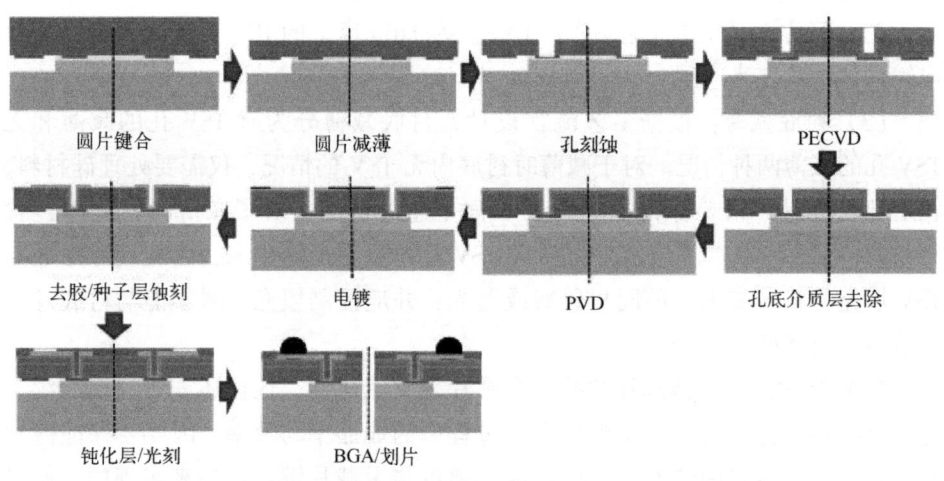

图 7-91　低深宽比的 TSV 图像传感器封装工艺流程

(3) 2.5D 中介转接层封装：细线条布线中介转接层针对的是 FPGA、CPU 等高性能的应用，其特征是正面有多层细节距再布线层和细节距微凸点，主流 TSV 深宽比达到 10∶1，厚度约为 100μm。由于受技术难点和成本的限制，以及封装厚度增加等问题，目前 2.5D 中介转接层处于小批量生产阶段。图 7-92 所示为 TSV 中介转接层加工工艺流程。

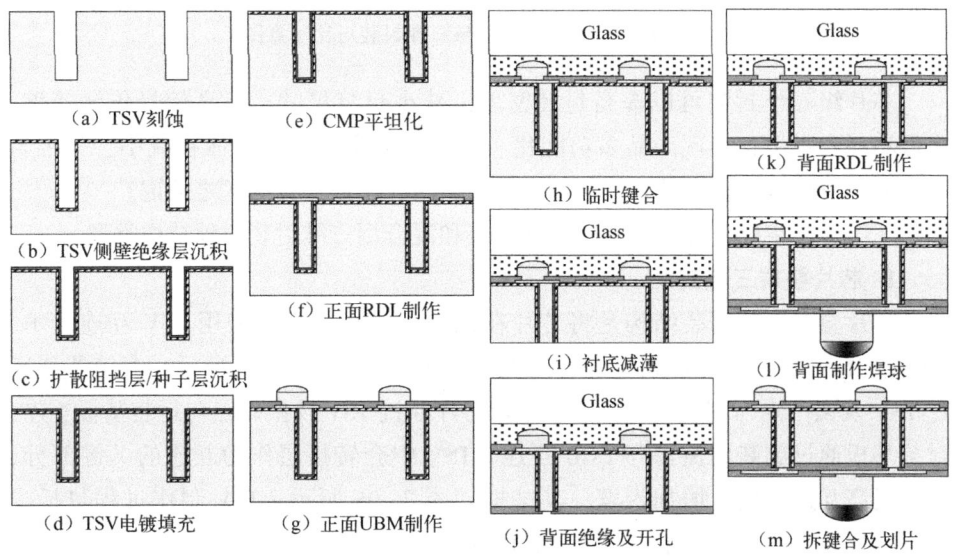

图 7-92　TSV 中介转接层加工工艺流程

参考文献

[1] Philip Garrou, Christopher Bower, Peter Ramm. Handbook of 3D Integration：Technology and Applications of 3D Integrated Circuits. Digestive Diseases, 1971, 28 (1)：116-125.

撰稿人：天水华天科技股份有限公司　　　　　　于大全

审稿人：华进半导体封装先导技术研发中心有限公司　曹立强

▷▷▷ 7.4.9　三维封装工艺流程与技术，三維封裝製程與技術，3D Package Process Flow and Technology

三维封装通过非 WB 互连技术实现芯片间的高密度封装，为微电子系统封装在三维空间开辟了一个新的发展方向，可以有效地满足高功能芯片超轻、超薄、高性能、低功耗及低成本的需求[1]。该技术主要应用在高速计算、网络和 GPU 等系统芯片中。传统二维封装与三维封装对比示意图如图 7-93 所示。

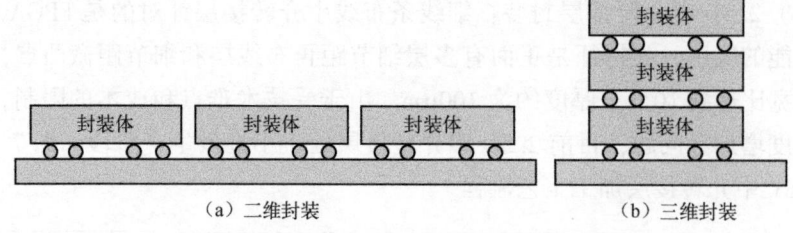

图7-93 传统二维封装与三维封装对比示意图

芯片级三维封装可以提高封装密度,减小封装尺寸,提高信号传输速度,降低功耗和噪声,实现产品多功能化。由于封装密度增加,体积减小,三维封装产品的发热量大幅提升,如何解决其散热问题是该封装技术之关键。

三维封装主要分为芯片叠层三维封装和混合型三维封装两种结构类型。

1. 芯片叠层三维封装

芯片叠层三维封装结构是将芯片在纵向上进行堆叠,采用TSV互连技术、HMC(Hybrid Memory Cube)技术进行芯片互连。如图7-94所示,存储芯片通过TSV及微凸点与逻辑芯片互连,逻辑芯片通过TSV及微焊点与封装基板互连,封装基板通过倒装回流焊与PCB互连。TSV中介转接层作为互连的关键部分,可以提高互连密度,增加带宽,其结构如图7-95所示。TSV制作过程包括成孔、线性沉铜填孔、再布线及凸点制作等。

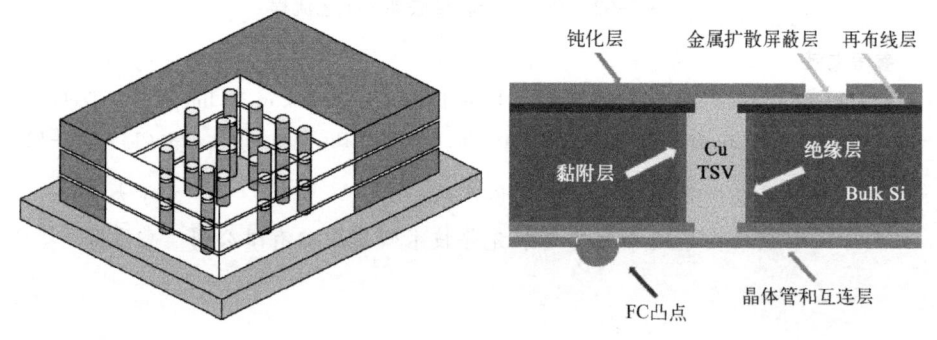

图7-94 芯片叠层三维封装结构　　图7-95 典型TSV结构

芯片叠层三维封装通常采用圆片到圆片(Wafer to Wafer,W2W)、芯片到圆片(Die to Wafer,D2W)、芯片到芯片(Die to Die,D2D)三种工艺流程,如图7-96至图7-98所示。

W2W类型堆叠产品是先将两个圆片对齐,然后将两个圆片整体焊接,最后将堆叠芯片切割成单个芯片。根据焊接面对应关系,可分为背对面焊接及面对面焊接两种方式。该类型堆叠产品共面性较好,但是要求第1个芯片与第2个芯片的单个尺寸与圆片尺寸一致,共面性要求高。

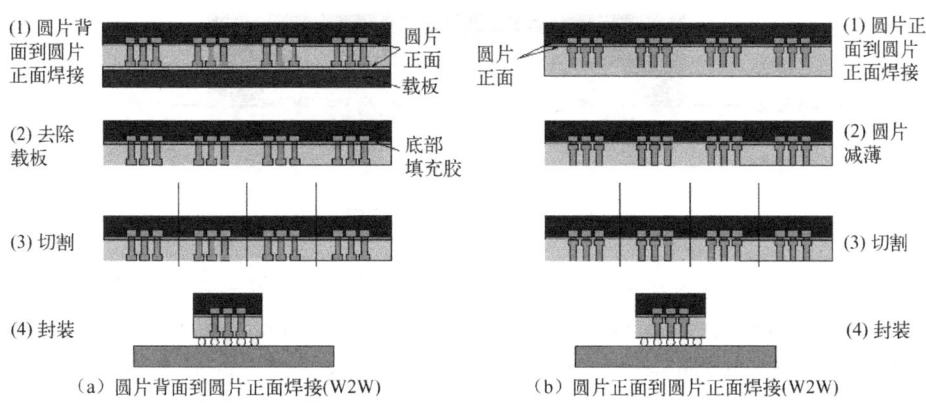

图 7-96　圆片到圆片(W2W)工艺流程

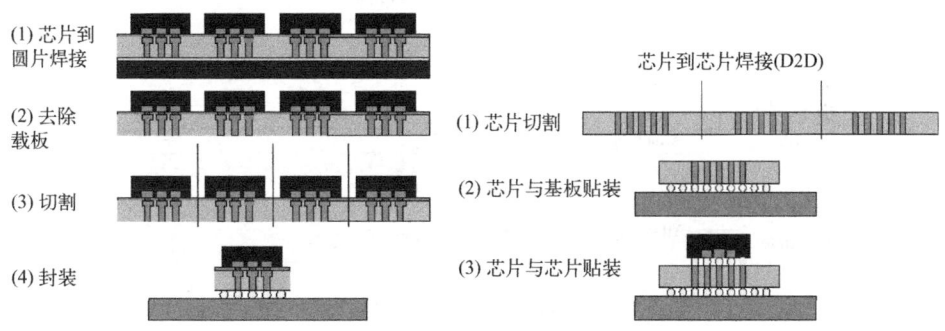

图 7-97　芯片堆叠圆片(D2W)工艺流程　　图 7-98　芯片堆叠芯片(D2D)工艺流程

D2W 类型堆叠产品是先将第 1 个芯片切割成单个芯片,单个芯片通过或不通过 TSV 中介转接层焊接在第 2 个圆片上。该类型堆叠产品的共面性也较佳,并且不要求芯片尺寸与圆片尺寸完全一致,但第 1 个芯片的尺寸要小于第 2 个芯片的尺寸。在该作业过程中,第 1 个芯片可以只选择合格品,因此其整体封装成品率比 W2W 工艺流程的高。

D2D 类型堆叠产品是先将芯片切割成单个芯片,底部芯片直接焊接在基板上，之后将上层芯片焊接在底层芯片上。该类型堆叠产品可以解决 W2W 及 D2W 类型堆叠工艺对芯片尺寸的限制，上层芯片与下层芯片尺寸没有特别要求。

2.5D 封装结构是指多个芯片并排放置在同一个封装体中，芯片之间通过高密度中介转接层形成高密度互连系统，如图 7-99 所示。

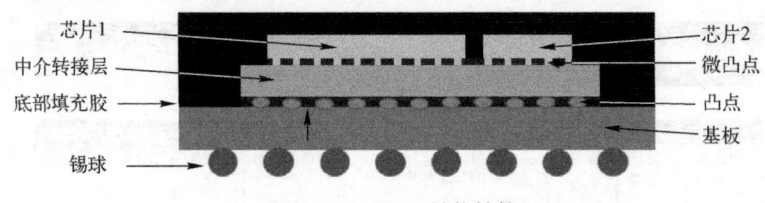

图 7-99　2.5D 封装结构

多芯片、微凸点及介质层是 2.5D 封装的主要组成部分。典型的硅介质层技术包括 TSI（Through Si Interposer）、LCLs（Low Cost Si Interposer）、POI（Photo-defined Organic Interposer）、LCGI（Low Cost Glass Interposer）和扇出型 WLP（Wafer Level Package）等。图 7-100 所示为 2.5D 封装工艺流程，图中"HBM"表示高带宽内存（High Bandwidth Memory），"KGD"表示已知的合格芯片（Know Good Die），"BEOL"表示后工序作业线（Back End of Line）。

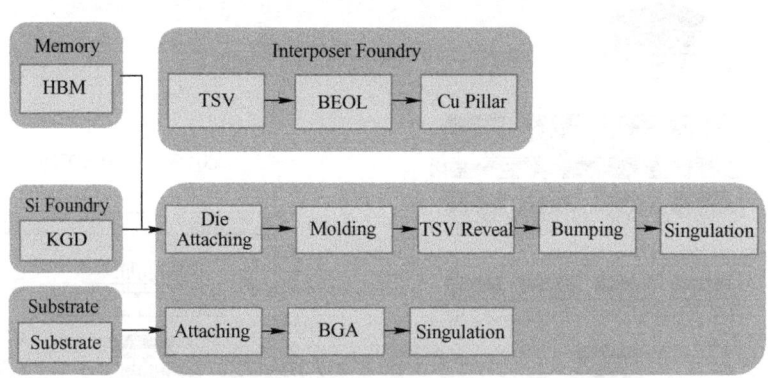

图 7-100　2.5D 封装工艺流程

2. 混合型三维封装

混合型三维封装结构是指包含多种三维封装技术的组合封装结构。图 7-101 所示为 TSV 及硅中介转接层 2.5D 互连结构，图中存储器芯片与控制器芯片之间、CPU 与 3D 封装之间，通过硅介质中的硅通孔（TSV）中介转接层进行互连，形成混合型 2.5D 的三维封装结构；图 7-102 所示为 EMIB（Embedded Multi-Die Interconnect Bridge）互连结构，它是不同于 TSV 的另一种三维互连转接技术，它能进一步降低三维封装的成本。

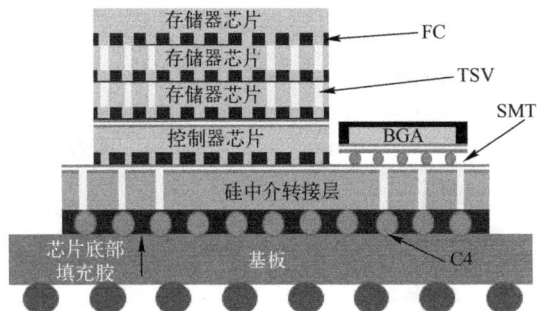

图 7-101 TSV 及硅中介转接层 2.5D 互连结构

图 7-102 EMIB 互连结构

参考文献

[1] S. F. Al-sarawi, D. Abbott, P. D. Franzon. A review of 3-D packaging technology [J]. IEEE Transactions on Components, Packaging, and Manufacturing Technology, 1998, 21 (1): 2-14.

撰稿人：江苏长电科技股份有限公司　　　　　　孔海申
审稿人：华进半导体封装先导技术研发中心有限公司　曹立强

▷▷▷ 7.4.10 板级埋入式封装工艺流程与技术，板级崁入式封装製程與技術，Panel Level Embedded Assembly Process Flow and Technology

板级埋入式封装是一种在基板制造工艺的基础上融合芯片封装工艺及 SMT 工艺的集成封装技术，既可以是单芯片封装、多芯片封装，也可以是模组封装、堆叠封装。与传统封装中在基板表面贴装芯片或元件不同，板级埋入式封装直接将芯片或元件嵌入基板中间，因此它具有更短的互连路径、更小的体积、更优的电热性能及更高的集成度。

板级埋入式封装概念的提出最早可以追溯到 1969 年通用电气公司提出的一种带有埋置芯片结构的高密度 PCB，如图 7-103 所示。该概念提出后，由于受当时的工艺及材料性能的限制，并没有得以成功实现。

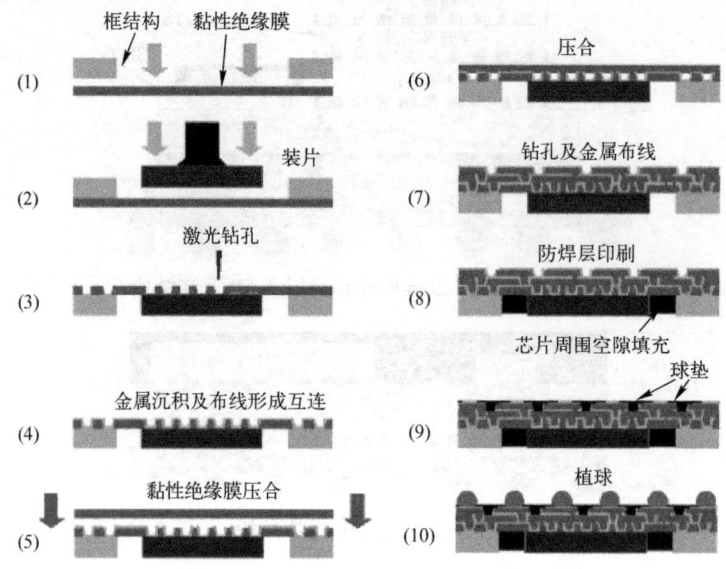

图7-103 埋置芯片结构的高密度PCB

随着基板工艺的不断发展及材料性能的不断提升，电子产品不断向高性能、多功能、小型化的方向发展，它在推动半导体芯片制造工艺不断向尺寸微缩方向前进的同时，也推动着芯片封装技术不断突破原有的封装结构，向新的三维堆叠封装、模组封装方向发展。这一发展趋势再次推动多家厂商和研究机构积极投入对埋入式封装结构及工艺的研究，多种板级埋入式封装的实现方式被提出。根据埋入器件类型的不同，可以分为埋入芯片、埋入元件、埋入封装体或混合埋入等方式。

目前，板级埋入式封装的主要代表技术有Intel的无凸点积层封装技术（Bumpless Build Up Layer，BBUL）、德国Fraunhofer IZM研究所的CiP（Chip in Polymer）技术、芬兰Imbera的IMB（Integrated Module Board）技术、AT&S公司的ECT（Embedded Component Technology）技术、日本Oki公司的EAD（Embedded Active Device）技术等，尽管它们各自采用了不同的命名方式，但其核心工艺都集中在如下两个方面。

（1）如何有效、可靠地将芯片或元件植入基板内，并形成埋入组件与基板布线的互连；特别是芯片式埋入，成品率对于成本的影响至关重要。

（2）如何通过结构设计解决在工作状态下因器件散热带来的不同CTE材料（如芯片、基板及铜布线）之间热应力的有效匹配问题，防止由于不平衡的热应力或应变带来芯片裂纹、铜导线开裂、分层等结构及性能失效问题的发生。

板级埋入式封装（见图 7-104）与传统键合封装（见图 7-105）和常规倒装封装（见图 7-106）相比，其最大的不同在于芯片或元件由放置基板表面上变为嵌入基板内层中，因此它具有如下特有的优势及性能。

图 7-104　板级埋入式封装示意图

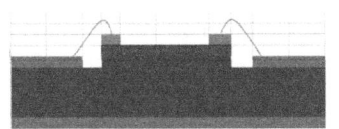

图 7-105　传统键合封装

图 7-106　常规倒装封装

（1）芯片与基板之间的互连既可以直接通过电镀铜来实现，也可以通过在基板制作过程中进行板级封装的键合或倒装工艺来实现，在基板工艺中直接完成封装，简化从基板到封装的过程。

（2）用电镀铜直接实现芯片与基板布线的互连，缩短了互连导线的路径，有效减小了寄生值，对于高频信号具有更好的射频性能，对于音频信号具有更优的信号质量，对于数据传输具有更快的速度。

（3）由于芯片或元件被有效地植入基板内层中，因此释放了基板表面的空间，给进一步实现 3D 堆叠提供了空间，更容易实现系统级模组封装，如图 7-107 所示。图 7-108 所示的是埋入式 3D 堆叠封装结构。芯片埋入后，为大电感器件留出了堆叠空间，使 3D 堆叠结构更易实现。图 7-109 所示的是元器件板级 3D 堆叠图，图 7-110 所示的是板级埋入式封装整板包封效果图。

图 7-107　埋入式封装剖面图（混合埋入）

图 7-108　埋入式 3D 堆叠封装结构

图 7-109　元器件板级 3D 堆叠图

基于板级埋入式封装特有的结构及性能优势，目前其主要应用领域集中在模拟类射频及电源产品方面，如 RF-IPD、DC/DC 转换器、RFID、MOSFET、小型IC驱动、多芯片系统级模组封装等。

图7-110 板级埋入式封装整板包封效果图

根据埋入器件是正面朝上（Face Up）还是正面朝下（Face Down），基板与器件互连时是先钻孔再电镀铜还是先电镀铜再研磨，以及带载板单面电镀或无载板双面同时电镀等不同的组合方式，埋入式封装工艺的实现方式多种多样，但其主要的工艺流程基本相似，如图7-111至图7-114所示。以芯片面朝下带载板单面电镀铜柱再研磨的方式为例，其主要工艺流程为：光刻→电镀线路→光刻→电镀连接铜柱→贴装芯片或元件→压合绝缘材料→研磨露出铜柱→光刻→电镀再布线层→压合绝缘材料→研磨露出外引脚→去除载板及表面处理。

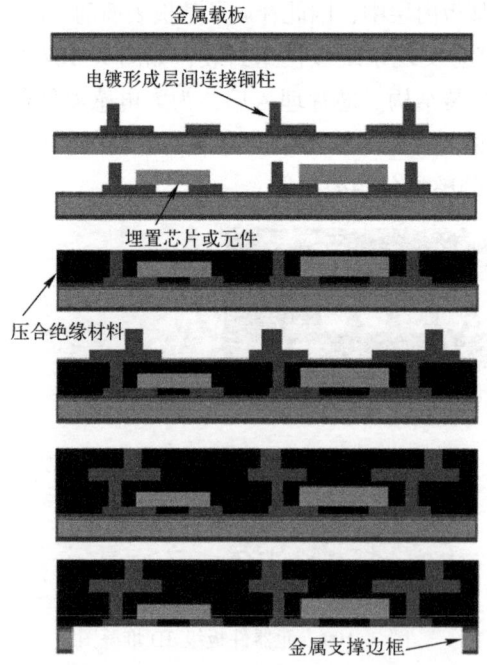

图7-111 板级埋入封装主要工艺流程图
（正面朝下+单面电镀铜柱）

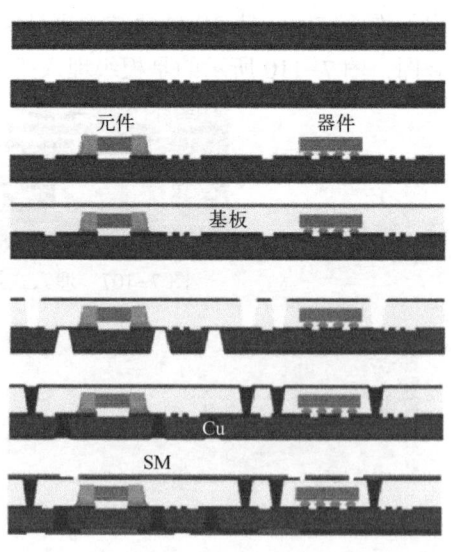

图7-112 板级埋入封装主要工艺流程图
（正面朝下+钻孔后双面电镀铜）

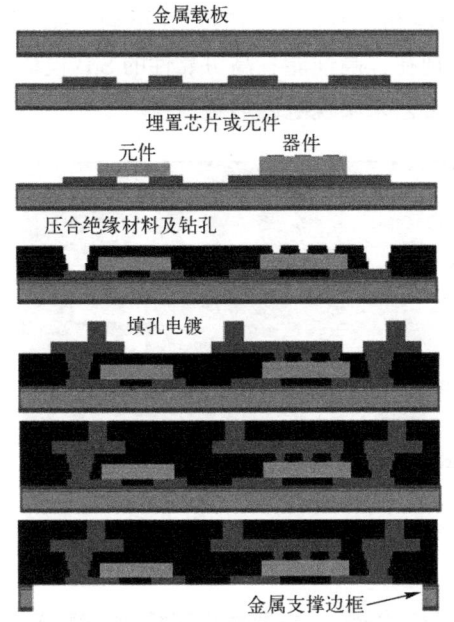
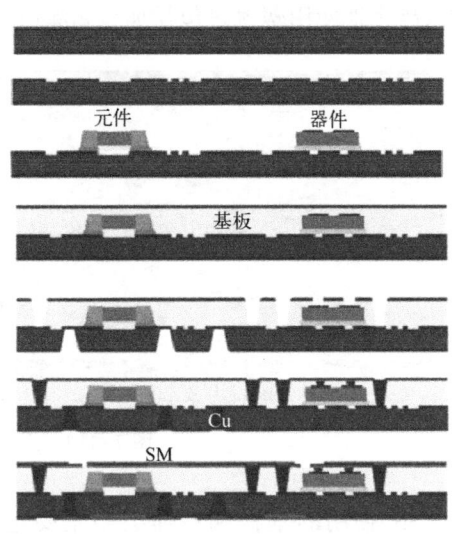

图7-113　板级埋入封装主要工艺流程图
（正面朝上+单面电镀铜柱）

图7-114　板级埋入封装主要工艺流程图
（正面朝上+钻孔后双面电镀铜）

撰稿人：江阴芯智联电子科技有限公司　　　　　　　　陈灵芝
审稿人：华进半导体封装先导技术研发中心有限公司　　曹立强

▷▷▷ 7.4.11　系统级封装工艺流程与技术，系统级封装製程與技術，System in Package（SiP）Process Flow and Technology

系统级封装（System in Package，SiP）是指将单个或多个芯片与各类元件通过系统设计及特定的封装工艺集成于单一封装体或模块，从而实现具有完整功能的电路集成，如图7-115所示。与系统级芯片（SoC）常用于集成数字及逻辑电路不同，系统级封装（SiP）更适用于无法（或非常困难）在单一芯片上实现功能集成的微波、射频、功率等模拟电路的应用[1]。

作为一种通过封装工艺来实现集成电路产品的设计、开发和封测的主要技术和方法，SiP并没有固定的封装形式和工艺，它可以在现有的大部分封装类型上实现。通常，SiP因为产品功能多样化而选择相对灵活的LGA设计，如图7-116所示。但随着该技术在更大、更复杂的系统电路中的迅速推广，可以提供更多I/O端口的BGA及整体化模块也逐渐得以广泛使用[2]。另外，SiP封装模块经常需要进行电磁屏蔽以消除模块电路与环境之间的交互影响，而电磁屏蔽通常可以利用简单的金属盖来实现。现在，高性能、高可靠性的 SiP 模块也越来越多地使用塑封料包封加金属涂层的工艺来实现电磁屏蔽。

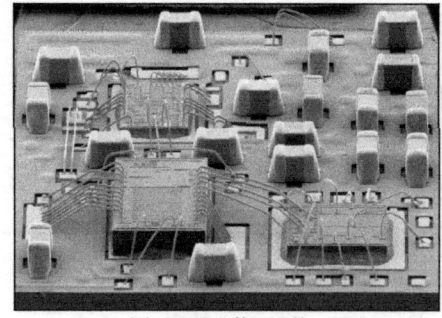
(a) WB 多芯片及元件

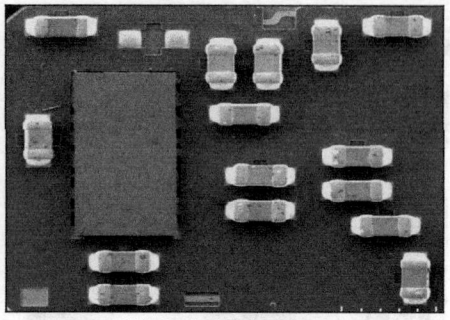
(b) FC 多芯片及元件

图 7-115　系统级封装（SiP）

SiP 使用的基板和载体类型主要包括：薄膜、厚膜及低温烧结陶瓷（LTCC）基板；高密度的引线框基板；单层、多层及埋入式的有机基板；扇出型圆片级无基板再布线（RDL）连接等。

SiP 的主要封装工艺方法和结构包括：多芯片 SMT + WB/FC；芯片堆叠 SMT + WB/FC；高密度 3D/2.5D 封装；叠层封装（PoP）；扇出型圆片级 SiP 等。

图 7-116　LGA 设计

SiP 典型工艺流程如图 7-117 所示。由于 SiP 涉及大量的多种类芯片和元器件，需要增加新的封装工艺，如 SMT、电磁屏蔽溅射涂层等。虽然主要的半导体封装工艺和设备可以共享，但 SiP 工艺对这些通用封装工艺也有很多特殊的新要求。

（1）高密度小间距表面贴装：SiP 技术是推动元件及预封装芯片（WLCSP、超薄超小 CSP）尺寸微型化的最大驱动力，0201、01005 及更小尺寸 008004 的电感、电容都是首先在 SiP 模块中实现大批量使用的，先进的 WLCSP 的 I/O 间距小于 200μm，已接近 FC 工艺。这些超小型元器件必须通过高速、高精度 SMT 设备和工艺贴装于 SiP 基板上，并通过锡膏及锡焊回流工艺实现连接。锡膏由锡焊颗粒和助焊剂均匀混合而成，锡焊合金成分、颗粒尺寸分布及助焊剂类型的选择非常重要，通常应根据产品类型及工艺流程来确定。

（2）塑封：超小尺寸元器件及芯片，以及对应的高密度超小间距，有可能导致塑封料无法完全充分填充,从而造成可靠性方面的隐患。通常的改善方法包括,优化塑封工艺参数,通过特殊的设计以增加塑封料的流动和填充,改变塑封料的固体颗粒的尺寸及分布,以及使用易于均匀填充的 Compression 塑封工艺。

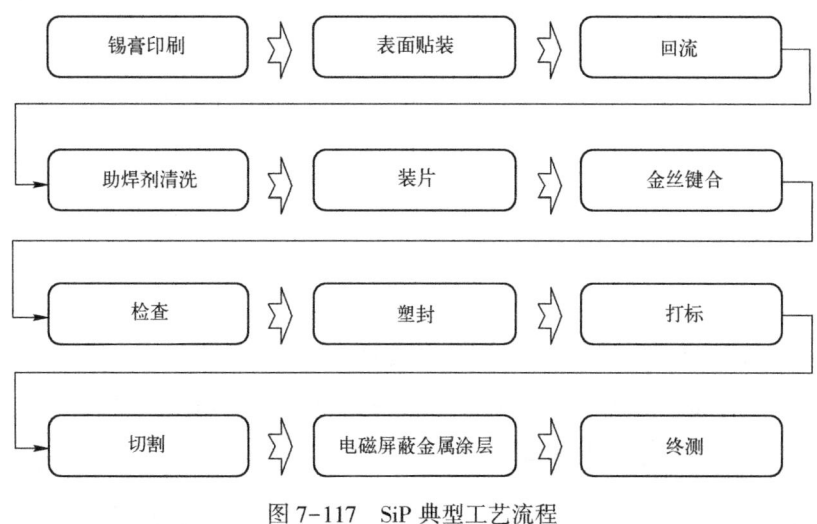

图 7-117 SiP 典型工艺流程

(3) 电磁屏蔽金属涂层:如图 7-118 所示,在塑封料表面形成电磁屏蔽金属涂层是通过等离子溅射工艺或直接电镀而实现的。因为工艺灵活,涂层结合力强,易于产能扩张,且不涉及湿法电化学所需要的废水处理,等离子溅射金属涂层已经逐步成为主流工艺。电磁屏蔽金属涂层一般由多层金属组成,从而保证金属涂层与塑封料表面形成牢固的结合力。主层金属常常选择纯铜,以利用其优异的导电性实现电磁干扰的屏蔽;外层金属可以选择不锈钢,从而确保封装体具有耐磨和良好的抗氧化性。为了形成完整的电磁屏蔽,金属涂层必须实现上表面及四侧面均覆盖并接地。对于更高、更复杂的系统级封装,也会使用分隔式电磁屏蔽,从而进一步提高系统的整体电磁屏蔽效果。

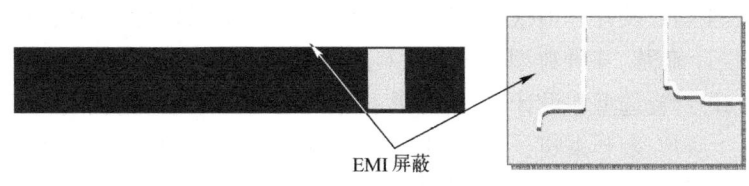

图 7-118 电磁屏蔽金属涂层

· 1105 ·

参考文献

[1] Steve Xin Liang. Development of high density microvia hybrid MCM-L packages [C]. 2000 HD International Conference on High-density Interconnect and Systems Packaging, Denver CO, ETATS-UNIS (25/04/2000) 2000: 502-507.

[2] Wikipedia. Apple S1 [EB/OL]. (2017-04-06). https://en.wikipedia.org/wiki/Apple_S1.

撰稿人：江苏长电科技股份有限公司　　　　　　　　　　　梁新夫
审稿人：华进半导体封装先导技术研发中心有限公司　　　曹立强

7.5 先进封装设计技术

7.5.1 典型先进封装选型和设计要点，典型先進封裝選型和設計要點，Typical Advanced Package Selection and Design Points

随着电子产品趋向于功能化、轻型化、小型化、低功耗和异质集成，以系统级封装（System in Package，SiP）、圆片级封装（Wafer Level Package，WLP）、2.5D/3D 封装等为代表的先进封装技术越来越多地应用到电子产品中。

在不同的应用场合，对电子产品的需求也不尽相同，如高频/高速、高可靠性、高散热、低成本、小型化集成等需求。从设计角度来看，封装需根据电子产品特点的不同而选用不同的封装材料和工艺。例如，针对高频/高速，需选用传输损耗较小的材料；针对高可靠性，需选用热膨胀系数（Coefficient of Thermal Expansion，CTE）匹配和弹性模量大的材料；针对高散热，需要优化封装热阻；针对低成本需求，可选用低成本材料和工艺；针对小型化集成，需要采用 SiP 或 2.5D/3D 封装方案等。为了实现高性能、高可靠性的封装集成，需要进行芯片-封装-PCB 协同设计，综合考虑电气性能、热性能、材料与结构性能，采用电-热-力多物理耦合设计和 DFx（DFM、DFR、DFT）协同设计，最终建立合理的先进封装设计流程。4 种典型的先进封装选型和设计要点如下所述。

（1）SiP 封装选型和设计要点：SiP 技术可以将一个系统或子系统集成在一个封装内。从广义上来讲，多芯片组件（Multi-Chip Module，MCM）封装、2.5D 封装、叠层封装（Package on Package，PoP）等 2D/3D 封装技术都属于 SiP 技术的范畴。在设计层面，SiP 技术适用于智能手表、智能终端等小型化、模块化需求强的电子系统中。根据工艺能力和芯片/器件特点的不同，可以采用

2D 平铺形式，或者采用集成度更高的 3D 堆叠或埋入形式。为了满足电气性能方面的需求，可采用隔离、屏蔽等技术来解决通道内、外的噪声干扰问题。为了满足热性能方面的需求，特别是针对光学器件低结温的特点，可以通过优化封装散热结构和选择合适的材料来解决多芯片的"热点"问题。对于 2D/3D 及异质芯片集成封装，其结构设计和材料的选择需着重考虑翘曲、应力、热疲劳等可靠性问题。

(2) 2.5D 封装选型和设计要点：2.5D 封装是将多个芯片放置到硅中介转接层上，通过硅通孔实现垂直互连，然后将硅中介转接层放置到有机基板上形成一个封装。2.5D 封装主要是为了解决低 k 介质芯片节距变小的问题，可以弥补有机基板工艺局限性。硅中介转接层与芯片热膨胀系数（CTE）相同或相近，并且有较高的热传导系数，因此可以提高封装的可靠性和散热能力。在设计层面，2.5D 封装技术适用于 CPU 或 FPGA 与内存集成的高密度、高速度系统，是实现"储算融合"的重要技术方案。2.5D 封装技术还可用于微波系统异质集成，滤波器、天线、耦合器等无源微波器件也可以集成在封装内。在数字系统集成应用方面，主要采用芯片-封装-PCB 协同设计、可测性设计（DFT）、封装结构设计优化等方法。微波系统集成应用主要需解决高频传输、噪声抑制、异质芯片/器件集成等问题。

(3) WLP 选型和设计要点：相对于传统封装工艺，采用圆片级工艺进行芯片封装，可以提高生产效率，降低单个芯片的封装成本。根据封装焊球排布与芯片面积之间关系的不同，WLP 可以分为扇入型圆片级封装（Fan-in WLP）和扇出型圆片级封装（FoWLP）。WLP 去除了基板、金线或 C4 焊球，降低了成本和互连线的寄生参数，封装厚度更薄，可适用更高频率的信号传输。在设计层面，扇入型圆片级封装由于封装尺寸有限，适用于对外互连数较少的低成本芯片封装需求。扇出型圆片级封装可应用于高速芯片甚至微波芯片封装，而且可实现多芯片系统集成。扇出型圆片级封装设计的重点是针对圆片级工艺过程中的翘曲和局部应力进行试验设计（Design of Experiments，DOE）。在电气需求方面，需要从芯片-封装-PCB 协同设计、高频传输设计等方面保证系统中高频、高速信号的传输。

(4) PoP 封装选型和设计要点：PoP 是指将封装好的芯片堆叠到另一个封装上的 3D 封装方法。采用 PoP 可以缩短上、下封装系统之间的互连长度，上、下封装体互连通道也能提供足够的互连带宽，整体封装尺寸也会减小。下层封装多采用常规的球栅阵列（Ball Grid Array，BGA）封装形式；为了进一步降低封装厚度和成本，下层封装可以采用 Fan-out 封装形式。在设计层面，PoP 的典型应用是智能终端中的处理器和内存系统的集成，采用 PoP 可以缩短储算系统间的传输延迟并提高带宽。从设计角度来看，PoP 主要需解决上、下层封装体翘曲控制，3D 封装中的散热，以及信号完整性和电源完整性等问题。

撰稿人：中国科学院微电子研究所　　李君
审稿人：清华大学　　　　　　　　　　蔡坚

▷▷▷ 7.5.2　芯片-封装-PCB 协同设计，晶片-封裝-PCB 協同設計，Chip-Package-PCB Co-design for System

芯片与封装之间，封装内各芯片之间，以及封装与印制电路板（PCB）之间存在交互作用，采用芯片-封装-PCB 协同设计可以优化芯片、封装乃至整个系统的性能，减少设计迭代，缩短设计周期，降低设计成本。

1. 芯片-封装-PCB 电气协同设计

首先分析产品特性（如产品功能、使用环境、技术指标等），据此进行芯片设计，对其 I/O 引脚排布进行优化，结合芯片的功能、性能和成本，选用合适的互连方式（如引线键合、倒装芯片等），降低基板布线复杂度，提高传输特性；利用芯片的网表、引脚引出方式等信息进行封装设计，结合芯片和产品特性，选用相应的封装形式（如 BGA、LGA、QFN 等），保障将芯片的信息信号和功率合理地输入与输出，实现芯片之间的互连；对芯片实现良好的物理保护，综合考虑 PCB 的布线难度和功能，实现整个系统的设计。然后分别进行芯片、封装和 PCB 的仿真，提取芯片模型和 PCB 模型，并将其导入到封装的仿真模型中，进行信号完整传输路径的仿真，建立系统级仿真链路，实现芯片-封装-PCB 的协同设计和仿真，然后基于仿真结果，分析芯片、封装和 PCB 的设计对整个系统的影响，并对其进行优化，最终完成设计。芯片-封装-PCB 的电学协同设计流程如图 7-119 所示。在协同设计仿真过程中，应结合芯片、封装和 PCB 各自的特点，进行电源完整性设计，为芯片提供干净、稳定的电源，为信号提供低阻抗、低噪声的参考回路，并抑制电磁干扰。基于芯片的 SPICE (Simulation Program with Integrated Circuit Emphasis) 或 IBIS (Input/Output Buffer Information Specification) 等模型、封装的参数模型（如 RLCG、S 参数或 SPICE 模型等），以及 PCB 的 RLCG 或 S 参数等模型，进行整个系统的电性能设计与仿真。通过软件建模工具与硬件测试仪器，结合高速接口电路的电气特性，完成芯片与封装软硬件协同建模与参数提取，依据仿真得到的满足系统指标的设计参数和文件，得到安全、优化的完整设计方案。

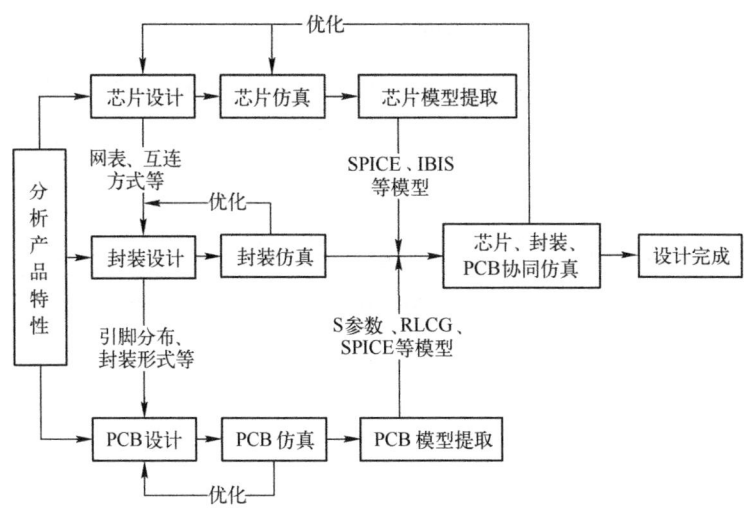

图 7-119 芯片-封装-PCB 电学协同设计流程

2. 芯片-封装-PCB 散热协同设计

芯片热功耗的大小对封装结构、材料选取、散热设计等提出了不同的需求，应根据不同的产品特性选取合适的散热方式（如风冷、水冷和自然对流）、封装结构（如内部热沉、加散热过孔、基板结构等）和封装材料（如贴片胶、塑封料和基板材料等），将芯片产生的热量有效地传递给 PCB 或散热器。散热协同设计的主要目的是，针对产品性能及可靠性需求，实现芯片、封装和 PCB 的合理布局，控制局部热点，提高整体散热性能。将模拟仿真结果与可测性实验相结合，对单个芯片或多芯片集成的封装体逐级开展温度分布分析，研究芯片、热界面材料与整个散热结构之间的关系，并对设计方案进行调整和优化，提高系统的整体散热性能。协同设计通过采用不同的材料、结构和散热方式，优化系统的散热方案和连接机制，如利用铜基及散热通孔、新型热界面材料、辅助散热装置等技术来提高系统的散热性。

3. 芯片-封装-PCB 热机械可靠性协同设计

芯片-封装-PCB 的热机械可靠性协同设计主要对芯片、封装及系统之间的力学相互作用进行分析，并对芯片、封装及 PCB 的结构设计和材料选取进行设计和优化。热机械可靠性分析通过仿真不同封装结构和材料的应力梯度分布，得到合适的结构和材料，使其满足芯片的参数性能，将应力分布控制在芯片的线性、增益、电压偏移及其他特性随应力变化的范围内；也可分析芯片、封装和 PCB 间因材料的不同导致的 CTE 不匹配，以及工艺过程累计的残余应力随温度变化引起的热应力应变和翘曲问题，通过采用热机械模拟方法逐层进行分析，提出有针对性的、实用的、完整的可靠性方案。

撰稿人：中国科学院微电子研究所　周云燕
审稿人：清华大学　　　　　　　　　蔡坚

▷▷▷ 7.5.3　封装设计中的电气性能考量，封裝設計中的電氣性能考量，Electrical Considerations for Package Design

封装的主要功能之一是为芯片提供电源，以及为芯片提供通向外部和封装内其他芯片的电信号通路，其电气性能关系到 IC 能否在更高一级组装中正常工作。在设计中，应考量如下 3 个方面。

1. 信号完整性

信号完整性（Signal Integrity，SI）是指电信号在封装级互连上传输的品质，包含电压波形的精度和信号上升/下降沿到达接收电路输入端的时间精度两个方面，具体的衡量指标包括延迟、反射、串扰、时序、振荡等方面的电气指标。在封装实践中，因电信号互连存在串扰、辐射、阻抗失配与延迟等非理想物理因素，会出现电信号传输品质劣化（如接收端眼图闭合）甚至电路无法稳定工作的现象。因此，为了保障信号完整性，必须掌握相应的机理、特性的预测，以及在设计中的纠正方法。目前，信号完整性主要考量数字电路的模拟特性，其基本原理和分析问题的角度实际上与模拟和射频/微波集成电路封装是相通的。信号完整性问题通常出现在工作时钟频率为 50MHz 以上的封装与 PCB 系统中，目前数字电路的工作频率已远远超出 50MHz，因此信号完整性问题越来越突出。

从电磁学原理来看，信号完整性问题可以归结为邻近信号之间电磁场的寄生耦合与电磁场结构的畸变、传输线结构的非对称性和不连续性导致的电磁波传播寄生模态、寄生通路与多重反射等。正因如此，在封装电学设计方法研究中往往通过物理建模、电路建模和实际测量相结合的办法，揭示物理结构参数对电磁场分布与传播的影响，从而确定集成电路与其他附属元件和封装基板、PCB 的性能参数，制定集成电路与元器件布局、高速信号的布线、滤波接地等结构设计规范，以及与之对应的信令规范（如数据的编码、端接方式等）和信道均衡化措施，使传输到接收芯片引脚的信号在时序、持续时间和幅值方面符合要求，即确保良好的信号完整性，从而保障接收芯片能正确读取发送来的数据。在采用恰当的信令和掌握信号完整性影响机制的基础上，就可以建立高速信号的高可靠传输物理通路与机制。图 7-120 所示的是，采用信号恢复措施后，使得接收到的眼图闭合的信号恢复到接近驱动器输出端处的水平。

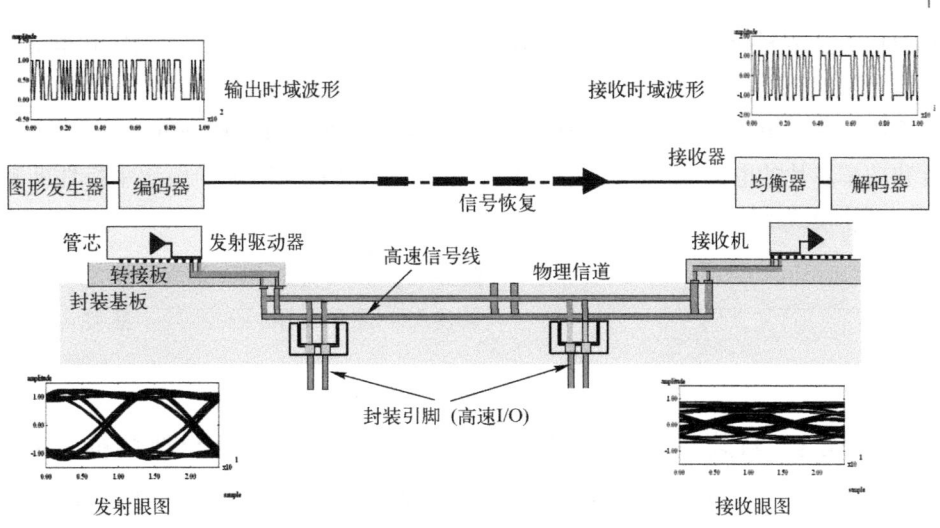

图 7-120 封装互连中的高速通路及其发射、接收波形和眼图

2. 电源完整性

电源完整性（Power Integrity，PI）是指封装芯片电源引脚处的供电电压的量值精度和稳定性，其衡量指标是芯片供电电压的波动范围及噪声等。在工程实践中，需掌握非理想因素对封装供电网络的影响机制及其预测与评估方法，相应地提出在设计中进行纠正的方法。电源波动必然会影响信号的输出和接收，从而加剧影响信号的完整性，因此电源完整性和信号完整性通常要协同考虑。

造成电源完整性问题的直接原因主要包括两个方面，即电源互连的电阻压降和电源回路中电流波动（如同步开关）造成的电压波动。前者主要为低频波动，可以通过对寄生电阻的识别和在设计中减小其电阻值来解决；后者可以造成较高的频率波动，影响芯片、封装和 PCB 三个层级，通常需要对供电网络中的电流通路及 IC 典型工作模式下的电流波形频谱进行分析，识别出存在显著寄生电感、电容或电磁辐射的互连结构，以及对信号影响显著的电源波动的频率分量，然后提出相应的削弱其影响的互连物理设计。

3. 功耗及功率容量

功耗及功率容量指标涉及封装长期工作的热稳定性和电源系统设计，与器件工作频率、模式密切相关。在封装层面上，除 IC 本身发热之外，功耗的主要来源是封装互连的热耗散，其中包括欧姆发热和介质损耗。当前，封装的微小电互连截面面积仅为数平方微米，随着新型介质的使用日益广泛，其欧姆发热和介质损耗不可忽视；此外，三维集成封装中纳米 IC 与穿透 IC 的垂直互连间的纳米级互连存在界面声子作用显著增强等问题，这也会导致热耗散，加剧功耗增长。功率电子器件通常要考虑功率容量，该参数与功耗和器件的工作稳定性密切相关,主要衡量指标是保证长期稳定、可靠工作状态下的最大电压和电流。

为了保证功耗与功率容量分析的准确性,可以通过理论、仿真与实测结合的手段,建立封装互连单元热物理模型,结合信号处理与计算型 IC 的电信令规范和功率芯片的电流-电压输出特性要求,计算出功耗与对外输出功率特性随频率、工作模式的变化,从而确定这两个参数。

撰稿人:北京信息科技大学　缪旻
审稿人:清华大学　　　　　蔡坚

▷▷▷ 7.5.4 封装设计中的热性能考量,封装設計中的熱性能考量,Considerations of Thermal Performances for Package Design

1. 传统封装中热性能的度量标准

国际半导体设备与材料协会标准 SEMI G38-0996 和固态技术协会 JEDEC JESD51 标准中定义的集成电路中各项温度点位置如图 7-121 所示,其中 T_J 是集成电路芯片处的温度。作为衡量芯片散热性能的指标,T_J 主要由功耗和散热能力两方面决定,因此对集成电路封装进行热优化也可以从这两个方面进行:通过低功耗设计、布局优化设计等手段来降低或均匀化热点热量;降低热阻的角度,包括芯片内部导热优化设计和芯片外部热沉散热设计两部分。

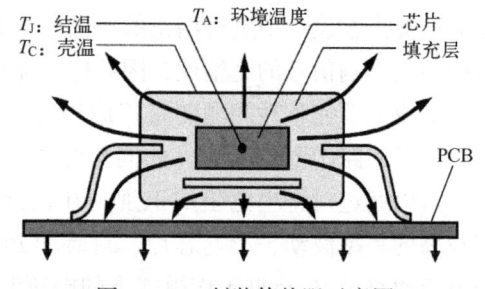

图 7-121　封装体热阻示意图

(T_J:结温　T_A:环境温度　T_C:壳温　芯片　填充层　PCB)

2. 散热设计的现实需求日益严峻

在三维堆叠集成电路架构中,有大量的低热导率介质在层间使用,同时随着芯片特征尺寸的减小,热点的尺寸不断缩小,导致热点扩散热阻的指数级增加,再加上芯片功率密度的急剧增加,使得集成电路的散热设计更加困难。

3. 从集成电路内部结构及材料特性改善电路热特性

(1) 热电结合优化设计:集成电路的热点分布由电路功耗分布决定,通过规划集成电路的功耗分布,优化布局,尽量使热量在芯片空间内均匀分布;或者采用电压岛等特殊设计,实现单位时间内各电压岛内元器件的均匀发热。

(2) 基于 TSV 的多层堆叠芯片热设计：利用三维集成电路/封装体中常用的高导热系数材料（如铜）所构成的再布线层互连线（热线）和硅通孔（热 TSV）构建高导热通路，是目前散热设计的重要方法。众多相关研究工作利用热 TSV/热线的高导热特性，结合芯片中的电学设计和布局考量，在有限的面积下实现最大散热效果，实现热量在热点和热沉之间的高效传导，从而实现集成电路内部的热优化设计。

(3) 芯片级别嵌入式微流道冷却技术：在芯片内部引入微流道冷却技术，是目前集成电路内部散热设计的前沿方法之一。通过在硅衬底中刻蚀形成微流道，实现各层热量的层内散逸，可大大缩短热量从热点到达热沉的距离，降低散热热阻。目前，微流道冷却技术面临很高的设计/制备复杂度的问题，这一问题在叠层芯片内部贯通的微通道网络制备中尤其突出，不仅要考虑元器件的布局形式，更要保证微流道密封可靠，能够承载散热流体的工作压力。另外，三维集成电路封装体的层厚较小，其内部嵌入微流道使得封装体的机械可靠性也面临巨大考验。

4. 从集成电路外部热沉封装及材料特性改善电路热阻

(1) 热界面材料：在芯片封装过程中，通常需要热界面材料（Thermal Interface Material，TIM）对芯片和热沉进行物理连接。TIM 作为实现芯片热量均匀化及传递到热沉的中间材料，是封装散热设计需要考虑的重要因素之一。

利用 TIM 连接芯片和热沉时，会在界面处形成界面热阻。该界面热阻由两部分组成，即接触处不同材料界面的接触热阻和接触界面处间隙内的气体热阻。一般来说，界面材料导热系数的减小和固体表面粗糙度的增大，都会导致界面热阻增大。

一种常用的热界面材料设计思路是，在常规界面黏结材料基体内部加入一些高导热系数填料，如 SiC、AlN、Al_2O_3、SiO_2 等，从而提高其导热性能。随着新材料/复合材料的不断研发，越来越多的具有高导热系数的热界面材料被引入封装领域，如导热胶、相变材料（Phase Change Material，PCM）、导热弹性体等。碳纳米管和石墨烯作为近年来新兴的高导热系数填料，也被用于提高热界面材料性能和封装体散热性能。导电银胶、锡浆和共晶焊接合金等具有较好导电性的材料，已广泛应用在有电学连接需求的场合中。

(2) 热沉技术：热沉作为一种散热单元结构，其温度一般不随传递到它的热量多少而发生改变，其中贴装热沉是集成电路最常用的冷却方式。常见的热沉冷却技术实现途径有空气冷却、直接浸没冷却、液体冷却、热管冷却、热电致冷、相变冷却、微喷冷却等，其中空气冷却和液体冷却的应用最为普遍。空气冷却技术通常采用金属材料压膜形成翅片状，以增大散热表面积，从而提高热量散失能力。液体冷却技术是利用流经芯片表面的冷却液体而将热量带走的，为了强化散热效果，可在芯片散热表面布置扰流柱结构，这种结构不仅起到翅片作用，还可增强流动湍流度。

撰稿人：北京大学　王玮

审稿人：清华大学　蔡坚

▷▷▷ 7.5.5 封装设计中的材料与结构性能考量，封裝設計中的材料與結構性能考量，General Rules for Packaging Material Selection and Structure Design

电子封装件的可靠性有赖于封装材料与封装结构的正确选择。工程上，电子封装件的常见失效方式包括热应力/热变形引发的芯片断裂，以及回流焊过程中的虚焊、搭桥等，这些统称为热机械可靠性问题。过大的热应力不仅会损坏封装件的机械完整性，甚至会影响其电性能（热应力会引起半导体载流子活性的降低）；随着封装密度的迅速提高，内外电连接引线中的电流密度迅速增加，引发了引线的电迁移失效（阴极处由于导电金属的原子向阳极扩散转移而出现孔洞或裂纹，容易形成断路）；迁移而来的原子在阳极处聚集而产生凸丘，并容易与其他凸丘相连从而导致短路。热塑型高分子材料由于具有质轻、价廉的特点而成为球栅阵列（BGA）封装和塑料四面引线扁平封装（Plastic Quad Flat Package，PQFP）等常用的封装材料，但这些材料容易从空气中吸收水分并将其积聚在内部，从而引发金属器件腐蚀，并在温度急速升高的回流焊过程中形成蒸汽，产生较大的内压而使塑封体发生"爆米花开裂"（Popcorn Crack）；另外，这些材料吸湿后容易膨胀，并引发因膨胀失配而产生的湿应力和一些特殊的失效模式，如倒装焊的填充胶因吸湿膨胀而将焊点从芯片上拔出（Under Bump Opening）等。封装结构的优化设计在一定程度上可以提高其可靠性，如在基于硅通孔（TSV）的三维封装设计中，大量地填充了铜的硅通孔可以有效地提高芯片的当量热膨胀系数，客观上减小了芯片与基板之间的热失配，但在数量相同的情况下，硅通孔的阵列分布形式比环式分布（即TSV只分布在芯片周边）更有利于减缓芯片与基板之间的热失配。

从提高可靠性的角度看，封装的材料选择和结构设计主要应遵循如下原则。

（1）尽量减小封装材料热膨胀系数之间的差别。不同封装材料之间的热失配是导致封装内部热应力存在的原因。降低热失配引发的热应力需要注意两点：在不影响封装件其他性能的条件下，尽量选择热膨胀系数相近的封装材料；尽可能选择小尺寸封装。以倒装芯片封装为例，相对于低成本和应用广泛的 FR4 基板，采用陶瓷基板可以减少其与芯片之间的热失配，从而提高可靠性。热膨胀系数介于基板和芯片之间的填充胶的使用，实际上起到减缓二者之间热失配的功能。BGA 封装中离中心最远的焊点往往是最危险和最先失效的，在其他条件不变的情况下，减小器件尺寸，从而缩小它与中心点的距离，有利于提高其热疲劳寿命。

（2）采用合理的材质和互连结构几何形状。在同样的电流密度条件下，不同材料对电迁移的抵抗力会有所不同。在常用的焊接材料中添加适当的元素，可增加对电迁移的抵抗力。PCB 和芯片上的引线应避免出现锐角和直角拐弯，通常采用 135°的钝角拐弯，其目的之一便是避免/减少电流密度在拐角处的集中和电迁移的发生。通过回流焊工艺形成的微焊球，在与铜盘连接的边角处也容易产生电流密度集中，特别是阴极，电迁移容易在此处形成孔洞/裂纹，并沿着金属间化合物（Intermetallic Compound，IMC）与焊球之间的界面扩展。研究表明，增加铜盘的厚度有利于降低该处的电流密度集中和减缓电迁移破坏，同时增加微焊球结构的柔性，有利于提高其热疲劳寿命。

（3）采用干燥储存和烘焙工艺防止湿扩散。采用干燥储存和烘焙工艺避免塑料封装件吸湿失效，这在空气湿度大的地区更为必要。为了进一步避免塑料封装件在回流焊工艺过程中发生"爆米花开裂"，在回流焊工艺前应对其进行烘焙，并且温度不应太高，升温速率也不应太快。当然，对可靠性要求极高的场合，多采用完全不吸湿的材料（如陶瓷）作为芯片的封装材料，但这会大大增加封装成本。

（4）封装结构和材料使用应尽量保持对称。从力学分析角度来看，几何结构和材料使用完全对称的封装件是不会产生翘曲变形的。严重的不对称设计往往导致较大的翘曲变形，在回流焊等封装工艺过程中会导致焊球脱焊或搭桥等失效的发生。

（5）利用可靠性仿真设计提高封装可靠性。可靠性仿真主要采用有限元仿真工具进行仿真。通过有限元仿真，可以对封装材料的性能和结构形式进行协调和优化，以使封装件内部的热应力和热变形最小化，从而取得最佳的热机械可靠性。在一些大的电子封装企业里，有限元仿真已经成为设计封装方案的重要依据，在一定程度上减少了后续产品失效分析和可靠性实验方面的成本，提高了设计效率和产品上市速度。

撰稿人：北京航空航天大学　　苏飞
审稿人：清华大学　　　　　　蔡坚

▷▷▷ 7.5.6 封装设计中的电–热–力多物理场耦合设计，封裝設計中的電–熱–力多物理場耦合設計，Electrical–Thermo–Mechanical Multiphysical Design

集成电路及其封装是典型的由多种材料构成的复合结构体系，也是典型的多物理场耦合系统。在封装技术发展的早期，多物理场耦合效应较弱，电设计与热机械可靠性设计通常是独立进行的，以降低设计难度。如今，集成电路已进入纳米时代，先进的封装形式不断涌现，许多新结构材料、纳米级晶体管新结构、TSV等新互连结构被引入集成电路及其封装中。在纳米级–毫米级跨尺度结构中，材料界面的影响日益突出，电–热–力多物理场耦合日益增强，而且新的物理效应器件也可能被集成到集成电路封装内部甚至芯片上，因此纳米级集成电路及其单片或集成封装的设计与分析必然涉及多物理场的耦合。图7-122所示的是封装中可能存在的多重相互耦合的物理场。

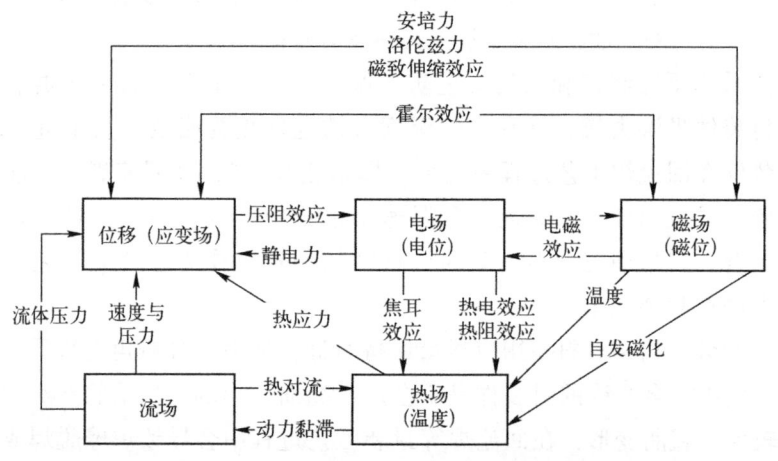

图7-122 封装中可能存在的多重相互耦合的物理场

多物理场耦合设计可以从电学设计入手，在完成物理版图设计的电磁特性仿真分析基础上，基于电磁场及电流分布求解结果得到温度场和应力–应变场分布，然后通过对结温等热学指标和脱层等热机械可靠性问题进行评估，确定是否需要对原版图设计进行优化。

目前，封装设计与分析软件往往是针对物理场非耦合的情形开发的。若要实现多物理场设计，可以在工具开发与具体设计实践中采用下述方法。

（1）在物理模型的剖分单元层面上直接实现多种物理场耦合：目前，各物理场建模与仿真软件的基本单元模型是针对单一物理场开发的。只有在单元层面上实现多物理场的耦合，才能从根本上保证求解的自洽性和精度。但在基本单元中实现耦合后，还需要针对不同物理场进行各物理场剖分优化，这就增加了软件处理的难度。

（2）利用数据交换程序和自动仿真执行控制程序实现单物理场设计工具的组合：利用自动执行的数据交换程序和仿真控制程序，可以将单物理场的设计工具组合起来，通过设计数据在各工具之间的迭代，最终获得设计和仿真参数的收敛解。这是目前针对复杂封装材料系统较为可行的分析方法，但也存在数据转换效率有待提升，数据迭代导致求解效率下降等不足之处。

撰稿人：北京信息科技大学　缪旻
审稿人：清华大学　　　　　蔡坚

▷▷▷ 7.5.7 可制造性、可靠性和可测性协同设计，可製造性、可靠性和可測性協同設計，DFM/DFR/DFT Co-design

可制造性设计（Design for Manufacturability，DFM）、可靠性设计（Design for Reliability，DFR）与可测试性设计（Design for Testability，DFT）互相交叠、密不可分，需要综合考虑，以实现设计与工艺的迭代优化。DFM/DFR/DFT 协同设计示意图如图 7-123 所示。

（1）DFM：可制造性设计的目的是基于先进封装工艺能力，综合封装性能需求，实现设计与制造工艺的紧密结合。封装设计首先应考虑封装工艺的能力，要以大规模生产所需的工艺设计准则来确定电气、散热性能及封装结构设计，并允许在特殊需求下调整和优化工艺。例如，为了提高散热性能，QFN 封装底部中央位置有一个大面积裸露焊盘用于导热，根据工艺和芯片情况可实现单芯片或多芯片的集成；为满足高频应用的需求，可通过优化 QFN 封装工艺缩短引线长度，以此提供射频（甚至毫米波）信号的传输。

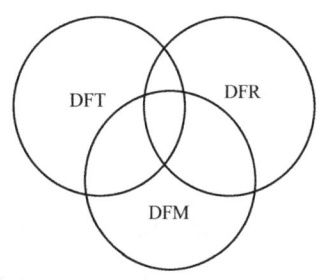

图 7-123　DFM/DFR/DFT 协同设计示意图

芯片堆叠是一种典型 3D 封装形式，芯片堆叠工艺对芯片尺寸、引线键合的引脚位置都有限制，为提高堆叠芯片的数量，需要进行芯片减薄和低弧度键合工艺的优化。这类由应用需求引起的结构/材料优化和工艺优化需要考虑可靠性性能，因此需要 DFM 与 DFR 之间的协同设计。

（2）DFR：可靠性设计的目的是为了采用 DOE 试验设计方法实现结构和材料设计的迭代优化，消除可靠性隐患。在设计之初，通过对材料和结构体系的优化，采用仿真模拟、理论分析和实验验证相结合的方式，对封装的热应力/应变、热疲劳、电迁移等可靠性相关问题进行研究和优化。由于热应力源自不同封装材料之间的热失配，所以设计时应尽量采用对称的封装结构，选择热膨胀系数匹配、玻璃化温度（T_g）合适的封装材料，也可以通过添加底部填料来提高封装和装配的可靠性。芯片-封装交互作用（Chip Package Interaction，CPI）也是 DFR 的重要内容。

（3）DFT：通常意义上的可测性设计，是指在设计系统和电路的同时，通过增加一定的硬件开销，从而获得最大可测性的设计过程，其目的是用于检测生产故障。例如，数字电路常见的可测性设计方法有扫描测试（SCAN）、内建自测试（Built-In Self-Test，BIST）、边界扫描测试（Boundary Scan Test）等。这些 DFT 方法都可应用于常规的封装形式，如 QFN 封装、BGA 封装等。

对于 2.5D 类复杂封装，在封装制备过程中也要进行可测性设计。为了检测 TSV 中介转接层的成品率，除了直接用探针进行接触式测量，也可设计 TSV 测试电路并配合软件来进行测试。对于有特殊需求的封装，如高频/高速封装、大功率封装等，还需制定单项性能测试方案。例如，设计可测性高速测试线路样品，可对封装体内典型的互连结构的电学性能进行测量；设计可测性热阻测试样品，可事先对封装体内的结温和热阻进行测量；设计基于菊花链的测试样品，可进行封装工艺的开发、可靠性性能的评估等。

撰稿人：中国科学院微电子研究所　李君
审稿人：清华大学　　　　　　　　　蔡坚

▷▷▷ 7.5.8　封装设计与仿真流程，封裝設計與仿真流程，Design and Simulation Flow for IC Package

典型的封装设计与仿真流程如图 7-124 所示。

（1）系统功能分析：明确产品的功能与应用场景，据此制定技术指标，并评估系统实现的可行性；对封装系统的功能进行划分，评估各功能区域的实现及互连方式，初步确定集成方案。

（2）器件选型：按照封装产品的功能与指标要求，确定封装模型中的器件型号，如根据系统的工作频率（速率）、带宽、工作电压、线性度、功耗等要求，选择合适的器件；针对不同的使用环境，确定对器件的要求。结合器件模型和连接关系，完成功能验证和链路级仿真，评估方案的可行性，验证设计。

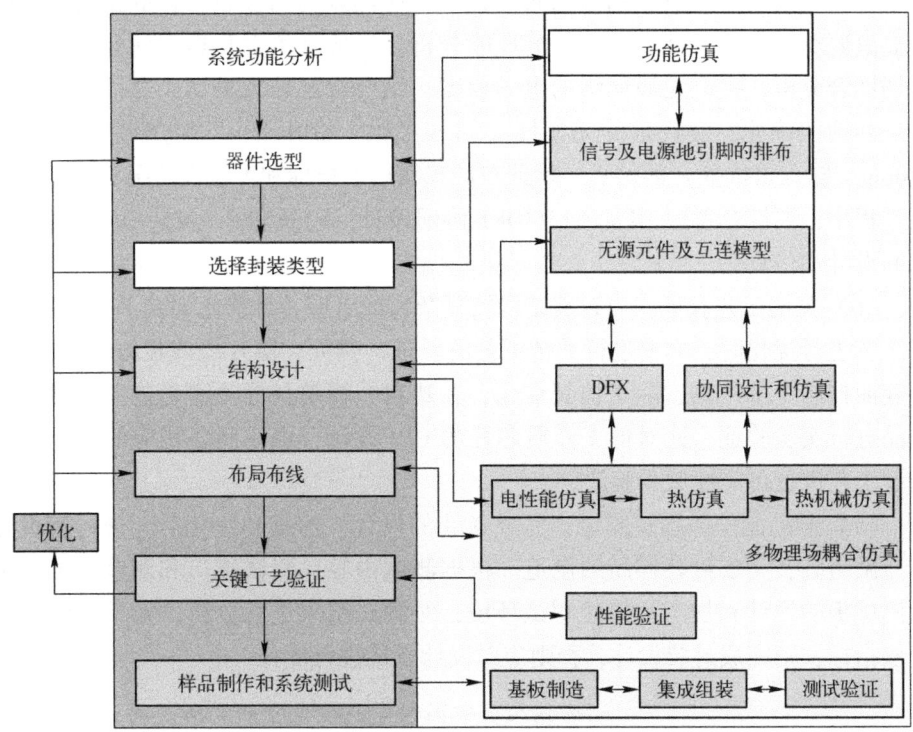

图 7-124 典型的封装设计与仿真流程

（3）选择封装类型：基于不同的产品功能、成本及裸芯片引脚的引出方式，选择不同的封装类型，如 BGA、QFN、LGA、PoP 等。封装的引脚分布主要遵循如下 5 个原则：便于封装基板和 PCB 布线；信号的参考回路尽可能短，并确保阻抗的连续性；降低电源分配系统的阻抗和噪声；不同电源等级之间用地进行隔离；关键信号线之间用电源或地进行隔离。

（4）结构设计：结构设计直接影响产品最终的成本、性能和可靠性。应针对应用环境和指标进行封装结构设计，选择合适的基板和封装类型，并完成无源元件建模和互连模型评估。对于多芯片封装，要选择合适的堆叠结构或三维结构。结构设计还需要综合考虑电磁屏蔽、散热能力、可靠性等因素。

为了优化和评估所设计的封装结构，需进行电性能仿真、热管理分析和热机械仿真，并进行必要的多物理场耦合仿真。通过仿真试验确定最佳的封装结构和材料，如需实验验证，可进行相应的可靠性试验和失效分析。

(5) 布局布线：基于系统级封装电学设计规则，如布线设计规则、键合丝设计规则，以及微带线、基板过孔及引脚排布优化原则，根据设计结构和实际需求，完成基板叠层设计和布局布线设计，使热点均匀分布，各链路满足传输和隔离要求。在此基础上，进行电性能分析、热机械仿真及热管理分析等多物理场耦合分析，提取无源网络的电学模型，结合有源芯片模型，进行链路功能验证和性能优化，实现信号完整性（如 S 参数、TDR 等）与电源完整性（如 IRdrop、输入阻抗等）的仿真，验证布局布线后的指标和可靠性情况。在布局布线过程中，要综合考虑 DFM/DFR/DFT 协同设计，以及芯片-封装-PCB 之间的协同设计和仿真。

(6) 关键工艺验证：当封装结构较复杂，或者应特殊需求对封装结构/材料和工艺进行优化时，需要进行关键工艺的验证。例如，圆片级或板级扇出工艺，对翘曲控制要求严格，除了仿真优化，在塑封、解键合等关键工艺上还应制作样品进行实验验证。针对低 k 介质芯片的 CPI 设计，也应制备相应的样品针对关键工艺进行可靠性试验验证。

(7) 产品制作和系统测试：完成封装的设计、仿真和优化后，进行基板加工与微组装，完成封装样品的制造。根据测试内容、测试接口和测试方案，进行测试板的设计和加工。搭建测试环境，对测试结果进行分析，如果能够满足考核指标，则完成封装设计，否则应对设计方案进行优化。

撰稿人：中国科学院微电子研究所　周云燕
审稿人：清华大学　　　　　　　　　蔡坚

▷▷▷ 7.5.9 封装设计与仿真工具现状及发展趋势，封裝設計與模擬工具現狀及發展趨勢，Current Status and Development Trend of Design and Simulation Tools

集成电路和电子系统的快速发展，推动着封装和集成技术向着轻型化、高集成度、多样化的方向不断革新，也带动了封装的电/热/机械及结构的设计与仿真工具的快速发展。

(1) 封装版图设计工具：利用封装版图设计工具能够快速进行封装、基板（Substrate）和 PCB 设计的可行性分析，降低设计的风险。版图设计工具具有系统级封装设计和芯片封装设计集成设计环境，支持针栅阵列、球栅阵列、微球栅阵列、倒装芯片和引线键合工艺，提供贯穿基板设计流程的统一的规则管理工具，提供支持设计规范条件约束的设计方法，具备完整的设计规范支持环境；

支持三维创建/编辑芯片；支持按约束规则的盲孔、埋孔、过孔设计，支持陶瓷封装技术及硅通孔工艺设计等。

（2）封装电学仿真工具：封装电学仿真工具是研究系统级封装中电学性能设计的基础工具之一，是微电子封装和系统级封装必不可少的软件。信号完整性和电源完整性仿真软件与封装版图设计软件之间具有良好的接口，能实现版图设计软件的导入和导出，完成时域和频域仿真；能针对各种封装形式进行建模和优化，完成信号线的阻抗串扰与耦合、分析，以及参数提取、S参数分析、传递系数分析等。电源完整性分析包括直流特性和交流特性分析，电源完整性仿真可以快速检测/定位电流密度超标、温度超标、交流裕量及系统级封装的整个供电稳定性，降低产品的风险。

（3）封装热管理仿真工具：封装散热是衡量产品性能和可靠性的重要因素。由于封装结构的小型化，封装的集成度逐渐增加，芯片间距离缩短，导致热串扰增强；同时一些堆叠的封装形式导致了热流密度增加，而多芯片集成也会引起系统内"热点"问题。利用热管理仿真工具可进行封装体温度分布、热阻分析、电流密度仿真和优化。

（4）封装机械、工艺仿真工具：多种材料体系热/湿膨胀系数的不匹配容易产生热/湿应力，导致封装出现翘曲、分层、断裂等可靠性问题；跌落、振动等应力冲击的作用，也会导致封装分层、断裂、蠕变等可靠性问题。利用封装机械仿真工具可进行此类性能的多物理场耦合仿真分析，通常配合仿真优化方法用于确定封装结构和材料。

除应力、翘曲等机械仿真之外，塑封、刻蚀等典型封装工艺过程也可以用EDA工具来模拟仿真，分析工艺过程中产生的气泡、模流、形貌等，以利于改进封装工艺，提高生产效率，降低生产风险。

（5）封装多物理场仿真工具发展趋势：封装的设计工具逐步包含仿真的功能，仿真的工具也涵盖了设计模块，设计与仿真工具呈现融合的趋势，多物理场仿真软件得到了快速的发展。图7-125所示的是封装设计与仿真工具软件汇总图。由图可见，版图设计软件逐步包含了电学仿真、热学仿真的功能；不仅仿真软件具有导入设计文件的接口，也有部分仿真软件厂商开发了设计软件；一些多物理场仿真软件包括多个独立的、不同领域的仿真模块，用户可以根据设计的需求，选择不同的设计仿真模块，用于进行封装的设计与仿真。从目前发展现状来看，封装设计工具与仿真工具的融合是一个重要的趋势；从工程项目的实际需求来看，将所需要的多学科分析工具自由组合、统一求解，综合优化封装的每个方面的多物理场仿真软件将得到快速的发展和广泛的应用。

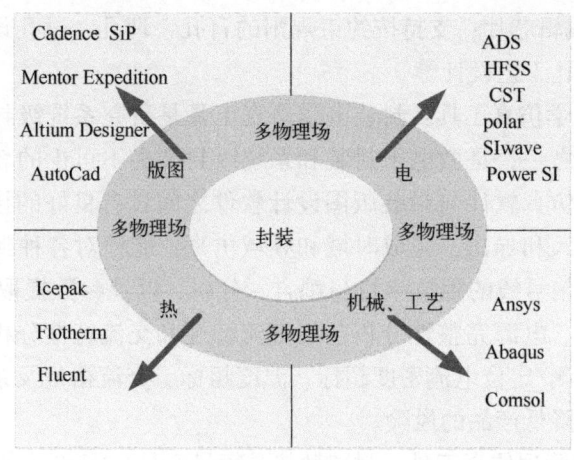

图 7-125 封装设计与仿真工具软件汇总图

撰稿人：中国科学院微电子研究所　刘丰满
审稿人：清华大学　　　　　　　　蔡坚

▷▷▷ 7.5.10　SiP 和 SoC 的协同发展，SiP 和 SoC 的協同發展，Co-development of SiP and SoC

随着电子技术的飞速发展，集成电路正沿着三个方向发展：一是集成电路芯片的特征尺寸向不断缩小的方向发展；二是大量的不同需求催生多种类型的集成电路芯片；三是为满足小型化而朝着系统集成方向发展。因此国际上提出，一方面，半导体技术将延续摩尔定律（More Moore）发展，不断增强系统级芯片（SoC）的功能和集成度；另一方面，更多类型、更多功能的芯片或器件将通过系统级封装（SiP）实现集成，向着超越摩尔定律的方向发展。

SoC 和 SiP 技术是两种有效的系统集成解决方案，各有优缺点，也有各自特定的应用场景，为持续改善电子系统的性能、功耗、成本和尺寸提供了新的发展途径。随着半导体器件尺寸的持续缩小，SoC 将会面临诸如工艺波动严重、光刻成本增加、器件性能变差、器件功耗增加等严峻挑战。由于工艺不同，SoC 将模拟、射频、数字甚至光电功能整合在一起的难度很大，天线、MEMS 等微机械结构的集成更加困难。而且在大多数情况下，SoC 的成本要高于不同功能分立器件的总和，因此 SiP 技术越来越受到业界重视。SiP 技术是基于 SoC 技术发展起来的，具有灵活、易于扩展的特点，是 SoC 技术的有效补充，但不会替代 SoC 技术。以光电集成技术为例，限于当前光电子技术和集成制造工艺发展水平的限制，完全实现高性能的单片光电集成还有很多技术难题需要攻克，光子和电子混合集成在设计、加工、性能等方面仍旧具有巨大的优势。光子集成电路和电子集成电路技术的成熟和进步，推动了光电混合集成 SiP 成为光电组件及光模块的关键技术。而通信容量的增加，以及光电网络的升级改造，对光电混合集成的带宽、功耗等方面提出了严格的要求，进而推动光子集成电路和电子集成电路在带宽、功耗、制造工艺及集成方式等关键技术的进步，以满足光电组件、光电模块和光电系统的指标要求。

随着新原理、新方法的采用，硬件与软件联合设计，以及制造工艺水平、工艺兼容性的提高，SoC 的功能将会得到快速发展，对 SiP 技术工艺能力的需求也越来越高。高性能 SiP 的实现也会对 SoC 的引脚布局、物理尺寸、材料体系、KGD（Known Good Die）等提出要求。制造设备的提升，新型材料的引入，以及封装工艺能力的不断提升，也会支撑 SiP 技术扩展到基于更高端 SoC 的系统异质集成的应用。在基于 SoC 进行系统级封装的过程中，许多新的封装形式和封装技术被相继提出，这对 SoC 和 SiP 从设计、材料、工艺、测试等多方面提出了新的挑战，因而需要 SoC 和 SiP 在诸如信号完整性、热管理、可靠性、测试及互连制造技术等方面协同设计、互为补充、共同发展。SoC 和 SiP 技术融合示意图如图 7-126 所示。

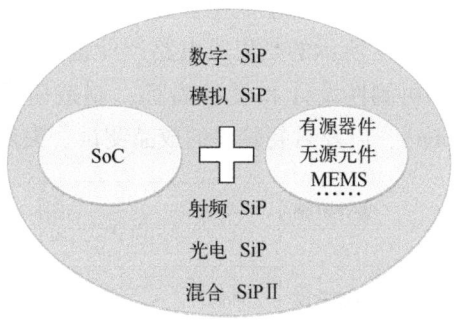

图 7-126　SoC 和 SiP 技术融合示意图

撰稿人：中国科学院微电子研究所　刘丰满
审稿人：清华大学　　　　　　　　蔡坚

7.6　集成电路测试技术

7.6.1　集成电路测试定义，積體電路測試定義，Definition of IC Test

集成电路进入后摩尔时代以来，安全、可靠的软硬件协同设计、冗余定制、容错体系结构和协议、光机电一体化等新的设计趋势促使片内测试（On-Chip

Test）/片外测试（Off-Chip Test）整体测试解决方案趋于复杂化；先进工艺路线的发展，促使集成电路失效故障测试模型不断演化；芯片尺寸封装（Chip Scale Package，CSP）、圆片级封装（Wafer Level Package，WLP）、硅通孔（Through Silicon Via，TSV）、三维集成等先进封装工艺，带来了新的测试工序和复杂光机电集成失效特性；这些技术的演进也导致集成电路测试变得日益复杂。互联网、物联网、云计算、大数据等新应用、新业态的出现，不断推动集成电路测试技术的发展和信息化进程[1]。

集成电路测试既是集成电路设计的组成部分，也是芯片制造的一个环节。集成电路测试的主要作用是检测电路存在的问题、问题出现的位置和修正问题的方法。如果一个电路未能通过测试，可能的原因包括测试本身、产品设计、制造过程等方面。测试技术研究就是在兼顾品质和经济性的条件下制定合适的测试方案，即用最低的成本检出最多的故障。

测试贯穿于集成电路生产过程，分为设计验证、检测筛选、质量控制等。图7-127所示的是集成电路产业链中主要的测试环节。由图可以看出，设计阶段的可测性设计和设计验证，制造阶段的圆片接受测试和圆片测试（Circuit Probe），以及封装阶段的成品测试、失效分析等，都属于测试技术领域。

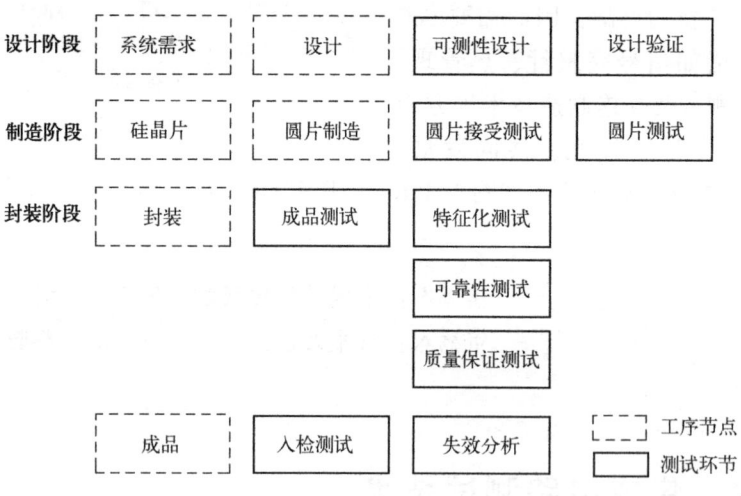

图7-127 集成电路产业链中主要的测试环节

特征化测试是对功能、直流特性、交流特性进行全面的功能/性能检测，用以表征集成电路各项极限参数，验证设计的正确性。

圆片级测试是在集成电路制造后进行的圆片状态下的测试，用于最初阶段的合格电路的筛选。随着圆片级封装、三维异质集成、测试模式演变、电路修调定制等需求的发展，圆片级测试变得更具挑战性。

成品测试是封装后的测试环节,用以检测集成电路在此阶段是否符合规格要求。有时也会加入系统应用级测试,通常会将前面环节中实施成本较高的测试项目放在该测试环节,以避免不合格产品进入最终应用环节。

图7-128所示的是基本的测试原理框图。由图可知,基本的测试原理是对被测电路施加一定的激励条件,观测被测电路的响应,与期望值进行对比,如果一致,表明电路是好的;如果不一致,则表明电路存在故障。

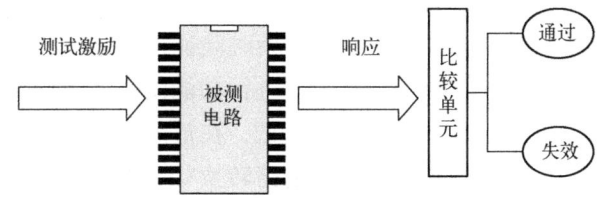

图7-128 基本的测试原理框图

按测试方案的区位界定,集成电路测试可以分为片内测试和片外测试两类。片内测试又称可测性设计(Design For Testability,DFT)。DFT技术研究的主要目的是提高故障可观测性,降低对外部测试仪器仪表性能的要求,减少测试时间,以实现测试品质和经济性的均衡。但考虑其带来电路设计复杂性的增加、芯片面积的增加、额外故障的引入,以及在模拟/射频等范围技术尚不完善等因素,片外测试技术依然是不可忽视的研究重点。

根据被测集成电路类型的不同,集成电路测试可以分为数字集成电路测试、模拟集成电路测试、混合信号集成电路测试、高速信号集成电路测试、射频集成电路测试、可编程器件测试、存储器集成电路测试、系统芯片测试、物联网芯片/微机电系统芯片测试等。

参考文献

[1] International Technology Roadmap for Semiconductors 2.0. Test and Test Equipment [EB/OL]. 2015 [2017-03-01]. https://www.semiconductors.org/clientuploads/Research_Technology/ITRS/2015/ITWGs/0_2015%20ITRS%202.0%20Test%20.pdf.

撰稿人:上海华岭集成电路技术股份有限公司　祁建华
审稿人:中国电子科技集团公司第五十八研究所　武乾文

▷▷▷ 7.6.2 数字集成电路测试,數位積體電路測試,Digital IC Test

数字集成电路的测试主要包括直流参数测试(DC Test)、交流参数测试(AC Test)、功能测试(Function Test)、可测性设计(DFT)测试等。典型的数字集成电路测试顺序如图 7-129 所示。

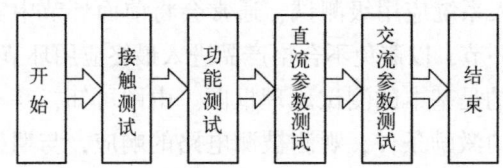

图 7-129 典型的数字集成电路测试顺序

  首先进行的是接触测试，要在测试开始时验证被测电路与测试系统连接良好，消除由于接触不良造成的影响；其次进行功能测试，验证被测电路是否具有预期的逻辑功能；然后进行直流参数测试，在被测电路引脚上进行电压或电流测试；最后进行交流参数测试，测量电路转换状态的时序关系，确保电路在正确的时间点发生状态转换[1]。可测性设计测试主要基于故障模型，生成测试算法，在电路内部设计相应的结构；测试时，输入引脚的信号状态变化及电路内部结构引起的内部节点状态变化，都将影响输出引脚的信号状态变化。可测性设计主要采用扫描链设计（SCAN）、内建自测试（BIST）设计等方法，通过测试向量来实现，在测试顺序上会与功能测试放在一起。

  (1) 接触测试：主要通过加流测压（Force-Current/Measure-Voltage, FIMV）来验证电路所有引脚、电源、地之间，以及测试系统、测试负载板、测试插座等接触良好，没有短路与开路。

  (2) 功能测试：通常采用由电平、时序、波形格式构成的测试向量（Pattern）的方式进行测试。执行功能测试时，首先必须确认电源电压、I/O 电压、输出电流负载、输出采样等，将测试向量以被测电路测试规范规定的速率送入电路输入端，然后逐个周期、逐个引脚检查电路的输出，如果任何输出引脚的逻辑状态、电压、时序与测试向量中规定的不符，则功能测试没有通过；如果完全相符，则表示功能测试通过。功能测试一般包括测试向量生成、测试向量运行和测试结果验证等步骤。功能测试原理图如图 7-130 所示。

  (3) 直流参数测试：直流参数包括输入高/低电流（I_{IH}/I_{IL}）、输入高/低电平（U_{IH}/U_{IL}）、输出高/低电平（U_{OH}/U_{OL}）、输出短路电流（I_{os}）、静态电流（I_{static}）、动态电流（$I_{dynamic}$）等。直流参数测试通常利用测试系统的精密测量单元（Precision Measurement Unit，PMU）或电源供电模块（Device Power Supply，DPS）等硬件资源，主要通过加压测流（Force-Voltage/Measure-Current，FVMI）或加流测压（FIMV）来进行测试，当然有些参数也会采用加压测压（Force-Voltage/Measure-Voltage，FVMV）及加流测流（Force-Current/Measure-Current，FIMI）的模式来进行测试。测试时，如果测试线路上的电流较大，则

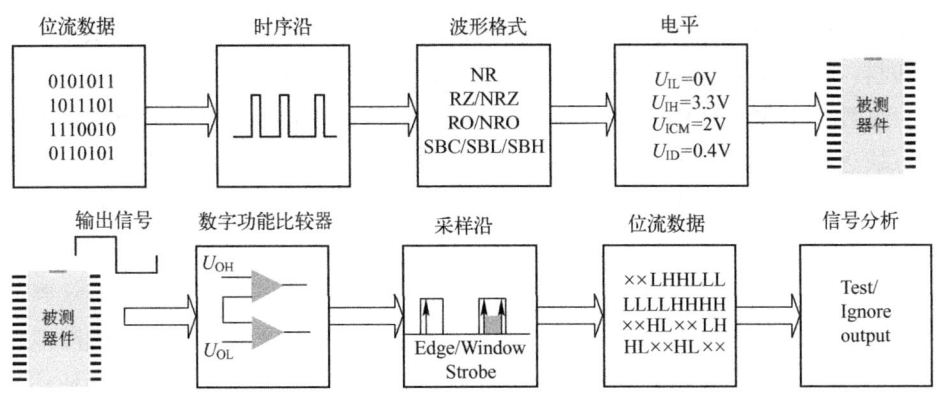

图 7-130　功能测试原理图

必须采用开尔文连接（Kelvin Connections），以消除该线路上产生的电压降。针对输出引脚某一高/低状态下的电压或电流进行测试时，需要先运行一段测试向量，使电路被测引脚处于期望的高/低状态，然后再进行测量。随着测试技术的不断进步，当前主流数字信号测试系统在每个数字通道上均包含 PMU，可实现对被测电路的多个引脚直流参数的并行测试。

（4）交流参数测试：交流参数包括频率（Frequency）、上升/下降时间（Rise/Fall Time）、传输延迟时间（Propagation Delay）、建立/保持时间（Setup/Hold Time）等。可通过不断改变功能测试中测试向量的时间沿进行扫描测试，或者直接采用测试系统的时间测量单元（Time Measurement Unit，TMU）进行交流参数测试，其测试精度由所采用的测试资源的精度决定。

目前，主流数字集成电路测试系统可测试的数字集成电路引脚数已超过 7000 个，测试速率可达到 Gbit/s，时沿精度可达 100ps 以下。随着数字集成电路规模的不断扩大，新的测试技术需要不断提高测试效率，朝着高并行测试、并发测试的方向发展。

参考文献

[1] 刘丹妮, 罗俊, 邱忠文, 等. VLSI 测试技术现状及发展趋势 [C]. 第十七届全国半导体集成电路、硅材料学术会议, 2011：66-70.

撰稿人：上海华岭集成电路技术股份有限公司　　余琨
审稿人：中国电子科技集团公司第五十八研究所　　武乾文

▷▷▷ 7.6.3　模拟集成电路测试，類比積體電路測試，Analog IC Test

模拟集成电路包括运算放大器、滤波器、电源管理电路、模拟开关、PLL、射频前端等，其典型参数包括泄漏电流、基准电压、阻抗、增益、灵敏度、纹波抑制、频率或相位响应、谐波、互调失真、串扰、信噪比、噪声系数等。

与数字集成电路相比，模拟集成电路中的晶体管较少，其参数范围是连续的，缺乏良好的故障模型，不存在可拆分的子电路，测试仪器仪表的引脚负载、接口阻抗、噪声等均会导致测量误差，因此模拟集成电路的测试更加困难。

图7-131所示的是基于功能的模拟集成电路测试方法，该方法不需要故障模型，便于处理。由于模拟集成电路缺乏良好的故障模型，且结构模拟故障与功能映射并不理想，因此模拟集成电路结构测试方法尚未得到广泛应用。

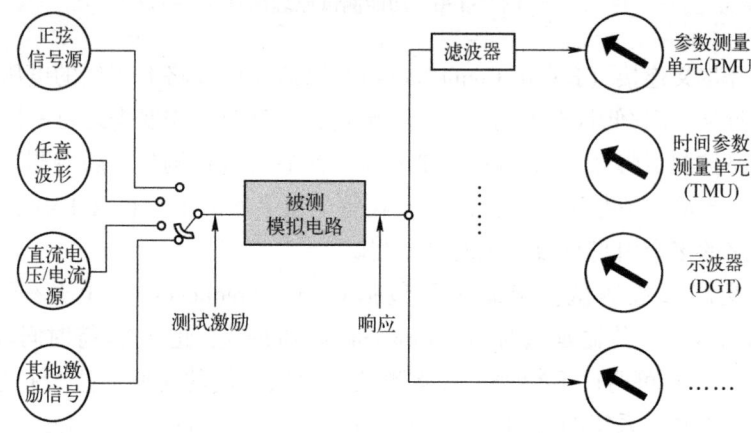

图7-131　基于功能的模拟集成电路测试方法

传统的模拟集成电路测试方法存在参数多，测试时间长，激励与响应很难同步，噪声处理复杂等问题。随着技术的进步和软硬件成本的降低，基于数字信号处理器（DSP）的功能测试方法得以广泛应用。图7-132所示的是基于DSP的模拟集成电路测试架构图，其核心部件是任意波形发生器、波形数字化仪和DSP。

基于DSP的测试方法将模拟信号数字化，使得仪器串扰、噪声、漂移大大减少；同时，利用多次数字化采样，提高了测试精度，重复性更好，是一种更佳的测试方案。但是，如果测试参数单一，其测试成本比传统的高。

模拟集成电路的DFT和内建自测试（BIST）设计比较滞后。IEEE 1149.4提出了一种针对模拟集成电路扩充的边界扫描方法，但目前尚无业界认可的模拟信号性能测试的可行的方案。在模拟信号BIST领域，需要投入更多的精力进行研究，以降低对高性能复杂模拟自动测试系统（ATE）的需求。

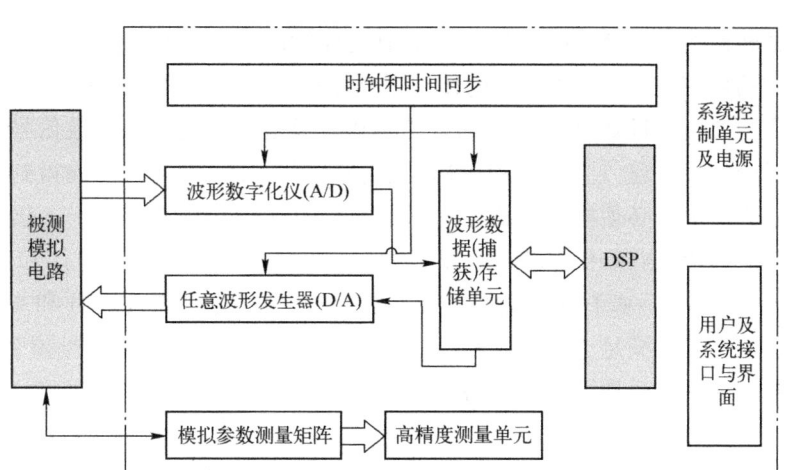

图 7-132　基于 DSP 的模拟集成电路测试架构图

撰稿人：上海华岭集成电路技术股份有限公司　　祁建华
审稿人：中国电子科技集团公司第五十八研究所　　武乾文

▷▷▷ 7.6.4　混合信号集成电路测试，混合信號積體電路測試，Mixed Signal IC Test

混合信号集成电路是指包括数字模块和模拟模块的集成电路。将数字信号转换为模拟信号的电路称为数模转换器（D/A 或 DAC），将模拟信号转换为数字信号的电路称为模数转换器（A/D 或 ADC）[1]。图 7-133 所示的是 ADC/DAC 的工作原理。目前，已经商用化的 ADC/DAC 速率达到数十 Gbit/s，位数达到 32bit。

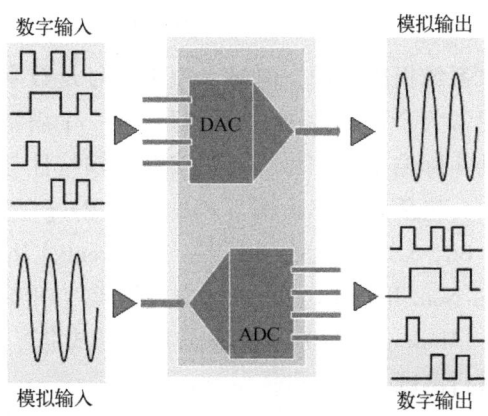

图 7-133　ADC/DAC 的工作原理

模数转换的作用是将时间连续、幅值也连续的模拟量转换为时间离散、幅值也离散的数字信号,数模转换的作用则刚好相反[2]。采样是将连续(即模拟)信号转变为离散(即数字)信号的处理过程;反之,重构是将离散信号转变为连续信号的处理过程[3]。采样和重构在混合信号集成电路测试中均得到了广泛的应用。理论上,必须按照采样定理进行采样,即采样频率应大于 2 倍的信号频率;但在实际测试中,有时也会用到过采样(Over Sampling)和欠采样(Under Sampling)。基于 DSP 的测试涉及两种采样类型,即相干采样和非相干采样。相干采样要求满足 $F_s/F_t=N/M$,其中 F_s 为采样频率,F_t 为信号频率,N 为采样点数,M 为采样周期数,且 M 与 N 互为素数,这样可避免重复采样,提高效率[4]。针对周期信号的不相干采样容易引起频谱泄露。

混合信号集成电路的测试包括直流参数测试和交流参数测试,如功耗、漏电、电源抑制比、建立时间等;而针对其传输特性,则主要测试静态参数与动态参数。图 7-134 所示为 ADC 测试原理图。

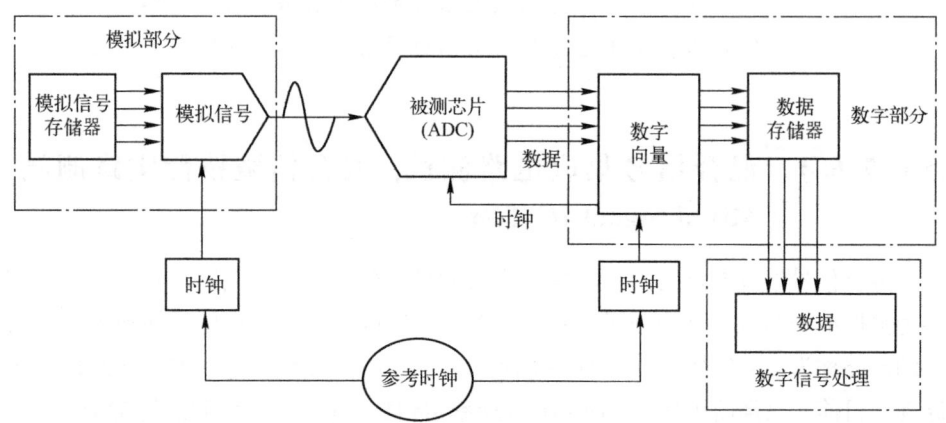

图 7-134 ADC 测试原理图

测试时,由测试系统提供电源、时钟、模拟信号及数字控制信号给被测电路。静态参数测试通常为全码线性测试,通过输入一个满量程的信号频率较低的三角波,采样得到实际输出的信号,通过实测传输特性与理想传输特性的比较来确定其静态参数,包括满量程范围(Full Scale Range,FSR)、最低有效量值(Least Significant Bit,LSB)、差分非线性(Differential Non-linearity,DNL)、积分非线性(Integral Non-linearity,INL)、失调误差(Offset Error)、增益误差(Gain Error)、失码(Missing Code)等。静态参数测试也可以通过输入正弦波,采用直方图方法来进行测试。

在进行动态参数测试时,通过测试系统的波形发生器生成一定频率的测试波形（通常为正弦波），该测试波形的准确度必须远高于被测电路的准确度；将测试波形输入被测电路后，采样得到输出的时域信号；通过快速傅里叶变换（Fast Fourier Transform，FFT）将采样的时域信号变换为频域信号进行处理，分析得到混合信号集成电路的动态参数。动态参数包括信噪比（Signal Noise Ratio，SNR）、总谐波失真（Total Harmonic Distortion，THD）、有效位数（Effect Number of Bits，ENOB）、无杂散动态范围（Spurious Free Dynamic Range，SFDR）、噪声与谐波总失真（Signal to Noise and Distortion，SINAD）、互调失真（Intermodulation Distortion，IMD）等。在理想的转换器中，SINAD 和 SNR 是相同的。如果 SNR 是转换器所能达到的理想状态，SINAD 是反映转换器实际性能参数的指标，则 SINAD 越接近 SNR，表示其性能越好[5]。ENOB 可以在信噪比基础上计算得出，即

$$ENOB = (SINAD - 1.76)/6.02$$

测试混合信号集成电路时，同样需要考虑可测性设计，以及设计与测试的链接，提供其测试所需的软硬件环境。混合信号集成电路测试系统除了具备数字集成电路测试系统的能力，还应具备产生高准确度任意波形的能力，捕捉和处理数字信号及模拟信号的能力，以及数字模块与模拟模块同步的能力。

针对现阶段不断涌现出的高速、高精度 ADC/DAC，如果测试用的自动测试系统无法提供满足其要求的高精度时钟、信号源等，可采用高质量的分立仪器，或者进行回环（Loopback）测试；针对测试负载板（Load Board），不仅要在设计上保证电源、地的干净，还要格外注意时钟及高速/高精度信号等关键信号的布线问题，并对信号进行充分的滤波处理。目前，新的标准 IEEE 边界扫描方法已经完全适用于混合信号测试，如果将来能实现混合信号集成电路的结构测试，将大大降低其测试难度与测试成本。

参考文献

[1] 郝波. 电子技术基础：数字电子技术 [M]. 西安：西安电子科技大学出版社，2011.

[2] 陈杰. 电子技术 [M]. 成都：电子科技大学出版社，2011.

[3] 冯兵. 模数混合信号电路测试的低功耗设计优化方法研究 [D]. 桂林：桂林电子科技大学，2012.

[4] 刘华明，林水生，李广军. 高速 14 位 A/D 转换器的动态测试平台设计 [J]. 微电子学，2012，1：126-129.

[5] 叶荣科. 低中频数字接收机的模数转换器的设计 [D]. 天津：天津大学，2009.

撰稿人：上海华岭集成电路技术股份有限公司　　余琨

审稿人：中国电子科技集团公司第五十八研究所　　武乾文

▷▷▷ 7.6.5 存储器集成电路测试，記憶體積體電路測試，Memory IC Test

存储器是集成电路领域的通用器件，其市场用量巨大，从类型上分为 ROM、EPROM、E^{2}PROM、SRAM、DRAM、FLASH 等。半导体存储器具有极其复杂的高密度的结构和高精密时序的功能。存储器测试技术的演变是由故障模型的变化决定的，一旦确定了存储器设计、制造技术的故障模型集合，就可以开发适当的测试模式与策略。

存储器的故障可分为永久性故障和暂时性故障。表 7-7 中列出了可能发生的存储器功能故障。

表 7-7 可能发生的存储器功能故障

序 号	功 能 故 障	序 号	功 能 故 障
1	单元固定故障	9	地址线固定故障
2	驱动器固定故障	10	地址线开路
3	读/写线固定故障	11	地址线之间短路
4	芯片选择线固定故障	12	解码器开路
5	数据线固定故障	13	错误的地址访问
6	数据线开路	14	多同时地址访问
7	数据线之间短路	15	单元可设置为 0，但不可设置为 1（或相反）
8	数据线之间串扰	16	图形敏化单元互作用

表 7-7 中列出的 16 种故障可以归并为 4 类，即固定故障、转换故障、地址故障和耦合故障。存储器测试主要采用一定的测试图案来检测相应的故障，表 7-8 为目前行业内主要采用的存储器测试图案与故障模型对应关系表。

表 7-8 目前行业内主要采用的存储器测试图案与故障模型对应关系表

测 试 图 案	固 定 故 障	转 换 故 障	地 址 故 障	耦 合 故 障
棋盘格	●	—	—	—
March 算法	●	●	●	—
March C-算法	●	●	—	—
MATTS++算法	●	●	●	—
走步 0/1	●	●	●	●
乒乓	●	●	●	●
蝴蝶	●	●	●	●
对角线	●	—	—	—
移动反转	●	●	—	●
地址补码	—	—	●	—

单独的半导体存储器可以利用存储器专用测试设备进行测试，该设备通常包含硬件算法图形生成器（Algorithmic Pattern Generator，APG），具有算术逻辑单元（Arithmetic Logic Unit，ALU），可以实时处理地址的运算，并且根据算法实时生成相应测试图案。图 7-135 所示为半导体存储器专用测试设备基本架构。

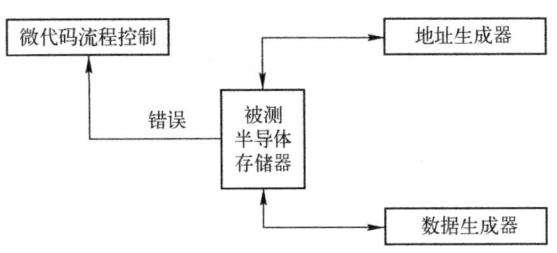

图 7-135　半导体存储器专用测试设备基本架构

由于嵌入式存储器不易直接测试，目前主要采用内建自测试（BIST）解决方案。存储器 BIST 结构为存储器提供激励、数据压缩比较能力，通常内建冗余分析（Built-In Redundancy Analysis，BIRA）模块或内建自修复（Built-In Self-Repair，BISR）模块，可以将测试结果存储到芯片上，并具备冗余修复功能。

由于半导体存储器容量越来越大，测试时间越来越长，导致测试成本居高不下。除 BIST 内部全速测试方案外，目前片外测试主要采用的是并行测试方案。据国际半导体技术路线图组织公布，近年来 DRAM、Flash 产业化测试中已实现超过 256 个工位的并行测试。

撰稿人：上海华岭集成电路技术股份有限公司　　祁建华
审稿人：中国电子科技集团公司第五十八研究所　　武乾文

▷▷▷ 7.6.6　高速信号集成电路测试，高速信號積體電路測試，High Speed IC Test

随着集成电路技术的发展，高速信号的设计技术指标不断更新，系统中的数据传输速率已经提高到数十 Gbit/s 乃至数百 Gbit/s，这就给测试系统、测试硬件设计、测试信号传输质量等带来了新的挑战和更高的难度。我国采用的通用方案是通过误码率测试分析对高速接口电路性能进行评价，但这种方法测试效率低，且无法系统、全面地评价高速接口的电平和时序特性，以及可靠性等。高效、系统性的测试评价方案是应用自动测试装备（ATE），结合高端 ATE 的高质量资源、硬件设计技术及测试算法开发，不仅可以保证高速信号测试传输的质量，还可以实现对高速信号芯片智能化、自动化的全面性测试评估。图7-136所示的是高速信号从ATE输出端到被测芯片引脚的变化。

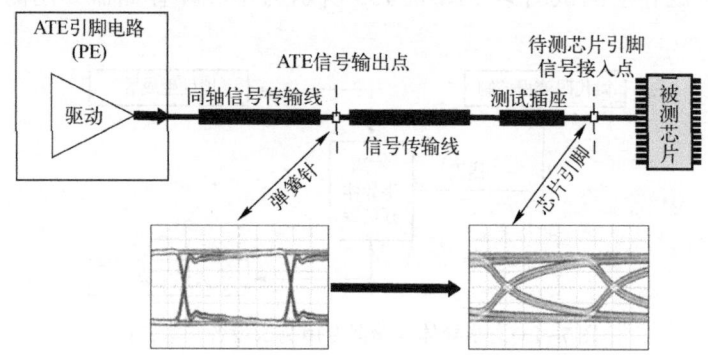

图7-136　高速信号从ATE输出端到被测芯片引脚的变化

通常，测试中评价高速信号的参数包括误码率（BER）、眼图（Eye Diagram）、电压摆幅（Voltage Swing）、共模电压（Common Mode Voltage）、输出偏斜（Output Skew）、抖动（Jitter）等。评价高速串行数据传输端口特性的主要参数如下所述。

（1）高速端口电压特性参数：主要包括共模输入电压范围、差模输入电压范围、预加重电压和去加重电压的幅度、共模输出电压、端口漏电。

（2）高速端口时间特性参数：主要包括高速信号的频率范围、输出信号的上升/下降时间、发送/接收时延。

（3）传输可靠性特性参数：主要包括本地时钟抖动容限、高速串行信号输入抖动容限和高速串行信号输出抖动幅度。

进行高速信号测试时，为解决低电压差分信号（Low Voltage Differential Signals，LVDS）的测试难点，可以将自动测试系统的两个差分通道（Differential Channel）与待测芯片的发射端或接收端相连，并在待测芯片附近设计100Ω的电阻作为终端。图7-137所示的是典型LVDS发射芯片测试方案。

目前，主流高速信号集成电路测试系统驱动电平的精度可达10mV，比较器的最小过驱动（Overdrive）电平为50mV，可以满足LVDS高速小信号测试的要求。但未来下一代超高速信号将会给测试带来更多的挑战，需要从新波形和系统设计仿真、频谱和信号分析、光通信和高速测试等方向研发更加灵活、可靠的测试方案，以期获得准确、稳定的测试结果。

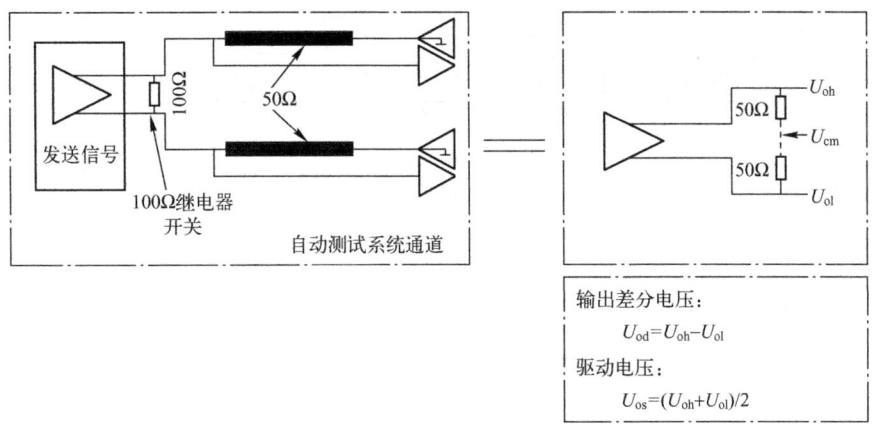

图 7-137 典型 LVDS 发射芯片测试方案

撰稿人：上海华岭集成电路技术股份有限公司　罗斌
审稿人：中国电子科技集团公司第五十八研究所　武乾文

▷▷▷ 7.6.7　射频集成电路测试，射频積體電路測試，RF IC Test

射频信号是一种具有远距离传输能力的高频电磁波，广义上的射频（RF）包括了 300kHz~300GHz 的频段[1]。射频集成电路（RFIC）包括多种功能电路，如低噪声放大器（Low Noise Amplifier，LNA）、功率放大器（Power Amplifier，PA）、混频器（Mixer）、锁相环（Phase Locked Loop，PLL）、开关、射频收发前端（Front End）、调制解调器（Modulator/Demodulator）等。射频集成电路可以集信号的编/解码、数据处理、控制等功能于一体，功能十分强大，广泛应用于 3G/4G、WLAN、GPS、Bluetooth 等方面[2]。图 7-138 所示为典型射频信号收发电路架构图。

针对射频集成电路需要采用分布参数电路的分析方法，通常使用微波网络法来对其进行测试。最重要的微波网络参数是 S 参数，它是建立在入射波与反射波关系基础上的网络参数，用于评估反射信号和传输信号的性能[3]。以二端口网络为例，S 参数有 4 个，分别为 S_{11}、S_{12}、S_{21}、S_{22}，如图 7-139 所示。

从信号传播的角度，可以把电信号的传播看作电磁场在导线中的传播，如果遇到阻碍（如阻抗发生变化），信号将发生反射，这就是传输线理论。回波损耗是表示信号反射性能的参数[4]。实际测试时，期望信号以最大功率、最小损耗和最小反射来进行传输，这就需要所有的射频信号通路均符合阻抗匹配的要求。在实际测试硬件设计中，PCB 上的射频信号通常采用 50Ω 特征阻抗的微带

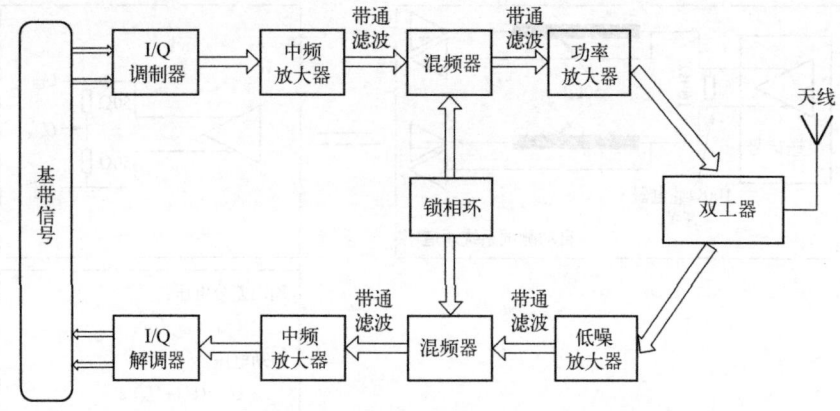

图 7-138　典型射频信号收发电路架构图

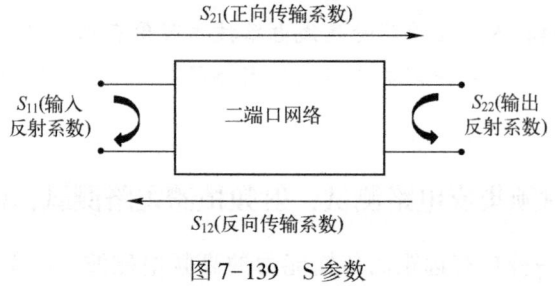

图 7-139　S 参数

线进行连接，PCB 的射频端口采用同轴连接器，再用同轴电缆与测试资源的射频端子进行连接。在开始射频电路测试前，通常还需要通过校准操作将测试设备及连接线等引起的损耗去除。

在射频集成电路测试参数中，除了直流参数及功能参数，其主要的性能参数还包括 S 参数、功率（Power）、增益（Gain）、增益平坦度（Gain Flatness）、1dB 压缩点（P1dB）、三阶交调（Third-Order Intercept Point，IP3）、邻道功率比（Adjacent Channel Power Ratio，ACPR）、噪声系数（Noise Figure，NF）、相位噪声（Phase Noise，PN）、误差矢量幅度（Error Vector Magnitude，EVM）等。这些参数主要用于验证射频电路的输出功率及线性度工作范围，噪声的影响，以及调制信号的幅度误差和相位误差等。

射频集成电路的测试一般是在频域进行的，直接采集其在某个特定频点的功率（单位为 dBm）或某些特定频点的功率之比（单位为 dB）。测试时，由测试系统中的电源模块供电，数字模块提供逻辑控制信号，射频模块的射频发射部分（RF Source）提供连续波（Continuous Wave，CW）信号、调制（Modulated）信号、多音（Multitoned）信号等测试激励，射频接收部分（RF

Receiver）对被测电路的输出进行采集和分析，RF Receiver 需具备好的动态范围和底噪；当然，也可以由相应功能的信号源、频谱分析仪或功率分析仪等多个分立仪器协同进行测试。射频电路测试原理图如图 7-140 所示。

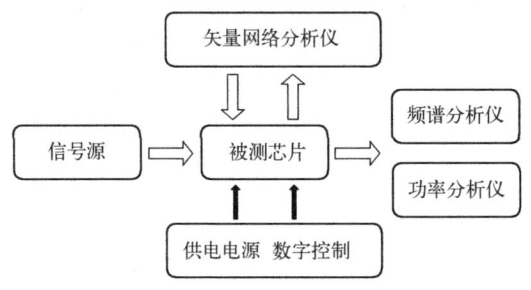

图 7-140　射频电路测试原理图

未来的射频集成电路需要有更宽的工作带宽、更大的线性范围、更高的频率、更多的端口、更低的噪声、更小的体积、更低的成本等，因此必须提升测试系统的能力，提高测试硬件的性能，优化测试算法。与混合信号集成电路一样，越来越多的专家开始致力于射频集成电路的结构性测试研究，希望为射频电路测试的发展提供一条可选的途径。

参考文献

[1] 马天才，陈淑静. 基于 AT88RF256 的 RF 射频研究 [J]. 山西电子技术，2010（3）：82-83.
[2] 余琨. RF 芯片测试技术研究 [J]. 中国集成电路，2015（3）：41-46，55.
[3] 毕岗. 电磁场与微波 [M]. 杭州：浙江大学出版社，2006.
[4] 张海华. 回波损耗测量法在高频通道故障处理中的应用 [J]. 电力信息与通信技术，2013（10）：34-38.

撰稿人：上海华岭集成电路技术股份有限公司　　余琨
审稿人：中国电子科技集团公司第五十八研究所　武乾文

▷▷▷ 7.6.8　可编程器件测试，可程式設計元件測試，Programmable Device Test

可编程逻辑器件（Programmable Logic Device，PLD）是一种用户编程实现某种逻辑功能的逻辑器件，主要由可编程的与阵列、或阵列、门阵列等组成，可通过编程来实现一定的逻辑功能。PLD 按集成度高低可分为简单 PLD 和复杂 PLD。简单 PLD 包括可编程只读存储器（Programmable Read Only Memory，

PROM)、可编程逻辑阵列（Programmable Logic Array，PLA）器件、可编程阵列逻辑（Programmable Array Logic，PAL）器件、通用阵列逻辑（Generic Array Logic，GAL）器件；复杂 PLD 包括可擦可编程逻辑（Erasable PLD，EPLD）器件、复杂的可编程逻辑（Complex Programmable Logic Device，CPLD）器件、现场可编程门阵列（Field Programmable Gate Array，FPGA）器件等。随着可编程器件的发展，可以将 CPU、DSP、ADC/DAC、存储器等集成到一个可编程器件上，从而构成可编程系统芯片（System On Programmable Chip，SoPC），如图 7-141 所示。

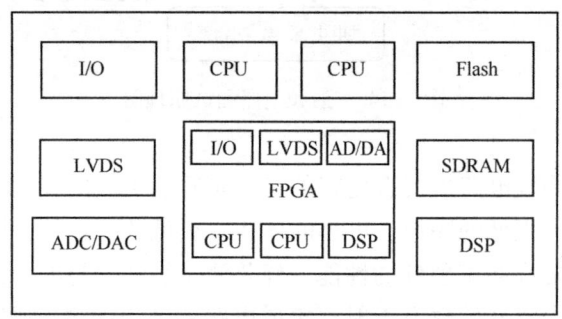

图 7-141 SoPC 体系架构

对 PLD 进行测试时，需要对其内部包含的资源进行结构分析，经过测试配置（TC）将其编程配置为具有特定功能的电路，再通过向量实施（TS）过程，对电路进行功能及参数测试。

因可编程逻辑单元工艺不同，PLD 的编程工艺也不相同，主要有熔丝（Fuse）、反熔丝（Anti-fuse）、可擦可编程只读存储器（Erasable Programmable Read Only Memory，EPROM）、电可擦可编程只读存储器（Electrically Erasable Programmable Read Only Memory，E^2PROM）、静态随机存取存储器（Static Random Access Memory，SRAM）和闪速存储器（Flash Memory）等。常用的测试编程方法有在系统可编程（In-System Programmable，ISP）、联合测试工作组（Joint Test Action Group，JTAG）协议编程、串行外设接口（Serial Peripheral Interface，SPI）编程、主模式/从模式编程等。

在系统可编程（ISP）技术是莱迪思公司在 20 世纪 80 年代提出的一种先进的编程技术，广泛用于 PROM、CPLD 和 FPGA 等的在系统编程。ISP 状态机有两种，即三状态 ISP 状态机（见图 7-142）和 IEEE1149.1 标准的 JTAG 状态机（见图 7-143）。

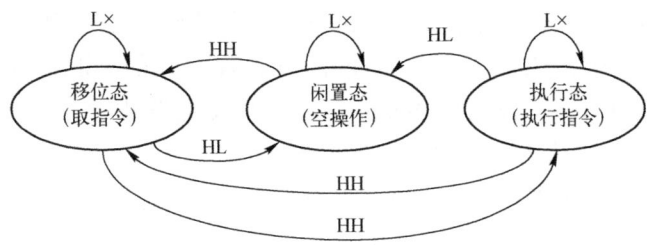

图 7-142　三状态 ISP 状态机

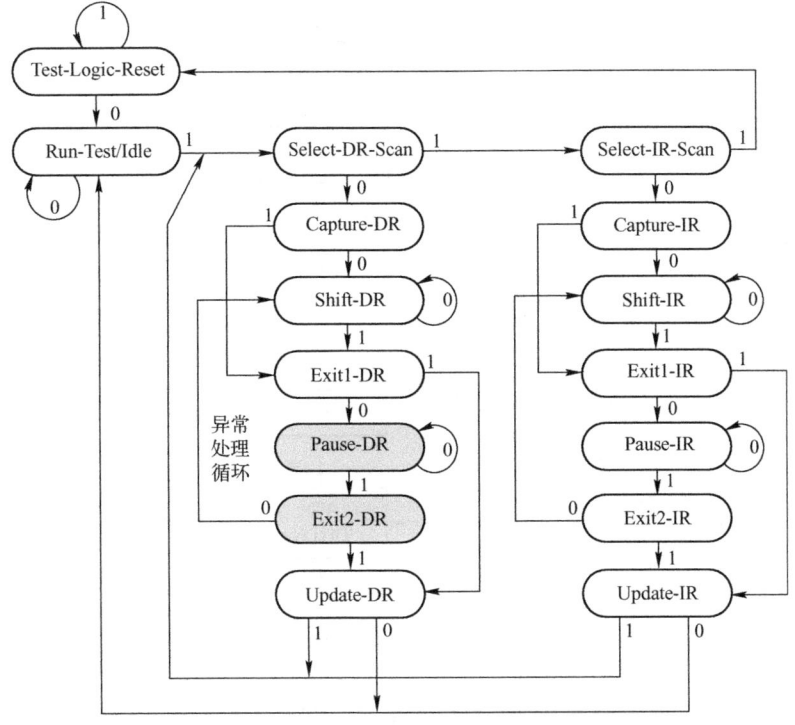

图 7-143　JTAG 状态机

FPGA 的编程模式有多种，包括主串模式、从串模式、主并模式、从并模式、外设模式等，可以通过设置模式控制引脚的状态来选择不同的模式。为了提高测试效率，用自动测试系统对 FPGA 进行测试配置时，通常选择主并模式或从并模式。

PLD 的测试方法有多种，主要包括在系统快速配置测试法、DFT 测试法、内建自测试法（BIST）、扫描测试法（SCAN）、功能级联测试法、基于黑盒的测试法、动态可重构测试法、定制软件测试法、自适应测试法和基于板级应用的测试法等。随着测试技术的发展，一些新的测试方法不断涌现，要达到较高的测试覆盖率，需采用多种方法相结合的方式进行测试。

进行 PLD 测试时，首先需要开发配置码。配置码可以在相应开发环境（如 XILINX 公司的 ISE、Altera 公司的 Quartus、Lattice 公司的 ispLEVER、Actel 公司的 Libero SoC、Cypress 公司的 Warp 等）下开发配置程序，生成 .bit、.rbt、.bin、.svf 等多种格式的下载码；再根据测试需求进行适当转换，生成配置码；然后利用测试系统对 PLD 进行配置，形成具有一定功能的电路；最后加载测试码，对电路进行功能和参数测试。PLD 测试流程图如图 7-144 所示。

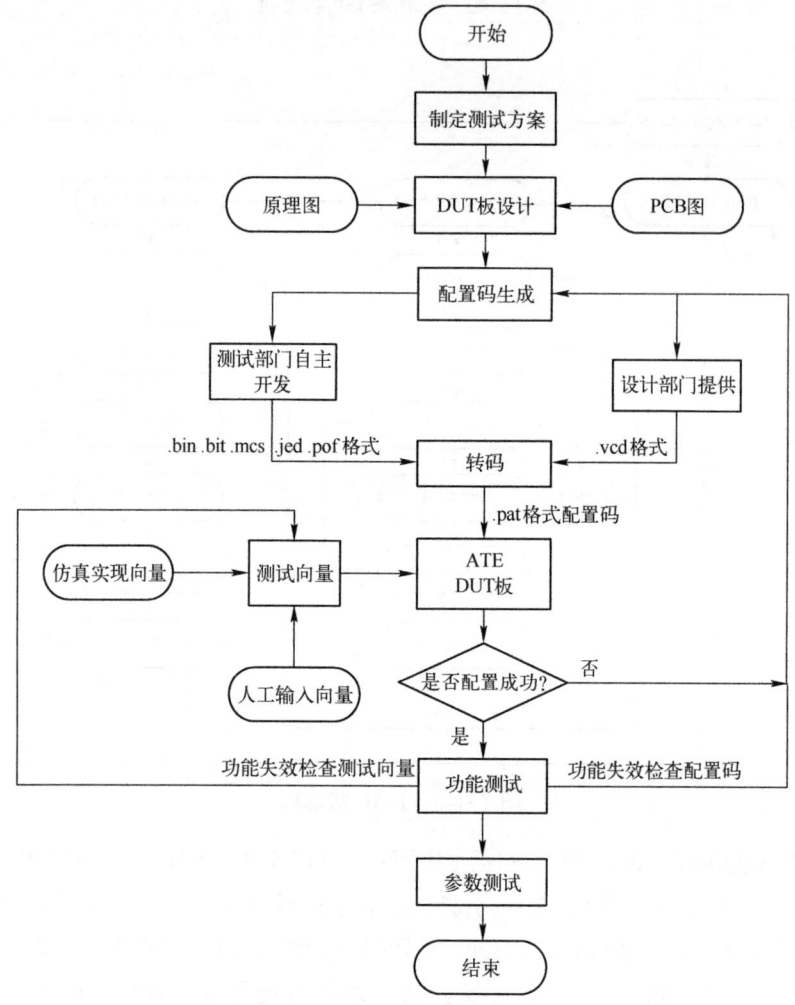

图 7-144 PLD 测试流程图

撰稿人：中国电子科技集团公司第五十八研究所　解维坤
审稿人：中国电子科技集团公司第五十八研究所　武乾文

▷▷▷ 7.6.9 系统芯片测试，系统晶片测试，SoC Test

系统芯片（System on Chip，SoC）通过软硬件结合的设计和验证方法，利用芯核复用及先进制造工艺，将多个原本独立的功能（如逻辑电路、存储器、混合信号和微处理器等）集成到单一芯片上，具有高集成度、高速度、体积小、成本低、功耗低等优点。系统级封装（System in Package，SiP）与 SoC 不同的是，SiP 是采用不同芯片进行并排或叠加的封装方式，而 SoC 则是将多个功能模块集成在单芯片上。

SoC 设计是一种基于嵌入式芯核的设计，其测试的关键是核复用带来的核测试复用问题。另外，SoC 集成了不同来源、不同类型、不同设计的芯核，测试时还需要解决测试数据输入和输出的有效传输、嵌入式芯核互异性等问题；此外在内核测试的基础上，还要完成芯核互连和系统级测试。图 7-145 所示的是 SoC 内嵌芯核测试访问机制。由图可见，它是通过访问测试壳实现对芯核的测试存取的。

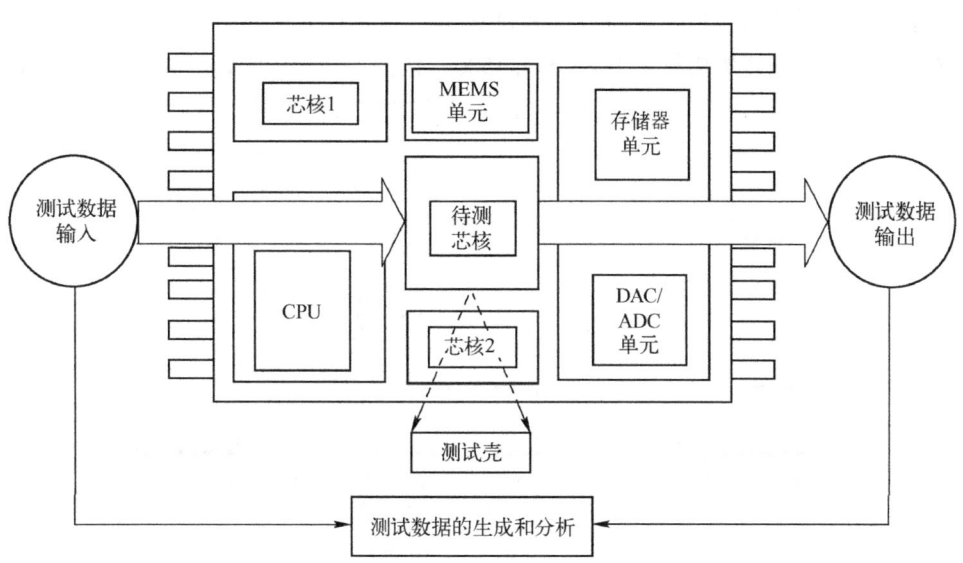

图 7-145 SoC 内嵌芯核测试访问机制

为了解决基于核的 SoC 测试问题，必须建立 SoC 测试隔离、测试存取、测试控制和测试观察的规范和标准，如 IEEE 制定的 IEEE Std. 1149.1（Test Access Port and Boundary-Scan Architecture）、IEEE Std. 1500（Testability Method for Embedded Core-based Integrated Circuits）和 IEEE Std. 1450（Test Interface Language（STIL）for Digital Test Vector Data）等一系列的标准。

IEEE Std. 1149.1 标准自 1990 年公布以来,边界扫描技术已被广泛接受和重视。扫描链将逻辑测试存取端子整合到电路内部,通过扫描操作提供可控制性和可观测性的入口,使电路的物理测试存取端子得以简化。在此基础上,JTAG 还推出了 IEEE Std. 1149.4(用于数模混合电路)和 IEEE Std. 1149.7(减少了测试引脚)等标准。

IEEE Std. 1450 标准旨在提供一个通用的测试向量图形描述语言,该语言在 EDA 仿真工具和 ATE 上不需要转换即可使用,建立了 EDA 和 ATE 之间的无缝链接。其中,IEEE Std. P1450.1 提出了标准测试接口语言(Standard Test Interface Language),该语言将替代传统 EDA 仿真的 VCD、WGL 波形文件等。

IEEE Std. 1500 提出了一种可扩展的标准架构,适用于实现嵌入式内核和相关电路的测试复用和集成。IEEE Std. 1500 提出的标准架构具有串行和并行测试访问机制(Test Access Mechanism),以及丰富的指令集,可用于 SoC 内核互连和系统测试。此外,IEEE Std. 1500 定义了支持内核隔离和保护的特性,通过改进设计文件自动转化效率,促进可测性测试设计(DFT)技术,以及通过改进访问方式来提高 SoC 测试质量,从而降低测试成本。如图 7-146 所示,对于包含 n 个芯核的系统,整体架构符合 IEEE Std. 1500,包括测试源(TAM Source)和测试收集(TAM Sink)、存取机构 TAM、1500 测试壳、壳 I/O 端口等。

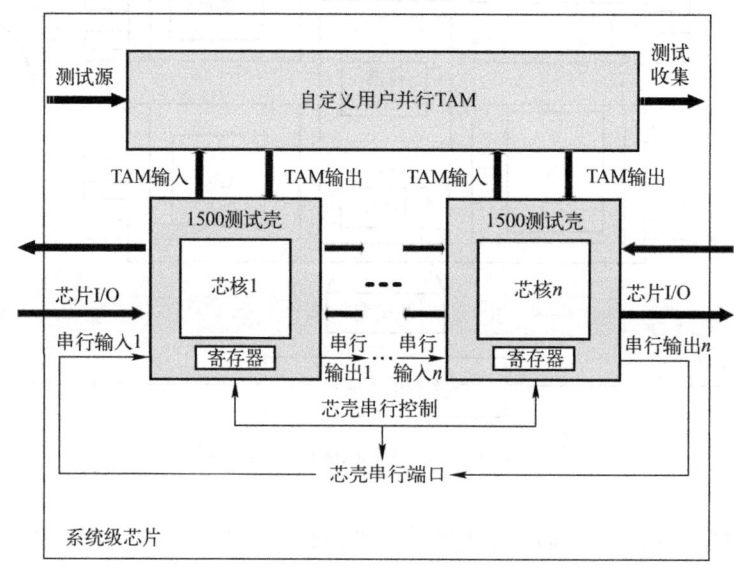

图 7-146 符合 IEEE Std. 1500 的芯核整体结构

IEEE 标准可有效地解决 SoC 的测试实现。SoC 测试的另一个问题是测试成本。降低 SoC 测试成本的有效方法是减少测试时间,这一点可采用并发测试、测试调度和测试压缩等方法得以实现。并发测试通过同时对被测 SoC 中的多个功能模块进行测试,从而将测试时间减少到最长单路径时间。测试调度通过合理分配嵌入式芯核的测试集和测试存取机制,从而达到多核测试、减少总线冗余时间和避免测试冲突的目的。SoC 集成度和复杂度的日益提高,以及高故障覆盖率的需求,导致测试数据日益剧增,测试压缩通过设计优化测试激励响应压缩方法和测试策略,达到减少测试存储通道数据量、降低测试功耗和缩短测试时间的效果。图 7-147 所示的是测试优化方法和目标。

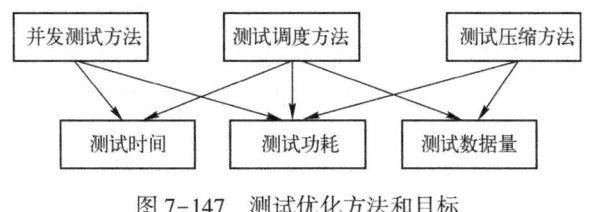

图 7-147 测试优化方法和目标

撰稿人: 上海华岭集成电路技术股份有限公司　　王华
审稿人: 中国电子科技集团公司第五十八研究所　　武乾文

▷▷▷ 7.6.10 物联网芯片/微机电系统芯片测试,物聯網晶片/微機電系統晶片測試,IoT/MEMS Chip Test

物联网(IoT)芯片主要包括传感器芯片、嵌入式处理芯片、无线传输链接芯片等。IoT 芯片的性能/功能测试评价至关重要,已成为物联网发展不可或缺的一环。IoT 芯片测试主要从器件/模块、电路调试、电源管理、互联互通及系统级应用等方面的信号传输特性分析展开,如图 7-148 所示。随着芯片应用技术和测试技术的发展,一些新的测试方法不断问世,这些新方法可进一步提高测试覆盖率。

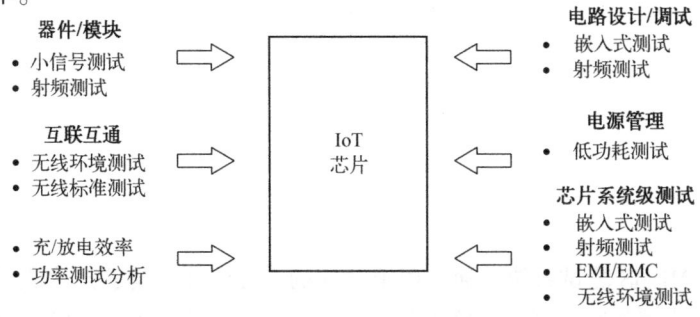

图 7-148 IoT 芯片测试

IoT 芯片测试面临的主要挑战来自低功耗、高信号传输质量等需求，通常测试是基于自动测试系统及装备的，需要设计测试硬件接口，开发相应的测试软件，完成 IoT 芯片的低功耗测试、电磁敏感性测试、应力测试、高集成/高精度系统级测试、可靠性测试等指标的测试评价。其中，低功耗测试涉及芯片测试功耗、瞬态测试功耗、峰值测试功耗等；电磁敏感性测试涉及功能性静电放电测试、快速瞬变脉冲群、电磁敏感度、高频率电磁兼容性等；应力测试主要包括高压、高频、高温、强电磁干扰等多维度动态强应力条件下的性能验证测试。在测试过程中，采用测试过程跟踪，测试结果分析及回溯，实时显示测试结果并自动生成测试报告等工程测试手段，提高测试效率，加快产品推向市场。

微机电系统（Micro Electro Mechanical Systems，MEMS）是一种微型器件或系统。从制造缺陷和经济成本因素考虑，应在封装、应用之前对芯片进行性能功能测试，测试的价值在于指导提高成品率，衡量评价其性能和可靠性。

MEMS 测试是 MEMS 产业链中极具挑战性的环节，其测试方案制定、测试设备环境等与传统集成电路（IC）的测试有所不同。如图 7-149 所示，MEMS 芯片的测试不仅涉及电信号的 I/O，还涉及压力、温度、光、电磁等测试环境；测试的内容包括对工艺、材料和结构的各种特征参数的测试，芯片的动/静态特性测试，微弱信号和微小物理量测试等；测试的参数包括静态/动态特性分析、灵敏性、线性度、正交误差，以及流速等性能/功能参数及电性特性。由于 MEMS 测试环境复杂，测试项目繁多，需要对 MEMS 测试设备进行自动化系统集成，并将其扩展成一个开放的、可通用的测试平台，以提高测试的可靠性和稳定性。

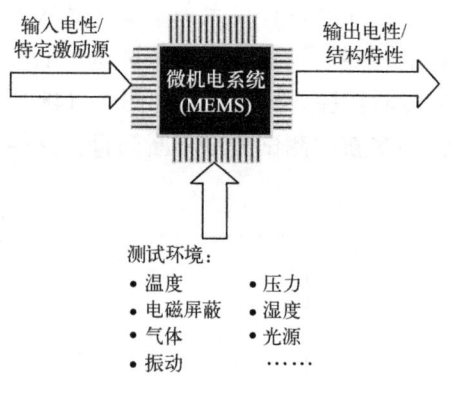

图 7-149　MEMS 测试

目前，MEMS 测试系统是通过模拟芯片的实际工作环境，产生激励源，应用半导体自动测试系统测试芯片输出信号的，测试参数包括测试量程、测试精度、分辨率、灵敏度、信噪比、温漂等。通常，MEMS 测试会为客户提供测试数据报告、分析产品性能、跟踪产品的成品率。利用多工位测试、自动测试、自动失效分析等功能软件，可以提升产品测试效率。

  撰稿人：上海华岭集成电路技术股份有限公司 罗斌
  审稿人：中国电子科技集团公司第五十八研究所 武乾文

▷▷▷ 7.6.11 测试成本优化，測試成本優化，Optimization of Testing Cost

根据不同产品的类型和测试要求，测试成本约占整个集成电路成本的 10%~30%。测试成本的构成包含运行成本、设备成本、硬件成本和开发成本。

运行成本包括测试厂房费用、水电气消耗、人工成本等相对固定的成本；设备成本是指测试所需的测试机台、测试软件及设备维护的成本；硬件成本包括探针卡、负载板、测试插座、墨水及辅助材料等成本；开发成本是指测试程序开发及调试、测试硬件设计、测试向量生成、软件工具使用成本等，这部分成本与产品的相关性很大。

近些年在芯片中加入了可测性设计，增加的这部分成本也可以属于测试成本。

随着集成电路产品的集成度和性能越来越高，功能越来越复杂，测试要求随之不断提高，测试成本上升是必须面对的挑战。常见的降低测试成本的方法如下所述。

（1）并行测试：测试成本和测试时间密切相关，测试时间越长，测试成本就越高。随着测试设备的集成度越来越高，在一台设备上可容纳的测试资源不断提升，这样就可以同时测试更多的集成电路，显著提升了测试效率。并行测试的数量已经从过去的 2 工位、4 工位，提升到了 256 工位、512 工位；存储器测试的工位更多，可达 2000 以上。

（2）分段测试：SoC 的高集成度和内置多模块，大幅度提升了其测试难度。为了完整测试所有功能和参数，测试设备必须配置数量众多且昂贵的板卡资源。这类电路的规模很大，难以通过提高并行测试工位来降低测试成本，但可以将测试分为多段进行，采用成本相对低的测试设备来测试不同的模块或功能。一个典型的方案是针对内嵌大容量存储器的产品的测试，存储器的测试时间较长，故先采用存储器专用测试设备测试存储器部分，由于仅测试存储器所需要的资源较少，所以并行测试数量可达 128 工位甚至更高；然后采用通用测试设备测试其他功能和参数部分，即使这部分测试的并行测试数量较少，但总的测试成本还是显著降低了。

（3）可测性设计：可测性设计主要解决测试的故障覆盖率低、测试开发周期长、测试时间长的问题，通过将复杂的测试简化，降低了对测试设备能力的要求，提升了测试效率。可测性设计主要包含扫描设计、内建自测试等，目前已经广泛应用在集成电路产品测试中。

（4）并发测试：集成电路的结构日益复杂，特别是 SoC 内部集成了大量功能模块。而传统的测试方案是通过串行方法来依次测试每个模块的，测试时间较长。新的测试设备支持多模块并发测试，拥有独立的测试资源，具备后台数据处理能力，支持多时域控制等，可将数字、模拟、射频、高速、存储器等模块实现部分同时测试，节省了测试时间。

随着技术的不断发展，电子产品的性能持续提升而价格不断降低是总的趋势，因此如何保持有竞争力的价格也是测试成本控制的一个长期研究课题。

撰稿人：上海华岭集成电路技术股份有限公司　　牛勇
审稿人：中国电子科技集团公司第五十八研究所　　武乾文

▷▷▷ 7.6.12　故障模型，故障模型，Fault Model

通过建立故障模型，可以模拟芯片制造过程中的物理缺陷，这是芯片测试的基础。故障模型与 EDA 工具结合使用，用于故障模拟、自动测试矢量生成、矢量图形验证，并帮助诊断故障[1]。

电路设计布局完成后，可以通过故障分析来确定制造过程最有可能发生故障的位置和类型。故障分析考虑电路的逻辑属性和布局的物理属性，同时根据以往制造过程的历史数据辅助做出预测。故障分析的最终结果是形成故障列表，然后进行故障排序（通常从最有可能发生和最容易测试的故障开始，并且以最不可能发生和最难测试的故障结束）。

为了生成和验证测试，通常使用单独的故障模型来描述存在预测故障电路时的工作状态。故障模拟器将故障引入到设计数据中，使电路表现为存在目标缺陷时的状态，然后开发测试用于检测故障行为，并且验证其有效性。

1. 常见的数字逻辑故障模型

（1）固定型故障（Stuck at Fault）：是指集成电路中某个信号固定为逻辑 0 或逻辑 1 的故障，它是最普遍的故障模型，简记为 SA0（Stuck-at-0）和 SA1（Stuck-at-1），可以用于表征多种不同的物理缺陷。在数字电路中，一般包含两种固定型故障,即固定开路故障和固定短路故障。

(2) 桥接故障（Bridging Faults）：是指节点间电路的短路故障。桥接故障一般分为 3 类,即节点间的无反馈桥接故障,节点间的反馈桥接故障,以及元件与元件之间的桥接故障。

(3) 跳变延迟故障（Transition Delay Fault）：是指信号无法在规定时间内由 0 跳变到 1 或从 1 跳变到 0 的电路故障。经过一段时间后,跳变延迟故障通常表现为固定型故障。

(4) 传输延迟故障（Path Delay Fault）：传输延迟故障不同于跳变延迟故障,它是指信号在特定路径上的传输延迟,尤其是关键路径的延迟。

2. 常见的存储器故障模型

(1) 单元固定型故障（Stuck at Fault）：是指存储器单元的信号固定为 0 或 1 的故障。

(2) 状态跳变故障（Transition Fault）：是指对存储单元进行写操作时,不发生正常跳变的故障。为了检测此类故障,必须对每个单元进行 0→1 和 1→0 的读/写,并且要在写入相反值后立刻读出当前值。

(3) 单元耦合故障（Coupling Fault）：单元耦合故障主要针对的是随机存取存储器,若对其某个单元进行写操作,当这个单元发生跳变时,会影响另一个单元的内容,说明其存在单元耦合故障。单元耦合可能是翻转耦合故障、状态耦合故障或幂等耦合故障。为了测试单元耦合故障,应在对一个连接单元进行奇数次跳变后,对所有单元进行读操作。

(4) 邻近图形敏感故障（Neighborhood Pattern Sensitive Faults）：这是一个特殊的状态耦合故障,是指当特定存储单元周围的其他存储单元出现一些特定数据时,该单元会受到影响。

(5) 地址译码故障（Address Decode Fault）。该故障主要有 4 类：对于某一给定的地址,不存在对应的存储单元；对于某一存储单元,没有对应的地址；对于某一给定的地址,可以访问多个固定的存储单元；对于某一存储单元,有多个地址可以访问。

(6) 数据保留故障（Data Retention Fault）：是指存储单元不能在规定时间内有效保持其数据值。

参考文献

[1] 郭炜,魏继增,郭筝,等. SoC 设计方法与实现（第 2 版）[M]. 北京：电子工业出版社,2011.

撰稿人：上海交通大学　　　　　　　　　　　　　　　　王琴
审稿人：中国电子科技集团公司第五十八研究所　　武乾文

▷▷▷ 7.6.13 可测性设计，可測性設計，Design for Testability（DFT）

集成电路可测性设计（DFT）是指设计人员在设计集成电路的同时，考虑到测试的要求，通过增加一定的硬件开销，提高内部节点的可访问性、可观察性、可控性，使电路测试更容易进行，以降低复杂电路的测试成本[1]。可测性设计的实施需要在芯片面积、I/O 引脚、芯片性能、设计周期、成品率、时间成本等因素之间进行权衡。

常用于数字电路的 DFT 方法是扫描测试，常用于存储器的 DFT 方法是内建自测，常用于测试板级连接的 DFT 方法是边界扫描测试（Boundary Scan Testing）。

（1）扫描测试（SCAN）：扫描测试是最常用的 DFT 技术，扫描时序分成移位和捕获两部分，使内部节点可控且可观察，通过将寄存器连接成一个长的移位寄存器链来实现。扫描测试结构的基本单元是扫描触发器，目前使用最广泛的是带多路选择器的 D 触发器和带扫描端的锁存器。

（2）存储器的内建自测（BIST）：是指在存储器周围加入额外的测试电路，以此来产生内部测试向量，并进行测试结果比较，从而完成对存储器的测试。其基本思想是电路本身生成测试向量，并且具备独立的比较结构来判断所得到的测试结果是否正确。因此，内建自测必须附加额外的电路，包括向量生成器（Pattern Generator）、BIST 控制器（BIST Controller）和响应分析器（Response Analyzer），如图 7-150 所示。

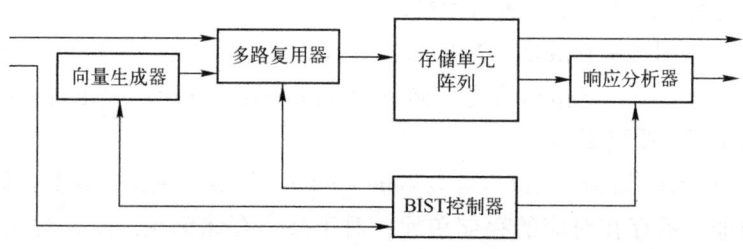

图 7-150　存储器的内建自测结构

（3）边界扫描测试（Boundary Scan）：边界扫描是为了解决 PCB 上芯片与芯片之间互连测试而提出的一种可测性设计方法。边界扫描是在电路的 I/O 端口增加扫描单元并连接成扫描通路，这与内部扫描是不同的，内部扫描是将电路中普通的时序单元替换成具有扫描能力的时序单元并连接成扫描通路。边界扫描的原理是在核心逻辑电路的输入端口和输出端口都增加一个寄存器并连接起来，从而可以将数据串行输入被测单元，并且从相应端口串行读出。

边界扫描是联合测试工作组（JTAG）为了解决 PCB 上芯片与芯片之间互连

测试而提出的一种方案，该方案于 1990 年被电气电子工程师学会采纳而成为一个标准，即 IEEE 1149.1。该标准详细规定了边界扫描的测试端口、测试结构和操作指令。

（4）微处理器核的可测性设计：针对 MPU/MCU、DSP 的可测性设计，为避免测试对电路产生副作用，比传统测试多出了隔离的概念。所谓隔离，是指在电气上将 IP 核的 I/O 端口与连接这些端口的芯片上的逻辑电路分离。标准 IEEE P1500 定义了面向嵌入式微处理器核的可测性设计，主要包括三部分，即嵌入式核测试隔离、测试访问机制和测试控制机制。

（5）逻辑内建自测试：除了基于扫描的 DFT 技术，逻辑内建自测试是高集成度芯片（如 SoC）设计中可测性设计的发展方向。图 7-151 所示为逻辑内建自测试结构，主要由伪随机向量生成器（Pseudo Random Pattern Generation，PRPG）、内建自测试控制器、多输入标签寄存器（Multiple Input Signature Register，MISR）和扫描测试通道组成。

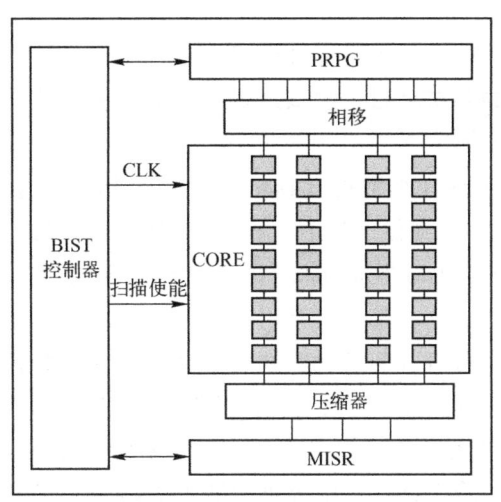

图 7-151　逻辑内建自测试结构

常采用 DFT 技术的模块或电路包括微处理器、存储器、其他数字模块和模拟模块。

（1）微处理器：通常采用定制的测试结构，一般是全扫描测试或部分扫描测试，以及并行向量测试的组合。

（2）存储器：主要使用内建自测试（BIST），它提供一种快速的、易于控制的测试方法。

（3）其他数字模块：主要选择的是扫描测试技术。

（4）模拟模块：模拟电路的可测性设计分为两类，即可访问设计和可重构设计。可访问设计是指在被测电路中插入测试总线或测试点，以提高内部节点的可控制性和可观察性，这也是最早用于混合信号的测试方法。可重构设计是指依靠被测电路的重构来提高可测试性，该方法尚处于研究阶段。

参考文献

[1] 郭炜, 魏继增, 郭筝, 等. SoC 设计方法与实现（第 2 版）[M]. 北京：电子工业出版社, 2011.

撰稿人：上海交通大学　　　　　　　　　　　　　　　王琴
审稿人：中国电子科技集团公司第五十八研究所　武乾文

▷▷▷ 7.6.14　测试数据管理，測試數據管理，Management of Testing Data

集成电路测试合格后，才能交付给客户或装配到最终产品上。测试合格的依据就是通过所有的测试项目。测试过程中生成的测试数据，是判断和分析电路功能和性能的重要依据。

测试数据主要包括详细数据（Data Log）、合格率汇总（Yield Summary）、圆片图（Wafer Map）等文件。其中，详细数据的主要格式为文本（Txt）格式和标准测试数据（Standard Test Data Format，STDF）格式。目前，测试设备都支持输出文本格式的数据，其优点是可读性强，不需要专用软件工具，利用普通的文本查看软件即可打开阅读。其缺点是文件较大，兼容性差，难以进行统计分析；不同型号的测试设备生成的测试数据内容格式不统一，难以与前/后道工序的数据整合；由于测试数据在文件中顺序存放，要进行数据提取、运算、汇总是非常困难的，给设计、应用等进行数据分析带来了障碍。标准测试数据格式（STDF）是一种通用的数据格式，最早由泰瑞达公司（Teradyne）提出，它采用二进制格式，其优点是文件较小，兼容性好，支持 Windows 和 UNIX 平台，数据在文件中采用索引存放，数据的查询和统计非常方便，也便于与前/后道工序的数据进行对接。现在主流的测试系统均支持生成 STDF 格式的测试数据文件，STDF 格式的缺点是需要用专用软件工具进行读取和编辑。

STDF 格式测试数据在产业链上、下游的通用性如图 7-152 所示。

圆片图（Wafer Map）是每片圆片测试结果的图形显示，在图形中以颜色、数字或颜色加数字来表示测试结果，它的作用是直观地显示合格品和失效品在圆片上的分布情况，同时为封装工序提供合格品的位置信息。用于封装的圆片

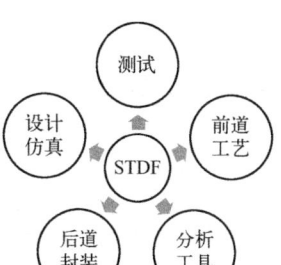

图 7-152　STDF 格式测试数据在产业链上、下游的通用性

图又称免墨点图（Inkless Map）。圆片图的格式一般分为图片、Excel 格式和文本格式。Excel 格式的圆片图如图 7-153 所示。

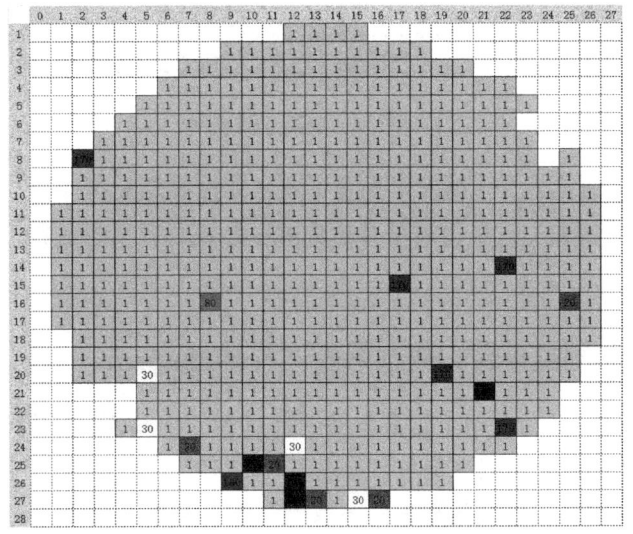

图 7-153　圆片图示例（Excel 格式）

用于封装的圆片图一般是文本格式的，文件内容包含产品信息（产品名称、批号、片号、缺口方向等）和图形，图形一般以数字或字母表示合格品/失效品。一种封装用免墨点图如图 7-154 所示。

测试数据对于集成电路企业进行产品的分析、预判、预测、回溯等都是很重要的。通过软件收集到的测试数据，可以快速生成图形化服务。测试数据一般保存在测试设备和服务器上，并定期进行备份。由于数据文件的数量多、容量大，所以每个批次测试完成后的详细数据、合格率汇总、圆片图等数据会上传到云端服务器，由客户下载。

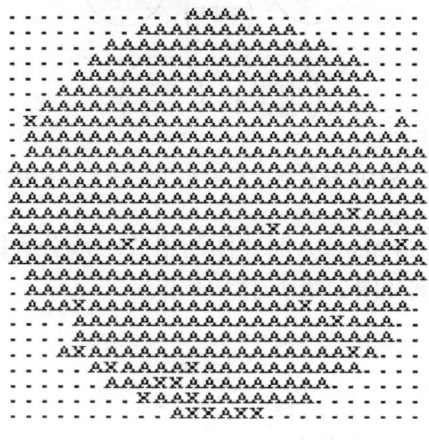

图 7-154 免墨点图示例

撰稿人：上海华岭集成电路技术股份有限公司　　牛勇
审稿人：中国电子科技集团公司第五十八研究所　　武乾文

▷▷▷ 7.6.15 测试平台，測試平臺，Test Platform

集成电路测试平台是用于集成电路制造过程的中间测试（简称"中测"或"CP"）和最终电性能测试（简称"成测"或"FT"）的平台，它有别于工艺过程中的参数测试平台。工艺过程中的参数测试重点反映工艺控制是否合适，工艺是否需要调整；而集成电路测试平台是面向集成电路器件，集性能参数测试、测试数据采集、测试结果分类、测试数据保存和测试数据查询等功能为一体的由一系列软、硬件组合而成的系统。集成电路芯片通过测试平台后，可以分为合格品和不合格品两类，也可以提取出每个集成电路芯片的所有技术参数并加以保存。

集成电路测试平台可分为验证分析测试平台和产业化测试平台两类。验证分析测试平台可分为圆片级验证分析测试平台和封装级验证分析测试平台，产业化测试平台也可分为圆片级产业化测试平台和封装级产业化测试平台，如图 7-155 所示。

根据产品尺寸特点或测试要求的不同，集成电路测试平台又可细分为 300mm 圆片测试平台、200mm 圆片测试平台、薄片测试平台、高温测试平台、低温测试平台等。

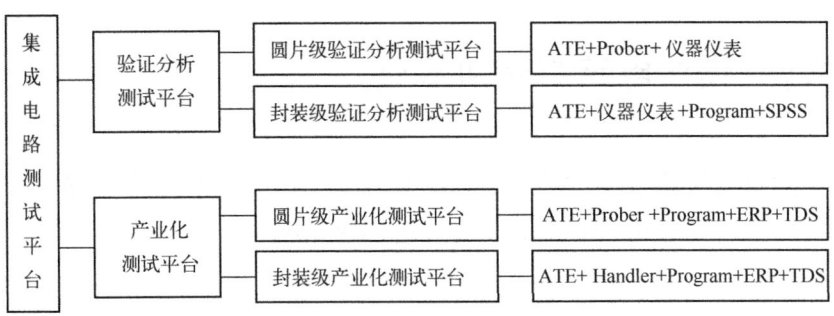

图 7-155 测试平台分类

集成电路测试平台更强调全功能测试、全性能测试、全覆盖测试、全自动化测试、高效率测试。集成电路测试平台一般包括自动测试系统（ATE）、探针台（Prober）、机械手（Handler）、仪器仪表等硬件设备，以及测试程序（Program）、统计分析软件（SPSS）、数据溯源软件（TDS）、生产线管理系统（ERP）等，其中最核心的是 ATE 设备。全球主流 ATE 设备大致分为 SoC 测试系统、存储器测试系统、模拟信号测试系统、混合信号测试系统、射频信号测试系统等。

通过对上述软、硬件进行合理组合，可以很容易地构建符合器件技术指标要求的测试平台，但这样的测试平台不一定是高效、经济的，用于验证分析测试还可以，作为产业化测试却不具有竞争力。如何构建或选取具备全功能、全性能、全覆盖、全自动化、高效率的测试平台，是设计工程师和测试工程师经常面对的问题。一个测试平台构建完成后，对这种集成电路芯片来说是全功能、全性能、全覆盖测试的，但对另一种集成电路芯片来说可能就测试不全了，这就需要测试工程师进一步开发或完善，以满足新的集成电路芯片测试的要求。因此，构建或开发满足集成电路芯片技术指标的测试平台，实现全功能、全性能、全覆盖测试，是测试工程师们的重要研究课题。

构建测试平台的技术研究涉及平台与平台之间的无缝链接技术（如从验证平台到产业化平台的无缝链接，圆片级测试到封装级测试的无缝链接），ATE、探针台、机械手之间的硬件接口匹配技术，不同 ATE、探针台、机械手所产生或所需要的数据和指令格式的兼容技术，ATE 与仪器仪表之间的全自动化协同测试控制技术，产业化测试中多平台同时运行的数据可靠传送与保存技术。另外，针对不同的集成电路芯片，还要开发专用集成电路测试软件和专用 DUT 板。只有完成了这些技术的研究开发，才能构建一个完整的高效率自动化测试平台。

撰稿人：上海华岭集成电路技术股份有限公司　　叶守银
审稿人：中国电子科技集团公司第五十八研究所　　武乾文

7.7 集成电路封装可靠性

7.7.1 集成电路封装可靠性定义，積體電路封裝可靠性定義，Definition of IC Package Reliability

集成电路可靠性是指，在规定的条件下和规定的时间内，集成电路完成规定功能的能力。可通过可靠度、失效率、平均无故障工作时间、平均失效时间等来评价集成电路的可靠性。可靠性包含耐久性、可维修性和设计可靠性三大要素。

集成电路可靠度的计算公式为

$$R(t) = 1 - F(t)$$

式中，$R(t)$是可靠度函数，为t时刻集成电路正常工作的概率；$F(t)$是累积失效分布函数，即随机选定的集成电路在t时刻失效的概率。

可靠性具有综合性、时间性和统计性的特征。为了量化可靠性这一概念，一般用平均失效时间（Mean Time to Failure，MTTF），即第一次失效的平均时间，来表征集成电路的寿命，即

$$\text{MTTF} = \int_0^\infty t f(t) \, dt$$

式中，$f(t)$为寿命分布模型，是0到无穷大的时间范围内的概率密度函数。

$F(t)$与$f(t)$的数学关系为

$$f(t) = \frac{d}{dt} F(t)$$

封装可靠性是集成电路可靠性研究中的重要方面。封装可靠性研究主要包括封装设计、封装工艺、封装材料等方面的改进、优化、优选，以及检测方法、试验方法、应用研究等，其目的是为了保证集成电路的可靠性。在新的封装结构、封装工艺和封装材料对可靠性的影响尚不明晰的情况下，需发展新的可靠性理论，研究新的可靠性机制，应用先进的失效分析手段，对电路的可靠性进行分析、模拟、评估和改进，以实现对产品可靠性寿命的准确预测。对于集成了多种功能的封装体，在开发新产品或改进产品的过程中，需进行封装可靠性试验，完成可靠性监测统计，确定试验监测的潜在失效机理。

封装缺陷和失效是影响封装可靠性的主要原因。在机械、热、化学或电气等的作用下，集成电路性能降低；当产品的性能参数和特征超出可接受的范围时，认为其发生失效。封装缺陷会加速封装失效和集成电路功能的失效，而失

效导致的结果通常是无法预料的。封装缺陷在制造和组装过程中随机发生，可能发生在其中的任何阶段，包括芯片钝化、芯片黏结、引线键合、引脚成型等。可靠性研究的主要对象是缺陷和失效发生的位置、类型和潜在来源。由于封装体易受各种缺陷和失效影响，因此必须通过试验和仿真分析确定失效的主要因素（常使用物理模型、数值参数法和试差法等方法进行失效预测），并通过加速试验验证鉴别器件的失效周期。在生产过程中，可通过控制工艺参数、改进封装材料和优化封装参数设计来降低封装的失效率。

对封装的可靠性评估主要在集成电路封装的认证过程中完成。认证过程包括虚拟认证、产品认证和量产认证。其中，虚拟认证是基于失效物理模型（即基于失效机理和失效时间预计，用于失效物理可靠性预测的数字/分析模型）的预计寿命来进行的，产品认证包含制造样品的物理试验和可靠性估计的加速试验。随着失效分析技术的发展，可靠性评价从基于外场数据失效率评估，演变到考虑封装特性和负载应力的基于失效物理模型的预计。对于特定载荷条件下产生的特定失效机理，可靠性由确定失效部位的失效时间（Time to Failure，TTF）来确定。对于失效部位的 TTF 决定的可靠性，可通过失效部位、应力输入和失效模式进行评估和报告。电气电子工程师学会 IEEE 1413.1-2002 标准给出了电子系统或设备的可靠性预计流程框架，其中包含可靠性预计报告必须涵盖的内容。

撰稿人：中科芯集成电路股份有限公司　黄安君
审稿人：中科芯集成电路股份有限公司　丁荣峥

▷▷▷ 7.7.2　集成电路封装可靠性设计，積體電路封裝可靠性設計，Reliability Design of Integrated Circuit Package

封装可靠性设计是指针对集成电路使用中可能出现的封装失效模式，采取相应的设计技术，消除或控制失效模式，使集成电路满足规定的可靠性要求所采取的技术活动。封装可靠性设计主要包括封装可靠性结构设计、热设计、耐环境设计、可制造性设计等方面。

1. 封装可靠性设计原则与方法

封装可靠性设计应遵循如下基本原则。
（1）可靠性设计应有明确的封装可靠性指标和评估方案。
（2）可靠性设计应贯穿于封装结构设计、热设计、可制造性设计等各个环节。

（3）最大限度地消除或控制可能出现的失效模式。

（4）采用新结构、新工艺、新材料前，严格论证其对封装可靠性的影响。

（5）对性能、可靠性、成本、时间等各因素进行权衡，制定出较优的封装设计方案。

2. 封装可靠性设计方法

常用的封装可靠性设计方法如下。

（1）制定和贯彻可靠性设计原则，将封装可靠性的共性内容、成熟经验和失败教训以准则形式制定下来，并贯彻到封装设计中。

（2）降额设计法：设计时降低集成电路工作时封装所承受的热、电、机械等各种应力。

（3）冗余设计法：如封装中同一电源用多个引出端并联，或者合理地进行电源冗余分布。

（4）健壮设计法：通过参数设计和容差设计，使产品的性能对集成电路封装过程中容许的参数波动及使用环境容许的参数波动不敏感。

（5）模拟分析方法：如采用有限元法分析封装结构强度、热性能等。

3. 封装可靠性结构设计

封装可靠性结构设计应着重考虑如下 5 项内容。

（1）芯片在底座上的黏结强度，特别是工作温度升高后，对芯片黏结强度有无影响。

（2）键合可靠性，包括引线承载电流的能力，抗冲击、振动等外界机械应力的能力，键合焊点的牢固程度。

（3）封装密封性，保护芯片不受外界恶劣环境影响。

（4）封装引出端结构及其强度设计，消除或降低疲劳、磨损、断裂等失效。

（5）封装外引出端镀层结构及焊接可靠性。

4. 封装可靠性热设计

可靠性热设计是指根据集成电路的热特性和传热学原理，采取各种措施控制集成电路结温，使其在容许的温度范围之内。

可靠性热设计常用的技术措施如下所述。

（1）合理布局封装器件（包括集成电路芯片）的位置，使高温、低温器件分布均衡，避免热点集中。

（2）尽可能缩短传热路径，降低热阻。

（3）在陶瓷外壳、各类基板设计中增加导热孔结构，降低封装热阻。

（4）选用低热阻材料，提高热接触表面的加工精度，或者在接触面之间增加高导热材料。

（5）增加表面黑度，提高辐射散热效率。

（6）采取散热片、热管、风扇等措施，增加热传导。

5. 封装可靠性耐环境设计

在集成电路贮存、运输和工作过程中，会遇到各种外界环境，应依据环境的性质和特性，分析环境可能造成的各种影响，开展封装可靠性耐环境设计，其中包括防潮湿设计、防盐雾（腐蚀）设计、防霉菌设计、抗冲击和振动设计等。

（1）防潮湿设计：采用吸湿性小且在湿热环境中性能稳定的材料，选择电极电位接近的材料作为直接接触的金属；对防潮性能要求较高的电路可采用气密性封装。

（2）防盐雾（腐蚀）设计：选择耐盐雾（腐蚀）材料，或者在表层进行抗蚀涂覆处理。

（3）防霉菌设计：选用防霉性能好的材料，一般要与防潮设计结合起来考虑。

（4）抗冲击和振动设计：使集成电路的固有频率移出振源和设备的振动频段，通常应使其固有频率达到设备固有频率的2倍以上。集成电路的固有频率可以参照元器件的计算公式来估算，也可以用模拟试验方法来测定。电子产品受振动影响的频率范围通常为20Hz~2kHz[1]。

6. 封装可靠性可制造性设计

可制造性设计（Design for Manufacturability，DFM）的关键在于封装设计时就考虑可制造性，其目的是便于制造和装配，降低成本，缩短开发周期。可制造性设计主要考虑以下三个方面。

（1）封装用各类外壳、基板的设计需满足材料要求、镀层要求、最小线宽线距要求、最小板厚孔径比要求、最小焊盘孔径要求等；需满足制造商的制造方法、制造工艺及工艺能力，尽量增加制造的工艺窗口，提高成品率。

（2）器件选择：如器件耐温性能、器件引出端镀层材料和结构，器件与现有工艺的匹配性等。

（3）组装工艺可装配性：如焊盘结构与尺寸，设备对设计的要求，回流焊和清洗对设计的要求，器件排布方向和间隔等。

参考文献

[1] 半导体集成电路的可靠性设计. http://max.book118.com/html/2015/0525/17643569.shtm.

撰稿人：无锡中微高科电子有限公司　　蒋长顺

审稿人：中科芯集成电路股份有限公司　　丁荣峥

▷▷▷ 7.7.3 集成电路封装可靠性试验的分类与作用，積體電路封裝可靠性試驗的分類與作用，Classification of Reliability Testing for IC

集成电路封装可靠性试验是指对集成电路进行封装可靠性调查、分析和评价的一种手段，即对封装或材料施加一定的应力（如电应力、热应力、机械应力或其综合），检查其在各种应力作用下的各项性能是否稳定，各种参数是否超出技术指标，以及封装结构是否完整，从而判断集成电路的封装是否合格或可靠，设计是否合理，制造是否正常。集成电路在贮存、运输和使用过程中，会遇到非常复杂的各种环境，如振动、冲击等机械力作用，潮湿、盐雾或各种射线辐照等恶劣环境，还需要在高温/低温及温度剧烈变化的条件下正常工作，这些机械作用和环境的影响可能使集成电路加速损坏，而其影响程度将涉及集成电路封装结构的合理性、封装材料的性能稳定性、封装工艺的正确性和封装质量的一致性。针对不同的可靠性要求，应进行不同项目的、施加不同应力条件的试验和测试。可靠性试验可在一定程度上评价集成电路的可靠性水平，并通过评价其可靠性水平来不断优选封装材料，改进封装结构，优化封装工艺技术，以及采取必要的封装应用措施来保证集成电路封装的可靠性。

1. 集成电路封装可靠性试验的分类

集成电路封装可靠性试验分类方法有多种。按照环境条件分类，可分为各种应力条件下的模拟试验和现场试验；按照试验方法分类，可分为电热性能试验、机械试验、环境试验等；按照试验应力水平分类，可分为正常应力试验、加速应力试验；以试验对受试样品是否具有破坏性分，可分为破坏性试验和非破坏性试验[1]；按照可靠性试验目的分类，可分为可靠性验收试验（包括可靠性鉴定试验）、可靠性测定试验、可靠性统计试验；按照试验过程中所起的作用分类，可分为筛选试验和验收试验。最常见的是以对受试样品是否具有破坏性来分类。

（1）非破坏性集成电路封装可靠性试验：非破坏性试验不需要对样品进行物理或化学处理，它是失效分析技术的发展方向之一。非破坏性分析主要包括外部目检、内部目检、X光检查分析、反射式扫描声学显微（C-SAM）等。

（2）破坏性集成电路封装可靠性试验：主要包括机械应力试验和环境试验。封装可靠性的机械应力试验主要包括恒定加速度、机械冲击、扫频振动、引线键合抗拉强度、芯片拉脱强度、芯片剪切强度等试验。环境试验主要是化学性试验，包括高压蒸煮、温度循环、耐湿、盐雾、内部水汽含量、密封、易燃性等试验。

2. 集成电路封装可靠性试验的作用

（1）早期发现并暴露集成电路在封装设计和生产阶段存在的结构、材料和制造等方面的缺陷,也用于对封装缺陷的筛选。

(2) 基于不同可靠性试验条件下的试验数据,评估封装在不同工作环境下的失效模式,并对失效机理进行研究,以便优选材料、改进封装设计及优化封装工艺,合理改进集成电路封装可靠性。

(3) 对集成电路封装质量等级进行鉴定,全面考核其是否已达到预定的可靠性指标,以便对封装集成电路应用提供更好的依据,也可为用户选择封装厂和封装工艺线提供依据。

(4) 为集成电路封装线认证、批次验收等提供依据。

参考文献

[1] 电子封装技术丛书编委会. 集成电路封装试验手册 [M]. 北京:电子工业出版社,1998.

撰稿人:中科芯集成电路股份有限公司　明雪飞
审稿人:中科芯集成电路股份有限公司　丁荣峥

▷▷▷ 7.7.4 集成电路封装可靠性试验标准,積體電路封裝可靠性試驗標準,Standards for Reliability Testing of IC

集成电路封装可靠性试验标准是指用于指导和规范集成电路封装可靠性评估、验证试验过程的一系列规范性文件,其中包括通用规范、基础标准、手册、指南等多种形式的标准化文件。

国际上集成电路封装可靠性试验标准体系包括 IEC、JEDEC、MIL、ESCC 等几大类标准体系。我国集成电路封装可靠性试验标准体系分为民用集成电路标准体系和军用集成电路标准体系两类。其中,民用集成电路标准体系由国家标准(GB,简称国标)、IEC 标准、JEDEC 标准及行业标准等组成,军用集成电路标准体系由国家军用标准(GJB,简称国军标)及企业军用标准(简称企业军标)等组成。

按照使用的地域和行业范围分类,可靠性试验标准分为国际标准、国家标准、行业标准及企业标准等;按照应用范围分类,可靠性试验标准分为民用标准、军用标准和航天标准等。

国际标准包括 IEC、JEDEC、SEMI、IPC 及 ISO 等标准;国家和地区标准包括美国 ANSI 和 MIL 标准、欧洲 ESCC 和 EN 标准、日本 JIS 和 JEITA 标准、德国 DIN 标准、英国 BS 及我国 GB 和 GJB;行业标准如我国的国家军用标准 GJB、航天标准 QJ、电子标准 SJ 等。

1. 中国标准

相关国家标准有 GB/T 2423《电工电子产品环境试验》系列、GB/T 2424

《环境试验》系列、GB/T 4937《半导体器件 机械和气候试验方法》系列和 GB/T 8750—2014《半导体封装用键合金丝》等。

相关行业标准有国家军用标准 GJB 548B—2005《微电子器件试验方法和程序》、GJB 1420B—2011《半导体集成电路外壳通用规范》及 GJB 7677—2012《球栅阵列（BGA）试验方法》等；航天标准有 QJ 1906A—97《半导体器件破坏性物理分析（DPA）方法和程序》、QJ 840—84《电子元器件环境技术要求和试验方法》等；电子标准如 SJ/T 10745—96《半导体集成电路机械和气候试验方法》、SJ 20129—92《金属镀覆层厚度测量方法》、SJ/T 11200—2016《环境试验 2-58 部分：试验．试验 Td：表面组装元器件可焊性、金属化层耐溶蚀性和耐焊接热的试验方法》等。

企业标准通常由相关企业内部起草、制订，如外壳、盖板等封装材料产品详细规范。

2. 国外标准

（1）IEC 标准：国际电工委员会（International Electrotechnical Commission，IEC）的相关标准主要有 IEC 60068《环境试验》系列、IEC 60749《半导体器件 机械和气候试验方法》系列。

（2）JEDEC 标准：固态技术协会（Joint Electron Device Engineering Council，JEDEC）的相关标准主要有 JESD 22-A××××系列、JESD 22-B××××系列、EIA/JESD 51《集成电路封装热测试》系列、JESD-020C《非气密性表面贴装器件潮湿敏感度等级评价方法》等。

（3）MIL 标准：美国国家军用标准（MIL 标准）中最主要的相关标准是 MIL-STD-883《微电子器件试验方法标准》，它规范了微电路环境试验、机械试验、电学试验（数字电路）、电学试验（模拟电路）及试验程序 5 个系列的试验方法和判据。它也是国际上广泛采用的可靠性试验标准，通常被许多国家或地区全部引用或部分引用，或者增加部分试验方法而成为其军用标准[1]。

（4）SEMI 标准：国际半导体设备与材料协会（Semiconductor Equipment and Materials International，SEMI）的相关标准有 SEMI-G××××系列，涉及封装引线镀涂质量、引线框架与模塑料结合强度、芯片黏结强度、引线键合拉力等测试方法。

（5）ESCC 标准：欧洲宇航元器件协调组（European Space Components Coordination，ESCC）建立了一套完整的宇航元器件标准体系，共分 5 级，其中 2 级是基础标准，即 2×××、2××××××系列，这两级标准规定了集成电路封装可靠性试验方法，另外专门建立了部分试验规范，如 20400《内部目检》、20500《外部目检》等[2]。

（6）JIS 标准：日本工业标准（Japanese Industrial Standards，JIS）的 JIS C00××《环境试验》系列、JIS C5027《电子元器件贮存低温试验方法》、JIS C5032《电子元器件的密封性（浸泡周期）试验方法》、JIS C5036《电子元器件电气寿命的测试方法》、JIS C5037《电子元器件机械寿命的测试方法》、JIS C1000《电磁兼容性试验和测量技术》系列、JIS C7022《半导体集成电路的环境和耐久性试验方法》等标准适用于集成电路封装可靠性试验。

（7）IPC 标准：国际电子工业联接协会（曾称印制电路协会，Institute of Printed Circuits，IPC）的相关标准主要是器件可焊性测试标准，如 IPC J-STD-002D《元器件引线、端子、焊片、接线柱及导线的可焊性测试》等。

（8）ISO 标准：国际标准化组织（International Organization for Standardization，ISO）的相关标准主要有 ISO 14621-1《空间系统电气、电子和机电元器件：元器件管理》和 ISO 14621-2《空间系统 电气、电子和机电元器件：控制程序要求》等。

参考文献

[1] 朱恒静，戴银涛. 日本宇航元器件标准体系分析 [J]. 电子产品可靠性与环境试验，2008，26（1）：68-71.

[2] 诸一维，蔡娜，王敬贤. 从 ESCC 的 0 级标准看欧洲宇航元器件的管理思路 [J]. 质量与可靠性，2009（2）：53-54.

撰稿人：无锡中微高科电子有限公司　　肖汉武
审稿人：中科芯集成电路股份有限公司　　丁荣峥

▷▷▷ 7.7.5　集成电路封装可靠性试验程序，積體電路封裝可靠性試驗程序，Package Reliability Testing Procedures for IC

集成电路封装可靠性试验程序主要分为筛选试验程序、鉴定（质量一致性）试验程序和验收试验程序。科学、合理地进行可靠性试验程序设置，可以有效地达到评价集成电路封装可靠性水平的目的；相反，不合理的程序设置，可能会给集成电路带来过应力损伤，或者不能对其进行有效评价。

1. 封装可靠性筛选试验程序

进行筛选程序设置时，一方面要考虑施加非破坏性试验应力条件，激发早期失效现象[1]；另一方面需要结合产品的实际应用场合、封装特征等因素，综合考虑合理的筛选试验项目及试验程序。常见的可靠性筛选试验程序主要分为气密性封装集成电路筛选程序和非气密性封装集成电路筛选程序。通常，筛选程序中给定的检验项目和先后顺序不能随意更改，除非有充分的试验数据和证据证明试验项目的增加或试验条件的变更、试验项目顺序的变更会使筛选效果更佳。

气密性、非气密性两类典型封装形式集成电路的筛选试验程序在试验项目上的适用性上是有差异的，如恒定加速度、粒子碰撞噪声检测、密封等试验项目是适用于气密性封装集成电路的筛选项目，这些筛选项目对于注塑或灌封的非气密性封装集成电路不能起到剔除封装缺陷或早期失效的作用。

以气密性封装集成电路为例,其封装可靠性筛选的典型筛选试验程序如图7-156所示。

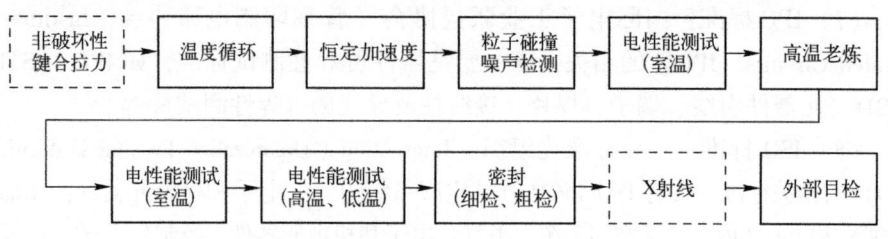

图7-156 气密性封装集成电路典型筛选试验程序

进行筛选试验程序设置时,应力条件的选择需考虑如下两项内容:一是有效剔除早期失效;二是对正常器件不造成过应力损伤。以气密性封装集成电路恒定加速度筛选试验为例,密封环周长小于50mm并且封装质量小于5g的,一般设置为30 000g;超过的,一般设置为20 000g;除此之外则根据应用场合进行选择,或者从低应力至高应力递进式摸底后确定。

2. 封装可靠性鉴定(质量一致性)试验程序

集成电路的封装类型、封装工艺、封装材料等因素决定鉴定(质量一致性)试验程序中的检验项目和应力条件,由于鉴定(质量一致性)试验应力以破坏性的可实现评价封装质量水平的评估项目为主,所以经历过鉴定(质量一致性)试验项目的集成电路一般不再用于电子产品上。

封装可靠性的鉴定(质量一致性)试验通常由多组可靠性试验项目和电特性测试项目组成[1],其中封装可靠性试验项目通常按试验类别分为机械类、气候环境类、物理特性类、化学分析类等检验分组。各检验分组可以并行开展,也可基于集成电路的应用场合、封装工艺因素,考虑各类试验能否起到评估验证作用等,选择检验分组或先做部分检验分组。

进行封装可靠性鉴定(质量一致性)具体试验项目设置时,要考虑对集成电路封装过程中的关键工序控制水平进行验证,而试验项目的严酷程度需要结合集成电路封装形式和应用需求综合考虑。选择具体的可靠性试验分组时,原则上应结合集成电路封装质量等级及使用环境要求,综合考虑其合理性、适用性。例如,对于非气密性封装集成电路,潮湿因素对电路封装可靠性的影响程度更明显,因此在进行质量一致性检验时,应更多地考虑与潮湿因素相关的检验项目,如高压蒸煮、强加速湿热、温度循环等。若该集成电路的外引出端为BGA封装,则应增加相应的检查项目,如焊球共面性、焊球拉脱、焊球剪切检查等。

进行鉴定（质量一致性）检验程序设置时，一般需同时参照国军标、行业标准及使用的特殊规定。封装可靠性鉴定（质量一致性）试验是从筛选合格批中随机抽取一个检验批样本，各类试验方法可设置成独立分组，并选取适用的样本大小进行试验验证。每个独立分组的检验项目实施时应遵循如下原则。

（1）先试验、后验证的原则：即先进行气候环境试验或机械类试验，再进行电性能测试、气密性测试。

（2）实现有效评估同时尽量节省样本的原则：即每个独立分组之间试验样品可以重复利用，但必须保证已经开展的试验项目对下一个试验结果无干扰。

以非气密性封装的商用单片封装集成电路为例，其封装可靠性鉴定（质量一致性）检验的典型程序如图 7-157 所示。

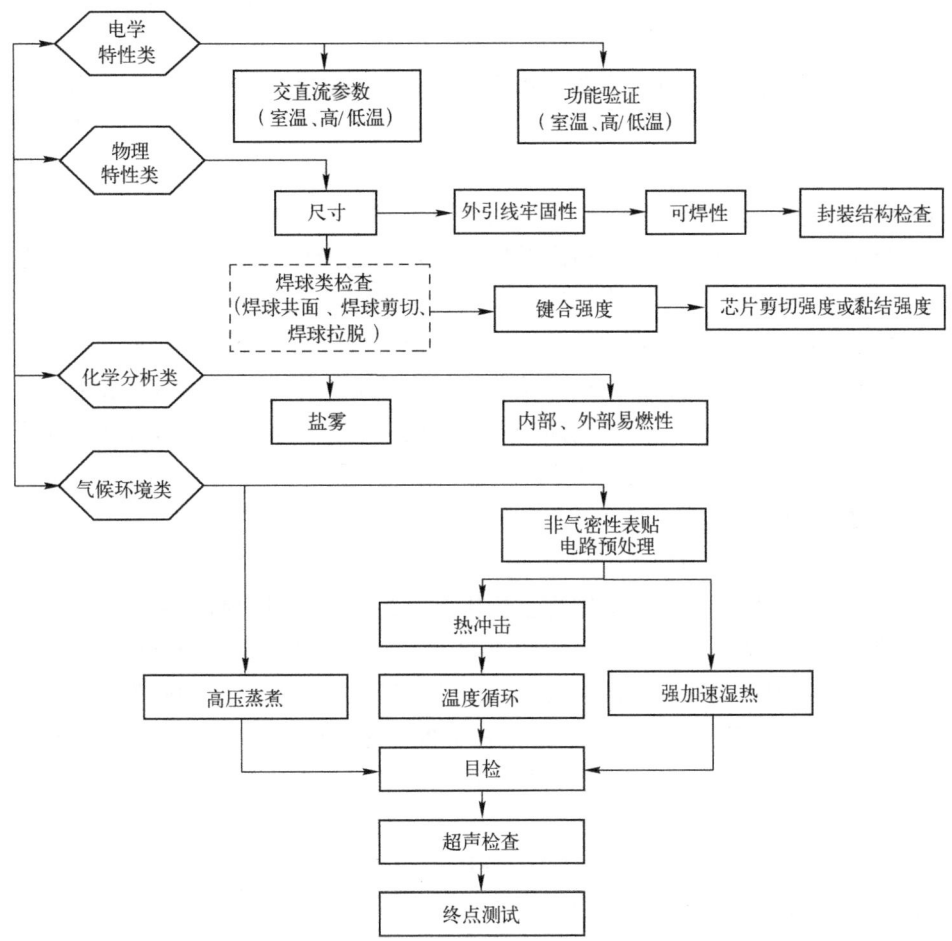

图 7-157 非气密性封装单片集成电路封装可靠性鉴定（质量一致性）检验的典型程序

参考文献

[1] 罗雯, 魏建中, 阳辉, 等. 电子元器件可靠性试验工程 [M]. 北京: 电子工业出版社, 2005.

撰稿人: 无锡中微腾芯电子有限公司　　邹巧云
审稿人: 中科芯集成电路股份有限公司　　丁荣峥

▷▷▷ 7.7.6　集成电路封装失效分析方法, 積體電路封裝失效分析方法, Failure Analysis Methods for IC Package

集成电路封装失效分析就是判断集成电路失效中封装相关的失效现象、形式（失效模式），查找封装失效原因，确定失效的物理化学过程（失效机理），为集成电路封装纠正设计、工艺改进等预防类似封装失效的再发生，提升集成电路封装的可靠性等提供支撑。通常，集成电路封装失效分析分为无损失效分析（又称非破坏性分析）和有损失效分析（又称破坏性分析）。破坏性物理分析（Destructive Physical Analysis, DPA）是为防止有明显缺陷或潜在缺陷的集成电路等被使用，而在指定时机、指定机构随机抽取适当样品，进行一系列破坏性和非破坏性的物理试验和失效分析，是破坏性分析的一类。

用于集成电路封装失效的定性、定量和结构的分析方法，相应地也分为无损失效分析方法和有损失效分析方法。无损失效分析不会改变集成电路封装失效的现有状态，不会影响集成电路的各项性能；有损失效分析会改变集成电路封装失效的现有状态，且是一种物理（有时也有化学）的、永久的改变，是不可以恢复原有状态的。

1. 无损失效分析方法

无损物理失效分析主要采用物理分析方法，它是通过对封装进行一系列物理处理后再观察和分析失效部位，使失效原因更加明朗。常用于集成电路封装失效分析的无损物理失效分析方法包括，外部目检（如检查引脚断裂或引出端缺失等）、光学显微镜观察（如检查陶瓷基板上的树枝状银等）、染色渗透试验（如检查塑料封装体微裂纹等）、密封性检查（如碳氟化合物粗检漏、示踪气体氦细检漏等）、X射线照相（如检查内引线金丝的断裂、金属化层断裂、导体断路或短路等）、声学扫描显微（SAM）分析（如检查模塑料与引线或基板等之间的界面分层、模塑料裂纹等）、扫描电子显微镜（SEM）观察（如检查金属化电迁移导致的开路、键合失效等）、粒子碰撞噪声检测（PIND）试验（如密封腔中多余导电物瞬间短路分析等）、电性能测试（如集成电路封装的开路、短路、表面电阻、接触电阻、绝缘电阻或耐压等定量测量分析等）、显微红外热像（IRM）分析（如检查芯片裂纹、基板金属导体腐蚀）等，热分析（如利用热机械分析技术来分析不同封装材料的形变失效，利用热重分析技术来确认封装材料热分解温度低引起的分层失效等），云纹干涉法、同步微焦点 X 射线衍射法（如检测分析封装的变形、应力等）。

无损化学分析主要是通过对导致封装失效的腐蚀生成物等进行化学成分分析，以了解引起失效的化学因素。常用于集成电路封装失效分析的方法有 X 射线荧光光谱（XRF）法、X 射线衍射（XRD）法（分析表面沾污或残留、腐蚀生成物、电腐蚀后的元素面分布、金属间化合物成分等）。

2. 有损失效分析方法

有损物理失效分析方法有：机械开封分析、激光开帽分析、机械剖切分析、硫酸等的腐蚀法开帽分析、聚焦离子束（FIB）微细精准切割分析等（观察内部开路、短路、裂纹、空洞等）；空封器件的内部气氛分析（通常是内部水汽含量等引起电性能不稳定分析等）；俄歇电子能谱（Auger Electron Spectroscopy，AES）分析（如引起失效的基板等表面的离子分析等）。

撰稿人：中科芯集成电路股份有限公司　　丁荣峥
审稿人：清华大学　　　　　　　　　　　　蔡坚

▷▷▷ 7.7.7　集成电路封装失效分析流程，積體電路封裝失效分析流程，Procedure of Failure Analysis for IC Package

为了防止在失效分析过程中丢失封装失效证据或因不当顺序引入新的人为的失效机理，封装失效分析应按一定的流程进行。集成电路封装失效分析典型流程如图 7-158 所示。

（1）收集失效现场数据：在失效样品收集和保存的同时，收集失效现场数据，主要内容包括失效集成电路封装经受的失效环境、失效应力、失效发生期，以及失效前、后的电测试数据/结果等。其中，失效环境包括温度、湿度、照射等；失效应力包括温度应力、机械应力、气候应力、电应力和辐射应力等（如果是在可靠性试验中失效，必须了解封装经受的试验项目、应力等级和时间等）；失效发生期包括失效封装的经历、失效发生的阶段（包括研制、生产、测试、试验、贮存、使用等）和具体时间；失效前、后的电测试条件、电测试数据和测试结果也是需要收集的数据的一部分。

（2）鉴别封装失效模式：根据收集到的失效现场数据、功能等测试数据，

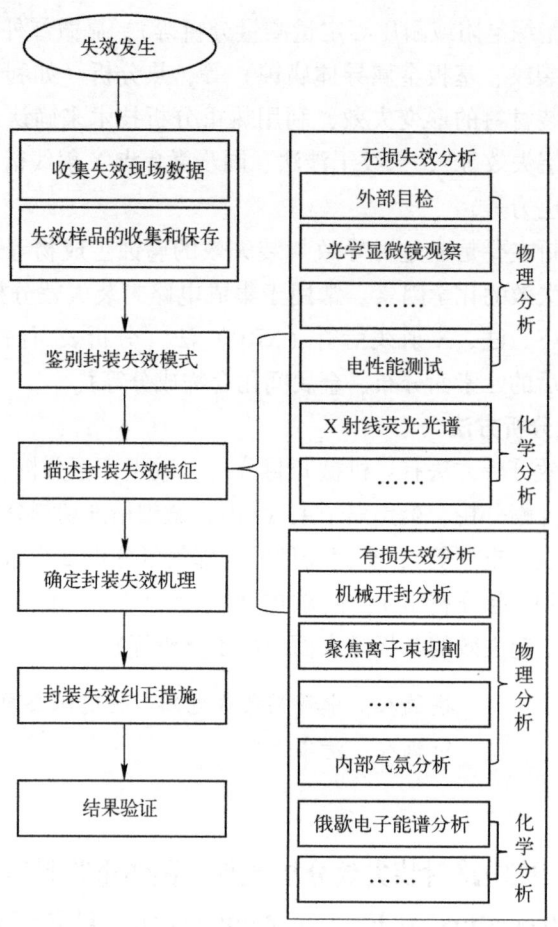

图 7-158 集成电路封装失效分析典型流程

以及简单的外观检查,分析确定失效部位(如芯片表面/底面或界面、引出端、密封腔内等),结合失效分析积累的经验和失效模型库中的资料,鉴别集成电路封装失效样品的表面现象或表现形式属于哪种物理或/和化学失效模式。

(3)描述封装失效特征:在失效分析中,通过定性或定量的物理参数、化学参数等对集成电路失效模式进行描述,这些描述可以是文字、照片或图片、测试数据及其图表、摄像、制备样品等中的一种或多种。

(4)确定封装失效机理:根据失效模式和失效特征参数,假设封装失效机理,并从正面和反面来证实失效机理,重复失效现象;对于不能复现的封装失效机理,必须重新假设,并再次进行试验证实。

(5)封装失效纠正措施:根据确定的封装失效机理,针对产生封装失效的原因采取措施,从根本上消除失效产生的根源。纠正措施的效果需要跟踪验证,并据此对集成电路封装相关文件进行相应的更改。

撰稿人：中科芯集成电路股份有限公司　丁荣峥
审稿人：清华大学　　　　　　　　　　　蔡坚

7.7.8　集成电路封装典型失效模式与分类，積體電路封裝典型失效模式與分類，Failure Modes and Classification of IC Package

集成电路封装失效模式是指与集成电路封装相关的，在可靠性试验过程或贮存、使用过程中发生失效时的外在直观表现形式，通常指检验和观察到的失效现象和失效形式[1]。

集成电路封装典型失效模式可根据集成电路的类型进行划分。

1. 单片集成电路封装典型失效模式

单片集成电路封装典型失效模式主要包括如下 7 类。

（1）塑料封装外观变形、翘曲、鼓泡、开裂等，模塑料分层，引线冲丝短路甚至引线键合脱开，芯片裂纹等。

（2）金属封装或陶瓷封装腔内多余物引起的短路；键合引线扭曲形变甚至碰丝短路；键合引线被腐蚀而长出"白毛"状物质；芯片压点铝层或钝化层裂纹下金属层/布线的化学腐蚀；芯片脱落；镀层内部或钎焊区金属鼓泡、开裂甚至剥落引起的短路；玻璃或陶瓷密封区开裂后漏气，引起键合部位引线腐蚀产生开路或短路；金属材料蠕变、裂缝扩展、断裂引起的电阻值变大甚至开路。

（3）集成电路封装键合引线出现高阻、脆性"紫斑"或"白斑"。

（4）倒装芯片与塑料层压基板或陶瓷基板之间的底填料分层开裂、内凸点断裂；倒装芯片内凸点材料熔化、迁移互连；内凸点焊接面疲劳开裂，或者凸点内部空洞、断裂。

（5）封装中芯片因经历静电放电或金属电迁移引起的失效。

（6）封装外引脚化学腐蚀，疲劳变形、断裂脱落等引起的接触电阻增大甚至开路；绝缘电阻变小引起的漏电、参数漂移甚至短路、功能失效等；焊球或焊柱在温度应力或机械应力下缺损、疲劳断裂失效；引脚、焊球或焊柱浸润性或可焊性差引起的焊接失效；Sn 须生长引起的短路失效。

（7）封装材料的放射性辐射引起的集成电路参数漂移、α 粒子软失效[1]。

2. 混合集成电路封装典型失效模式

混合集成电路封装失效[1]可分为封装内部组件失效和封装外壳失效。其中，内部组件失效包含元器件贴装失效、互连失效和基片失效。

混合集成电路封装内部组件常见的失效模式除了单片集成电路封装典型失效模式，还包括如下4种情况。

（1）封装内有源器件和无源元件的绝缘电阻下降；封装内片式元件和芯片等贴装元器件脱落；片式元件/芯片开裂；焊接缺陷如黏结空洞、黏结不牢；黏结材料老化等。

（2）金属厚膜本身的开路和短路失效、金属厚膜与基板的附着不良、脱落；金属厚膜间的电化学迁移[2]（如 Ag^+ 迁移）；金属厚膜与焊料结合区因虚焊、开裂等引起的断路失效；薄膜多层基板内部聚酰亚胺绝缘层老化引起的多层互连退化失效等。

（3）外壳密封时，焊料与助焊剂进入内部造成短路或金属膜腐蚀失效。

（4）2.5D、3D堆叠结构中的互连TSV铜填充孔分层、开裂失效；叠层裸芯片分层、破裂失效；堆叠结构的封装体在温度应力下产生翘曲等。

3. 集成电路封装失效分类

集成电路封装失效，按照失效发生的持续性[2]，可分为致命性失效、间歇性失效、缓慢退化等；按照失效发生的时间，可分为早期失效、随机失效、磨损失效等；按照失效发生的部位，可分为内部缺陷失效和外部应力失效；按照失效发生的来源，可分为封装原材料缺陷、封装工艺、使用过程失效等；按照失效发生的应力条件，可分为封装电应力失效、温度-机械应力失效、气候环境应力失效和辐射应力失效等。

参考文献

[1] 恩云飞，来萍，李少平. 电子元器件失效分析技术［M］. 北京：电子工业出版社，2015.

[2] 姚立真. 可靠性物理［M］. 北京：电子工业出版社，2004.

撰稿人：无锡中微腾芯电子有限公司　　陆坚

审稿人：中科芯集成电路股份有限公司　　丁荣峥

7.7.9　集成电路封装失效机理，積體電路封裝失效機制，Failure Mechanism of IC Package

集成电路封装失效机理是指与集成电路封装相关的，导致失效发生的电学、温度、机械、气候环境和辐射等各类应力因素及其相互作用过程。根据应力条件的不同，可将失效机理划分为电应力失效机理、温度-机械应力失效机理、气候环境应力失效机理和辐射应力失效机理等几大类。

1. 电应力失效机理

电应力失效包括封装中的静电放电，集成电路中存在 n-p-n-p 结构而形成正反馈（闩锁效应）或钝化层介质受潮/污染/损伤（白道击穿）等过电应力损伤导致内引线熔断，外引出端之间漏电引起参数漂移甚至短路、烧毁开路等功能失效。

当部分金属外壳封装的器件外引脚表面为镀银层或采用银丝作为键合丝时，在水汽、电场的作用下，Ag 电离产生 Ag^+ 树枝状迁移，从而导致短路失效的发生。

2. 温度-机械应力失效机理

温度-机械应力失效主要包括如下 9 种情形。

（1）空腔结构密封过程中挤入内腔的焊料，镀层或封口熔融材料脱落，划槽中工艺控制监测图形（Process Control Monitor，PCM）剥落等形成腔内多余物，均会引起短路或偶发短路失效。

（2）Au-Al 键合点在高温条件下生成脆性、高阻性的 $AuAl_2$ "紫斑" 失效和 Au_2Al "白斑" 失效[1]，如图 7-159 所示。

（3）封装内的芯片、键合引线、引线框架或基板、模塑料等因热膨胀系数、弹性系数不一致，当温度发生变化时，材料涨缩产生内应力，引起键合引线拉脱拉断、芯片开裂，或者与基板分层失效[1,3]。

（4）底部填料工艺中 SiO_2 颗粒填充不均匀，填充压力和固化温度不匹配引起填料分层，焊点底部开裂引起的失效，如图 7-160 所示；热膨胀系数失配和高温工艺（如回流焊）超过内凸点的熔点，引起凸点熔化产生的互连失效，如图 7-161 所示。

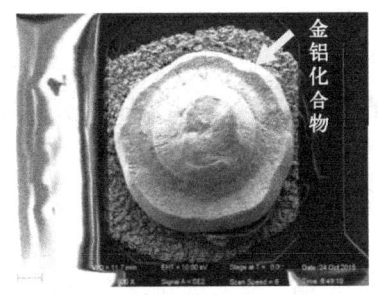
图 7-159　脆性金铝化合物引起键合失效

图 7-160　焊球断裂失效

（5）倒装芯片焊接区的 Au、Sn、Pb、Cu、Ag 等焊料生成的金属间化合物（Intermetallic Compound，IMC）在温度变化、加电发热或机械应力下，与基板、焊盘和芯片间的热膨胀系数失配，IMC 龟裂引起焊点 "金脆" 开裂失效；焊料、焊接温度不匹配，引起焊点内部因各种焊料的相互扩散速率差异出现孔洞，从而破坏焊点的电气连接和机械性能[1]，如图7-162所示。

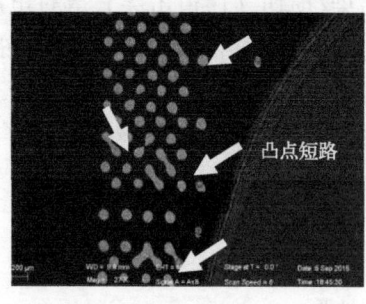

图7-161　内焊接点熔化、互连失效

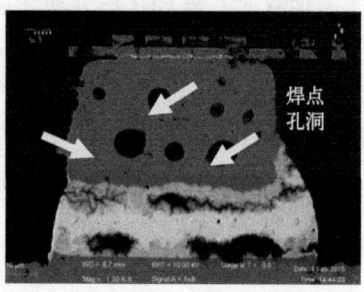

图7-162　焊点孔洞现象

（6）周期性温度变化下，2.5D、3D堆叠结构中TSV铜填充与硅孔壁、焊盘与焊球、堆叠裸芯片、堆叠封装等因热膨胀系数失配产生应力而导致开裂、分层、翘曲失效。

（7）周期性温度变化或机械应力下，键合引线发生形变、碰丝、疲劳断裂，金属、玻璃或陶瓷、模塑料等材料发生蠕变、疲劳裂缝扩展、断裂和密封漏气等失效。

（8）金属或钎焊材料中的氢向应力集中部位聚集、析出，与材料内部的残留应力及外部应力组合，产生巨大压力导致"氢脆"断裂失效。

（9）含Sn焊料、钎焊材料及含Sn镀层在过低温度下存储、工作时可导致粉末Sn的"锡瘟"失效；纯Sn或Sn合金镀层封装因Sn层内应力、晶体位错、环境因素等发生Sn须生长引起相邻引脚之间的漏电、短路失效。

3. 气候环境应力失效机理

气候环境应力失效主要包括如下3种情形。

（1）模塑料、层压有机基板或底部填料吸湿后，在高温下水分迅速膨胀，迫使其与其上附着的其他材料（如芯片、引线框架等）发生分离，引起芯片开裂、内焊接点接触不良或断裂、分层或爆裂失效[3]。

（2）外部离子和污染物、封装料中的杂质离子溶入水汽生成电解液，在内键合引线或曝露的Al或Au-Al结合处发生长期、缓慢的化学腐蚀或电化学腐蚀，生成"白毛"状Al(OH)$_3$或腐蚀斑，如图7-163所示。

（3）Sn、Au、Ni等保护镀层过薄、针孔密度过大或缺损，以及有Na$^+$、K$^+$、Cl$^-$等杂质离子污染存在，金属壳体、盖板和外引脚在水汽、电场作用下，产生电化学腐蚀引起漏电短路、掉脚等，如图7-164所示。

 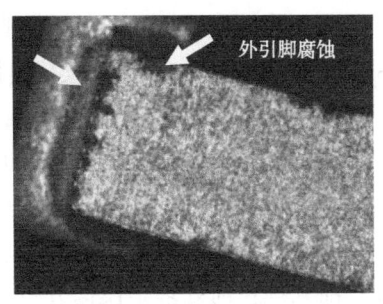

图 7-163 铝压点的化学腐蚀　　　图 7-164 镀层缺陷引起的外引脚腐蚀

4. 辐射应力失效机理

辐射应力失效是指，封装材料中含有的放射性元素裂变放射出 α 粒子后，其沿途产生的电子-空穴对在电场作用下，在芯片某些区域被集结，引起 DRAM、SRAM 等存储单元中的电荷量发生改变，导致电路发生误翻转的 α 粒子软失效[2,3]。

参考文献

[1] 姚立真. 可靠性物理 [M]. 北京：电子工业出版社, 2004.

[2] Charles A·Harper. 电子封装与互连手册（第四版）[M]. 贾松良, 蔡坚, 等译. 北京：电子工业出版社, 2009.

[3] 恩云飞, 来萍, 李少平. 电子元器件失效分析技术 [M]. 北京：电子工业出版社, 2015.

撰稿人：无锡中微腾芯电子有限公司　　虞勇坚
审稿人：中科芯集成电路股份有限公司　　丁荣峥

7.7.10　集成电路封装可靠性模拟分析，積體電路封裝可靠性模擬分析，Simulation Analysis of Package Reliability of IC

集成电路封装可靠性的研究方法分为两大类，即可靠性试验和计算模拟分析。

可靠性试验是指对集成电路封装或材料施加一定的应力，如电应力、热应力、机械应力等或其综合，检查受试样品的各项性能参数在应力作用下是否超出技术指标，从而判断集成电路的封装是否失效或可靠。

计算模拟分析一般是指基于集成电路封装可靠性的基础理论方法，如热学、电学、力学理论等，结合数值计算分析方法和计算机技术，通过大量计算来模拟集成电路封装在各种应力作用下的情况，进而分析其可靠性。常用的数值计算分析方法包括有限元（FE）法和有限差分（FD）法。常见的模拟分析软件有ANSYS Workbench、Icepak 等。集成电路封装可靠性模拟分析方法一般用于产品设计、分析阶段，与可靠性试验相比，更加经济、灵活，可以快速、便捷地调整模型参数及相关条件，得到的结果直观、较全面，也可以节省大量的开发成本及缩短产品的开发周期，并可以对失效机理有更深入的认识。

利用各种模拟分析软件进行集成电路封装可靠性模拟分析的流程如下所述。

（1）前处理：前处理是模拟分析的首要环节，主要是建立集成电路封装的模拟分析模型（包括几何模型），定义模型的材料属性、参数，进行单元划分，最后生成可以进行求解计算的模型。

（2）分析求解：分析求解是模拟分析的关键环节，一般包括确定可靠性分析的类型（如热、机械或综合），设置分析求解的条件，选择合适的求解方法等。

（3）后处理：后处理是用图形、数据的方式显示数值计算的结果，以便进行判断分析，从而检测所建模型及分析求解的合理性。

寿命预测是集成电路封装可靠性研究的重要内容。疲劳破坏是集成电路封装失效的最主要形式，缺陷在热、机械、电磁或化学载荷作用下的萌生、聚集与长大，最后导致封装失效。集成电路封装寿命预测是在建立寿命预测模型的基础上，通过试验或理论分析等方法获得寿命预测模型的输入（如塑性变形、蠕变变形、应变能密度），再通过寿命预测模型计算出集成电路封装的寿命。

依照不同的力学表征参量，可将寿命预测模型主要分成以塑性变形为基础、以蠕变变形为基础、以能量参数为基础、以断裂参量为基础的四类预测模型。其中，以塑性变形为基础的寿命预测模型主要着重于与时间无关的塑性效应；以蠕变变形为基础的寿命预测模型则是考虑与时间相关的效应；以能量参数为基础的寿命预测模型考虑应力与应变的迟滞能量；以断裂参量为基础的寿命预测则依据断裂力学，计算裂纹的扩展，累积其过程所造成的破坏效应。

对集成电路封装进行寿命预测分析的主要方法有两种：实验的方法；数值模拟分析方法，即由计算机基于材料的本构模型进行有限元仿真整个可靠性实验的过程，取得非线性分析结果，再选择相应的寿命预测模型计算其寿命。集成电路封装寿命预测的计算机模拟分析一般过程是：① 计算机仿真软件模拟求解；② 从求解结果中得到主控力学参量（如累积的蠕变应变、累积的应变能密度等）；③ 选择寿命预测模型，代入主控力学参量进行寿命预测。

撰稿人：工业和信息化部电子第五研究所　罗宏伟
审稿人：中科芯集成电路股份有限公司　　　丁荣峥

7.8 集成电路封装的标准化

封装标准主要是对封装的结构、材料、表面镀覆、外观检验、可靠性试验要求,以及产品应符合的设计、生产、质量保证等进行规定。随着半导体封装技术的不断进步,相关技术标准也在不断更新。

7.8.1 国际封装标准化组织,國際封裝標準化組織,International Packaging Standardization Organization

1. 国际电工委员会(IEC)

国际电工委员会(International Electrotechnical Commission,IEC)的半导体器件标准化技术委员会(TC47)下设四个分技术委员会,分别负责半导体分立器件、集成电路、MEMS 和封装标准的制定工作。其中,半导体器件封装标准化分技术委员会(SC47D)负责组织半导体封装方面标准的研究与制定工作,其主要工作范围包括封装机械外形图(包括尺寸和公差)、微电子器件外壳测量方法、组装、试验和老化插座的标准化等,以保证半导体产品机械外形的互配互换。

目前,SC47D 又下设两个工作组,即 WG1 和 WG2。其中,WG-1(封装外形)负责外形图准则以保证互换性、安装等方面的标准制定工作;WG-2(术语、定义、方法及程序)负责协调和评审封装术语定义和设计指南,另外也负责建立外形图格式、尺寸和公差测量方法的标准。

SC47D 制定的 IEC 60191 系列封装标准共包括 6 个部分,其中第 6 部分目前已扩展为 17 个子部分。综合分析 TC47/SC47D 的标准,它有以下特点。

(1) IEC 60191-2《半导体器件封装标准 第 2 部分:外形》自 1966 年发布实施以来已更新至第 24 版,而且还在不断有新提案(新外形)增加到该标准中,反映出 IEC 在封装外形尺寸方面进行的标准化工作是非常细致也是非常具体的,同时也说明半导体封装领域技术更新得非常快。

(2) 自 2001 年以来,SC47D 针对表面贴装器件的封装形式陆续颁布了 BGA、LGA、FBGA、FLGA、SOP、SOJ 等外形图、尺寸测量方法及设计指南标准,反映出集成电路封装正向小型化、面阵列的方向发展。

2. 国际半导体设备与材料协会(SEMI)

国际半导体设备与材料协会(Semiconductor Equipment and Materials International,SEMI)现有的 SEMI 标准按应用类别分为 16 卷,具体包括 3D-IC、设备自动化硬件、设备自动化软件、工厂、平板显示器、气体、LED、材料、

MEMS、微光刻、封装、光伏、工艺化学品、安全指导、硅材料、过程控制和可追溯性等。

SEMI 制定了数十项封装方面的标准，主要侧重引线镀涂、引线框架、封装材料特性的测试和试验方法等，也包括少数封装形式设计指南。随着 3D 封装技术的不断应用，SEMI 发布了一系列与 3D 封装材料、结构相关的术语、测量标准和指南，以顺应产业发展的需要。

3. 国际电子工业联接协会（IPC）

IPC 是国际电子工业联接协会（Association Connecting Electronics Industries）的英文简称。截至 2016 年，IPC 已发布实施了 105 种标准，包括技术标准、技术规范和技术指南等。IPC 的标准在国际上得到普遍认可，并被广泛推广和使用。IPC 是国际电工委员会（IEC）电子装联标准化技术委员会（TC91）的成员，同时也是世界电子装联协会（WECC）的理事长。

IPC 封装标准类别涉及比较广泛，包括外形设计、封装技术、材料检验和应用指南等。IPC 也开展了一些先进封装（如倒装芯片、球栅阵列、芯片级封装）的标准制定工作。

4. 固态技术协会（JEDEC）

固态技术协会（Joint Electronic Device Engineering Council，JEDEC）是电子工业协会（EIA）的主体。

JEDEC 对半导体封装领域的标准化工作非常活跃，其发布的 JEP95 标准以注册方式收录不同类型的封装外形图，并且每年都有许多公司和组织注册新的封装外形。目前，JEP95 所包含的封装形式已超过 500 种。

除了注册的封装外形图，JEDEC 还发布了各类封装形式的设计要求、引出端排列规则及相关的试验方法（如引线牢固性、可焊性、引线键合等）。

撰稿人：中国电子技术标准化研究院　李锟
审稿人：江苏长电科技股份有限公司　梁志忠

▷▷▷ 7.8.2　中国封装标准化组织，中國封裝標準化組織，China Packaging Standardization Organization

1986 年，中国成立了全国半导体器件标准化技术委员会（TC78），并且下设两个分会，分别是半导体分立器件分技术委员会（TC78/SC1）和集成电路分技术委员会（TC78/SC2），对口 IEC TC47、SC47A 和 SC47E，开展我国半导体器件领域的标准化工作。由于受当时条件限制，我国没有筹建与 IEC SC47D 对口的封装标准化技术委员会，其封装标准化工作一直由 TC78 负责，主要进行 SC47D 封装标准的转化工作。

在中国早期开展的封装标准化工作中，参照 SEMI 转化了部分标准，包括 GB/T 14113—93《半导体集成电路封装术语》（参照 SEMI 的 G1~G5、G9、G19、G22、G26、G27 等）、GB/T 14862—93《半导体集成电路封装结到外壳热阻测试方法》（参照 SEMI 的 G30）和 GB/T 16526—1996《封装引线间电容和引线负载电容测试方法》（参照 SEMI 的 G24），同时 GB/T 16525—2015《半导体集成电路 塑料有引线片式载体封装引线框架规范》等引线框架系列标准也是参照 SEMI 标准制定的。

由于多年来没有对口 IEC SC47D 的封装标委会，我国的封装标准化工作落后于半导体器件标准化工作，具有自主知识产权的重大封装技术标准相对缺失；另外，相对技术的研发，标准研究方面的投入严重不足。

作为电子标准归口管理单位，中国电子技术标准化研究院开展了全国半导体器件标准化技术委员会半导体机械标准化分技术委员会（封装标委会）的筹建工作。相信不久的将来，随着封装标委会的成立，我国封装标准化工作将迎来新的机遇和发展。

撰稿人：中国电子技术标准化研究院　李锟
审稿人：江苏长电科技股份有限公司　梁志忠

▷▷▷ 7.8.3　封装外形和封装命名的标准化，封装外形和封装命名的標準化，Standardization of Package Outline and Designation

国际上对封装外形标准化工作开展得较早，一般采用标准增补单或外形注册形式。

IEC SC47D 发布的 IEC 60191-2《半导体器件封装标准　第 2 部分：外形》标准是以不断发布补充件的形式，将新型封装的外形补充到该标准中的。每年都有大量的新型封装提案提交 IEC。这些提案是由各个国家标准化委员会向 IEC 提出的，只要有达到规定数量的国家同意该标准草案，就可以开展标准化工作。

JEDEC 制定的 JEP 95《JEDEC 注册外形图》标准与 IEC SC47D 发布的标准异曲同工，只不过其外形标准是由其会员公司提出的。

因此，IEC SC47D 和 JEDEC 可以保证不断更新封装外形，将新出现的封装形式予以标准化，并推广应用。

20 世纪八九十年代，我国在半导体封装外形标准化方面的主要工作是制定了GB/T 7092—93《半导体集成电路外形尺寸》、GB/T 15138—94《膜集成电路和混合集成电路外形尺寸》和GB/T 7581—87《半导体分立器件外形尺寸》。但这三项标准自发布以来一直没有更新。随着半导体技术的不断进步发展，封装技术为适应新型器件的需求，正在向小型化、轻量化、高密度集成的方向发展，球栅阵列（BGA）封装、焊柱阵列（CGA）封装、芯片尺寸封装（CSP）、圆片级封装（WLP）、3D封装等新型封装技术不断出现，我国亟待开展相关产品的国家标准研制工作。

在封装命名标准化方面，各国的标准化组织对封装外形结构的命名方式各异。IEC 60191-2《半导体器件机械标准化 第2部分：外形》中规定了标准的封装外形尺寸，并且在每个封装外形下给出了日本、美国、英国等国家或地区封装外形的命名方式。我国的GB/T 7092—93《半导体集成电路外形尺寸》等外形标准中也给出了相应的命名方式。

为了解决各个国家和地区封装外形命名方式不统一的问题，IEC 47D发布了IEC 60191-4《半导体器件封装标准 第4部分：半导体器件封装的外形的符号体系和分类》，根据封装外形的特征给出了型号命名方式。该标准的转化工作已列入我国2015年国家标准制修订计划，目前已完成标准报批工作，不久将正式发布实施。

撰稿人：中国电子技术标准化研究院　李锟
审稿人：江苏长电科技股份有限公司　梁志忠

▷▷▷ 7.8.4 集成电路封装的国家标准，積體電路封裝的國家標準，National Standard of IC Packaging（GB）

中国制定的民用封装标准主要包括术语定义、外形尺寸、测试方法，以及引线框架和封装材料的相关标准。

GB/T 14113—93《半导体集成电路封装术语》中主要规定了半导体集成电路封装在生产制造、工程应用和产品交验等方面的基本术语。

与外形相关的标准有GB/T 7092—93《半导体集成电路外形尺寸》和GB/T 15138—94《膜集成电路和混合集成电路外形尺寸》。其中，GB/T 7092—93主要规定了半导体集成电路的外形尺寸，其范围涵盖陶瓷扁平封装（FP）、陶瓷熔封扁平封装（CFP）、陶瓷双列封装（DIP）、陶瓷熔封双列封装（CDIP）、塑料双列封装（PDIP）、金属圆形封装、塑料双列弯引线封装（SOP）、塑料片式载体（PLCC）封装、陶瓷无引线片式载体（CCC）封装、塑料四面引线扁平封装

（PQFP）、陶瓷四面引线扁平封装（QFP）和陶瓷针栅阵列（PGA）封装。

与封装测试方法相关的标准有 GB/T 14862—93《半导体集成电路封装结到外壳热阻测试方法》和 GB/T 16526—1996《封装引线间电容和引线负载电容测试方法》，这两个标准均参照了 SEMI 的有关标准，规定了热阻、引线电容等封装基本特性的测试方法。

在引线框架和封装材料方面，主要针对双列封装、有引线片式载体封装、小外形封装、四面引线扁平封装等常见封装形式制定了引线框架标准，以及键合丝、环氧模塑料、玻璃粉等封装材料标准。

与集成电路封装相关的中国民用封装标准见表 7-9。

表 7-9 与集成电路封装相关的中国民用封装标准

标准编号	标准名称
GB/T 14113—93	半导体集成电路封装术语
GB/T 7092—93	半导体集成电路外形尺寸
GB/T 15138—94	膜集成电路和混合集成电路外形尺寸
GB/T 7581—87	半导体分立器件外形尺寸
GB/T 14862—93	半导体集成电路封装结到外壳热阻测试方法
GB/T 16526—1996	封装引线间电容和引线负载电容测试方法
GB/T 14112—2015	半导体集成电路 塑料双列封装冲制型引线框架规范
GB/T 15877—2013	半导体集成电路 蚀刻型双列封装引线框架规范
GB/T 16525—2015	半导体集成电路 塑料有引线片式载体封装引线框架规范
GB/T 15878—2015	半导体集成电路 小外形封装引线框架规范
GB/T 15876—2015	半导体集成电路 塑料四面引线扁平封装引线框架规范
GB/T 20254.1—2015	引线框架用铜及铜合金带材 第1部分：平带
GB/T 8750—2014	半导体封装用键合金丝
SJ/T 10424—93	半导体器件用钝化封装玻璃粉
SJ/T 11168—1998	免清洗焊接用焊锡丝
SJ 2659—86	电子工业用树脂芯焊锡丝和软钎焊用树脂系焊剂试验方法
SJ/T 10675—2002	电子及电器工业用二氧化硅微粉
SJ/T 11197—2013	环氧塑封料

撰稿人：中国电子技术标准化研究院　王静
审稿人：江苏长电科技股份有限公司　梁志忠

▷▷▷ 7.8.5　GJB 与 MIL 标准，GJB 與 MIL 標準，China and US Military Standards

与集成电路封装相关的国军标（GJB）分为产品通用规范和详细规范两大类。通用规范涉及半导体集成电路外壳（适用于 CLCC、CSOP、CPGA、CDIP、CFP、CQFP、CQFJ、CSOJ、CBGA、CLGA 等陶瓷外壳）、混合集成电路外壳、半导体分立器件外壳和半导体光电子器件外壳等，均已在中国军用外壳生产线贯标。详细规范以军工企业按照通用规范要求编制的企业军用标准为主，可用于指导产品的研制生产和检验。总体而言，国军标相关标准的层次结构完整且合理。

在封装试验方法方面，主要使用 GJB 548B—2005《微电子器件试验方法和程序》中规定的试验方法。针对一些特定封装形式，也制定了单独的试验方法，如 GJB 7677—2012《球栅阵列（BGA）试验方法》。

与集成电路封装相关的中国军用标准见表 7-10。

表 7-10　与集成电路封装相关的中国军用标准

标 准 编 号	标 准 名 称
GJB 1420B—2011	半导体集成电路外壳通用规范
GJB 2440A—2006	混合集成电路外壳通用规范
GJB 7677—2012	球栅阵列（BGA）试验方法
GJB 923A—2004	半导体分立器件外壳通用规范
GJB 5438—2005	半导体光电子器件外壳通用规范

国内外军用封装标准的种类和数量不多，主要是由于封装行业军民通用性强，军用基础标准（如术语定义、外形尺寸、测试方法和试验方法）完全可以参照或引用民用标准作为补充，因此无须单独制定。仅在对应用环境和可靠性有不同要求的产品规范层面，需要单独制定军用标准。

国外军用集成电路封装标准化组织主要有美国军用标准（MIL）、北约标准（STANAG）、日本军用标准（NDSC）等，其中以 MIL 标准最具代表性。

专门用于军用产品封装的标准主要为美军发布的 MIL-STD-1835D（2004）《电子元器件封装外形图》，该标准主要规定了美国军用集成电路外壳的类型、结构、尺寸、符号等，共计 19 个大类，以陶瓷、金属封装外壳为主。对于封装外壳的性能、可靠性等方面的要求，美军一般将其纳入器件通用规范（如 MIL-PRF-38534《混合集成电路通用规范》、MIL-PRF-38535《集成电路制造通用规范》）中，因此美军没有单独的封装外壳的产品规范。其他一些国外机构（如

NASA、ESA、JAXA）目前也无相关的封装标准。

撰稿人：中国电子技术标准化研究院　王静
审稿人：江苏长电科技股份有限公司　梁志忠

▷▷▷ 7.8.6　JEDEC 标准，JEDEC 標準，Joint Electron Device Engineering Council Standard

电子器件种类繁多，相关的标准通常由国际上该领域发达国家或地区组织制定。就电子封装测试标准而言，目前标准最多的是 JEDEC 标准。

JEDEC 即固态技术协会，是全球微电子产业的权威标准机构。自 1958 年成立以来，JEDEC 一直为整个半导体行业制定标准，其标准在全球得到广泛认可和采用。JEDEC 平台汇聚了全球半导体市场前一百名领先器件生产商和应用商，因此保证了其标准的代表性和先进性。JEDEC 是一个自愿和开放性标准组织，其会员公司来自拥有半导体产业的全球各个国家和地区。

1. JEDEC 标准的特点

JEDEC 主要致力于以下标准的制定：与半导体相关的术语、定义和符号；产品外形；辐射保证和相关试验要求；微电路采购指南；微电路考核试验方法；失效分析；质量监控及各类产品（包括分立器件、存储器、接口电路、数字逻辑电路等）标准。

JEDEC 的核心业务是促进基于开放性、易获取、可迅速完成的自愿标准的制定。JEDEC 委员会在较广泛的技术领域主导着产业标准的制定，其中包括同其他组织携手制定标准。JEDEC 的标准制定程序包括联合生产商与供应商，并通过 15 个委员会和 45 个分委员会来完成标准制定。从 2011 年起，JEDEC 下设 JC-11、JC-14 等委员会，开展了 3D 封装方面的标准化工作，并发布了关于 3D 封装可靠性评估和多芯片封装设计引出端排列规则方面的标准，以支撑行业的发展。

2. JEDEC 委员会与分委员会

JEDEC 理事会负责建立对口的委员会来从事标准化工作，各委员会的主要职责是提出相关标准建议并制定政策和程序，然后提交理事会表决或批准。

服务委员会关注影响产业发展的问题，包括封装外形、定义与术语、政府标准及国际标准等。

产品委员会关注指定产品的相关技术问题，如测试方法、器件规范、格式、最低配置、引脚引线、接口要求和应用等。

表 7-11 列出了 JEDEC 各个委员会的分工情况。

表 7-11　JEDEC 各个委员会的分工情况

委员会名称	分工及所涉及的标准	相关的小组委员会及其业务领域
JC-10	术语、定义、符号	
JC-11	机械（封装外形）标准化	JC-11.1：编辑事务与程序 JC-11.2：设计要求 JC-11.4：无封装器件 JC-11.5：封装接口（非活跃） JC-11.7：IEC 接口 JC-11.10：微电子陶瓷封装 JC-11.11：微电子塑料封装 JC-11.13：半导体封装与相关部件的压力表与工具（非活跃） JC-11.14：微电子组件
JC-13	政府联络	JC-13.1：分立器件 JC-13.2：微电子器件 JC-13.4：辐射硬度——保证与特征描述 JC-13.5：混合、射频/微波及多芯片模块技术
JC-14	固态产品的质量与可靠性	JC-14.1：封装器件可靠性的测试方法 JC-14.2：晶片级可靠性 JC-14.3：硅器件的可靠性鉴定与监测 JC-14.4：质量流程与方法 JC-14.6：失效分析 JC-14.7：砷化镓的可靠性与质量标准
JC-15	半导体封装的热特征描述技术	
JC-16	接口技术	
JC-22	二极管与晶闸管	JC-22.1：晶闸管 JC-22.2：整流二极管 JC-22.4：信号与调节二极管 JC-22.5：暂态电压抑制器
JC-25	晶体管	
JC-40	数字逻辑	JC-40.1：数字逻辑产品家族与应用 JC-40.3：带寄存器的双线内存模块（RDIMM）支持部件 JC-40.4：全缓冲双线内存模块（FBDIMM）支持部件 JC-40.5：逻辑验证与确认
JC-42	固态存储器	JC-42.2：静态随机存储器（SRAM） JC-42.3：动态随机存储器（DRAM） JC-42.3B：关于 DRAM 功能与特征 JC-42.3C：关于 DRAM 计时 JC-42.3D：关于 DRAM 插脚引线 JC-42.4：非易失性存储器件 JC-42.6：低功耗存储器

续表

委员会名称	分工及所涉及的标准	相关的小组委员会及其业务领域
JC-45	DRAM 模块	JC-45.1：带寄存器的 DRAM 模块（RDIMM） JC-45.2：不带缓冲器的 DRAM 模块（UDIMM） JC-45.3：小型 DRAM 模块 JC-45.4：全缓冲 DRAM 模块（FBDIMM） JC-45.5：模块互连
JC-63	多芯片封装	
JC-64	嵌入式存储器与可插拔存储卡	JC-64.1：电气规范与命令协议 JC-64.2：形状、配接（机械外形）及气候与环境方法 JC-64.3：主机控制器 JC-64.8：固态硬盘
JC-65	射频识别标签（RFID）	
IEC SC47D	半导体器件的机械标准化	WG-1：封装外形 WG-2：术语、定义、方法及程序

JEDEC 标准查询者可登录 JEDEC 官方网站 www.jedec.org，然后单击 "STANDARD & DOCUMENT" 链接，即可看到 JEDEC 标准文件分类表（见表 7-12）。

表 7-12 JEDEC 标准文件分类表

Committees		Document Type
JC-10	Terms, Definitions, and Symbols (17)	● JESD (JEDEC Standards) (352)
JC-11	Mechanical Standardization (568)	● JEP (JEDEC Publications) (86)
JC-13	Government Liaison (36)	● JM (JEDEC Manual) (7)
JC-14	Quality and Reliability of Solid State Products (148)	● J-STD- (Joint IPC/JEDEC Standards) (8)
JC-15	Thermal Characterization Techniques for Semiconductor Packages (29)	● JS (Joint Standard) (6) ● JP (Joint Publication) (2)
JC-16	Interface Technology (32)	● JIG (Joint Industry Guide) (2)
JC-22	Diodes and Thyristors (26)	● JES (JEDEC Specifications) (1)
JC-25	Transistors (36)	● JEB (JEDEC Engineering Bulletins) (8)
JC-40	Digital Logic (67)	● TENTSTD (Tentative Standards) (2)
JC-42	Solid State Memories (141)	● EIA (EIA Standards) (10)
JC-45	DRAM Modules (97)	● more...
JC-63	Multiple Chip Packages (3)	
JC-64	Embedded Memory Storage & Removable Memory Cards (24)	
JC-65	RFID (1)	

从以上列表再进入各个条目，就可以查询到相应的标准。进行注册后，即可阅读或下载相应标准的文档。

撰稿人：中国科学院上海微系统与信息技术研究所　罗乐
审稿人：江苏长电科技股份有限公司　　　　　　　梁志忠

7.8.7 IPC 标准，IPC 標準，Association Connecting Electronics Industries Standard

国际电子工业联接协会（曾称印制电路协会，Institute of Printed Circuits，IPC）的宗旨是提升3700多家会员企业的竞争优势并帮助它们取得商业上的成功。IPC的会员企业遍布于设计、PCB、电子组装和测试等电子行业及其产业链各个环节。IPC提供的服务包括行业标准、培训认证、市场研究和环境保护，并通过开展各类项目来满足全球产值达2万亿美元的行业需求。

IPC为全球电子行业提供包括技术、管理、市场等方面的业务合作网络和信息交流平台。自1957年由6家PCB公司发起到现在，IPC已拥有3700多家会员企业。IPC自2002年在中国成立第一家办事处以来，开始为中国的电子企业提供近距离的服务，至今中国的会员企业已达500多家。IPC大中华区总部设在青岛，在上海、深圳、北京、苏州、成都、台北等地设有办事机构。

IPC通过董事会、PCB管理理事会、EMS管理理事会、PCB供应商管理理事会、SMEMA理事会、焊料评估理事会、OEM关键元器件理事会、印制电子理事会、设计师理事会、市场和技术执行委员会、技术活动执行委员会等志愿者机构，实现对协会的指导和监督，帮助协会感知业界需求，收集业界建议，改善服务质量。

IPC开展的各项业务发展状况如下所述。

（1）标准开发：通过组织全球10 000多名业界专家，成功开发了220多项标准，其中IPC-A-610标准是全球应用最广泛的标准之一，被国际电工委员会（IEC）推荐为电子组件的全球首选验收标准；其中IPC中国41个技术组已完成了31项标准的开发。

（2）培训与认证：为成千上万家电子企业的员工提供IPC标准培训，共计超过250 000人获得IPC标准认证证书。

（3）QML和QPL：IPC为电子制造企业新推出了两项服务——制造商认证（QML）和产品认证（QPL）。QML认证是按照IPC J-STD-001/IPC-A-610标准对电子制造服务企业的工艺进行有针对性的极具可操作性的系统认证；QPL认证是按照IPC J-STD-004/005/006等标准对供应商产品进行的产品质量合格性认证。

（4）市场调研：开展IPC全球基材季度统计、焊料产品季度统计、工艺耗材季度统计、组装设备季度统计、电子制造服务季度统计、EMS行业年度调研、PCB行业月度统计等市场调研工作。

（5）公共政策倡议：涵盖环境、健康与安全，国际贸易，知识产权保护，企业社会责任等。

（6）政府关系：IPC代表电子行业向政府提供关于公共政策制定过程中的

建议、项目合作及政策宣导。

（7）工业项目：如技术和管理会议、研讨会、讲座、手工焊接竞赛、PCB设计大赛。

（8）展会：如美国拉斯维加斯 APEX 展会，美国拉斯维加斯 IPC ESTC 展会、国际线路板及电子组装华南展（IPC APEX SOUTH CHINA FAIR（深圳））。

IPC 标准体系树状图如图 7-165 所示。

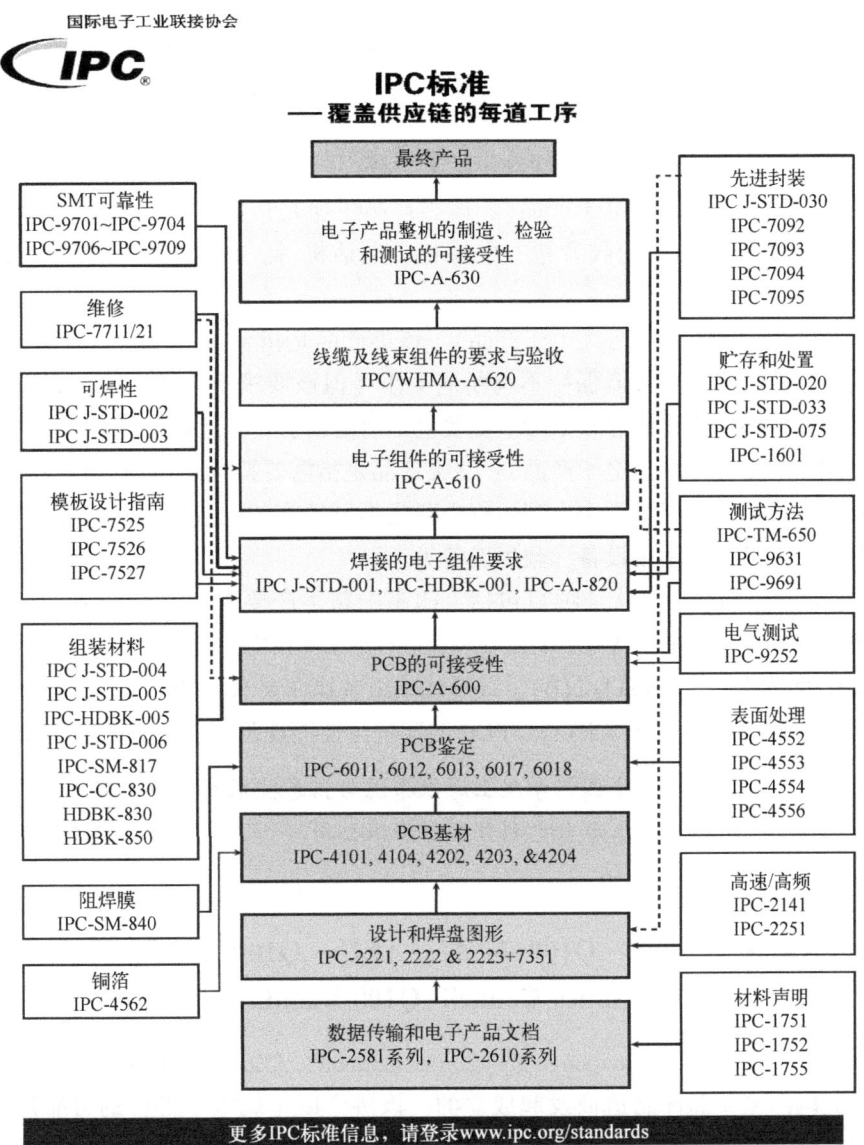

图 7-165　IPC 标准体系树状图

IPC 标准化品质管理示意图如图 7-166 所示。

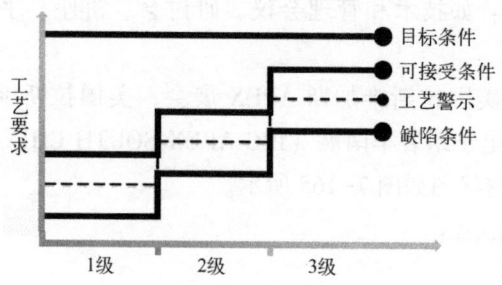

图 7-166　IPC 标准化品质管理示意图

IPC 对通用电子产品的等级规定如下所述。

（1）1 级（普通类电子产品）：该类产品主要是指以实现功能为主的产品，如消费类电子产品中的收音机、电视机、电话机等，以及部分计算机的外围设备。

（2）2 级（专用服务类电子产品）：该类产品是指要求持续运行，具有较长使用寿命的产品，最好能保持不间断地工作（但该要求不严格）。一般情况下，不会因使用环境变化而导致故障。主要包括通信设备、测量仪器等。

（3）3 级（高性能电子产品）：该类产品是指需要持续运行或严格按指令运行的关键产品，使用过程中出现运行中断是不可接受的，且使用环境异常苛刻，如航空航天设备、军用设备、救生设备等。

IPC 提供的培训与认证项目包括：印制电路生产要求（IPC-A-600H）、电子组装生产要求（IPC-A-610F）、组装工艺要求（IPC-J-STD-001F）、返工返修操作及要求（IPC-7711/21B）、线缆线束组装操作要求（IPC-A-620B）、设计师认证课程（IPC-CID，CID+）、PCB 的鉴定与性能规范（IPC-6012C）等。

撰稿人：中国科学院上海微系统与信息技术研究所　罗乐
审稿人：江苏长电科技股份有限公司　梁志忠

▷▷▷ 7.8.8　AEC-Q100 标准，AEC-Q100 標準，Automotive Electronics Council-Q100 Standard

汽车电子协会（Automotive Electronics Council，AEC）是由主要的汽车制造商与美国的主要部件制造商发起成立的。该协会以车载电子部件的可靠性及其认定标准的规格化为目的，建立了质量控制标准。由于符合 AEC 规范的零部件均可被国际上著名的汽车生产厂商同时采用，这就促进了零部件制造商交换其产品特性数据的意愿，推动了汽车零部件的通用性发展，为汽车零部件市场的快速成长奠定了基础。

AEC-Q100 标准用于预防产品可能发生各种状况或消除潜在的故障，引导零部件供货商在产品开发的过程中采用符合规范的芯片。AEC-Q100 标准对每个芯片产品进行严格的质量和可靠度确认，确认制造商所提出的产品使用目的、数据表、功能说明等是否符合要求，以及在连续使用后其功能与性能是否能保持一致。该标准的目标是提高产品的成品率。

AEC-Q100 标准分为 5 个产品等级，其中最严格的第 0 级的环境工作温度范围为-40~150℃；第 1 级的环境工作温度范围为-40~125℃；第 2 级的环境工作温度范围为-40~105℃；第 3 级的环境工作温度范围为-40~85℃；第 4 级的环境工作温度范围为 0~70℃。

撰稿人：中国科学院上海微系统与信息技术研究所　　罗乐
审稿人：江苏长电科技股份有限公司　　　　　　　　梁志忠